Leo Hiemer

Gabi (1937-1943)

Schriftenreihe Band 10484

Leo Hiemer

Gabi (1937-1943)

Geboren im Allgäu
Ermordet in Auschwitz

Bundeszentrale für politische Bildung

Leo Hiemer, geboren 1954 in Maierhöfen/Krs. Lindau i.B, ist Autor und Filmemacher. Er hat sich viele Jahre intensiv mit dem Schicksal von Gabriele Schwarz beschäftigt. Es war Vorbild für seinen 1994 entstandenen preisgekrönten Spielfilm „Leni... muss fort". Er lebt in Kaufbeuren.

Der Autor dankt dem Landkreis Oberallgau, der Kurt und Felizitas Viermetz Stiftung, Augsburg, der Stiftung Erinnerung von Ingrid und Walther Seinsch sowie der Familie Obermeyer, Oberstaufen.

Soweit nicht anders vermerkt, stammen die Abbildungen in diesem Buch aus dem Archiv von Leo Hiemer.

Bonn 2020
Sonderausgabe für die Bundeszentrale für politische Bildung
Adenauerallee 86, 53113 Bonn

Umschlaggestaltung: Michael Rechl, Kassel
Umschlagfoto: © Leo Hiemer. Das Bild der kleinen Gabi aus dem Nachlass der Pflegefamilie entstand im Juli 1939.
Druck: buchdruckerei.de, Berlin

ISBN 978-3-7425-0484-5

www.bpb.de

Inhalt

„Leo Hiemer gebührt großer Respekt und herzlicher Dank für sein unermüdliches Mühen, Leben und Tod von Gabi Schwarz zu erforschen und zu dokumentieren. Er entreißt damit ein Einzelschicksal dem Vergessen und sorgt für die gebotene Aufmerksamkeit, die damalige unselige Zeit nicht zu verdrängen. Das Buch ist Gabi gewidmet, doch es ist ein Appell an uns, Menschenwürde, Freiheit und Demokratie mit aller Kraft zu verteidigen. Nie wieder darf in unserer Heimat und in unserem Vaterland ein so unseliger Geist entstehen. Das Buch ist Zeitzeugnis und Ermahnung an uns alle. Mögen es viele lesen und verinnerlichen."

Dr. Theo Waigel

In Marktoberdorf geboren, in Auschwitz ermordet

„Leni … muss fort“ – der Allgäuer Filmemacher Leo Hiemer hat im Jahr 1993 das kurze Leben von Gabriele Schwarz verfilmt. Als Student habe ich den Film gesehen und konnte ihn nicht mehr vergessen. Damals wusste ich noch nicht, dass Gabriele gerade mal zwei Häuser vom Haus meiner Großeltern entfernt in Marktoberdorf geboren wurde. Das habe ich zwei Jahrzehnte später im Gespräch mit Leo Hiemer erfahren.

Ein Einzelschicksal, das unsere Herzen berührt. Die Geschichte von Gabriele lässt uns das unermessliche Leid erahnen, das Millionen europäischen Juden im Rahmen des Rassenwahns der Nationalsozialisten zugefügt wurde. Gabriele wurde im Alter von fünf Jahren ermordet. Dem Kind wurde die Chance auf ein Leben genommen, weil ihre Mutter jüdischer Abstammung war und dafür kein Platz im Weltbild eines menschenverachtenden Systems war.

Rassenwahn und Völkermord gibt es vermutlich seit Bestehen der Menschheit. Im Dritten Reich mit seiner Tötungsmaschinerie haben diese ihren grausamen Höhepunkt erreicht. Seither haben sich solche Untaten vielfach auf der Welt wiederholt, auch vor unserer Haustür – denken wir nur an das Massaker von Srebrenica 1995 im jugoslawischen Bürgerkrieg. Mal trifft es eine ethnische Gruppe, mal eine religiöse Minderheit. Immer wieder geraten Juden, oft auch christliche, muslimische oder andere Religionsgemeinschaften in das Visier der Hetzer. Berichte über „heilige Kriege“, Massenmord und Terroranschläge sind für uns alltäglich geworden. Wir hören uns das in den Nachrichten an und gehen zur Tagesordnung über.

Im menschenverachtenden System des Nationalsozialismus haben viele mitgemacht, bewusst und unbewusst. Und dennoch gibt uns die Geschichte von Gabriele Schwarz Hoffnung. Denn auch in dieser Zeit gab es Akte der Menschlichkeit: Eine einfache Marktoberdorfer Köchin, Rosalia Häringer, besorgte der hochschwangeren jüdischen Mutter eine Unterkunft und ihrem Kind einen Platz bei einer treusorgenden Pflegefamilie. Johann Pletzer, der Dorflehrer aus Stiefenhofen, versuchte gemeinsam mit Gabrieles Pflegevater Josef Aichele verzweifelt, die kleine Gabriele aus dem jüdischen Sammellager in München zurückzuholen. Geistliche der katholischen Kirche haben versucht, das Geschehen zu beeinflussen, leider ohne Erfolg.

In unzähligen Stunden recherchierte der Allgäuer Autor und Regisseur Leo Hiemer das Schicksal von Gabriele Schwarz und der sie umgebenden Menschen. Anlässlich einer Gedenkveranstaltung zum 80. Geburtstag von „Gabi“ in Anwesenheit mehrerer

Zeitzeugen, wie auch ihrer Pflegeschwester Resi Baumann, wurde uns die Bedeutung von Leo Hiemers Forschungsarbeit bewusst.

Herrn Hiemer gebührt für diese Leistung unser Dank und unsere höchste Anerkennung. Es ist eine ehrenvolle Aufgabe für die Stadt Marktoberdorf, ihren Beitrag zu dieser Buchpublikation zu leisten. Wir wollen dazu beitragen, das Werk von Leo Hiemer den Generationen nach uns zu bewahren.

Dr. Wolfgang Hell
Erster Bürgermeister der Stadt Marktoberdorf

Vorwort

„So tief ist keine Versenkung, dass alle Spuren vernichtet werden könnten …
Einer wird immer bleiben, um die Geschichte zu erzählen."
Hannah Arendt, Eichmann in Jerusalem. Ein Bericht von der Banalität des Bösen,
5. Aufl., München 2010, S. 346

Ich habe eine Geschichte zu erzählen, eine Geschichte, die mich mittlerweile mein halbes Leben beschäftigt. Es ist eine Geschichte aus meiner Heimat, dem Allgäu, eine Geschichte, in der auch Augsburg und München, Berlin, England, Frankreich, Kroatien und sogar Amerika eine wichtige Rolle spielen. Eine Geschichte über Menschen, die ein fanatisches Regime aufgrund wahnhafter „Erkenntnisse" über den Wert verschiedener Menschenrassen gnadenlos ausgesondert hat. Die einen galten als gut und zur Weltherrschaft geboren, die anderen als schlecht und dem Untergang geweiht. Nach Jahren der Demütigung, Ausgrenzung und Ausplünderung stellten Staat und Partei schließlich die Weichen für die physische Vernichtung der angeblichen „Volksschädlinge". Millionenfacher Mord war die Konsequenz. Aber auch Legionen von Menschen mit ganz anderen als „rassischen" Merkmalen, denen die Machthaber das Lebensrecht kurzerhand absprachen, wurden Opfer ihres Wahns. Der reichte vom willkürlichen Mord an wehrlosen Einzelnen bis zum industriell durchgeplanten Vernichtungswerk in wahren Todesfabriken. Die unvorstellbare Dimension dieses Menschheitsverbrechens lässt sich nur an Einzelfällen nacherleben. Denn jeder Mensch ist ein Einzelfall. Unter einem solchen Terrorregime kann es jeden treffen: Sie, mich, einfach jeden.

Ein Blick auf unsere heutige Welt zeigt, dass terroristische Regime, rassistische Wahnvorstellungen, antisemitischer Hass und ethnische Säuberungen alles andere als ausgestorben sind. Es ist deshalb dringend geboten, aus dieser Geschichte zu lernen: Mitmenschlichkeit statt Sieg einer für absolut erklärten Ideologie um jeden Preis.

Es ist eine Geschichte aus meiner Heimat, dem Allgäu, das so gerne als „heile Welt" gesehen wird, eine gemütliche Welt der Naturburschen und Bodenständigen, der Anständigen und Aufrechten. Dass selbst in dieser „heilen Welt" das Heilgeschrei Fanatisierter und das kühle Kalkül der Vernichtungsstrategen unvorstellbares Unheil anrichten konnten, mag man kaum glauben. Doch Dokumente und Zeugnisse aus der Zeit sprechen eine eindeutige Sprache und belegen, was geschehen ist, belegen, dass selbst in „abgelegenen" Gegenden Helfer, Mitwisser und Befehlsempfänger am Vernichtungswerk beteiligt waren.

Das der „arischen" Rasse zugeschriebene Vorrecht auf Lebensraum und Herrschaft und das daraus folgende mindere Lebensrecht anderer Rassen widersprechen den Einsichten der europäischen Aufklärung, die in der amerikanischen Unabhängigkeitserklärung vom 4. Juli 1776 so eindrucksvoll festgehalten sind: Alle Menschen verfügten von Natur aus und von Geburt an über die gleichen Rechte, das gleiche Recht zu leben, das gleiche Recht auf Freiheit, das gleiche Recht, nach ihrem ganz eigenen Glück zu streben. Jede Art von Rassismus widerspricht diesen Grundsätzen zivilisierten Zusammenlebens. Nach den historischen Erfahrungen muss sogar festgestellt werden, dass die als „arisch" deklarierte Rasse keineswegs über anderen „Rassen" steht, haben gerade ihre selbst ernannten Anführer doch bewiesen, dass sie im Namen „höherer Mächte" fähig sind, die niederträchtigsten Verbrechen zu begehen. Diesen höheren Instanzen gab ihr oberster Anführer verschiedene Namen: Naturgesetz, Schicksal, Vorsehung oder lästerlicherweise schlicht Gott.

Umso erstaunlicher, dass die katholische Kirche, der in meiner Geschichte ebenfalls eine bedeutende Rolle zukommt, wenigstens dieser Anmaßung eines selbst ernannten Heilsapostels nicht von Anfang an entschlossen entgegengetreten ist. Über den allerorts propagierten Rassismus wurde nicht nur gnädig hinweggesehen, begründet in jahrhundertealter kirchlicher Tradition wurde er mitunter sogar offen geteilt. Die Kirche, als einzige verbliebene unabhängige Großorganisation im Reich der Heilschreier, verteidigte lange, viel zu lange, nicht die Menschenrechte der Verfolgten, sondern in erster Linie nur sich selbst gegen die Zumutungen und Übergriffe des Staates. Doch auch hier kommt es auf den Einzelfall an. So spielt in meiner Geschichte ein führender Repräsentant der katholischen Kirche in Deutschland eine wichtige Rolle, indem er sich einer Konvertitin väterlich annimmt, die Taufe der verfolgten Frau empfiehlt, ihr persönlich das Heilige Sakrament der Firmung spendet, ihr eine Empfehlung für Amerika ausstellt und ihre Auswanderungsbemühungen wohlwollend unterstützt. Die Verfolgte trägt sein Porträt im Portemonnaie und hofft auf die Hilfe der zuständigen katholischen Organisationen für sich und ihre kleine Tochter, die sie im Allgäu auf einem Bauernhof vor den Nachstellungen der Behörden in Sicherheit wähnt, womit wir wieder beim Allgäu wären.

In Marktoberdorf geboren, wird das Kind schon mit drei Wochen auf einen Bauernhof in der Gemeinde Stiefenhofen gebracht, auf dem es in ländlicher Idylle lebt. Meine Mutter ist ebenfalls in Stiefenhofen aufgewachsen und kannte die kleine Gabi, beneidete sie um ihre Locken und die schönen Anziehsachen. Erst in den 1980er-Jahren kam Gabis lange beschwiegene Geschichte ans Licht. Ich konnte nicht fassen, dass sich wenige Jahre vor meinen glücklichen Kindheitstagen bei den Großeltern in dem beschaulichen Dorf fast unbemerkt ein erschütterndes Drama um dieses Kind abgespielt haben sollte. Ich begann zu fragen und nachzuforschen. Heute, viele Jahre später, kann ich Gabis Geschichte erzählen.

Leo Hiemer im April 2019

Gabi

Lotte

I Vor Gabis Geburt

1 Gabis Mutter Lotte[1] und ihre Familie

Lottes Vater Karl Schwarz

Juden leben spätestens seit dem 13. Jahrhundert in Augsburg.[2] Das Zusammenleben mit den Christen ist nicht immer konfliktfrei. Schon 1348/49 kommt es zu einem ersten Pogrom, bei dem mehr als einhundert Juden umgebracht werden. Im Jahr 1438 werden die Juden per Dekret aus der Stadt gewiesen. In der Folgezeit entstehen in einigen Dörfern vor den Toren Augsburgs jüdische Gemeinden, so auch in dem heute westlich der Stadt gelegenen Vorort Steppach. Eine jüdische Gemeinde ist dort seit dem Jahr 1571 belegt. Als Lottes Vater, Karl Schwarz,[3] am 31. Dezember 1857 dort geboren wird, leben in Steppach noch viele Juden.[4] Auch Karl Schwarz ist Jude.[5]

Da den Juden die Ausübung vieler Berufe untersagt ist, betätigen sie sich meist als Warenvermittler zwischen Stadt und Land, als Händler und Kaufleute. Dabei erweisen sie sich als tüchtig und sind trotz aller Schikanen, denen sie ausgesetzt werden, wirtschaftlich erfolgreich. Aus einigen werden sogar reiche Bankiers, die sich im Lauf des 19. Jahr-

1 Lotte Eckart, geb. Schwarz, und ihre beiden Schwestern Emmy Glaser und Hansi Sechehaye mit ihrem Sohn René wie auch Resi Baumann, geb. Aichele, sind mir im Laufe meiner Arbeit so vertraut geworden, dass ich nicht anders kann, als sie in diesem Buch mit ihrem Vornamen zu nennen.

2 Vgl. Augsburg-Wiki: Geschichte der Juden in Augsburg (https://www.augsburgwiki.de/index.php/AugsburgWiki/GeschichteDerJudenInAugsburg) sowie Hans K. Hirsch, Juden in Augsburg, in: Stadtlexikon Augsburg (https://www.wissner.com/stadtlexikon-augsburg/aufsaetze-zur-stadtgeschichte/juden-in-augsburg). Einzelne Aspekte beleuchtet der Ausstellungskatalog zum zehnjährigen Jubiläum der Wiedererrichtung der Synagoge in der Halderstraße sowie der Gründung des Jüdischen Kulturmuseums: Stiftung Jüdisches Kulturmuseum Augsburg-Schwaben (Hrsg.), „Ein fast normales Leben". Erinnerungen an die jüdischen Gemeinden Schwabens, o. O. (Augsburg), o. J. (1995). Vgl. dort vor allem die Beiträge von Karl Filser, Emanzipation auf Raten, S. 10–20; Peter Fassl, Der Zug in die Städte, S. 31–38; Rolf Kießling, „Fremde" in einer christlichen Umwelt, S. 21–30 und Gernot Römer, Der Weg in die Katastrophe, S. 39–49.

3 Karl Schwarz (* 31. 12. 1857 Steppach † 30. 9. 1926 Augsburg), Jude, Kaufmann.

4 Gernot Römer (Hrsg.), „An meine Gemeinde in der Zerstreuung". Die Rundbriefe des Augsburger Rabbiners Ernst Jacob 1941–1949, mit einem Beitrag von Walter Jacob, Augsburg 2007, S. 345.

5 Sein Vater ist Josef Schwarz (* 8. 12. 1814 † ?), seine Mutter Emilie, geb. Lewinger (* 3. 12. 1830 † ?), aus Hürben, vgl. Stadtarchiv Augsburg: Meldebogen Schwarz, Karl, Nr. 1357. Vgl. auch den Geburtseintrag in der Jewish Genealogy in Bavarian Swabia. An International Collaboration (https://www.jgbs.org/detail.php?book=birth&id=32894&mode) mit dem Hinweis, dass Josef Schwarz aus Crailsheim stammt.

hunderts das Augsburger Bürgerrecht erkaufen können und in die Stadt zurückkehren. Eine bestimmte Anzahl von Juden wird nun offiziell in der Stadt geduldet. Mit dem 1871 neu gegründeten Deutschen Reich kommt die „Judenemanzipation“, das heißt die volle rechtliche Gleichstellung der Juden mit den Nichtjuden. Im ganzen Deutschen Reich genießen sie jetzt Freizügigkeit. Alles scheint sich zum Besseren zu wenden. Auch aus den Landgemeinden rund um Augsburg übersiedeln Juden in großer Zahl in die Stadt. Ende des 19. Jahrhunderts existiert keine jüdische Landgemeinde mehr um Augsburg. Die jüdische Gemeinde in der Stadt wächst dagegen bald auf über tausend Mitglieder an, was aber nicht mehr als einem Prozent der Bevölkerung entspricht.

Auch Karl Schwarz zieht es in die Stadt.[6] Er ist schon über dreißig. Um eine passende Ehefrau für ihn zu finden, schaltet sein Vater einen Heiratsmakler ein.[7] Und bald gibt es eine Kandidatin.

Lottes Mutter Anna

Karl Schwarz steht in geschäftlichem Verkehr mit dem Juden Asser Rosenmeyer in Mainz, der aus Wolfhagen im Regierungsbezirk Kassel stammt.[8] Auch in Wolfhagen gibt es seit Anfang des 17. Jahrhunderts eine jüdische Gemeinde mit wechselvoller Geschichte.[9] Dort werden der Handel mit Eisen, Leinen und Tabak sowie der Vieh- und Pferdehandel großgeschrieben. Und auch in Wolfhagen können sich die Juden trotz Hass und Schikanen behaupten. Alle Juden wohnen im Ortskern. Es sind um das Jahr 1870 etwa 300, das entspricht knapp zehn Prozent der Bevölkerung.

Asser Rosenmeyer und seiner Frau Johanna wird am 4. April 1870 eine Tochter geboren, die den Namen Anna[10] erhält. Später übersiedelt die Familie nach Mainz, wo Asser Rosenmeyer weiterhin als Kaufmann tätig ist.[11] Mainz besitzt eine der ältesten und traditions-

6 Am 3. 6. 1893 erhält Karl Schwarz das Augsburger Bürgerrecht, ebenda.

7 Vgl. Irmgard-Eileen Hirsch-Erlund/Gernot Römer (Hrsg.), Irmgard. Eine jüdische Kindheit in Bayern und eine Vertreibung, Augsburg 1999, S. 37. Die Jüdin Irmgard Hirsch (* 30. 6. 1922 Augsburg † 18. 3. 2002 Virum/Dänemark) war mit der Familie Schwarz verwandt und gut bekannt. Als Kind wurde sie nach England verschickt, wo sie Eileen genannt wurde. Nach dem Krieg heiratete sie in Dänemark und nahm den Familiennamen Erlund an. Ihrem Bericht verdanken wir viele Informationen zum Leben der Augsburger Juden sowie zur Familie Schwarz.

8 Vgl. Stadtarchiv Mainz: HR Mainz 1894, Nr. 139, Heiratsurkunde Carl [sic] und Anna Schwarz, 15. 4. 1894. Die Daten der Familie Rosenmeyer stammen aus dieser Urkunde.

9 Vgl. Wolfhagen. Zur Geschichte der Jüdischen Gemeinde (http://www.jüdische-gemeinden.de/index.php/gemeinden/u-z/2118-wolfhagen-hessen).

10 Schwarz, Anna, geb. Rosenmeyer (* 4. 4. 1870 Wolfhagen † 20. 9. 1939 Augsburg – Freitod), Jüdin, Kaufmannsgattin. Weitere Informationen zur Familie Karl und Anna Schwarz in: Römer (Hrsg.), „An meine Gemeinde in der Zerstreuung“, S. 345.

11 Über Asser Rosenmeyer liegen keine weiteren Informationen vor.

reichsten jüdischen Gemeinden Europas. Dort gibt es seit jeher viele jüdische Geschäfte. Jüdische Kaufleute sind auch im Weinhandel aktiv. Im Jahr 1912 errichtet die liberal ausgerichtete Gemeinde eine prachtvolle Synagoge, die tausend Gläubigen Platz bietet.[12]

1894 bringt Asser Rosenmeyer seine Tochter Anna mithilfe des erwähnten Heiratsmaklers unter die Haube. Die Eltern von Karl Schwarz, Joseph und Emilie, geb. Levinger, sind zum Zeitpunkt der Eheschließung bereits tot. Auch Annas Mutter Johanna erlebt die Eheschließung ihrer Tochter nicht mehr. Durch die Ehe mit Karl Schwarz ist Anna jetzt aber versorgt. Und sie bringt Bargeld mit in die Ehe: immerhin 35 000,– Mark.[13] Am 16. April 1894 findet in Mainz die standesamtliche Trauung statt. Vermutlich steht Karl Schwarz noch am selben Tag mit Anna Rosenmeyer in der Mainzer Synagoge unter der Chuppa, dem jüdischen Trauhimmel. Sie ist 24, er 36 Jahre alt. Als Karl Schwarz feierlich den Schleier über dem Gesicht seiner Braut lüftet, sehen sich die beiden zum ersten Mal.[14]

Das Anwesen der Familie Schwarz am Predigerberg in Augsburg

Am 23. Mai 1899 erwirbt Karl Schwarz zusammen mit seinem Bruder Heinrich für 200 000,– Mark am Predigerberg ein stattliches Gebäudegeviert.[15] Der Predigerberg führt nicht weit von der Augsburger Haupt- und Prachtstraße, der Maximilianstraße, zum Lechgraben hinunter. Das Gebäude mit der Bezeichnung A 72/73, später Predigerberg 9, liegt nicht direkt im Zentrum, die Lage ist aber keineswegs schlecht. Im Grundbuch ist das Anwesen eingetragen als „Wohn- und Gasthaus, Schenklokal, nordwestliches Abseitgebäude, mit Küche und Wohnungen, und Stallungen, Tanzsaalgebäude mit Wohnungen, Garderobengebäude mit Zimmern, Orchesterlokal, Abort, Lichthof, Lagerhalle mit Remise und Hofraum, ferner Wohnhaus, Hintergebäude mit Wohnungen“.[16] Karl und Heinrich Schwarz übernehmen dabei auch die auf dem Grundstück lastenden Hypotheken in Höhe von insgesamt 175 000,– Reichsmark.[17]

12 Vgl. Mainz, Zur Geschichte der Jüdischen Gemeinde (http://www.jüdische-gemeinden.de/index.php/gemeinden/m-o/1256-mainz-rheinland-pfalz).

13 Diese Angabe machte Anna Schwarz gegenüber dem Amtsgericht Augsburg bei der Ermittlung des Nachlasses ihres verstorbenen Gatten. StAA, AGA NLG Anna Schwarz 750/1939, Protokoll, 5. 10. 1926.

14 Hirsch-Erlund/Römer, Irmgard, S. 37.

15 StdtAA, Meldebogen Schwarz, Karl, Nr. 1357.

16 Abschrift von Blatt Nr. 16 des Grundbuches für die Steuergemeinde Augsburg Lit A, Bd. 6, S. 179. Der Grundbuchauszug findet sich in der Wiedergutmachungsakte Emilie Glaser und René Sechehaye, StAA, WBSchw V 967 LEA 74213 K-Akte Nr. 2511, 23. 7. 1949.

17 Am 1. 1. 1891 wird ein Pfandbriefdarlehen über 135 000,– RM auf die Bayer. Hypotheken- und Wechselbank München eingetragen, am 26. 6. 1891 ein Darlehen über 20 000,– RM der Fabrikbesitzerswitwe Frieda Forster, geb. Sander, der Witwe eines führenden Textilfabrikbesitzers in Augsburg. Am 17. 7. 1893 kommt noch eine Kreditkaution über 20 000,– RM der Aktienbrauerei Prinz Karl von Bayern in Augsburg hinzu. Vgl. ebenda.

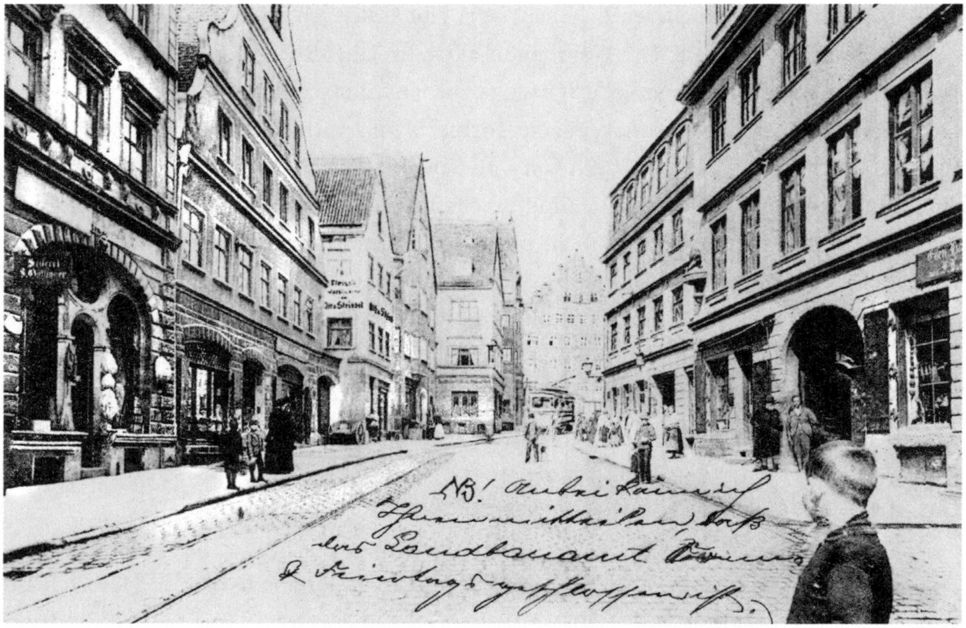

Predigerberg, Augsburg 1907, ganz rechts das Anwesen der Familie Schwarz Am Predigerberg 9
Ansichtskarte mit handschriftlicher Notiz | *Franz Häußler, Augsburg*

Am Predigerberg eröffnet Karl Schwarz zusammen mit seinem Bruder Heinrich nun eine Eisenwarenhandlung mit einem umfangreichen Lager als offenes Ladengeschäft, das noch unter dem Namen ihres Vaters Joseph, der ebenfalls Eisenhändler war, als „Schwarz J. L. (Carl und Heinrich Schwarz), Predigerberg A 73“[18] firmiert. In dem großzügigen Anwesen ist außerdem die Traditionsgaststätte „Zum Mohrenkopf“ untergebracht. Elias Holl,[19] der berühmte Renaissance-Baumeister und Erbauer des Augsburger Rathauses, feierte im „Mohrenkopf“ schon im Jahr 1595 seine Hochzeit mit Maria Buckartin.[20]

Daneben sind in dem Gebäudekomplex mehr als zwanzig Zimmer und Wohnungen vermietet. Sogar für einen Probenraum, den ein Orchester nutzt, ist Platz. Mit dem Geschäft und den monatlichen Miet- und Pachteinnahmen gründet Karl Schwarz eine gutbürgerliche Existenz.

18 Adressbuch der Stadt Augsburg 1902.

19 Elias Holl (* 28. 2. 1573 Augsburg † 6. 1. 1646 Augsburg), Baumeister.

20 Vgl. FAH, NL AWR II/5 Johanna Sechehaye an René Sechehaye: Ansichtskarte Mohrenkopf, 4/1939. Holl-Biograf Bernd Roeck berichtet vom Hochzeitsmahl, das am 2. 5. 1595 „bei Martin Kollinger in einem großen Wirtshaus mit gewölbten Kellern, einem großen Hof und einem feinen Garten“ gefeiert worden sei. Bernd Roeck, Elias Holl. Architekt einer europäischen Stadt, Regensburg 1985, S. 40 ff.

Gasthof zum Mohrenkopf, Augsburg 1903. Beschriftete Ansichtskarte
Franz Häußler, Augsburg

Das Ehepaar Schwarz und seine drei Töchter

Anna Schwarz lebt mit ihrem Ehemann zunächst in einer Mietwohnung in der Bahnhofstraße 18.[21] Am 28. September 1906 bezieht man eine Wohnung in einem Neubau in der Hermannstraße 1.[22] Die ganz große Liebe scheint es zwischen Karl und Anna Schwarz nicht gewesen zu sein – kein Wunder, wenn man bedenkt, wie die Ehe zustande kam. Als Karl Schwarz eines Tages die Mahlzeit beanstandet, die seine Frau aufgetischt hat, packt diese prompt die Tischdecke an ihren vier Zipfeln und wirft sie samt Inhalt zum Fenster hinaus.[23] Anna Schwarz' Kochkünste sind offenbar begrenzt, doch verfügt sie über ein explosives Temperament. Außerdem ist sie immer in Bewegung, immer emsig, immer beschäftigt.[24]

Aus der Ehe gehen drei Töchter hervor: Emilie, Johanna Hilde und Charlotte Margarete. Die älteste wird am 1. Juni 1895 geboren und nach Karls verstorbener Mutter

21 StadtA A, Hausbogen Bahnhofstraße 18.
22 StadtA A, Hausbogen Hermannstraße 1.
23 Hirsch-Erlund/Römer, Irmgard, S. 37.
24 So charakterisiert sie René Sechehaye, ein Cousin von Gabi, 1989 im Interview. Leo Hiemer, Interview mit René Sechehaye. Augsburg, 17. 8. 1989.

Die drei Schwarz-Töchter
Emmy, Hansi und Lotte
Peter Sechehaye, München
Foto: Gebr. Martin, Inh. K. Ressler, Augsburg

Emilie[25] benannt, später Emmy gerufen. Zwei Jahre später, am 8. April 1897, erblickt die zweite Tochter das Licht der Welt, die nach Annas verstorbener Mutter Johanna den Namen Johanna Hilde erhält.[26] Sie wird in der Familie „Hansi" genannt. Es vergehen sieben Jahre, bis am 25. April 1904 mit Charlotte Margarete das Nesthäkchen geboren wird.[27] Charlotte wird als Rufname unterstrichen. Die Kleine wird erst Liselotte, später Lotte gerufen.[28]

Die Familie Schwarz ist zum gehobenen Bürgertum zu rechnen, eine gut situierte, normale deutsche Familie jüdischen Glaubens. Emmy, Hansi und Lotte gelten als höhere Töchter. Höhere Töchter müssen nicht unbedingt einen Beruf erlernen. Sie müssen nur befähigt werden, einem Haushalt vorzustehen. Doch im Hause Schwarz wird Wert auf Bildung gelegt, und so besuchen alle drei Schwarz-Töchter nach der obligatorischen Volksschule die angesehene „A. B. Von-Stetten'sche höhere Mädchenschule und Erziehungs-

25 StadtA A, StA Nr. A 1129/1895, Geburtseintrag Emilie Schwarz, 5. 6. 1895.
26 StadtA A, StA Nr. A 723/1897, Geburtseintrag Johanna Hilde Schwarz, 12. 4. 1897.
27 StadtA A, StA Nr. A 896/1904, Geburtseintrag Charlotte Margarete Schwarz, 30. 4. 1904.
28 In den Unterlagen der Höheren Schule, die sie später besucht, dem „Von Stetten", wird sie als „Liselotte" geführt. Erich Mayerhofer aus dem Archiv der A. B. von Stettenschen Stiftungen an den Autor, 22. 11. 2009.

Die drei Schwarz-Töchter im Dirndl
Peter Sechehaye, München

anstalt."[29] Das „Von Stetten" ist eine evangelische Einrichtung. Eine jüdische Schule gibt es in Augsburg nicht. Die jüdischen Schüler und Schülerinnen werden am „Von Stetten" genauso unterrichtet wie ihre christlichen Kameraden und Kameradinnen. Am katholischen oder evangelischen Religionsunterricht nehmen die jüdischen Schüler und Schülerinnen freilich nicht teil. Die religiöse Unterweisung erfolgt in der Jüdischen Kultusgemeinde. Dort hören sie Geschichten aus der Tora und erlernen das Hebräische in Wort und Schrift. Am 16. September 1914 tritt Lotte im „Von Stetten" ein. Gut sechs Wochen zuvor hat der Weltkrieg begonnen. Entsprechend ihrem Bevölkerungsanteil werden 254 Augsburger Juden eingezogen, 174 stehen an der Front, 135 werden befördert, 163 erhalten Auszeichnungen, 23 Augsburger Juden fallen für Deutschland. Bei Kriegsbeginn 1914 ist Karl Schwarz schon 56 Jahre alt, zu alt für den Militärdienst. Im Jahr 1917 wird er zum Zeichen ehrender und dankbarer Anerkennung für seine freiwillige Tätigkeit in der Heimat, mit der er sich besondere Verdienste um die Wohlfahrt des Landes erworben hat, mit der König-Ludwig-Medaille ausgezeichnet.[30]

29 Emmy besuchte das „Von Stetten" vom 15. 7. 1906 bis 07/1911, Hansi vom 15. 9. 1908 bis 07/1913, Lotte vom 16. 9. 1914 bis 07/1919. Ebenda.

30 StadtA A, Meldebogen Schwarz, Karl, Nr. 1357. Allerdings wird 1920 eine Strafanzeige wegen Preistreiberei gegen ihn erstattet.

Am 1. April 1920 bezieht die Familie Schwarz eine großzügige Wohnung im ersten Stock der Schaezlerstraße 13, einer guten Adresse nicht weit vom Zentrum.[31] Zum Einzug wird ein umfangreiches Service aus kostbarem Karlsbader Porzellan angeschafft.[32] Zwei Zimmer werden fest untervermietet, weitere Zimmer an Einzelmieter vergeben.[33] In einem der Zimmer wohnt damals noch Lotte, in einem anderen die Köchin.

Am 4. April 1917 wird in der Halderstraße eine neue prächtige Synagoge feierlich eingeweiht. Die Augsburger Juden verstehen sich als Reformgemeinde und versuchen, jüdische Tradition und moderne deutsche Kultur in Einklang zu bringen. Deshalb werden in dem jüdischen Gotteshaus Lieder auf Deutsch gesungen. Sogar eine Orgel gibt es – für orthodoxe Juden völlig undenkbar: ein Verstoß gegen das Musizierverbot.

Gegen Ende des 19. Jahrhunderts macht sich in Augsburg erneut Judenfeindschaft breit: 1893 wird eine „antisemitische Volkspartei" gegründet, die nationale Ideologie, soziale Ängste und Rassenwahn zur Grundlage hat und mit publikumswirksamen Vorträgen und Versammlungen von sich reden macht. Auch einflussreiche katholische Publizisten wie etwa Dr. Hans Rost[34] warnen schon 1907 vor den schädlichen Einflüssen der Juden, verlangen ihre Isolierung und Zurückdrängung, ja sogar eine „Ausnahmebehandlung" für sie.[35] Das Judentum vergleicht Rost mit einer Riesenkreuzspinne.[36]

Karl und Anna sind fromme Mitglieder der Israelitischen Kultusgemeinde. Sie besuchen regelmäßig die Synagoge, halten den Sabbat ein und feiern jüdische Feste, die anders als bei den Christen nicht nur im Gotteshaus, sondern auch im Kreise der Familie zu Hause gefeiert werden. Zu diesen Festen werden regelmäßig verwandte und befreundete jüdische Familien eingeladen. Es wird koscher gekocht und zusammen gegessen. Überhaupt spielt Geselligkeit für Karl und Anna eine große Rolle.[37]

Der Zusammenhalt unter den Juden ist groß, nicht zuletzt wegen zahlreicher familiärer Verbindungen. Die Juden in den jüdischen Landgemeinden vor den Toren der Stadt

31 StadtA A, Hausbogen Schaezlerstraße 13. Heute beherbergt das Gebäude eine Dienststelle der Deutschen Rentenversicherung, eine Zweigstelle des Amtsgerichts, eine Anwaltskanzlei sowie eine Niederlassung der Sozialdemokratischen Partei Deutschlands (SPD). Damals bewohnte Bernhard Waitzfelder (* 25. 5. 1875 † ? Piaski/Polen – ermordet), Jude, Teilhaber der Firma Bacharach & Waitzfelder, Ledergroßhandlung, Karlstr. 79, zusammen mit seiner Frau Karolina, geb. Levy (* 25. 1. 1882 Augsburg † ? Piaski/Polen – ermordet), Jüdin, mit ihrem Sohn Kurt Waitzfelder (in Amerika: Whitefield) (* 19. 1. 1911 † 17. 3. 1958 Andover/USA), Jude, Reisender für die Firma Bacharach & Waitzfelder, die Parterrewohnung.

32 Das Porzellan stammt aus der Werkstatt der Firma Pfeiffer & Löwenstein, Schlackenwerth, Kreis Karlsbad, heute Ostrov/Tschechien. Isolde Thoma-Flade an den Autor, 4. 3. 2009.

33 Hiemer, Interview mit René Sechehaye.

34 Dr. Hans Rost (* 25. 6. 1877 Bamberg † 18. 4. 1970 Westheim b. Augsburg), Journalist, Suizidforscher.

35 Vgl. Fassl, Der Zug in die Städte, S. 36.

36 Vgl. Augsburg-Wiki: Geschichte der Juden in Augsburg, https://www.augsburgwiki.de/index.php/AugsburgWiki/GeschichteDerJudenInAugsburg.

37 Hiemer, Interview mit René Sechehaye.

durften lange Zeit nur untereinander heiraten. So knüpfen sich verwandtschaftliche Bande eng durch die Jüdische Gemeinde in Augsburg. Auch die drei Schwarz-Töchter Emmy, Hansi und Lotte sind Mitglieder der Israelitischen Kultusgemeinde. In der Schule lernen sie durch ihre Mitschüler und Mitschülerinnen allerdings auch den christlichen Sonntag sowie die christlichen Feiertage, Sitten und Gebräuche kennen. Verständlicherweise drängen sie darauf, die dazugehörigen Bräuche wie die Geschenke des Osterhasen, den Besuch des Hl. Nikolaus oder die Bescherung an Weihnachten zu übernehmen. Scherzhaft sprechen die Augsburger Juden von „Weihnukka", einer Wortkombination aus Weihnachten und dem jüdischen Lichterfest Chanukka.[38] Die Feier der religiösen Mündigkeit der Heranwachsenden, die Bar Mitzwa, wird in Augsburg ohne Weiteres als „Konfirmation" bezeichnet. Trotz antisemitischer Strömungen prägt bis in die 1930er-Jahre ein friedliches Neben- und Miteinander das Zusammenleben von Juden und Christen in der Stadt.

Emmy, die Älteste

Emmy heiratet am 20. Januar 1918 mit 22 Jahren einen Juden.[39] Ihr Ehemann Martin Cohn[40] besitzt in Chemnitz eine Handschuh- und Strumpffabrik nebst Großhandel mit hohem Exportanteil sowie die Pelztierfarm Malepartus in Langenhennersdorf, wo er Silberfüchse züchtet.[41] Obwohl sich Deutschland im fünften Kriegsjahr befindet, wird die Hochzeit im ersten Haus am Platze, dem traditionsreichen „Hotel Drei Mohren" direkt an der Maximilianstraße, gefeiert. Auch die Mitgift ist mit 20 000,– Goldmark standesgemäß.[42]

Am 22. Mai 1918 übersiedelt Emmy zu ihrem reichen Ehemann nach Chemnitz. 1922 bringt sie einen Jungen zur Welt, der den Namen Helmut[43] erhält. Zwei Jahre später wird Werner geboren.[44]

38 Vgl. Hirsch-Erlund/Römer, Irmgard. Anmerkung von Gernot Römer, S. 170.

39 Als Trauzeugen fungierten ihr Onkel Heinrich Schwarz (* 25. 12. 1859 Steppach † ?) und Martin Cramer (* 8. 8. 1880 Speyer † 1942 Piaski/Polen – ermordet), Jude, Kaufmann. Heiratseintrag Emilie Schwarz und Martin Cohn, 20. 1. 1918. StadtA A, StA Nr. B 79/18.

40 Martin Cohn (* 25. 5. 1891 Chemnitz † ?), Jude, Kaufmann.

41 Klaus Bästlein, Besonderer Anhang zur Publikation: Vom NS-Täter zum Opfer des Stalinismus: Dr. Walter Linse. Ein deutscher Jurist im 20. Jahrhundert, Berlin 2008, S. 16–18. Martin Cohn beschenkte die weiblichen Familienangehörigen mit Pelzmänteln. Hansi hatte „einen ganzen Schrank voll". Vgl. Hiemer, Interview mit René Sechehaye. Auch Lotte besaß wohl Pelze von Cohn. Erst im Jahr 2016 wurde ein Pelzkragen aus Nerz mit Tierkopf gefunden, den Lotte vermutlich mit auf den Aichele-Hof gebracht hatte.

42 Vgl. Hiemer, Interview mit René Sechehaye.

43 Helmut Cohn (* 1. 4. 1920 † ?), Jude, Kürschner (?).

44 Werner Cohn (* 21. 6. 1922 † 2018 San José, Kalifornien), Jude, Ingenieur. Vgl. StadtA A, Meldekarte Kurt Glaser.

Emmy, die Älteste
Peter Sechehaye, München

Doch Emmy ist bald nicht mehr glücklich in ihrer Ehe. Cohn ist reiner Geschäftsmann. Für Emmys soziale Ader hat er nicht viel übrig.[45] Am 29. Oktober 1930 wird die Ehe geschieden, die beiden Söhne Helmut und Werner werden Emmy zugesprochen.[46] Am 18. Juli 1932 heiratet Emmy erneut, diesmal den damals 40-jährigen jüdischen Hautarzt Dr. Kurt Glaser aus Chemnitz.[47] Glaser ist ebenfalls geschieden. In erster Ehe war er mit Alice Wertheimer[48] verheiratet. Ihre gemeinsame Tochter trägt den Namen Marianna,

45 Ernst Cramer an den Autor, 4. 6. 2009. Nach Ernst Cramer, der die Familie Schwarz gut kannte, war Cohn ein „Geschäftsmann", der „nur Geld machen wollte". Emmy dagegen sei sozial eingestellt gewesen. Ernst Cramer (* 28. 1. 1913 Augsburg † 19. 1. 2010 Berlin), Jude, Publizist, Vorstand der Axel-Springer-Stiftung.

46 Vgl. StadtA A, StA Nr. B 79/18 Heiratseintrag Emilie Schwarz und Martin Cohn, 20. 1. 1918.

47 Kurt Glaser (* 12. 5. 1892 Zittau/Sachsen † 5. 2. 1982 Hamburg), Jude, Arzt, Politiker der Sozialdemokratischen Partei Deutschlands (SPD). Vgl. Politik, Wirtschaft, Offentliches [sic] Leben (In German), Bd. 1: Politik, Wirtschaft, Öffentliches Leben (International Biographical Dictionary of Central European Emigres), hrsg. von der Research Foundation of Jewish Emigration, Inc. Staff, Munchen [sic] 2011, S. 224. Wie seine Ehefrau Emmy schied Glaser 1933 aus der Jüdischen Gemeinde aus. Sie galten als „Dissidenten". Die beiden Söhne von Emmy blieben dagegen weiter Mitglieder der Israelitischen Kultusgemeinde. Vgl. StadtA A, Meldekarte Kurt Glaser.

48 Alice Glaser, geb. Wertheimer (* 30. 6. 1893 Chemnitz † ? – deportiert nach Minsk), Jüdin. Bundesarchiv (Hrsg.), Gedenkbuch, Opfer der Verfolgung der Juden unter der nationalsozialistischen Gewaltherrschaft in Deutschland 1933–1945 (https://www.bundesarchiv.de/gedenkbuch).

genannt „Manne".[49] Glaser ist engagierter Sozialdemokrat, Mitglied der Parteileitung des Bezirks Chemnitz-Erzgebirge, in der Geschäftsleitung der Parteizeitung „Chemnitzer Volksstimme" tätig und Stadtverordneter von Chemnitz.[50] Außerdem ist er Mitbegründer der „Deutschen Liga für Menschenrechte", sitzt in der Reichsleitung des „Vereins Sozialistischer Ärzte in Deutschland" und engagiert sich in der „Ärztegewerkschaft" der „Reichssektion Gesundheitswesen".[51]

Hansi, die Mittlere

Hansi ist die begabteste der drei Schwestern. Nach dem „Von Stetten", das sie im Juli 1913 verlässt, besucht sie vermutlich als „externe Privatstudierende"[52] das Peutinger-Gymnasium in Augsburg und legt dort das Abitur ab. Zum Wintersemester 1916/17 schreibt sie sich als Hanna Schwarz an der Ludwig-Maximilians-Universität in München ein.[53] Sie studiert Philosophie, belegt aber auch Vorlesungen in den Fächern Kunstgeschichte, Literatur und Theaterwissenschaft sowie Wirtschaft und Psychologie.[54] 1919 muss sie ihr Studium wegen Krankheit für zwei Jahre unterbrechen.[55] Die Dauer der Krankheit spricht für Tuberkulose. Hansi ist in dieser Zeit wieder bei ihren Eltern in Augsburg gemeldet.

Am 8. März 1921 feiert die „Studentin der Philosophie" in Augsburg Hochzeit mit dem 17 Jahre älteren „Architekten und Kunstmaler" Joseph Sechehaye,[56] der aus Köln stammt und in München lebt.[57] Joseph Sechehaye gehört zum Kreis der Schwabinger Maler um die legendäre „Simpl"-Wirtin Kati Kobus.[58] Schon 1917 hat Hansi ihn als blutjunge

49 Marianna Friedländer, geb. Glaser (* 14. 1. 1922 Berlin † ?), Jüdin, verheiratet mit dem Rabbiner Günter Friedländer. (* 22. 2. 1914 Halle † ?), Jude, Rabbiner, Journalist, emigrierte nach Südamerika. Vgl. Politik, Wirtschaft, Offentliches Leben, Bd. 1, S. 198.

50 Vgl. die Eintragungen über Glaser in der Stadtverordnetenkartei sowie Informationen aus Büchern in: Von Alberti bis Zöppel, 125 Biografien zur Chemnitzer Geschichte, Chemnitz 2000.

51 Vgl. AdsD, 6/SAMP003527 Kurt Glaser, Lebenslauf, 23. 11. 1946.

52 Nach den Unterlagen des Schularchivs haben zwischen 1913 und 1916 einige externe „Privatstudierende", darunter auch Mädchen, am „Peutinger" erfolgreich das Abitur abgelegt. Weitergehende Unterlagen sind im Schularchiv nicht erhalten. Wolfgang Mutter aus dem Archiv des Peutinger-Gymnasiums Augsburg an den Autor, 11. 6. 2002.

53 Am 8. 11. 1916 schrieb sie sich als Studentin an der Philosophischen Fakultät I ein. Vgl. UAM LMU, Studentenkartei I, Karteikarte Hanna Schwarz/Hanna Sechehaye.

54 Ebenda.

55 Vom 23. 3. 1919 bis zu ihrer Heirat war sie in Augsburg bei ihren Eltern polizeilich gemeldet, 25. 3. 1920. StadtA A, Bürgerbogen Johanna Schwarz.

56 Joseph (auch: Josef) Sechehaye (Künstlername: Seché) (* 19. 3. 1880 Köln † 11. 7. 1948 Seefeld), Maler und Grafiker.

57 Trauzeugen sind Hansis Schwager Martin Cohn aus Chemnitz sowie der Kaufmann Richard Bach aus Augsburg. StadtA A, StA Nr. 342/1921 Heiratseintrag Joseph Sechehaye und Johanna Hilda Schwarz, 8. 11. 1921.

58 Hiemer, Interview mit René Sechehaye.

Hansi, die Mittlere
Peter Sechehaye, München
Fotograf: Franz Kroher, Augsburg

Studentin in München kennengelernt. Sechehaye stammt aus einer hugenottischen, also ursprünglich protestantischen Familie, die im Rheinland zum Katholizismus konvertiert ist. Der Familienname wird ursprünglich Sechéhaye geschrieben. Für seine künstlerische Tätigkeit verwendet er die vereinfachte Form „Seché".[59] Hansi bedient sich später beider Schreibweisen: Sie zeichnet sowohl als „Sechehaye" wie auch als „Seché".

Anders als ihre ältere Schwester Emmy geht sie eine Verbindung mit einem Nichtjuden ein. Die Ehe der begabten Tochter aus gutem Hause mit dem nichtjüdischen Künstler und Bohemien löst bei Karl und Anna Schwarz gewiss keine Jubelstürme aus. Von einer glanzvollen Hochzeitsfeier ist ebenso wenig bekannt wie von einer nennenswerten Mitgift. Allerdings erhält Emmy von ihrer Mutter einen Zuschuss zum Lebensunterhalt von 200,– RM monatlich.[60] Hansi zieht zu ihrem Ehemann in die Theresienstraße 34 nach

59 Über Josef[sic] Seché: Hans Vollmer (Hrsg.), Allgemeines Lexikon der bildenden Künstler des XX. Jahrhunderts, unveränderter Nachdruck der Originalausgabe Leipzig 1958, München 1992, Bd. 4, S. 249 sowie Dresslers Kunsthandbuch, hrsg. von Willy Oskar Dressler, Das Buch der lebenden deutschen Künstler, Altertumsforscher, Kunstgelehrten und Kunstschriftsteller. 9. Jg., Bd. 2: Bildende Kunst. Baukünstler, Bildhauer, Bühnenbildner, Griffelkünstler, Bildhauer, Maler, Werbe- u. Werkkünstler, Berlin 1930, S. 940.

60 StAA, AGA NLG Anna Schwarz 750/1939 Erklärung von Hansi und Lotte zur Erbschaftsangelegenheit Anna Schwarz, 11. 10. 1939.

München.[61] Zum Wintersemester 1921/22 schreibt sie sich erneut an der Universität ein, nun als Hanna Sechehaye.[62]

Am 8./9. November 1923 putschen der Weltkriegsgeneral Ludendorff[63] und der ehemalige Gefreite und Führer der NSDAP, Adolf Hitler,[64] in München gegen die Regierung. Am 9. November wird der Marsch der Putschisten an der Feldherrnhalle durch die Landespolizei gestoppt. In diesen Tagen häufen sich auch antisemitische Schmierereien, Flugblätter, ja sogar Gewalttaten gegen Juden in München. Hochburg antisemitischer Ausschreitungen ist die Ludwig-Maximilians-Universität. Im Jahr 1924 sieht sich der Nobelpreisträger für Chemie, Richard Willstätter,[65] sogar gezwungen, seinen Lehrstuhl aufzugeben. Er ist Jude.[66]

In dieser Zeit wird Hansi schwanger und bringt am 17. Dezember 1924 in München einen Sohn zur Welt, der den Namen René[67] erhält. Aus der angestrebten Promotion und dem Dr. phil. wird nichts. Zum Wintersemester 1924 schreibt sie sich nicht mehr ein und beendet ihr Studium ohne Abschluss.[68] Spätestens zum Jahreswechsel 1926/27 zieht Hansis kleine Familie von München nach Berlin-Schöneberg.[69] Ihr Mann, Josef Seché, hat sich mittlerweile einen Ruf als Reklamefachmann erworben. So wird er als Dozent für das Fach „Plakatkunst" an die Schule Reimann, eine innovative private Kunstgewerbeschule, nach Berlin berufen.[70] Doch es geht nicht lange gut in Berlin: Schon am 28. Februar 1929 wird die Ehe geschieden[71] – „aus Schuld des Mannes", wie es heißt.[72] Hansi ist jetzt alleinerziehende Mutter. Wenigstens unterstützt Anna Schwarz sie weiterhin mit 200,– RM monatlich.[73]

61 StadtA A, Bürgerbogen Johanna Schwarz, Eintragung 25. 3. 1920.

62 UAM LMU, Personen- und Studentenverzeichnisse (https://epub.ub.uni-muenchen.de/view/lmu/pverz.html) sowie UAM LMU, Studentenkartei I, Karteikarte Hanna Schwarz/Hanna Sechehaye.

63 Erich Ludendorff (* 9. 4. 1865 Kruszewnia bei Schwersenz, Provinz Posen; † 20. 12. 1937 München), General, Mitglied der Obersten Heeresleitung (1916–1918), deutsch-völkischer Politiker.

64 Adolf Hitler (* 20. 4. 1889 Braunau am Inn/Österreich-Ungarn † 30. 4. 1945 Berlin – Freitod), „Führer" der Nationalsozialistischen Deutschen Arbeiterpartei (NSDAP), seit 1933 „Führer" des Deutschen Reiches.

65 Richard Martin Willstätter (* 13. 8. 1872 Karlsruhe † 3. 8. 1942 Muralto/Schweiz), Jude, Chemiker, Nobelpreisträger.

66 Vgl. Susanna Schrafstetter, Flucht und Versteck. Untergetauchte Juden in München, Verfolgungserfahrung und Nachkriegsalltag, Göttingen 2015, S. 25.

67 René Sechehaye (* 17. 12. 1924 München † 2000 Oberstdorf), Jude, Kriegsblinder.

68 Vgl. UAM LMU, Studentenkartei I, Karteikarte Hanna Schwarz/Hanna Sechehaye.

69 Vgl. Heinz Decker/Ulrike Ladnar, Josef Sechés Exlibris und Gebrauchsgrafik, in: DEG-Jahrbuch (2013): Exlibriskunst und Grafik, S. 76. Dort auch eine Radierung von Seché zum neuen Jahr 1927 mit der Adresse seines Ateliers am Kurfürstendamm 152.

70 Zur Schule Reimann vgl. Swantje Wickenheiser, Die Reimann-Schule in Berlin und London. Ein jüdisches Unternehmen zur Kunst- und Designausbildung internationaler Prägung bis zur Vernichtung durch das Hitlerregime, Aachen 2009.

71 Vgl. StadtA A, StA Heiratsbuch Nr. 342/1921, Eintragung 8. 11. 1921.

72 Joseph Sechehaye heiratete 1935 erneut. Auch diese Ehe mit Helga Rasch wird später geschieden.

73 Vgl. StAA, AGA NLG Anna Schwarz 750/1939, Günther Weiss an das Amtsgericht Augsburg, 28. 4. 1950.

Hansi und René, Berlin, Oktober 1927
Peter Sechehaye, München

Ihren Sohn René gibt sie in die Obhut von Annemarie Wolff-Richter,[74] die in Berlin ein Kinderheim leitet;[75] der Zeitpunkt seiner Aufnahme lässt sich nicht genau bestimmen.[76] Das Kinderheim war mit 110,– Reichsmark pro Monat keineswegs billig.[77]

74 Annemarie Wolff-Richter, geb. Richter (* 27. 7. 1900 Breslau † Frühjahr 1945 KZ Jasenovac/Kroatien – ermordet), Heilpädagogin.

75 Über Glaser bestand vermutlich bereits Kontakt zu Annemarie Wolff-Richter. Seine Tochter Marianna war ebenfalls in Wolff-Richters Kinderheim und 1933 Mitglied eines Diskussionszirkels im Heim. Vgl. Michael Kölch, Theorie und Praxis der Kinder- und Jugendpsychiatrie in Berlin 1920–1935. Die Diagnose „Psychopathie" im Spannungsfeld von Psychiatrie, Individualpsychologie und Politik, Dissertation 2002, S. 398. Marianna Glaser war in den 1930er-Jahren auf die eine oder andere Weise mit Annemarie Wolff-Richter verbunden. Vgl. Ludwig Theodor Heuss, In memoriam Ursula Heuss, geb. Wolff * 25. Juli 1929 † 19. Oktober 2009, S. 15. Schon Glasers erste Ehefrau, Alice Wertheimer, war pädagogisch engagiert und setzte sich für die Anwendung der Montessori-Pädagogik im Jüdischen Kindergarten in Chemnitz ein. Vgl. Studentische Projektgruppe an der Humboldt-Universität zu Berlin: Glaser (geb. Wertheimer), Alice (http://www.berlin-minsk.de/#!/gb/57).

76 Möglicherweise kam er schon mit Eintreten der Schulpflicht 1931 in das Kinderheim Frohnau in der Oranienburger Chaussee 53, vielleicht aber auch erst 1933, als das Heim am Wannsee, oder gar erst 1934, als es in Zehlendorf untergebracht war. Else Danielowski, die von 1929 bis 1933 im Kinderheim Frohnau war, kann sich nicht an den zwei Jahre Jüngeren erinnern, hält es aber angesichts der Zahl von an die 50 Kindern für möglich, dass er mit ihr zusammen im Kinderheim war. Else Danielsen an den Autor, 13. 11. 2018.

77 Else Danielowski, Erinnerungen an Kindheit und Jugend von den 20er Jahren bis zum Kriegsende. CD von Olaf Freier, aufgezeichnet am 9. 12. 2005 (= ZeitZeugnisse 03 der Zeitzeugenbörse Berlin).

Das Kinderheim in Berlin, Oranienburger Chaussee 53
Familienarchiv Heuss. Fotografin: Marion Cornand

Zeichnerisches Talent hatte Hansi schon in der Schulzeit bewiesen.[78] Die Unterbringung ihres Sohnes in einem Kinderheim ermöglicht ihr jetzt vermutlich eine Ausbildung. In den folgenden Jahren verdingt sie sich jedenfalls als Zeichnerin in Baubüros und bei Architekten.

Das Kinderheim der Annemarie Wolff-Richter in Berlin-Frohnau[79] ist alles andere als ein normales Heim. Es handelt sich um ein sozialpädagogisches Reform-Projekt erster Güte.[80] Gegründet von der tatkräftigen Annemarie Richter, sollte hier die individual-

78 Von Hansi ist ein akribisch geführtes und beschriftetes Herbarium der Zwölfjährigen erhalten, dessen erstes Blatt eine nachträglich angefertigte Zeichnung eines Biedermeierpärchens zeigt, die mit „Hansi Schwarz 1911" signiert ist. ALH, Johanna Schwarz, Herbarium.

79 Vor 1922 und nach 1935 Oranienburger Straße 53, heute wieder Oranienburger Chaussee 53.

80 Vgl. die ausführliche Würdigung bei Kölch, Kinder- und Jugendpsychiatrie, S. 320–419. Die Schriftstellerin Dinah Nelken (* 16. 5. 1900 Berlin † 14. 1. 1989 Berlin), die ihren Sohn Peter, später Chefredakteur der in Ost-Berlin erscheinenden satirischen Zeitschrift „Eulenspiegel", in die Obhut von Annemarie Wolff-Richter gibt, beschreibt in ihrem autobiografischen Roman „Fleur Lafontaine" die Atmosphäre in dem Kinderheim: „Als ich hinausfuhr nach Frohnau, fand ich Annemarie […] jugendbewegt in Beiderwand-Gewand [ein Mischgewebe aus Leinen und Baumwolle, wie es in Trachten häufig Verwendung findet und als Zeichen einer ‚alternativen Lebensweise' von Angehörigen der Lebensreformbewegung getragen wurde] und Jesuslatschen. Doch dann im Wohnraum, darin Jungen Strümpfe stopften, Mädchen Schach spielten und eine rote Fahne die kahle Wand schmückte, war ich ganz daheim in Gegenwart, Zukunft und Annemaries Kinderreich, einem Kinderstaat mit Selbstverwaltung, Ämtern, Ehren, Zucht und Freiheit im Namen der Freiheit. Ich begriff schnell, was sich mir hier bot an Hilfe für den Jungen und für mich. […] Mir gegenüber auf der Kante des Schreibtisches hockte Annemarie, gleichaltrig, wenn auch nicht gleichartig, in ihrem mädchenhaft schlichten Hänger. […] Ich lernte die gelb verputzte Villa gut

psychologische Lehre von Alfred Adler[81] in der Erziehung praktisch erprobt werden. Die couragierte Leiterin zieht in jungen Jahren bereits ein Kinderheim auf, das auf der Co-Edukation von milieugeschädigten und verhaltensgestörten mit unauffälligen Kindern beruht. Diese sollen den auffälligen Kindern Vorbild und Orientierung sein. Die Erzieher begleiten dabei die Kinder in ihrer Entwicklung freundschaftlich-unterstützend. Keinesfalls soll die Erziehung auf Zwang und Züchtigung beruhen. Auch gemeinschaftliche Aktivitäten und erlebnispädagogische Ansätze gehören zum Konzept. Den Bedarf an Gemüse deckt man zum großen Teil aus dem zum Heim gehörenden Gemüsegarten. Bei der Bewirtschaftung helfen auch die Heimkinder mit. Den Sommer verbringt man mit gemeinsamen Spielen und Aktivitäten in Horst[82] an der Ostsee.

1927 heiratet Annemarie Richter den Jugendpfleger Helmut Wolff[83] und bringt im Sommer 1929 in Horst eine Tochter zur Welt, die den Namen Ursula erhält.[84]

Im Verlauf der schärfer werdenden politischen Auseinandersetzungen Anfang der 1930er-Jahre nähert sich das Heim politisch immer mehr sozialistischen und kommunistischen Strömungen an. Einige Heimkinder besuchen regelmäßig Veranstaltungen der „Roten Jugend". Es gibt auch einen Diskussionszirkel aus politisch engagierten jungen Leuten, der sich im Heim mit aktuellen Erziehungsfragen vor dem Hintergrund der gesellschaftlichen und politischen Entwicklung befasst. Einer von ihnen ist Ernst Ludwig Heuss,[85] damals Mitglied einer sozialistischen Studentengruppe[86] und Sohn des liberalen Reichstagsabgeordneten Theodor Heuss[87] und dessen Frau, der Sozialreformerin Elly Heuss-Knapp.[88]

Als 1932 ein Mädchen von einem Jungen aus dem Heim schwanger wird, verliert Annemarie Wolff-Richter die Erlaubnis, ein Kinderheim zu führen. Das Heim wird aus dem Heimverzeichnis der Stadt gestrichen.[89] Und Hansi steht vor dem Problem, ihren Arbeitsalltag und die Erziehung des achtjährigen René unter einen Hut zu bringen.

kennen, die Jungen- und die Mädchenseite, die Schlafzimmer der Großen und die der Kleinen, den Spielraum und den Essraum, die Küche mit ihrer Herrscherin, der dicken Tante Anna, ebenso die Sandberge dahinter, wo ich mit Klaus am Lagerfeuer Kartoffeln und Äpfel briet." Dinah Nelken, Fleur Lafontaine, München 1979, S. 342 f. Nelkens Sohn Peter wird in ihrem Buch Klaus genannt. Die DEFA verfilmte den Roman 1977/78 durch Horst Seemann mit DDR-Stars wie Angelika Domröse und Hilmar Thate.

81 Alfred Adler (* 7. 2. 1870 Rudolfsheim b. Wien/Österreich † 28. 5. 1937 Aberdeen/Schottland), Jude, Begründer der Individualpsychologie.

82 Heute heißt der Ort Niechorze und liegt in Polen. Vgl. Kölch, Kinder- und Jugendpsychiatrie, S. 333, Anm. 54.

83 Helmut Wolff (* 9. 1. 1804 Glatz † ?), Sozialarbeiter, später Arzt.

84 Ursula Heuss-Wolff, geb. Wolff (* 25. 7. 1929 Horst, heute: Niechorze/Polen † 19. 10. 2009 Basel/CH), Schwiegertochter des ehemaligen Bundespräsidenten Heuss.

85 Ernst Ludwig Heuss (* 5. 8. 1910 Berlin-Schöneberg † 14. 2. 1967 Lörrach), Unternehmer.

86 Zu Ernst Ludwig Heuss, gen. Lutz, und seinen Verbindungen zum Widerstand vgl. Horst R. Sassin, Liberale im Widerstand. Die Robinsohn-Strassmann-Gruppe 1934–1942, Hamburg 1993.

87 Theodor Heuss (* 31. 1. 1884 Brackenheim † 12. 12. 1963 Stuttgart), liberaler Politiker, Bundespräsident.

88 Elisabeth (Elly) Heuss-Knapp, geb. Knapp (* 25. 1. 1881 Straßburg † 19. 7. 1952 Bonn), Sozialreformerin.

89 Vgl. Kölch, Kinder- und Jugendpsychiatrie, S. 419.

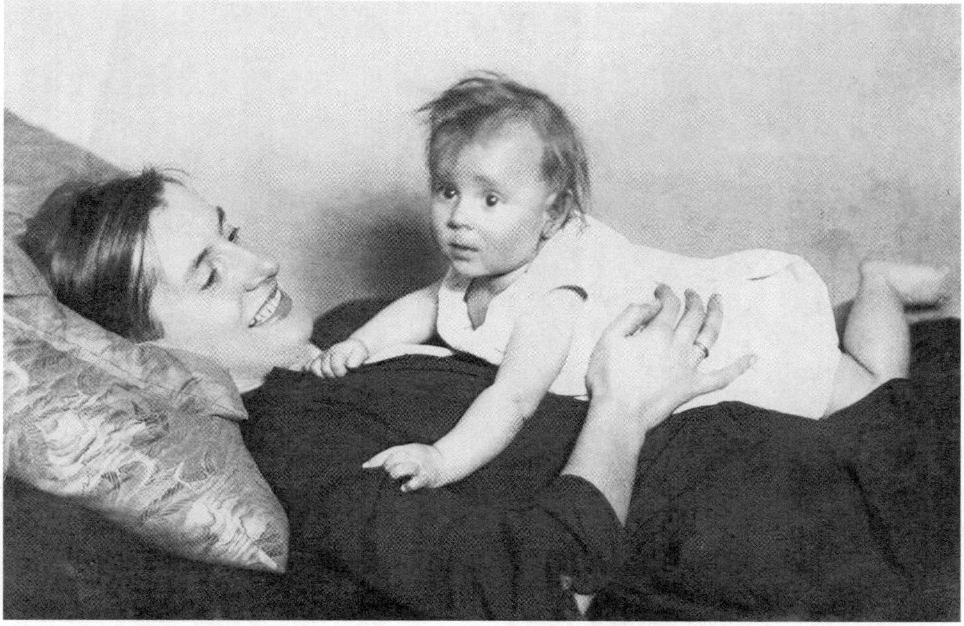

Annemarie Wolff-Richter mit ihrer Tochter Ursula
Familienarchiv Heuss. Fotografin: Marion Cornand

Lotte, die Jüngste

Lotte schließt die Schule im Juli 1919 ab.[90] Sie wird als zartes Mädchen, schlank, aber sehr elastisch beschrieben. Ihr Wesen ist weich und feinfühlig, was sich auch in ihrer runden, fließenden Handschrift ausdrückt. Lotte ist stets zu Scherzen aufgelegt und lacht gerne.[91] Die Zeit nach dem verlorenen Weltkrieg ist von Unsicherheit gekennzeichnet. So macht Lotte eine Ausbildung zur Sekretärin, lernt Schreibmaschine und Steno[92] – für eine „höhere Tochter" eher ungewöhnlich. Schon damals ist sie reiselustig, lebt zeitweise in Berlin und Hamburg.[93]

90 Mayerhofer an den Autor, 22. 11. 2009.
91 Hiemer, Interview mit René Sechehaye.
92 Über ihre Ausbildung liegen keinerlei Informationen vor. Doch gab sie bei ihrer Heirat 1933 als Beruf „Privatsekretärin" an. EAM, St. Bonifaz München, Trauungsregister 1933, Nr. 150, 24. 8. 1933, S. 156. In Lottes Meldekarte vom 6. 5. 1933 ist als Beruf „Sekretärin" eingetragen. StadtA A, Meldekarte Charlotte Margarete Schwarz. Lotte erledigte sämtliche Korrespondenz perfekt mit der Maschine.
93 Am 16. 4. 1923 meldete sie sich aus Berlin in Augsburg an, am 5. 8. 1924 aus Hamburg. StadtA A, Bürger-Familienbogen Karl Schwarz.

Lotte, die Jüngste
Peter Sechehaye, München

Solange Hansi in München ist, halten die beiden Schwestern engen Kontakt.[94] Im März 1925 zieht Lotte sogar nach München[95] und erlebt daher die ersten eineinhalb Lebensjahre ihres kleinen Neffen René mit. Nach dem Tod ihres Vaters Karl am 30. September 1926 meldet sie sich wieder in Augsburg an.[96] Obwohl amtliche Eintragungen fehlen, kehrt sie vermutlich auch wieder nach München zurück.[97] Auch als Hansi zum Jahreswechsel 1926/27 nach Berlin zieht, bleibt das Verhältnis zwischen den Schwestern eng. Zu Renés fünftem Geburtstag schickt Hansi Lotte etwa ein Foto ihres Sohnes aus Berlin mit der Beschriftung: „René Seché seiner inniggeliebten Loló".[98] Zu dieser Zeit lebt Lotte in Spanien; der kleine René nennt sie „Loló". Insgesamt drei Jahre verbringt sie in Spanien.[99] Es liegt nahe, dass sie dabei in Auslandsniederlassungen einer großen Augsburger

94 Schon am 18.1.1919 meldete sich die Vierzehnjährige nach München ab, vermutlich, um bei ihrer Schwester Hansi zu leben, die dort schon seit zwei Jahren studierte. Ebenda.

95 Am 13.3.1925 meldete sie sich nach München, Uhlandstr. 3, ab (ebenda) und am 17.3.1925 in München, Herzog-Heinrich-Str.7/0, an. StadtA, M EWK 65 S 256 Lotte Schwarz.

96 Am 31.10.1926 meldete sie sich in München nach Augsburg ab. Ebenda. Am 1.11.1926 war Lotte wieder in Augsburg registriert. StadtA A, Meldebogen Charlotte Margarete Schwarz, 28.2.1927.

97 So wurde ihr Reisepass am 26.4.1927 von der Polizeidirektion München verlängert. Ebenda.

98 APS. Das Foto ist datiert auf den 17.12.1929.

99 Vgl. DAB, I/1-40 Charlotte Eckart an HBOB, 25.11.1939.

Exlibris Lotte Schwarz von Joseph Seché
Heinz Decker, Frankfurt a. M.

Firma, vermutlich der Zahnräderfabrik Renk, die heute zum MAN-Konzern gehört, tätig ist.[100]

Lotte ist mit einsfünfundsiebzig groß gewachsen, schlank, sportlich und macht durchaus Eindruck auf die Männerwelt. Hansis Ehemann, Joseph Seché, widmet seiner jungen Schwägerin Lotte sogar ein eigenes Exlibris.[101] Ursprünglich ein in Bücher eingeklebter, einfacher Zettel, der den Besitz anzeigen sollte, etablierte sich das Exlibris als eigene Kunstform: kleinformatige Druckgrafiken, die den Besitzer charakterisieren sollten. Das Exlibris Lotte Schwarz bietet ein Bild des Friedens und der Harmonie. Eine Gruppe junger Leute hat sich unter einem Pavillon versammelt. Die karge Landschaft und die flachen Häuser sollen womöglich an Spanien erinnern.[102] Das mit Blumenornamenten reich verzierte Kleid des Mädchens in der Bildmitte, die Puffärmel des Kavaliers mit Blumenstrauß neben ihr wie Frisur und Dekolleté der üppigen Dame, die im Vordergrund die Laute zupft, haben etwas Höfisches. Sicher spielt auch die Liebe, symbolisiert

100 1938 räumte Anna Schwarz Fabrikdirektor Arthur Rabitz von der Zahnräderfabrik, vormals Joh. Renk AG, ein Vorkaufsrecht auf ihr Anwesen am Predigerberg ein. Vgl. StadtA A, L5 Nr. 645 Regierung von Schwaben an den Oberbürgermeister der Stadt Augsburg, 9. 2. 1939.

101 Decker/Ladnar, Josef Sechés Exlibris, S. 73–92. Das Exlibris Lotte Schwarz findet sich auf S. 92.

102 Vgl. DAB, I/1-40, Charlotte Eckart an HBOB, 25. 11. 1939.

durch ein Herz, das über dem Pärchen schwebt, eine Rolle – viel Raum für Spekulationen. In der Exposition des Namens „Lotte Schwarz“, der sich über die ganze Breite der Grafik erstreckt, spielt Seché auf die raumgreifende Handschrift von Lotte an. Tatsächlich benötigt sie für ihre schwungvoll-weiche Unterschrift schon mal die ganze Breite einer Postkarte. Seché hat zahlreiche Exlibris angefertigt. Bemerkenswert ist das von Seché für seine Schwägerin Lotte auch deswegen, weil weder für seine Frau Hansi noch für seinen Sohn René ein solches bekannt ist.[103] Wann und wo das Exlibris für Lotte entstanden ist, bleibt unklar.

Die Witwe Anna Schwarz

Am 30. September 1926 stirbt Lottes Vater Karl Schwarz im Alter von 68 Jahren nach schwerer Krankheit. Das Nachlassgericht veranschlagt das Vermögen der Familie Schwarz auf 140 000,– RM.[104] Außer dem Anwesen am Predigerberg besitzt die Familie noch ein Grundstück in der Gemeinde Krailling bei München, das vermutlich vorwiegend in den Ferien genutzt wird. Zudem gibt es noch ein Wertpapierdepot im Wert von 15 000,– RM.

Die Eisenhandlung „J. L. Schwarz“ wird am 1. März 1927 an Franz Stangl,[105] den bisherigen Geschäftsführer, verkauft.[106] Stangl übernimmt das Warenlager, die Außenstände sowie die Schulden, die gegeneinander aufgerechnet werden. Es bleiben lediglich 600,– Goldmark, die er bar bezahlt. Allerdings sieht der Vertrag eine lebenslange Miete und Rente von 800,– Goldmark pro Monat für Anna Schwarz vor.[107] Sollte sie vor dem 1. März 1942 sterben, sollen die Zahlungen bis zu diesem Datum an die Erben fortgesetzt werden. Sollte Anna Schwarz am 1. März 1942 noch leben, so sollte Stangl maximal noch weitere zehn Jahre Miete und Rente an sie zahlen müssen. Weitere Pachteinnahmen aus dem Gasthaus „Mohrenkopf“, der Orchester-Remise sowie der Neuapostolischen Gemeinde, die sich im 1. Stock eingemietet hatte, sowie Einnahmen aus der Vermietung von vier Drei- und vier Zwei-Zimmer-Wohnungen sowie insgesamt 14 Zimmern und drei Kammern sichern Anna Schwarz eine auskömmliche Existenz. Aus Mieten und Pachten des Anwesens am Predigerberg hat sie insgesamt Einkünfte von etwa 18 000,– RM jährlich.[108]

103 Vgl. Decker/Ladnar, Josef Sechés Exlibris, S. 74.
104 StAA, AGA NLG Anna Schwarz 750/1939, Protokoll, 5. 10. 1926.
105 Über Franz Stangl liegen keine weiteren Informationen vor.
106 StadtA A, L5 Nr. 645 Kaufvertrag Anna Schwarz und Franz Stangl, 1. 3. 1927.
107 Stangl plante damals den Einbau eines Kinos. In diesem Fall sollte der Betrag ab 1933 auf 900,– Goldmark steigen. Doch daraus wurde nichts. Ebenda.
108 StadtA A, L5 Nr. 645 Übernahmebericht vom 27. 6. 1939.

Lottes Mutter Anna Schwarz

Seit dem Tod ihres Gatten lebt Anna Schwarz allein mit der Köchin und ihren Untermietern in der Schaezlerstraße. Ein Zimmer ist seit dem 10. April 1928 fest vermietet an August Einstein.[109] Er ist ein Spross der weitverzweigten Einstein-Familien aus Ulm und Umgebung, aus der auch Albert Einstein,[110] der berühmte Physiker und Nobelpreisträger, stammt. August Einsteins Vater ist der Stabsarzt Dr. Julius Einstein,[111] seine Mutter Babette[112] eine Schwester von Lottes Vater, Karl Schwarz, aus Steppach. Entsprechend nennt Lotte ihn „Onkel August". August Einstein ist ein weitgereister Kaufmann. Von 1912 bis 1915 ist er Geschäftsmann in Kanada, lebt zeitweise in Hamburg, Berlin und Nürnberg.[113] Im Weltkrieg bringt er es bis zum Offiziersstellvertreter und wird mit dem

109 August Einstein (* 8.11.1868 Ulm † 8.11.1937 Augsburg – Freitod), Jude, Kaufmann, Protestant. Für weitere Informationen vgl. LABaWü, Abt. HStASt, Bestand J 386, Familienbuch August Einstein. Zur Familie von August Einstein vgl. StadtA Ulm, Familienregister 24/65. Vgl. auch StadtA A, Meldebogen Einstein, August, 14. 4. 1928. Im Einwohnerbuch der Stadt Augsburg erscheint er lediglich in der Ausgabe 1933 als „Rentner". Vgl. Einwohnerbuch der Stadt Augsburg 1933.

110 Albert Einstein (* 14.3.1879 Ulm † 18.4.1955 Princeton/New Jersey), Jude, Physiker, Begründer der Relativitätstheorie, Nobelpreisträger.

111 Julius Einstein (* 28.8.1828 Buchau † 23.5.1895 Augsburg), Jude, Oberstabsarzt.

112 Babette Einstein, geb. Schwarz (* 26.4.1830 Steppach † ? Ulm), Jüdin.

113 Vgl. StadtA A, Meldebogen August Einstein.

Eisernen Kreuz zweiter Klasse ausgezeichnet. August Einstein ist geschieden, sein Sohn Ernst-August nimmt sich an seinem 20. Geburtstag das Leben. Onkel August ist Konvertit. Er lässt sich evangelisch taufen.[114] Als er 1928 mit 60 Jahren nach Augsburg kommt und bei Anna Schwarz einzieht, tritt er bei der Firma Leopold Bach als Kaufmann ein.

Zu den festen Ritualen der Angehörigen der Jüdischen Gemeinde zählt die Feier des Sabbats. Dazu versammelt sich die Familie traditionell am Freitagabend um das Familienoberhaupt. Nach dem Tod ihres Mannes ist Anna Schwarz regelmäßig zur Sabbat-Feier bei der mit den Schwarzens verwandten Familie Hirsch eingeladen. Manchmal kommen auch Annas Töchter Emmy, Hansi und Lotte mit Begleitung dazu. Auch deren Kinder sind dabei. Emmys kleine Söhne Werner und Helmut nennen bei diesen Familientreffen Hansis Sohn René kurzerhand Peter, ein Name, der ihm sein ganzes Leben erhalten bleibt. Selbst seine Mutter Hansi nennt ihn fast durchgängig Peter.[115]

Jedes Jahr lädt Anna Schwarz ihre drei Töchter mit deren Anhang ein, gemeinsam Silvester zu feiern. Neben den Enkeln Werner und Helmut Cohn von Emmy sowie René alias Peter von Hansi kommen auch weitere Kinder von Verwandten und Bekannten dazu, unter anderem die Brüder Ernst und Erwin Cramer.[116] Anna Schwarz ist eine abergläubische Frau. Aus den abenteuerlichen Figuren, die die Kinder beim Bleigießen an Silvester fabrizieren, liest sie ihnen die Zukunft.[117]

Wilhelm Eckart

Ab dem 1. Januar 1933 ist Lotte in München gemeldet.[118] Sie ist jetzt die Freundin und bald die Verlobte von Hauptmann a. D. Wilhelm Eckart,[119] einem weltgewandten Mann in den besten Jahren, dessen Lebenlauf eine nähere Betrachtung lohnt.

Wilhelm Eckart ist am 22. Oktober 1887 in Ingolstadt geboren, ein echter Bayer und 23 Jahre älter als Lotte. Sein Vater Ludwig[120] ist Zeugmajor der Bayerischen Armee. Auch der hoffnungsvolle Sprössling schlägt bald die Offizierslaufbahn ein.[121] Am

114 Vgl. Hirsch-Erlund/Römer, Irmgard. Anmerkung von Gernot Römer zu August Einstein, S. 172. Auf seiner Meldekarte ist August Einstein lediglich als „Dissident", also als aus der Jüdischen Kultusgemeinde ausgetreten, vermerkt. StadtA A, Meldebogen August Einstein.

115 Vgl. FAH, NL AWR IV/7 Johanna Sechehaye an René Sechehaye, 10. 9. 1937.

116 Erwin Cramer (* 1. 8. 1921 Augsburg † 1942 Piaski – ermordet), Jude.

117 Vgl. Hirsch-Erlund/Römer, Irmgard, S. 38.

118 Vgl. StadtA, M Datensatz NS-Opfer/Personen Charlotte Margarete Eckart. Auf einer 1960 angelegten Ersatzkarte ihrer Einwohnermeldeamtskarte ist der Zuzug in die Elisabethstr. 21/III allerdings erst am 9. 5. 1933 vermerkt. StadtA, M EWK 65 S 256, Charlotte Margarete Eckart 1925–33.

119 Wilhelm Eckart (* 22. 10. 1887 Ingolstadt † 3. 11. 1934 Bad Reichenhall), Hauptmann a. D., Geschäftsmann.

120 Ludwig Eckart (* ? † 6. 3. 1938 Bad Reichenhall), Zeugmajor.

121 Wilhelm Eckarts Dienstzeit im Bayerischen Heer ist in seiner Personalakte im Kriegsarchiv München dokumentiert. BayHStA, Abt.4 Kriegsarchiv OP 373 Personalakte Wilhelm Eckart.

26. Mai 1909 erhält er sein Offizierspatent. Als 1914 der Weltkrieg beginnt, rückt Eckart mit dem Bayerischen Reserve-Feld-Artillerie-Regiment Nr. 6 durch Flandern vor und nimmt an der Schlacht um Ypern teil. Bei Wijtschedde[122] wird er Anfang November im Wald von Oosttaverne in einem Wassergraben verschüttet und muss darin längere Zeit vor den feindlichen Linien ausharren. Anschließend liegt er zwei Wochen mit der Diagnose Rheumatismus und Lungenspitzenkatarrh, einer beginnenden Tuberkulose, im Lazarett.[123]

Vom 22. bis 29. April 1915 führt er als 2. Abteilungs-Adjutant der 6. Bayerischen Reserve-Division[124] prominenten Besuch durch die Schützengräben Flanderns: den stellvertretenden bayerischen Feldprobst. Diese Funktion hat damals der Bischof von Speyer inne, Michael von Faulhaber,[125] inne, der spätere Erzbischof von München und Freising.[126] Und Faulhaber ist von dem jungen Offizier, der ihn im Felde führt und seine Untergebenen sehr väterlich behandelt, wie er später bemerkt, recht angetan.[127] Gleich zu Beginn seines Besuches an der Westfront wagt sich der Bischof unter strengsten Sicherheitsvorkehrungen am 22. April 1915 bis in die vordersten Schützengräben und spendet den Soldaten dort den Segen.[128] Dafür wird er von Kronprinz Rupprecht von Bayern mit dem Eisernen Kreuz II. Klasse ausgezeichnet, auf das Faulhaber zeit seines Lebens

122 Weitere Schreibweise: Wytschaete.

123 BayHStA, Abt. 4 Kriegsarchiv OP 373 Wilhelm Eckart, Antrag auf Verwundeten-Abzeichen, 2. 8. 1918.

124 Die Königlich Bayerische 6. Reserve-Division bestand aus mobilisierten Reservisten und Kriegsfreiwilligen, unter ihnen der Gefreite Adolf Hitler.

125 Michael von Faulhaber (* 5. 3. 1869 Heidenfeld/Unterfranken † 12. 6. 1952 München), Erzbischof von München und Freising (1917–1952), seit 1921 Kardinal.

126 Zu Faulhabers Besuch an der Westfront 1915 vgl. Johann Klier, Von der Kriegspredigt zum Friedensappell. Erzbischof Michael von Faulhaber und der Erste Weltkrieg, Ein Beitrag zur Geschichte der deutschen katholischen Militärseelsorge, Dissertation, München 1991, S. 102–106. Ein auf „26. Apr. 1915 vor Ypern" datiertes Foto zeigt Faulhaber durch ein Scherenfernrohr blickend im Schützengraben.

127 Michael von Faulhaber, Tagebucheintrag vom 28. 2. 1935. EAM, NL FH 10016 (http://www.faulhaber-edition.de/dokument.html?docidno=10016_1935-02-28_T01). Die Tagebücher Faulhabers stellen auch für die Geschichte Lotte Eckarts und damit mittelbar auch für Gabi eine wichtige Quelle dar. Faulhaber verfasste seine Eintragungen in der nicht mehr gebräuchlichen Gabelsberger Kurzschrift. Die Transkription von Faulhabers Tagebüchern erfolgt z. Z. im Rahmen des Projekts „Kritische Online-Edition der Tagebücher Michael Kardinal von Faulhabers (1911–1952)", durchgeführt vom Institut für Zeitgeschichte München-Berlin, dem Seminar für Mittlere und Neuere Kirchengeschichte an der Universität Münster und dem Erzbischöflichen Archiv München und finanziert von der Deutschen Forschungsgemeinschaft (DFG). Die Veröffentlichung der Tagebücher ist auf einen Zeitraum von 12 Jahren angelegt. Bislang stehen die Jahrgänge 1911–1920 und 1933–1935 sowie 1945 (Stand: April 2019) online unter www.faulhaber-edition.de zur Verfügung. Die hier wiedergegebenen und noch nicht veröffentlichten Einträge Faulhabers wurden dankenswerterweise von den wissenschaftlichen Mitarbeiterinnen und Mitarbeitern der Online-Edition Franziska Nicolay, Dr. Philipp Gahn, Julius Kiendl, Thomas Schütte, Dr. Peer Oliver Volkmann und der ehemaligen Projektmitarbeiterin Carina Knorz sowie Andreas Kloner aus Wien für diese Veröffentlichung transkribiert und überprüft.

128 Vgl. Klier, Kriegspredigt, S. 104.

Faulhaber, rechts, im Schützengraben
vor Ypern, 26. April 1915
Archiv des Erzbistums München und Freising
Nachlass Faulhaber, DE-2258 CA/003/36

sehr stolz ist.[129] Am 26. April 1915 besucht er die Schützengräben des II. Bayerischen Armeekorps am Wijtscheddebogen in Flandern. Ein weiteres Foto zeigt den Bischof mit dem Übermantel und der Schirmmütze eines Offiziers in einem Grabenabschnitt des 9. Infanterie-Regiments aus Würzburg, in dem er 1888/89 selbst seinen aktiven Dienst mit der Waffe geleistet hat.[130] Kein Wunder, dass diese Erfahrungen den jungen Offizier, der ihn in diesen Tagen begleitet hat, in den Augen Faulhabers sehr positiv erscheinen lassen.

Eckart legt in der Folgezeit eine atemberaubende Karriere hin. Zunächst wird ihm die Leitung des Kriegsgefangenenlagers Cambrai anvertraut, wo er erfolgreich das systematische Gefangenenverhör einführt. Bald wird er als Nachrichtenoffizier zum Generalstab kommandiert. Am 5. August 1917 steigt Eckart sogar zum Abteilungsleiter bei

129 Vgl. Christian Lankes, Faulhaber und der Erste Weltkrieg, in: Peter Pfister/Generaldirektion der Staatlichen Archive Bayerns (Hrsg.), Kardinal Michael von Faulhaber 1869–1952, Ausstellungskatalog, München 2002, S. 150. Vgl. weiterhin: Klier, Kriegspredigt, S. 104, sowie die Korrespondenz zur Verleihung des Eisernen Kreuzes II. Klasse an Faulhaber: v. a. Divisionspfarrer Fooks an Faulhaber, 29. 4. 1915 sowie das Dankschreiben Faulhabers für die Verleihung des Eisernen Kreuzes, 1. 6. 1915, EAM, NL FH 9040.

130 Vgl. Lankes, Faulhaber und der Erste Weltkrieg, in: Pfister/Generaldirektion (Hrsg.), Faulhaber, Ausstellungskatalog, S. 149 f.

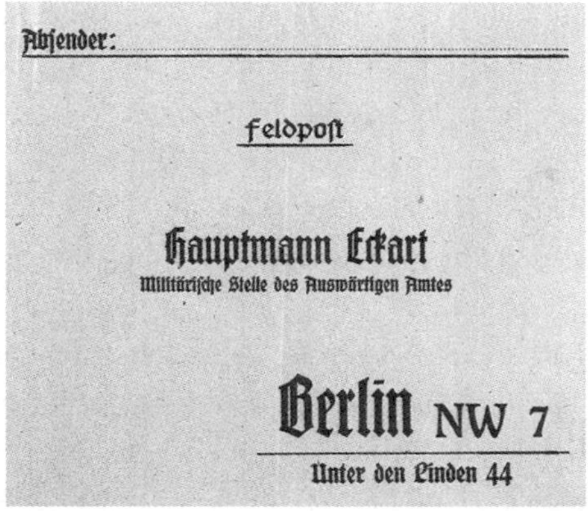

Feldpostumschlag mit Dienstadresse
Wilhelm Eckarts in Berlin, 1918
Bayerisches Hauptstaatsarchiv, 1918 OP_373_06

der „Militärischen Stelle" des Auswärtigen Amtes in Berlin auf. Im Auftrag der Obersten Heeresleitung ist sie für die Propaganda in den neutralen Staaten zuständig. Dem gerade mal 29-jährigen Oberleutnant wird die Leitung der Abteilungen K und P anvertraut.[131] Die Abteilung K ist für Kunst-Propaganda zuständig. Mit Ausstellungen, Theater- und Opernaufführungen, Konzerten und Varietédarbietungen sowie mit der Aufführung deutscher Filme soll nicht nur die Feindpropaganda widerlegt, sondern die allgemeine Überlegenheit der deutschen Kultur demonstriert werden. Um dies zu bewerkstelligen, werden deutsche Künstler mitten im Krieg in die Schweiz, in die Balkanländer oder nach Skandinavien geschickt. Für die entsprechenden Reisepässe sorgt die Abteilung P, die praktischerweise ebenfalls Wilhelm Eckart untersteht. Eckart bevorzugt dabei die leichte Unterhaltung, vom Varieté bis hin zu Modenschauen, mit denen ein größeres Publikum angelockt werden kann.[132]

Am 22. März 1918 wird Eckart zum Hauptmann befördert.[133] Er residiert einige Zeit „Unter den Linden 44 in Berlin", wird aber bald vom Großen Generalstab dem Auswärtigen Amt zur Verfügung gestellt. Ein in seiner Personalakte enthaltener Zeitungsartikel zählt seine Verdienste um die beiden von ihm verantworteten Abteilungen auf und verspricht, dass namentlich die „heimatliche Künstlerschaft" seinem Wirken ein ehrendes Andenken bewahren werde.[134] Eckart ist für den Aufbau einer „Auslandshilfsstelle" in Bukarest vorgesehen, verträgt aber das Klima nicht und erkrankt. Daraufhin wird er mit dem gleichen Auftrag nach Helsingfors, das heutige Helsinki, geschickt. Am 13. Juni

131 Zur Militärischen Stelle des Auswärtigen Amtes vgl. PA AA, Asservat Nr. 59 Felix Guse, Die deutsche Propaganda während des Weltkrieges im In- und Ausland.

132 Vgl. auch die vermutlich von Wilhelm Eckart stammende „Ausarbeitung für ein künftiges Propaganda-Unternehmen Vacika (Varieté, Circus, Kabarett)", BArch R 901/71833.

133 BayHStA, Abt. 4 Kriegsarchiv OP 373, Ernennungsurkunde, 22. 3. 1918.

134 BayHStA, Abt.4 Kriegsarchiv OP 373 Personalakte Wilhelm Eckart, Zeitungsartikel o. O., o. J. (1918).

1918 wird er zum Leiter der „Auslandshilfsstelle Helsingfors der Obersten Heeresleitung Ausland“ ernannt. Eckart hat die Aufgabe, nach dem Sieg der „weißen Armee“ mithilfe der deutschen Ostseedivision den kulturellen Einfluss der Russen, Engländer und Franzosen einzudämmen und den Finnen vor Ort die Überlegenheit der deutschen Kultur zu demonstrieren. Eckart sieht die neue Stellung auch als Sprungbrett, um vom militärischen in den diplomatischen Dienst überzuwechseln.[135]

Innerhalb kürzester Zeit entfaltet Wilhelm Eckart umfangreiche Aktivitäten. Er bereitet Gastspiele deutscher Künstler vor, plant die Gründung eines „Deutschen Theaters“, wird selbst Teilhaber der „Nordischen Theater- und Konzert-Agentur“ und beschlagnahmt das Apollo-Kinematographentheater in Helsinki für Propagandazwecke. Und Eckart nutzt die Gunst der Stunde: Der finnische Senat unter dem Vorsitz von Juho Kusti Paasikivi[136] will Finnland eng an das Deutsche Kaiserreich binden und plant sogar, einen deutschen Kronprinzen zum König von Finnland zu machen.[137] So kommt es schon am 14. September 1918 zur Gründung der „Finnisch-Deutschen Gesellschaft“ im Societätshaus mit dem Rektor der Universität, Waldemar Ruin,[138] als erstem und dem deutschen Geschäftsmann und kaiserlichen Vize-Konsul, Albert Goldbeck-Löwe,[139] als zweitem Vorsitzenden. Eckart sorgt bei dem feierlichen Anlass für Wein, Sekt und Cognac.[140]

Doch am 9. November 1918 siegt in Deutschland die Revolution. Der Krieg ist zu Ende. Die deutschen Truppen verlassen auch Finnland. Eckart bittet am 1. Dezember 1918 um Entlassung aus dem Dienst aus gesundheitlichen Gründen. Die Bitte wird ihm gewährt. Doch nach dem Zusammenbruch des Kaiserreichs wittern Gegner und Rivalen Eckarts Morgenluft. Mehrere Anzeigen gegen Eckart wegen verschiedener Dienstvergehen laufen ein. Eckart wehrt sich nach Kräften und weist sämtliche Vorwürfe wegen Unterschlagung, Betrug, Alkoholschmuggel und Ungehorsam weit von sich. Doch werden mehrere Militärgerichtsverfahren gegen ihn eröffnet.[141] Am 12. Dezember 1918 verlässt Eckart Finnland eigenmächtig in Richtung Berlin. Die von ihm hinterlassene Kasse der

135 Vgl. PA AA, R 139258, Wilhelm Eckart an Graf von Wedel, 2. 7. 1918, sowie PA AA, R 139259 Georg Graf von Hertling an den Kaiserlichen Gesandten von Brück, 3. 8. 1918.

136 Juho Kusti Paasikivi (* 27. 11. 1870 Koski Hl, heute: Hämeenkoski/Finnland † 14. 12. 1956 Helsinki/Finnland) Politiker, finnischer Staatspräsident.

137 Vgl. Hannes Saarinen, Finnisch-Deutsche Gesellschaft 1918–1944, in: Silta-Brücke (2017) 12, S. 8 f.

138 Waldemar Ruin (* 25. 7. 1857 Suzdal/Russland † 10. 3. 1938 Helsinki/Finnland), Philosoph, Pädagoge.

139 Hans-Adolf Albert Goldbeck-Löwe (* 26. 11. 1863 Plön/Holstein † 12. 4. 1934 Helsinki/Finnland), Unternehmer.

140 Vgl. BayHStA, Abt. 4 Kriegsarchiv OP 373, Einladung zur Gründung der Finnisch-Deutschen Gesellschaft mit handschriftlichen Vermerken von Eckart, 14. 9. 1918.

141 Korrespondenz zu Eckarts Eigenmächtigkeiten vgl. BArch R 901/71235, Zentralstelle für Auslandsdienst: Finnland.

Auslandshilfsstelle weist enorme Fehlbeträge auf. Das reicht. Eckart wird abgesetzt. Seine Diplomatenkarriere kann er nach einem Telegramm des Kaiserlichen Gesandten über seine angeblichen Verfehlungen an das Auswärtige Amt[142] begraben. Über Jahre zieht sich der Streit zwischen Eckart und den Militärs hin. Schließlich scheidet Eckart wegen der im Versailler Vertrag besiegelten Reduzierung der Truppenstärke aus der Armee aus und bekommt eine Offizierspension. Das Tragen der Generalstabsuniform wird ihm jedoch verwehrt.[143]

Eckart wird Geschäftsmann, vertritt Export-Firmen, wird Prokurist. Bald lässt er sich im Berliner Adressbuch als Fabrikdirektor eintragen.[144] Auf seinem Briefkopf firmiert er als Dr. phil., als Konsul und Mitglied der Deutsch-Amerikanischen Handelskammer.[145] 1924 verhandelt er für Brown & Boveri in Helsinki über das Immatra-Staudammprojekt,[146] wobei er seine blendenden Kontakte aus seiner Zeit als Leiter der Auslandshilfsstelle zu nutzen weiß.[147] Am 30. Dezember 1924 heiratet er auf dem Bürgeramt in Helsinki die Unternehmerstochter Margarete Buchmann[148] aus Berlin. Doch die Ehe bleibt Episode. Bereits am 12. November 1928 wird sie vom Landgericht Berlin I „aus Verschulden des Ehemanns" geschieden.[149] Im Jahr 1927 ist Eckart für die von dem Oblaten-Pater Paul Schulte[150] gegründete MIVA, die Missions-Verkehrs-Arbeitsgemeinschaft, tätig.[151] Protektor der MIVA ist der Erzbischof von Köln, Kardinal Schulze, Erster Vorsitzender der Oberbürgermeister von Köln, Dr. Konrad Adenauer.[152] Vermutlich ist Eckart unter den Laien zu suchen, die von Pater Schulte gegen eine Provision von 10 bis 15 % zur Mitgliederwerbung angeheuert wurden, nach kurzer Zeit aber trotz mäßigen Erfolgs höhere

142 PA AA, R 139260, Freiherr von Brück telegraphisch an das Auswärtige Amt, 24.12.1918.

143 Umfangreiches Material zu den Verfahren gegen Eckart in seiner Personalakte BayHStA, Abt. 4 Kriegsarchiv OP 373.

144 Vgl. Berliner Adressbücher 1900–1924 (https://digital.zlb.de/viewer/search/DC%3Adigitabb.adressbuecher*%3B%3BDC%3Adigitabb.adressbuecher.19001924/-/1/SORT_YEARPUBLISH/-/).

145 Vgl. FNA, K. Paasikiven arkisto, box I:2. (microfiche, VAY:4384), Wilhelm Eckart an Paasikivi, 7.11.1924.

146 Vgl. ebenda, Wilhelm Eckart an Paasikivi, 14.1.1925. Dem Brief liegt eine entsprechende Vollmacht der Brown, Boverie & Cie Aktiengesellschaft vom 3.1.1925 bei.

147 Vgl. ebenda seine Briefe an den späteren finnischen Präsidenten Paasikivi.

148 Über Margarete Buchmann liegen keine weiteren Informationen vor.

149 Vgl. StadtA, M EMA NS Einwohnermeldeamtskarte Wilhelm Eckart mit Einträgen über seine Ehefrau Charlotte Margarete Schwarz, bei der mit Bleistift vermerkt ist: „Jüdin lt. Akt."

150 Paul Schulte (* 14.5.1895 Magdeburg † 7.1.1974 Swakopmund/Namibia), Oblatenpater, Begründer der Missions-Verkehrs-Arbeitsgemeinschaft (MIVA).

151 Vgl. EAM, NL FH 9586, Wilhelm Eckart an Faulhaber, 18.7.1927 sowie allgemein zur MIVA und Pater Schulte Josef Schulte/Hermann Lemberg, Der Fliegende Pater Paul Schulte OMI, Aschaffenburg 1987 sowie Paul Schulte, Das Wagnis des Fliegenden Paters, 2. Aufl., Paderborn o. J.

152 Konrad Adenauer (* 5.1.1876 Köln † 19.4.1967 Rhöndorf), Oberbürgermeister von Köln (1917–1933, 1945), Bundeskanzler (1949–1963).

Provisionen, ja sogar Gehalt fordern, wonach Pater Schulte die Zusammenarbeit umgehend beendet.[153]

Zu Eckarts Charakterbild gehört eine gewisse Geltungssucht, der Wunsch, mehr darzustellen als er ist, ein Gernegroß, der durchaus die Züge eines Hochstaplers trägt.[154] So behauptet er beispielsweise, er habe den Doktor phil. gemacht,[155] lässt den Titel sogar einige Jahre auf seine Visitenkarte drucken. Auf seinem Briefpapier bezeichnet er sich als Konsul, später Konsul a. D. Obendrein neigt Eckart zu Unbeherrschtheiten, was sich in mehreren Anzeigen wegen Beleidigung niederschlägt – und er ist ein Liebling der Frauen. Womöglich ist er deshalb schon 1920 der Scheidungsgrund für die Ehe des Staatsanwalts von Torgau.[156]

Die aufgrund der Anzeigen gegen ihn geführten Militärgerichtsverfahren verlaufen zwar allesamt im Sande, doch Eckart kommt auch im zivilen Leben mehrmals mit dem Gesetz in Konflikt. So wird er wegen verbotener Warenausfuhr, Körperverletzung und Abgabe einer falschen eidesstattlichen Versicherung rechtskräftig verurteilt. Wegen letzteren Vergehens steht er bis zum 31. Mai 1931 unter Bewährung. Ob Lotte etwas davon weiß? Vermutlich lässt sie sich zu gern von seinem souveränen Auftreten und opulenten Lebensstil blenden. In Wahrheit ist Wilhelm Eckart längst pleite. Von seiner Offizierspension in Höhe von 250,– RM wird ihm das meiste gepfändet, sodass ihm lediglich 123,– RM verbleiben. Der Polizeidirektion München ist 1932 bekannt, dass er mindestens 16 000,– RM Schulden hat und auf der Flucht vor seinen Gläubigern ständig seinen wahren Aufenthalt zu verschleiern sucht.[157]

Schon am 19. Juni 1931 meldet sich Wilhelm Eckart in München bei seinen Eltern in der Heßstraße 12 an.[158] Diese halten sich fast das ganze Jahr über in Meran auf. Von der Heßstraße schickt er Briefe nach Meran, wo sie von seinen Eltern zur Post gebracht werden, um vorzuspiegeln, dass er sich im Ausland aufhält. Die Münchner Polizei weiß, dass Eckart in Wahrheit im Luxushotel Regina-Palast in München wohnt, wo ihn seine Geliebte, die Modistin Frieda Triebel[159] aus der Karlstr. 12, mit Frühstück, Mittag- und

153 Vgl. ADCV, R 627 Fasz. 1 MIVA Aachen 1928–1951, Tätigkeitsbericht von Pater Schulte 1927/28, Beilage zum Protokoll der Sitzung vom 28. 3. 1928.

154 Die letzte Zeitzeugin, Resi Baumann, die Gabi und Lotte als junges Mädchen noch persönlich erlebt hat, erinnert sich dunkel an ein Gerücht, Lotte sei auf einen Heiratsschwindler hereingefallen.

155 Vgl. FNA, K. Paasikiven arkisto, box I:2. (microfiche, VAY:4384), Wilhelm Eckart an Paasikivi, 14. 1. 1925. Die Angabe stammt aus dem diesem Brief beiliegenden Lebenslauf.

156 Vgl. BayHStA, Abt. 4 Kriegsarchiv OP 373, Notiz zu einer Anzeige gegen Wilhelm Eckart wegen Beleidigung im Ehescheidungsprozess des Staatsanwalts von Torgau, 25. 10. 1920.

157 Vgl. auch für das Folgende BayHStA, MK 60650 Polizeidirektion München an das Staatsministerium für Unterricht und Kultus in München, 19. 1. 1932. Das Schreiben enthält neben Angaben aus dem polizeilichen Führungszeugnis auch erstaunlich detaillierte informelle Hinweise.

158 StadtA, M EMA NS Einwohnermeldeamtskarte Wilhelm Eckart.

159 Über Frieda Triebel liegen keine näheren Informationen vor.

Abendessen versorgt. Vom 15. November bis zum 1. Dezember 1932 steigt er im Hotel Königshof, ebenfalls ein Luxushotel direkt am Stachus, ab.[160] All dies und noch viel mehr berichtet die Polizeidirektion München am 19. Januar 1932 an das Bayerische Staatsministerium für Unterricht und Kultus.[161] Eckart hat ein Gesuch an die Direktion der Bayerischen Staatstheater gerichtet und sich als Berichterstatter verschiedener auswärtiger Zeitungen bezeichnet. Die Aufzählung dieser Presseorgane mutet der Direktion „etwas seltsam“ an. Außerdem weiß sie von Gerüchten, Eckart führe die Titel „Dr. phil.“ und „Konsul“ zu Unrecht, und bittet das Kultusministerium um Auskunft über den Antragsteller. Dieses wendet sich am 11. Dezember 1931 an die Polizeidirektion München.

Die Münchner Polizei zitiert unter anderem aus einem Schreiben des Auswärtigen Amtes an die Polizeidirektion Berlin vom 8. Juli 1929, in dem das Amt darauf hinweist, dass Wilhelm Eckart nie deutscher Konsul gewesen sei und den Titel zu Unrecht führe. In den Unterlagen des Einwohnermeldeamtes München ist die Bezeichnung „Konsul“ denn auch gestrichen.[162] Am 7. November 1931 wird Wilhelm Eckart vom Kultusministerium auch untersagt, den ihm von der „Oriental University of Washington“ verliehenen Doktortitel in Deutschland zu führen.[163] Kein Doktor. Kein Konsul. Bleibt nur der Hauptmann a. D.

Erstaunlich, was die Münchner Polizei über Wilhelm Eckart alles weiß – darunter auch, dass es noch eine weitere Dame in seinem Leben gibt. Die Polizeidirektion schreibt am 19. Januar 1932: „Eckart hat in Paris eine Freundin, ein Frl. Lotte Schwarz, die dort in der rue Cambon 5 wohnt. Um nun drängende Gläubiger zu täuschen, schreibt er diesen, dass er sich z. Z. in Paris aufhalte, in nächster Zeit aber nach Deutschland komme, um die Angelegenheiten zu regeln. Diese Briefe schickt er seiner Freundin, welche sie dann in Paris zur Post gibt.“[164] Lotte wohnt in Paris – ebenfalls in einem Luxushotel, im Hotel Résidence La Concorde. Weiß sie von Eckarts Flucht vor seinen Gläubigern und seiner dauernden finanziellen Notlage? Immerhin steckt sie die fingierten Briefe brav in Pariser Briefkästen. Am 1. Dezember 1932 meldet sich Wilhelm Eckart nach Paris ab[165] – zu Lotte, seiner Verlobten. Als er am 23. Februar 1933 nach Deutschland zurückkehrt, hat sich das Land tief greifend verändert.

160 StadtA, M EMA NS Einwohnermeldeamtskarte Wilhelm Eckart.
161 Vgl. BayHStA, MK 60650 Polizeidirektion München an das Staatsministerium, 19. 1. 1932.
162 StadtA, M EMA NS Einwohnermeldeamtskarte Wilhelm Eckart.
163 BayHStA, MK 60650. Polizeidirektion München an das Staatsministerium, 19. 1. 1932.
164 Ebenda.
165 StadtA, M EMA NS Einwohnermeldeamtskarte Wilhelm Eckart.

Die Nationalsozialisten an der Macht: Judenhass wird Staatsdoktrin

Nach Jahren wirtschaftlicher und politischer Krisen ernennt Reichspräsident von Hindenburg[166] am 30. Januar 1933 den Führer der Nationalsozialistischen Deutschen Arbeiterpartei (NSDAP), Adolf Hitler, zum Reichskanzler.

Zum ideologischen Kernbestand des Nationalsozialismus gehört die Überzeugung, dass die „Judenfrage" gelöst werden müsse, um das Überleben des deutschen Volkes zu sichern. Das von Hitler am 24. Februar 1920 verkündete 25-Punkte-Programm der NSDAP[167] unterscheidet zwischen Reichsbürgern erster und zweiter Klasse. Punkt 4 lautet: „Staatsbürger kann nur sein, wer Volksgenosse ist. Volksgenosse kann nur sein, wer deutschen Blutes ist, ohne Rücksichtnahme auf Konfession. Kein Jude kann daher Volksgenosse sein." Das nicht näher definierte „deutsche Blut" soll also fürderhin ausschlaggebend für die Einteilung der Bevölkerung des Reiches in zwei Klassen sein. Weitere Punkte verlangen eine Sondergesetzgebung für Juden, die von allen öffentlichen Ämtern ausgeschlossen sein sollen, die Ausweisung Nichtdeutscher in Notsituationen sowie das Ende jeglicher Einwanderung nach Deutschland.

Wie Adolf Hitler über die Juden denkt, ist in seinem millionenfach gedruckten Buch „Mein Kampf" seit 1925 nachzulesen: Der Jude ist „immer nur Parasit im Körper anderer Völker [...] Er sucht immer neuen Nährboden für seine Rasse [...] Er ist und bleibt der typische Parasit, ein Schmarotzer, der wie ein schädlicher Bazillus sich immer mehr ausbreitet [...] wo er auftritt, stirbt das Wirtsvolk nach kürzerer oder längerer Zeit ab."[168] Was die NSDAP von der Vermischung sogenannten deutschen und angeblich minderwertigen „jüdischen" Blutes hält, wird in einer Gesetzesinitiative der NSDAP-Reichstagsfraktion vom 13. März 1930 mehr als deutlich:

> „§ 5 [...] Wer durch Vermischung mit Angehörigen der jüdischen Blutsgemeinschaft oder farbigen Rassen zur rassischen Verschlechterung und Verletzung des deutschen Volkes beiträgt oder beizutragen droht, wird wegen Rassenverrats mit Zuchthaus bestraft.
> § 7 [...] In besonders schweren Fällen (kann) an Stelle von Zuchthaus (§§ 4 bis 6) auf Todesstrafe erkannt werden."[169]

166 Paul von Hindenburg (* 2.10.1847 Posen † 2.8.1934 Gut Neudeck, Ostpreußen), Generalfeldmarschall, Mitglied der Obersten Heeresleitung (1916–1918), Reichspräsident (1925–1934).

167 Adolf Hitler, Das 25-Punkte-Programm der Nationalsozialistischen Deutschen Arbeiterpartei 1920, http:\\www.documentarchiv.de/wr/1920/nsdap-programm.html.

168 Adolf Hitler, Mein Kampf. Eine Abrechnung, 78. Aufl., München 1933, S. 334, zitiert nach Joseph Walk, Das Sonderrecht für die Juden im NS-Staat. Eine Sammlung der gesetzlichen Maßnahmen und Richtlinien, Inhalt und Bedeutung, 2. Aufl., Heidelberg 1981, S. 3.

169 Drucksache Nr. 1741, Deutscher Reichstag, IV. Wahlperiode 1928, zitiert nach ebenda.

Unglaublich: Für geschlechtlichen Umgang zwischen Angehörigen des „deutschen Volkes" und Farbigen oder Juden wird hier unverblümt die Todesstrafe gefordert.

Zahlenmäßig stellen die Juden im Deutschen Reich zweifellos kein Problem dar: Ihr Anteil an der Bevölkerung sinkt sogar von 1,05 % 1870 auf 0,77 % im Jahr 1933.[170] Allerdings konzentriert sich die jüdische Bevölkerung auf die großen Städte und einige wenige freie Berufe wie Kaufmann, Arzt und Rechtsanwalt. Juden finden sich ebenfalls unter Künstlern und Wissenschaftlern und auch unter Politikern, vor allem bei den Sozialdemokraten, Sozialisten und Kommunisten. Ihr Einfluss auf das politische Leben in der Weimarer Republik entspricht allerdings in keiner Weise der antisemitischen Propaganda, die die Juden für „Deutschlands Unglück" verantwortlich macht. Unter den deutschen Juden des Kaiserreichs gab es sogar ausgesprochen deutsch-national gesinnte. Im Ersten Weltkrieg wurden auch die wehrfähigen deutschen Juden eingezogen, manche meldeten sich freiwillig, viele kämpften an der Front ganz selbstverständlich für Deutschland.[171]

Seit dem 30. Januar 1933 ist der erklärte Judenfeind Adolf Hitler nun Kanzler des Deutschen Reiches. Nach der Machtübernahme durch die Nationalsozialisten kommt es wiederholt zu unkontrollierten Ausschreitungen von Angehörigen der Führerpartei und ihrer Gliederungen gegen Juden. Ein staatlich organisierter Boykott jüdischer Geschäfte, Arztpraxen und Anwaltskanzleien von Gliederungen der Partei, der Sturmabteilung (SA),[172] der Hitlerjugend[173] und dem Stahlhelm[174] sollen den Antisemitismus in geregelte Bahnen lenken und dokumentieren, dass sich das Deutsche Reich gegen das „Weltjudentum" zur Wehr zu setzen gedenkt. Am 1. April 1933 wird als erste staatlich gesteuerte Aktion gegen die Juden ein Kaufboykott ausgerufen. „Deutsche! Wehrt Euch! Kauft nicht bei Juden!" lautet die massenhaft verbreitete Parole.

Nach dem Brand des Reichstags in der Nacht vom 27. auf den 28. Februar 1933 wird eine Verordnung „Zum Schutz von Volk und Staat"[175] erlassen, die die in der Weimarer Verfassung niedergelegten Grundrechte außer Kraft setzt und den Weg für die Terrorisierung der politischen Gegner „von Staats wegen" freimacht. Am 24. März 1933 holt sich Hitlers Regierung die formelle Ermächtigung des Reichstages, für vier Jahre ohne irgendeine Kontrolle zu regieren, internationale Verträge abzuschließen und Gesetze

170 Vgl. KHB 1937/38, S. 360.

171 Vgl. Reinhard Weber, Das Schicksal der jüdischen Rechtsanwälte in Bayern nach 1933, München 2006, S. 1.

172 Die seit 1921 Sturmabteilung (SA) genannte, paramilitärisch organisierte Kampfabteilung der NSDAP.

173 Die seit 1926 Hitlerjugend genannte Jugend- und Nachwuchsorganisation der NSDAP.

174 Ursprünglich ein Wehrverband, der sich als paramilitärische Organisation der Deutsch-Nationalen Volkspartei (DNVP) und als Personalreserve für die Reichswehr verstand, unterstellte sich der Stahlhelm am 27. 4. 1933 direkt dem „Führer" Adolf Hitler.

175 Verordnung zum Schutz von Volk und Staat vom 28. 2. 1933, https://www.1000dokumente.de/index.html?c=dokument_de&dokument=0101_rbv&l=de.

auch jenseits der Verfassung zu erlassen.[176] Hitler nutzt in der Folge die ihm übertragenen Kompetenzen rigoros aus, um den Staat und die Gesellschaft der nationalsozialistischen Ideologie, ihrer Partei und ihrem Führer unterzuordnen.

Die neue Reichsregierung verabschiedet Gesetze und Verordnungen und lässt Gegner verhaften und in das bereits am 22. März 1933 eröffnete Konzentrationslager Dachau vor den Toren Münchens einliefern. Sämtliche Parteien außer der NSDAP werden verboten. Innerhalb weniger Monate werden auch sämtliche zivilen Verbände gleichgeschaltet und im nationalsozialistischen Sinn neu ausgerichtet.

Im Juli 1933 verkündet Hitler die Phase der „Revolutionszeit" für beendet. Deutschland ist nun eine Diktatur der nationalsozialistischen Partei unter der Führung Hitlers. Die Propaganda der neuen Machthaber stellt die „gesunde Volksgemeinschaft", der die Nationalsozialisten zu neuer Blüte in einem „tausendjährigen Reich" verhelfen wollen, und die „arische Herrenrasse" dem „bolschewistisch-jüdischen Untermenschentum" gegenüber, das jede menschliche Gemeinschaft zersetze und deshalb aus dem „deutschen Volkskörper" ausgesondert und vernichtet werden müsse. Die Lösung der „Judenfrage", die Verdrängung und Entfernung der Juden aus der deutschen Gesellschaft stehen jetzt auf der Agenda der Diktatur.

Emmy und Kurt Glaser

Der Erste aus Lottes Familie, der die neuen Verhältnisse am eigenen Leib erfährt, ist Emmys zweiter Ehemann, Dr. Kurt Glaser. Glaser ist nicht nur Jude, sondern auch engagierter Sozialdemokrat. Noch am Vorabend der letzten Reichstagswahl vom 5. März 1933 spricht er im Kohlengebiet Lugau-Ölsnitz als letzter SPD-Parteiredner vor circa 3000 Bergarbeitern.[177] Vier Tage später besetzt die SA das Chemnitzer Rathaus, wobei der Geschäftsführer der sozialdemokratischen „Volksstimme", Georg Landgraf,[178] erschossen wird. Prominente Kommunisten und Sozialdemokraten werden verhaftet, darunter Kurt Glaser. Unter Hohn und Spott der SA wird er zusammen mit dem SPD-Reichstagsabgeordneten Bernd Kuhnt[179] und anderen Oppositionspolitikern gezwungen, politische Parolen und Plakate im Zusammenhang mit den Reichstagswahlen von Wänden und Zäunen zu entfernen. Ein SA-Mann fotografiert die sogenannte Chemnitzer Osterwäsche und bringt sie als Postkarten in Umlauf. Der als „jüdischer Hetzer" titulierte Glaser wird

176 Gesetz zur Behebung der Not von Volk und Reich vom 24.3.1933, http://www.1000dokumente.de/index.html?c=dokument_de&dokument=0006_erm&l=de.

177 Vgl. AdsD, 6/SAMP003527. Lebenslauf Kurt Glaser, 23.11.1946.

178 Georg Landgraf (* 27.9.1885 Chemnitz † 9.3.1933), SPD-Politiker, Verlagsleiter.

179 Bernd Kuhnt (* 24.2.1876 Leipzig † 28.1.1946 Westensee bei Kiel), Maschinenschlosser, Reichstagsabgeordneter der SPD.

Kurt Glaser, Bildmitte,
bei der „Chemnitzer Osterwäsche“
Stadtarchiv Chemnitz, Bildarchiv, I 11009

anschließend in das Konzentrationslager Sachsenburg gesteckt.[180] Erst nach sechsmonatiger Haft wird er am 1. September 1933 entlassen. Er muss seine Siebensachen packen und Sachsen binnen 48 Stunden verlassen. Glaser darf das Land nie wieder betreten.[181] Nach dem Landesverweis findet Glaser zunächst Unterschlupf bei seiner Schwiegermutter Anna Schwarz in Augsburg.[182] Doch auch in Augsburg haben jetzt die Judenfeinde das Sagen, wird die Verfolgung gesetzlich legitimiert, werden Juden zu Bürgern zweiter Klasse gemacht.[183]

180 Vgl. Stadtarchiv Chemnitz (Hrsg.), Spurensuche. Jüdische Mitbürger in Chemnitz, Stätten ihres Lebens und Wirkens, Orte der Erinnerung, Chemnitz 2002, S. 63 sowie das Foto von Glaser, S. 14. Vgl. auch Detlef Müller, 8. Juni 2008 – Gedenkveranstaltung beim ehemaligen Konzentrationslager Sachsenburg zur 75. Wiederkehr des Lagerappells (http://stark-fuer-chemnitz.de/kz-sachsenburg) sowie Bert Pampel/Mike Schmeitzner (Hrsg.), Konzentrationslager Sachsenburg (1933–1937), Dresden 2018.

181 Vgl. IfZ, ZS-2113-1, Werner Röder, Interview mit Dr. Kurt Glaser, 10/1970, http://www.ifz-muenchen.de/archiv/zs/zs-2113.pdf.

182 Vgl. StadtA A, Meldekarte Kurt Glaser. Glaser zog am 10. 10. 1933 von Garmisch, offenbar einer Zwischenstation, zu und lebte bis zum 13. 3. 1934 in Augsburg. Seine Frau war seit dem 5. 12. 1933 ebenfalls in Augsburg gemeldet. Die Söhne Emmys aus ihrer ersten Ehe mit Martin Cohn blieben zunächst in Chemnitz.

183 Vgl. den Überblick von Benigna Schönhagen, Zur Situation der Augsburger Juden nach der „Machtergreifung“, in: Michael Cramer-Fürtig/Bernhard Gotto (Hrsg.), „Machtergreifung“ in Augsburg. Anfänge der NS-Diktatur 1933–1937, Augsburg 2008, S. 150–158.

Dank seines internationalen Engagements für Menschenrechte verfügt Glaser über gute Kontakte zu führenden sozialistischen Politikern in Frankreich wie Salomon Grumbach[184] und Léon Blum.[185] Mit ihrer Hilfe kann er zusammen mit seiner Frau Emmy am 1. Mai 1934 nach Paris emigrieren.[186] Dort arbeitet er zunächst als Assistent eines französischen Dermatologen, doch schon bald sieht er sich in der Lage, eine eigene Praxis zu eröffnen. Nach eigenen Angaben verdient er „ganz anständig". Er ist der einzige deutschsprachige Facharzt für Haut- und Geschlechtskrankheiten in Paris. Der Strom der Emigranten aus Deutschland reißt nicht ab.[187] Emmy und ihr Mann Kurt Glaser haben sich dem Zugriff der Nationalsozialisten fürs Erste entzogen. Nur Emmys Söhne Werner und Helmut bleiben zunächst in Deutschland zurück.

Hansi, ihr Sohn René und das Kinderheim der Annemarie Wolff-Richter

Auch Lottes Schwester Hansi hat bald unter den neuen Machthabern zu leiden, wenn auch nur mittelbar. Annemarie Wolff-Richter eröffnet im Frühjahr 1933 erneut ein Kinderheim in der Otto-Erich-Str. 10 in Berlin-Wannsee. Die mit bis zu 20 Erwachsenen und 30 Kindern voll belegte Villa hat mehr den Charakter einer Zufluchtsstätte. Hier kommen jetzt Verfolgte und vermehrt Kinder von Verfolgten unter. Einige ehemalige Heimkinder gehen in der Folge in den Untergrund, um gegen Hitlers Regime zu kämpfen.[188] Die Konzession zur Leitung des Heimes wird Annemarie Wolff-Richter versagt, das Heim in Wannsee geschlossen, Annemarie Wolff-Richter wird verhaftet und erhält Berufsverbot. Kaum wieder auf freiem Fuß, eröffnet sie ein neues Heim in einem kleinen Reihenhaus in Berlin-Zehlendorf mit der Adresse „Am Hegewinkel 15". Spätestens hier ist auch Hansis Sohn René mit von der Partie.[189]

Hansi überlegt, ihren Sohn René, der von den Nationalsozialisten als „Halbjude" beziehungsweise „Mischling 1. Grades" eingestuft wird, in Holland oder Frankreich in einem katholischen Hospiz unterzubringen.[190] Wohl deshalb lässt sie René am 15. September 1934

184 Salomon Grumbach (* 6. 1. 1884 Hattstatt/Elsass † 13. 7. 1952 Neuilly-sur-Seine/Frankreich), Jude, Politiker, Journalist.

185 Léon Blum (* 9. 4. 1872 Paris † 30. 3. 1950 Jouy-en-Josas bei Versailles/Frankreich), Jude, Premierminister, Jurist, Schriftsteller.

186 Vgl. StadtA A, Meldekarte Kurt Glaser. Emmy und Kurt Glaser verließen Augsburg am 13. 3. 1934 mit Reisepässen Richtung Paris.

187 Vgl. Ruth Fabian/Corinna Coulmas, Die deutsche Emigration nach Frankreich nach 1933, München/New York/London/Paris 1978.

188 Michael Kölch nennt Peter Nelken (Kölch, Kinder- und Jugendpsychiatrie, S. 394), den Sohn der Schriftstellerin Dinah Nelken, sowie Wolfgang Pander (ebenda, S. 397 f.). Auch das Folgende nach Kölch.

189 Jedenfalls steht der Junge 1934 auf einer Verpflegungsliste von Annemarie Wolff-Richter für das Heim in Zehlendorf. Marina Sindram aus dem Familienarchiv Heuss an den Autor, 27. 4. 2017.

190 Vgl. Hiemer, Interview mit René Sechehaye.

taufen.[191] Ihr Sohn geht, zumindest gelegentlich, am Sonntag in die Kirche.[192] Doch trotz Taufe bleiben Hansis Bemühungen um ein Hospiz erfolglos. Hansi muss sich mit ihrem achtjährigen Sohn weiter als geschiedene Jüdin in der Reichshauptstadt durchschlagen. Sie kann nur hoffen, dass sie arbeiten und ihren Sohn bald wieder irgendwo unterbringen kann.

2 Lottes Ehe mit Wilhelm Eckart

Lotte in München

Seit Anfang 1933 lebt Lotte in der Hochburg der Nationalsozialisten, die sie „Hauptstadt der Bewegung“ nennen, in München. Die Gegner der neuen Machthaber, die Kommunisten und Sozialdemokraten, werden verprügelt, verhaftet und nach Dachau gebracht, wo vor den Toren Münchens das erste Konzentrationslager der Nationalsozialisten entsteht. Am 1. Februar 1933, nur zwei Tage nach Hitlers Ernennung zum Reichskanzler, tritt Lotte eine Stelle bei den Städtischen Bühnen an. Vermutlich ist sie als Sekretärin in der Verwaltung tätig.[193] Doch auch Lotte muss bald erfahren, was es heißt, im „Dritten Reich“ als Jüdin zu leben: Das „Gesetz zur Wiederherstellung des Berufsbeamtentums“ vom 4. April 1933[194] sieht die Entlassung sämtlicher Juden, egal ob Beamte, Angestellte oder Arbeiter, aus dem öffentlichen Dienst vor.[195] Nach nur drei Monaten sozialversicherungspflichtiger Tätigkeit wird Lotte zum 30. April 1933 aus den Diensten der Stadt München entlassen – weil sie Jüdin ist.[196] Das Gesetz hat vorgeblich die „Wiederherstellung des Berufsbeamtentums“ zum Ziel, will es aber in Wahrheit zerschlagen, die Beamten, Angestellten und Arbeiter des öffentlichen Dienstes zur Regimetreue verpflichten und die Juden aus dem Staatsdienst entfernen.[197]

Im Sommer 1933 gibt es nur noch eine einzige Partei; alle anderen Parteien lösen sich auf, am 4. Juli auch die Bayerische Volkspartei, die sich bis zuletzt durch Anbiederung an

191 Vgl. FAH, NL AWR II/7. Das Taufdatum ist in einem handschriftlichen, undatierten Stammbaum der Familie Sechehaye für René Sechehayes Ahnenpass vermerkt.

192 FAH, NL AWR IV/10 Johanna Sechehaye an René Sechehaye, 6. 11. 1937.

193 Vgl. BayHStA, LEA 44932 Wiedergutmachungsakte Charlotte Eckart sowie StadtA, M EWK 65 S 256 Einwohnermeldeamtskarte Charlotte Eckart. Diese verweist auf eine nicht mehr vorhandene „Personalakte“ der Stadt München.

194 Gesetz zur Wiederherstellung des Berufsbeamtentums 1933, http://www.documentarchiv.de/ns/beamtenges.html.

195 Vgl. ebenda § 15, der bestimmt, dass die Vorschriften des Gesetzes auch für Angestellte und Arbeiter gelten.

196 Vgl. BayHStA, LEA 44932 Bundesversicherungsanstalt für Angestellte (BfA) an Bayer. Landesentschädigungsamt, 23. 1. 1970.

197 Ebenda.

die neuen Machthaber zu retten versucht hat. Am 8. August 1933 werden in einer Großkundgebung der Nationalsozialistischen Deutschen Arbeiterpartei (NSDAP) zeitgleich in den sieben größten Sälen der Stadt „180 Tage Revolution“ und die erfolgreiche „Gleichschaltung“ aller Bereiche der Gesellschaft gefeiert.[198] Zwei Wochen später werden Wilhelm Eckart und Lotte Schwarz am 24. August 1933 auf dem Standesamt München IV getraut.[199]

Lotte und Wilhelm Eckart

Eine Jüdin zu heiraten ist im Jahr 1933 zwar noch nicht verboten, doch erfordert so eine Verbindung angesichts von Judenboykott, offenem Judenhass und der Entfernung der Juden aus dem öffentlichen Dienst einige Zivilcourage. Eine Jüdin wird die Ehefrau eines Nichtjuden – eine Seltenheit, wie ein Blick in die Statistik zeigt. Im Jahr 1933 sind von 65 218 461 deutschen Reichsbürgern 499 682 Glaubensjuden. Im gesamten Deutschen Reich schließen nur 89 von insgesamt 197 870 katholischen Männern, die in diesem Jahr heiraten, die Ehe mit einer „israelitischen“ Frau. Das entspricht 0,04 %. 89 von insgesamt 2673 „israelitischen“ Bräuten schließen die Ehe mit einem Katholiken, was einem Anteil von 3,3 % gleichkommt. Dagegen heiraten 2174 von insgesamt 2673 „israelitischen“ Bräuten jüdische Partner, das sind 81,3 %.[200]

In Bayern leben 1933 41 939 Glaubensjuden.[201] In diesem Jahr gibt es in Bayern insgesamt 8255 gemischt-katholische Eheschließungen, davon 132 von katholischen Männern mit Frauen, die weder katholisch noch protestantisch sind, in der Statistik als „sonstige“ bezeichnet.[202] Das entspricht 1,6 % der katholischen Männer, die 1933 in Bayern eine weder katholische noch protestantische Braut geheiratet haben. In München leben damals 9505 Juden.[203] In diesem Jahr schließen 56 katholische Männer eine Ehe mit „sonstigen Frauen“,[204] was ebenfalls 1,6 % der katholischen Männer entspricht, die in diesem Jahr heiraten. Unter ihren Bräuten sind allerdings insgesamt nur sieben Jüdinnen.[205]

198 Vgl. die Darstellung bei Ilse Macek, „Das Ende des Verstandeszeitalters“: Stadtchronik März bis August 1933, in: dies. (Hrsg.), Ausgegrenzt, entrechtet, deportiert, Schwabing und Schwabinger Schicksale, 1933 bis 1945, München 2008, S. 73–78.

199 StadtA, M 1088/1933, Heiratsurkunde Wilhelm Eckart und Charlotte Schwarz.

200 Hermann A. Krose, Konfessionsstatistik Deutschlands, in: KHB 1937/38, S. 203.

201 Hermann A. Krose, Konfessionsstatistik Deutschlands, in: KHB 1935/36, S. 173.

202 Hermann A. Krose, Konfessionsstatistik Deutschlands, in: KHB 1937/38; S. 206 sowie S. 209.

203 Hermann A. Krose, Konfessionsstatistik Deutschlands, in: KHB 1935/36, S. 189.

204 Ebenda S. 163–238.

205 Hermann A. Krose, Konfessionsstatistik Deutschlands, in: KHB 1939/40, S. 178 f. Zwischen 1900 und 1933 ließen sich in München 94 Juden und 29 Jüdinnen mit dem Versprechen katholischer Kindererziehung katholisch trauen, im Durchschnitt also etwa eine Jüdin bzw. drei Juden jährlich. Obwohl in absoluten Zahlen nach wie vor sehr niedrig, erhöhte sich dieser Wert also im Jahr 1933 deutlich. Vgl. EAM, NL Faulhaber, Katholische Heimatmission an Faulhaber, 29. 4. 1933.

Nach einer auf Veranlassung Kardinal Faulhabers im Frühjahr 1933 erstellten Statistik ließen sich seit der Jahrhundertwende, also in 33 Jahren, lediglich 94 Juden und 29 Jüdinnen in München katholisch trauen. Das bedeutet etwa vier Eheschließungen pro Jahr.[206] Die standesamtliche Verehelichung eines Katholiken mit einer Jüdin stellt 1933 zwar eine Seltenheit, aber noch kein Problem dar. Auch dass Wilhelm Eckart bereits einmal verheiratet war und geschieden ist, ist für das Standesamt kein Hindernis. Anders sieht es mit der katholischen Kirche aus, denn Wilhelm Eckart will seine Lotte auch kirchlich heiraten. Die gescheiterte, zivilrechtliche Ehe mit einer Protestantin spielt zwar auch für die katholische Kirche keine Rolle, da sie in ihren Büchern nicht auftaucht, wohl aber die Tatsache, dass Lotte nicht der katholischen Kirche angehört.

Das Kirchenrecht sieht in der Tatsache, dass einer der beiden Ehepartner ungetauft ist, laut der Bestimmung des 1917 in Kraft getretenen Codex Iuris Canonici, des Gesetzbuches des Kirchenrechts, cann. 1086 § 1, grundsätzlich ein Ehehindernis. Von diesem Hindernis kann der Bischof nur dispensieren, das heißt befreien, wenn ein gerechter und vernünftiger Grund vorliegt. Nach den Bestimmungen in cann. 1125 muss der katholische Partner erklären, dass er die Gefahren eines Glaubensabfalls beseitigt, und das aufrichtige Versprechen abgeben, nach Kräften alles zu tun, dass alle seine Kinder in der katholischen Kirche getauft und erzogen werden. Außerdem dürfen auch von dem nicht katholischen Partner die Zwecke und Wesenseigenschaften der Ehe nicht ausgeschlossen werden. Wilhelm Eckart gibt das geforderte Versprechen ab, und Lotte erklärt sich mit einer Verbindung im Heiligen Sakrament der Ehe einverstanden, zu der auch die Anerkennung der Unauflöslichkeit sowie die Bereitschaft gehören, etwaigen Schwangerschaften keineswegs vorzubeugen. Wilhelm Eckart stellt wohl den entsprechenden Antrag beim Bischöflichen Ordinariat des Erzbistums München und Freising.[207] Der Erteilung eines Dispenses dürfte demnach nichts mehr im Wege stehen. Doch wie steht Faulhaber zu seinem „Kriegskameraden“ Wilhelm Eckart und dessen geplanter Ehe mit einer Jüdin?

Faulhaber und Wilhelm Eckart

Wilhelm Eckart hat sich den Kontakt zu dem prominenten Kirchenmann in all den Jahren warmgehalten. So macht er ihm nach den gemeinsamen Tagen in den Schützengräben Flanderns 1915 noch während des Krieges zwei Mal in München die Aufwartung,[208] übersendet ihm eine Abhandlung zu einem aktuellen Thema sowie einen Bericht über die Lage

206 Vgl. EAM, NL FH 8425 Bericht der Katholischen Heimat-Mission München an Faulhaber, 29. 4. 1933.

207 Der entsprechende Antrag ist nicht erhalten.

208 Vgl. EAM, NL FH 10001 Michael von Faulhaber, Tagebucheinträge vom 2. 12. 1917 (http://www.faulhaber-edition.de/dokument.html?docidno=10001_1917-12-02_T01) sowie vom 1. 1. 1918 (http://www.faulhaber-edition.de/dokument.html?docidno=10001_1918-01-01_T01).

der Kirche in Finnland aus seiner Feder.[209] Eckart bittet Faulhaber, seinen Bericht auch dem Gesandten des Papstes in Bayern, Nuntius Eugenio Pacelli[210] vorzulegen, was dieser offenbar auch getan hat. Jedenfalls bedankt sich Eckart am 30. August 1918 bei Faulhaber für die Mitteilung an die Nuntiatur und bittet den Kardinal bei dieser Gelegenheit gleich noch um eine Empfehlung für den Finnorden.[211] Auch dieser Bitte scheint Faulhaber entsprochen zu haben, denn im November 1918 wird Eckart das Finnische Freiheitskreuz II. Klasse verliehen.[212] Am 1. Juni 1918 wird Wilhelm Eckarts Mutter bei Faulhaber vorstellig und bittet um einen „päpstlichen Orden" für ihren Sohn. Faulhaber weist sie auf die fällige Taxe hin und empfiehlt den „Orden vom Heiligen Grab", den man offenbar leichter und billiger bekommen kann.[213] Und auch dieser Orden wird Eckart verliehen.

Im Frühjahr 1919 sucht Wilhelm Eckarts Mutter den Münchner Erzbischof erneut auf. Nach dem Ausscheiden aus der Armee muss sich Eckart neu orientieren. Durch seine Mutter lässt er anfragen, ob Faulhaber nicht eine Stelle für ihn als Kurier oder Privatsekretär habe.[214] Im Jahr 1927 wendet sich seine Mutter erneut mit einer Bitte an Faulhaber. Daraufhin sieht sich Wilhelm Eckart genötigt, in einem eilig nachgeschobenen Brief an den Kardinal die Geschichte seiner Beziehungen zu ihm ausführlich darzustellen und mit einem Foto aus dem Schützengraben des Jahres 1915 zu belegen. Er versäumt auch nicht darauf hinzuweisen, dass er zurzeit bei der neu gegründeten Missions-Verkehrs-Arbeitsgemeinschaft (MIVA) des „fliegenden Paters" Paul Schulte „in Verwendung" stehe.[215] Welcher Art die Bitte seiner Mutter ist, geht aus dem Brief nicht hervor. Jedenfalls wird sie nicht gewährt. Wilhelm Eckart wird vom Erzbischöflichen Sekretär abgewimmelt.[216]

Nicht viel anders ergeht es ihm am 12. November 1930, als er persönlich beim Kardinal vorspricht.[217] Faulhaber tituliert ihn in seinem Tagebucheintrag als „Dr. Eckart, Hauptmann, Consul Paris" und notiert, dass er als „Correspondent" für den „Herold, (vierzig Zeitungen) Chicago"[218] tätig sei. Doch Faulhaber schlägt Eckart alle seine Bitten ab: Er will weder ein „neues Kirchen-Album", das Eckart von einem Architekten bekommen habe,

209 Vgl. EAM, NL FH 2007, Wilhelm Eckart an Faulhaber, 4. 8. 1918 sowie EAM, NL FH 6271, Darlegung der derzeitigen katholisch-kirchlichen Verhältnisse Finnlands, August 1918, handschr. Abschrift [Schluss fehlt].

210 Eugenio Pacelli (* 2. 3. 1876 Rom/Italien † 9. 10. 1958 Castel Gandolfo/Italien), 1919–1930 Apostolischer Nuntius, 1930–1939 Kardinalstaatssekretär, 1939–1958 Papst Pius XII.

211 Vgl. EAM, NL FH 2007, Wilhelm Eckart an Faulhaber, 30. 8. 1918.

212 BayHStA, Abt. 4 Kriegsarchiv OP 373, Eintragung im Personalbogen von Wilhelm Eckart.

213 EAM, NL FH 10002 Michael von Faulhaber, Tagebucheintrag vom 1. 6. 1918 (http://www.faulhaber-edition.de/dokument.html?docidno=10002_1918-06-01_T01).

214 EAM, NL FH 10003 Michael von Faulhaber, Tagebucheintrag vom 30. 5. 1919 (http://www.faulhaber-edition.de/dokument.html?docidno=10003_1919-05-30_T01).

215 EAM, NL FH 9586, Wilhelm Eckart an Faulhaber, 18. 7. 1927.

216 EAM, NL FH 9400, Der erzbischöfliche Sekretär an Wilhelm Eckart, 9. 8. 1927.

217 EAM, NL FH 10013, Michael von Faulhaber, Tagebucheintrag vom 12. 11. 1930.

218 Richtig: Herald, offenkundig ein amerikanisches Blatt.

entgegennehmen, noch will er einem gewissen Sebert in Wörishofen eine Empfehlung ausstellen, nein, er möchte auch keinen Fonds unterstützen, selbst die Bitte nach einer Karte aus dem Felde, vermutlich eine Postkarte, die Eckart Faulhaber im Krieg aus Frankreich geschickt hat, lehnt der Kardinal ab. Und jetzt, drei Jahre später, kommt er ihm auch noch mit einer jüdischen Braut, die er partout heiraten will…

Aber wie denkt Faulhaber überhaupt über die Juden? Welches Verhältnis hat er zu den neuen Machthabern, die die Juden bekanntlich hassen? Welche Haltung nehmen die deutschen Bischöfe und die katholische Kirche in der Judenfrage ein?

Faulhaber, der Nationalsozialismus und das „Judenproblem"

Am 20. Juli 1933 schließt der Heilige Stuhl mit dem von einer nationalsozialistischen und judenfeindlichen Diktatur beherrschten Deutschen Reich ein Reichskonkordat in dem Bestreben, die „bestehenden freundschaftlichen [sic] Beziehungen zu festigen und zu fördern".[219] Das Vertragswerk soll die künftigen Beziehungen zwischen NS-Staat und katholischer Kirche umfassend regeln und der Kirche die bestmögliche Stellung im „Dritten Reich" Adolf Hitlers sichern. Zu diesem Zweck werden auch die im Vorfeld der Machtübernahme ausgesprochenen kirchenoffiziellen Warnungen vor dem Nationalsozialismus zurückgenommen.[220] Im Gegenteil: Das Konkordat umfasst sogar einen regelrechten Treueeid zu diesem „neuen" Deutschland, den die deutschen Bischöfe abzulegen haben: „Vor Gott und auf die heiligen Evangelien schwöre und verspreche ich so, wie es einem Bischof geziemt, dem Deutschen Reiche und dem Lande […] Treue. Ich schwöre und verspreche, die verfassungsmäßig gebildete Regierung zu achten und von meinem Klerus achten zu lassen. In der pflichtmäßigen Sorge um das Wohl und das Interesse des deutschen Staatswesens werde ich in Ausübung des mir übertragenen geistlichen Amtes jeden Schaden zu verhüten trachten, der es bedrohen könnte."[221]

Angesichts des Ermächtigungsgesetzes, das der Hitler-Diktatur den Weg ebnete, und der faktischen Aufhebung der Weimarer Verfassung durch nationalsozialistische Willkür allerorten ist der Begriff „verfassungsgemäß gebildete Regierung" purer Hohn. Zwar gibt der nationalsozialistische Staat der katholischen Kirche im Reichskonkordat eine Bestandsgarantie – die Freiheit des Bekenntnisses und der Religionsausübung sind

219 Aus der Präambel des Reichskonkordats. Bekanntmachung über das Konkordat zwischen dem Deutschen Reich und dem Heiligen Stuhl, vom 12. September 1933, in: Reichsgesetzblatt Teil II, Nr. 38, 18. 9. 1933, S. 176, https://www.1000dokumente.de/index.html?c=dokument_de&dokument=0127_ kon &object=facsimile&l=de.

220 Vgl. die entsprechende Einschätzung bei Andreas Wirsching, Mehr Nähe als Distanz? Kardinal Michael von Faulhaber und der Nationalsozialismus, in: Friedrich Wilhelm Graf/Hans Günter Hockerts, Distanz und Nähe zugleich? Die christlichen Kirchen im „Dritten Reich", München 2017, S. 199–223, hier S. 207.

221 Bekanntmachung über das Konkordat, Artikel 16, S. 181.

damit gesichert –, doch der Treueeid der deutschen Bischöfe auf den fanatischen Judenhasser Adolf Hitler und seine angeblich verfassungsgemäß gebildete Regierung und obendrein ihr Versprechen, dafür zu sorgen, dass auch der Klerus diese Regierung achte, signalisieren, dass die katholische Kirche in Deutschland ihren Widerstand gegen den Nationalsozialismus aufgegeben hat.

Nach den Reichstagswahlen am 25. März 1933 lösen sich die beiden der katholischen Kirche nahestehenden Parteien „Zentrum" und „Bayerische Volkspartei" auf. Darüber hinaus verpflichtet sich die Kirche, jeden Sonn- und Feiertag nach dem Hauptgottesdienst „ein Gebet für das Wohlergehen des Deutschen Reiches und Volkes"[222] sprechen zu lassen. Aufgrund ihres Einlenkens erwartet die katholische Kirche nun auch die Respektierung ihrer eigenen Rechte vom Führer des Dritten Reiches, Adolf Hitler. Aber der denkt gar nicht daran.[223] Die deutschen Bischöfe erkennen die neuen Machthaber als rechtmäßige, ja „gottgewollte" Obrigkeit zwar an, sehen in der NSDAP jedoch weiterhin einen weltanschaulichen Gegner. Aus Angst, als „Reichsfeinde" zu gelten, scheuen sich die Bischöfe, den Konflikt öffentlich auszutragen. Stattdessen kehren sie ihn unter den Teppich und erteilen in den Folgejahren Hitlers außenpolitischen Erfolgen mehr als einmal öffentlich den Segen. Damit überschreiten sie in aller Deutlichkeit die Grenze zu explizit politischen Stellungnahmen. Nicht zuletzt teilen die Bischöfe Hitlers „Kampf gegen den Bolschewismus" aus vollem Herzen.[224] Auch dem von der katholischen Kirche gegeißelten Sittenverfall, gar der vermeintlichen Sittenlosigkeit, die sich in Ehe- und Kinderlosigkeit zeigt und damit angeblich die Existenz des deutschen Volkes aufs Spiel setzt, scheint der Nationalsozialismus endlich entschieden die Stirn zu bieten.[225] Der Kampf gegen den allgemeinen Verfall der Sitten und den Bolschewismus stellt eine wichtige programmatische Gemeinsamkeit von katholischer Kirche und NS-Diktatur dar, auch wenn es auf anderen Gebieten Meinungsverschiedenheiten und Konflikte gibt.[226]

Der Treueeid auf die neue nationalsozialistische Regierung bedeutet das Ende aller Hoffnungen auf eine Kirche, die den Nationalsozialismus als weltanschauliche Irrlehre offen bekämpft. Die christlichen Kirchen sind zwar die einzigen gesellschaftlichen

222 Bekanntmachung über das Konkordat, Artikel 30, S. XVII.

223 Vgl. Lutz-Eugen Reutter, Katholische Kirche als Fluchthelfer im Dritten Reich. Die Betreuung von Auswanderern durch den St. Raphaels-Verein, Recklinghausen/Hamburg 1971, S. 19. Dass das Reichskonkordat „ein Pakt mit dem Teufel" war, erkannten führende Kirchenvertreter im Vatikan wohl. Kardinalstaatssekretär Pacelli bedauerte, dass die deutschen Bischöfe ihre ursprüngliche Verdammung des Regimes alsbald zurückzogen, ohne irgendeine Gegenleistung dafür erhalten zu haben. Vgl. Hans Maier, Pius XII in the Judgment of Posterity, in: Peter Pfister (Hrsg.), Eugenio Pacelli – Pius XII. (1876–1958) in the view of scholarship, Regensburg 2012, S. 119 f.

224 Vgl. Antonia Leugers, Gegen eine Mauer bischöflichen Schweigens. Der Ausschuß für Ordensangelegenheiten und seine Widerstandskonzeption 1941 bis 1945, Frankfurt a. M. 1996, S. 15.

225 Vgl. Wirsching, Mehr Nähe als Distanz?, S. 202.

226 Vgl. ebenda, S. 207.

Organisationen, die sich der Gleichschaltung durch das Regime entziehen und sich eine gewisse Unabhängigkeit bewahren können, doch nutzen sie diese nicht.[227] So verabsäumt die katholische Kirche auch, für die vom Regime zu Unrecht Verfolgten öffentlich einzutreten. Das gilt auch für Faulhaber.

Auch in der „Hauptstadt der Bewegung“, in München, finden nach der Machtübernahme Übergriffe auf Juden und am 1. April ein offizieller Boykott jüdischer Geschäfte statt. Doch für Faulhaber gibt es „weit wichtigere Gegenwartsfragen“ als die Judenverfolgung. Am 8. April 1933 schreibt Faulhaber an Dr. Alois Wurm:[228] „Dieses Vorgehen gegen die Juden ist derart unchristlich, daß jeder Christ, nicht bloß jeder Priester, dagegen auftreten müßte. Für die kirchlichen Oberbehörden bestehen weit wichtigere Gegenwartsfragen; denn Schule, der Weiterbestand der katholischen Vereine, Sterilisierung sind für das Christentum in unserer Heimat noch wichtiger, zumal man annehmen darf, und zum Teil schon erlebte, daß die Juden sich selber helfen können, daß wir also keinen Grund haben, der Regierung einen Grund zu geben, um die Judenhetze in eine Jesuitenhetze umzubiegen.“[229]

Doch erwartet manch anti-nationalsozialistisch eingestellter Katholik in Sachen Judenverfolgung schon 1933 ein „öffentliches Mahnwort der deutschen Bischöfe“ mit dem Tenor: „Lasst den Hass! Lasst den Neid! Liebet einander, wie Brüder, die ihr sein wollt.“[230] Auf eine solche „frohe Botschaft“ warten die katholischen Gegner der neuen Machthaber allerdings vergeblich. Selbst als die „Israelitische Kultusgemeinde München“ am 13. Mai 1933 dem Kardinal von Haussuchungen und Beschlagnahmungen in Büros und Wohnungen der Vorsitzenden fast sämtlicher jüdischer Vereine berichtet, gibt es keine nennenswerte Reaktion seitens der Kirche.[231] Auch Faulhaber äußert sich weder zur Schikanierung von Juden noch zum Umgang der Nationalsozialisten mit vermeintlichen Volksschädlingen. Nur zum Sterilisierungsgesetz[232] fordert Faulhaber eine Stellungnahme

227 Vgl. ebenda, S. 199.

228 Alois Wurm (* 20. 1. 1874 Straubing † 13. 4. 1968 München), katholischer Theologe, Schriftsteller, Publizist.

229 Michael von Faulhaber an Wurm, 8. 4. 1933, in: Akten Kardinal Michael von Faulhabers 1917–1945, bearb. von Ludwig Volk, Bd. I: 1917–1934, Mainz 1975, Nr. 300, S. 705 (EAM, NL FH 8422). Vgl. Wirschings zugespitzte Einschätzung, der Katholizismus sei sich selbst immer der Nächste gewesen. Wirsching, Mehr Nähe als Distanz?, S. 210.

230 EAM, NL FH 8425, Anton Diehl an Faulhaber, 8. 5. 1933.

231 Vgl. EAM, NL FH 6281 Israelitische Kultusgemeinde München an Faulhaber, 13. 5. 1933. Unter anderem wurde bei dieser Aktion dem jüdischen Kinderheim in der Antonienstraße 7 mit der Auflösung und seiner Vorsitzenden, Frau Justizrat Kitzinger, mit „Schutzhaft“ gedroht, falls sie sich künftig nicht jeder Tätigkeit enthalte. Das Heim konnte jedoch fortgeführt werden und wurde erst am 11. 4. 1942 aufgelöst. Elisabeth Kitzinger, geb. Merzbacher (* 21. 4. 1881 München † 14. 6. 1966 Washington D. C./ USA), Sozialarbeiterin, Leiterin der Israelitischen Jugendhilfe München und 1926 Mitbegründerin des Kinderheims in der Antonienstraße, emigrierte 1939 nach Palästina und 1947 in die Vereinigten Staaten. Nähere Informationen über das Kinderheim vgl. Werner Grube/Ilse Macek, Das Kinderheim der Israelitischen Jugendhilfe e. V. in der Antonienstr. 7, in: Macek (Hrsg.), Ausgegrenzt, S. 87–104.

232 Das Gesetz zur Verhütung erbkranken Nachwuchses (GzVeN) vom 14. 7. 1933, https://www.1000dokumente.de/index.html?c=dokument_de&dokument=0136_ebn&l=de.

seiner Bischofskollegen – doch vergeblich. Selbst politischer Mord ruft keinen entschlossenen Widerstand der katholischen Bischöfe hervor.

So wird einige Monate später, während des „Röhm-Putsches“ 1934, der Führer der Katholischen Aktion Berlin, Erich Klausener,[233] in seinem Dienstzimmer im Verkehrsministerium kaltblütig ermordet.[234] Wieder versucht der Münchner Erzbischof seine Amtskollegen zu einer öffentlichen Stellungnahme zu bewegen. Vergeblich.[235] Mit dem Reichskonkordat hat die katholische Kirche ihren Frieden mit den neuen Machthabern gemacht. Und dabei soll es bleiben. Offenbar ist die katholische Kirche sogar bereit, die eine oder andere „Kröte“ zu schlucken. Doch das Konkordat ist keineswegs nur eine den neuen Machthabern abgerungene Garantieerklärung für den Fortbestand der katholischen Kirche – also eine Art „Burgfrieden“ zwischen NS-Staat und Kirche –, sondern es stellt aus Sicht führender Katholiken auch eine gemeinsame Plattform dar. Sie schlussfolgern: „So weist das Konkordat nicht zuletzt in seinen Schulbestimmungen den deutschen Katholiken den Weg, wie sie in selbstverständlicher Treue zum Vaterland ihrem Glauben leben können. Die Aufgabe ist jetzt, in dankbarer Anerkennung und loyalem Vertrauen sich so in die große Aufbauarbeit unserer Tage hineinzustellen, daß Staat und Kirche das glücklich Begonnene zum Nutzen von Religion und Volkstum befestigen und ausgestalten können.“[236] Auch wenn der Autor hier ganz allgemein von „Vaterland“ und „Volkstum“ spricht und die nationalsozialistischen Begriffe „Führer“ und „Drittes Reich“ vermeidet, sieht er die Aufgabe der Kirche, sich an der Seite des nationalsozialistischen Staates an der „große[n] Aufbauarbeit unserer Tage“ zu beteiligen – und das bedeutet den Aufbau eines starken „Dritten Reiches“ unter der Führung Adolf Hitlers.[237]

Kardinal Faulhaber nennt in seiner Predigt vom 18. Februar 1934 das nationalsozialistische Deutsche Reich unter seinem Führer Adolf Hitler gar einen „christlichen Staat“, doch äußert er sich auch wiederholt kritisch zur staatlichen Auffassung der Sittengesetze.[238] Die Diskrepanz zwischen den Aufgaben, die seiner Amtspflicht als Bischof entsprechen, und dem faktisch Durchgeführten ist ihm durchaus bewusst.[239] Er sieht sich im Zwiespalt zwischen öffentlich beteuerter Loyalität zum NS-Regime und dem eigentlich notwendigen Einspruch gegen die staatlich verordnete Verletzung des katholischen Sittengesetzes.

233 Erich Klausener (* 25. 1. 1885 Düsseldorf † 30. 6. 1934 Berlin – ermordet), Ministerialbeamter.

234 Nicht anders ergeht es einem guten Bekannten von Faulhaber, dem Historiker und katholischen Publizisten Fritz Gerlich (* 15. 2. 1883 Stettin † 1. 7. 1934 KZ Dachau – ermordet), der den Nationalsozialismus bis zuletzt konsequent bekämpfte.

235 Vgl. Leugers, Gegen eine Mauer, S. 16.

236 Wilhelm Böhler, Konfession und Unterrichtswesen, in: KHB 1933/34, S. 79.

237 Auch Faulhaber verurteilte zwar den „biologistischen Rassismus“ der Nationalsozialisten, sah aber trotz schwerwiegender Abweichungen vom katholischen Sittengesetz im Übrigen eine als „aufbauend“ begriffene nationalsozialistische Politik am Werk. Vgl. Wirsching, Mehr Nähe als Distanz?, S. 202.

238 Vgl. Leugers, Gegen eine Mauer, S. 18.

239 Vgl. ebenda, S. 17.

Doch das Konkordat sieht in geheimen Zusatzartikeln sogar schon die vertrauensvolle Zusammenarbeit von Staat und Kirche im Falle der Wiedereinführung der allgemeinen Wehrpflicht in Deutschland vor, d. h. in der Konsequenz auch eine Zusammenarbeit im Falle eines künftigen Krieges. Über die in § 3 der „Ersten Verordnung zur Durchführung des Gesetzes zur Wiederherstellung des Berufsbeamtentums vom 11. April 1933“,[240] dem „Arierparagrafen“, vom NS-Staat kurzerhand zu Juden erklärten Katholiken schweigt sich das umfangreiche Vertragswerk dagegen aus.

Als Bevollmächtigter von Papst Pius XI. handelt Kardinalstaatssekretär Eugenio Pacelli das Reichskonkordat aus. Mit Pacelli verbindet Faulhaber eine langjährige Freundschaft. Im Jahr 1911 zum Bischof geweiht, übernimmt Faulhaber zunächst das Bistum Speyer. Am 26. Mai 1917 wird er zum Erzbischof von München und Freising ernannt. Am folgenden Tag wird Eugenio Pacelli zum Päpstlichen Nuntius in Bayern bestimmt und nimmt Dienstsitz in unmittelbarer Nähe des Bischofspalais. Die zunächst eher formale Beziehung zwischen Faulhaber und Nuntius Pacelli wird rasch zu einem engen persönlichen Verhältnis. Daran ändert auch der 1925 vollzogene Wechsel Pacellis nach Berlin nichts. 1930 wird Pacelli Vatikanstaatssekretär, und 1939 wählt ihn das Konklave sogar zum Papst. Er nimmt den Papstnamen Pius XII. an.[241]

Schon 1921 wird Faulhaber zum Kardinal ernannt und Vorsitzender der Bayerischen Bischofskonferenz. Als deren Vertreter nimmt er jährlich an der Fuldaer Bischofskonferenz teil. Bis zu seinem Tod am 6. Juli 1946 führt den Vorsitz der Breslauer Kardinal Bertram.[242] Für den betagten Kardinal Bertram ist die Harmonie von Staat und Kirche gottgewollt, der Gehorsam gegenüber der gottgewollten Obrigkeit eine Selbstverständlichkeit.[243] 1933 ist der deutlich jüngere Faulhaber als Vertreter einer Reichsregion mit hohem katholischen Bevölkerungsanteil und Kardinal auf Augenhöhe mit dem deutlich älteren Bertram fraglos einer der einflussreichsten Männer der Kirche. Doch stellt er sich offenbar aus Angst, selbst zur Zielscheibe zu werden und den Hass der Nationalsozialisten auf die Kirche zu ziehen, nicht vor die verfolgten Juden. Im Gegenteil: Ein ums andere Mal bemüht sich Faulhaber, dem NS-Staat die kirchliche Loyalität zu versichern und zu demonstrieren. In der Seelsorge, zu der auch die Spende der Heiligen Sakramente gehört, behauptet er jedoch, in einem Akt des Ungehorsams gegenüber dem NS-Regime, die Unabhängigkeit der Kirche.

240 Erste Verordnung zur Durchführung des Gesetzes zur Wiederherstellung des Berufsbeamtentums, 11. 4. 1933, http://www.documentarchiv.de/ns/1933/berufsbeamtentum_vo01.html.

241 Zum Verhältnis von Faulhaber und Pacelli: Heinz Hürten, Pius XII and Michael Cardinal Faulhaber, in: Pfister (Hrsg.), Eugenio Pacelli, S. 91–102.

242 Adolf Bertram (* 14. 3. 1859 Hildesheim † 6. 7. 1945 Schloss Johannesberg bei Jauernig), Kardinal von Breslau.

243 Vgl. Antonia Leugers, Die deutschen Bischöfe und der Nationalsozialismus, in: Lucia Scherzberg (Hrsg.), Theologie und Vergangenheitsbewältigung, Paderborn 2005, S. 30–55, hier S. 36 f.

Wie Faulhaber über die Juden denkt, kann man unter anderem aus einer Predigtreihe ersehen, die er im Advent 1933 dem Alten Testament und dem Judentum widmet.[244] Für Faulhaber ist die jüdische Religion der Vorläufer des Christentums. Er unterscheidet jedoch ganz genau zwischen den Juden vor und nach der Kreuzigung. Vorher seien die Juden „Träger der Offenbarung" gewesen, doch seit der Kreuzigung wandere „der ewige Ahasver[245] ruhelos über die Erde".[246]

Faulhabers Denken ist keineswegs frei von dem jahrhundertealten theologischen Antijudaismus der Kirche, der in den Juden vor allem das Volk der „Gottesmörder" sieht.[247] Dazu kommt der katholischerseits wiederholt gerechtfertigte und auch von Faulhaber vertretene soziokulturelle Antisemitismus, der vollstes Verständnis für Maßnahmen des Staates zeigt. Dieser sei berechtigt, den angeblich schädlichen und zersetzenden Einfluss des Judentums auf die Gesellschaft zurückzudrängen.[248] In den Adventspredigten spricht Faulhaber ganz selbstverständlich von der „Abneigung gegen die Juden von heute" und warnt lediglich davor, sie auf die Bücher des Alten Testaments zu übertragen.[249] Es lässt sich zwar nicht belegen, dass Faulhaber persönlich mit der Angelegenheit des Dispenses wegen Religionsverschiedenheit im Fall Eckart beschäftigt ist, falls er aber davon gewusst hat, dürfte er von dem Vorhaben Wilhelm Eckarts, eine Jüdin zu heiraten, wenig erbaut gewesen sein. Jedenfalls erhält Eckart die ersehnte Ausnahmegenehmigung der Erzdiözese – wenn auch erst zwei Tage vor der Hochzeit.

Die Ehe von Lotte und Wilhelm Eckart

Noch am Tag der standesamtlichen Eheschließung, am 24. August 1933, lassen sich Lotte und Wilhelm Eckart in St. Bonifaz, München, von einem Benediktinerpater trauen.[250] In den kirchlichen Eintragungen firmiert Eckart als Journalist, Lotte als seine Privat-

244 Michael von Faulhaber, Adventspredigten (gehalten im Dezember 1933), München 1934.

245 Ahasver ist eine im 13. Jahrhundert in christlichen Volkssagen erstmals nachweisbare Figur eines Juden, der Jesus auf dem Weg zur Kreuzigung verspottet, von diesem dafür verflucht wird und seither ewig durch die Welt wandern muss. Seit dem 17. Jh. ist die sagenhafte Figur auch als „der ewige Jude" bekannt.

246 Faulhaber, Adventspredigten, S. 4.

247 Allerdings war Faulhaber Mitglied der 1928 vom Hl. Stuhl verbotenen Priestervereinigung „Amici Israel", die die Sentenz „Oremus et pro perfidis Judaeis" („Lasst uns beten für die treulosen Juden") aus den Karfreitagsfürbitten der katholischen Kirche tilgen wollte. Vgl. Wirsching, Mehr Nähe als Distanz?, S. 210. Erst seit 1956 wurde die Karfreitagsfürbitte für die Juden schrittweise entschärft.

248 Vgl. Leugers, Die deutschen Bischöfe, S. 51.

249 Faulhaber, Adventspredigten, S. 3. Vgl. dazu kritisch: Wirsching, Mehr Nähe als Distanz?, S. 211 f.

250 EAM, St. Bonifaz, München, Trauungsregister 1933, Nr. 150, S. 156, 24. 8. 1933. Da das Ehepaar beabsichtigte, künftig in der Barerstraße zu wohnen, das zur Pfarrei St. Ludwig gehörte, wurde die Trauung wohl auch im dortigen Trauungsbuch vermerkt. Vgl. EAM, München, St. Ludwig, München, Trauungsregister, MM II, S. 276, 24. 8. 1933. Nur Lotte war vom 15. Februar 1934 bis zum 13. April 1934 in der Barerstraße 46/I bei Rabe gemeldet. Vgl. StadtA, M EMA NS Wilhelm Eckart 1931–1934 mit Einträgen über Lotte.

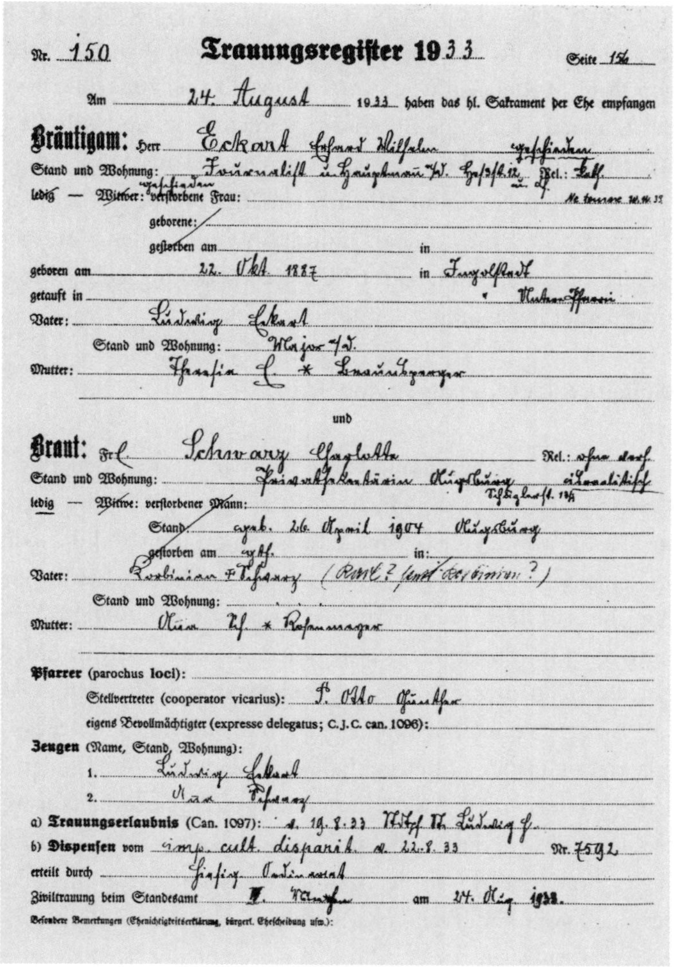
Nr. 150 Trauungsregister 1933 Seite 156

Am 24. August 1933 haben das hl. Sakrament der Ehe empfangen

Bräutigam: Herr Eckart [illegible] Wilhelm geschieden

Stand und Wohnung: Journalist u. Hauptmann a.D. [illegible] Rel.: kath.

ledig — Witwer: verstorbene Frau:

geborene:

gestorben am in

geboren am 22. Okt. 1887 in Ingolstadt

getauft in [illegible]

Vater: Ludwig Eckart

Stand und Wohnung: Major a.D.

Mutter: Theresia E. * [illegible]

und

Braut: Frl. Schwarz Charlotte Rel.: ohne doch israelitisch

Stand und Wohnung: Privatsekretärin Augsburg [illegible]

ledig — Witwe: verstorbener Mann:

Stand: geb. 26. April 1904 Augsburg

gestorben am in:

Vater: [illegible] Schwarz [illegible]

Stand und Wohnung:

Mutter: [illegible] * [illegible]

Pfarrer (parochus loci):

Stellvertreter (cooperator vicarius): P. Otto [illegible]

eigens Bevollmächtigter (expresse delegatus; C.J.C. can. 1096):

Zeugen (Name, Stand, Wohnung):

1. Ludwig Eckart
2. [illegible] Schwarz

a) Trauungserlaubnis (Can. 1097): v. 19.8.33 [illegible]

b) Dispensen vom imp. cult. disparit. v. 22.8.33 Nr. 7592

erteilt durch Freising Ordinariat

Ziviltrauung beim Standesamt [illegible] am 24. Aug. 1933.

Besondere Bemerkungen (Ehefähigkeitszeugnis, bürgerl. Ehescheidung usw.):

Eintragung der Trauung von Wilhelm und Lotte Eckart
Archiv des Erzbistums München und Freising, St. Bonifaz, München

sekretärin. Im Trauungsbuch von St. Bonifaz ist die erteilte Dispens vermerkt und unter „Religion der Braut“ steht: „ohne doch israelitisch“.[251] Der Katholik Wilhelm Eckart und seine religionslose, jüdische Braut Lotte sind somit kirchenrechtlich voll gültig im Heiligen Sakrament der Ehe miteinander verbunden. Ob sich der Hauptmann a. D. Wilhelm Eckart und die Jüdin aus gutem Hause, Lotte Schwarz, geliebt haben, lässt sich nicht sagen. Es liegt aber auf der Hand, dass Lotte davon ausgehen kann, durch die Ehe mit einem Nichtjuden vor Verfolgung besser geschützt zu sein. Auf der anderen Seite scheint die Heirat einer Tochter aus gutem Hause Wilhelm Eckart die Lösung seiner finanziellen Probleme zu versprechen. So haben beide Partner mindestens ein weiteres Motiv für die Eheschließung.

251 Vgl. EAM, St. Bonifaz, München, Trauungsregister 1933, Nr. 150, S. 156. Unterstreichung im Original.

Doch Lotte ist gar nicht vermögend. Als Ausgleich für die Mitgift, die ihre Schwester Emmy in ihre Ehe mitgebracht hat, bekommt sie eine monatliche Unterhaltszahlung von ihrer Mutter Anna Schwarz. Die stellt sich zunächst zwar auf den Standpunkt, dass der Ehemann für seine Ehefrau zu sorgen habe, und will die Zahlungen ganz einstellen. Aber mithilfe von Rechtsanwalt Dr. Weiss[252] aus München gelingt es Lotte, ihrer Mutter wenigstens einen monatlichen Unterhalt von 100,– RM abzuringen.[253] Die kirchliche Trauung bringt für Lotte als Jüdin also weder einen Statusgewinn noch einen größeren Schutz. Für Wilhelm Eckart bedeutet die Trauung jedoch die kirchenrechtliche Legalisierung seiner Beziehung zu Lotte.

Wilhelm Eckart und die Atemheilkunst

Die Ehe von Lotte und Wilhelm Eckart steht unter keinem guten Stern: Wilhelm Eckart kränkelt. Schon vor der Hochzeit ist er vom 23. Februar bis zum 15. März 1933 zur Kur in Meran, wo sich auch seine Eltern den größten Teil des Jahres aufhalten. Am 2. April 1934 meldet sich Wilhelm Eckart mit seiner Ehefrau für längere Zeit aus München mit der Angabe „auf Reisen" ab. In der Angabe des Rechtsanwalts Alfred Aman,[254] dessen Mitteilung das Einwohnerverzeichnis zitiert, ist als Anschrift „Meran, Casella 68", genannt – eine Postfachadresse.[255] Das junge Ehepaar verbringt den gesamten Sommer in Südtirol.

Am 15. September 1934 ziehen Wilhelm und Lotte Eckart „aus Italien", vermutlich aus Meran, nach Bad Reichenhall. Das Ehepaar wohnt in der Alfred-Nathan-Straße 14.[256] Unter dieser Adresse wird eine Bade- und Wasserheilanstalt geführt, zu der die Villa Isolde gehört, in der Wilhelm Eckart mit seiner Frau Lotte lebt. Die Villa liegt laut amtlicher Fremdenliste an der frequentiertesten Kurpromenade, der Riedelallee, nur drei Minuten vom königlichen Kurhaus und Kurpark entfernt. In der Fremdenliste wird der reizende Ausblick auf Wald und Gebirge betont. Das Haus hat 14 Zimmer mit zwanzig Betten und zehn Balkonen.[257]

Schon vor dem Ersten Weltkrieg zählt Bad Reichenhall zu den führenden europäischen Kur- und Sommerfrischeorten. Dazu trägt auch der hohe Prozentsatz gut betuchter

252 Über Günther Weiss liegen keine weiteren Informationen vor.

253 Vgl. StAA, AGA NLG Anna Schwarz 750/1939 Günther Weiss an das Amtsgericht Augsburg, 28. 4. 1950. Diese familieninternen Details gab Weiss im Rahmen der Erbauseinandersetzungen und Wiedergutmachungsansprüche nach dem Krieg preis.

254 Über Rechtsanwalt Aman liegen keine näheren Angaben vor.

255 StadtA, M EMA NS Wilhelm Eckart. Sämtliche Angaben aus der Einwohnermeldeamtskarte von Wilhelm Eckart mit Einträgen über seine Ehefrau, Charlotte Eckart.

256 Mitteilung von Frau Hastreiter-Rott, Stadt Bad Reichenhall, an den Autor, 26. 10. 1989.

257 StadtA, Bad Reichenhall, Vorbericht zur Amtlichen Fremdenliste 1934, S. 28 mit einem Foto der Villa Isolde.

jüdischer Gäste bei. Jüdische Restaurants, Hotels, Schlachtungen nach koscherem Ritus, ein Betsaal und mehrere jüdische Kurärzte geben der Kurstadt ein durchaus jüdisches Gepräge. 1901 verbringt auch Sigmund Freud,[258] der Begründer der Psychoanalyse, den Sommer in der Gegend. Doch in den 1920er-Jahren greift auch in Bad Reichenhall der Antisemitismus immer mehr um sich. Vier Häuser nehmen gar keine Juden mehr als Gäste auf, andere fürchten um ihre Umsätze, wenn man die Juden verprellt.[259] Als die Nationalsozialisten an die Macht kommen und Adolf Hitler im nahen Berchtesgaden seinen Berghof bezieht, verstärkt sich die anti-jüdische Stimmung. Am 29. März 1933 fährt Hitler auf dem Weg zu seinem Domizil durch Bad Reichenhall. Eine Menschenmenge säumt die Straße. Heil-Rufe hallen durch die festlich beflaggte Stadt.[260] Auch der national gesinnte Bürgermeister Karl Weiß,[261] nach dem Weltkrieg Kamerad in rechten Freikorps, muss sich jetzt vorsehen – seine Frau ist Jüdin.[262]

Welcher Art die Beschwerden von Wilhelm Eckart sind und an welcher Krankheit er leidet, lässt sich nicht mit Sicherheit sagen. Schon als Offizier des bayerischen Heeres war Eckart wiederholt dienstunfähig. Die Liste der bei ihm diagnostizierten Krankheiten ist lang: Kniequetschung nach Sturz vom Pferd, perforierter Darm als Folge einer missglückten Blinddarmoperation, Magenprobleme, Leistenbruch, Lungenspitzenkatarrh, Neuralgie, Geschwulst am Hals, Wolhynisches Fieber, Gelenkrheumatismus, Diphterie-Verdacht sowie Herzleiden.[263] In Bad Reichenhall wird er auf der Inneren Station des Städtischen Krankenhauses von Chefarzt Dr. Kühne[264] behandelt. Dr. Kühne ist Spezialist für Krankheiten der Atmungsorgane.[265] Schon bei der Eröffnung des Krankenhauses 1930 umfasst seine Innere Station nach einem Pressebericht eine „umfangreiche Abteilung für Bäder und andere Kurmittel", unter anderem eine pneumatische Kammer, ein elektrisches Glühlichtvollbad, einen Raum für Wasserbehandlung mit Vollbadwanne sowie „ein Zimmer für Heilgymnastikapparate".[266]

258 Sigmund Freud (* 6.5.1856 Freiberg/Mähren † 23.9.1939 London/Großbritannien), Jude, Begründer der Psychoanalyse.

259 Vgl. Johannes Lang, Geschichte von Bad Reichenhall, Neustadt an der Aisch 2009, S. 749 f.

260 Vgl. ebenda, S. 743.

261 Karl Weiß (* 26.4.1885 Zwiesel † ?), Bürgermeister von Bad Reichenhall.

262 1934 wird Weiß zum 2. Bürgermeister degradiert. 1937 wird er auch aus diesem Amt entfernt. Vgl. Lang, Bad Reichenhall, S. 746.

263 Vgl. BayHStA, Abt. 4 Kriegsarchiv OP 373, Personalakte Wilhelm Eckart.

264 Otto Kühne (* 24.7.1881 Braunschweig † 7.11.1954 Bad Reichenhall?), Arzt.

265 StadtA, Bad Reichenhall, Porträt Dr. Otto Kühne. In der Bildunterschrift wird er als „Initiator für die Gründung der Bad Reichenhaller Forschungsanstalt für Krankheiten der Atmungsorgane e.V." bezeichnet. 1951 habe er die „Städtische Forschungsanstalt für Aerosol-Therapie von Infekten der Luftwege" gegründet.

266 Vgl. Fritz Hofmann, Aus der Geschichte der Bad Reichenhaller Krankenhäuser, Bad Reichenhall 2001, S. 25.

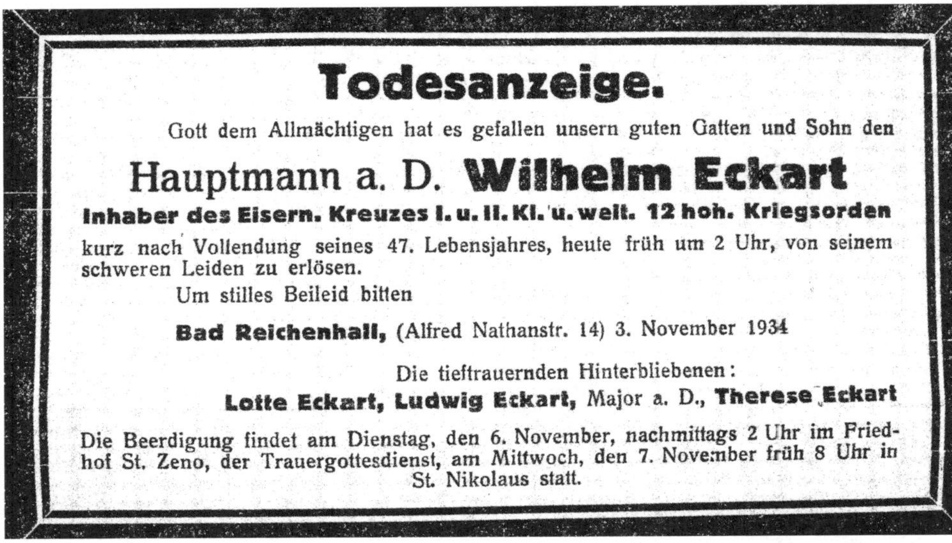

Todesanzeige.

Gott dem Allmächtigen hat es gefallen unsern guten Gatten und Sohn den

Hauptmann a. D. Wilhelm Eckart

Inhaber des Eisern. Kreuzes I. u. II. Kl. u. weit. 12 hoh. Kriegsorden

kurz nach Vollendung seines 47. Lebensjahres, heute früh um 2 Uhr, von seinem schweren Leiden zu erlösen.

Um stilles Beileid bitten

Bad Reichenhall, (Alfred Nathanstr. 14) 3. November 1934

Die tieftrauernden Hinterbliebenen:

Lotte Eckart, Ludwig Eckart, Major a. D., **Therese Eckart**

Die Beerdigung findet am Dienstag, den 6. November, nachmittags 2 Uhr im Friedhof St. Zeno, der Trauergottesdienst, am Mittwoch, den 7. November früh 8 Uhr in St. Nikolaus statt.

Todesanzeige Wilhelm Eckart im Reichenhaller Tagblatt vom 3. November 1934

Vermutlich leidet Wilhelm Eckart an einer Erkrankung der Atemwege, wegen der er sich wiederholt in Kurbehandlung begibt. In Bad Reichenhall scheint sich seine Erkrankung verschlimmert zu haben, sodass er auf der Inneren Station des Krankenhauses aufgenommen werden muss. Lotte pflegt ihren Wilhelm vermutlich nach allen Regeln der Kunst. Doch es nützt alles nichts: Am 3. November 1934 um 2 Uhr früh verstirbt Wilhelm Eckart im Städtischen Krankenhaus[267] und hinterlässt eine tief trauernde Witwe.[268]

3 Lotte als junge Witwe

Lotte kehrt nach Augsburg zurück

An seinem Grab erweisen die Offiziersvereinigung sowie der Frontkriegerbund Bad Reichenhall dem im Weltkrieg hoch dekorierten Hauptmann a. D. die letzte Ehre – auch eine Abordnung der NSDAP Bad Reichenhall gedenkt des verblichenen Soldaten.[269] Niemand außer den Eltern Eckart weiß, dass die junge Witwe an seinem Grab Jüdin ist …

267 Vgl. Reichenhaller Tagblatt, 3. 11. 1934, Bericht zum Todesfall Wilhelm Eckart.

268 Reichenhaller Tagblatt, 3. 11. 1934, Todesanzeige Wilhelm Eckart. Eine gleichlautende Todesanzeige aus einer anderen, nicht zu identifizierenden, vermutlich Münchner Zeitung ist in Wilhelm Eckarts Personalakte auf die Innenseite des Aktendeckels geklebt. BayHStA, Abt. 4 Kriegsarchiv OP 373.

269 Vgl. Reichenhaller Tagblatt, 9. 11. 1934, Danksagung zum Tod von Wilhelm Eckart.

Nach Eckarts frühem Tod wird beim Amtsgericht kein Nachlassverfahren eingeleitet.[270] Es ist offenbar nichts da, was Lotte erben könnte.[271] Sie muss froh sein, dass ihre Mutter sie wenigstens weiterhin mit 100,– RM monatlich unterstützt. Lotte bleibt noch über Weihnachten und den Jahreswechsel in Bad Reichenhall. Am 15. Februar 1935 ist sie wieder in Augsburg bei ihrer Mutter polizeilich gemeldet.[272] In Bad Reichenhall meldet sie sich erst am 12. März 1935 nach Augsburg ab.[273]

Lotte bei Faulhaber: 28. Februar 1935. Der erste Besuch

Am 28. Februar 1935 fährt Lotte nach München und betritt zum ersten Mal das Erzbischöfliche Palais. Kardinal Faulhaber empfängt die junge Witwe seines Kriegskameraden Wilhelm Eckart. Faulhaber, einer der bedeutendsten, wenn nicht der bedeutendste Vertreter der katholischen Kirche,[274] lässt die junge Witwe, obendrein eine Jüdin, zu einem Gespräch vor, das einen sehr persönlichen Verlauf nimmt.

Faulhaber notiert in seinem Tagebuch nach jedem Besuch, wer bei ihm war und worüber gesprochen wurde. Mitunter gibt er in den Eintragungen auch seine Gedanken und Einschätzungen preis. Faulhaber bedient sich dabei der Gabelsberger Kurzschrift, einer Vorläuferin der heute gebräuchlichen Deutschen Einheitskurzschrift. Die Notizen sind schwer zu entziffern, zudem bruchstückhaft, geben nur stichwortartig den Verlauf des Besuchs wieder oder beziehen sich auf nicht näher erläuterte Personen oder Sachverhalte. So ist es oft nicht einfach, seine Eintragungen zu deuten. Auch über Lottes Besuch findet sich eine Eintragung in Faulhabers Besuchstagebuch. Sie lautet: „Frau Hauptmann Eckart, Augsburg, Witwe des Offiziers (November 34 in Reichenhall gestorben), der mich im Feld führte und seine Untergebenen sehr väterlich behandelte. Selber Jüdin, überlegt sich, ob nicht katholisch werden. – War wohl in dieser persönlichen Sache hier. Respondeo:[275] nicht sich drängen lassen, muss wachsen. Wirtschaftliche Vorteile nicht zu erwarten, weil auch die Getauften nach dem Arierparagraphen … Ob wieder ins Ausland? Man sieht ihr die Jüdin nicht an. Er hatte schwere Kriegsleiden (42 Jahre) und sie konnte ihm in der letzten Zeit viel Trost sein. Sie will erst ruhig werden und dann wiederkommen."[276]

270 Vgl. StAM, AG Bad Reichenhall NR 1944/68 Amtsgericht Bad Reichenhall an Rechtsanwalt Dr. Weiss, 25. 7. 1950.

271 Vgl. ebenda, Niederschrift, 31. 5. 1944. Auch Eckarts Eltern sind nicht vermögend. Als seine Mutter 1944 stirbt – der Vater ist bereits 1938 verstorben –, besteht der Nachlass nur aus einem Bankguthaben in Höhe von 4221,– RM, der Wohnungseinrichtung im Wert von 2500,– RM sowie 150,– RM Bargeld.

272 Vgl. StadtA A, Hausbogen Schaezlerstraße 13.

273 Vgl. Hastreiter-Rott an den Autor.

274 Vgl. die entsprechende Einschätzung von Wirsching, Mehr Nähe als Distanz?, S. 200.

275 Lateinisch für „ich antworte".

276 EAM, NL FH 10016 Michael von Faulhaber, Tagebucheintrag 28. 2. 1935 (http://www.faulhaber-edition.de/dokument.html?docidno=10016_1935-02-28_T01).

Lotte berichtet dem Kardinal zunächst sichtlich aufgewühlt vom Tod ihres Gatten, an den sich auch der Kardinal noch lebhaft als seinen „Führer im Felde“ erinnert. Faulhaber vermerkt, dass Lottes Ehemann mit gerade mal 42 Jahren infolge schwerer Kriegsleiden verstorben sei. Hier irrt der Kardinal: Wilhelm Eckart war bei seinem Tod 47 Jahre alt. Dennoch ein früher Tod und ein schweres Schicksal – auch für seine Frau. Faulhaber notiert, dass Lotte ihrem Ehemann in der letzten Zeit noch viel Trost habe sein können. Jetzt trage sie sich mit dem Gedanken, sich taufen zu lassen. Der Kardinal stellt fest, dass Lottes Wunsch, getauft zu werden, wohl der eigentliche Grund für ihren Besuch ist. Aber warum wendet sie sich nicht an einen Pfarrer, sondern gleich an den Kardinal persönlich? Hat Wilhelm Eckart vor Lotte über seinen direkten Draht ins Erzbischöfliche Ordinariat geprahlt, der ihm schon bei der Ausnahmegenehmigung für die Eheschließung von Nutzen war? Will Lotte jetzt diesen direkten Draht auch für ihr Anliegen nutzen?

Faulhaber müsste innerlich gejubelt und ihren Entschluss freudig begrüßt haben, betete die katholische Kirche doch schon seit Urzeiten dafür, dass sich die Juden endlich bekehren.[277] Doch Faulhaber rät Lotte in dieser Angelegenheit, nichts zu überstürzen. Diese Sache müsse wachsen. Der Kardinal weiß genau, dass sich die junge jüdische Witwe von der Taufe keinerlei wirtschaftliche Vorteile versprechen kann, „weil auch die Getauften nach dem Arierparagraphen …“ Faulhaber vollendet den Satz nicht. Was gemeint ist, dürfte klar sein. Die Nationalsozialisten hatten bereits 1933 in der Ersten Durchführungsverordnung zum „Gesetz zur Wiederherstellung des Berufsbeamtentums“ alle zu „Nichtariern“ erklärt, die auch nur einen einzigen jüdischen Großelternteil hatten.[278] Ob so ein „Jude“ katholisch war oder nicht, spielte dabei überhaupt keine Rolle. Und Lotte hat sogar vier jüdische Großeltern. Aus dem öffentlichen Dienst ist sie ja schon rausgeflogen, und auch sonst ist sie abgestempelt. Lotte und ihre „Rassegenossen“ werden von den Nationalsozialisten bekanntlich für „Deutschlands Unglück“ verantwortlich gemacht. Ob Faulhaber mit der Bemerkung zum „Arierparagrafen“ eine Aussage von Lotte oder von ihm zitiert oder bloß seine eigene Überlegung wiedergibt, lässt sich nicht sagen. Vermutlich wissen beide, dass sich Lotte von der Taufe keine wirtschaftlichen Vorteile versprechen kann. Es geht um Glaubensfragen und womöglich auch um einen gewissen Schutz vor Verfolgung durch die Zugehörigkeit zur katholischen Kirche, die ja übernational, sogar weltweit organisiert ist.

277 Vgl. Maier, Pius XII, in: Pfister (Hrsg.), Eugenio Pacelli, S. 120.

278 Erste Verordnung zur Durchführung des Gesetzes zur Wiederherstellung des Berufsbeamtentums, 11. 4. 1933. §3 (1) der Durchführungsverordnung hat folgenden Wortlaut: „Als nicht arisch gilt, wer von nicht arischen, insbesondere jüdischen Eltern oder Großeltern abstammt. Es genügt, wenn ein Elternteil oder ein Großelternteil nicht arisch ist. Dies ist insbesondere dann anzunehmen, wenn ein Elternteil oder ein Großelternteil der jüdischen Religion angehört hat.“

Kardinal Faulhaber
Archiv des Erzbistums München und Freising
Nachlass Faulhaber, DE-2258 CA/003/2226

Schon bei dieser ersten Begegnung kommt neben der Taufe auch das Thema Auswanderung zur Sprache. Lotte erzählt ihm offenbar, dass sie vor 1933 bereits zwei, drei Jahre im Ausland, in Spanien und Frankreich, gelebt hat. Jetzt, nachdem sie in so jungen Jahren schon zur Witwe geworden ist, liegt der Gedanke nahe, wieder ins Ausland zu gehen, zumal für eine Jüdin in Deutschland.[279] Aber auch im Ausland werden die Juden beargwöhnt. Doch Lotte hat Glück. Fachkundig notiert der Kirchenmann: „Man sieht ihr die Jüdin nicht an." Das soll wohl heißen, sie könnte jederzeit unerkannt irgendwo untertauchen, keiner würde sie auf den ersten Blick für eine Jüdin halten. Dabei schwingt in Faulhabers Urteil auch eine gewisse Wertschätzung für ihr angenehmes Äußeres mit. Hier drängt sich die Frage auf, wie nach Faulhabers Meinung denn eine „typische Jüdin" aussieht. Hakennase, große Ohren, gebückte Körperhaltung, Plattfüße? Hübsch jedenfalls nicht. Anders als Lotte …

Der Besuch endet mit Lottes Ankündigung wiederzukommen, sobald sie etwas ruhiger geworden sei.

279 Ihre Schwester Emmy lebt ja schon seit dem Frühling 1934 in Paris.

Bad Wörishofen, Ansichtskarte aus dem Jahr 1936

Lotte in Bad Wörishofen (I)

Am 19. August 1935 meldet sich Lotte in Augsburg nach Bad Wörishofen ab.[280] Sie hat Aussichten, bei dem dort ansässigen Atem-, Stimm- und Gesangslehrer Dr. Heinrich Egenolf[281] eine Assistentenstelle zu bekommen.[282]

In Bad Wörishofen hat einst Pfarrer Kneipp[283] gewirkt und seine berühmte Kur mit Kaltwasseranwendungen populär gemacht. Aus dem unscheinbaren Dorf ist so innerhalb kurzer Zeit eine florierende Kurstadt geworden. Aber selbst im katholisch geprägten Kurort Bad Wörishofen stehen seit dem Frühsommer 1935 Tafeln mit der Aufschrift „Juden sind hier unerwünscht“ am Ortseingang.[284] Hier wie in anderen Kurorten, wo sich weniger Ausländer unter den Kurgästen finden als etwa in den mondänen Seebädern,

280 Vgl. StadtA A, Hausbogen Schaezlerstraße 13.

281 Heinrich Egenolf (* 23.10.1891 Arnsberg † 29.4.1966 Freiburg im Breisgau), Dr. jur., Atem-, Stimm- und Gesangslehrer.

282 Vgl. EAM, NL FH 10016 Faulhaber Michael von, Tagebucheintrag vom 28.8.1935 (http://www.faulhaber-edition.de/dokument.html?docidno=10016_1935-08-28_T01&sortby=year).

283 Sebastian Kneipp (* 17.5.1821 Stephansried bei Ottobeuren † 17.6.1897 Bad Wörishofen), Pfarrer, Erfinder der Kneippkur.

284 Reinhard H. Seitz, Von Weimarer Republik, Nationalsozialismus und Nachkriegszeit, in: ders. (Hrsg.), Wörishofen – auf dem Weg zum Kneippkurort zu Bad und Stadt, Lindenberg i. A. 2004, S. 238.

preschen lokale Parteigrößen mit antisemitischen Aktionen vor.[285] Am 9. August 1935 erklärt der Mindelheimer Kreisleiter Schug,[286] er habe die Kurverwaltung angewiesen, ab sofort keinem Juden mehr eine Kurkarte auszustellen und Juden den Zutritt zum Kasino zu verbieten.[287] In der Lokalzeitung ist die Anzeigenseite mit fett gedruckten antisemitischen Sprüchen garniert, am 12. August 1935 etwa mit der Parole „Kauft nicht bei Juden! Die Juden sind unser Unglück!"[288] In Anzeigen des „Stürmer"[289] wird gegen die Juden als „Menschenmörder"[290] gehetzt. Auf diese aufgeheizte Atmosphäre trifft Lotte, als sie nach Bad Wörishofen kommt. Kein Wunder, dass sich Lotte nicht polizeilich anmeldet.[291] Offenbar vertraut sie darauf, dass man ihr „die Jüdin nicht ansieht" …

Lotte bei Faulhaber: 28. August 1935. Der zweite Besuch

Wenige Tage nach ihrer Abmeldung aus Augsburg empfängt Kardinal Faulhaber die junge jüdische Witwe erneut. Faulhaber notiert: „Lotte Eckart: Hat Aussicht bei Dr. Egenolf, dem Sprachtechniker, eine Assistentenstelle zu bekommen. In Reichenhall erklärt, diese Atemübungen wären auch für Asthma, das wäre also eine Existenz und ihrem Pflegeanliegen entsprechend. Nur will sie noch Medizin ein Stück studieren, um helfen zu können und dafür brauche sie 3000. Mithilfe gerne und ohne jede Aufzeichnung quingenti.[292] Sie weint und sagt: Aber sei außenstehend. – Nicht außenstehend, Brüder und Schwestern sind wir alle. Bittet um ein Lichtbild und dazu ein ganz kleines."[293]

Lotte berichtet zunächst, sie habe Aussicht auf eine Assistentenstelle bei Dr. Egenolf in Bad Wörishofen, der Faulhaber als „Sprachtechniker" bereits geläufig ist.[294] In Bad Reichenhall, wo sie zuletzt mit ihrem verstorbenen Ehemann auf Kur gewesen war, habe man ihr gesagt, dass die Atemübungen, die sie dort zur Therapie ihres Ehemannes erlernt habe,

285 Vgl. Frank Bajohr, „Unser Hotel ist judenfrei". Bäder-Antisemitismus im 19. und 20. Jahrhundert, 3. Aufl., Frankfurt a. M. 2003, S. 128.

286 Über Schug liegen keine näheren Informationen vor.

287 Vgl. NNMS 9. 8. 1935 „Kreisleiter Pg. Schug gibt Befehl zum Angriff gegen die Hetzer des Neuen Deutschlands".

288 Vgl. NNMS, 12. 8. 1935.

289 Von Julius Streicher (* 12. 2. 1885 Fleinhausen b. Augsburg † 16. 10. 1946 Nürnberg – hingerichtet), NS-Gauleiter in Franken, Herausgeber des antisemitischen Hetzblattes „Der Stürmer".

290 Vgl. NNMS, 9. 9. 1935 „Stürmer"-Anzeige „Menschenmörder von Anfang an".

291 Tatsächlich lassen sich in Bad Wörishofen keinerlei Spuren ihres Aufenthaltes finden.

292 Lateinisch für „fünfhundert".

293 EAM, NL FH 10016 Michael von Faulhaber, Tagebucheintrag vom 28. 8. 1935 (http://www.faulhaber-edition.de/dokument.html?docidno=10016_1935-08-28_T01&sortby=year).

294 Vgl. EAM, NL FH 10016 Michael von Faulhaber: Tagebucheintrag vom 11. 11. 1935 (http://www.faulhaber-edition.de/dokument.html?docidno=10016_1935-11-11_T01). Dr. Egenolf sprach am 11.11.1935 persönlich bei Faulhaber vor und bot ihm „phonetische Kurse" für Priesterseminare an.

auch gegen Asthma wirksam seien.[295] Damit könnte sie sich eine Existenz als Atemlehrerin aufbauen, was auch ihrem Anliegen, Menschen zu helfen, entspreche. Lotte erzählt Faulhaber, dass sie dafür aber noch etwas Medizin studieren müsse und 3000,– RM brauche. Keine kleine Summe. Der Kardinal drückt ihr ohne Weiteres und ohne jede Aufzeichnung 500,– RM in die Hand.

Lotte wollte wiederkommen, wenn sie ruhiger geworden wäre. Doch sie ist offenbar keineswegs ruhiger geworden. Trotz guter Aussichten auf berufliches Weiterkommen fängt sie an zu weinen und klagt, sie fühle sich außenstehend. Als Witwe steht sie ohne irgendwelchen Schutz aus der zivil- wie kirchenrechtlichen ehelichen Verbindung mit ihrem „arischen" Ehegatten da. Jetzt ist sie wieder „nur" eine Jüdin, eine verwitwete Jüdin. Faulhaber tröstet sie väterlich mit dem pauschalen Hinweis, für Gott gebe es keine Außenstehenden, alle Menschen seien Brüder und Schwestern. Freilich unterschlägt der Kardinal, dass für die Kirche Heiden und Andersgläubige, vor allem Bolschewisten, Kommunisten, Anarchisten, Sozialisten, Freimaurer und viele andere mehr, nicht zuletzt die Juden, selbstverständlich Außenstehende sind. Für die Kirche gelten nur Getaufte als „Brüder und Schwestern". Unzweifelhaft sehnt sich Lotte danach, in diese Gemeinschaft aufgenommen, sprich: getauft, zu werden. Zum Schluss bittet Lotte den Kardinal um ein Lichtbild – ein ganz kleines. Sie setzt alle Hoffnung in den berühmten Kirchenführer. Wie viele andere Gläubige trägt auch die Jüdin Lotte Eckart fortan ein Foto des Kardinals wie ein Heiligenbildchen, eine Reliquie oder einen Talisman mit sich herum …

Am folgenden Tag bekommt Faulhaber Besuch aus Amerika. Seine Notizen über den Ablauf des Besuchs werfen ein Schlaglicht auf seine Situation als Kirchenführer im nationalsozialistischen Deutschland. Alfred Talley,[296] der Präsident der Katholischen Vereinigung in New York, stellt ihm die Frage, was die amerikanischen Katholiken für ihre deutschen Glaubensbrüder und -schwestern tun können. Faulhaber schärft Mr. Talley zuallererst ein, was sie nicht tun sollen: „Keine Protestversammlungen, kein Boykott, nicht zusammen gehen mit den Jews, noch weniger mit den Communists … Dagegen auf der Gesandtschaft eintreten für freedom of Conscience."[297] Bloß nichts zusammen mit Juden oder Kommunisten gegen Deutschland und die Nationalsozialisten unternehmen, sondern auf die Freiheit des Gewissens pochen.

Auch Faulhaber muss klar sein, dass Hitler bei allem guten Willen, den er ihm wiederholt attestierte, von der Gewissensfreiheit rein gar nichts hält und das Bestehen auf der

295 Dr. Egenolf machte 1920 in Frankfurt a. M. mit einer Arbeit über Asthma seinen Doktor der Rechtswissenschaften. Heinrich Egenolf, Die anatomischen Veränderungen der Lunge und Bronchien bei Asthma Bronchiale, Dissertation, Frankfurt a. M. 1920.

296 Über Alfred Talley liegen keine weiteren Informationen vor.

297 EAM, NL FH 10016 Michael von Faulhaber, Tagebucheintrag vom 29. 8. 1935 (www.faulhaber-edition.de/dokument.html?docidno=10016_1935-08-29_T01).

Freiheit des Gewissens der Kirche in Deutschland deshalb nicht viel bringen würde. Vor Juden und Kommunisten warnt er seinen amerikanischen Besucher dagegen nachdrücklich. Er befürchtet, dass die katholische Kirche in Deutschland durch ein Zusammengehen amerikanischer Katholiken mit Hitlers Erzfeinden bei Partei und Führer in Misskredit geraten würde. Außerdem sieht Faulhaber in den Kommunisten Erzfeinde der Kirche. Den Einfluss der Juden in der Gesellschaft beurteilt er ebenfalls negativ – auch wenn er sich einzelnen Juden, wie Lotte Eckart, persönlich durchaus zugetan zeigt.

Lottes Chance auf eine Assistentenstelle bei Dr. Egenolf stehen aufgrund ihrer in Bad Reichenhall erworbenen praktischen Kenntnisse nicht schlecht. Obendrein ist dieser ebenfalls mit Kardinal Faulhaber bekannt. Als Lotte nach Bad Wörishofen kommt, sind zwei Atemlehrer in Wörishofen tätig: neben Dr. Heinrich Egenolf[298] Frida Pfister.[299] Ob sie auch Frau Pfister assistiert hat, ist nicht bekannt. Vermutlich hatte sie auch zu ihr Kontakt.

Eine Woche nach Lottes Besuch bei Faulhaber, am 6. September 1935, gibt es eine große Volksversammlung in Bad Wörishofen. Parteigenosse Kögelmaier[300] aus München, persönlicher Referent des oberbayerischen Gauleiters und Innenministers Adolf Wagner,[301] erklärt, der Nationalsozialismus mische sich nicht in die Seelsorge ein, lasse sich aber auch nicht in die Politik dreinreden. In dem katholischen Kurstädtchen verkündet er großspurig, nach der nationalen Revolution könnten jetzt endlich Tausende von Priestern wieder ihrer eigentlichen Aufgabe nachgehen. Niemals seien sie so geschützt gewesen wie unter dem neuen Regime.[302]

Die „Nürnberger Rassengesetze": Die Juden werden gebrandmarkt

Wenige Wochen nach Lottes Ankunft in Wörishofen wird auf dem „Reichsparteitag der Freiheit" am 15. September 1935 in Nürnberg ein Gesetzespaket verabschiedet, das als „Nürnberger Gesetze" bekannt ist. Dazu gehören das „Reichsbürgergesetz", das „Reichs-

298 Egenolf veröffentlichte 1953 „ein kleines Atem-Lehrbuch für Gesunde und Kranke": Heinrich Egenolf, Wunder des Atmens, Stuttgart 1953, sowie ein „Praktikum für Sänger, Sprecher und alle, die ihre Stimme pflegen wollen": Heinrich Egenolf, Die Menschliche Stimme, Stuttgart 1953. Im Herbst 1936 behandelte Egenolf erfolgreich die junge Elisabeth Schwarzkopf (* 9. 12. 1915 Jarotschin/Provinz Posen † 3. 8. 2006 Schruns/Österreich), Sängerin, die nach ihrer Genesung in Berlin eine Weltkarriere startete. Vgl. Alan Jefferson, Elisabeth Schwarzkopf, Boston 1995, S. 25.

299 Frida Pfister veröffentlichte 1951 ein Atemlehrbuch. Sie bezeichnete sich dort als „Spezialistin für Atem- und Stimmbildung. Leiterin der Wörishofener Atemkurse Pfister". Der Titel „So sollt ihr atmen!" spielte auf das zweite, 1889 erschienene Buch von Pfarrer Kneipp an, das den Titel trug: „So sollt ihr leben!" Vgl. Frida Pfister, So sollt ihr atmen! Lehrbuch für richtiges Atmen im Dienste der Kunst und der Wissenschaft, 2. Aufl., Freudenstadt 1955.

300 Max Köglmaier (* 20. 4. 1902 München † 25. 8. 1972 München), NS-Politiker, SA-Gruppenführer.

301 Adolf Wagner (* 1. 10. 1890 Algringen/Lothringen † 12. 4. 1944 Bad Reichenhall), NSDAP-Gauleiter München-Oberbayern, SA-Obergruppenführer.

302 Vgl. NNMS, 6. 9. 1935 „Imposanter Verlauf der großen Volksversammlung in Bad Wörishofen".

flaggengesetz“ und das „Blutschutzgesetz“.[303] Führer und Reichskanzler Hitler, Innenminister Frick,[304] Justizminister Gürtner[305] sowie Führerstellvertreter Heß[306] unterzeichnen diese Gesetze. Das „Reichsflaggengesetz“ verbietet es Juden, die Flagge des Deutschen Reichs zu zeigen – das ist noch die erträglichste Einschränkung. Das „Reichsbürgergesetz“ schließt Juden von der Reichsbürgerschaft aus, diese können künftig nur noch „Staatsangehörige deutschen oder artverwandten Blutes“ besitzen. Das Gesetz erfüllt damit eine Forderung aus dem 25-Punkte-Programm der NSDAP aus dem Jahr 1920. Die „Erste Verordnung zum Reichsbürgergesetz“ vom 14. November 1935 definiert dann verbindlich, wer überhaupt Jude ist: „§ 5 (1) Jude ist, wer von mindestens drei der Rasse nach volljüdischen Großeltern abstammt.“ Weiter heißt es: „§ 2 (2) Als volljüdisch gilt ein Großelternteil ohne weiteres, wenn er der jüdischen Religionsgemeinschaft angehört hat.“[307]

Im nationalsozialistischen Deutschland kommt der Rassenforschung und der „Rassenhygiene“ ein hoher Stellenwert zu. Die Wissenschaft ist einfallsreich in der Erfindung von Instrumenten zur Vermessung von Schädeln, Ohren und Nasen, versessen darauf, die „Rassen“ durch Messdaten klar voneinander abgrenzen zu können. Doch offenbar ist die Rassenbestimmung von Juden auf diese Weise nicht so ohne Weiteres und ohne jeden Zweifel möglich. Die erwähnte Verordnung verlagert das Problem kurzerhand zwei Generationen zurück, indem sie festschreibt, dass als Jude gilt, wer mindestens drei „der Rasse nach volljüdische Großeltern“ habe. Als „volljüdisch“ sollen diese gelten, wenn sie der jüdischen Religionsgemeinschaft angehören oder angehört haben.

Die sonst so „aufs Blut“ versessenen Nationalsozialisten ziehen hier die schlichte Zugehörigkeit zu einer Religionsgemeinschaft der Vermessung von Schädeln und Nasen vor und erklären die Religionszugehörigkeit der Großeltern zum alleinigen Rassenkriterium. Mit dieser kuriosen zweistufigen Definition wird die Zugehörigkeit zur „jüdischen Rasse“ von der Zugehörigkeit der Großeltern zu einer Israelitischen Kultusgemeinde abgeleitet. Dass mindestens drei Großelternteile der jüdischen Religionsgemeinschaft angehört haben müssen, damit man als „Volljude“ gilt, ist völlig willkürlich. Schon das „Gesetz zur Wiederherstellung des Berufsbeamtentums“ vom 7. April 1933 sah im „Arierparagrafen“ ja vor, dass Beamte, Angestellte und Arbeiter „nichtarischer“ Abstammung in den Ruhestand zu versetzen sind. Damals hatte schon ein einziger jüdischer

303 Gesetz zum Schutze des deutschen Blutes und der deutschen Ehre 1935, http://www.documentarchiv.de/nsnbgesetze01.html.

304 Wilhelm Frick (* 12. 3. 1877 Alsenz † 16. 10. 1946 Nürnberg – hingerichtet), NS-Reichsminister des Innern.

305 Franz Gürtner (* 26. 8. 1881 Regensburg † 29. 1. 1941 Berlin), NS-Reichsjustizminister.

306 Rudolf Heß (* 26. 4. 1894 Alexandria/Ägypten † 7. 8. 1987 Berlin-Wilhelmstadt – Freitod), NS-Politiker, Stellvertreter des „Führers“.

307 Erste Verordnung zum Reichsbürgergesetz 1935, http://www.verfassungen.ch/de/de33-45/reichsbuerger35-v1.htm.

Großelternteil genügt, um zum Juden erklärt und aus dem öffentlichen Dienst entfernt zu werden.[308]

1935 haben sich viele deutsche Juden vom Glauben und den Traditionen der Großelterngeneration durch Assimilation längst entfernt. Sie haben sich erfolgreich in die deutsche Gesellschaft integriert. Viele sind sogar konvertiert, manche wissen nicht einmal mehr, dass ihre Großeltern einst Juden waren, und gelten dem NS-Staat jetzt doch wieder als Juden. Die Nationalsozialisten drehen die Uhr der Assimilation, Emanzipation und Integration der deutschen Juden einfach zwei Generationen zurück – in die Zeit vor die Gleichstellung der Juden im Bismarckreich mit allen Rechten und Pflichten – und erklären alle Abkömmlinge der Großelterngeneration, egal, was sie persönlich denken, tun und glauben, ohne viel Federlesens zu Juden. Der Einzelne wird nunmehr mit dem Rassenmerkmal „Jude“ gekennzeichnet, sein Wert als Mensch wird aufgrund der behördlich festgestellten Zugehörigkeit zur „jüdischen Rasse“ gemindert. Da kann der Einzelne noch so „edel, hilfreich und gut“[309] sein. Das tut nichts zur Sache: „Der Jude wird verbrannt.“[310]

Auswirkungen auf Lotte

Bei den Angehörigen der Familie Schwarz liegt der Fall klar: Alle vier Großeltern von Emmy, Hansi und Lotte sind Juden. Hansi, Lottes mittlere Schwester, hat mit Josef Seché bereits 1924 einen Protestanten mit Hugenottischen Wurzeln, Lotte 1933 den Katholiken Wilhelm Eckart geheiratet. Jetzt sind beide Frauen, die auch durch ihre Partnerwahl ihre ganz private Öffnung zur nichtjüdischen, deutschen Gesellschaft praktiziert haben, wieder auf den Status ihrer Großeltern als „Volljuden“ zurückgeworfen. Eine Partnerwahl unter den „Deutschblütigen“ ist ihnen von Staats wegen künftig verwehrt. Dafür sorgt das ebenfalls in Nürnberg beschlossene „Gesetz zum Schutze des deutschen Blutes und der deutschen Ehre“ – das sogenannte Blutschutzgesetz. Es verbietet künftige eheliche Verbindungen zwischen Juden und „Deutschblütigen“. Die Assimilation beziehungsweise Integration der Juden in die deutsche Gesellschaft, die weitere „Vermischung“ von Juden und sogenannten Deutschblütigen sollen durch das „Blutschutzgesetz“ unterbunden werden. Lotte und Wilhelm Eckart dürften jetzt nicht mehr heiraten – ganze zwei Jahre nach der Eheschließung. Auch eine Ehe zwischen Hansi und Seché wäre jetzt verboten. Einzig Emmy und Kurt Glaser dürften nach wie vor heiraten, da sie ja beide Juden sind.

308 Erste Verordnung zur Durchführung des Gesetzes zur Wiederherstellung des Berufsbeamtentums, 11.4.1933.

309 Die ersten Zeilen der Ballade „Das Göttliche“ von Johann Wolfgang von Goethe lauten: „Edel sei der Mensch, hilfreich und gut“.

310 Im 2. Auftritt des 4. Aktes von Ephraim Lessings Schauspiel „Nathan der Weise“ sagt der Tempelherr mehrfach: „Tut nichts! Der Jude wird verbrannt.“

Lotte in Bad Wörishofen (II)

Keine zwei Wochen später, am 17. September 1935, feiert Bad Wörishofen seinen „großen Tag“: Vom Reichsparteitag in Nürnberg kehrt die frisch gebackene SS-Reiterstandarte in das beflaggte und geschmückte Bad Wörishofen zurück. Aufmärsche, markige Reden und Gesänge folgen. In der Zeitung kann man lesen: „Die stolze Heerschau in Nürnberg brachte für uns ein kostbares Juwel, ein geweihtes Feldzeichen, das die SS-Reiterstandarte und die Stadt Wörishofen wohl zu würdigen und zu schätzen wissen. Dieses Zeichen hat viel zu bedeuten, hat uns allen viel zu sagen. Heilig ist es.“[311] In der Lokalzeitung inseriert der „Stürmer“ weiter unverdrossen gegen die Juden als „Betrüger“ und „Rassenschänder“.[312] Wie mag Lotte sich da gefühlt haben?

Lotte bei Faulhaber: 25. Oktober 1935. Der dritte Besuch

Ende Oktober spricht Lotte erneut bei Faulhaber vor. Der notiert über ihren Besuch: „Frau Lotte Eckart – bei Dr. Egenolf. Ob er einmal zu mir kommen könne, ja. Kurse im Seminar? Wird nach Berlin ziehen zum Studium. Dann vielleicht nach Amerika.“[313]

Lotte arbeitet jetzt bei Dr. Egenolf und fragt in dessen Auftrag beim Erzbischof wegen Kursen am Priesterseminar nach. Dr. Egenolf versucht offensichtlich, Lottes direkten Draht zu Faulhaber für seine Arbeit zu nutzen. Und Faulhaber will ihn tatsächlich empfangen.[314] Lotte informiert den Kardinal auch über ihre jüngsten Pläne: Nach wenigen Wochen will sie Wörishofen schon wieder den Rücken kehren und in Berlin „studieren“, das heißt sie will dort ihre Kenntnisse der Atemlehre vertiefen. Und sie nennt Faulhaber ein – wenn auch noch vages – Ziel: Atemlehrerin in Amerika.

Lotte bei Faulhaber: 8. Juli 1936. Der vierte Besuch

Im Sommer 1936 sucht Lotte erneut den Kardinal auf. Faulhabers Eintrag über diese Begegnung lautet: „Frau Hauptmann [sic] Eckart: Die Studien in Berlin seien abgeschlossen. Sie sei manchmal recht traurig gewesen. Jetzt will sie sich in Reichenhall selbstständig machen, wo die Schwiegereltern sind und Dr. Abele in der Schule Egenolf war, der allerdings eine andere dorthin schickte. Schon bis August. Das Religiöse drängt im Stillen

311 NNMS, 18. 9. 1935 „Bad Wörishofens großer Tag“.

312 Vgl. NNMS, 15. 1. 1936 „Stürmer“-Werbung: „Die Laufbahn des Juden Fabian“.

313 EAM, NL FH 10016 Michael von Faulhaber, Tagebucheintrag vom 25. 10. 1935 (http://www.faulhaber-edition.de/dokument.html?docidno=10016_1935-10-25_T01).

314 Faulhaber empfängt Dr. Egenolf am 11.11. 1935. EAM, NL FH 10016 Michael von Faulhaber, Tagebucheintrag vom 11. 11. 1935 (http://www.faulhaber-edition.de/dokument.html?docidno=10016_1935-11-11_T01).

zur Entscheidung: Aus der jüdischen Gemeinschaft sei sie schon lange ausgetreten. Die Schwiegereltern wünschten es schon früher. Ich sage ihr: Nicht drängen und nichts überstürzen, aber die Entscheidung auch nicht ewig hinausschieben. Eine innere Stimme. Im Herbst, wenn ruhig, mit Dr. Abele sprechen. Ich erzähle von den 2 Ärzte-Familien, die nach Amerika ausgewandert sind – Sie denkt vielleicht auch einmal an Auswandern."[315]

Eineinhalb Jahre nach Wilhelm Eckarts Tod ist Lotte immer noch nicht ruhig. Sie berichtet von ihren Studien in Berlin.[316] Manchmal sei sie dort sehr traurig gewesen. Leidet Lotte unter Depressionen? Sicherlich wohnte sie in Berlin bei ihrer Schwester Hansi und bekam die Schwierigkeiten von Annemarie Wolff-Richter mit ihrem Kinderheim in Berlin-Zehlendorf hautnah mit, in dem ihr Neffe René untergebracht war. Über Lottes Studien in Berlin liegen keine Informationen vor. Einiges deutet darauf hin, dass sie bei dem bekannten Naturarzt Dr. Ludwig Schmitt[317] „studiert".[318]

Dr. Ludwig Schmitt

Als Vertreter einer ganzheitlichen Auffassung medizinischen Heilens zählt Dr. Schmitt ab Mitte der 1920er-Jahre zur ärztlichen Avantgarde in Deutschland.[319] Seine Heilerfolge durch Atemgymnastik und naturheilkundliche Anwendungen machen ihn zu einem der bekanntesten Modeärzte seiner Zeit. Im Mittelpunkt seines eigenwilligen Konzepts steht jedoch der Atem, was ihm den Beinamen „Atemdoktor" einträgt. Schon 1927 begründet er in seinem bahnbrechenden Werk „Das Hohelied vom Atem"[320] seine Atemlehre. Hier schildert er die Atemgeheimnisse der „Alten Völker", bei denen – nach Dr. Schmitt – Könige nur mithilfe des Atems geheilt werden durften. Der durch die Zivilisation deformierte moderne Mensch dagegen atme widernatürlich und falsch, flach, kurz und hektisch. Der Mensch müsse wieder zu seinem „natürlichen" Atem finden, zum Tief-Atem, der selbst Krankheiten zu heilen vermag, zum Heilatem. Mit vielen Übungen gibt er praktische Anleitung, wie dies in der Therapie zu bewerkstelligen sei. Dr. Schmitt nennt seine Theorie und Methode, eine Mischung aus Ideen der Lebensreform und des Neo-Hinduismus,[321] „Atemheilkunst".

315 EAM, NL FH 10017 Michael von Faulhabers Tagebucheintrag vom 8. 7. 1936.

316 Ein Aufenthalt von Lotte in Berlin 1935/36 lässt sich allerdings nicht nachweisen.

317 Johannes Ludwig Schmitt (* 24. 6. 1896 Stuttgart † 19. 9. 1963 Naturarzt.

318 Ein von Lotte 1936 für ihre Atemschule „Juventus" verfasster Lehrplan für Atemunterricht stützt sich weitgehend auf die Atemlehre von Dr. Schmitt.

319 Eine detaillierte Biografie über Dr. Schmitt ist in Vorbereitung. Ich danke Herrn Prof. Locher für die Erlaubnis der Einsichtnahme in das Manuskript. Wolfgang Locher, Im Räderwerk der Zeit. Der Reformarzt Johannes Ludwig Schmitt (1896–1963) – vorläufiger Titel, unveröff. Manuskript, München 2018. Das Manuskript ist nicht paginiert.

320 Ludwig Schmitt, Das Hohelied vom Atem, Augsburg 1927.

321 Vgl. Locher, Im Räderwerk. Allgemein zur Lebensreformbewegung vgl. Florentine Fritzen, Gesünder leben. Die Lebensreformbewegung im 20. Jahrhundert, Stuttgart, 2006.

Seit 1930 betreibt er in einer repräsentativen Münchner Villa, in der Leopoldstraße 3, in bester Lage am Siegestor, eine private, naturheilkundliche Klinik mit 28 Betten.[322] Praxis wie auch Klinik florieren. Sogar aus London, Paris und Amsterdam strömen Patienten nach München, um sich von dem populären Arzt behandeln zu lassen, der obendrein an der von Otto Falckenberg[323] geleiteten Schauspielschule unterrichtet und sogar selbst Theaterstücke verfasst. Möglich, dass sich auch Wilhelm Eckart, der ja an Atemwegserkrankungen leidet, bei ihm in Behandlung begibt. Belege hierfür liegen allerdings nicht vor.

Bei Dr. Schmitt geben sich bekannte Persönlichkeiten die Klinke in die Hand. So finden sich unter seinen Patienten Prominente wie der Schriftsteller Bert Brecht[324] und der gefeierte Dirigent Wilhelm Furtwängler.[325] Auch der nachmalige NS-Reichsleiter Philipp Bouhler[326] sowie sein Assistent Viktor Brack[327] lassen sich von dem „Atemdoktor" behandeln.[328] Nach der Machtübernahme der Nationalsozialisten gerät Dr. Schmitt jedoch rasch in Bedrängnis: Er sympathisiert mit Gregor Strasser,[329] dem Exponenten des linken Flügels der NSDAP, der jedoch als Hitler-Rivale bald in Ungnade fällt. Von Januar bis April 1933 beherbergt Dr. Schmitt dessen ebenfalls politisch gefährdeten Bruder Otto Strasser[330] unter falschem Namen in seiner Klinik, verschafft ihm Unterschlupf bei einem Bekannten und bringt ihn persönlich über die Grenze nach Österreich.[331] Am 14. November 1933 wird Dr. Schmitt wegen Unterstützung von Otto Strasser in Haft genommen, aber schon am nächsten Tag wieder auf freien Fuß gesetzt. Trotz Verbots hält er den Kontakt zu Strasser aufrecht[332] und hilft Verfolgten. Er ist unter dem Decknamen „LEO" sogar Kopf eines Widerstandskreises.[333] Im April 1934 wird Dr. Schmitt in „Schutzhaft" genommen und

322 Vgl. Wolfgang Gerhard Locher, Die „Atemklinik" Dr. Schmitt am Siegestor (http://atemhaus.de/ah/wp-content/uploads/2013/11/atemklinik-dr-schmitt.jpg).

323 Otto Falckenberg (* 5. 10. 1873 Koblenz † 25. 12. 1947 München), Regisseur, Theaterleiter, Schriftsteller.

324 Bertolt Brecht (* 10. 2. 1898 Augsburg † 14. 8. 1956 Berlin), Schriftsteller.

325 Wilhelm Furtwängler (* 25. 1. 1886 Schöneberg † 30. 11. 1954 Ebersteinburg b. Baden-Baden), Dirigent.

326 Philipp Bouhler (* 11. 9. 1899 München † 19. 5. 1945 bei Dachau – Freitod), Reichsleiter der NSDAP, Chef der „Kanzlei des Führers".

327 Viktor Hermann Brack (* 9. 11. 1904 Haaren † 2. 6. 1948 Landsberg – hingerichtet), NSDAP-Funktionär.

328 Josef H. Mauerer, Der Atemdoktor. Leben und Werk des Dr. Johannes Ludwig Schmitt, S. 12, https://atemheilkunst.com/2015/wp-content/uploads/2016/01/Der-Atemdoktor.pdf. Vgl. Locher, Im Räderwerk.

329 Gregor Strasser (* 31. 5. 1892 Geisenfeld † 30. 6. 1934 Berlin – ermordet), NS-Reichsorganisationsleiter.

330 Otto Strasser (* 10. 9. 1897 Windsheim † 27. 8. 1974 München), Leiter der Widerstandsorganisation „Schwarze Front".

331 Auch der Jude Fritz Sternberg (* 11. 6. 1895 Breslau † 18. 10. 1963 München), Jude, marxistischer Theoretiker, kann sich im März 1933 mit Dr. Schmitts Hilfe über das Riesengebirge in die Tschechoslowakei retten. Vgl. Locher, Im Räderwerk.

332 So finanzierte Dr. Schmitt 1933/34 weiterhin Otto Strassers politische Arbeit im Ausland in erheblichem Umfang. Um die Jahreswende 1933/34 behandelte er Gregor Strasser erfolgreich an den Spätfolgen einer schweren Wirbelsäulenverletzung, die sich Strasser im Januar 1931 beim Skilaufen in Oberstaufen zugezogen hatte. Vgl. Locher, Im Räderwerk.

333 Vgl. ebenda.

nach Stadelheim gebracht. Im Sommer 1934 fällt Gregor Strasser der als „Röhm-Putsch“ bezeichneten Mordaktion Hitlers an einstigen Weggenossen und Abweichlern zum Opfer. Auch nach Dr. Schmitt wird gesucht. Doch ein Gefängniswärter, dessen Schwiegertochter er 1930 unentgeltlich zwei Monate behandelt hatte, rettet ihn, indem er ihn tagelang in einer Badezelle versteckt.[334] Zur Behandlung von Nierenkoliken wird Dr. Schmitt ins Schwabinger Krankenhaus verlegt, wo ihm wohlmeinende Kollegen zur Flucht raten. Doch Dr. Schmitt bleibt in München. Sein einflussreicher Patient, NS-Reichsleiter Bouhler, zugleich Leiter der Kanzlei des Führers, erreicht bei Hitler Gnade für seinen Arzt. Tatsächlich wird er auf freien Fuß gesetzt, doch er muss seine Klinik an die Reichskammer für Kultur verkaufen und erhält Berufsverbot für München und Bayern.[335]

Im Herbst 1935 übersiedelt Dr. Schmitt nach Berlin und eröffnet dort eine Praxis in der Giesebrechtstraße 19 nahe dem Kurfürstendamm.[336] Schon bald floriert seine Praxis, und er kann dort wieder Prominente wie den Schauspieler Will Quadflieg[337] und NS-Parteigrößen wie Landwirtschaftsminister Walther Darée[338] oder Kirchenminister Hanns Kerrl[339] zu seinen Patienten zählen. Anfang 1940 behandelt er sogar Führerstellvertreter Rudolf Heß wegen einer leichten Prostatitis.[340] Dr. Schmitt nimmt aber weiterhin auch mittellose Menschen an und scheut sich auch nicht, jüdischen Frauen Geburtshilfe zu leisten.[341] Öffentlich plädiert er für Kontakte zur „jüdischen“ Medizin, da der Talmud die Lehre des Atems beinhalte, verfügt sogar über direkte Kontakte zu Widerstandsgruppen. Andererseits nutzt er aber auch die sich ihm durch die „Arisierung“ jüdischen Grundbesitzes bietenden Gelegenheiten, Immobilien günstig zu erwerben.[342]

Von Hansis Wohnung in der Konstanzer Straße 4 zu Dr. Schmitts Praxis in der Giesebrechstraße 19 sind es zu Fuß nur 10 Minuten. Gut möglich, dass Lotte zeitweise bei Dr. Schmitt famuliert oder assistiert hat und dabei auch manch führendem Nationalsozialisten begegnet ist.[343]

334 Vgl. ebenda. Gerüchte über die Rettung Dr. Schmitts durch eine Namensverwechslung widerlegt Locher. Vgl. ebenda.
335 Vgl. ebenda sowie Mauerer, Der Atemdoktor, S. 13 f.
336 Vgl. Locher, Im Räderwerk sowie Mauerer, Der Atemdoktor, S. 14.
337 Will Quadflieg (* 15. 9. 1914 Oberhausen † 27. 11. 2003 Osterholz-Scharmbeck), Schauspieler.
338 Richard Walther Darré (* 14. 7. 1895 Buenos Aires/Argentinien † 5. 9. 1953 München), NS-Politiker, Schriftsteller.
339 Hanns Kerrl (* 11. 12. 1887 Fallersleben † 15. 12. 1941 Paris), NS-Minister für kirchliche Angelegenheiten.
340 Wulff Schwarzwäller, Rudolf Heß, der Stellvertreter, Köln/München 1987, S. 132. Vgl. auch Locher, Im Räderwerk.
341 Mauerer, Der Atemdoktor, S. 14.
342 Vgl. Locher, Im Räderwerk.
343 Herta Richter, deren ältere Schwester Friederike viele Jahre Dr. Schmitts „rechte Hand“ war, berichtete, dass Dr. Schmitt viel mit Verfolgten gearbeitet hat und in seinem Wartezimmer Nationalsozialisten und Juden nebeneinandersaßen. Herta Richter an den Autor, 6. 7. 2009.

Neue Pläne

Doch jetzt hat Lotte ihr „Medizinstudium“ in Berlin hinter sich und neue Pläne: Von Amerika ist keine Rede mehr. Jetzt will sie nach Bad Reichenhall. Dort leben ja noch ihre Schwiegereltern. Dort gebe es auch einen Dr. Abele.[344] Abele ist damals Stadtpfarrer an St. Zeno. Faulhaber persönlich hat ihn auf diese Stelle gesetzt. Zuvor war er Direktor des Knabenseminars in Freising.[345] Vermutlich war Dr. Egenolf am Seminar schon einmal tätig, um den angehenden Priestern die richtige Sprech- und Atemtechnik beizubringen. Doch habe Dr. Egenolf nicht sie, sondern eine andere Assistentin zu Dr. Abele geschickt. Lotte will sich in Bad Reichenhall selbstständig machen. Schon im August soll es losgehen.

Der Kardinal notiert, dass auch das Religiöse im Stillen zur Entscheidung dränge. Lotte berichtet, dass sie schon lange aus der jüdischen Religionsgemeinschaft ausgetreten sei.[346] Die Schwiegereltern hätten sich schon früher gewünscht, dass sie sich taufen lasse. Vermutlich hatten sie schon vor der Heirat darauf gedrängt. Faulhaber redet der jungen Frau gut zu, mahnt wiederum dazu, nichts zu überstürzen und auf die innere Stimme zu hören. Er empfiehlt ihr, im Herbst, wenn die Aufregung über die Existenzgründung hinter ihr liegen würde und sie wieder ruhig wäre, mit Dr. Abele über die Taufe zu sprechen.

Diesmal schneidet nicht Lotte das Thema Auswanderung an, sondern Faulhaber. Er erzählt Lotte von zwei Ärztefamilien, die nach Amerika emigriert seien. Der Kardinal weiß, dass Lotte bei aller Unterstützung durch katholische Geistliche als Jüdin auf Dauer im Deutschen Reich nicht sicher sein würde. Lotte, die im Begriff steht, in Reichenhall eine Existenz zu gründen, äußert sich zum Thema Auswandern verständlicherweise zurückhaltend. Doch diese Frage wird jetzt schneller akut als gedacht. Die Existenzgründung in Bad Reichenhall kommt nicht zustande. Zum Glück eröffnet sich Lotte eine andere Chance.

4 Lotte in Liechtenstein

Einladung ins Fürstentum

Kaum zurück in Bad Wörishofen unterbreitet Emil Ospelt,[347] ein Kurgast aus dem Liechtensteinischen Schaan, der jungen Witwe ein vielversprechendes Angebot: Sie soll ins Fürstentum kommen und im Kneippschen Heilbad eines Freundes als Atemlehrerin tätig

344 Eugen Abele (* 14. 9. 1874 Trostberg † 2. 4. 1951 Bad Reichenhall), katholischer Geistlicher.

345 Vgl. Engelbert Maximilian Buxbaum, Leitlinien der pfarrgeschichtlichen Entwicklung, in: Josef Otter/Engelbert Buxbaum (Hrsg.), Kirche und Pfarrei St. Zeno im Wandel der Jahrhunderte (1136–1986), Bad Reichenhall 1986, S. 68–144, hier S. 136 f.

346 Lotte war bereits bei ihrer Heirat am 24. 8. 1933 nicht mehr Mitglied der Israelitischen Kultusgemeinde.

347 Emil Ospelt (* 30. 6. 1897 † 1. 12. 1978), Kaufmann im Fürstentum Liechtenstein.

Schaan, Fürstentum Liechtenstein, ca. 1935
Amt für Kultur, Liechtensteinisches Landesarchiv, SgAV_01_N_007_012

werden. Kurzentschlossen ergreift Lotte die Chance, kehrt im August 1936 Bad Wörishofen den Rücken und fährt nach Liechtenstein.[348]

Am Ostufer des Rheins liegt malerisch an den ansteigenden Bergflanken zwischen Österreich und der Schweiz das Fürstentum Liechtenstein. Mit etwa 10 000 Einwohnern ist Liechtenstein ein Zwergstaat, aber souverän. Nach dem Weltkrieg ist er mit der Schweiz eine Zollunion eingegangen und wie diese außenpolitisch auf Neutralität bedacht.[349] Das Land ist landwirtschaftlich geprägt, die Bevölkerung streng katholisch. Der Tourismus steckt noch in den Kinderschuhen. Das Fürstentum leidet noch immer unter den Folgen der Weltwirtschaftskrise, und auch im Fürstentum spürt man die politischen Veränderungen beim großen Nachbarn Deutschland. So führt etwa die Flucht der in Deutschland verdrängten und verfolgten Juden zu einem Einwanderungsdruck auf die Schweiz und auch auf das kleine Fürstentum Liechtenstein.

348 Yvonne Boner erfuhr im März 1943 „durch Regierungsbeamte, dass Frau Eckart bereits im Monat August 1936 im Fürstentum weilte“. ALH, Yvonne Boner an Josef Aichele, 19. 3. 1943.

349 Vgl. für die damalige Situation in Liechtenstein grundlegend: Peter Geiger, Krisenzeit. Liechtenstein in den Dreissigerjahren 1928–1939, 1. Bd., 2. durchges. Aufl., Vaduz/Zürich 2000. Vgl. auch Zuflucht auf Raten, Liechtenstein und die Juden, Ausstellung im Küefer-Martis-Huus, 13. Mai 2010–6. Februar 2011, in Kooperation mit dem Verein der Liechtensteiner Freunde von Yad Vashem und dem Jüdischen Museum Hohenems.

Im Fürstentum gibt es eine Ortsgruppe der NSDAP-Auslandsorganisation, in der sich die in Liechtenstein lebenden deutschen Reichsangehörigen mit nationalsozialistischer Gesinnung organisieren, und auch eine völkische Bewegung, die die Liechtensteiner dem deutschen Volk „natürlich" verbunden sieht und sich gegen die drohende Überfremdung durch einströmende Juden aus dem Deutschen Reich zur Wehr setzt.[350] Schon 1933 folgt Liechtenstein weitgehend der Politik der „Judenabwehr", wie sie die Schweiz praktiziert.[351] Nach den „Nürnberger Gesetzen" 1935 geht die Sorge um, dass alle Dämme brechen, dass die Juden Liechtenstein regelrecht überrollen könnten. Das Fürstentum sollte auch auf keinen Fall ein Heiratsparadies für Juden und deren „arische" Partner werden.[352] So sorgt die liechtensteinische Regierung bereits am 3. Oktober 1935 dafür, dass die in den „Nürnberger Gesetzen" verankerten Ehebeschränkungen für Juden auch hier gelten: Trauungen von Deutschen können nur mit Genehmigung der liechtensteinischen Regierung vollzogen werden, wozu sie Ehefähigkeitszeugnisse bei den deutschen Behörden einholt.

Als Lotte im August 1936 ins Land kommt, ist die Stimmung erregt. Der Schriftleiter des „Liechtensteiner Vaterlands", Carl von Vogelsang,[353] fährt seit Monaten eine Kampagne gegen Juden, die angeblich in Liechtenstein ihr „ergaunertes" Geld in Sicherheit bringen. Einige Artikel erscheinen sogar im „Stürmer".[354] Der Bankier Sally Isenberg[355] wehrt sich und zeigt den Redakteur an. Die Regierung aus „Bürgerpartei" und „Vaterländischer Union", in der sich „Volkspartei" und „Liechtensteiner Heimatdienst" zusammengeschlossen haben, ist in der Judenfrage tief gespalten. Am 18. Juni 1936 findet eine erregte Debatte im Landtag statt. Tatsächlich gibt es einige eingebürgerte, reiche Juden im Fürstentum, die allerdings fast durchweg im Ausland ihren Wohnsitz haben. Die Regierung will diese keineswegs verschrecken – aber zur Kasse bitten.[356] Doch will man nicht zu viele Juden einbürgern, um den Völkischen nicht noch mehr Auftrieb zu geben.

350 Vgl. Liechtensteiner Heimatdienst, „Geistige Landesverteidigung", 29. 6. 1935 sowie LI LA, J007/S071/323 (a) handgeschriebener Zettel, undatiert, mit Parolen wie „Die Juden sind unser Unglück" und „Erkenntnissen" wie: „Die Juden ein übles Rassengemisch aus dem Osten."

351 Vgl. LI LA, RF 133/36 Eidgenössisches Justiz- und Polizeidepartement an die Polizeidirektionen der Kantone und an die schweiz. Gesandtschaften und Konsulate in Europa, 31. 3. 1933. Die Fürstlich Liechtensteinische Gesandtschaft in Bern übersandte am 4. 4. 1933 ein Rundschreiben der Schweizer Regierung zur „Einreise von Israeliten" (LI LA, RF 144/36 003) an die Fürstlich Liechtensteinische Regierung, das diese am 6. 4. 1933 in modifizierter Weise übernahm (LI LA, RF 136/33 005 Fürstlich Liechtensteinische Regierung an die Gemeinden, 6. 4. 1933).

352 Vgl. Ursina Jud, Liechtenstein und die Flüchtlinge zur Zeit des Nationalsozialismus, Zürich 2005.

353 Carl Freiherr von Vogelsang (* 1. 7. 1900 Bad Wörishofen † 4. 4. 1977 Lübeck), nationalsozialistischer und katholischer Journalist.

354 Vgl. Der Stürmer, „Juden in Liechtenstein", 1. 8. 1936.

355 Sally Isenberg (* 2. 3. 1889 Saarbrücken † 4. 10. 1961 Saarbrücken), Jude, Bankdirektor.

356 Vgl. LI LA, RF 131/409/163 Regierungschef Hoop „zur Rolle Liechtensteins als Zuflucht für zweifelhaftes Kapital", 6. 10. 1933, sowie LI LA, RF 131/409/163; ders., „Stellungnahme zu Vorwürfen aus der nazideutschen Presse wegen Begünstigung der Kapitalflucht deutscher Juden nach Liechtenstein", 1937.

Die im „Sturmtrupp“ (ST) des „Heimatdienstes“ organisierten Völkischen grüßen mit einem zackigen „Frei!“ oder der merkwürdigen Parole „Heil Otto!“ So werden 1937 ganze 92 Flüchtlinge in Liechtenstein aufgenommen.[357] Lotte sucht denn auch erst gar nicht um eine Aufenthaltserlaubnis nach, beantragt keine Arbeitserlaubnis und gibt sich erst recht nicht als Jüdin zu erkennen, sondern reist einfach als Touristin aus Deutschland ein.

Emil Ospelt, der Lotte in Bad Wörishofen angesprochen hat, betreibt in der Landstraße 62 in Schaan, dem größten Ort Liechtensteins, ein Konfektionshaus, wo er auch einige Ausländerinnen als Schneiderinnen und Verkäuferinnen beschäftigt. Der „schöne Emil“, wie ihn manche nennen, inseriert am 15. August 1936 für sein Bekleidungshaus mit dem „Slogan“: „Kennen Sie das Haus mit den liebenswürdigen Verkäuferinnen und den kleinen Preisen?“[358] Von Ospelts Geschäft keine 250 Meter die Straße hinunter Richtung Vaduz, in der Landstraße 97, betreibt Gustav Biedermann[359] ein Kneippsches Heilbad. Ursprünglich ein Kolonialwarenladen, seit 1931 mit angeschlossener Drogerie,[360] eröffnet Biedermann 1935 hier die „Kneippsche Bade- und Gießanstalt Schaan“.[361]

Biedermann ist ein glühender Anhänger der Lehren von Pfarrer Kneipp. Er hat in Wörishofen einen mehrwöchigen Ausbildungskurs absolviert, mit dem er die Befähigung erworben hat, „sämtliche Anwendungsformen der Kneippschen Badepflege wie Waschungen, Bäder, Güsse, Wickel und Dämpfe richtig und exakt auszuführen“.[362]

Ospelt und Biedermann sind nicht bloß Nachbarn, sie sitzen auch beide im Vorstand des Gewerbeverbandes Liechtenstein. Eineinhalb Jahre bis August 1936 bekleidet Biedermann sogar das Amt des Vorsitzenden.[363] Biedermann ist jedoch ein Freigeist, der von einer eigenen Naturheilpraxis in Amerika träumt.[364]

357 Vgl. Jud, Liechtenstein und die Flüchtlinge, S. 132.

358 LiVa 15. 8. 1936.

359 Gustav Biedermann (* 23. 9. 1891 Tisis b. Feldkirch/Österreich † 28. 12. 1968 Schaan/Fürstentum Liechtenstein), Kaufmann, Heilpraktiker und Homöopath. Vgl. Liechtensteiner Adressbuch und Handelsindex für das Fürstentum Liechtenstein, Schaan o. J. (1935), Eintrag der „neu eröffneten Anstalt für Reinigungsbäder, Heilbäder, Kneipp'sche Güsse und Wassertretanlage“ von Gustav Biedermann.

360 Um die Bezeichnung „Drogerie“ entspann sich eine kleine Provinzposse. Vgl. LI LA, 221/128b Martin Risch an die Fürstlich Liechtensteinische Regierung, 3. 1. 1945. Am 9. 7. 1931 erhielt Gustav Biedermann eine Konzession für den „Handel mit Drogen“. Vgl. weiter LI LA, RF 144/75 Liechtensteinische Regierung an Gustav Biedermann, 6. 3. 1934. Die Regierung monierte die Bezeichnung „Drogerie“ an Biedermanns Geschäft. Vgl. weiter LI LA, RF 144/75 Gustav Biedermann an die Liechtensteinische Regierung, 18. 3. 1934. Gustav Biedermann änderte daraufhin die Bezeichnung in „Drogen“ [sic].

361 Dazu Ruth Amrein an den Autor, 24. 7. 2008. Emil Ospelts Tochter Ruth Amrein ist sogar der Überzeugung, dass ihr Vater und Gustav Biedermann das Bad zusammen gekauft haben.

362 LI LA, RF 163/328 Beilage zu Gustav Biedermann an die Liechtensteinische Regierung, 25. 10. 1933, Zeugnis des Kneipp-Bundes für Gustav Biedermann, 5. 10. 1933.

363 Vgl. LI LA, RF 165/313 Regierungschef Hoop an Gustav Biedermann, 1. 12. 1936.

364 1948 wanderte er tatsächlich nach Amerika aus, kehrte aber schon 1955 wieder nach Liechtenstein zurück. Register der liechtensteinischen Auswanderer nach Nord- und Südamerika, hrsg. vom historischen Verein für das Fürstentum Liechtenstein und dem Liechtensteinischen Landesarchiv .

Am 5. August 1936 reicht Emil Ospelt ein schriftliches Ersuchen „um die Erteilung der Konzession zur Errichtung einer Schule für Atemtechnik und Körpergymnastik" bei der Regierung von Liechtenstein ein.[365] Eine entsprechende Ausbildung habe er in den Wörishofener Atemschulen Egenolf & Pfister absolviert, flunkert er keck.[366] Die neue Einrichtung soll den Namen „Liechtensteinische Atemschule"[367] tragen. Von einer Atemlehrerin, die er anzustellen gedenkt und die noch dazu aus dem Ausland kommt, erwähnt er wohlweislich nichts. Dass sie Jüdin ist, weiß wohl auch Ospelt nicht. Man sieht sie ihr ja bekanntlich nicht an … Des Weiteren gibt Ospelt der Regierung bekannt, dass er seine Atemschule „in der Bad- und Kuranstalt A.G., Schaan" einzurichten gedenke, in Biedermanns Kneippschem Heilbad. Am 6. August 1936 holt die Regierung bei der Gewerbegenossenschaft eine Stellungnahme zu Ospelts Gesuch ein. Die Gewerbegenossenschaft bestätigt der fürstlichen Regierung am 11. August, dass der Ausschuss von dem Gewerbegesuch Ospelts ohne Einwand Kenntnis genommen habe.[368] Unterzeichnet ist der Vermerk von ihrem Ersten Vorsitzenden – niemand anders als Gustav Biedermann, Inhaber und Betreiber der Schaaner Bad- und Kuranstalt A.G., Schaan, wo Emil Lotte als Atemlehrerin zu installieren gedenkt.[369] Am 14. August 1936 wird Ospelt die gewünschte Bewilligung erteilt.[370] Wenige Tage später bricht Biedermann zu einer lange geplanten Geschäftsreise nach Amerika auf.[371] Am 19. August schifft er sich in Le Havre, Frankreich, nach New York ein. Am 27. August 1936 betritt er amerikanischen Boden.[372]

Gerade in diesen Tagen muss sich Emil Ospelt mit Schwierigkeiten wegen der Beschäftigung von Ausländerinnen in seinem Konfektionsgeschäft herumschlagen. Eine Strafzahlung droht.[373] Die Beschäftigung einer weiteren Ausländerin in der beantragten

365 LI LA, RF 163/328 Emil Ospelt an die Regierung, 5. 8. 1936.

366 Vgl. Amrein an den Autor. Emil Ospelts Tochter, Ruth Amrein, hält eine solche Ausbildung für unwahrscheinlich.

367 Vgl. LI LA, RF 163/328 Emil Ospelt an die Regierung, 4. 8. 1936. Der Antrag auf eine Konzession ist auf den 5. 8. 1936 datiert, der offensichtlich nachgeschobene Antrag, die Einrichtung „Liechtensteinische Atemschule" nennen zu dürfen, trägt jedoch das Datum des 4. 8. 1936. Emil Ospelt hat sich wohl im Datum vertan. Vermutlich wurden beide Schreiben am selben Tag verfasst.

368 LI LA, RF 168/328 Gewerbegenossenschaft an die Regierung, 11. 8. 1936.

369 Auch Emil Ospelt war zeitweise Vorstandsmitglied der Vorgängerorganisation, dem „Liechtensteinischen Gewerbeverband". Vgl. LI LA, RF 155/172/004 Fürstliche Regierung an den liechtensteinischen Gewerbeverband, 17. 9. 1935.

370 LI LA, RF 126/328 Regierung an Emil Ospelt, 14. 8. 1936.

371 Vgl. LI LA, RF 165/313 Gustav Biedermann an Regierungschef Hoop, 1. 12. 1936.

372 NARA States Immigrant Inspector at Port of Arrival (N. Y. City), Passenger and Crew List of Vessels Arriving at New York, New York, 1897–1957 Microfilm Publication T715_6158, 27. 8. 1936, https://www.ancestry.de/.

373 Vgl. LI LA, RF 163/350 Ausschuss des Landesarbeitsamtes an Regierung, 8. 8. 1936, Regierung: Verwaltungsstrafbot gegen Emil Ospelt, 13. 8. 1936, Emil Ospelt an Regierung, 27. 8. 1936, Regierung an Arbeitsamt, 9. 9. 1936, sowie Regierung an Emil Ospelt, 13. 9. 1935.

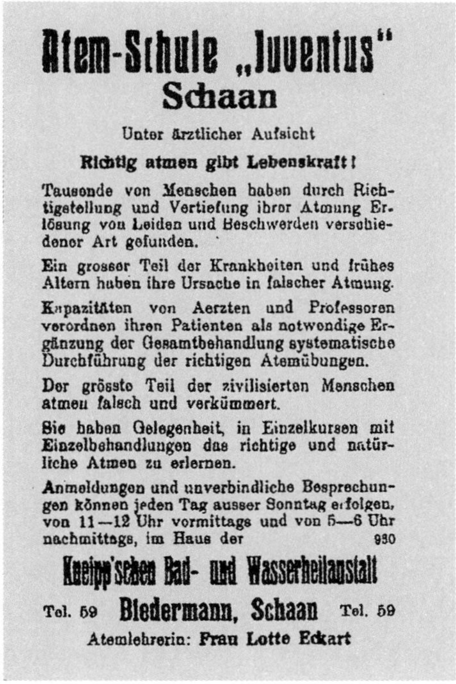

Anzeige von Lotte
Liechtensteiner Vaterland, 10. Oktober 1936

Atemschule erscheint ihm jetzt wohl zu riskant. Ospelt kriegt kalte Füße. Am 12. September 1936 zieht er sein Gesuch zurück.[374] Allerdings wird dabei nicht ganz klar, ob er tatsächlich seinen Antrag auf Erteilung einer Konzession für eine Atemschule oder bloß den Antrag auf Benennung der Einrichtung als „Liechtensteinische Atemschule" widerruft.

Die Atemschule „Juventus"

Als Gustav Biedermann Ende September aus Amerika zurückkehrt, ist Ospelt bereits ausgestiegen oder wird jetzt ausgebootet. Biedermann bietet Lotte offenbar an, ihre eigene Atemschule in seinem Bad aufzuziehen, denn am 10. Oktober 1936 erscheint im „Liechtensteiner Vaterland" erstmals eine Anzeige der Atem-Schule „Juventus", Atemlehrerin: Frau Lotte Eckart, in der „Kneipp'schen Bad- und Wasserheilanstalt Biedermann, Schaan". Unter der Überschrift „Richtig atmen gibt Lebenskraft!" wird die Eröffnung der Atemschule bekannt gemacht.[375] Eingangs wird zunächst erklärt, dass es richtiges und falsches Atmen gebe, dass die meisten zivilisierten Menschen falsch atmeten und dass

374 LI LA, RF 163/328 Emil Ospelt an Regierung, 12. 9. 1936.
375 LiVa, Anzeige der Atemschule „Juventus", 10. 10. 1936.

viele Krankheiten und frühes Altern ihre Ursachen in falscher Atmung hätten. Kapazitäten von Ärzten und Professoren verordneten ihren Patienten deshalb als notwendige Ergänzung ihrer Behandlung systematische Atemübungen. Durch Richtigstellung und Vertiefung der Atmung könne man Erlösung von Leiden und Beschwerden finden, wird versprochen. In Einzelkursen und Einzelbehandlungen habe man die Gelegenheit, das „richtige und natürliche Atmen" zu erlernen. Das Ganze stehe unter ärztlicher Aufsicht. Die gleiche Anzeige erscheint wenige Tage später auch in der zweiten Liechtensteiner Tageszeitung, dem „Liechtensteiner Volksblatt".[376]

Am 17. Oktober 1936, eine Woche später, erscheint eine weitere Anzeige der „Atemlehrerin Frau Lotte Eckart im Haus Biedermann, Schaan" unter der Überschrift: „Atmen? – Ja; Aber – Richtig!" im „Liechtensteiner Vaterland".[377] Hier stellt Lotte drei Thesen in den Mittelpunkt: Das Tempo unserer Zeit habe die Menschheit verkrampft und die naturgemäße Zwerchfelltiefatmung vergessen lassen, Richtigstellung und Vertiefung der Atemfunktion steigerten Arbeitskraft, Leistungsfähigkeit und Lebensfreude. Vielen Gebrechen und frühem Altern könne durch ganz einfache Atemübungen vorgebeugt werden. Lotte bezeichnet die Zwerchfelltiefatmung als die richtige, weil naturgemäße Atmung, die viele Vorteile biete. Die gleiche Anzeige erscheint in den folgenden Wochen noch einige Male in den beiden Liechtensteiner Tageszeitungen.[378]

Lottes Anzeigen machen offenbar Furore. So schlägt ihr Landesphysikus Dr. Martin Risch[379] vor, Atmen als Schulfach an den Liechtensteiner Schulen anzubieten.[380] Lotte erarbeitet daraufhin einen „Vorschlag zur Einführung des theoretischen und praktischen Atem-Unterrichts in den Schulen Liechtensteins für Lehrer und Schüler".[381] Auf neun DIN-A-4-Seiten entwickelt sie ihre eigene Lehrmethode. Lottes Atemlehre basiert theoretisch in erster Linie auf der Atemlehre von Dr. Ludwig Schmitt. Lotte ergänzt ihre theoretischen Kenntnisse durch die praktischen Erfahrungen, die sie bei der Behandlung ihres Ehemanns bei Dr. Kühne in Bad Reichenhall und als Assistentin bei Dr. Egenolf und womöglich auch bei Frau Pfister in Wörishofen gemacht hat. Aus all diesen theoretischen und praktischen Anregungen entwirft sie ein eigenes Konzept für den Unterricht, das sie ausführlich erläutert.

Die „Lehrmethode der Atem-Schule ‚Juventus'. Atemlehrerin: Frau Lotte Eckart" gibt einen umfassenden Überblick über die Bedeutung des Atems für das Leben des modernen

376 LiVo, Anzeige der Atemschule „Juventus", 16. 10. 1936.

377 LiVa, Anzeige Lotte Eckart, 17. 10. 1936.

378 LiVo, Anzeige Lotte Eckart, 24. 10. 1936, sowie LiVa, 24. 10. 1936, S. 4, LiVo, 27. 10. 1936, S. 4, und LiVo, 12. 12. 1936, S. 3.

379 Martin Risch (* 17. 9. 1899 Triesen/Füstentum Liechtenstein † 5. 1. 1970 Chur/Schweiz), Arzt, Landesphysikus, 1953–1966 Abgeordneter der FBP (Fortschrittliche Bürgerpartei), 1960–1966 Landtagspräsident.

380 Vgl. LI LA, RF 163/328 Lotte Eckart an Pfarrer Frommelt, 14. 11. 1936.

381 Ebenda.

Menschen. Insbesondere soll dem Menschen geholfen werden, seine durch die schädlichen Einflüsse der Zivilisation kurz und flach gewordene Atmung zu verbessern. Der von Lotte vorgeschlagene Atemunterricht besteht aus theoretischen Betrachtungen wie praktischen Übungen und soll sich im Dialog zwischen Lehrern und Schülern entwickeln. Ihr Lehrplan ist nüchtern und pragmatisch. Esoterische, ja okkultistische Spekulationen wie bei einigen Autoren, die sie in ihrem Literaturverzeichnis nennt, finden sich bei ihr nicht. Dem Lehrplan ist ein Zitat von Dr. Schmitt vorangestellt: „Die Zeit wird kommen, in der jede Schule, ehe sie das Lesen und Leibesübungen und Sprechen und Singen – das sind alles unmittelbare Atemarten – und ehe sie das Schreiben, das Denken, das Auswendiglernen, das Rechnen, das Neuschaffen in Deutsch und anderen Spracharten – das ist mittelbare Atemart – lehrt, dass jede Schule zuvor den Atem als solchen an sich lehren wird.“[382]

In der Einleitung begründet Lotte, warum Atemunterricht so wichtig ist: „Die Atmung ist die wichtigste Lebensfunktion“, und „es ist eine von der Medizin anerkannte Tatsache, dass die meisten Menschen schlecht oder falsch atmen.“ Im Interesse der Volksgesundheit und der Jugend sei die Unterweisung der Schüler wie der Lehrkräfte über die naturgemäße Atmung von größter Bedeutung. Durch einfache Atemübungen sollen die Richtigstellung und Kontrolle der Atmung erreicht werden. Als Kronzeugen für den großen vorbeugenden Wert systematischer Atemübungen nennt sie drei Ärzte. Da ist zum einen Dr. Kühne, „Chefarzt der Inneren Station des Städtischen Krankenhauses Bad Reichenhall und Leiter des Asthma-Forschungsinstituts“, den sie ja persönlich in Bad Reichenhall kennengelernt hat.[383] Des Weiteren beruft sie sich auf einen Prof. Roemheld[384] vom Sanatorium für Innere Krankheiten am Neckar sowie, und das an erster Stelle, auf Prof. Brauchle,[385] leitender Arzt der Klinik für Naturheilkunde am Rudolf-Heß-Krankenhaus Dresden. Dass Lotte sich ausgerechnet auf Prof. Brauchle beruft, erstaunt, ist dieser doch der Chefideologe der „Reichsarbeitsgemeinschaft für eine Neue Deutsche Heilkunde“, in der sämtliche nichtschulmedizinischen Strömungen zusammengeschlossen sind: die Deutsche Allgemeine Gesellschaft für Psychotherapie, die Deutsche Gesellschaft für Bäder- und Klimakunde, der Deutsche Zentralverein Homöopathischer Ärzte, der Reichsverband der Naturärzte, der Reichsverband Deutscher Privatkrankenanstalten,

382 Schmitt, Das Hohelied vom Atem, S. 124.

383 Dr. Kühne hatte bereits 1930 die Schaffung einer „Forschungsstelle für Asthma- und Bronchitisbekämpfung“ mit einem großen Laboratorium im neu eröffneten Städtischen Krankenhaus vorgeschlagen. Sie wurde aber erst am 16. 3. 1954 gegründet. Vgl. Kliniken Südostbayern, Die Bad Reichenhaller Forschungsanstalt (http://www.kliniken-suedostbayern.de/de/detail/chronik_reichenhall,5515.htm).

384 Über Prof. Roemheld liegen keine weiteren Informationen vor. Vermutlich handelt es sich bei ihm um den Namensgeber des Roemheld-Syndroms.

385 Alfred Brauchle (* 22. 3. 1898 Schopfheim † 21. 11. 1964 Schönenberg im Schwarzwald), Arzt, Chefideologe der nationalsozialistischen Naturmedizin.

die Vereinigung anthroposophischer Ärzte sowie der Kneipp-Ärztebund. – Im nationalsozialistischen Deutschland ist selbst die Naturheilkunde gleichgeschaltet.[386] Zu Ehren des größten Anhängers der Naturheilkunde in der Führungsriege der Nationalsozialisten, zu Ehren des „Führerstellvertreters“, wurde das Stadtkrankenhaus Dresden-Johannstadt bei der Wiedereröffnung 1934 in Rudolf-Heß-Krankenhaus umbenannt.

In erster Linie geht es Lotte aber um die Wiederherstellung der richtigen, naturgemäßen Zwerchfelltiefatmung durch einfache Atemübungen, denn „richtig atmen bedeutet Steigerung der Leistungsfähigkeit bei Schonung des Kräfteverbrauchs“. Mit ihrem Lehrgang will Lotte zunächst einmal Interesse für das „Atem-Problem“ wecken, denn: „Das Tempo unserer Zeit bringt es mit sich, dass jeder ‚atemlos‘ geworden ist. Ruhe, Konzentration und ein Sich-Besinnen tut allen Not. Haben wir das erreicht, können wir mit dem Aufbau und Ausbau beginnen.“ Heute würde man vermutlich von Achtsamkeitsübungen unter bewusstem Einsatz des Atems sprechen. Lotte legt Wert darauf, dass der Lehrstoff nicht einfach „verabreicht“ wird. Praktische Übungen sollen genauso dazu gehören wie das gemeinsame Sprechen über die dabei gemachten Erfahrungen. Lottes Atemlehrgang ist als Arbeitsgemeinschaft gedacht. Es soll sogar diskutiert werden: „Im Anschluss an den Unterricht wird eine Diskussion eröffnet, um so die Zusammenarbeit als eine lebendige, produktive zu gestalten.“ Ein fortschrittlicher, möglicherweise von Annemarie Wolff-Richters Kinderheim-Pädagogik beeinflusster Ansatz in einer Zeit, wo es noch kaum Alternativen zum Frontalunterricht eines allwissenden und gnadenlos strafenden Lehrers gibt.

Lottes Atemlehre

Lottes Lehrplan gliedert sich in 13 Punkte. Zunächst soll die „naturgesetzmäßige“ Atmung des Tieres beziehungsweise des Säuglings betrachtet werden. Danach geht es um die „Physiologischen Gesetze der Atmung.“ Die richtige „Zwerchfelltiefatmung“ soll der falschen Brustatmung gegenübergestellt werden. Punkt drei ist mit „Atemlehre“ überschrieben und stellt „einfache Übungen zum Zweck der Richtigstellung der Atmung“ vor. Die Ausatmung müsse vertieft und der Körper dadurch gelockert werden. Da die Mundatmung schädliche Folgen habe, müsse die Nasenatmung gefördert werden. Besonderes Gewicht legt Lotte auf die Atempause, die „in ausgeatmetem, gelockertem Zustand als Beruhigungsmittel“ und „zur Erreichung innerer Ruhe“ angewandt werden soll. Es gelte die Formel: „Je größer die Entspannungsmöglichkeit, desto größer die Spannungsmöglichkeit.“[387]

386 Zur „Neuen Deutschen Heilkunde“ vgl. Detlef Bothe, Neue deutsche Heilkunde 1933–1943. Dargestellt anhand der Zeitschrift „Hippokrates“ und der Entwicklung der volksheilkundlichen Laienbewegung, Husum 1991, Zusammenfassung unter http://www.internist-moabit.de/html/dissertation.html.

387 Dieser Satz findet sich wörtlich auch bei Schmitt. Vgl. Ludwig Schmitt, Atmung, Haltung und Bewegung, Augsburg 1927, S. 124, sowie Schmitt, Das Hohelied vom Atem, S. 115.

Entspannungsübungen seien darüber hinaus ein wertvolles Hilfsmittel gegen viele Leiden, dienten der Erlangung eines ruhigen Schlafes und stellten einen Weg zur Konzentration dar, wichtig vor allem beim Sprechen und Singen, aber auch beim Sport. Außerdem soll mit speziellen Übungen das Zwerchfell angeregt, von innen massiert und gekräftigt werden, um das Atemzentrum zu wecken.[388] Auch die Zwerchfelltiefenstütze für das Sprechen und Singen soll eingeübt werden. Weitere Punkte befassen sich mit der Bedeutung des Atems für Körperhaltung und Bewegung[389] sowie für die Vorbeugung von Krankheiten, vor allem der Tuberkulose, aber auch von Asthma, Arterienverkalkung, Schlaganfall und vielem anderen mehr. Es wird angemerkt, dass systematisch durchgeführte Atemübungen auch für die Erreichung eines höheren Lebensalters sorgen können.

Zu Beginn des Abschnitts über „Atmungstherapie" wird festgestellt, dass diese „ein Teil der Gesamttherapie" sei. Und wieder zitiert Lotte einen Arzt aus dem Rudolf-Heß-Krankenhaus in Dresden, Dr. Werner Tiegel,[390] ein Assistent, der weiß, dass die richtige Atmung „ein billiger, einfacher und gefahrloser Weg zur Gesundung" sei. Daran anschließend wird eine Reihe von Krankheiten aufgezählt, bei denen die „Umstellung auf die naturgemäße Atmung und systematisch durchgeführte Atemübungen in Zusammenarbeit mit Ärzten von großer heilerischer Bedeutung" seien: An erster Stelle die Tuberkulose „in den ersten zwei Stadien".[391] Es folgt eine fast schon ermüdend lange Liste weiterer Krankheiten vom Asthma bis zur Schlaflosigkeit, von Nervosität bis Verdauungsstörungen. Nur wenige Stichworte sind Hautpflege, Gymnastik sowie „Atmung und Leistung" gewidmet. Aber dann kommt das Kapitel „Atmung und Sport". Lotte weiß, wovon sie spricht, wenn sie von einer „Verdopplung der Leistung bei Schonung des Kräfteverbrauchs" durch richtige Atmung doziert, denn Lotte ist eine begeisterte Sportlerin, vor allem läuft sie für ihr Leben gern Ski. Lotte behauptet, der Körper könne sich mithilfe der Atmung auf jede Leistung einstellen. Dabei sei die Entspannung vor der Leistung zum Sammeln der Kräfte entscheidend. Richtige Atmung bringe demgemäß mehr „Kraft und Gewandtheit", falsche Atmung gesundheitliche Schäden mit sich. Deshalb müsse die Jugend insbesondere „über die Notwendigkeit der richtigen Atmung beim Sport" aufgeklärt werden. Dies gelte für alle Sportarten. Allen voran nennt sie natürlich „Schi laufen".[392] Es folgt ein Abschnitt über „Atmung und Stimme". Lotte erläutert hier, dass mit der richtigen Atemtechnik auch der „Weg der Heilung" bei Beschwerden wie Heiserkeit, Stimmbandlähmungen und so

388 Auch dieser Gedanke stammt zweifellos von Schmitt. In seiner „Atemheilkunst" spielt diese „Atem-Massage" eine wichtige Rolle.

389 Bei Schmitt heißt es: „Der Atem des Menschen bestimmt von selbst die Haltung des Menschen." Vgl. Schmitt, Das Hohelied vom Atem, S. 123.

390 Über Dr. Tiegel liegen keine weiteren Informationen vor.

391 Schmitt spricht von „Lungenkranken ersten und zweiten Stadiums". Vgl. Schmitt, Das Hohelied vom Atem, S. 140.

392 Schmitt favorisiert dagegen das Schwimmen: „Schwimmen macht schön." Ebenda, S. 210.

weiter gefunden werden könne. Auch Stottern und andere Sprachstörungen ließen sich durch Atemtherapie günstig beeinflussen, wenn nicht heilen, erklärt die Atemlehrerin. Im Abschnitt „Atmung und Mimik" wird behauptet, der Atem spiegle sich im Gesicht eines Menschen, das sich durch „rhythmischen Atem" durchaus verändern ließe.[393]

Den Abschluss des Lehrgangs soll laut Lotte die „Atmung der alten Völker",[394] nämlich der Inder und Chinesen, bilden.[395] Bei diesen „Alten" hätten Könige und Priester nur mit dem Atem geheilt werden dürfen.[396] Überhaupt sollten diese „alten Völker" in Bezug auf Atmung und Sport, Tanz, Gesang, Gebet, Plastiken, Körperhaltungen, Bewegungen, Kleidung, Sprechtechnik und endlich ihrer Lebenseinstellung insgesamt durchgenommen werden. Am Ende kommt Lotte noch einmal auf die Atempause zurück, die schon in der Frühzeit der menschlichen Kultur als „die ‚heilige Pause' der Alten"[397] bekannt und geschätzt gewesen sei. Dem Lehrplan beigegeben ist eine Liste der Bücher und Zeitschriften, die in der „Bibliothek der Atemschule ‚Juventus' zur Einsichtnahme zur Verfügung" stünden, wie es etwas förmlich heißt. Ein buntes Sammelsurium vom „Anatomischen Atlas des Menschen" bis zur Abhandlung über kalte Füße, von den „Grundlagen der Kneipp-Kur" bis zur programmatischen Schrift „Der Arzt und seine Sendung" und vom „Handbuch der Naturheilkunde" des obskuren Prof. Brauchle bis zur „Phonetischen Schulung des Predigers" aus einem homiletischen Kurs in München.[398]

Lotte hat offensichtlich einen Teil der 500,– Reichsmark, die sie von Faulhaber erhalten hat, in Fachliteratur investiert, wobei sie sich offensichtlich besonders intensiv mit dem Werk von Dr. Schmitt beschäftigt hat. Drei Zeitschriften hat Lotte abonniert: Die „Kneipp-Blätter", den „Heilpraktiker" und den „Naturarzt", alle drei längst gleichgeschaltet. Einige Aussprüche über die Atmung, die meisten aus Indien oder China, fast alle bei Dr. Schmitts „Hohem Lied" abgekupfert, bilden den Abschluss von Lottes Vorlage. Anders als in Dr. Schmitts Werk fehlen bei ihr allerdings Anweisungen für praktische Atemübungen.

Die Atemlehre ist damals alles andere als ein einheitliches System: Verschiedene Schulen arbeiten mit dem Atem so, wie sie es für richtig und sinnvoll halten. In Deutschland ist die Atemlehre als Teil der Naturmedizin längst in die neue nationalsozialistische Staatsmedizin integriert. Die „deutsche Medizin" setzt auf eine natürlich-biologisch-völkische Naturheilkunde, auf Anschaulichkeit, den gesunden Menschenverstand – und

393 Auch dieser Gedanke findet sich bei Schmitt, der behauptet, die Zwerchfell-Vollatmung verändere nicht nur die Mimik, sondern den ganzen Körper. Ebenda, S. 133 f.

394 Schmitt spricht schon in der Einleitung von einer regelrechten „Atemlehre der Alten." Ebenda, S. VII.

395 Schmitt schreibt „Unter ‚Alten' sind die ältesten Kulturvölker gemeint, von denen uns die Geschichte erzählt." Ebenda, S. 47. Diese klärende Anmerkung fehlt bei Lotte.

396 „Im Buch wird des öfteren die Atemkunst als ‚Atem der Könige' bezeichnet, weil nach den Schriften der Alten die geheimen Lehren nur den Königen und ganz wenigen Priestern zuteil wurden und erstere in Krankheitsfällen scheinbar überhaupt nur mit ‚Atem' geheilt werden durften." Ebenda, S. VIII.

397 Auch dies wörtlich bei Schmitt, ebenda, S. 118.

398 Unter Homiletik ist die Lehre von der Predigt zu verstehen.

die Überlegenheit der „arischen" Rasse. Unter „naturgemäßer Lebensweise" könnte so in letzter Konsequenz auch die Ausmerzung der „jüdischen Rasse" zu verstehen sein.[399]

Die von Lotte entwickelte Atemlehre richtet sich dagegen eindeutig gegen die nationalsozialistisch-völkische Ideologie. Schon allein weil sie nicht das Volk, sondern den Einzelnen in den Mittelpunkt der Behandlung rückt, ist sie oppositionell. Der einzelne Mensch soll aufgeklärt, instruiert und motiviert werden, seine Übungen zu machen. Lotte setzt nicht auf Befehl von oben, sondern auf Gesundheitsvorsorge aus freien Stücken. Das Ergebnis der geplanten Gesundheitserziehung, Erhaltung und Ertüchtigung der Jugend, hat freilich auch die Steigerung der Volksgesundheit insgesamt zur Folge. Aber die Gesundheitsvorsorge, hier in Gestalt von Atemübungen, wird anders als in der „Neuen Deutschen Heilkunde" nirgends als Pflicht des Einzelnen gegenüber dem Volkskörper verankert. Sie bleibt stets freiwillig, basiert auf Aufklärung und Diskussion, ist also zutiefst demokratisch und emanzipativ.

Pfarrer Anton Frommelt

Am 14. November 1936 schickt Lotte ihren Vorschlag für Atemunterricht an den zuständigen Schulkommissär, Pfarrer Anton Frommelt,[400] einen der wichtigsten Männer des Fürstentums. 1936 ist er Landtagspräsident und stellvertretender Regierungschef. Für den 30. November 1936 lädt der Pfarrer Lotte zu einem Gespräch über ihr Vorhaben ein. Dabei weist Lotte Frommelt darauf hin, wie wichtig seine Entscheidung für sie sei:

> „Ich darf Ihnen vielleicht gestehen, dass für mich von dieser Ihrer Entscheidung der Aufbau meiner Existenz abhängt, nachdem sich einige von mir unvorhergesehene Schwierigkeiten ergeben haben. Vielleicht gestatten Sie mir einmal gelegentlich, Ihnen kurz darüber zu berichten; es gibt Situationen, speziell für eine alleinstehende Frau, die sich alleine durchsetzen muss, die schwierig sind und wo allein schon die Möglichkeit einer Aussprache Hilfe schafft. Es ist oft schwer, den nötigen Abstand zu den Dingen zu bekommen und sich davor zu bewahren, impulsiv verkehrt zu handeln."[401]

399 Die Verbindung angeblich volkstümlicher Praktiken mit der Rassenideologie der Nationalsozialisten trieb seltsame Blüten und führte etwa zu der Behauptung, man könne mithilfe eines Pendels jüdisches Blut und damit die jüdische Abstammung einer Person erkennen. Vgl. Schmitz, Kann man Judenblut feststellen? Erfahrungen mit dem Pendel, in: Deutsche Volksgesundheit aus Blut und Boden (1935) 17, S. 6, zitiert nach: Uwe Heyll, Wasser, Fasten, Luft und Licht: die Geschichte der Naturheilkunde in Deutschland, Frankfurt a. M./New York 2006, S. 259.

400 Anton Frommelt (* 14. 3. 1895 Schaan/Fürstentum Liechtenstein † 7. 10. 1975 Vaduz/Fürstentum Liechtenstein), Pfarrer und Kanonikus, Landtagspräsident (1928–1945), Regierungschef-Stellvertreter (1933–1938), Regierungsrat (1938–1945), Künstler.

401 LI LA, RF 163/328 Lotte Eckart an Pfarrer Frommelt, 1. 12. 1936.

Pfarrer Anton Frommelt
Amt für Kultur, Liechtensteinisches Landesarchiv, B_91_Frommelt_Anton_002

Lotte deutet „unvorhergesehene Schwierigkeiten“ an. Welcher Art diese Schwierigkeiten sind, bleibt zunächst ebenso unklar wie die impulsiven, aber verkehrten Handlungen, vor denen sie sich offenkundig nur mit Mühe bewahren kann.

Ein schöner Kneipp-Abend

Gustav Biedermann nutzt seine ausgezeichneten Beziehungen zum benachbarten Kneippverein im österreichischen Feldkirch[402] und vermittelt ihm „seine“ Bad Wörishofener Atemlehrerin Lotte Eckart. Drei Tage nachdem sie ihren Atemlehrplan an Pfarrer Frommelt geschickt hat, stellt Biedermann sie anlässlich eines Vortrags den Verantwortlichen des Kneippvereins Feldkirch vor.[403] Das Atemthema ist hier bereits bekannt. Der rührige Vorsitzende des in Vorarlberg führenden Vereins, Otto Getzner,[404] kennt sich in

402 Vgl. AG Manfred A. Getzner, Feldkirch und die Lehre von Pfarrer Sebastian Kneipp. Ein Beitrag zur Geschichte des 1924 gegründeten Kneippvereins Feldkirch und seiner beiden verdienten Funktionäre Otto Getzner (1883–1961) und Karl Zerlauth (1885–1966), unveröffent. Vortragsmanuskript, 16. 5. 2004.
403 Vgl. AG Faszikel IV: Chronik des Kneipp-Vereins Feldkirch, III. Buch, Feldkircher Anzeiger, 17. 11. 1936.
404 Otto Getzner (* 16. 3. 1883 Feldkirch/Österreich † 21. 4. 1961 Feldkirch/Österreich), Unternehmer, Inhaber der Textilfabrik Getzner.

den verschiedenen Atemsystemen bestens aus.[405] Schon 1935 kombiniert er das traditionelle Morgenturnen mit Atemgymnastik nach Leser-Lesario,[406] dessen „Vokalgebärdenatmung" man auch in eigenen Kursen studieren kann. Der Kneippverein rührt denn auch kräftig die Werbetrommel für Lotte. So erscheinen eine ganze Reihe von Artikeln zum Thema und Hinweise auf Lottes Vortrag in der Zeitung.[407]

Am 7. Dezember 1936 hält Lotte bei der Nikolausfeier des Vereins dann ihren vielbeachteten Vortrag über die naturgemäße Atmung. Der Andrang ist groß; die beiden oberen Räume des Gasthofes „Lingg" sind bis auf den letzten Platz besetzt. Der „Feldkircher Anzeiger" referiert am 16. Dezember 1936 Lottes Vortrag:

> „Sebastian Kneipp, der große Lebensreformer, verkündete von der Kanzel der alten Wandelhalle in Wörishofen: ‚Ihr müsst erst wieder schnaufen lernen.' In Wörishofen arbeiten die Kneipp-Ärzte Hand in Hand mit den Atem-Spezialisten. Wie die Praxis erwiesen hat, ist die Verbindung von Kneipp-Kur und Atem-Therapie eine geradezu ideale. Besonders schöne Erfolge werden erzielt bei Asthma, nervösen und organischen Herzleiden, Schlaflosigkeit u.a.m. In erster Linie aber gilt es, gleich wie beim Kneipp-System vorbeugend zu wirken. Nun erläuterte die Vortragende, wie überaus wichtig das naturgemäße Atmen für Alt und Jung, sowohl für den geistig als auch für den körperlich Arbeitenden ist. Richtig atmen zu können, ist vor allem eine unbedingte Notwendigkeit für den Sänger, den Redner und den Sportler. Frau Eckart erklärte ausführlich, was man unter richtigem Atmen versteht. Doch kann dies nicht aus theoretischen Erklärungen allein gelernt werden, eine praktische Anleitung hierzu ist nicht zu umgehen. Die meisten Erwachsenen haben die naturgemäße, also die Zwerchfellatmung mit der Atempause, verlernt. Nur beim gesunden Säugling und beim Tier kann man Zwerchfellatmung feststellen. Und doch ist nur sie, wie die anatomische Anordnung der Organe beweist, naturbedingt."[408]

Der Verfasser des Berichts, vermutlich der Schriftführer und zweite Vorsitzende des Vereins Lehrer Karl Zerlauth,[409] schließt: „Die Ausführungen der sehr sympathischen Vortragenden wirkten unbedingt überzeugend und fanden starkes Interesse und großen Beifall."

405 Die von Getzner über viele Jahre geführte Vereinschronik bietet umfangreiches Material zur Geschichte des Vereins. AG Faszikel IV: Chronik des Kneipp-Vereins Feldkirch.

406 Benno Max Leser-Lesario (* vor 1890 † nach 1920), Sänger, Atemlehrer.

407 AG Faszikel IV: Chronik des Kneipp-Vereins Feldkirch, III. Buch, Feldkircher Anzeiger 1/1937, Ankündigung in der „Kneipp-Ecke" sowie ebenda, Feldkircher Anzeiger 2. 11. 1936 über die Monatsversammlung des Kneippvereins Feldkirch.

408 LI LA, RF 163/328 Lotte Eckart an Pfarrer Frommelt, 16. 12. 1936. Der Bericht des Feldkircher Anzeigers über Lottes Vortrag liegt diesem Brief bei.

409 Karl Zerlauth (* 1885 Feldkirch/Österreich † 1966 Feldkirch/Österreich), Lehrer.

Die ausgelegte Liste, in der man sich für einen Atemkurs anmelden kann, ist rasch voll. Am Ende sind es sogar fünf Kursabende, die Lotte in Feldkirch durchführen muss: Am 26. und 29. Januar, sowie am 2., am 5. und am 9. Februar 1937 leitet Lotte Interessenten für die naturgemäße Atmung an. Und alle Kurse sind ausgebucht. Am 12. Februar 1937 vermerkt Otto Getzner in der Chronik des Kneippvereins Feldkirch: „Beendigung des Atemkurses Fr. Eckart (5 Abende à 20,– und frei Übernachten und Nachtmahl)." Getzners Fazit: „Es war ein schöner Kneipp-Abend."[410] Es muss wirklich ein sehr schöner Abend gewesen sein, macht sich doch Lehrer Zerlauth zu vorgerückter Stunde um ½ 2 Uhr nachts noch auf den Weg nach Salzburg zu einer Tagung.[411]

Am 20. Dezember 1936 hält Lotte einen Vortrag zum gleichen Thema im Schlössle, Vaduz. Am Vortag erscheint ein offenbar von ihr selbst verfasster Artikel im „Liechtensteiner Volksblatt". Unter der auch in ihren Anzeigen zuletzt benutzten Überschrift „Atmen? – Ja! Aber – richtig!" schreibt sie:

> „Das Atem-Problem ist von größter Wichtigkeit und so erstaunlich es zunächst erscheinen mag, dass man das ‚Schnaufen' nun erlernen soll, so erkennt doch jeder, der sich einmal theoretisch und praktisch damit befasst hat, wie richtig und nützlich es ist, hierfür ‚in die Schule zu gehen'.
>
> Die von Frau Eckart vertretene sehr einfache Atemlehre ist nicht zu verwechseln mit Atem-Gymnastik. Bei jeder Körperbewegung hat der Mensch eine beschleunigte Atmung. Die Richtigstellung der Atemfunktion muss somit liegend, in völlig entspannter Lage erfolgen. Ist die Umstellung auf die naturgemäße Atmung erfolgt, so passt sich die Atmung jeder Körperbewegung an. Dies gilt für Gymnastik ebenso wie für Sport und jede körperliche Leistung und Bewegung.
>
> Ausschlaggebend ist die richtige Atmung für die Körperhaltung im Gehen, Stehen, Sitzen und man kann die Behauptung aufstellen, dass der Atem von selbst die Haltung des Menschen bestimmt.
>
> Für das richtige Sprechen und Singen ist die naturgemäße Zwerchfell-Tiefatmung Vorbedingung. Wir können uns hierin an der alt-italienischen Schule ein Beispiel nehmen.
>
> Wichtig ist, dass mit der naturgemäßen Atmung auch eine naturgemäße Lebensweise verbunden wird. Die Naturheilmethoden haben den gleichen Leitsatz wie die Atemlehre: ‚Vorbeugen ist wichtiger als heilen.'"[412]

410 AG Faszikel IV: Chronik des Kneipp-Vereins Feldkirch III. Buch, Eintrag vom 12. 2. 1937.

411 Ebenda.

412 LiVo 1936, 19. 12. 1936, S. 6. Notiz über Lottes „Atemschule-Vortrag" in Vaduz.

Lotte vergisst auch nicht darauf hinzuweisen, dass sie mit ihrem vor Kurzem gehaltenen Vortrag in Feldkirch auf großes Interesse gestoßen ist und sich viele bereits für Kurse „zur praktischen Erlernung der richtigen Atmung" eingetragen hätten.[413] Ganz bewusst grenzt Lotte ihre Atemlehre von anderen Atemschulen ab, die eine Art Atemgymnastik propagieren. Bei ihrer „sehr einfachen Methode" gehe es um die Wiederherstellung der natürlichen Atmung, die nur im entspannten Zustand im Liegen erreicht werden könne. Doch damit nicht genug. Ganz im Sinne von Pfarrer Kneipp müsse mit der naturgemäßen Atmung auch eine naturgemäße Lebensweise verbunden sein. Lotte stellt ihre Atemlehre also in den Gesamtzusammenhang natürlicher Heilmethoden und Kuren zur Vorbeugung von Krankheiten. Heute würde man wohl auch Lottes Ansatz als ganzheitlich bezeichnen, da sich ihre Atemlehre nicht bloß mit dem Atem beschäftigt, sondern den ganzen Menschen in den Blick nimmt.

Am selben Tag erscheint eine gekürzte Fassung dieses Artikels als Ankündigung ihres „Atemschulevortrags" im „Liechtensteiner Vaterland."[414] Über die Resonanz ihres Vortrags in Vaduz ist nichts bekannt.

Und Lotte ist weiter aktiv. Am 24. Dezember 1936, Heiligabend, wendet sich Lotte in einem Inserat speziell an die Sportler, die „Skiläufer, Bergsteiger und Radler". Durch Richtigstellung der Atmung verspricht sie Erhöhung der Leistungsfähigkeit – bei Schonung des Kräfteverbrauchs. Kurse für Erwachsene kosten zwischen 10 und 20 Schweizer Franken.[415] Am 16. Januar 1937 hält sie einen Vortrag mit dem Titel „So sollt Ihr atmen!"[416] im Gasthof Post in Schaan.[417] Dabei referiert sie bei freiem Eintritt über die „Atmung, die wichtigste Lebensfunktion und ihre Bedeutung für den menschlichen Organismus, Atmung und Körperbewegung, Atmung und Stimmbildung." Auch hier ist über die Resonanz nichts bekannt. Vermutlich hält sie sich in Grenzen, denn im Gegensatz zu Vorarlberg steckt Liechtenstein, was die Kneippbewegung angeht, noch in den Kinderschuhen.[418]

Die „gewisse Sache"

Am 16. Dezember 1936, eine gute Woche nach dem fulminanten Erfolg ihres Vortrags in Feldkirch, sucht Lotte noch einmal Pfarrer Frommelt auf. Im Anschluss an die Unterredung schreibt sie ihm einen Brief, in dem sie offenbar auf die schon vierzehn Tage vorher

413 Ebenda.
414 Ebenda, S. 2, Notiz über Lottes „Atemschule-Vortrag" in Vaduz.
415 LiVa 1936, 24. 12. 1936, S. 3, Anzeige Lottes.
416 Der Titel spielte auf ein bekanntes Buch von Sebastian Kneipp an – „So sollt ihr leben" –, auf das auch Frida Pfister 1951 mit ihrem Buchtitel „So sollt ihr atmen!" anspielte. Vermutlich hatte Lotte die griffige Formulierung schon in Bad Wörishofen bei Frida Pfister aufgeschnappt.
417 LiVa 1937, 13. 1. 1937, S. 4, Anzeige Lottes.
418 Vgl. AG Faszikel IV: Chronik des Kneipp-Vereins Feldkirch III. Buch.

angedeutete „gewisse Sache“ Bezug nimmt. „Ich möchte hier nochmals erwähnen, dass ich sämtliche Angaben, die ich Ihnen machte, unter Eid sagen könnte und dass ich auch nicht das Geringste, was zu dieser Sache Bezug hat, verschwiegen habe.“[419]

Was hat Lotte Pfarrer Frommelt da „gebeichtet“? Was für Angaben würde sie beschwören? Lottes Monatsblutung ist zu diesem Zeitpunkt sicher schon zwei Mal ausgeblieben. Sie weiß, dass sie schwanger ist.[420] Dass sie diese Tatsache nicht ewig wird verbergen können, ist ihr klar. Da von Lotte selbst keine Äußerungen zu ihrer Schwangerschaft vorliegen, kann nur aus den Umständen und aus ihren wenigen Zeilen erschlossen werden, was sie Pfarrer Frommelt erzählt haben mag – und was sie bereit ist, auch unter Eid auszusagen.

Vermutlich hat Lotte Pfarrer Frommelt am 16. Dezember 1936 erzählt, dass sie schwanger ist. Schon am 1. Dezember hatte sie ja in einem Brief angedeutet, dass sich ihr „unvorhergesehene Schwierigkeiten“ in den Weg stellen, die sie zu unüberlegten Handlungen hinreißen könnten. Eine solche unüberlegte Handlung könnte zum Beispiel sein, die Atemschule zu schließen und Liechtenstein den Rücken zu kehren.

Frommelt ist katholischer Pfarrer. Wenn ihm eine unverheiratete Witwe wie Lotte erzählt, dass sie schwanger ist, dann muss er sich natürlich sofort fragen: Wer ist der Vater? Falls der Vater katholisch wäre und Lotte heiraten würde, könnte die Schwangerschaft noch in kirchenrechtlich und moralisch unbedenkliche, nämlich eheliche Bahnen gelenkt werden. Fest steht jedoch wohl von Anfang an, dass der Vater des ungeborenen Kindes nicht willens oder in der Lage ist, Lotte zu heiraten. Das Kind wird demnach also außerehelich bleiben – für die katholische Kirche das lebendige Zeugnis eines Vergehens gegen das Sittengesetz. Hätte Lotte Pfarrer Frommelt nun erzählt, dass sie unehelichen Geschlechtsverkehr mit einem Mann gehabt hat, mit dem eine Legalisierung des dabei gezeugten Kindes in der Ehe nicht möglich ist, hätte er sicherlich mehr als nur die Nase gerümpft. Mit Sicherheit hätte er die Gespräche über einen von Lotte geleiteten Atemunterricht sofort abgebrochen. Das hat er aber offenkundig nicht getan. Was mag Lotte ihm also wohl erzählt haben? Hat sie ihm erzählt, dass der Verkehr gegen ihren Willen stattgefunden hat? Der Makel eines unehelichen Kindes bliebe zwar dennoch an ihr hängen, aber sie hätte sich wenigstens sittlich nicht schuldig gemacht. Wenn Lotte, wie man annehmen muss, Pfarrer Frommelt tatsächlich sexuelle Nötigung oder Vergewaltigung angedeutet hat, musste das sofort zu der Frage führen, ob Lotte den Schuldigen anzeigen würde. Aber welche Chancen hätte eine verwitwete Frau, noch dazu eine Ausländerin, vor Gericht gegen einen angesehenen Bürger des Fürstentums? Sicher würde auch

419 LI LA, RF 163/328 Lotte Eckart an Pfarrer Frommelt, 16.12.1936.

420 Am 24.5.1937 brachte Lotte ihre Tochter zur Welt. Eine normale Dauer der Schwangerschaft vorausgesetzt, dürfte der Zeitpunkt der Konzeption etwa 35 bis 40 Wochen vor der Geburt, also zwischen dem 17.8. und dem 22.9.1936 liegen. Spätestens seit Ende November wusste sie, dass sie schwanger war. Und wohl auch von wem.

herauskommen, dass sie ohne Arbeitserlaubnis in Biedermanns Bad tätig geworden ist – obendrein als aus dem Deutschen Reich geflüchtete Jüdin. Angesichts der Verhandlungen mit Pfarrer Frommelt kann Lotte ohnehin kein Aufsehen gebrauchen. Als Zeugin der Anklage in einem Prozess, in dem intime Einzelheiten aus ihrem Privatleben ans Licht der Öffentlichkeit gezerrt würden, wären Lottes Pläne als Atemlehrerin in Diensten der liechtensteinischen Regierung sicherlich erledigt. Vielleicht wollte Lotte auch den Vater schützen. Ein Vergewaltigungsprozess wäre für eine in Liechtenstein angesehene Persönlichkeit mit Sicherheit ein Desaster gewesen. Denkbar ist aber auch, dass Lotte von Anfang an das Kind austragen und es keinesfalls mit dem Stigma „Frucht einer Vergewaltigung“ versehen in die Welt setzen wollte. Und vielleicht gab es auch gar keine sexuelle Nötigung oder Vergewaltigung, sondern nur „einvernehmlichen Geschlechtsverkehr“? Und Lotte hat sich die Geschichte mit Nötigung oder Vergewaltigung nur ausgedacht, damit Pfarrer Frommelt nicht sofort die Verhandlungen abbricht … In jedem Fall bleibt die Frage nach dem Vater. Mit wem hatte Lotte im August und September Umgang? Als Vater infrage kommt ihr neuer Arbeitgeber, Gustav Biedermann. Allerdings gibt es keine Quellen, die belegen, dass Gustav Biedermann der Vater von Lottes Kind ist. Doch besitzen Überlegungen in diese Richtung im Lichte der Umstände sowie einiger Berichte und Briefe durchaus eine gewisse Plausibilität.

Als Lotte im Sommer 1936 in Liechtenstein erscheint, hat Gustav Biedermann gerade eine schwierige Situation zu meistern: Seine erste Frau Maria[421] war am 23. März 1935 an einer Lungenembolie gestorben und hatte ihm neun Kinder hinterlassen. Daraufhin hatte Biedermann am 11. November 1935 seine Haushälterin Sofie König[422] geheiratet, die schon von ihm schwanger war. Wenige Wochen bevor Lotte im Fürstentum eintraf, am 5. Juni 1936, hatte sie einem Kind das Leben geschenkt – Gustav Biedermanns zehntem. Der Vater von Sofie Biedermann, der eine Möbelfabrik im württembergischen Mengen besaß, war wütend auf Biedermann, der seiner Tochter nicht nur ein Kind, sondern sage und schreibe zehn Kinder angehängt habe. Erzürnt verbot er ihm, jemals wieder sein Haus zu betreten.

Nach dem Wirbel um seine zweite Ehe mag das plötzliche Erscheinen der attraktiven Atemlehrerin aus Wörishofen auf den Kneippjünger und Naturheilapostel wie ein lang ersehntes Wunder gewirkt haben. Dass man sich in der Euphorie der ersten Begegnungen rasch näherkommt, ist nicht ausgeschlossen.[423] Wie berichtet wird, ist Lotte eine anziehende Frau, Gustav Biedermann ein gut aussehender Mann …

421 Über Maria Biedermann, geb. Durig-Marent, liegen keine weiteren Informationen vor.

422 Über Sofie Biedermann, geb. König, liegen keine weiteren Informationen vor.

423 Da Gustav Biedermann schon am 17.8.1936 zu seiner Amerika-Reise aufbrach und erst Ende September nach Liechtenstein zurückkehrte, müsste die Konzeption tatsächlich schon kurz nach der ersten Begegnung geschehen sein. Am 14.8.1936 wurde Emil Ospelt die Konzession für eine Atemschule erteilt – was gefeiert worden sein dürfte …

Zwischen dem 8. und dem 11. Dezember 1936, also unmittelbar nach dem großen Erfolg ihres von Biedermann eingefädelten Vortrags in Feldkirch, verlässt Lotte etwas überstürzt Biedermanns Bad.[424] Musste sie ihre Koffer packen? Hat Biedermanns Ehefrau mitbekommen, dass zwischen Lotte und Gustav mehr als nur ein Arbeitsverhältnis existiert? In dem bereits erwähnten Brief vom 16. Dezember an Pfarrer Frommelt streicht Lotte „Schaan" aus dem Briefkopf und setzt „Vaduz Schlössle" an seine Stelle.

Das malerisch zwischen Vaduz und dem Fürstenschloss gelegene Schlössle wirbt im Adressbuch 1935 als Hotel mit schönen Fremdenzimmern, fließend Wasser und Zentralheizung, Garage und Bad im Hause, guter Küche und Getränken sowie mäßigen Pensionspreisen.[425] Was blieb Lotte angesichts des Rauswurfs anderes übrig, als rasch irgendwo ein Fremdenzimmer zu mieten? Für Gustav Biedermann wäre ein Kind mit Lotte einer persönlichen Katastrophe gleichgekommen. Wäre bekannt geworden, dass er Lotte ein Kind gemacht hat, hätte fraglos seine Ehe auf dem Spiel gestanden. Was sollte dann werden? Immerhin hatte Biedermann bereits für zehn Kinder aufzukommen. Noch dazu litt auch Biedermanns Heilbad unter der Krise, die für viele Gewerbetreibende in Liechtenstein noch längst nicht ausgestanden war.[426] Seine Träume von einer Naturheilpraxis in Amerika hätte er für immer begraben können.

Um sich, das Kind und eventuell auch den Kindsvater zu schützen, entscheidet sich Lotte, den Namen des Vaters für sich zu behalten. Und damit scheint sie auch durchzukommen, wenigstens bei Pfarrer Frommelt. Nach Lottes Beichte werden die Verhandlungen jedenfalls ohne Weiteres fortgesetzt. Diese Tatsache spricht dafür, dass Lotte Pfarrer Frommelt von einem Geschlechtsverkehr gegen ihren Willen berichtet hat. Ob diese Version den Tatsachen entspricht oder eine schlichte Notlüge ist, mit der sie erfolgreich versucht hat, die Verhandlungen über ihren Atemunterricht zu retten, kann wohl nicht mehr geklärt werden.[427]

In dem erwähnten Brief vom 16. Dezember 1936 bittet Lotte Pfarrer Frommelt auch, dafür zu sorgen, dass sie vor einer endgültigen Entscheidung über ihr Vorhaben persönlich Stellung „zu den schwebenden Fragen" nehmen dürfe. Sie erklärt sich bereit, weitere schriftliche Unterlagen vorzulegen und „Referenzen aus Deutschland zu beschaffen".[428]

424 Noch bei ihrem Vortrag in Feldkirch am 7.12.1936 gab Lotte Biedermanns Bad als Adresse an. So erschien diese Anschrift noch im Bericht des Feldkircher Anzeigers vom 16.12.1936. In der Anzeige im Liechtensteiner Volksblatt vom 12.12.1936 erschien jedoch bereits „Schlössle, Vaduz" als Adresse.

425 Vgl. Adressbuch und Handelsindex für das Fürstentum Liechtenstein, Schaan o. J. (1935).

426 Vgl. LI LA, RF 165/313 Gustav Biedermann an Regierungschef Hoop, 1.12.1936, LI LA, RF 172/292 Schriftwechsel über Bemühungen Gustav Biedermanns ab 28.6.1937 um eine regierungsamtliche Subvention für sein Bad.

427 Dr. Schmitt, der selbst keine Kinder hatte, vertrat die Ansicht, Menschen, die im Atem lebten, könnten nicht zufällig zeugen. Die Erzeugnisse solcher Verbindungen, die ihren Eigen-Atem nicht finden könnten, verfluchte er. Vgl. Schmitt, Das Hohelied, S. 323 f.

428 LI LA, RF 163/328 Lotte Eckart an Pfarrer Frommelt, 16.12.1936.

Ihr verstorbener Ehemann, Wilhelm Eckart, hatte schließlich etliche Orden verliehen bekommen.[429] Vom Kriegsarchiv des Bayerischen Heeres in München erbittet sie Auskunft über ihren verstorbenen Gatten und eine Aufstellung seiner Orden. Besonders der päpstliche „Orden vom heiligen Grabe" sollte im stockkatholischen Liechtenstein doch wohl Eindruck machen.[430] Noch am selben Tag bedankt sich Lotte in einem weiteren Schreiben bei Pfarrer Frommelt für die Frist von einem Monat, die man ihr eingeräumt habe, damit sie sich eine finanzielle Grundlage schaffen könne.[431] Eigentlich will sich Lotte ja durch den Atemunterricht an den Schulen Liechtensteins überhaupt erst „eine Existenz schaffen", doch der Unterricht setzt nun unseligerweise selbst wiederum eine „finanzielle Grundlage" voraus.

Die Frist endet am 16. Januar 1937. Mit Verweis auf die Atemabende im Januar und Februar in Feldkirch kann sie diese Frist wohl noch etwas hinausschieben. Aber mit der Schwangerschaft tickt eine „biologische Zeitbombe" in ihrem Körper. Bald kann jedermann sehen, dass sie „in anderen Umständen" ist.

Fastnacht

Auch als Schwangere frönt Lotte ihrer Lieblingsbeschäftigung, dem Skifahren. Im Winter 1936/37 trifft sie im Gebiet der Alp Sücka auf ein paar junge Burschen, die auf ihren Skiern mühelos den steilen Berg erklimmen und sodann ins Tal sausen. Sie machen sich über die Atemlehrerin lustig, die sich schwer atmend den Berg hinaufkämpft. Kein Wunder, ist Lotte doch schon im fünften oder sechsten Monat schwanger.[432]

Bald machen Gerüchte in dem Zwergstaat am Rhein die Runde, Gerüchte über die „lustige Witwe" aus Deutschland mit dem wachsenden Bauch, die „flotte Lotte", die es ganz offenbar mit irgendeinem Kerl „getrieben" hat. Ein Schmähgedicht von fünf bis acht Strophen soll in einer der Liechtensteiner Fastnachtszeitungen abgedruckt werden, doch das unterbleibt. Nur der Anfang ist noch bekannt – doch der hat es in sich: „Lotte Eckart, voll Entzücken, vögelt nur noch auf dem Rücken!"[433] Eine Schwangerschaft als Resultat

429 Vgl. Reichenhaller Tagblatt, 3.11.1934. In der Todesanzeige für Wilhelm Eckart werden das Eiserne Kreuz 1. und 2. Klasse sowie weitere 12 hohe Kriegsorden angeführt.

430 Doch auch im Kriegsarchiv hatte Wilhelm Eckart nicht den besten Ruf. Vgl. BayHStA, Abt. 4 Kriegsarchiv OP 373. In der Personalakte Wilhelm Eckart liegt ein auf den 14.12.1936 datierter Zettel mit einer Auflistung seiner Orden und Auszeichnungen obenauf. Unter der Eintragung „Orden vom Hl. Grab" findet sich die Bemerkung von Major Brennfleck: „Warum sollte sich der Heilige Vater bemüht haben?"

431 LI LA, RF 163/328 Lotte Eckart an Pfarrer Frommelt, 16.12.1936.

432 Peter Amann an den Autor, 25.7.2008. Peter Amann (* 1920, Vaduz), kaufmännischer Angestellter, war damals einer der jungen Burschen.

433 Diesen Vers erinnerte Peter Amann noch nach Jahrzehnten.

eines Geschlechtsverkehrs, ob mit oder ohne Einverständnis der Frau, bleibt immer an der Frau hängen. Über den Vater wird wohl eifrig spekuliert, doch Lottes Ruf in Liechtenstein ist ruiniert. Eine Niederlassungserlaubnis im Fürstentum ist nicht nur wegen der fehlenden Existenzsicherung, sondern auch wegen Lottes zweifelhaftem Leumund undenkbar, der beabsichtigte Unterricht an den Schulen schon aus moralischen Gründen unmöglich geworden. Vermutlich wohnt Lotte bis zum 25. März 1937 im Schlössle, Vaduz.[434] Dann heißt es für sie nach einem guten halben Jahr Liechtenstein: „Heim ins Reich".

5 Zuflucht in Marktoberdorf

Lottes ehemaliges Kindermädchen Rosalia

Ohne Aufenthaltsbewilligung und Arbeitserlaubnis, noch dazu hochschwanger von einem unbekannten Mann, kann Lotte nicht in dem katholischen Liechtenstein bleiben. Ihre Atemschule kann sie vorerst nicht fortführen. Doch wo soll sie das Kind bekommen und was soll mit ihm werden? In Augsburg lebt Lottes Mutter, Anna Schwarz. Aber die kann oder will ihr Enkelkind offenbar nicht aufnehmen. So fährt Lotte von Schaan mit dem Zug nach Marktoberdorf[435] im Allgäu.

In Marktoberdorf findet sie Aufnahme bei Rosalia Häringer.[436] Diese war früher Hausangestellte bei Lottes Mutter in Augsburg. Sie ist wie Pfarrer Kneipp in Stephansried bei Ottobeuren geboren. Ihr Mädchenname ist Brugger.[437] Rosalia lernt Köchin, notiert fleißig Rezepte[438] und verdingt sich bei verschiedenen „Herrschaften". Als sie 1902 bei einer Obristengattin in München in Diensten steht, wird sie schwanger. Der Kindsvater ist ein Münchner namens Paul Wesel.[439] Rosalia arbeitet bis zwei Monate vor der Niederkunft weiter. Am 2. Mai 1903 nimmt sie sich ein Zimmer in Augsburg D 101 bei Schrack, wo das Kind am 24. Juni 1903 zur Welt kommt. Auf ihrem Meldebogen in Augsburg ist nach dem Namen des Neugeborenen Paul Brugger[440] vermerkt: „illeg." – illegitim, eine außereheliche Geburt. Rosalia gibt ihr Kind bei Schreinermeister Müller in Kost und Pflege und tritt am 1. Juni 1904 in die Dienste von Anna Schwarz. Diese ist vor Kurzem zum dritten

434 LI LA, RF 220/154 Amtsbestätigung der Fürstlichen Regierung von Liechtenstein, 15. 7. 1943.

435 Bis 1953 lautete die Schreibung des Ortes „Markt Oberdorf".

436 Rosalia Häringer, geb. Brugger (* 20. 8. 1879 Stephansried † 25. 4. 1958 Obergünzburg), Köchin. Vgl. StadtA Mod, Meldekarte Franz Xaver Häringer.

437 Vgl. StadtA A, Meldebogen Rosalia Brugger.

438 ALH, Rosalia Brugger, Kochbuch für Rosalia Brugger, unveröff. Man., 1893 (?) sowie ALH, Rosalia Brugger, Rezeptbuch von Rosalia Brugger, unveröff. Man., 1900 (?).

439 Über Paul Wesel liegen keine weiteren Informationen vor.

440 Paul Brugger (* 24. 6. 1903 Augsburg † 8. 8. 1904 Augsburg).

Ansichtskarte von Marktoberdorf

Mal Mutter geworden und hat am 26. April eine Tochter geboren: Lotte. Als Rosalia in ihren Haushalt eintritt, ist die kleine Lotte gerade mal vier Wochen alt. Kurz darauf, am 8. August 1904, verstirbt Rosalias kleines Söhnchen Paul. Rosalia bleibt fünf Jahre, bis zum 1. Oktober 1909, bei der Familie Schwarz und verlässt Augsburg, um in Kempten zu heiraten.[441] Offenbar gibt es unvorhergesehene Probleme mit der Hochzeit, sodass Rosalia vom 16. Januar bis zum 15. Mai 1911, immer noch ledig, nochmals vier Monate bei Anna Schwarz als Köchin arbeitet. Lotte wird in dieser Zeit sieben Jahre alt. Schließlich heiratet Rosalia am 20. Januar 1920 in Marktoberdorf den Privatier Franz Xaver Häringer.[442] Die Ehe bleibt kinderlos. Mehr als 17 Jahre später taucht dann Lotte unverhofft bei Rosalia auf… Hochschwanger – ein „illegitimes" Kind unterm Herzen – wie einst sie selbst in Augsburg…

Rosalia hausiert mit ihrem Mann Franz Xaver Häringer Bettwäsche und Textilien für eine Wäschefabrik.[443] Die Häringers leben in einer kleinen Wohnung in der Kemptener Straße 35 bei Hausbesitzer Fendt zur Miete.[444] Dennoch nimmt Rosalia Lotte auf und verschafft ihr eine Bleibe bei Florian Wiedemann in der Tigaustraße 41 1/5.[445] Florian

441 ALH, Anna Schwarz, Dienstzeugnis für Rosalia Brugger, 1. 10. 1909. In einem von Rosalias 2017 aufgefundenen Kochbüchern lag ein loser Zettel mit den Dienstbeurteilungen der Obristengattin aus München sowie von Anna Schwarz. Beide stellten Rosalia ein sehr gutes Zeugnis aus.

442 Franz Xaver Häringer (* 4. 6. 1868 Schweinlang † 13. 3. 1953 Marktoberdorf), Hausierer.

443 Interview mit Xaver und Veronika Keck sowie Anni Hiemer, Stiefenhofen, 22. 6. 1989.

444 Vgl. StadtA Mod, Meldekarte Franz Xaver Häringer.

445 StadtA Mod, StA Marktoberdorf Nr.27/1939, Geburtsanzeige Gabriele Schwarz, 28. 5. 1937.

Marktoberdorf, Tigaustraße 41 1/5 | *Jasmine Wiedemann*

Wiedemann vertreibt Artikel wie Messerschärfer und Nähnadeleinfädler oder Scherzartikel, darunter eine „Höllenmaschine", mit denen Hausierer von Haus zu Haus ziehen.[446]

Marktoberdorf 1937

Der Markt Oberdorf, wie er damals noch geschrieben wird, ist 1937 mit etwa 2900 Einwohnern ein beschaulicher Marktflecken, aber auch ein Verwaltungszentrum mit einer Reihe von Gewerbebetrieben. Schon früh sind Nationalsozialisten im Ort aktiv. 1919 melden sich in Marktoberdorf 68 Freiwillige für das „Freikorps Schwaben", das gegen die rote Räterepublik in München zu Felde zieht. 1923 gründet der Diplom-Bauingenieur Franz Schmid,[447] ein Sohn des größten Bauunternehmers am Ort, eine Ortsgruppe der NSDAP, die großen Zulauf hat, sowie eine Sturmabteilung (SA). Beim Hitlerputsch im November

446 Beim Bau des Hauses, heute Tigaustr. 16, wurden Exemplare eines Blättchens mit dem Titel „Vertretung und Nebenverdienst" aus dem Jahr 1936 zu Isolationszwecken verwendet. Als „Vertreter für Bayern" ist dort Florian Wiedermann in Marktoberdorf aufgeführt, der dort unter anderem auch die genannten „empfehlenswerte[n] Neuheiten" inseriert. Vertretung und Nebenverdienst, verschiedene Ausgaben Juli bis September 1936.

447 Franz Schmid (* 25. 5. 1895 Marktoberdorf † 10. 11. 1937 Augsburg), Diplomingenieur, NS-Politiker, stellvertretender Gauleiter von Schwaben.

steht angeblich schon ein Lastwagen mit Anhänger bereit, um kampfwillige Putschisten aus dem Allgäu nach München zu transportieren. Nach der Festnahme von Hitler und seiner Verurteilung zu Festungshaft, die er im nahen Landsberg absitzen muss, und dem Verbot der Partei widmet sich Schmid in der Baufirma seines Vaters sehr erfolgreich der Einführung von Stahlbeton.

Die Nachfolgepartei der NSDAP, die als „Völkischer Block" firmiert, erringt in Marktoberdorf bei allen Wahlen in den 1920er-Jahren etwa doppelt so viele Stimmen wie im bäuerlich geprägten Umland. Bei der Neugründung der NSDAP im Ort im Jahr 1930 ist Franz Schmid wieder mit von der Partie. In der „Kampfzeit" entwickelt sich Marktoberdorf, nicht zuletzt wegen des Einsatzes des angesehenen Franz Schmid, immer mehr zu einer regelrechten Hochburg des Nationalsozialismus, wozu auch Kreisleiter Sailer, beliebter Gastwirt und Inhaber der gleichnamigen Brauerei, beiträgt. Franz Schmid bringt es sogar bis zum stellvertretenden Gauleiter in Schwaben.[448]

Schon im Jahr 1933 wird auch gegen die Juden vorgegangen, denen „bis auf weiteres" verboten wird, die Marktoberdorfer Märkte zu beschicken. Spätestens 1935 sind Tafeln mit der Aufschrift „Juden sind hier unerwünscht" an den Ortseingängen angebracht. Am 18. Januar 1937 verbietet Generalarbeitsführer Baumann den Angehörigen des Reichsarbeitsdienstes das Betreten der Marktoberdorfer Gasthof- und Bahnhofsrestauration Sepp. Die Gestapo München habe festgestellt, dass dort sämtliche Juden, die nach Marktoberdorf kommen, verkehren und nächtigen und der Besitzer der Gastwirtschaft Juden in freundschaftlichster Weise aufnimmt. „Das Haus für den reisenden Kaufmann",[449] wie die Eigenwerbung des Sepp damals lautet, ist den Nationalsozialisten ein Dorn im Auge. Steigt Lotte zwei Monate später ebenfalls im „Sepp" ab, das dem Bahnhof genau gegenüber liegt, bis Rosalia das Zimmer für sie in der Tigaustraße gefunden hat?

Gerüchte ranken sich auch um das tragische Schicksal der Wirtstochter vom „Sepp". Verschiedene Versionen sind überliefert, denen eines gemeinsam ist: Sie kreisen alle um das Verhältnis der „deutschblütigen" jungen Frau zu einem Juden, einem Viehhändler aus Kempten.[450] Obwohl sich diese Geschichte erst gut ein Jahr nach Lottes Aufenthalt

448 Zur NSDAP in Marktoberdorf und für das Folgende: Jürgen Gerstenmaier, Weimarer Republik und Drittes Reich, in: Ewald E. Kohler (Hrsg.), Marktoberdorfer Geschichtsbuch, Kempten 1992, S. 84–103.

449 StadtA Mod, Einwohnerbuch für das Bezirksamt Markt Oberdorf 1936. Anzeige der Gasthof- und Bahnhofsrestauration Sepp.

450 Nach der von Thomas Reichert berichteten Version habe sich die junge Frau das Leben genommen, als ihr klargeworden sei, dass der Vater ihres Kindes, der Jude Löw, verhaftet wurde, und ihr bewusst geworden sei, dass er „niemals wieder kommen" werde. Vgl. Thomas Reichart, Die NSDAP-Ortsgruppe in Marktoberdorf. Unveröff. Facharbeit, Marktoberdorf 2005, S. 28. Ähnlich Wolfgang Schmid, der ebenfalls von einem Verhältnis zwischen der Wirtstochter und dem Juden Löw wusste. Weil „Sepp" eine private Waage betrieben habe und Löw als Viehhändler diese benutzt habe, hätten sich die beiden kennengelernt. Als sie von ihm schwanger geworden sei, habe sie sich das Leben genommen, Löw aber sei davongekommen. Vgl. Wolfgang Schmid an den Autor, 3.7.2008. Eine dritte Version hat Günter

in Marktoberdorf ereignet hat, ist sie wegen der „Rassenschande“, von der da gemunkelt wurde, in unserem Zusammenhang erzählenswert: Die Wirtstochter Maria Theresia Sepp[451] ist in wechselnden Gasthöfen in München und Augsburg tätig. In Augsburg ist sie seit dem 12. April 1938 in der „Gastwirtschaft zum grünen Haus“ in der Annastraße 21 Köchin.[452] Am 21. Juli 1938 kehrt die 24-Jährige nach Marktoberdorf zurück, wo sie sich erneut unter der Adresse des Gasthofs Sepp anmeldet. Nicht ausgeschlossen, dass sie bald darauf schwanger wird, denn am 24. November 1938 verlässt sie Hals über Kopf ihre Heimatstadt, um eine Stelle im Hofbräuhaus in Regensburg anzutreten.[453] Wenige Tage später ist sie wieder zurück und verstirbt kurz darauf, am 9. Dezember 1938, an einer „Blinddarmoperation“ mit „Bauchfellentzündung“, wie auf ihrer amtlichen Meldekarte vermerkt ist[454] – möglicherweise eine Umschreibung für die Folgen einer unsachgemäß durchgeführten Abtreibung? Schon drei Tage später, am 12. Dezember, ist die Beerdigung.[455] Die Anteilnahme der Bevölkerung am tragischen Schicksal der jungen Frau ist groß. Viele Blumenspenden schmücken ihr Grab.[456]

In allen bekannten Versionen der Gerüchte um die junge schwangere Frau spielt ein junger Jude namens Armin Löw[457] eine Rolle. Er stammt aus einer angesehenen Familie jüdischer Viehhändler aus Kempten. Armin Löw ist begeisterter Skifahrer und hat auch Erfolg in der Damenwelt. In der Pogromnacht vom 9./10. November 1938 wirft der braune Pöbel die Scheiben im Erdgeschoss des Löw-Hauses in der Kotterner Straße ein. Armin

Sepp von seinem Vater gehört, einem Bruder der unglücklichen jungen Frau: Die Wirtstochter vom „Sepp“ habe einmal einen Juden gefragt, ob er sie mit dem Auto mit nach Kempten nehmen könne. Der Jude habe sie darauf hingewiesen, dass es gefährlich sei, wenn man sie zusammen sehen würde, doch die junge Frau habe seine Warnungen in den Wind geschlagen und sei mitgefahren. Dann sei sie schwanger geworden – allerdings nicht von dem Juden, sondern von einem deutschen Soldaten. Aber die Gerüchte, dass der Jude der Vater des Kindes sei, seien nicht mehr verstummt. Die junge Frau sei deshalb zur Gestapo nach Augsburg bestellt worden, wo sich ihre Spur verloren habe. Vgl. Günther Sepp an den Autor, 17. 9. 2018. Ralf Lienert berichtet die Geschichte in der Version, wie sie in der Familie Löw überliefert wurde. Danach wurde Armin Löw, Viehhändler aus Kempten und einer der besten Sportler des Allgäus, verdächtigt, ein Verhältnis mit einer Gastwirtstochter aus Marktoberdorf zu haben. Nur weil er sich einmal mit ihr unterhalten habe, sei er wegen „Rassenschande“ verhaftet und im Kaufbeurer Gefängnis inhaftiert worden. Allerdings sei er kurz darauf nach Australien ausgewandert. Vgl. Ralf Lienert, Geschichte der Juden in Kempten, Kempten 1998. S. 110.

451 Maria Theresia Sepp, gen. Resi (* 11. 12. 1914 Marktoberdorf † 9. 12. 1938 Marktoberdorf), Köchin.

452 StadtA A, Meldekarte Maria Theresia Sepp, Mitteilung von Mario Felkl aus dem Stadtarchiv Augsburg, 20. 6. 2018.

453 Vgl. StadtA Mod, Meldekarte Maria Theresia Sepp sowie Stadtarchiv Regensburg, Meldekarte Maria Theresia Sepp. Ihre Meldekarte in Regensburg wurde offenbar erst nach Vorlage des Totenscheins angelegt. Die genaue Aufenthaltsdauer ist nicht vermerkt. Mitteilung von Falka Meerheim aus dem Stadtarchiv Regensburg, 21. 6. 2018.

454 StadtA Mod, Meldekarte Maria Theresia Sepp.

455 Vgl. MLB Todesanzeige Maria Theresia Sepp, 10. 12. 1938.

456 Vgl. ebenda, Danksagung für Maria Theresia Sepp, 14. 12. 1938.

457 Armin Löw (* 22. 8. 1911 Kempten † Australien?), Jude, Viehhändler.

Löws Onkel Albert sowie sein Bruder werden verhaftet und für vierzehn Tage eingesperrt. Der 27-jährige Armin Löw wandert am 22. März 1939 mit der gesamten Familie nach Australien aus.[458] Soweit bekannt, kehrt er nie mehr zurück. Armin Löw wurde damals sicher nicht offiziell der „Rassenschande“ verdächtigt, sonst hätte er wohl nicht auswandern dürfen, sondern wäre in einem Konzentrationslager verschwunden. Die einigen Menschen bis heute geläufigen Gerüchte zeigen aber eins: Auch in Marktoberdorf hält man damals ein durch „Rassenschande“ bedingtes menschliches Drama absolut für möglich.

Den Marktoberdorfern dürfte auch die Kirchenfeindlichkeit der neuen Machthaber nicht verborgen geblieben sein. So dürfte das Verbot der traditionellen Sammlungen der Caritas im Jahre 1934 die Gemeinde verstimmt haben – immerhin an die 99 % der Einwohner sind katholisch. Doch der Druck der Nationalsozialisten ist offenbar in Marktoberdorf besonders stark, sodass zwei Jahre später sogar eine SA-Hochzeit in der St. Martinskirche stattfindet. Das Tragen von SA- und Parteiuniformen in Kirchen ist eigentlich nicht erlaubt, dennoch nehmen sämtliche Abordnungen in Uniform an der Zeremonie teil. Als im November 1937 der stellvertretende Gauleiter, SA-Führer und Reichstagsabgeordnete Franz Schmid überraschend verstirbt, wird er ohne Weiteres auf dem katholischen Friedhof beigesetzt. An der Beerdigung sind allerdings keine Geistlichen beteiligt. Aber Adolf Hitler persönlich schickt einen Kranz.

Bitte um eine Empfehlung zur Taufe

Wenige Tage nach ihrem Eintreffen in Marktoberdorf spricht Lotte bei Pfarrer Wanner[459] vor. Sie möchte getauft werden. Doch die von ihr vorgelegten Papiere genügen dem Geistlichen nicht. Er verlangt eine Empfehlung, da die Schwangere für ihn eine Fremde ist.[460]

Lotte steht unter Zeitdruck. Sie will noch vor der anstehenden Geburt ihres Kindes getauft werden, damit auch das Kind problemlos in die katholische Kirche aufgenommen werden kann. Lotte wollte ja bereits 1935 getauft werden, als sie zum ersten Mal bei Kardinal Faulhaber vorsprach. Dieser hatte damals noch gebremst und sie gebeten, sich Zeit zu lassen. Im folgenden Jahr hatte er ihr empfohlen, sich nach ihrem beabsichtigten Umzug nach Bad Reichenhall mit Pfarrer Abele über die Taufe zu beraten. Doch daraus wurde nichts. Lotte ist jetzt immer noch nicht getauft, die Zeit drängt, und jetzt sperrt sich auch noch Pfarrer Wanner, der auf einer Empfehlung besteht. Am 7. April 1937 tippt Lotte einen Brief an Kardinal Faulhaber in die Maschine.

458 Mitteilung von Ralf Lienert, 21. 6. 2018.
459 Alphons Wanner (* 23. 11. 1884 Scheidegg † ?), Pfarrer.
460 Vgl. EAM, NL FH 9400, Lotte Eckart an Faulhaber, 7. 4. 1937. Das folgende Zitat ebenda.

Pfarrer Wanner
Stadtarchiv Marktoberdorf

„Sehr verehrte Eminenz,
mit diesem Schreiben erlaube ich mir, Ihre Eminenz um ein Empfehlungs-Schreiben an das hiesige Pfarramt zu bitten, in dem Eminenz meinen Unterricht und Taufe befürworten.
Es ist mir leider nicht möglich, Eminenz persönlich hierum zu bitten, da ich gesundheitshalber momentan nicht von hier weg kann. Es wäre mir sehr viel daran gelegen, die Taufe nun während meines hiesigen Aufenthaltes vornehmen lassen zu können. Die geistlichen Herren hier sagen, dass sie mir diesen Unterricht und Taufe als Fremde nicht verabfolgen können und sie erklären sich, trotz aller Urkunden, die ich anbot, dazu nur bereit, wenn ich eine Empfehlung vorweisen kann. Aus diesem Grunde erlaube ich mir, Eminenz um eine Empfehlung zu bitten.
Seit September 1936 bin ich in Vaduz/Liechtenstein und habe dort eine Atem-Schule errichtet. Aus gesundheitlichen Gründen habe ich meine Tätigkeit dort unterbrochen, hoffe jedoch, sie im Laufe des Sommers wieder aufnehmen zu können. Vor meiner Abreise nach dort werde ich mir dann erlauben, Ihrer Eminenz meine Aufwartung zu machen.
Mit dem Ausdruck meiner Dankbarkeit und Verehrung empfehle ich mich Ihrer Eminenz ganz ergebene Lotte Eckart.“

Ihre Schwangerschaft offenbart sie dem Kardinal nicht, schützt vielmehr eine Krankheit vor, die sie daran hindere, zu ihm nach München zu kommen. In aller Kürze setzt sie den Kirchenmann über ihr berufliches Fortkommen ins Bild. Lotte hat vor, noch im Sommer nach Liechtenstein zurückzukehren, um ihre Atemschule weiterzuführen. Sie informiert auch ihre Mutter, Anna Schwarz, über die Taufangelegenheit. Als fromme Jüdin wird sie das Vorhaben ihrer Tochter, katholisch zu werden, kaum gutgeheißen haben, doch wird Anna Schwarz in dieser Angelegenheit sogar persönlich beim Münchner Erzbischof vorstellig.

Kardinal Faulhaber schätzt augenscheinlich nicht nur Wilhelm Eckart, den jungen Offizier aus den Schützengräben des Westfeldzugs 1915, den Militärdiplomaten in Finnland 1918 und Geschäftsmann immer noch, sondern auch dessen Witwe. Nach dessen Tod im Jahr 1934 hat er Lotte mehrmals zu persönlichen Unterredungen empfangen. Wie von Faulhaber geraten, hat sich Lotte einen selbstständigen Beruf als Atemlehrerin geschaffen, ist nach Wörishofen und später nach Liechtenstein gegangen. Jetzt meldet sich die junge Witwe, die schon 1933 einen Katholiken kirchenrechtlich gültig geheiratet und ihn 1935 persönlich um die Taufe gebeten hatte, schriftlich beim Kardinal. Wie wird Faulhaber auf Lottes nunmehr dringenden Wunsch, getauft zu werden, reagieren?

Eng verknüpft mit der Frage einer Taufempfehlung für Lotte sind Faulhabers Haltung zum NS-Staat allgemein und seine Einstellung zur Judentaufe im Besonderen.

Faulhaber, das Dritte Reich und die Judenchristen

Faulhaber pocht auch 1937 gegenüber der nationalsozialistischen Reichsregierung auf die Einhaltung des Reichskonkordats, das heißt den Bestand der Kirche und die Freiheit der kirchlichen Lehre und Glaubenspraxis. Im Gegenzug verhält er sich loyal zum nationalsozialistischen Staat, fühlt sich an seinen Treueeid als Bischof gebunden und lässt selbstverständlich wie versprochen sonntäglich für das Wohlergehen des Deutschen Reiches und Volkes beten. Er weiß ganz genau, dass es einige zentrale Elemente in der nationalsozialistischen Ideologie gibt, zum Beispiel Blut- und Rassenkult, die mit der katholischen Morallehre schwerlich vereinbar sind. Ihm ist auch bewusst, dass es einflussreiche Nationalsozialisten gibt, die die Kirche lieber heute als morgen abschaffen würden. Die Folge ist ein Drahtseilakt zwischen Selbstbehauptung der Kirche und Loyalität zum nationalsozialistischen Staat. Eine besondere Rolle kommt dabei dem Eintreten der Kirche für die „nichtarischen" Katholiken zu, einen Status, den auch Lotte mit ihrem Taufbegehren anstrebt. Die Frage, welche Haltung die Kirche bezüglich der „nichtarischen" Katholiken gegenüber dem Staat einnehmen soll, steht schon seit 1933 auf der Tagesordnung.

Nach dem „Arierparagrafen" der Ersten Durchführungsverordnung des „Gesetzes zur Wiederherstellung des Berufsbeamtentums" vom 11. April 1933 gelten auch Christen schon mit einem einzigen jüdischen Großelternteil als Juden.[461] Die Nationalsozialisten erklären damit sogar Christen, in deren Stammbaum auch nur eine einzige „jüdische Großmutter" beziehungsweise ein „jüdischer Großvater" auftaucht, kurzerhand zu Juden. Sind diese als Beamte, Angestellte oder Arbeiter tätig, verlieren sie Beruf und Stellung. Doch das Gesetz sieht Ausnahmen für Frontkämpfer aus dem Weltkrieg und für Staatsdiener vor, die bereits vor 1914 verbeamtet waren, womit nur eine relativ kleine Gruppe von dem Gesetz tatsächlich betroffen ist. Dennoch wirft schon dieses Gesetz ganz grundsätzlich die Frage nach dem Stellenwert der Taufe von „Nichtariern" im Dritten Reich auf.

Am 19. Mai 1933 schreibt eine Dame aus dem Schweizer Rorschach eine Postkarte an Kardinal Faulhaber, in der sie nicht bloß auf das Unrecht aufmerksam macht, dass der NS-Staat die Taufe von „Nicht-Ariern" nicht anerkennt, sondern nachdrücklich auch vor weitreichenden Folgen für die Kirche warnt:

> „Ew. Eminenz! Das ganze christliche Ausland erwartet von Ew. Eminenz als dem Führer der deutschen Christenheit, dass Sie verhindern, dass junge Christen, die als deutsche Christen geboren sind, auch wenn sie nicht rein arischer Abstammung sind, aus ihren Ämtern und ihrem Berufe gerissen werden. Auch der Neger, der das heilige Sakrament der Taufe empfangen hat, ist voll berechtigter Christ, nur dem neuen Deutschland bleibt es vorbehalten, das Sakrament der Taufe vollständig zu ignorieren, auch bei Menschen, die von Geburt an Christen sind und deren Eltern schon ein Menschenalter lang getauft sind. Wenn nicht die Führer der Christenheit dafür sorgen, dass die Taufe respektiert wird, so wird die Kirche selbst die Folgen zu tragen haben. Ich schreibe das aus aufrichtiger Sorge für unsere heilige Kirche. In tiefster Verehrung!"[462]

Die Absenderin wendet sich anonym an Faulhaber, doch scheint sie der Kirche und den Kirchenoberen nahezustehen. Faulhabers Freund, Eugenio Pacelli, ist dem Rorschacher Töchter-Institut „Stella Maris" eng verbunden: Seit 1918 verbringt er dort zahlreiche, zum Teil längere Urlaube und ist der Lehrschwesternkongregation ab 1930 als Kardinalprotektor verbunden. Vermutlich stammt der Appell an Faulhaber, sich für die Respektierung der Taufe durch die neuen Machthaber in Deutschland einzusetzen, aus diesen Kreisen.

Schon am 18. April 1933 hatte sich die 27-jährige Centa Mayr, Sekretärin bei der Telegraphen-Union, München, an Faulhaber gewandt: „Man wartet in äußerster Erregung und Anspannung auf irgendeine Stellungnahme Eurer Eminenz zur Lage der konvertierten Juden."[463] Keine Reaktion.

461 Vgl. Erste Verordnung zur Durchführung des Gesetzes zur Wiederherstellung des Berufsbeamtentums, 11. 4. 1933.

462 EAM, NL FH 8425, Postkarte an Faulhaber, 19. 5. 1933. Der Text ist nur mit einem Kürzel gezeichnet.

463 EAM, NL FH 6282 Centa Mayr an Faulhaber, 18. 4. 1933.

Als Kardinalstaatssekretär Pacelli im September 1933 die Frage der „katholischen Nicht-Arier" auf die Tagesordnung setzen will, lassen ihn die deutschen Behörden einfach abblitzen. Sie sprechen der Kirche rundweg das Recht ab, über die Säuberung des Berufsbeamtentums und die „Judenfrage" zu urteilen, da es keine ureigenen Themen der Kirche seien.[464]

Am 25. April 1934 beklagt sich eine Frau Genkin über die dramatischen Auswirkungen des Ariergesetzes auf ihre Familie bei ihrem Bischof.[465] Der antwortet ihr am 2. August 1934, übergetretene Christen hätten sich vielleicht mehr zur wahren Religion bekannt als die geborenen Christen. Jedoch sehe er angesichts der staatlichen Politik keine Möglichkeit, ihre Lage zu verbessern. Faulhaber übersendet ihr 50,– RM.[466]

Im September 1935 wird mit dem „Reichsbürgergesetz" sowie dem „Blutschutzgesetz" ein Sonderrecht für die Juden geschaffen, das auch für die „nichtarischen" Katholiken gilt und sie zu Ausgestoßenen macht. Keine Reaktion der katholischen Kirche. Für den NS-Staat sind „Judentaufen", wie die von Lotte angestrebte, für den Rassenstatus des Juden irrelevant, die Kirche dagegen bescheinigt den getauften Juden, vollgültige Mitglieder der Kirche Gottes zu sein. Sie besteht jedoch darauf, nur „wertvolle Persönlichkeiten" aufzunehmen. So ist die Judentaufe alles andere als ein Massenphänomen: Zwischen den Jahren 1900 und 1933 sind in München lediglich 116 Juden und 138 Jüdinnen konvertiert.[467] Das sind etwa drei bis vier Konversionen jährlich. Nach der Machtübernahme der Nationalsozialisten erhöht sich die Zahl der Konversionen leicht. Insbesondere mehr Frauen treten zum Katholizismus über. In München z. B. konvertieren zwischen 1933 und 1935 13 Männer und 29 Frauen vom jüdischen zum katholischen Glauben.[468]

464 Vgl. Thomas Brechenmacher, Pius XII and the Jews, in: Pfister (Hrsg.), Eugenio Pacelli, S. 67–87, hier S. 76 f.

465 EAM, NL FH 6282 Maria Genkin an Faulhaber, 25. 4. 1934.

466 EAM, NL FH 6282 Michael von Faulhaber an Maria Genkin, 2. 8. 1934. Der Fall Genkin wurde schon im Ausstellungskatalog der Erzdiözese über Faulhaber 2002 erwähnt. Auch sein Brief an Frau Genkin ist dort abgedruckt. Vgl. Susanne Kornacker, Faulhaber und die Juden, in: Pfister/Generaldirektion (Hrsg.), Faulhaber, Ausstellungskatalog, S. 321–344, hier S. 340 f. Wirsching vermerkt, Faulhaber sei früh für die „katholischen Juden" aktiv geworden. Diese Aktivität beschränkte sich allerdings meist auf Geldspenden, seelsorgerischen Zuspruch und den Ausdruck des Bedauerns, dass er ihnen nicht helfen konnte. Vgl. Wirsching, Mehr Nähe als Distanz?, S. 213.

467 EAM, NL Faulhaber 8425, Brief der Katholischen Heimatmission an Faulhaber, 29. 4. 1933. Faulhaber hatte die Erhebung beauftragt. In der gesamten Erzdiözese München und Freising konvertierten von 1900 bis 1936 316 Erwachsene und 15 Kinder. Vgl. ebenda, Aufstellung der Erzdiözese vom 9. 3. 1936.

468 Joseph Sauren, Kirchliche Statistik Deutschlands, in: KHB 1933/34, S. 284 f. Vgl. Dirk Schönlebe, München im Netzwerk der Hilfe für „nicht-arische" Christen 1938–1941, in: Bezirksausschuss Max-Vorstadt (Hrsg.), Von ihren Kirchen verlassen und vergessen?, München o. J. (2006), S. 1–145, hier S. 29 (http://www.landesbischof-meiser.de/downloads/Hilfe.pdf). Für das Erzbistum München und Freising liegen Übertrittszahlen lediglich für 1930 (217) und 1931 (237) vor. Wie viele der Konvertiten Glaubensjuden waren, geht aus den Zahlen nicht hervor.

Die Situation der getauften Juden und „nichtarischen" Christen ist schwierig, ihr Verhältnis zur Kirche nicht ganz einfach. Am 5. August 1936 wendet sich der Maler und Schriftsteller Adolf T. J. Mar. Sommerfeld an Faulhaber.[469] Als getaufter Jude und deutscher Patriot leidet er besonders unter der Verfolgung, der er als Jude ausgesetzt ist: „Wir können es weder mit unserem Gewissen vereinbaren nicht katholisch zu sein, noch können wir in unserer Geistigkeit jemals anders denken und handeln als im deutschen Sinne."

Emanuel Grünstein, selbst getaufter Jude, wohnhaft Türkenstraße 98 in München, wendet sich am 18. August 1936 mit einer Denkschrift an die Fuldaer Bischofskonferenz. Grünstein beklagt sich, dass die Konvertiten ein noch viel schwereres Los zu tragen hätten als die Juden selbst. Er kritisiert, dass kirchliche Stellen und Standesorganisationen „nichtarischen" Katholiken die aktive Mitarbeit verwehrten und den Ehrendienst beim Allerheiligsten Altarssakrament – gemeint ist wohl die Tätigkeit als Küster beziehungsweise Mesner – verweigern. Grünstein macht auch auf die absurde Situation aufmerksam, die durch die Nürnberger Rassengesetze speziell für die heiratswilligen „nichtarischen" Katholiken entstanden ist. Für diese sei es nämlich jetzt kaum noch möglich, eine Ehe einzugehen, es sei denn, dass sie jemanden finden, der gleich viel „nichtarische" Großeltern hat. Grünstein kommt auf den Punkt, wenn er schreibt: „Die heutige Rassengesetzgebung erkennt uns nicht als Christen an und betrachtet das Sakrament der heiligen Taufe, welches an uns vollzogen wurde, als nicht gültig."[470] Tatsächlich ist der Widerspruch zwischen der Aufnahme des Täuflings in die Gemeinschaft der Kirche durch das Sakrament der Taufe und deren Wertloserklärung durch die Machthaber hinsichtlich der rassischen Einordnung des Täuflings seit den Nürnberger Rassengesetzen von 1935 mehr als offensichtlich.

In einem Brief vom 23. Oktober 1936 legt Faulhaber Kardinal Bertram, dem Vorsitzenden der Fuldaer Bischofskonferenz, seine Ansichten zum Thema Konvertiten dar:

> „Der Staat hat das Recht, gegen Auswüchse des Judentums in seinem Bereich vorzugehen, im besonderen, wenn die Juden als Bolschewisten und Kommunisten die staatliche Ordnung gefährden. Für jene Juden aber, die zur katholischen Kirche übertreten, wobei die reine Absicht der Konversion von kirchlicher Seite immer strenge geprüft wird, kann der Staat die beruhigende Sicherheit haben, dass es sich nicht um Kommunisten oder Bolschewisten handelt. Die nationalsozialistische Weltanschauung verfolgt nach ihrem blut- und rassenmäßigen Grundsatz ‚Jude bleibt Jude' den getauften Juden in der gleichen Weise wie den ungetauften. Für die Weltanschauung der Bischöfe ist der

469 EAM, NL Faulhaber 8426, Adolf T. J. Mar. Sommerfeld an Faulhaber, 5. 8. 1936. Sommerfeld hatte 1935 ein Buch veröffentlicht, in dem er versuchte, Katholizismus und Nazi-Führerprinzip zu vereinen, obendrein mit krudem rassistischem Einschlag: T. J. Mar. Sommerfeld, Neu-Heidentum und Christentum. Zeitgemäße Wahrheiten, mit einem Anhang: die altpreussische Götterlehre, Berlin 1935.

470 EAM, NL Faulhaber 8425, Denkschrift Emanuel Grünstein an die deutschen Bischöfe, 18. 8. 1936.

frühere Jude nach dem Pauluswort 2 Cor. 5,17 durch die Taufe ‚ein neues Geschöpf', ein wirkliches Kind der Kirche Gottes, geworden und wir haben ihm ebenso wie jedem anderen Diözesanen in der Firmung die Hand aufgelegt. Damit hat der getaufte Jude ein Recht erworben, von den kirchlichen Stellen als Christ und nicht mehr als Jude behandelt und wenigstens nicht an die antisemitischen Feinde ausgeliefert zu werden."[471]

Faulhaber bekräftigt das Recht des Staates, gegen Juden vorzugehen, besonders wenn sie Bolschewisten oder Kommunisten sind. Jedoch legt der Kardinal für die Juden, die durch die Taufe Katholiken geworden sind, seine Hand ins Feuer: Die von der katholischen Kirche getauften Juden seien streng geprüft, gewissermaßen handverlesen, deshalb könne der Staat die beruhigende Gewissheit haben, dass man unter ihnen garantiert niemals Bolschewisten oder Kommunisten finden werde. Er ist sich jedoch durchaus bewusst, dass die Blut- und Rassenideologen getreu dem Grundsatz „Jud' bleibt Jud'" den getauften Juden genauso verfolgen wie den ungetauften, und stellt ihnen die „Weltanschauung der Bischöfe" gegenüber. Diese gründe auf einer Stelle des zweiten Briefs an die Korinther des Apostels Paulus – Paulus 2 Cor. 5,17 –, wonach aus dem Juden durch die Taufe ein „neues Geschöpf" und „wirkliches Kind der Kirche Gottes" werde.[472]

Faulhaber unterscheidet hier zwischen Juden und getauften Juden, die dem NS-Staat weiterhin als Juden, der Kirche jedoch als Katholiken gelten. Die Wirkung der Taufe beschränkt sich also auf den kirchlichen Binnenraum und hat keinerlei Auswirkungen auf die gesetzlich verankerte rassenmäßige Zuordnung des Täuflings. Dass getaufte Juden vom NS-Staat genauso verfolgt würden wie nichtgetaufte, war ihm zweifellos klar.[473] Der Widerspruch von nationalsozialistischer Rassenideologie und christlicher Heils- und Erlösungslehre wird nirgendwo offensichtlicher als hier. Dennoch oder gerade deswegen vermeidet es die katholische Kirche, an diesem Punkt massiv gegen die Rassenideologie des NS-Staates Stellung zu beziehen und den Konflikt zu eskalieren. Stattdessen belässt man es bei Empathie, seelsorgerischer und caritativer Hilfe für die „nicht-arischen" Katholiken.[474]

471 Akten Kardinal Michael von Faulhabers (1917–1945), bearb. von Ludwig Volk, Bd. II, Mainz 1978, Nr. 569, Michael von Faulhaber an Bertram, 23. 10. 1936, S. 179 f. (EAM, NL FH 3221).

472 Faulhaber bezog sich vermutlich auf die damals populäre Bibelübersetzung von Joseph Franz von Allioli, die sich stark an die lateinische Vulgata anlehnte. Die Stelle lautet in der von Arndt bearbeiteten Fassung von 1906: „Wenn somit jemand in Christus ist, so ist er ein neues Geschöpf, so ist das Alte vorübergegangen; siehe, so ist alles neu geworden." Vgl. Die Heilige Schrift des Alten und Neuen Testamentes. Mit dem Urtexte der Vulgata. Übersetzt und mit erklärenden Anmerkungen versehen von Augustin Arndt S. J., 2. Bd., 6. Aufl., Regensburg/Rom 1914.

473 Wirsching ist demgegenüber der Ansicht, Faulhaber habe nicht erkannt oder nicht erkennen wollen, dass sich die Stoßrichtung des verbrecherischen Regimes gegen die Juden insgesamt richtete, ob getauft oder nicht. Wirsching, Mehr Nähe als Distanz?, S. 214 f.

474 Anders Wirsching, der in der Haltung der katholischen Kirche den „nichtarischen" Katholiken gegenüber eine mehr oder minder massive Stellung gegen die Rassenideologie des NS-Staates begründet

Im November 1936 wird Faulhaber von der Fuldaer Bischofskonferenz dazu ausersehen, auf dem Obersalzberg, eine Art zweiter Reichskanzlei in der „Alpenfestung" und Hitlers privater Ruhesitz, mit ihm über einige strittige Punkte zu verhandeln.[475] Tatsächlich gelingt es Faulhaber, dem Führer ein paar Zugeständnisse abzuringen. Der Bestand der Kirche und die Unterdrückung der „Deutschen Glaubensbewegung" werden ihm von Hitler persönlich zugesagt – gegen die Versicherung, dass die Kirche bereit ist, Schulter an Schulter mit dem nationalsozialistischen Staat gegen den Bolschewismus zu kämpfen.

In diesen Tagen tobt in Spanien ein gnadenloser Bürgerkrieg zwischen der regierenden Volksfront und den Nationalisten unter Franco.[476] Das Deutsche Reich unterstützt wie auch das faschistische Italien offen die rechten Putschisten, während das kommunistische Russland die Volksfront mit Waffen beliefert und Freiwillige aus aller Welt in „Internationalen Brigaden" gegen die Nationalisten kämpfen. In Spanien ringen Sozialisten, Kommunisten und Anarchisten mit Faschisten und Nationalisten um den Sieg – das Vorspiel für einen großen Krieg in Europa. Und für diesen braucht Hitler die Kirche. Deshalb stellt er Faulhaber gleich zu Beginn der Unterredung vor die Alternative, entweder zusammen mit dem Nationalsozialismus gegen den Bolschewismus zu siegen oder unterzugehen, worauf sich der Kardinal beeilt, dem Führer die Gefolgschaft der Kirche zu versichern.

Im Folgenden geht es um weitaus weniger dramatische Punkte. So kann Faulhaber dem Führer die Beibehaltung klösterlicher Lehrerinnen in Staatsschulen Bayerns durchaus schmackhaft machen. Die Möglichkeit der Doppelmitgliedschaft in katholischen und nationalsozialistischen Organisationen will Hitler prüfen. Bei dem Punkt Sterilisation räumt Faulhaber zwar das Recht des Staates ein, als „erblich minderwertig" eingestufte „Schädlinge von der Volksgemeinschaft fernzuhalten", beharrt jedoch auf der Ablehnung von körperlichen Eingriffen, wie sie zu diesem Zeitpunkt schon zu Tausenden durchgeführt werden.[477] Stattdessen schlägt er Hitler allen Ernstes die Internierung der Erbkranken vor. Hitler bezweifelt, dass dies angesichts der großen Zahl Betroffener durchführbar wäre. Der Kardinal bittet den „Führer" um Verständnis, dass die Kirche bei ihrer Ablehnung der Sterilisation bleiben müsse, versichert ihm jedoch, dass sie auch nichts dagegen unternehmen werde. Die Verfolgung der Juden und die Bedeutung der Judentaufe spricht Faulhaber Hitler gegenüber jedoch gar nicht erst an.

sieht. Vgl. ebenda, S. 212. Allerdings spielten die „getauften Juden" in den Auseinandersetzungen zwischen NS-Staat und katholischer Kirche lediglich als katholische Ehepartner, die auf staatliche Anordnung hin durch Deportation von ihren nicht-jüdischen Partnern getrennt werden sollten, eine nennenswerte Rolle.

475 Vgl. Akten Kardinal Michael von Faulhabers (1917–1945), Bd. II, Mainz 1978, Nr. 572, Michael von Faulhaber, Streng vertraulicher Bericht über die Aussprache mit Herrn Reichskanzler Adolf Hitler auf dem Obersalzberg am 4. November 1936, 11 bis 14 Uhr, S. 184–194 (EAM, NL FH 8203).

476 Francisco Franco (* 4. 12.1892 Ferrol/Spanien † 20. 11. 1975 Madrid), Diktator in Spanien.

477 Gesetz zur Verhütung erbkranken Nachwuchses, 14. 7. 1933.

Unverhohlen gibt der Kardinal in seinem Bericht an den Vatikan und seine Bischofskollegen dagegen seiner Bewunderung für den „Führer" Ausdruck und stellt fest: „Der Reichskanzler lebt ohne Zweifel im Glauben an Gott."[478] Fast schon grotesk ist des Kardinals Überzeugung, in Hitler einen gottesfürchtigen Mann vor sich zu haben – keinesfalls ein Instrument des Satans, eine Ausgeburt der Hölle. Hat Faulhaber nicht gemerkt, dass Hitler die pseudo-christliche Heilsrhetorik von „Reich und Kraft und Herrlichkeit" systematisch für seine gänzlich irdischen Zwecke, die Erlangung und gnadenlose Ausübung von Herrschaft im Namen von Volk und Rasse, instrumentalisiert? Denkt er wirklich, Hitler glaube an einen Gott, dessen Sohn durch seinen Tod am Kreuz die Welt von ihren Sünden erlöst hat?[479] Dass Hitler ein Götzenverehrer und Teufelsanbeter sein könnte, kommt ihm offenbar nicht in den Sinn. Dafür gibt es wohl zu viele gemeinsame Überzeugungen wie den Hass auf Kommunisten und Sozialisten und die Bewunderung des Soldatischen.[480]

Nach Faulhabers Unterredung mit Hitler hören die Schikanen gegen die Kirche keineswegs auf. Der Eingabe- und Verhandlungsweg ist offenkundig gescheitert. In dieser zugespitzten Situation greift Papst Pius XI. ein.[481] Faulhaber erhält den Auftrag, eine päpstliche Enzyklika über die Lage der Kirche in Deutschland zu verfassen, bis heute das einzige päpstliche Lehrschreiben, das je auf Deutsch verfasst wurde. Es beginnt mit den Worten „Mit brennender Sorge". Vom 18. bis 21. Januar 1937 verfasst Faulhaber einen Entwurf.[482] Die Endfassung erarbeitet sein Freund, Kardinalstaatssekretär Eugenio Pacelli, persönlich. Faulhabers geistlichen Ermahnungen und Warnungen vor den Irrlehren des Nationalsozialismus fügt dieser noch eine gnadenlose Abrechnung mit der Kirchenpolitik in Deutschland hinzu.[483] Die Enzyklika kritisiert aber nicht nur die konkordatswidrige Behandlung der Kirche, sondern besteht auf dem Vorrang des Glaubens vor aller Vergötterung weltlicher Werte wie Rasse, Volk oder Staat.[484] Eine eindeutige Warnung an den „Führer", den Bogen nicht zu überspannen.

Obwohl auch in dieser Enzyklika die Verfolgung der Juden nicht erwähnt wird, gibt es großen Ärger um das päpstliche Lehrschreiben. Der Text muss ins Reich geschmuggelt

478 Akten Faulhabers, bearb. von Volk, Bd. II, S. 194 (NL FH 8203).

479 Vgl. Thomas Schirrmacher, Hitlers religiöse Sprache – Propaganda oder Glaube?, in: Philipp Thull u. a. (Hrsg.), Christen im Dritten Reich, Darmstadt 2014, S. 11–20.

480 Vgl. Wirsching, Mehr Nähe als Distanz?, S. 201, der Faulhabers Besuch bei Hitler als Akt „problematischer Anpassung" bezeichnet.

481 Vgl. Leugers, Die deutschen Bischöfe, S. 37.

482 Zur Enzyklika vgl. Rudolf Voderholzer, Die Enzyklika „Mit brennender Sorge", in: Pfister/Generaldirektion (Hrsg.), Faulhaber, Ausstellungskatalog, S. 311–320.

483 Vgl. Hürten, Pius XII, in: Pfister (Hrsg.), Eugenio Pacelli, S. 98.

484 Thomas Brechenmacher sieht in der Enzyklika gar begründet, dass der Mythos von Blut und Rasse mit dem auf dem Naturrecht gründenden christlich-humanistischen Menschenbild niemals zusammengehen könne. Vgl. Brechenmacher, Pius XII and the Jews, S. 72.

werden, wo die Nationalsozialisten sämtliche gedruckten Exemplare beschlagnahmen, derer sie habhaft werden können. Nur mithilfe einiger Tricks und glücklicher Umstände gelingt es, den Text am Palmsonntag 1937, dem 21. März, von den Kanzeln verlesen zu lassen. Hitler ist außer sich, wütend auf die Kirche, sauer auf Faulhaber.[485]

Faulhaber empfiehlt Lotte zur Taufe

Als Kardinal Faulhaber am 14. April 1937 nach Marktoberdorf schreibt, ist er wohl noch immer aufgewühlt von den Maßnahmen des NS-Staates gegen die Kirche im Zusammenhang mit der Verlesung der Enzyklika. Er schreibt:

> „An das Hochwürdige Katholische Pfarramt Markt Oberdorf.
> Frau Lotte Eckart ersucht mich soeben durch ihre Mutter um eine Empfehlung an das dortige Hochwürdige Pfarramt zu dem Zwecke, dass sie dort zum Konvertitenunterricht zugelassen werde. Frau Lotte Eckart hat nach dem Tode ihres Herrn Gemahls, den ich im Felde als tüchtigen und anständigen Offizier kennen lernte, mich besucht und über die Möglichkeit gesprochen, sich einen selbständigen Beruf zu schaffen. Sie erklärte mir dabei, sie sei Israelitin, habe sich aber bei Lebzeiten ihres Mannes nicht taufen lassen, um nicht den Anschein zu erwecken, als ob sie äußere Vorteile durch die Taufe erreichen wolle. Im Übrigen hatte ich bei den zwei- oder dreimaligen Unterredungen den Eindruck, dass sie mit ehrlicher Absicht und aus religiösen Gründen den Gedanken der katholischen Taufe in sich trage. Im Laufe des Unterrichtes wird sich das noch weiter kundgeben. Ich kann deshalb von meiner Seite, ohne Familienurkunden gesehen zu haben, empfehlen, den Unterricht mit Frau Lotte Eckart zu beginnen.
> Mit ergebenem Gruß
> M. C. F.“[486]

Faulhaber empfiehlt also, mit der Jüdin Lotte Eckart den Konvertitenunterricht mit dem Ziel der Taufe zu beginnen. Allerdings weiß er auch ganz genau, dass für die Nationalsozialisten die Taufe nichts an Lottes Judentum ändern wird – und dass die Kirche ihr

485 Sogar diese scharfe Abrechnung mit den Irrlehren des Nationalsozialismus blieb politisch wirkungslos, da sich die Enzyklika bewusst auf den kirchlichen Binnenraum beschränkte. Wirsching vertritt die Ansicht, päpstliche Enzykliken, bischöfliche Hirtenbriefe und wortgewaltige Predigten seien politisch wirkungslos geblieben, weil sich die Kirche nicht auf ein politisches oder auch säkular-menschenrechtliches Prinzip festgelegt habe. Wirsching, Mehr Nähe als Distanz?, S. 208.

486 EAM, NL FH 9400 Michael von Faulhaber an das Pfarramt Markt Oberdorf, 14. 4. 1937. Faulhaber kürzt hier wie in vielen seiner Empfehlungsschreiben seinen Namen mit „M. C. F.“ ab. Gewöhnlich unterzeichnet er mit M. Card. Faulhaber oder mit vollem Namen.

auch als Katholikin keine Aussichten auf Schutz vor Verfolgung machen kann – oder will. Dennoch spricht er die Empfehlung aus, Lotte zu taufen, denn die Taufe ist ja die Voraussetzung dafür, dass sich Faulhaber „innerkirchlich“ für Lotte einsetzen kann.[487] Dass Faulhaber sie zu den „wertvollen“ jüdischen Menschen rechnet und darüber hinaus persönliche Sympathien für sie hegt, ist offensichtlich.

Der Brief dürfte im katholischen Pfarramt Marktoberdorf eingeschlagen haben wie eine Bombe: Faulhaber persönlich stellt dieser „dahergelaufenen“ Jüdin – obendrein mit dickem Bauch – das beste Zeugnis aus und empfiehlt sie zum Konvertitenunterricht und zur Taufe.

Vierzehn Tage später, am 28. April 1937, wendet sich Pfarrer Wanner an das Bischöfliche Ordinariat in Augsburg, zu dem die Pfarrgemeinde St. Martin in Marktoberdorf gehört. Unter dem Betreff „Taufe einer Jüdin“ gibt er an, dass er einer Frau Eckart, die von Liechtenstein zur Entbindung nach Marktoberdorf gekommen sei, im Krankenhaus Konvertitenunterricht erteile. Die Begründung könne man aus dem beigelegten Schreiben ersehen, vermutlich das Schreiben Faulhabers. Pfarrer Wanner erwähnt, dass besagte Frau Eckart noch vor der Niederkunft getauft werden wolle, und fragt an, ob vorher eine Beichte notwendig sei. Postwendend kommt die Antwort: nein.[488]

Zweifellos schickt Pfarrer Wanner Faulhabers Empfehlung nach Augsburg, um das Bischöfliche Ordinariat vollständig ins Bild zu setzen. Sollten sich doch der Bischof und der Generalvikar ihren eigenen Reim auf diese merkwürdige Angelegenheit machen.

Lotte wird getauft

Jedenfalls wird Lotte am 12. Mai 1937 getauft. Der Eintrag im Taufbuch lautet: „Konvertitin: Margarete Eckart, Atemlehrerin in Vaduz (Lichtenstein) [sic]. Getauft in der Hauskapelle des hiesigen Krankenhauses am 12. V. 1937 von H. J. Benef. Bachhofer. Patin: Frau Rosalia Häringer, Kleinrentnerin, hier. Frau Eckart erhielt nach der Taufe die Hl. Komm.[489] Sie war Israelitin, nannte sich religionslos.“[490]

487 Nach Hecker war man innerkirchlich bestrebt, sich für die getauften Juden einzusetzen. Vgl. Hans-Joachim Hecker, Kardinal Faulhaber und seine Stellung im Wandel der politischen Verhältnisse, in: Pfister/Generaldirektion (Hrsg.), Faulhaber, Ausstellungskatalog, S. 19–36, hier S. 31.

488 ABA, Generalvikariat, Pfarreiakten unverzeichnet, Dekanat Oberdorf, Pfarrei Oberdorf 1858 ff. Alphons Wanner an das Bischöfliche Ordinariat Augsburg, 28. 4. 1937 sowie die Antwort des Ordinariats. Pfarrer Wanner bittet um die Rücksendung des Schreibens, eine Bitte, der das Bischöfliche Ordinariat offenbar nachgekommen ist, denn in der Akte ist es nicht enthalten. Allerdings findet es sich auch nicht im Archiv der kath. Pfarrgemeinde St. Martin, Marktoberdorf.

489 Die heilige Kommunion.

490 Archiv der kath. Pfarrgemeinde St. Martin, Marktoberdorf, Taufbuch Bd. XVI 1930–1942, S. 95, Taufeintrag Lotte Eckart vom 12. 5. 1937.

Krankenhauskapelle Marktoberdorf mit Nonnen

Als Taufname wählt Lotte nicht „Charlotte“, sondern ihren zweiten Vornamen „Margarete“. Sollte diese Namenswahl Ausdruck für den „neuen Menschen“ sein, der da nach Paulus in der Taufe geboren wird, oder sollte der Name „Margarete“ lediglich der Tarnung dienen?[491] Im Anschluss an die Taufe wird Lotte jedenfalls das Sakrament der Eucharistie gespendet, die Heilige Kommunion. Zuvor hat sie ihre Sünden gebeichtet. Eine davon ist bekannt: „Unzucht“ außerhalb der Ehe.

491 1938 reist sie zum Beispiel als „Margarete C. Eckart“ nach New York. Vgl. NARA Passenger and Crew List of Vessels Arriving at New York, New York, 1897–1957 Microfilm Publication T715_6158, 26. 5. 1938 (https://www.ancestry.de).

II Das kurze Leben der Gabriele Schwarz

1 Marktoberdorf

Gabi kommt auf die Welt

Gerade noch rechtzeitig vor der Niederkunft wird Lotte durch das Sakrament der Taufe in die katholische Kirche aufgenommen. Schon zwölf Tage später bringt sie im Marktoberdorfer Bezirkskrankenhaus[1] ein Mädchen zur Welt. Die Hebamme Viktoria Moser[2] bezeugt, dass das Kind um „dreieinhalb Uhr nachmittags" geboren ist.[3] Schon am nächsten Tag wird das Kind in der Kapelle des Bezirkskrankenhauses getauft. Lotte Eckart und ihre kleine Tochter Gabi sind jetzt beide Angehörige der römisch-katholischen Kirche. Auch Gabrieles Taufe wird im Taufbuch der Pfarrgemeinde eingetragen. Doch der Taufeintrag bereitet offenbar einiges Kopfzerbrechen.[4]

Klar ist, das Kind soll Gabriele heißen, Gabriele Eckart – mit dem Nachnamen der Mutter. Lottes Religion wird mit „katholisch" angegeben. Das ist korrekt, auch wenn sie der katholischen Kirche noch keine 14 Tage angehört. Da Wilhelm Eckart schon 2 ½ Jahre tot ist, kommt er als Vater von Gabriele nicht in Betracht. Das wird den Geistlichen Herren in Marktoberdorf bekannt gewesen sein, da unter den von Lotte vorgelegten Familienurkunden sicherlich die Heiratsurkunde mit Wilhelm Eckart und vielleicht auch eine Bescheinigung über sein Ableben gewesen sein dürften. Wer ist also Gabrieles Vater? Lotte weigert sich, irgendwelche Angaben zum Vater zu machen, und so bleibt nichts anderes übrig, als in das Feld „Vater des Kindes" den Begriff „illeg." einzutragen. Das heißt „illegitima" und bedeutet eine kirchengesetzwidrige, sprich: nichteheliche Geburt. Der Volksmund spricht von einem „unehelichen" Kind.

1 Die Bezirke entsprechen den heutigen Landkreisen. Entsprechend würde man das erwähnte „Bezirkskrankenhaus" Marktoberdorf heute als Kreiskrankenhaus bezeichnen. Die heutigen Bezirkskrankenhäuser, die früher als Nervenheilanstalten bezeichnet wurden, werden heute von den bayerischen Bezirken unterhalten und dienen der psychiatrischen Versorgung,

2 Über Viktoria Moser liegen keine näheren Angaben vor.

3 StadtA Mod, StA Nr. 27/1939, Geburtsanzeige Gabriele Schwarz, 28. 5. 1937.

4 Archiv der katholischen Pfarrgemeinde St. Martin, Marktoberdorf, Taufbuch Bd. XVI 1930–1942, S. 95, Taufeintrag Gabriele Schwarz vom 25. 5. 1937. Gabrieles Taufeintrag steht im Taufbuch direkt unter dem ihrer Mutter. Patin beider Täuflinge, Mutter wie Tochter, ist die „Rentnersgattin" Rosalia Häringer.

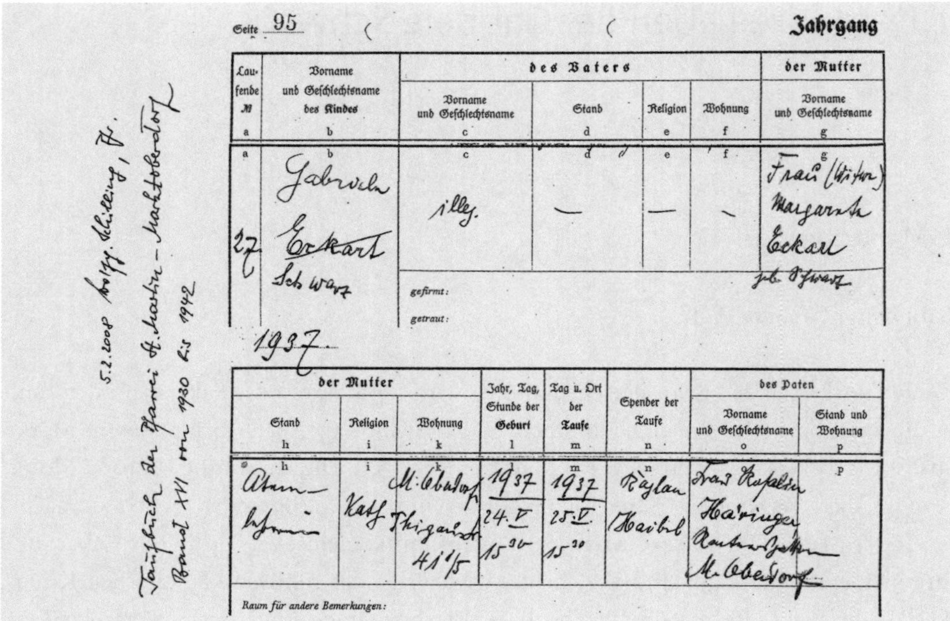

Seite 95 Jahrgang

Laufende № a	Vorname und Geschlechtsname des Kindes b	des Vaters: Vorname und Geschlechtsname c	Stand d	Religion e	Wohnung f	der Mutter: Vorname und Geschlechtsname g
27	Gabriele ~~Eckart~~ Schwarz	illeg.	—	—	—	Frau (Witwe) Margarete Eckart geb. Schwarz

gefirmt:
getraut:

1937

der Mutter: Stand h	Religion i	Wohnung k	Jahr, Tag, Stunde der Geburt l	Tag u. Ort der Taufe m	Spender der Taufe n	des Paten: Vorname und Geschlechtsname o	Stand und Wohnung p
[illegible]	Kath.	M.-Oberdorf [illegible]	1937 24.V. 15[30]	1937 25.V. 15[30]	Kaplan Haibl	Frau Rosalia Häringer [illegible] M.-Oberdorf	

Raum für andere Bemerkungen:

5.2.2008 [illegible] Schilling, Pf.
Taufbuch der Pfarrei St. Martin – Marktoberdorf
Band XVI von 1930 bis 1942

Gabis Taufeintrag | *Archiv der katholischen Pfarrgemeinde St. Martin, Marktoberdorf, Taufbuch Bd. XVI 1930–1942, S. 95*

Zu einem späteren Zeitpunkt wird Gabrieles Eintrag ins Taufbuch korrigiert: Als nichteheliches Kind darf Gabriele nicht den Familiennamen ihrer Mutter führen. Der gemeinsame Familienname würde nicht nur die Abstammung des Kindes von der Mutter dokumentieren, sondern könnte auch suggerieren, dass das Kind von Wilhelm Eckart stammt, also ehelich ist. Als nichteheliches Kind hat es jedoch den Mädchennamen der Mutter als Familiennamen zu führen. Der bereits eingetragene Nachname „Eckart" wird deshalb gestrichen und „Schwarz" an seine Stelle gesetzt. Wann diese Korrektur erfolgt, ist aus den Unterlagen nicht ersichtlich. Gabriele hat aufgrund des im Bürgerlichen Gesetzbuch niedergelegten Namensrechts jedenfalls „Gabriele Schwarz" zu heißen, ihre Mutter Charlotte Margarete Eckart. Bei Lotte wird zur Verdeutlichung der Namensbeziehungen noch „geb. Schwarz" hinzugesetzt. Zusätzlich wird in Klammern bei ihr vermerkt: „Witwe". Sicher wäre Lotte „Gabriele Eckart" lieber gewesen …

Lotte bringt ihre Tochter außerhalb einer Ehe auf die Welt – gerade in Bayern nichts Ungewöhnliches, hat das überwiegend katholische Bayern doch nach Sachsen den höchsten Prozentsatz von unehelichen Geburten unter den deutschen Ländern."[5] Uneheliche Geburten sind aber für katholische Theologen kein Kavaliersdelikt. So bezeichnet etwa Hermann

5 Hermann A. Krose, Konfessionsstatistik, in: KHB 1943, Köln 1943, S. 204.

A. Krose[6] im „Statistischen Jahrbuch für das katholische Deutschland 1935/36" uneheliche Geburten als „Verfehlungen gegen das Sittengesetz" und zählt sie zu den „schlimmsten moralischen Schäden des Volkes".[7] Sie gehörten zu den „negativen Kennzeichen der Moralität", „da sie schwere sittliche Verfehlungen zur Voraussetzung" hätten.[8] Dennoch entfallen 1937 von insgesamt 29 650 Geburten lediger, katholischer Mütter im Reich[9] auf Bayern 16 749, immerhin 56,9 %. In der Diözese Augsburg, zu der Marktoberdorf gehört, haben 1937 2085 von insgesamt 16 364 Täuflingen eine ledige Mutter, das entspricht 12,7 %.[10] Bei 13 287, also bei 79,3 % aller unehelichen Geburten in Bayern, sind die Mütter katholisch, lediglich eine einzige ledige Mutter ist „israelitisch".[11] Dabei kann es sich allerdings nicht um Lotte handeln; sie ist ja kurz vor der Geburt noch katholisch geworden ... Dennoch trifft auch sie das moralische Verdikt der katholischen Kirche.

Am 25. Mai 1937, einen Tag nach der Niederkunft, wird das Neugeborene in der Krankenhauskapelle auf den Namen Gabriele getauft. Taufpatin ist niemand anders als Rosalia.[12] Auch für die Unterbringung des Kindes sorgt Rosalia: Ihre Schwester Therese[13] ist in Stiefenhofen auf einem Bauernhof verheiratet. Therese und ihr Mann Josef Aichele[14] erklären sich bereit, die kleine Gabi als Pflegekind aufzunehmen. Damals verstecken viele Jüdinnen ihre Kinder auf dem Land und hoffen, dass sie dort dem Zugriff der Nationalsozialisten entzogen sind. Nach neuesten Untersuchungen waren etwa 12 % aller versteckten Juden jünger als 14 Jahre. Sie wurden meist auf abgelegenen Bauernhöfen untergebracht.[15] Manchmal wurde wie bei Gabi der Kontakt über ehemalige Hausangestellte hergestellt.[16] Auch Lotte hofft, dass es ihr Töchterchen in Stiefenhofen guthaben wird und dass es bei den Aicheles unbeschwert aufwachsen kann.

Gabis Vater und die „Nürnberger Gesetze"

Für die katholische Kirche könnte Lotte ihre „schwere sittliche Verfehlung" – außerehelicher Geschlechtsverkehr – zwar durch die Heirat mit dem Kindsvater wieder gut- und Gabi damit nachträglich zu einem ehelichen Kind machen, wie es sicherlich häufig

6 Über Hermann A. Krose liegen keine näheren Angaben vor.
7 Krose, Konfessionsstatistik, in: KHB 1935/36, S. 221.
8 Ebenda, S. 231.
9 Joh. Mohnen, Kirchliche Statistik Deutschlands, in: KHB 1943, S. 306.
10 Ebenda, S. 320.
11 Krose, Konfessionsstatistik, in: KHB 1943, S. 202.
12 Archiv der kath. Pfarrgemeinde St. Martin, Marktoberdorf, Taufeintrag Gabriele Schwarz, 25. 5. 1937.
13 Theresia Aichele, geb. Brugger (* 10. 1. 1888 Stephansried † 13. 2. 1973 Stiefenhofen), Bäuerin.
14 Josef Aichele (* 16. 12. 1879 Stiefenhofen † 1. 4. 1958 Stiefenhofen), Landwirt, Ehrenbürger der Gemeinde Stiefenhofen.
15 Vgl. Schrafstetter, Flucht und Versteck, S. 162.
16 Vgl. ebenda, S. 168.

geschehen ist. Sollte der Kindsvater nicht willens oder in der Lage sein, sie zu heiraten, könnte sie auch durch die Heirat mit einem anderen Katholiken denselben Effekt erzielen. Doch sowohl der eine wie der andere Ausweg aus ihrer misslichen Lage als ledige Mutter ist ihr als Jüdin versperrt.

Seit ihrer Ankunft in Marktoberdorf lebt Lotte wieder im Deutschen Reich. Hier gelten die Rassengesetze von Nürnberg. Das bedeutet für Lotte: Sie kann weder den vermutlich „deutschblütigen" Vater ihrer Tochter noch einen anderen „deutschblütigen" Katholiken heiraten. Selbst in Liechtenstein wäre dies nicht möglich, da die Regierung bei Verbindungen von Juden und „Deutschblütigen" regelmäßig Ehefähigkeitszeugnisse aus Deutschland einholt.[17] Auch jede außereheliche Verbindung von Lotte mit einem „Staatsangehörigen deutschen oder artverwandten Blutes" ist durch das Nürnberger Blutschutzgesetz verboten. § 2 des Gesetzes verfügt kurz und knapp: „Außerehelicher Verkehr zwischen Juden und Staatsangehörigen deutschen oder artverwandten Blutes ist verboten."[18] § 5 Absatz 2 bestimmt, dass ein Mann, der gegen diese Bestimmung verstößt, mit Gefängnis oder Zuchthaus bestraft wird. Die Frau soll allerdings nach dem Buchstaben des Gesetzes straffrei ausgehen.[19] Damit unterbinden die nationalsozialistischen Machthaber nicht nur die weitere Vermischung „jüdischen" und „deutschen" Blutes, sondern kriminalisieren auch die an solchen Verbindungen über vermeintliche Rassengrenzen hinweg beteiligten Juden oder Jüdinnen und sogenannte Deutschblütige. Die Absicht ist klar: Die Integration der Juden in die deutsche Gesellschaft selbst soll kriminalisiert werden.

Regelrecht absurd ist hier die Unterscheidung zwischen außerehelichem und ehelichem Verkehr, der bereits verheirateten Juden und „Deutschblütigen" ja weiterhin erlaubt sein soll. Kinder aus solchen „Mischehen" erhalten dann aber den minderen Status eines „Mischlings 1. Grades". Die Produktion von „Halbjuden" hält also im ehelichen Rahmen unvermindert an. Und die Absurdität geht noch weiter. Für eheliche Verbindungen von katholischen „Deutschblütigen" mit Juden oder Jüdinnen gilt wie für alle anderen Ehen auch das Gebot der Kirche, keine künstlichen Einschränkungen ehelicher Geburten vorzunehmen, das heißt in der Ehe keinerlei Art von Geburtenkontrolle auszuüben. Das gilt selbstverständlich auch für Mischehen zwischen einem katholischen und einem jüdischen Partner. Die katholische Kirche verfolgt sogar aufmerksam die Geburtsstatistik im Deutschen Reich und feiert die seit 1933 wieder ansteigende Geburtenrate unter den Katholiken geradezu als Zeichen dafür, dass die „Verfehlungen gegen das Sittengesetz" abnehmen.[20] Die katholische Kirche trägt also durch ihr Moralgesetz mittelbar dazu bei, die

17 Vgl. LI LA, RF 155/397/004/004 Amtsvermerk der Liechtensteinischen Regierung, 3. 10. 1935.

18 Gesetz zum Schutze des deutschen Blutes und der deutschen Ehre, 15. 9. 1935.

19 Vgl. ebenda.

20 Vgl. Hermann A. Krose, Konfessionsstatistik Deutschland, in: KHB 1936, S. 163–238.

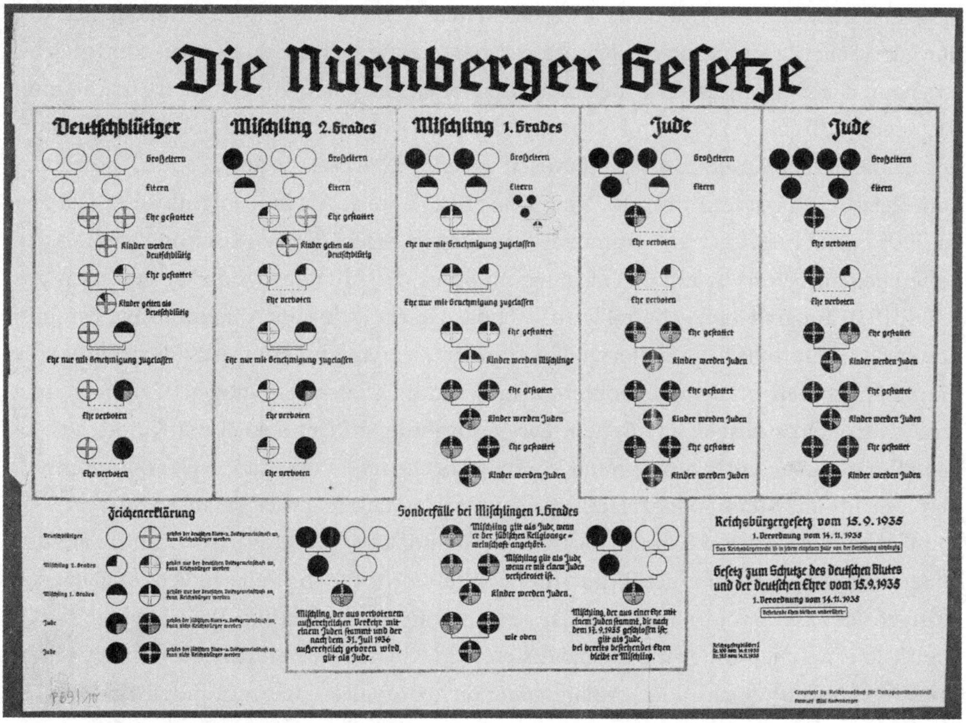

Die „Nürnberger Gesetze“ (Grafik), Reichsausschuss für Volksgesundheitsdienst (Entwurf: Willi Hackenberger). Gabi gilt als Sonderfall eines „Mischlings 1. Grades“ (unten links). *Deutsches Historisches Museum, Berlin, Inventarnr. DG 90/6011*

Zahl der jüdischen „Mischlinge 1. Grades“ möglichst noch zu erhöhen, was der Absicht des Gesetzes, die „deutsche“ Rasse „rein“ zu halten, diametral entgegengesetzt ist.

Lotte ist mit 31 Jahren noch jung. Nach Inkrafttreten der „Nürnberger Gesetze“ im September 1935 sind ihr jedwede sexuellen Beziehungen zu „Deutschblütigen“ verboten. Mit der Zeugung von Gabi im Sommer 1936 hat sie sich nach der Auffassung der Nationalsozialisten genau wie ihr Partner des Verbrechens der „Rassenschande“ schuldig gemacht. Gabis Vater droht in Deutschland sogar Zuchthaus. Sexuelle Beziehungen sind seit den „Nürnberger Gesetzen“ für Jüdinnen wie Lotte oder ihre Schwester Hansi praktisch nur noch mit Männern legal, in deren Adern kein „deutsches oder artverwandtes Blut“ fließt, das heißt mit Juden, „Zigeunern“, Schwarzafrikanern und so weiter. Das ist besonders für junge, emanzipierte, bestens assimilierte beziehungsweise integrierte Frauen, die in Berufs- und Privatleben häufig Umgang mit „deutschblütigen“ Männern haben, ein gravierendes Problem. Beziehungen zu diesen Männern können rasch brandgefährlich für sie werden.

Tatsächlich ist die begangene „Rassenschande" jetzt Lottes größtes Problem: Sollte sie den „deutschblütigen" Vater des Kindes angeben, würde sie ihn und sich selbst im gleichen Atemzug der „Rassenschande" bezichtigen. Gibt sie ihn nicht an, gilt Gabi als Abkömmling einer jüdischen Mutter und eines unbekannten Vaters nach einer Sonderbestimmung der „Nürnberger Gesetze" als „volljüdisch". Denn § 2 Absatz 2 der „Ersten Verordnung zum Reichsbürgergesetz" vom 14. November 1935 lautet: „Als Jude gilt auch der von zwei volljüdischen Großeltern abstammende staatsangehörige jüdische Mischling, der aus dem außerehelichen Verkehr mit einem Juden im Sinne des Absatzes 1 stammt und nach dem 1. Juli 1936 außerehelich geboren wird." Da das Gesetz Juden als Abkömmlinge von mindestens drei jüdischen Großelternteilen definiert, wären Kinder aus der Beziehung eines jüdischen und eines nicht genannten, also vermutlich „deutschblütigen" Partners „blutmäßig" als „halbjüdisch" anzusehen. Die Verordnung erklärt jedoch die Kinder aus solchen Beziehungen unter bestimmten Voraussetzungen zu „Volljuden" – obwohl sie es nach den Definitionen der nationalsozialistischen Rassenmathematiker gar nicht wären.

Gabi hat in Karl und Anna Schwarz zwei volljüdische Großeltern und stammt aus dem außerehelichen Verkehr einer Jüdin, ihrer Mutter Lotte. Ob ihr Vater Jude oder „Deutschblütiger oder artverwandten Blutes" ist, spielt für Gabis Einstufung als Jüdin keine Rolle. Damit übernehmen die Nationalsozialisten die Sichtweise der Juden: Den Juden gilt als Jude, wessen Mutter Jüdin ist – unabhängig davon, ob der Vater nun Jude ist oder nicht. Die Mutterschaft ist bekanntlich einfacher festzustellen als die Vaterschaft … Gabi ist am 24. Mai 1937, also nach dem Stichtag, außerehelich geboren. Demnach gilt Gabi den nationalsozialistischen Machthabern als „Volljüdin".

2 Stiefenhofen

Gabi kommt nach Stiefenhofen

Als die Kleine drei Wochen alt ist, wird ein Taxi nach Marktoberdorf bestellt. Es soll Gabi, Lotte und Rosalia mit allerhand Säuglingszubehör auf den Aichele-Hof nach Stiefenhofen bringen.[21] Stiefenhofen liegt gute 60 Kilometer westlich von Marktoberdorf – nicht weit von Oberstaufen – und gehört damals zum Bezirksamt, heute: Landkreis, Sonthofen. Der Aichele-Hof befindet sich wenige Hundert Meter außerhalb des Dorfes „im Moos".

21 Vgl. Leo Hiemer, Interview mit Resi Baumann, 12. 6. 1989, sowie Leo Hiemer (Regie): Zeitzeugen-Interview mit Resi Baumann (Film), Interviewerin: Samira Oberberg, im Auftrag des „Hauses der Bayerischen Geschichte Augsburg". Rohrdorf, 31. 7. 2012. Ausschnitt abrufbar unter https://www.hdbg.eu/zeitzeugen/treffer.php?t=4&v=&n=baumann. In seinem Bericht an Pfarrer Hitzler nennt Josef Aichele als Tag der Aufnahme den 15. Juni 1937. Archiv der katholischen Pfarrgemeinde St. Martin.

Ansichtskarte Stiefenhofen

Am 29. Juni 1937 bittet Thereses Ehemann Josef Aichele den Sonthofener Landrat Dr. Ferdinand Waller[22] in einem Brief um die Genehmigung, die kleine Gabriele als Pflegekind aufnehmen zu dürfen.[23] Josef Aichele hat einen Betrieb mit zehn Milchkühen.[24] Daneben werden auf dem Hof Hühner, Schafe, Tauben, Truthähne und allerhand anderes Getier gehalten. Es gibt Katzen und auch einen Hofhund. Zum Hof gehört auch Wald, der hauptsächlich Brennholz liefert; hin und wieder verkauft man Bauholz. Die Aicheles sind ein in Stiefenhofen alteingesessenes Geschlecht. Josef Aicheles Großvater Hieronymus[25] war von 1877 bis 1889 sogar Bürgermeister.[26] Auch Josef Aichele ist einmal als Bürgermeister im Gespräch, doch die Familie protestiert wegen der hohen Arbeitsbelastung. So begnügt sich Josef Aichele mit dem Posten des Zweiten Bürgermeisters, den er von 1913 bis 1933 bekleidet.[27] Als Fleischbeschauer kommt Josef Aichele in der Gegend viel herum. Er ist ohne Zweifel ein bekannter und angesehener Gemeindebürger. Als die Nationalsozialisten 1933 an die Macht kommen, scheidet Josef Aichele als Zweiter Bürgermeister

22 Dr. Ferdinand Waller (* 11. 3. 1879 Schlehdorf † ?), Landrat.
23 StAM, SpkA K 1504 Seelos Hans, Aussage Dr. Waller, 2. 9. 1948.
24 Vgl. Hiemer, Interview mit Resi Baumann; Hiemer, Zeitzeugen-Interview mit Resi Baumann (Film).
25 Hieronymus Aichele (* 1832? † 1889?), Landwirt, Bürgermeister.
26 Herbert Mader, Stiefenhofen, Stiefenhofen 1983, S. 223.
27 Ebenda, S. 251. Vgl. auch Hiemer, Interview mit Resi Baumann.

Familie Aichele vor ihrem Hof, Ende der 1920er-Jahre

und Gemeinderat aus, da er der NSDAP nicht beitreten will. In der Pfarrgemeinde bleibt er aber bis zuletzt aktiv. Er wird als „stiller und besonnener Charakter“ beschrieben.[28]

Als Gabi Mitte Juni 1937 zu den Aicheles kommt, ist ihre Pflegemutter Therese 51 Jahre alt und hat schon fünf Kinder großgezogen. Drei Kinder leben noch auf dem Hof: Anna[29] ist mit 28 Jahren die Älteste, Hieronymus,[30] genannt „Ronny“, ist 17, Resi[31] wird am 18. Juni 1937 16 Jahre alt. Anna, Resi und Ronny helfen bei der Bewirtschaftung des Hofes mit. Josef[32] ist zwar erst zwanzig Jahre alt, aber schon Mitglied der Militärmusik in Lindau im Bodensee. Das fünfte Kind der Aicheles, Magdalena,[33] war seit früher Kindheit schwerst behindert und ist 1935 mit zwanzig Jahren an der Grippe gestorben.[34]

Während Rosalia mit dem Taxi zurück nach Marktoberdorf fährt, bleibt Lotte noch ein paar Tage, umsorgt ihre Tochter und lernt die Aicheles kennen. Dann fährt sie nach

28 Mader, Stiefenhofen, S. 251. Die Formulierung stammt aus einem Vermerk im Totenbuch der Pfarrgemeinde.
29 Anna Embritz, geb. Brugger (* 31. 10. 1908 Vilz in Tiriol/Österreich † 30. 3. 1994 Hergensweiler), Bäuerin.
30 Hieronymus Aichele, gen. Ronny (* 4. 10. 1919 Stiefenhofen † 28. 4. 1998 Stiefenhofen), Landwirt.
31 Theresia Baumann, gen. Resi, geb. Aichele (* 18. 6. 1921 Stiefenhofen), Hausfrau.
32 Josef Aichele (* 21. 6. 1917 Stiefenhofen † 9. 4. 2002).
33 Maria Magdalena Aichele (* 23. 2. 1915 Stiefenhofen † 22. 3. 1935 Stiefenhofen).
34 Vgl. Hiemer, Interview mit Resi Baumann. Vermutlich litt sie an Kinderlähmung. Resi Baumann ist der Meinung, man habe Magdalena „zu stark geimpft“. Zudem sei sie manchmal „in den Nerven“ gewesen.

Das erste Foto: Lotte und Gabi, 27. Juni 1937

Augsburg, um ihre Mutter zu besuchen. Diese ist schon zum Jahreswechsel 1935/36 aus der Schaezlerstraße 13 ausgezogen. Seit dem 8. Januar 1936 bewohnt sie eine großzügige Parterrewohnung in der Gesundbrunnenstraße 3, nicht weit vom Theater.[35] Natürlich will Anna Schwarz ihre Enkelin sehen. Wenige Tage später kehrt Lotte zusammen mit ihr auf den Aichele-Hof zurück. Auch einen Fotoapparat bringt Lotte mit, eine Agfa Box Tengua 43/4.[36] Und gleich wird fotografiert. Lotte führt ein Gabi gewidmetes Album, in das sie Fotos von Gabi einklebt, die ihr Aufwachsen dokumentieren sollen.

Auf die erste Seite ihres Fotoalbums klebt Lotte eine Vergrößerung des ersten Fotos von Gabi. Die glückliche junge Mutter sitzt, ihr Kind im Arm, auf einer Bank mitten im über und über blühenden Bauerngarten von Therese Aichele. „Ankunft im Paradies" ist man versucht, unter dieses Foto zu schreiben. Oben drüber steht mit weißem Fettstift auf den schwarzen Fotokarton geschrieben: „Stiefenhofen". Darunter vermerkt Lotte das Datum: „27. Juni 1937".[37] Gabi ist genau einen Monat und drei Tage alt.

35 StadtA A, Hausbögen Schaezlerstr. 13 sowie Gesundbrunnenstr. 3. Heute steht das Ensemble vornehmer Jugendstilhäuser an der Gesundbrunnenstraße, zu dem auch die Nummer 3 gehört, unter Denkmalschutz und beherbergt unter anderem ein Architekturbüro sowie eine Einrichtung der Jugendhilfe.

36 Der Fotoapparat wurde viele Jahre von Anna Embritz' Nachkommen in Hergensweiler aufbewahrt, heute im Archiv Leo Hiemer.

37 Ausgerechnet bei dieser ersten Eintragung hat sie sich verschrieben und musste „1938" zu „1937" korrigieren – ein Hinweis darauf, dass das Fotoalbum erst 1938 angelegt wurde.

Gabi mit Oma Anna Schwarz, 27. Juni 1937

Rosalia mit Gabi, 12. August 1937

Anna, links, und Resi mit Gabi

Gabi mit Pflegemutter Therese und Anna

Josef Aichele jr. gibt Gabi den Schnuller

Jeder will sich mal mit Gabi fotografieren lassen. Auch Großmutter Anna Schwarz lässt sich mit dem Neugeborenen ablichten. Doch sie wirkt weit weniger glücklich als ihre Tochter. Auch Rosalia, die das Kind auf den Aichele-Hof vermittelt hat, ist wieder da und präsentiert stolz das Neugeborene. Thereses Sohn Josef gibt der Kleinen sogar in Wehrmachtsuniform mit Hakenkreuz den Zapfen, wie der Schnuller im Allgäu genannt wird. Und auch die Töchter Anna und Resi lassen sich mit der kleinen Gabi fotografieren. Gabi wird rasch größer, und auch Pflegemutter Therese lässt sich bald zu einem Foto überreden.

Lotte auf dem Aichele-Hof

Lotte kommt jetzt alle paar Wochen für „acht Tage" auf den Hof. Für den Besuch wird regelmäßig die Obere Stube im ersten Stock gerichtet. Oft ist Lotte in Begleitung – meist von Männern.[38] Lotte ist eine anziehende Frau, die ihre Wirkung auf das andere Geschlecht nicht verfehlt, und scheint Liebschaften nicht gänzlich abgeneigt.[39] Die

38 Hiemer, Interview mit Resi Baumann.

39 Ernst Cramer erinnerte sich noch im hohen Alter an Lotte, die er persönlich gekannt hatte. Sie sei die hübscheste der drei Schwarz-Töchter gewesen und habe immer wieder neue Liebhaber gehabt. Das erste Wort, das ihm für sie einfiel, war „leichtsinnig". Ernst Cramer an den Autor, Berlin, 4. 6. 2009.

erzkatholischen Aicheles scheinen Lottes liberalen Lebensstil allerdings zu tolerieren. Schließlich ist sie die Tochter der „Herrschaft", bei der Rosalia einst in Diensten stand. Und die Verhältnisse auf dem Aichele-Hof sind für „bessere Leute" wie Lotte denkbar primitiv. In der Oberen Stube wird ihr Waschgeschirr hingestellt.[40] Es besteht aus einer runden Porzellanschüssel und einem ebensolchen Krug. Fließendes Wasser gibt es nur in der Küche. Als Toilette dient ein Plumpsklo neben dem Stall. Für alle Fälle gibt es einen Nachttopf. Doch Lotte macht sich nichts aus den primitiven Verhältnissen. Der einzige Luxus, auf den sie nicht verzichten mag, ist ihr wöchentliches Bad. Auf dem Aichele-Hof gibt es kein Badezimmer, nur eine Zinkwanne unten in der Waschküche. Der Ofen wird extra für Lotte angeheizt, Wasser wird heiß gemacht und dann in die Wanne geschüttet.

Bald will Lotte von den Aicheles nicht mehr mit „Frau Eckart", sondern schlicht mit „Lotte" angesprochen werden. Überhaupt ist Lotte keine Spur von hochnäsig, sondern höchst umgänglich und oft zu Späßen aufgelegt. Sie bringt auch Dinge mit auf den Hof, die dort bislang völlig unbekannt sind. So lässt sie sich ihr von Natur aus rotblondes Haar regelmäßig dunkel färben und deckt ihre Sommersprossen mit einer Creme sorgfältig ab, was das Erstaunen der heranwachsenden Resi hervorruft.[41] Bei jedem Besuch auf dem Aichele-Hof bringt Lotte einen Film mit.[42] Bald entdeckt Anna, die älteste Tochter der Aicheles, im Fotografieren ihre Leidenschaft. Scherzhaft nennt sie sich „die Hof-Fotografin".[43] Anna macht fleißig Fotos und bringt den Film dann zum Fotografen Mader nach Oberstaufen. Der entwickelt den Negativfilm und fertigt Abzüge an. Von besonders gut gelungenen Aufnahmen werden sogar Vergrößerungen in Auftrag gegeben.[44] Über die Jahre entstehen so einige Hundert Fotos von Gabi. Fast alle Fotos zeigen das Kind im Freien rund um den Hof. Nur wenige Fotos werden in der Stube gemacht. Bald stellt auch Anna ein Fotoalbum zusammen. Ihr Album hat einen roten Einband, das von Lotte einen braunen.[45]

40 Resi Baumann hat das Leben auf dem Aichele-Hof geschildert. Vgl. Hiemer, Interview mit Resi Baumann sowie Hiemer, Zeitzeugen-Interview (Film) Resi Baumann. Weitere Informationen von ihren Geschwistern vgl. Hiemer, Leo, Interview mit Hieronymus Aichele, Stiefenhofen, 15. 6. 1989, sowie Leo Hiemer, Interview mit Anna Embritz, Hergensweiler, 13. 6. 1989.

41 Vgl. Hiemer, Zeitzeugen-Interview (Film) Resi Baumann.

42 Vgl. Hiemer, Interview mit Anna Embritz.

43 Hiemer, Interview mit Resi Baumann.

44 Vgl. Hiemer, Interview mit Anna Embritz.

45 Die Fotoalben und viele lose Fotos bewahrte zunächst Anna Embritz geb. Aichele auf. Nach ihrem Tod kamen sie in den Besitz ihrer Schwester Resi Baumann geb. Aichele. Digitalisate sämtlicher Fotos befinden sich im Archiv Leo Hiemer.

Familienfoto zu Gabis Namenstag, 29. September 1937. Hinten von links nach rechts: die Töchter Resi und Anna, die Pflegeeltern Therese und Josef Aichele sowie Sohn Hieronymus; vorne in der Mitte: Lotte mit Gabi auf dem Schoß; links vorne Nachbarsbub Xaver Keck, links hinten eine Cousine; rechts vorne: Nachbarsmädchen Veronika Keck.

Gabis erster Namenstag

Die Aicheles sind fromme Leute. Bei ihnen wird nicht der Geburtstag, sondern, wie bei Katholiken üblich, der Namenstag gefeiert. Das ist der Tag, der dem Namenspatron gewidmet ist. Gabis erster Namenstag ist der 29. September 1937. Lotte ist mit Oma Anna Schwarz zu Besuch. Es wird viel fotografiert an diesem Tag. Zum Schluss versammelt man sich zu einem Familienfoto. In der Mitte sitzt Lotte, akkurater Seitenscheitel, dezente Halskette, helle Bluse mit Blockstreifen, auf ihrem Schoß Gabi im weißen Strampler mit weißem Jäckchen. Die Angehörigen der Familie Aichele scharen sich um sie. Josef Aichele hat wie sein Sohn Ronny zur Feier des Tages sogar seinen guten Anzug angezogen. Eine Cousine, die zu Besuch ist, sowie die Nachbarskinder Veronika und Xaver Keck müssen auch mit aufs Foto. Ein Bild der Harmonie. Lotte ist in der Familie Aichele angekommen. Und Gabi auch. Für Therese Aichele ist Gabi bald wie ein eigenes Kind. Aber Gabi bleibt ein Spross der Familie Schwarz aus Augsburg. Der Vater ist unbekannt, die Mutter Jüdin.

Aicheles haben mit der Jüdin Lotte und ihrem Kind kein Problem, schließlich war ja Rosalia jahrelang Haushälterin bei der jüdischen Familie Schwarz. Außerdem ist Lotte ebenso frisch getauft wie die kleine Gabi. Dass Lotte den Vater nicht angeben will, wird respektiert. Mit Sicherheit ist sie nicht die einzige ledige Mutter im Dorf, bei der über die Vaterschaft spekuliert wird. Dass dem „unschuldigen Kind“ aus seiner Abstammung jemals irgendwelche Schwierigkeiten erwachsen könnten, vermag man sich in der Familie Aichele wohl nicht vorzustellen.[46]

Die Nationalsozialisten in Stiefenhofen

Seit 1933 haben die Nationalsozialisten auch im ländlichen Stiefenhofen das Sagen. Der Ortsgruppenleiter ist für die Parteiorganisation zuständig, der Bürgermeister für die Gemeinde und der Ortsbauernführer für die Bauern. Daneben gibt es eine ganze Reihe weiterer Posten und Pöstchen, Führer und Unterführer: einen Organisationsleiter, eine Frauenschaftsleiterin, einen Progagandaleiter sowie mehrere Blockleiter und Blockwalter. Stiefenhofen ist allerdings ein „Stiefkind“ des Sonthofener Kreisleiters: Die Zahl der Parteimitglieder stagniert in dem 785-Seelen-Dorf bei circa 60 Personen.[47] Es gibt keinen eigenen SA-Sturm, nicht mal eine Hitlerjugend. Zwar ist auch Stiefenhofen „braun“ geworden, aber der Katholizismus ist seit Generationen tief verwurzelt in der Gemeinde.

Nachdem eine Versammlung im Jahre 1929 keinen Erfolg hat, da dort Hauptlehrer Pletzer[48] als sozialdemokratischer Diskussionsredner auftritt,[49] wird am 16. Februar 1930 ein Stützpunkt der Partei in Stiefenhofen durch Studienrat Alfred Schneidawind aus Lindenberg im Allgäu gegründet.[50] Die Zahl der Parteimitglieder steigt rasch auf 36. Bei den Reichstagswahlen am 14. September 1930 wählen dann schon 139 von 404 Wählern in der Gemeinde die NSDAP, was einem Anteil von 34,4 % entspricht. Reichsweit erzielt die Partei damals gerade mal 18,3 %. Bei der Wahl des Reichspräsidenten stimmen beim ersten Wahlgang in Stiefenhofen am 12. März 1932 sage und schreibe 257 von 404 Wählern für Adolf Hitler. Das sind schier unglaubliche 57,8 % – und das in einer

46 Vgl. Hiemer, Interview mit Resi Baumann.

47 Vgl. StAA, NSDAP Kreisleitung Sonthofen 17/25. Von der NSDAP-Ortsgruppe Stiefenhofen sind nur einige wenige Blätter überliefert, darunter drei Listen mit Mitgliedern: die Meldungen zur Hilfskasse vom 21. 10. 1932, für die Besprechung zur Volksabstimmung über den Anschluss Österreichs am 28. 3. 1938 sowie für einen Kreisappell auf der Ordensburg Sonthofen am 9. 3. 1941. Alle drei Listen zusammen umfassen nur 53 verschiedene Namen. StAA, NSDAP Kreisleitung 20 Sonthofen/Stiefenhofen.

48 Johann Baptist Pletzer (* 25. 1. 1884 Marktoberdorf † 9. 12. 1949 Weißach), Oberlehrer. StadtA Mod, StA Marktoberdorf, Geburtenbuch Nr. 5/1884 Geburtsurkunde Johann Pletzer, 27. 1. 1884. Über Johann Pletzer vgl. Karl Schweizer, Verfolgung, Flucht und Widerstand im Landkreis Lindau 1933–1945, Lindau i. B. 2016, S. 106 f. sowie Gernot Römer, Es gibt immer zwei Möglichkeiten … Augsburg 2000, S. 19–23 und Mader, Stiefenhofen, S. 226 f.

49 Vgl. NSDAP Ortsgruppe Stiefenhofen, Protokollbuch 12/1933–5/1944.

50 Die Darstellung der Frühzeit der NSDAP in Stiefenhofen folgt Herbert Mader: Es geschah vor achtzig Jahren …, in: Pfarrblättle (2009) 12, S. 11.

katholischen Gemeinde, in der über Jahre die konservativ-katholische Bayerische Volkspartei die Vorherrschaft innehatte. Reichsweit erzielt Hitler lediglich 30,1 %. Daraufhin startet die katholische Kirche auch in Stiefenhofen eine „Volksmission" genannte Aktion. Im Protokollbuch der NSDAP Stiefenhofen wird eingeräumt, dass diese Missionstätigkeit viele wieder wirr gemacht habe, die schon angefangen hätten, den Nationalsozialismus zu akzeptieren. Besonders hervorgetan habe sich dabei Pater Philipp aus Immenstadt, der gepredigt habe, die katholische Kirche hätte bei einer Herrschaft der Nationalsozialisten nichts zu lachen.[51] Daraufhin stimmen im 2. Wahlgang am 10. April 1932 nur noch 155 Wähler für Hitler, was einem Prozentanteil von nur noch 35,9 % entspricht.[52] Reichsweit kommt Hitler auf 36,8 % der abgegebenen gültigen Stimmen. Die nationalsozialistische Partei etabliert sich 1932 als bedeutende politische Kraft, findet aber auch in Stiefenhofen in der katholischen Kirche einen mächtigen Gegner.

Nach der Ernennung Hitlers zum Reichskanzler am 30. Januar 1933 stimmt die Zentrumspartei am 23. März 1933 dem Ermächtigungsgesetz zu und löst sich am 5. Juli 1933 als letzte der bürgerlichen Parteien schließlich selbst auf. Die Partei des politischen Katholizismus ist Geschichte. Vierzehn Tage später, am 20. Juli 1933, wird im Vatikan feierlich das Konkordat zwischen dem Deutschen Reich und der katholischen Kirche unterzeichnet. Dieses Reichskonkordat bringt eine Art Burgfrieden zwischen dem Nationalsozialismus und der katholischen Kirche. Die Kirche wird in ihrem Bestand von Staat und Partei nicht angetastet – solange sie sich loyal verhält.

Das gilt auch für Stiefenhofen. Bis 1937 gibt es in Stiefenhofen denn auch keine direkten Konflikte des Pfarrers mit den Repräsentanten des nationalsozialistischen Staates und seiner Partei.[53] Dennoch sind wohl viele Stiefenhofener nach dem Kurswechsel der katholischen Kirche zwischen der Loyalität zum nationalsozialistischen Staat und der zur katholischen Kirche hin und her gerissen. Freilich müssen die staatlichen Gesetze befolgt und die Anordnungen der Behörden ausgeführt werden, andererseits könnte die katholische Kirche mit ihrem weit über das deutsche Volk und die „arische" Rasse hinausweisenden Heilsversprechen, mit ihrer Orientierung auf die Nächsten-, ja Feindesliebe sowie der Betonung von Gnade und Gewissen rigorosem Staatsgebaren und rücksichtsloser Parteiwillkür durchaus auch mal im Wege stehen. Doch die Pfarrer müssen vorsichtig sein, dürfen den Partei- und Staatsorganen vor Ort auf keinen Fall eine Handhabe bieten. Von

51 Vgl. GA Stie, Protokollbuch der NSDAP Ortsgruppe Stiefenhofen.

52 Diese Zahlen zitiert nach Mader, Stiefenhofen, S. 144. In seinem Beitrag im „Pfarrblättle" zum Thema berichtete Pfarrer Mader sogar von nur 146 Stimmen für Hitler im zweiten Wahlgang. Vgl. Mader, Es geschah vor achtzig Jahren, in: Pfarrblättle (2009) 11, S. 11.

53 Von 1924 bis 1937 hatte Bonifaz Negele die Pfarrstelle in Stiefenhofen inne, es folgten Anton Platz, der bereits 1938 verstarb und Johann Baptist Hitzler (* 2. 6. 1888 Fristingen † 29. 10. 1978 Dillingen), der von 1939 bis 1965 dort Pfarrer war. Alle drei fungierten auch als Dekan des Landkapitels Stiefenhofen. Mader, Stiefenhofen, S. 215.

ihrem Augsburger Bischof Joseph Kumpfmüller[54] und seinem Generalvikar Franz Xaver Eberle[55] dürfen sie sich keine Rückendeckung erwarten.[56] So mauern sich die Pfarrer in ihrer Kirche regelrecht ein, versammeln in der Heiligen Messe „ihre Schäflein" um sich und haben im Übrigen ihre Zunge zu hüten. Parteimitglieder dürfen die Kirche allerdings nicht in Uniform betreten. Nur am Heldengedenktag, wenn der Gefallenen gedacht wird, wird am Kriegerdenkmal auf dem Friedhof eine Abordnung in Uniform geduldet.

Aicheles erziehen Gabi im katholischen Glauben, nehmen sie aber niemals mit in die Kirche. Vermutlich wollen sie keine unangenehmen Fragen nach ihrer Herkunft provozieren und den Pfarrer nicht in Verlegenheit bringen. Soweit bekannt, sucht auch die frisch getaufte Lotte keinen Kontakt zum Stiefenhofener Pfarrer. Jedenfalls gibt es darüber weder Berichte aus der Familie Aichele noch Aufzeichnungen im Pfarrarchiv Stiefenhofen. Dafür pflegt sie ihren Kontakt zu Kardinal Faulhaber in München und macht ihm am 10. Juli 1937, wie angekündigt, erneut „die Aufwartung".

3 Lotte als junge Mutter

Lotte bei Faulhaber: 10. Juli 1937. Der fünfte Besuch

Faulhabers Eintragung in sein Tagebuch fällt diesmal sehr knapp aus: „Frau Eckart – Augsburg. Praxis in Liechtenstein, will von dort in die Schweiz. Wegen Firmung an Weihnachten."[57] Erzählt die junge Mutter dem Kardinal bei dieser Gelegenheit, dass sie vor gut sechs Wochen einem kleinen Mädchen das Leben geschenkt hat? Erzählt sie ihm auch von einer Vergewaltigung oder Nötigung, die der Schwangerschaft vorausging? Erzählt sie ihm, dass sie ihr Töchterchen einer katholischen Familie auf dem Land anvertraut hat? In Faulhabers Notiz findet sich jedenfalls kein Hinweis auf Lottes Kind. Dafür erzählt sie Faulhaber von ihrer Atemschule in Liechtenstein. Jetzt will sie aber in die Schweiz. Auch über ihre Firmung wird gesprochen, die an Weihnachten stattfinden soll. Man wird sich also wiedersehen.

54 Joseph Kumpfmüller (* 2. 5. 1869 Schwarzenberg † 9. 2. 1949 Augsburg), 1930–1949 Bischof von Augsburg.

55 Franz Xaver Eberle (* 4. 7. 1874 Augsburg † 18. 11. 1951 Augsburg), Generalvikar des Bistums Augsburg (1927–1942). Eberle traf im Dezember 1937 Adolf Hitler auf dem Obersalzberg, um im Alleingang das Verhältnis zwischen Hitler und der Kirche zu regeln. Eberle war mit Karl Wahl (* 24. 9. 1892 Aalen † 18. 2. 1981 Vaterstetten), SS-Obergruppenführer und 1928–1945 Gauleiter der NSDAP in Schwaben, befreundet. Vgl. Herbert Immenkötter, Franz Xaver Eberle im Stadtlexikon Augsburg (https://www.wissner.com/stadtlexikon-augsburg/artikel/stadtlexikon/eberle/3625).

56 Zur katholischen Kirche in Augsburg vgl. Thomas Groll, Handlungsspielräume im Wandel. Die Situation der katholischen Kirche Augsburgs in der NS-Zeit, in: Cramer-Fürtig/Gotto (Hrsg.), „Machtergreifung", S. 226–238.

57 EAM, NL FH 10017 Michael von Faulhaber, Tagebucheintrag vom 10. 7. 1937.

René in Kroatien

Lotte hat gerade ihre neugeborene Gabi auf dem Aichele-Hof untergebracht, als sie am 14. Juli 1937, vier Tage nach ihrem letzten Besuch bei Faulhaber, bei ihrer Mutter in Augsburg mit ihrer Schwester Hansi zusammentrifft.[58] Diese hat erst vor ein paar Tagen ihren Jungen René außer Landes gebracht, weil sie in Deutschland um seine Zukunft fürchtet. In Kroatien hat sie ihn persönlich an Annemarie Wolff-Richter übergeben. Am 19. Juni 1937 hat sie „Annemie", wie sie in der Familie vertraulich genannt wird, sowie deren Lebenspartner Erwin Süßmann[59] Vollmacht für Entscheidungen im Fall plötzlicher Erkrankungen erteilt.[60]

Dass die unerschrockene „Annemie" erst Ende November 1936 in Berlin erneut verhaftet wurde,[61] grenzt an ein Wunder. Diesmal wurde sie „wegen staatsfeindlicher Tätigkeit durch Erziehung von Kindern in jüdisch-marxistischem Sinne"[62] in Haft genommen. Ein noch größeres Wunder stellt ihre glückliche Flucht oder Freilassung aus dem Berliner Polizeigefängnis am Alexanderplatz dar. Im Winter 1936 überquert sie bei Nacht und Nebel auf Skiern die Grenze zur Tschechoslowakei. Als Onkel getarnt, bringt der Student Ernst Ludwig Heuss Annemarie Wolff-Richters siebenjährige Tochter Ursula zu ihr nach Prag. Annemie zieht jetzt mit einem Dutzend gefährdeter Kinder aus Berlin über Budapest weiter nach Kroatien. Von Dubrovnik aus will sie nach Palästina übersetzen und mit den zumeist jüdischen Kindern in einem Kibbuz ein neues Leben beginnen.

Hansi bringt ihren Sohn René persönlich nach Prag zu Annemie. Doch René hat einen Unfall und muss einige Zeit im Krankenhaus bleiben. Nach seiner Entlassung fährt Hansi mit ihm zunächst nach Augsburg zu ihrer Mutter. Sobald er völlig genesen ist, will sie ihren Sohn zu Annemie nach Kroatien bringen. An dem Tag, an dem sich Lotte wegen einer Taufempfehlung schriftlich an Kardinal Faulhaber in München wendet, am 12. April 1937, appelliert Hansi in einem Brief aus Prag an Annemie, stark zu bleiben: „Jetzt fang Du bloß auch noch an mit Angst + Sorgen + derlei Konjunktiven, wo Du doch für uns alle der einzige Halt bist, der auch in stürmischen Zeiten grade stehen bleibt."[63]

58 FAH, NL AWR IV/3 Anna Schwarz an René Sechehaye, 10. 7. 1937. Anna Schwarz berichtete ihrem Enkel, dass seine Mutter Hansi am Mittwoch zu ihr nach Augsburg komme. Vgl. auch FAH, NL AWR III/4, Lotte Eckart an René Sechehaye, 14. 7. 1937. An jenem Mittwoch, dem 14. 7. 1937, schrieb Lotte an René, dass sie durch Hansi „gute Berichte" von ihm habe.

59 Erwin Süßmann (* 24. 1. 1898 Brockau, Krs. Breslau † 1942 KZ Jasenovac/Kroatien), Jude, Erzieher. Vgl. Heuss, In memoriam, S. 9. Die Ehe von Annemarie Wolff-Richter und Helmut Wolff wurde schon am 13. 11. 1935 geschieden.

60 FAH, NL AWR, u37-39_32 (I/2) Vollmacht, 19. 6. 1937.

61 Vgl. Mitteilung von Marina Sindram aus dem Familienarchiv Heuss an den Autor, 28. 5. 2018. Am 26. 11. 1936 meldete die Gestapo die Verhaftung von Annemarie Wolff-Richter.

62 Zitiert nach Heuss, In memoriam, S. 9. Ludwig Theodor Heuss skizziert in seinem Nachruf auf seine Mutter auch das Leben seiner Großmutter Annemarie Wolff-Richter. Das Weitere folgt dieser Darstellung.

63 FAH, NL AWR n37-39_8 Johanna Sechhaye an Annemarie Wolff-Richter, 12. 4. 1937.

Von Augsburg aus reist Hansi mit dem zwölfjährigen René nach Italien und bemüht sich in Rom und Mailand um die Emigration für sich und ihren Sohn, allerdings ohne Erfolg.[64] Dann fährt sie weiter nach Kroatien, wo sie René bei Annemie zurücklässt. Die Gruppe haust damals in einer alten Mühle in Zaton-Mali am Mittelmeer. Mangels finanzieller Mittel lässt sich die geplante Emigration nach Palästina nicht realisieren. Man verbringt den Sommer auf der Blumeninsel Korcula.[65]

Schon vor dem Eintreffen von Hansi in Augsburg schreibt Anna Schwarz ihrem Enkel begeisterte Briefe nach Kroatien. Am 10. Juli 1937 – Lotte ist mal wieder bei Faulhaber zu Besuch – beglückwünscht sie den Jungen, dass er jetzt in einem so schönen Land leben darf. Sie schreibt: „Habt Ihr immer noch so schönes Wetter und wie geht es mit dem Schwimmen? Feigen und Datteln könnt Ihr wohl gleich vom Baum pflücken und essen, die Palmen und Kakteen wachsen gleich im Freien – Mensch, muss das schön sein – das möchte ich mir auch einmal ansehen. Da muss ich aber wohl mit dem Flugzeug ankommen, weil die Reise doch zu weit für mich ist.“[66] Ganze Stapel solcher Ermutigungsbriefe werden nach Kroatien geschickt, um die abnormale Situation für den Jungen und die ganze Familie erträglich zu machen. Demonstrativ wird Zuversicht verbreitet, dass die ganze Familie bald wieder zusammen sein werde. Zwar ist noch völlig unklar, wie es nach der gescheiterten Überfahrt nach Palästina weitergehen soll, doch in der Familie wird allen gesagt, dass es René gut geht und dass er es schön hat.[67] In dem zitierten Brief entschuldigt sich Anna Schwarz auch dafür, dass sie ihrem „lieben Peter“[68] das gewünschte Kellner-Segelboot noch nicht besorgen konnte: „Weißt Du, ich war viel verreist, seitdem Du von hier fort bist und ich war auf dem Land, wo man gar nichts kaufen konnte.“[69]

Anna Schwarz hat Lotte bekanntlich Ende Juni nach Stiefenhofen begleitet, um ihre Enkeltochter zu sehen. Freilich gibt es in Stiefenhofen keinen Laden, in dem man ein Segelboot hätte kaufen können. Sie tröstet ihren Enkel denn auch mit den Worten: „Montag komme ich nach München und hoffe, dort das Kellner-Boot zu finden.“ Über Renés neugeborene Cousine Gabi verliert sie hier und auch später kein einziges Wort.

64 Vgl. Hiemer, Interview mit René Sechehaye. Vgl. auch FAH, NL AWR IV/38 Johanna Sechehaye an René Sechehaye, 15. 8. 1939. In diesem Brief erinnerte Hansi ihren Sohn an den gemeinsamen Besuch von Venedig im Juni 1937. Nach der Übergabe ihres Sohnes in Kroatien besuchte Hansi Italien noch einmal, nach René Sechhaye bemühte sie sich in Rom und Mailand mit Empfehlungsschreiben um Asyl, konnte aber nirgends landen. Vgl. Hiemer, Interview mit René Sechehaye.

65 Vgl. Nelken, Fleur Lafontaine, S. 332. Auch die Schriftstellerin Dinah Nelken brachte ihren Sohn Peter zu Annemarie Wolff-Richter nach Kroatien. Sie verbrachte auch eine Zeit mit der Gruppe auf der Blumeninsel Korcula, möglicherweise datiert der Aufenthalt auf Korcula aber erst auf das folgende Jahr 1938.

66 FAH, NL AWR IV/3 Anna Schwarz an René Sechehaye, 10. 7. 1937.

67 FAH, NL AWR IV/1, undatiert (11. 8. 1937?).

68 Auch Anna Schwarz nennt René durchgängig Peter.

69 FAH, NL AWR IV/3 Anna Schwarz an René Sechehaye, 10. 7. 1937.

Etliche Briefe wandern jetzt zwischen Kroatien und Deutschland hin und her. Die meisten werden von Renés Mutter Hansi geschrieben. Auch Oma Anna Schwarz steht in regem Briefverkehr mit ihrem Enkel. Einige Briefe richten sich an „Annemie", manche stammen von Renés Vater Joseph Seché oder von „Tante Emmy" aus Paris. Und auch Lotte schreibt weiterhin jeden Monat ihrem Neffen einen Brief.[70] Erhalten ist einer vom 14. Juli 1937, jenem Tag, an dem Lotte ihre Schwester Hansi bei ihrer Mutter in Augsburg trifft:

> „Mein lieber Peter,
> ich freue mich immer durch Mutter und Großmutter so gute Berichte von Dir zu haben und bin immer restlos begeistert von Deinen bunten lustigen Zeichnungen. Diesmal war aber gar kein Luftballon darauf – hast wohl vergessen?
> Es muss ja wirklich wunderschön unten sein. Mutti[71] hat mir viel erzählt. Und wie fein, dass Du bei Annemie bist und auch die anderen Jungs schon von Berlin her kennst. Da ist das Eingewöhnen dann doch sehr viel leichter. – Sind noch so viel Feiern da? Wie geht es in der Schule, wie kommst Du mit der Sprache zurecht? Was macht der dumme Fuß? Das hat doch sicher weh getan, wie Du ihn wieder verknackst hast. Hoffentlich wird das bald ganz gut. – Wie geht es mit dem Schwimmen? –
> Ich bin nur zu Besuch bei Großmutti und fahre dann wieder in die Schweiz zurück. – Von Augsburg ist nicht viel zu berichten. Erwin[72] habe ich heute kurz gesprochen, er kam gerade aus der Schule. Deine Freundin Irmgard[73] werde ich wohl morgen sehen. – Der wacklige Mohrenkopf, den Du einmal erben willst, steht auch noch an seinem Platz. – Die Stadt mit ihrem vielen Lärm ist ja überhaupt nicht schön. Ich lebe viel lieber draußen und Du kannst Dich freuen, in einem so schönen Land leben zu dürfen. – Also Peterlein, schreib der ollen Lolo auch einmal, es interessiert mich alles und ich würde mich furchtbar freuen, selbst einmal einen so lustigen bunten Brief von Dir zu bekommen. – Briefmarken werde ich jetzt wieder neu für Dich sammeln. –
> Grüß bitte Annemie sehr herzlich von mir, aber nicht vergessen!
> Alles Schöne und Liebe"[74]

Auch Lotte freut sich für René, dass er jetzt in so einem schönen Land wie Kroatien leben darf, noch dazu mit „Annemie" und den Jungs aus Berlin. Dort sei es ja viel schöner als im lärmenden Augsburg. Warum sie den „wackligen Mohrenkopf", der zum Familienanwesen am Predigerberg gehört, erwähnt, ist nicht ganz nachzuvollziehen, zumal

70 Vgl. Hiemer, Interview mit René Sechehaye.
71 Mit „Mutti" ist Renés Mutter Hansi gemeint.
72 Erwin Cramer, der Bruder von Ernst Cramer.
73 Irmgard Hirsch, deren Lebenserinnerungen Gernot Römer herausgegeben hat.
74 FAH, NL AWR III/4 Charlotte Eckart an René Sechehaye, 14. 7. 1937.

mit Gabi jetzt eine zweite potenzielle Erbin auf den Plan getreten ist. Lotte möchte die vertraute Beziehung zu ihrem Neffen so weiterführen, als ob er noch in Berlin mit seiner Mutter leben würde. Sie erzählt ihm sogar, dass sie wieder „in die Schweiz" zurückfahre – es könnte auch Liechtenstein gemeint sein. Keine Silbe verliert sie über das Allgäu, kein Wort über ihr Mutterglück, kein Ton von der kleinen Gabi. Auch Hansi erwähnt Gabi in keinem Brief an ihren Sohn. Gabis Existenz und ihr Aufenthaltsort im Allgäu sollen möglichst geheim gehalten werden. – Es ist eben doch nicht alles so völlig „normal", wie man es dem Jungen in den Briefen weiszumachen versucht. Auch die Briefe sind nicht „normal", können es in dieser Situation auch gar nicht sein.

Einige Briefe von Lotte aus den Jahren 1937 bis 1939 sowie verschiedene Zusätze und Grüße auf Briefen ihrer Mutter an René in Kroatien sind erhalten.[75] Ihr Ton ist flapsig, manchmal albern, sogar übermütig. René gegenüber, den auch sie durchgängig mit „Peter" anspricht, nennt sie sich „Loló", manchmal auch „die olle Loló". Vermutlich stammt dieser Spitzname noch aus ihrer Zeit in Spanien. Lotte ist auch daran interessiert, die richtigen Interessen bei ihrem Neffen zu wecken, schickt ihm gute Bücher nach Kroatien oder fordert ihn ausdrücklich dazu auf, ihr weiterhin lustige Zeichnungen zu schicken, um sein Zeichentalent zu fördern. Ihr Neffe soll auch unbedingt Skilaufen lernen. Es werden ihm sogar Skier geschickt, die allerdings unterwegs kaputt gehen. Als sie hört, dass er mit Leihskiern bei einem Skiausflug des Kinderheims dabei war, freut sie sich. Renés Begeisterung für das Skilaufen hält sich allerdings in Grenzen.

In Kroatien geht Annemarie Wolff-Richter im November 1937 eine Scheinehe mit dem muslimischen Tapezierer Husadžić aus Bosnien ein.[76] Ihren Vornamen passt sie ihrer neuen Heimat an und erhält als Ana Marija Wolff-Husadzic Aufenthaltsbewilligung und Arbeitserlaubnis. In Zagreb kennt sie den Individualpsychologen Benno Stein[77] und seine Frau Vera Stein-Ehrlich.[78] Deshalb zieht sie im Herbst 1937 in die kroatische Hauptstadt und eröffnet dort für René und die anderen Kinder und Jugendlichen aus Berliner Zeiten erneut ein Kinderheim. Bald nimmt sie auch kroatische Kinder auf.

Im Advent 1937 erholt sich Lotte mit ihrer Mutter im „heilenden Kneipp- und Mineral-Bad bei Krumbach im bayerischen Schwaben".[79] Am 12. Dezember 1937 ergänzt Lotte den Geburtstagsbrief ihrer Mutter an ihren Neffen:

75 Diese Briefe befinden sich im Familienarchiv Heuss in Basel.

76 Sindram an den Autor, 27. 4. 2017. Annemarie Wolff-Richter heiratete am 27. 11. 1937 den muslimischen Tapezierer Husadžić aus Bosnien. Vgl. auch Heuss, In memoriam, S. 11.

77 Der aus Galizien stammende Arzt Benno Stein wird dem marxistischen Flügel der Individualpsychologen mit Manès Sperber zugerechnet. Vgl. Almuth Bruder-Bezzel, Geschichte der Individualpsychologie in Berlin, in: dies. (Hrsg.), Individualpsychologie in Berlin, Gießen 2014, S. 18.

78 Vera Stein-Ehrlich war 1932 Referentin bei einem Lehrgang des Berliner Kinderheims. Vgl. Kölch, Kinder- und Jugendpsychiatrie, S. 334.

79 Vgl. FAH, NL AWR IV/12 Anna Schwarz an René Sechehaye, 12. 12. 1937. Anna Schwarz benutzte für ihren Brief Briefpapier des Kneipp-Bades Krumbach.

„Liebes Peterlein,
von mir auch einen festen Geburtstagskuss und alles Liebe zum 17. Dezember. Das gibt wohl eine Mords Feier – Du musst uns darüber berichten!
Wann gehen die Weihnachtsferien an und wann fahrt Ihr zur Skitour fort?
Du bekommst von mir zum Geburtstag und zu Weihnachten ein schönes Buch, das ich für Dich bestellt habe, das jedoch noch nicht eingetroffen ist. Bis Weihnachten wirst Du es spätestens haben und Du musst mir dann berichten, wie es Dir gefallen hat. – Kommst Du viel zum Lesen und was interessiert Dich momentan am meisten?
Wie kommst Du mit der neuen Sprache zurecht?
Wenn Du Lust und Zeit hast, berichte doch einmal recht ausführlich – aber die Buntstifte & Luftballons nicht vergessen!
Grüß Annemie vielmals von mir.
Nochmals viel Millionen Grüße und Küsse
von Deiner Loló!“[80]

Seit dem Abschied von ihrem Sohn in Kroatien wird Lottes Schwester Hansi von Sehnsucht nach ihrem René beziehungsweise Peter geplagt.[81] Viele Briefe voller Liebe, Sorge und Sehnsucht gehen aus Berlin an ihren „Goldbuben“ nach Zagreb. Hansi hat keine langfristige, feste Arbeitsstelle. Sie schlägt sich mit befristeten oder projektbezogenen Aufträgen durch und muss sich dann wieder um neue Arbeit bemühen. Das als Zeichnerin sauer verdiente Geld gibt sie nicht aus, sondern legt es in eine Reisekasse. Irgendwann will sie René besuchen. Sie weiß den Jungen in Kroatien bei Annemie gut aufgehoben, aber auch sie muss raus aus Deutschland. Das ist ihr klar.

Glasers in Paris

Auch Emmy, Lottes älteste Schwester, schreibt René Briefe nach Kroatien. Sie kennt auch Annemie. Schließlich war Marianne Glaser, genannt Manne, die Tochter von Emmys erstem Ehemann, schon in Berlin bei Annemie im Heim. Emmy und ihrem Mann, Dr. Kurt Glaser, geht es gut in Paris. Die beiden sind mittlerweile aus dem noblen XVI. ins XVII. Arrondissement, ein gutbürgerliches Wohnquartier, umgezogen: von der Rue Kléber in die Rue de l’Arc de Triomphe.[82]

Im Laufe des Jahres 1935, als Lotte nach Bad Wörishofen geht, wird die „front populaire“ in Frankreich immer stärker. Auch in deutschen Emigrantenkreisen wird jetzt immer

80 FAH, NL AWR IV/12 Lotte Eckart an René Sechehaye, 12. 12. 1937.
81 Hansis Briefe an René und Annemarie Wolff-Richter in Kroatien belegen dies eindrucksvoll.
82 Vgl. FAH, NL AWR (I/5) aM 86 Emilie Glaser an Annemarie Wolff-Richter, 7. 8. 1939.

mehr über eine ähnliche Perspektive diskutiert: eine „Volksfront für Deutschland“, also einen Zusammenschluss von Sozialdemokraten, Sozialisten und Kommunisten unter Einbeziehung von bürgerlichen und kirchlichen Kreisen als Kampfbündnis gegen die nationalsozialistische Diktatur.[83] Glaser spielt in Paris in den Bemühungen um eine deutsche Volksfront eine Schlüsselrolle, verfügt er doch über ebenso gute Kontakte zu Sozialisten innerhalb und außerhalb der SPD wie zu bürgerlichen Emigranten und zur „front populaire“. Im Hotel Lutetia versammelt sich am 26. September 1935 erstmals ein Kreis von Vertretern sozialistischer, sozialdemokratischer und kommunistischer, aber auch bürgerlicher Organisationen, um über eine „Volksfront für Deutschland“ zu beraten. Unter dem Vorsitz des Schriftstellers Heinrich Mann[84] wird das „Lutetia-Comité“ gegründet. Glaser bemüht sich als Vorsitzender der Pariser Gruppe der „Revolutionären Sozialisten“ (RS) innerhalb der SPD, weitere sozialistische Gruppierungen in die Gespräche einzubeziehen und sich die Option einer „proletarischen Revolution“ im neuen Deutschland offenzuhalten.[85] Der letzte gewählte Parteivorstand der SPD, genannt Sopade, der geschlossen nach Prag ins Exil übergesiedelt ist, fühlt sich durch die Verhandlungen in Paris übergangen. Offenes Misstrauen und gegenseitige Verdächtigungen zwischen der Sopade und den Vertretern des RS und anderen sozialistischen Gruppen vergiften das Klima zusehends. Als sich KPD und Sopade nicht auf ein gemeinsames Vorgehen einigen können, scheitern die Bemühungen um eine Volksfront gegen Hitler. Die Opposition bleibt uneins und zerstritten.

Lottes Rückkehr nach Liechtenstein

Bad Wörishofen und Pfarrer Kneipp sind den Aicheles natürlich ein Begriff. Lotte hat ihnen erzählt, dass sie in Bad Wörishofen bei einem Atemlehrer gearbeitet und später in Liechtenstein sogar eine eigene Atemschule eröffnet hat. Vermutlich können die Aicheles sich unter einer Atemlehrerin nicht allzu viel vorstellen. Daran vermag wohl auch die eine oder andere Atemübung, die Lotte mit Ronny und anderen Familienmitgliedern macht, nicht viel zu ändern.[86] Tatsächlich kehrt Lotte noch im Sommer 1937 nach Liechtenstein zurück, um dort ihre Atemschule „Juventus“ weiter zu betreiben. Unweit des Bahnhofs in Schaan mietet sie sich im Hotel Post ein. Von dort schreibt sie am 24. August 1937 eine Postkarte an Therese Aichele:

83 Das Folgende nach Ursula Langkau-Alex, Volksfront für Deutschland?, Frankfurt a. M. 1977.

84 Heinrich Mann (* 27. 3. 1871 Lübeck † 11. 3. 1950 Santa Monica/Kalifornien), Schriftsteller.

85 Zwischen der nach Prag geflohenen SPD-Führung, Sopade genannt, und den Radikalen Sozialisten gab es schon 1934 heftige Konflikte, in die auch Glaser hineingezogen wurde. Vgl. Jutta von Freyberg, Sozialdemokraten und Kommunisten. Die Revolutionären Sozialisten Deutschlands vor dem Problem der Aktionseinheit 1934–1937, Köln 1973, S. 81–85.

86 Vgl. Hiemer, Interview mit Hieronymus Aichele.

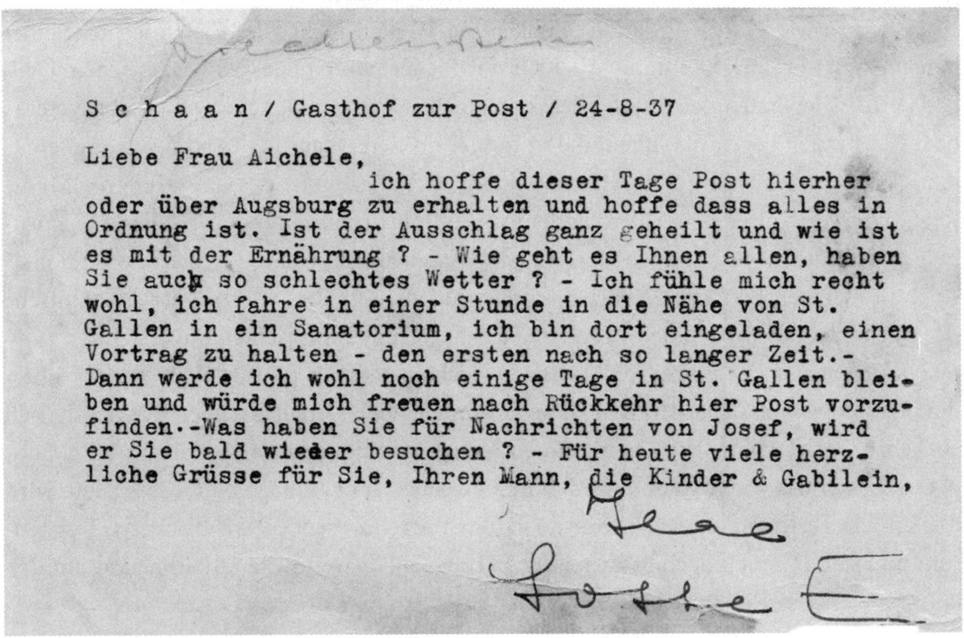
S c h a a n / Gasthof zur Post / 24-8-37

Liebe Frau Aichele,
ich hoffe dieser Tage Post hierher oder über Augsburg zu erhalten und hoffe dass alles in Ordnung ist. Ist der Ausschlag ganz geheilt und wie ist es mit der Ernährung ? - Wie geht es Ihnen allen, haben Sie auch so schlechtes Wetter ? - Ich fühle mich recht wohl, ich fahre in einer Stunde in die Nähe von St. Gallen in ein Sanatorium, ich bin dort eingeladen, einen Vortrag zu halten - den ersten nach so langer Zeit.- Dann werde ich wohl noch einige Tage in St. Gallen bleiben und würde mich freuen nach Rückkehr hier Post vorzufinden.-Was haben Sie für Nachrichten von Josef, wird er Sie bald wieder besuchen ? - Für heute viele herzliche Grüsse für Sie, Ihren Mann, die Kinder & Gabilein,

Ihre
Lotte E

Postkarte von Lotte aus Schaan an Therese Aichele, 24. August 1937

Lotte ist froh, endlich wieder arbeiten zu können. Sie hofft, von Liechtenstein aus in der Schweiz und Vorarlberg wieder als Atemlehrerin tätig werden zu können. Der Vortrag in dem Kneippsanatorium in der Nähe von St. Gallen soll ein erster Anfang sein. Aber es gelingt ihr nicht, noch einmal Fuß zu fassen. Vermutlich hat sich mittlerweile nicht nur herumgesprochen, dass sie ein außereheliches Kind hat, sondern auch, dass sie Jüdin ist. Lotte hatte sich um Atemunterricht für die Liechtensteiner Schulen und um eine Niederlassungsgenehmigung bemüht. Möglicherweise hat sie dem für die Schulen zuständigen Landtagspräsidenten Pfarrer Frommelt und der Regierung auch einen Auszug aus dem Trauungsregister vorgelegt. Bis zum Tod ihres Gatten 1934 war sie ja katholisch gültig verheiratet. Im Trauungsregister der Pfarrgemeinde St. Bonifaz in München findet sich jedoch in der Rubrik „Religion der Braut" die unselige Eintragung: „ohne doch israelitisch".[87] Pfarrer Frommelt dürfte dieser Umstand vermutlich nicht abgeschreckt haben. Schon am 18. Juni 1936 hatte er in der Sitzung des Landtags von Liechtenstein eindeutig zum „Judenproblem" Stellung bezogen: „Es ist verfehlt, nach dem Blut zu urteilen. Man soll den Menschen nach seinem Charakter beurteilen. Es hat auch anständige Menschen unter den Nichtariern. Vom christlichen Standpunkte aus ist Mensch eben Mensch und es kommt nicht auf die Rasse an, sondern auf das, was einer tut... Diese Rassengeschichten sollte man bei uns zum Verschwinden bringen."[88]

Doch so wie Pfarrer Frommelt denken bei Weitem nicht alle. Viele Liechtensteiner haben Angst vor Überfremdung. Auch Gustav Biedermann, in dessen Kneippschem Heilbad Lotte in der ersten Zeit als Atemlehrerin gearbeitet hat – möglicherweise Gabis Vater –, hegt Misstrauen gegen die Juden, die in immer größerer Zahl ins Land drängen. Bereits am 3. Oktober 1935 hatte er in seiner Funktion als Vorsitzender des Gewerbeverbands die Regierung vor einer regelrechten „Judeninvasion" aus Deutschland als Folge der „Nürnberger Gesetze" gewarnt und entsprechende Vorkehrungen von der Regierung verlangt.[89] Auch in Liechtenstein sind Vorbehalte gegen Juden verbreitet. Für viele ist eine jüdische Atemlehrerin, die ihre Kinder im Auftrag der Regierung unterrichtet, unvorstellbar.

Lotte hat sich nach ihrer Rückkehr aus Liechtenstein am 12. Mai 1937 in Marktoberdorf taufen lassen. Sicherlich ist Pfarrer Frommelt sehr erfreut darüber, dass Lotte sich „bekehrt" hat, doch die Hürden für Aufenthaltsgenehmigung und Niederlassungserlaubnis sind nach wie vor hoch und werden immer höher. Im Landtag von Liechtenstein wird die Ansicht vertreten, man solle nur noch Juden hereinlassen, die Profit für das Fürstentum und seine Gemeinden abwerfen. Die Beträge, die man für die Einbürgerung auf den

87 EAM, St.Bonifaz, S. 156, Traueintrag Wilhelm Eckart und Lotte, 24. 8. 1933. Unterstreichung im Original.

88 LTP 1936/086-090 Protokoll der Landtagssitzung vom 18. 6. 1936 (http://www.e-archiv.li/textDetail.aspx?backurl=auto&etID=44781&eID=9).

89 Vgl. LI LA, RF 155/391 Gustav Biedermann an die Regierung, 3. 10. 1935.

Lotte mit Gabi,
25. September 1937

Tisch zu legen hat, werden ständig erhöht.[90] Auch die Bedingungen für Aufenthaltsgenehmigung und Niederlassungserlaubnis sind immer schwieriger zu erfüllen. Großer Wert wird auch auf den Leumund gelegt: Er muss einwandfrei sein, noch dazu, wenn man im Auftrag der Regierung an den Schulen des Landes tätig werden will – für Lotte als alleinstehende Witwe mit Kind, obendrein noch Jüdin, ein unüberwindbares Hindernis. Ihr bleibt nichts anderes übrig – sie muss sich nach Alternativen umsehen.

„Gustl"

Am 25. September 1937 entsteht ein hübsches Foto auf dem Aichele-Hof, das die junge Mutter mit der kleinen Gabi auf dem Arm zeigt. Auf der Rückseite hat Lotte es mit einer Widmung versehen: „Für Gustl". Vermutlich ist mit „Gustl" niemand anders als Gustav Biedermann gemeint, der von seiner verstorbenen ersten Frau Maria „Gustl"

90 Vgl. LTP 1936/168 Protokoll der Landtagssitzung vom 23.12.1936. Vgl. auch LTP 1938/092-096 Protokoll der Landtagssitzung vom 4.8.1938. Am 23.12.1936 waren für die Einbürgerung 20 000,– Franken für das Land und 10 000,– Franken für die Gemeinde fällig. Ab 4.8.1938 sollten Niederlassungsbewilligungen nur noch bei einer Hinterlegung einer Kaution von 50 000,– Franken möglich sein und nur dann, wenn sie im eminenten Interesse des Landes wären.

genannt wurde. Allerdings gibt es nicht nur in Bayern und Österreich, sondern auch in Liechtenstein damals viele Männer, die so genannt werden. Wenn es sich bei besagtem „Gustl", dem Lotte das besagte Foto gewidmet hat, tatsächlich um Gustav Biedermann und auch um Gabis Vater handeln sollte, wäre nachvollziehbar, warum Lotte ihm dieses Foto zukommen lassen wollte: Er sollte sein Kind wenigstens auf einem Foto sehen können. Aber warum hat „Gustl" das Foto nie erhalten? Wenn sich hinter „Gustl" tatsächlich Gabis Vater verbirgt, warum hat Lotte das Foto nicht verschwinden lassen, da sie doch die Identität von Gabis Vater niemals lüften wollte? Kam es zwischen der Widmung und der geplanten Übergabe des Fotos an Gustav Biedermann zum Bruch zwischen den beiden? Nahm er Lotte übel, dass sie ihm nicht verraten hatte, dass sie Jüdin ist?

Für Lotte scheint dieses Foto jedenfalls ganz bedeutsam gewesen zu sein. Immerhin hat sie es als drittes Foto überhaupt in ihr braunes Fotoalbum eingeklebt. Die Rückseite hat sich seither wohl nie wieder jemand angesehen. So blieb die Widmung – und möglicherweise ein Hinweis auf den Namen von Gabis Vater – jahrzehntelang unentdeckt.

Lotte bei Faulhaber: 3. November 1937. Der sechste Besuch

Erneut spricht Lotte bei Kardinal Faulhaber vor. Dieser notiert: „Eckart – zur Firmung. 27. Dezember, will sehen, ob es möglich wird. Bald Peter hatte von ihrer Empfehlung gesprochen, sie haben nur im engsten Schülerkreis davon erwähnt. Eine Zeitlang in Liechtenstein, aber zu klein dort. Jetzt Auslandsdeutsche, in Salzburg. Nicht hereingekommen. Der Prospekt sehr schön. Denkt, in der Schweiz sich eine Arbeit zu suchen." Am dritten Todestag ihres Ehemanns Wilhelm geht es für Lotte im Gespräch mit Kardinal Faulhaber zunächst um die Firmung. Für den 27. Dezember ist wiederum eine Konvertiten-Firmung vorgesehen. Faulhaber will sehen, ob es möglich ist, auch Lotte an diesem Tag zu firmen.

Lotte berichtet auch von ihrem Neffen Peter alias René. Der Junge lebt ja seit ein paar Monaten in Kroatien. Der „Judenmischling" wurde 1934 als Neunjähriger getauft. Ihm hat Lotte offenbar mitgeteilt, dass sie ebenfalls getauft wurde, und zwar auf Empfehlung des Münchner Kardinals.[91] Lotte beeilt sich hinzuzusetzen, man habe diese Tatsache aber nur im engsten Schülerkreis erwähnt. Faulhaber ist es nämlich gar nicht recht, wenn seine Empfehlungen herumposaunt werden.

Lotte berichtet auch erneut von Liechtenstein, das für ihre Atemschule aber auf Dauer zu klein sei. Im Augenblick lebe sie als Auslandsdeutsche in Salzburg, wofür sich jedoch kein Beleg findet.[92] Sie wolle sich aber jetzt in der Schweiz eine Arbeit suchen, sicherlich

91 Ein Brief Lottes an René entsprechenden Inhalts ist nicht erhalten.

92 In den Meldescheinen der Stadt Salzburg findet sich kein Hinweis auf Lotte Eckart. Vgl. Eva Rinnerthaler aus dem Salzburger Landesarchiv an den Autor, 14. 3. 2018.

wieder als Atemlehrerin. Auch in der Schweiz ist die Kneipp-Bewegung stark. Möglicherweise hofft sie, über diese Beziehungen eine Aufenthaltsgenehmigung für die Schweiz zu bekommen. Lotte überreicht Faulhaber auch einen Prospekt, vermutlich ihrer Atemschule „Juventus", den der Kardinal begutachtet und „sehr schön" findet.

Onkel August

Fünf Tage nach Lottes Besuch bei Kardinal Faulhaber in München, am 8. November 1937, wird laut Mitteilung des Oberstaatsanwalts für den Landgerichtsbezirk Augsburg ihr Onkel August Einstein nachmittags „um ein dreiviertel Uhr tot aufgefunden".[93] Onkel August hat sich in seinem Zimmer in der Gesundbrunnenstraße 3 per Kopfschuss mit seinem Revolver das Leben genommen. Als Ursache nennt der Aussteller des Leichenschauscheins verschiedene körperliche Leiden wie Bronchialasthma, Herzschwäche, Darmkrebs und Zuckerkrankheit.[94] Vermutlich hat man ihm als Juden das Insulin gesperrt,[95] jedenfalls geht es ihm schon seit Monaten zusehends schlechter. Bereits am 10. Juli 1937 schreibt Anna Schwarz an ihren Enkel René: „Onkel August ist sehr krank und kann nicht aus dem Haus gehen, gerade kann er noch von seinem Schlafzimmer in das Wohnzimmer gehen und mit uns essen."[96] Am 27. Oktober 1937 berichtet sie: „Onkel August ist recht krank und kann gar nicht mehr aus dem Haus gehen, er ist meistens im Bett."[97] Am 16. November 1937 endlich überbringt sie ihrem Enkel René die traurige Botschaft: „Du weißt doch, dass Onkel August so krank war, nun ist er letzte Woche gestorben. Er hatte noch viel zu leiden und ist jetzt von allem erlöst."[98] Von Selbstmord ist dem Jungen gegenüber freilich keine Rede.

Hitler in Sonthofen

Just in diesen Tagen ist das Allgäu völlig aus dem Häuschen: Der „Führer" besucht Sonthofen. Keine 30 Kilometer von Stiefenhofen liegt die Kreisstadt im oberen Illertal. Oberhalb des Ortes entsteht ein martialischer Bau: die NS-Ordensburg. Zunächst für die Ausbildung von Junkern, die ihrerseits den Führungsnachwuchs der Nationalsozialisten ausbilden sollen, vorgesehen, entsteht hier ein „Elite-Internat" als Adolf-Hitler-Schule. Sportliche Leistungen und das Ablegen von Mutproben sollen hier eine große Rolle

93 StadtA A, StA Sterbebucheintrag August Einstein Nr. 2024/1937, 9. 11. 1937.
94 Mario Felkl aus dem StadtA A, an den Autor, 25. 4. 2017, über Angaben im Leichenschauschein August Einstein, 11/1937.
95 Vgl. Hirsch-Erlund/Römer, Irmgard, S. 40.
96 FAH, NL AWR IV/3 Anna Schwarz an René Sechehaye, 10. 7. 1937.
97 FAH, NL AWR IV/9 Anna Schwarz an René Sechehaye, 27. 10. 1937.
98 FAH, NL AWR IV/11 Anna Schwarz an René Sechehaye, 16. 11. 1937.

Anzeige-Blatt
für das westliche Allgäu
Mitteilungsblatt der NSDAP. für den Kreis Lindau / Amtsblatt für sämtliche Behörden des Bezirks Lindau-Weiler
Lindenberger Tagblatt · Anzeigeblatt für Scheidegg · Anzeigeblatt für Heimenkirch · Oberstaufener Anzeiger
Mittwoch, Weiler im Allgäu, 24. November 1937 — 87. Jahrgang

Die Allgäuer Bevölkerung umjubelt den Führer

Adolf Hitler spricht auf der Ordensburg zum Führerkorps der Partei

Dann ergriff der Führer das Wort

Sonthofener Erlebnisse am Rande gesehen

Der „Führer“ im Allgäu
Anzeige-Blatt für das westliche Allgäu, 24. November 1937

spielen. Für die Adolf-Hitler-Schule kann man sich nicht bewerben – man wird ausersehen. Außerdem wird die NS-Ordensburg für Zusammenkünfte der politischen Leiter des NS-Staates genutzt, die sich bald regelrecht die Klinke in die Hand geben.

Am 23. November 1937 kommt sogar der „Führer“ persönlich zur Einweihung. Das ganze Allgäu ist auf den Beinen. Die Sonthofener schmücken ihre Häuser, hängen Hakenkreuzfahnen raus und legen für den „Führer“ sogar einen goldenen Teppich aus angemalten Pappkarton-Blättern aus. Mit einem Sonderzug kommt Hitler am alten Bahnhof an, besteigt seine Limousine und lässt sich durch die jubelnde Menschenmenge, man schätzt sie auf 30 000 Personen, zur Ordensburg fahren. 12 000 SA-Männer sorgen für Sicherheit.[99] Die Begeisterung ist riesengroß. Ein Mädchen aus Sonthofen, das Hitler die Hand schütteln darf, wäscht sich anschließend tagelang die rechte Hand nicht mehr.[100] Am 24. November 1937 ziert auch das in Stiefenhofen gelesene „Anzeige-Blatt für das westliche Allgäu“ auf der Titelseite ein Porträt Adolf Hitlers mit der Schlagzeile: „Die Allgäuer Bevölkerung umjubelt den Führer.“ Im Vorfeld des Hitler-Besuchs findet ein Treffen der Reichsleiter in Sonthofen statt. Dabei kommt es zu Übergriffen

99 Vgl. Hartmut Happel, Die Allgäuer Ordensburg in Sonthofen, Immenstadt 1996, S. 27.
100 Vgl. Leo Hiemer, Interview mit Rudolf Boch, Lindenberg i. A., 6. 3. 1989.

und Exzessen. Es sollen ausufernde Trinkgelage stattgefunden haben, in deren Verlauf Angehörige der weiblichen Bevölkerung Sonthofens belästigt worden sein sollen. Das Gerücht, ein Funktionär habe in einer Sonthofener Wirtschaft im Vollrausch mit seiner Dienstpistole auf ein Kruzifix geschossen, sorgt für Aufregung unter den Katholiken – sicher auch in Stiefenhofen.[101]

Bei einem Appell des SA-Sturmbanns Immenstadt-Sonthofen-Oberstdorf wird schon am 17. Januar 1937 in Sonthofen öffentlich gegen die Kirche gehetzt, die für den Kampf gegen den Bolschewismus Bedingungen stelle. Sie müsse deshalb ausgetrocknet werden.[102] Ein Marsch zur Feldherrnhalle, so habe der Redner behauptet, sei mehr Wert als hundert Fronleichnamsprozessionen. Über die Reaktionen der Zuhörer heißt es: „Zu den Angriffen auf die Kirche spendeten die jungen Leute unter den Zuhörern lebhaften Beifall, während die älteren und vor allem die Bauern dazu schwiegen."[103]

Lotte bei Faulhaber: 27. Dezember 1937. Der siebte Besuch. Firmung

Konvertiten-Firmungen finden in München nicht in aller Öffentlichkeit, sondern in der Regel in der Hauskapelle des Erzbischöflichen Palais statt. So auch am 27. Dezember 1937.

In der katholischen Kirche ist die Firmung eines der sieben Sakramente. Sie kann nur von einem Bischof gespendet werden. Taufe, Eucharistie – vergleichbar dem Abendmahl der Protestanten – und Firmung werden als die drei Elemente der christlichen Initiation bezeichnet. Mit der Firmung wird die Aufnahme in die Kirche bekräftigt und abgeschlossen. Wie die Konfirmation bei den Protestanten bezeugt sie die Verwurzelung in der Kirche. Im Sakrament der Firmung wird vom Bischof die Kraft des Heiligen Geistes an den Gläubigen weitergegeben. Sie soll ihm dabei helfen, sich tiefer in der Gotteskindschaft zu verwurzeln, sich fester in Christus einzugliedern, seine Verbindung mit der Kirche zu stärken, sich mehr an ihrer Sendung zu beteiligen und zu helfen, in Wort und Tat für den christlichen Glauben Zeugnis zu geben. Für Lotte als Konvertitin bedeutet dies, endgültig vollwertiges Mitglied der katholischen Kirche zu werden.

Für Faulhaber gibt es in der Spende des Sakraments keinen Unterschied: Die Bischöfe legen den Konvertiten, auch den jüdischen Konvertiten, die Hand genauso auf wie jedem anderen Diözesanen. Faulhaber schreibt in sein Tagebuch:[104] „Mo 27. 12. 37, ein schwerer Tag. 8 Uhr Firmung von 30 Firmlingen, darunter 7 Schulkinder, die übrigen Convertiten

101 Happel, Ordensburg, S. 28.
102 Vgl. EAM, NL FH 8216 SA-Appell am 17. 1. 1937 in Sonthofen/Allgäu. Das Dokument wurde aus Berichten mehrerer Augenzeugen zusammengestellt.
103 Ebenda.
104 EAM, NL FH 10018 Michael von Faulhaber, Tagebucheintrag vom 27. 12. 1937.

‚Aus dem erwerbstätigen Leben, aus der Familie, aus [...] Künstlerkreisen'. Meine Ansprache: Johannes Sailer,[105] ziemlich lang. Darunter L. Eckart."

An diesem Tag wird also auch Charlotte Margarete Eckart von Kardinal Faulhaber gefirmt. Hinterher empfängt der Kardinal die frisch gefirmte Lotte mit ihrer Mutter Anna Schwarz. Sein Eintrag über ihre Unterredung lautet: „L. Eckart mit der Mutter: Bringt ein Bild vom Augsburger Dom. Nicht in die Schweiz, sondern nach Denver. Dafür übergebe ich offen für P. Größer[106] eine englische Empfehlung. Erhält kleine Ausgabe vom Evangelium.[107] Die Papiere zurück. Einige Lehrstunden über Atmung."[108] Lotte bringt Faulhaber ein Bild des Augsburger Doms mit und erhält eine kleine Ausgabe des Evangeliums sowie die eingereichten Papiere zurück. Auch einige Lehrstunden über Atmung werden von Lotte angeboten oder angekündigt. Ob damit Vorträge oder praktische Anwendungen gemeint sind, geht aus der Notiz nicht hervor. Um Faulhabers Gesundheit steht es jedenfalls nicht zum Besten. Wiederholt ist er stark erkältet, leidet unter Asthma und muss längere Kuraufenthalte absolvieren.

Dass Anna Schwarz als Jüdin bei der Unterredung ihrer frisch gefirmten Tochter mit dem Kardinal zugegen ist, erstaunt. Aber es geht um ein Thema, das auch sie hautnah betrifft: Lottes Zukunft. Da überrascht Lotte Faulhaber mit der Aussage, dass sie jetzt nicht mehr in die Schweiz, sondern nach Denver wolle. Denver ist die Hauptstadt des amerikanischen Bundesstaates Colorado und liegt zu Füßen der Rocky Mountains auf 1600 Meter Meereshöhe. Das trockene, kontinentale Klima und die saubere Luft sorgen schon 1899 für die Gründung eines Krankenhauses und Sanatoriums für TBC-Kranke, das „National Jewish Health Center".[109] In den 1930er-Jahren ist die Einrichtung als „National Jewish Hospital" die größte Fachklinik für Lungenkrankheiten in den Vereinigten Staaten. Sicher will Lotte nach Denver, weil sie dort die Möglichkeit sieht, als Atemlehrerin zu arbeiten. Vermutlich will sie sich dem Naturarzt Dr. Ernst Gutmann[110] anschließen.

Dr. Gutmann ist 17 Jahre älter als Lotte. Sein Vater ist der Augsburger Bankier Emil Gutmann.[111] Die Familie wohnt in der Fuggerstr. 11, keine zwei Minuten zu Fuß von der

105 Vermutlich meint Faulhaber hier Johann Michael Sailer (* 17. 11. 1751 Aresing † 20. 5. 1832 Regensburg), Theologe, Bischof von Regensburg. Sailer, als Vertreter einer sehr innerlichen und duldsamen Richtung in der katholischen Kirche, passte zur Firmung speziell von jüdischen Konvertiten recht gut, wusste Faulhaber doch genau, dass diese als Juden im Dritten Reich noch einiges zu erdulden haben würden.

106 Max Josef Grösser (auch: Größer) (* 15. 8. 1887 Hannover † 19. 3. 1940 Berlin), Palottinerpater, Generalsekretär des St. Raphaels-Vereins.

107 Tatsächlich wurde in der Familie Aichele zwar keine „kleine Ausgabe vom Evangelium", jedoch ein Gesangbuch der Erzdiözese München und Freising aus dem Jahr 1937 aufbewahrt.

108 EAM, NL FH 10018 Michael von Faulhaber, Tagebucheintrag vom 27. 12. 1937.

109 Die einst von jüdischen Wohltätern gestiftete Klinik ist heute unter der Bezeichnung „National Jewish Hospital" die führende Klinik für Atemwegserkrankungen in den USA.

110 Ernst Gutmann (in Amerika: Ernest Gutman) (* 23. 9. 1897 Augsburg † Juli 1984 West Hollywood/USA), Arzt für Haut- und Geschlechskrankheiten, Naturarzt.

111 Über Emil Gutmann liegen keine näheren Informationen vor.

Schaezlerstr. 13, wo Lottes Familie beziehungsweise ihre Mutter bis 1936 lebt. Vermutlich kennt man sich. Dr. Gutmann ist Arzt für Haut- und Geschlechtskrankheiten[112] wie Lottes Schwager, Dr. Kurt Glaser. Er ist aber auch Naturarzt beziehungsweise „praktischer homoöpathischer Arzt".[113] Am 8. August 1932 übersiedelt Dr. Gutmann von Augsburg just nach Chemnitz, wo auch Dr. Glaser seine Praxis hat. In Chemnitz lässt sich Dr. Gutmann unter der Adresse Am Theaterplatz 3 als Facharzt für Haut- und Geschlechtskrankheiten und Arzt für Naturheilverfahren nieder.[114] Nach der Machtübernahme durch die Nationalsozialisten wird Glaser, wie bereits erwähnt, ein halbes Jahr eingesperrt, bekommt Stadtverbot und emigriert 1934 nach Frankreich. Im Oktober des Jahres wird Dr. Gutmann, obwohl ebenfalls Jude, noch zur Kassenpraxis zugelassen. Doch vermutlich plant er schon 1937 seine Auswanderung nach Amerika, von der auch Lotte erfährt. Seine Bestallung erlischt zum 30. September 1938.[115] In der Folgezeit nehmen seine Auswanderungspläne Gestalt an. Am 6. April 1939 erreicht er zusammen mit seiner Ehefrau Amely den Hafen von New York. Ihre Visa wurden am 24. März 1939 in Berlin ausgefertigt.[116] Zu dieser Zeit ist auch Lotte in Berlin, bei ihrer Schwester Hansi. Schon 1939 arbeitet Dr. Ernest Gutman im „National Jewish Hospital" in Denver/Colorado als Assistenzarzt.[117]

Vermutlich hat Lotte also eine Zusammenarbeit mit ihm in Verbindung mit dem „National Jewish Hospital" im Auge, als sie Faulhaber das neue Ziel Denver nennt. Obendrein bieten die Rockies glänzende Möglichkeiten für eine leidenschaftliche Skifahrerin wie Lotte.

Lotte wird bei der Firmung und dem Gespräch mit Faulhaber von ihrer Mutter begleitet, einer alten Dame, der man ihren Kummer wohl angesehen haben dürfte. Erst elf Tage ist es her, dass ihr Schwager, August Einstein, sich umgebracht hat, erst vor Kurzem wurde er beerdigt, jedoch nicht auf dem Judenfriedhof, denn August Einstein war konvertiert, aber anders als Lotte zu den Protestanten. Für das Lebensglück ihrer Tochter, deren Trauzeugin sie bei ihrer katholischen Trauung war und die an diesem Tag durch das Heilige Sakrament der Firmung vor ihren Augen endgültig vollgültiges Mitglied der katholischen Kirche wurde, setzt auch Anna Schwarz jetzt vermutlich alle Hoffnung auf den Münchner Kardinal.

112 Vgl. StadtA A, Meldekarte Ernst Gutmann 9B sowie StadtA A, Familienbogen Ernst Gutmann 91K1.

113 Vgl. Einwohnerbuch der Stadt Augsburg 1930.

114 Vgl. StadtA A, Meldekarte Ernst Gutmann 9B. Vgl. auch die Daten bei Jürgen Nitsche/Ruth Röcher, Juden in Chemnitz. Die Geschichte der Gemeinde und ihrer Mitglieder; mit einer Dokumentation des jüdischen Friedhofs, Dresden 2002, S. 111.

115 Vgl. Stadtarchiv Chemnitz Tabellarisches Ärzteverzeichnis, 6325, Bd. I, Bl. 9/10.

116 NARA Passenger and Crew List of Vessels Arriving at New York, 1897–1957, Ernst Gutmann, 6. 4. 1939 (https://www.ancestry.de/).

117 Im englischen Original „Jr. Resident Physician". Vgl. NARA Naturalization Records 1877–1952 (M1192), District Court (Rolls 01-16) Denver, Declarations of Intention 1877–1952 (https://www.ancestry.de/).

Faulhaber und die „nichtarischen" Katholiken

Die Kirchen haben seit jeher die Pflicht, ihre Gläubigen zu schützen. Das gilt auch für die vom Judentum konvertierten Christen. Für sie sind seit dem Übertritt nicht mehr die Israelitischen Kultusgemeinden, sondern die christlichen Kirchen verantwortlich.[118]

In einem Runderlass des Reichsinnenministers vom 4. Oktober 1936 wird bekräftigt, dass der Übertritt von Juden zum Christentum keine Bedeutung für die Rassenfrage habe.[119] Faulhaber will die übergetretenen und frisch gefirmten, „nichtarischen" Konvertiten keinesfalls an ihre „antisemitischen Feinde" ausliefern. Dennoch stellt er sich dem nationalsozialistischen Staat gegenüber nicht offiziell vor die vom Regime als „nichtarisch" deklarierten Katholiken. Lange Zeit kommt dies für ihn und seine Kollegen des deutschen Episkopats aus taktischen Gründen nicht infrage. Selbst Konvertiten, also jene, die aus persönlichem Entschluss aus ihrer jüdischen Gemeinde ausscheiden und sich durch die Taufe der katholischen Kirche anschließen wie Lotte, bilden da keine Ausnahme. Zu groß ist die Sorge vor einem „unverhältnismäßigen Gegenschlag der NS-Machthaber" bei einem offiziellen Protest.[120] Immerhin handelt Faulhaber, indem er Juden tauft und an den heiligen Sakramenten teilnehmen lässt, gegen den ausdrücklichen Willen des NS-Regimes.[121] Im Übrigen ist er aber bestrebt, den nationalsozialistischen Kirchenfeinden keinesfalls eine unnötige Angriffsfläche zu bieten. Schon im August 1937 sieht er den offenen Vernichtungskampf des Regimes gegen die Kirche: „In öffentlichen Reden, in Darbietungen der Sender, in Schulungskursen, werden Glaubenslehren verhöhnt, alle Skandale aus der Kirchengeschichte zusammengetragen und die Gläubigen vom kirchlichen Leben abgelenkt, die Kirche als Judenkirche, das christliche Sittengesetz als Judenmoral bezeichnet und der ganz offene Vernichtungskampf gegen Christentum und Kirche geführt."[122]

Selbst in Fragen, die rein kirchenrechtlicher Natur sind, geht Faulhaber Konflikten mit dem NS-Staat tunlichst aus dem Weg. Obwohl kirchenrechtlich in keiner Weise gedeckt, wird etwa „nichtarischen" Priesterkandidaten ihre Abstammung zum Weihehindernis.[123] Auch die Kirche hegt jetzt „Bedenken" bei „nichtarischen" Kandidaten für das Priesteramt. In der Erzdiözese München und Freising sollen solche Kandidaten nur noch unter

118 So auch Schrafstetter, Flucht und Versteck, S. 173.

119 Jana Leichsenring, Die Katholische Kirche und „ihre Juden". Das „Hilfswerk beim Bischöflichen Ordinariat Berlin", 1938–1945, Berlin 2007, S. 16 mit Verweis auf Walk, Das Sonderrecht, S. 172.

120 Vgl. Willibald Karl, Schicksale „getaufter Juden", „nichtarischer Christen", in: Macek (Hrsg.), Ausgegrenzt, S. 345–352, hier S. 351.

121 Vgl. Schönlebe, München im Netzwerk, S. 111.

122 Akten Faulhabers, bearb. von Volk, Bd. II, Nr. 659, Denkschrift Faulhabers, 24. 8. 1937, S. 395 (EAM, NL FH 8203).

123 Vgl. Thomas Forstner, Priester in Zeiten des Umbruchs. Identität und Lebenswelt des katholischen Pfarrklerus in Oberbayern 1918 bis 1945, Göttingen 2014, S. 234.

Auflagen geweiht und nicht für die reguläre Seelsorge vorgesehen werden. Am 4. Januar 1938 wird ein entsprechender Fall verhandelt. Kurz darauf wird einem anderen „nichtarischen" Aspiranten für das Priesteramt geraten, gleich nach der Weihe nach Brasilien zu verschwinden.[124] Faulhaber selbst macht am 20. Januar 1938 den Vorschlag, künftig nur noch Priester „arischer" Abstammung zu Vorständen der für die Ausbildung zuständigen Seminare zu berufen. Er hofft, dass der Staat auf Überprüfungen verzichtet.[125] Auf diese Weise halten Selektionsprinzipien der nationalsozialistischen Rassenpolitik sogar Einzug in die Ausbildung katholischer Priester.[126] Der Schutz der Kirche beschränkt sich selbst für ihre „nichtarischen" Priester auf Hilfe zur Auswanderung. Doch letztlich handelt es sich bei den „nichtarischen Christen", auch wenn sie ein schweres Los zu tragen haben, doch nur um eine verhältnismäßig kleine Zahl. Bei der Volkszählung vom 17. Mai 1939 werden noch 350 539 Juden im Deutschen Reich gezählt, lediglich 10 403 von ihnen sind Katholiken,[127] was einem Anteil von 2,97 % entspricht. Im Jahr 1940 wird die Zahl der „nichtarischen" Katholiken und „Mischlinge" mit ihren „arischen" Angehörigen im Deutschen Reich mit der Ostmark und dem Sudetenland auf lediglich 15 bis 20 000 geschätzt.[128]

Mit Lotte Eckart steht Kardinal Faulhaber nun jedoch eine jüdische Konvertitin gegenüber, der er sich persönlich verbunden weiß, derer er sich väterlich angenommen hat, die er wiederholt beraten, der er in ihrer seelischen Not beigestanden und sie wieder aufgerichtet, ja sogar selbst gefirmt hat. Lotte ist eine „nichtarische" Katholikin und Konvertitin, die um die pure Existenz für sich und ihr Kind kämpft. Im Deutschen Reich hat sie mit ihrem Kind keine Zukunft. Das weiß der Kardinal. Sie hat keine Wahl: Sie muss auswandern. Wie in Faulhabers Erzdiözese für gewöhnlich die Gesuche auswanderungswilliger „nichtarischer" Katholiken wie Lotte behandelt werden, ist anlässlich der Übergabe des Amtes des Erzbischöflichen Sekretärs von Josef Weißthanner[129] an Hubert Wagner[130] bereits am 1. Juni 1936 in einer „Vormerke für neuen Sekretär" niedergelegt.[131]

124 Vgl. ebenda, S. 235 f.

125 Ordinariatsprotokoll vom 20. 1. 1938, Beschluss über „nichtarische" Seminarvorstände, zitiert nach ebenda, S. 236.

126 Vgl. ebenda, S. 545.

127 Leichsenring, Die Katholische Kirche, S. 14. Vgl. auch die Auswertung der Volkszählung bei Reutter, Katholische Kirche, S. 12. Vgl. auch Schönlebe, München im Netzwerk, S. 15. Schönlebe ermittelt aus den Ergebnissen der Volkszählung lediglich 3025 Katholiken unter den nach den „Nürnberger Gesetzen" als „Volljuden" Eingestuften, 8957 unter den „Mischlingen 1. Grades" sowie 6361 unter den „Mischlingen 2. Grades", zusammen also 18 343.

128 Vgl. EAM, NL FH 8423 Kirchliche Sorge für die katholischen Nichtarier, 1940. Die Zahlen stammen aus dieser vermutlich von Bischof Berning verfassten Denkschrift. Die Schätzung bezieht auch „Halbjuden" mit ein.

129 Josef Weißthanner (* 10. 2. 1901 München † 2. 12. 1971 München), 15. 7. 1929–30. 5. 1939 erzbischöflicher Sekretär.

130 Hubert Wagner (* 1907? † ?), erzbischöflicher Sekretär (1. 6. 1939–14. 9. 1945).

131 EAM, NL FH 8426 Vormerke für neuen Sekretär, 1. 6. 1936.

Wenn „nichtarische“ Katholiken um eine Empfehlung zur Auswanderung anfragen, werden sie zunächst an den St. Raphaels-Verein in Hamburg und die Zweigstelle bei der Caritas in München verwiesen. Bei der Caritas prüft Sekretär Kett,[132] ob die Voraussetzungen für eine oberhirtliche Empfehlung beziehungsweise die Notwendigkeit zu einer solchen bestehen. Eine solche Empfehlung sei allerdings in den seltensten Fällen notwendig, gibt Weißthanner seinem Nachfolger mit auf den Weg. Der Kardinal lehne es im Übrigen ab, Empfehlungen für eine zeitlich bevorzugte Einwanderung nach Amerika oder in andere Länder zu geben, da so etwas ungerecht sei. Überhaupt mahnt Weißthanner seinen Nachfolger in der Frage der „nichtarischen“ Katholiken zur Zurückhaltung: Manche Bittsteller versuchten nämlich, Empfehlungen anzuhäufen oder sie zu fotokopieren und an die Öffentlichkeit zu bringen – sehr zum Missfallen des Kardinals.

Die erste Adresse für katholische Auswanderer ist der 1871 gegründete St. Raphaels-Verein in Hamburg mit seinem „Hilfsausschuß für katholische Nichtarier“. Schon 1935 werden mehr auswanderungswillige „Nichtarier“ betreut als „Arier“. Bis 1938 ist der St. Raphaels-Verein an der Auswanderung von etwa 6500 Menschen beteiligt, mehr als tausend Menschen vermittelt er eine Arbeitsstelle im Ausland.[133] Unter anderem ist er bei der Beschaffung der nötigen Papiere behilflich: Der oder die Auswanderungswillige benötigt einen für das Auswanderungsland gültigen Pass, ein Gutachten der Auswanderungsberatungsstelle, einen bewilligten Antrag zum Geldtransfer bei der Devisenstelle beim Oberfinanzpräsidenten, eine Unbedenklichkeitsbescheinigung des Finanzamtes und der städtischen Steuerbehörde, eine Bestätigung über die Bezahlung der Reichsfluchtsteuer sowie ab 1939 der Judenvermögensabgabe, einen Nachweis über die Bezahlung der Auswandererabgabe an die Reichsvereinigung der Juden in Deutschland, eine Stellungnahme der Kreisleitung der NSDAP sowie eine Einverständniserklärung der Gestapo, schließlich die Bestätigung eines ausländischen Konsulates über die Einreisegenehmigung.[134] Sämtliche Papiere werden von den staatlich anerkannten Auswandererberatungsstellen gesammelt und der Reichszentrale für die jüdische Auswanderung zur Genehmigung vorgelegt. Dazu kommen Auflagen der Einwanderungsländer wie Vorzeigegeld, polizeiliches Führungszeugnis oder ein Gesundheitstest, wie er etwa für die USA vorgeschrieben ist.

132 August Kett, Direktor der Münchner Caritas-Zentrale.

133 Im Jahr 1934 wurde bei der Caritas eine eigene Abteilung für die Betreuung „nichtarischer“ Katholiken eingerichtet, das „Sonderhilfswerk“. Es kümmerte sich um diejenigen „Nichtarier“, die nicht auswandern wollten oder wegen Alter, Krankheit oder anderen Gründen nicht konnten. Da Lotte auswandern wollte, war für sie nicht die Caritas, sondern der St. Raphaels-Verein zuständig.

134 Vgl. Holger Schelpmeier, Die deutschen Juden zwischen Auswanderungsdruck, fiskalischer Ausplünderung bei der Emigration und restriktiver Aufnahmepolitik der Zufluchtsländer, in: Macek (Hrsg.), Ausgegrenzt, S. 561–577, hier S. 572, sowie Eberhard Röhm, Juden, Christen, Deutsche. 1933–1945, Bd. 3/I, 1938–1941, Stuttgart 1995, S. 201 f.

4 Amerika?

Empfehlung für Amerika

Nach Lottes überraschender Ankündigung, nach Amerika auswandern zu wollen, stellt Faulhaber ihr an Ort und Stelle eine Empfehlung aus. In seinem Tagebuch notiert er, dass er ihr eine Empfehlung übergeben habe – „offen für P. Größer", was wohl bedeutet, dass er den Pater davon in Kenntnis gesetzt hat. Mit „P. Größer" ist nämlich zweifellos Pater Max Grösser gemeint, der Generalsekretär des St. Raphael-Vereins in Hamburg. Tatsächlich ist Grösser in der Folgezeit persönlich mit dem Fall Lotte Eckart befasst.[135] Der Pater ist in seiner Funktion schon seit Jahren für die deutsche Auswanderung zuständig. Seit 1933 hat es der St. Raphaels-Verein nun zunehmend mit Katholiken zu tun, denen der Staat attestiert, dass in ihren Adern keineswegs edles „deutsches", sondern lediglich minderwertiges „jüdisches" Blut fließe und die spätestens seit den „Nürnberger Gesetzen" von 1935 als Deutsche zweiter Klasse betrachtet und behandelt werden.

Lotte gehört genau zu dieser Personengruppe: Sie ist Katholikin und bleibt für den Staat dennoch Jüdin, obendrein hat sie ihre Tochter unehelich geboren. Das Urteil der katholischen Kirche darüber steht unverrückbar fest: „Uneheliche Geburten sind zweifellos als sittlicher Mangel anzusehen."[136] Aus welchen Gründen die Geburt unehelich erfolgt und der Vater verheimlicht wird, spielt dabei offenbar keine Rolle. Trotz „sittlichem Mangel" und „Judenblut" stellt Faulhaber der ihm persönlich näher bekannten Lotte Eckart eine Empfehlung nach Amerika aus, die als Konzept erhalten ist:[137]

> „Frau Lotte Eckart, 33 Jahre alt, wohnhaft in Bayern, schon immer eine aufrichtige Katholikin, sieht sich durch die deutschen Rassengesetze gezwungen, sich eine neue Stellung im Ausland zu suchen. Ihr Ehegatte ist verstorben. Da Frau Eckart ein heller Kopf und von angenehmem Wesen ist,
> empfehle ich sie Ihnen mit meinen besten Segenswünschen.
> An das Katholische Komitee, Washington."[138]

135 Pater Max Grösser befand sich jedoch vom 17.12.1937 bis zum 4.2.1938 in Gestapohaft in Berlin. Vgl. Hannelore Erhart/Ilse Meseberg-Haubold/Dietgard Meyer, Katharina Staritz 1903–1953, Dokumentation, 2. Aufl., Neukirchen-Vluyn 2002, S. 517.

136 Hermann A. Krose, Konfessionsstatistik Deutschlands, in: KHB 1933/34, S. 214 f.

137 Kornacker erwähnt zwei weitere Empfehlungen an „nichtarische" Katholiken aus dem dem Jahr 1936. Es handelte sich um die Ärzte Dr. Ernst Elsbach sowie Dr. Josef Schneider, die Faulhaber einem Ordenskrankenhaus in New York empfahl. Vgl. Kornacker, Faulhaber und die Juden, S. 341.

138 EAM, NL FH 8426 Recomm., handschriftliches Konzept, 27.12.1937. Der auf Englisch verfasste Text lautet: „Der Erzbischof von München, 27. Dec. 37. / Recomm. [Recommendation] / Mrs. L.Eckart, 33

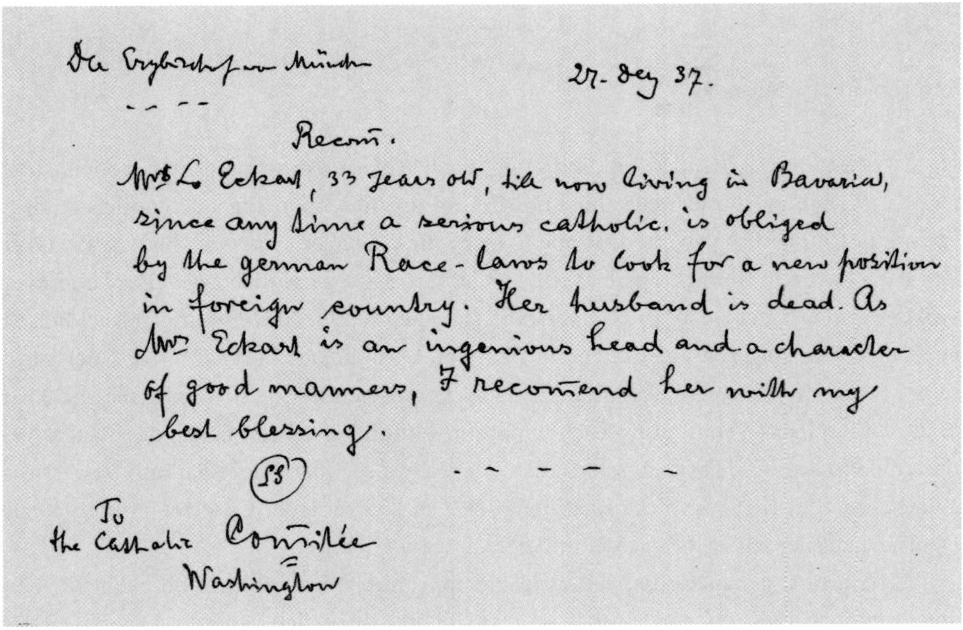
Der Erzbischof von München 27. Dez 37.

Recom.

Mrs L. Eckart, 33 years old, till now living in Bavaria, since any time a serious catholic, is obliged by the german Race-laws to look for a new position in foreign country. Her husband is dead. As Mrs Eckart is an ingenious head and a character of good manners, I recommend her with my best blessing.

To the Catholic Commitée Washington

Faulhabers Empfehlung für Amerika, 27. Dezember 1937
Archiv des Erzbistums München und Freising, Nachlass Faulhaber, 8426

Der Kardinal flunkert freilich, wenn er schreibt, Lotte sei „schon immer eine aufrichtige Katholikin" gewesen. Wer sollte besser wissen als er selbst, dass Lotte erst vor ein paar Monaten und auf seine persönliche Empfehlung hin getauft wurde? Dass die Rassengesetze sie zwingen, sich nach einer neuen Stellung im Ausland umzusehen, entspricht zweifellos den Tatsachen. Wenn er Lotte als „hellen Kopf" und als „von angenehmem Wesen" preist, kommt darin Faulhabers persönliche Wertschätzung zum Ausdruck. Der Erzbischof von München und Freising, Kardinal Faulhaber, einer der führenden Kirchenmänner im Deutschen Reich, legt hier für eine Frau die Hand ins Feuer, die noch vor gar nicht so langer Zeit „Israelitin" war und vom nationalsozialistischen Staat umstandslos als Jüdin klassifiziert wird.

Noch am selben Tag übergibt Faulhaber eine Reinschrift seiner Empfehlung an Lotte.[139] Doch für wen ist seine Empfehlung gedacht? Was verbirgt sich hinter dem „Katholischen Komitee, Washington" („Catholic Committee Washington)"? Zweifellos handelt es sich

years old, till now living in Bavaria, since any time a serious catholic, is obliged by the german Race-laws to look for a new position in foreign country. Her husband is dead. As Mrs. Eckart is an ingenious head and a character of good manners, I recommend her with my best blessing. /To the Catholic Commitée, Washington."

139 Vgl. EAM, NL FH 10018 Michael von Faulhaber, Tagebucheintrag vom 27. 12. 1937.

Pater Max Grösser
Diözesanarchiv Berlin, 265,00

um die „National Catholic Welfare Conference" (NCWC), die Wohlfahrtseinrichtung der amerikanischen Bischöfe, die sich jährlich einmal in Washington versammelt und dort auch das Generalsekretariat unterhält. Die NCWC soll nämlich in Zusammenarbeit mit einer Institution in New York, dem „Catholic Committee for Refugees from Germany", dem „Komitee für katholische Flüchtlinge aus Deutschland", die „Einwanderungsangelegenheiten und Affidavits" bearbeiten.[140]

Am 18. November 1937 schickt der Erzbischof von Philadelphia, Denis Joseph Kardinal Dougherty,[141] zusammen mit dem Bischof von Charleston, Emmet Michael Walsh,[142] als Sekretär der NCWC ein Schreiben an Kardinal Bertram und die deutschen

140 Vgl. die entsprechende Bestimmung „Einwanderungsangelegenheiten und Affidavits sollten an das Einwanderungsbüro der National Welfare Conference weitergegeben und in Zusammenarbeit mit diesem erledigt werden" in der Satzung des New Yorker Komitees. Vgl. Anlage 14 zum Protokoll der Plenarkonferenz des deutschen Episkopats, Fulda, 24.–26. 8. 1937 Auswanderungshilfe für katholische Nichtarier, in: Akten deutscher Bischöfe, Über die Lage der Kirche 1933–1945, bearb. von Ludwig Volk, Bd. IV, 1936–1939, Mainz 1981, S. 328.

141 Denis Joseph Kardinal Dougherty (* 16. 8. 1865 Honesville/USA † 31. 5. 1951 Philadelphia/USA), Erzbischof von Philadelphia.

142 Emmet Michael Walsh (* 6. 3. 1892 Beaufort/USA † 16. 3. 1968), Bischof von Charleston, später von Youngstown.

Bischöfe.[143] Darin versichern sie ihren deutschen Kollegen ihre volle Unterstützung in den Zeiten der Verfolgung. Der Brief wird zusätzlich auch an den Erzbischof von München und Freising, Kardinal Faulhaber, persönlich gesandt. So dürfte Faulhaber die NCWC Ende des Jahres 1937 präsenter sein als das Komitee in New York.

Auf Bitten der deutschen Bischöfe wird das „Komitee für katholische Flüchtlinge aus Deutschland" („Committee for Catholic Refugees from Germany") von den amerikanischen Bischöfen am 1. Januar 1937 in New York eingerichtet.[144] Es ist im Haus des St. Raphael-Vereins untergebracht, der ja in Deutschland für die Auswanderung „nichtarischer" Katholiken zuständig ist. Das New Yorker Hilfskomitee soll für die Gewährung von Darlehen für die Beschaffung von Einwanderungsgenehmigungen und von Arbeitsplätzen sowie für die religiöse und gesellschaftliche Anpassung der Einwanderer sorgen. „Um die Organisation gegen Betrug, Schwindeleien und falsche Vorspielungen zu schützen", soll Hilfe allerdings grundsätzlich nur denjenigen gewährt werden, die über ausreichende Empfehlungen verfügen.[145] Eine bessere Empfehlung als die des Münchner Erzbischofs konnte Lotte wohl schwerlich vorlegen. Obendrein ist das Komitee eine Anlaufstelle eigens für katholische „nichtarische" Flüchtlinge aus Deutschland – wie geschaffen für Lotte. Dennoch adressiert Faulhaber seine Empfehlung für Lotte an das „Katholische Komitee, Washington" und nicht an das in New York. Bis zum Frühjahr 1938 kommen mithilfe des Komitees in New York immerhin an die hundert „nichtarische" Katholiken aus Deutschland in die Vereinigten Staaten.[146] Dennoch gibt es Unzufriedenheit mit der Arbeit des New Yorker Komitees.[147]

Die Zahl der Einwanderer aus Deutschland in die USA steigt von 1936 bis 1938 stark an. Allein 1938 wandern 17 868 Deutsche in die Vereinigten Staaten aus. Damit bleiben die Zahlen allerdings noch weit unter der Deutschland zugeteilten Quote von 27 370.[148] Es gibt also noch Spielraum für weitere Einwanderer – so scheint es.

143 The Catholic University of America, National Catholic Welfare Conference, Office of the General Secretary Records, box 37, folder 19, Dougherty und Walsh an Kardinal Bertram und die deutschen Bischöfe, 18. 11. 1937.

144 Vgl. Wolf Gruner (Hrsg.), Die Verfolgung und Ermordung der europäischen Juden durch das nationalsozialistische Deutschland 1933–1945, München 2008, S. 262, Anm. 8. Vgl. auch Schönlebe, München im Netzwerk, S. 24. Im Auftrag der deutschen Bischöfe bemühte sich Pater Grösser um die Gründung einer entsprechenden Hilfseinrichtung. Vgl. Manfred Hermanns, „Im Dienste für andere will ich mich verzehren". Pater Dr. Max Joseph Größer [sic] SAC * 5. August 1887 in Hannover † 19. März 1940 in Berlin, Festschrift zum 70. Todestag am 19. März 1940, Hamburg 2010, S. 9.

145 Vgl. Anlage 14 zum Protokoll der Plenarkonferenz des deutschen Episkopats, 24.–26. 8. 1937, in: Akten deutscher Bischöfe, bearb. von Volk, Bd. IV, S. 328. Vgl. auch Reutter, Katholische Kirche, S. 96 f.

146 Mithilfe des New Yorker Komitees gelang es von August 1937 bis August 1938 etwa 80 katholischen „Nichtariern", aus Deutschland in die USA auszuwandern. Vgl. Schönlebe, München im Netzwerk, S. 27.

147 Vgl. Bericht Grössers nach 31. 3. 1938 in: Akten deutscher Bischöfe, bearb. von Volk, Bd. IV, S. 440–443.

148 Vgl. Juliane Wetzel, Auswanderung aus Deutschland, in: Wolfgang Benz (Hrsg.), Die Juden in Deutschland 1933–1945, München 1989, S. 413–498, hier S. 424.

Der Schutz der Kirche für getaufte Juden wie Lotte, die unter staatlicher Verfolgung genauso zu leiden haben wie die nicht getauften, besteht im Wesentlichen darin, ihnen bei der Auswanderung behilflich zu sein. Lotte gehört sicherlich zu diesem Personenkreis. Auf Empfehlung Faulhabers getauft, von ihm persönlich gefirmt und mit seiner Empfehlung ausgestattet, gehört sie sogar zu den privilegierten „nichtarischen" Katholiken, die mit der Unterstützung des St. Raphaels-Vereins, katholischer Komitees in Amerika und anderer katholischer Stellen rechnen können.

Lotte bei Faulhaber: 4. Januar 1938. Der achte Besuch

Als Losung für das Jahr 1938 notiert Faulhaber folgenden Spruch in seinem Tagebuch: „Vor meinen Augen liegt das Jahr schwarz wie die Nacht und grausig wie das Höllental."[149] Das neue Jahr scheint ihm nicht viel Gutes zu versprechen.

Unter dem 4. Januar findet sich die Eintragung: „15 Uhr Eckart. Atemübungen. Mit P. Grösser eine persönliche Aussprache. Centos."[150] Tatsächlich wird Lotte beim Kardinal als Atemlehrerin tätig. Ziel der Übungen bei Lotte ist die Richtigstellung des Atems. Diese hat im Liegen zu erfolgen. Dass diese Atemübungen nicht ohne eine gewisse körperliche Nähe und Berührungen abgehen, versteht sich von selbst. So ungewöhnlich ist die Behandlung Faulhabers durch ein weibliches Wesen allerdings nun auch wieder nicht, hatte der häufig von Krankheiten geplagte Kardinal doch ständig eine pflegerisch ausgebildete Schwester im Palais zur Verfügung. Doch mit Lotte lässt sich Faulhaber von einer gerade mal 33-jährigen Frau, die nicht Angehörige eines Ordens ist und schwer gegen das Sittengesetz gesündigt hat, behandeln – unter Inkaufnahme unvermeidlicher körperlicher Nähe. Und wieder steckt er ihr Geld zu, diesmal einhundert Reichsmark. Faulhabers Vermerk bezüglich einer persönlichen Aussprache mit Pater Grösser ist wohl als Absichtserklärung zu deuten. Möglicherweise hofft Faulhaber darauf, den Pater demnächst zu treffen. Er nimmt sich vor, mit ihm über den „Fall Eckart" zu sprechen.

Just an diesem Tag, an dem Lotte ihn zum ersten Mal einer Atembehandlung unterzieht, verhandelt Faulhaber den Fall eines „nichtarischen" Kandidaten für das Priesteramt.[151] Einerseits protegiert er eine jüdische Konvertitin, lässt sich von ihr sogar behandeln, andererseits ist er sehr darauf bedacht, den nationalsozialistischen Machthabern keinesfalls eine Angriffsfläche wegen katholischer „Nichtarier" in den eigenen Reihen zu geben.

149 EAM, NL FH 1002 Michael von Faulhaber, Tagebucheintrag vom 1. 6. 1918 (http://www.faulhaber-edition.de/dokument.html?docidno=10002_1918-06-01_T0)1.

150 Lateinisch für hundert. EAM, NL FH 10018 Michael von Faulhaber, Tagebucheintrag vom 4. 1. 1938.

151 Vgl. Forstner, Priester in Zeiten des Umbruchs, S. 235 f.

Lotte bei Faulhaber: 11. Januar 1938. Der neunte Besuch

Eine Woche später ist Lotte schon wieder da. Faulhaber vermerkt in seinem Tagebuch: „15 Uhr Eckart. Kurz. Atemübungen. Sitzend."[152] Wieder führt Lotte mit ihm ein paar Atemübungen durch, allerdings nur „kurz" und „sitzend". Über den Stand ihrer Auswanderungsbemühungen nach Amerika vermerkt Faulhaber nichts.

Lotte bei Faulhaber: 18. Januar 1938. Der zehnte Besuch

Anders eine Woche darauf, als Lotte Faulhaber wiederum aufsucht. Der Kardinal macht folgende Eintragung in sein Tagebuch: „15 Uhr Eckart. Eine Stunde über Fragen der Auswanderung. Welche Aussichten in Amerika? Die Adresse des Hilfscomité in Washington. Nach dem Fuldaer Protokoll. Leider hat sie mit ungenügender Adresse meine Empfehlung und das Gesuch im Ganzen nach Washington geschickt. Dann über Sprechtechnik Egenolf –"[153] Diesmal ist von Atemübungen keine Rede. Eine ganze Stunde spricht Faulhaber mit Lotte über ihre beruflichen Aussichten in Amerika und weitere Fragen der Auswanderung. Dabei stellt sich heraus, dass Lotte einen Fehler gemacht hat. Faulhaber will Lottes Auswanderung über den St. Raphaels-Verein laufen lassen, weshalb er auch seine Empfehlung für Lotte für dessen Generalsekretär Pater Grösser „offen" gemacht hat. Lotte hat aber offenbar ohne Wissen von Pater Grösser und Faulhaber seine Empfehlung zusammen mit ihrem Gesuch um Auswanderung einfach nach Washington geschickt, wo die Sendung dank ungenügender Adresse wohl niemals ankam.[154] Faulhaber scheint verärgert. Wie in der Sache nun weiter vorgegangen werden soll, geht aus seiner Eintragung nicht hervor. Dafür wird laut Faulhaber über Dr. Egenolfs Sprechtechnik geredet. Für Lottes geplante Auswanderung nach Amerika kommt dem wohl kaum Bedeutung zu.

Lotte bei Faulhaber: 7. Februar 1938. Der elfte Besuch

Am 7. Februar 1938 empfängt Faulhaber Lotte erneut. Zwischen November 1937 und Februar 1938 spricht Lotte insgesamt sechs Mal bei ihm vor. Über die letzte Begegnung aus dieser intensiven Phase hält Faulhaber in seinem Tagebuch fest: „Eckard [sic]: Nun doch Antwort von Raphael Verein. Einen Möbelhändler in Stuttgart. Der den Transport leiten

152 EAM, NL FH 10018 Michael von Faulhaber, Tagebucheintrag vom 11. 1. 1938.

153 Ebenda, Tagebucheintrag vom 18. 1. 1938.

154 Tatsächlich findet sich im Archiv der National Catholic Welfare Conference (NCWC) kein Schriftstück von Lotte. Shane MacDonald aus dem Archiv der NCWC an den Autor, 7. 7. 2017.

soll, vielleicht heiraten. Cento[155] für Zeugnisse."[156] Offenbar hat Faulhaber auf eine Antwort des St. Raphael-Vereins gewartet, die „nun doch" eingetroffen ist. Pater Grösser war seit dem 17. Dezember 1937 in Gestapohaft, befindet sich aber seit dem 4. Februar wieder auf freiem Fuß.[157]

Faulhabers Tagebuchnotiz ist schwer zu deuten. Das Wort „Stuttgart" lässt sich noch leicht zuordnen: Das amerikanische Konsulat in Stuttgart ist für ganz Süddeutschland zuständig, was die Auswanderung in die Vereinigten Staaten betrifft.[158] Dort erhält man eine Wartenummer für die Quote, das heißt die Anzahl der Deutschen, die die amerikanische Regierung jährlich maximal ins Land lassen will. Wenn die entsprechende Nummer aufgerufen wird, bekommt man – bei Vorliegen sämtlicher Papiere – das begehrte Visum. Aber was hat es mit dem „Möbelhändler" auf sich? Eine Empfehlung von Pater Grösser für den Möbeltransport über den „großen Teich"? Aber was soll die Formulierung „vielleicht heiraten" bedeuten? Überlegt Lotte, einen „Möbelhändler in Stuttgart" zu heiraten? Seit den „Nürnberger Gesetzen" 1935 darf sie als Jüdin doch gar keinen „Deutschblütigen" mehr ehelichen. Einen Juden zu heiraten würde jedoch keinen Sinn machen. Oder handelt es sich bei dem Heiratskandidaten am Ende doch um einen „Deutschblütigen" und Katholiken? Wurde eine katholische Trauung ohne staatlichen Segen erwogen – und sei es als Scheinehe? Die katholische Trauung brächte für Lotte zwei Vorteile: Erstens könnte sie ihre „sittliche Verfehlung" heilen und deren Ergebnis, ihre Tochter Gabi, von ihrem Bräutigam als eheliches Kind anerkennen lassen, zweitens wäre sie wieder in dem für sie als Frau in ihrem Alter von der katholischen Sittenlehre vorgesehenen Stand der Ehe. Nach diesem Sittengesetz dürfte sie fortan nichts mehr gegen erneute Schwangerschaften unternehmen, was zur Freude der Kirche wohl weitere katholisch zu erziehende Kinder zur Folge haben würde. Allerdings wären diese Kinder für den NS-Staat weiterhin uneheliche Bastarde und „Volljuden", die unabhängig von Ehelichkeit, Taufe und katholischer Erziehung der staatlichen Verfolgung voll ausgesetzt sein würden. Für Lotte und ihren möglichen neuen Ehepartner eine Zwickmühle, aus der es kein Entrinnen gibt – es sei denn, man flüchtet ins Ausland, wo die Rassengesetze der Nationalsozialisten keine Gültigkeit haben …

Faulhaber beschließt seinen knappen Eintrag mit der Bemerkung „Centos für Zeugnisse." Bei besagten „Centos" dürfte es sich um weitere hundert Reichsmark handeln, die er Lotte für Kopien und Beglaubigungen von Zeugnissen, die für die Auswanderung benötigt werden, in die Hand drückt.

155 Italienisch für hundert.
156 EAM, NL FH 10018 Michael von Faulhaber, Tagebucheintrag vom 7. 2. 1938.
157 Vgl. Hermanns, „Im Dienste für andere", S. 17.
158 Vgl. Schelpmeier, Die deutschen Juden, S. 577.

Briefe nach Kroatien

Am 7. Januar 1938 schreibt Lotte ihrem Neffen René in Kroatien einen Brief auf ihrem eigenen Briefpapier. Links oben ist dort eine kleine Zeichnung zu sehen: Zwei schnüffelnde Jagdhunde sind dort skizziert. Sie stammen vermutlich von Hansi, der Zeichnerin in der Familie. Der Brief ist mit der Nummer 22 gekennzeichnet. Hansi nummeriert ihre Briefe an René, damit ihr Sohn jederzeit nachprüfen kann, ob er alle Briefe seiner Mutter erhalten hat. Vermutlich nummeriert auch Lotte ihre Briefe an René. Nur wenige sind erhalten. Offenbar hat sie aber deutlich mehr Briefe an ihren Neffen in Kroatien geschrieben. Lottes ausführlicher Brief vom 7. Januar 1938 erlaubt einige Einblicke in das Familienleben zwischen Augsburg, Kroatien, Berlin und dem Allgäu:

> „Mein liebes Peterlein, 7–1–38
> ich glaube ich habe Dir noch nicht einmal für Dein schönes Weihnachtsgeschenk gedankt und möchte dies schleunigst nachholen! Du hast mir damit eine wirklich große Freude gemacht. Die Schachtel ist mit ihren verschiedenen Farben so lustig und gleichzeitig riesig praktisch. Sie steht auf meinem Schreibtisch und ich freue mich wirklich schrecklich damit und danke Dir dafür, wie auch für den netten Untersatz vielmals! Das war wirklich sehr lieb von Dir, an jeden extra zu denken!
> Den Kalender für Großmutti habe ich auch sehr bewundert, er hängt an ihrem Schreibtisch. Ich muss Dir allerdings gestehen, dass ich sehr unfolgsam war und die Fensterchen geöffnet habe, obwohl es ja verboten ist, sie vor der Jahreszeit aufzumachen. Aber ich war zu neugierig, was da rein gezeichnet war. Ich habe sie dann aber auch wieder zugemacht. – Was bekomme ich nun als Strafe für Unfolgsamkeit???
> Ich habe mich so sehr für Dich gefreut, dass es mit der Skireise geklappt hat, wenn auch leider mit fremden Skiern. Es muss ja landschaftlich wunderschön dort gewesen sein und ich kann mir vorstellen, wie vergnügt Ihr alle zusammen wart und froh, nun einmal nicht in die Schule zu müssen! Habt Ihr guten Schnee gehabt? Wer ist von Euch am besten gefahren? Waren es anstrengende Touren und wie ist es mit Deinen Füßen gegangen? Bist Du sehr müde geworden? Sicher war es eine gute Übung und das nächste Mal wird es noch besser gehen!
> Ich war diesen Winter noch gar nicht beim Schi laufen, weil ich alle meine Sachen noch in Liechtenstein habe. Nun habe ich sie bekommen und werde wohl Ende Januar für ein paar Wochen ins Allgäu fahren. Da werde ich mich zuerst schön dumm anstellen, bis ich wieder etwas Übung habe![159]

159 FAH, NL AWR IV/14 Anna Schwarz an René Sechehaye, 25. 1. 1938. Anna Schwarz berichtete auch von einem Besuch mit Lotte beim Skispringen in Oberstaufen im Allgäu. Eine ganze Reihe Fotos von Januar bis März 1938 zeigen Lotte mit ihrer Tochter Gabi im Allgäu.

Wir hatten ja gehofft, dass Mutti uns Weihnachten besucht; sie bekam aber dann nicht so lange Urlaub, dass es sich gelohnt hätte und ich habe mich sehr gefreut heute aus ihrem Brief zu hören, dass sie auch ein paar Tage fort war, um sich zu erholen. Sie schreibt, wie sehr sie sich immer mit Deinen Briefen freut!
Hier hat es auch sehr geschneit und es war so kalt, wie seit vielen Jahren nicht mehr. – Ich bin viel bei Cramers,[160] die alle immer sehr nach Dir fragen und Dich grüßen lassen; Erwin kommt Ostern aus der Schule und kommt nach München, um dort Photokopie zu erlernen. –
Ist die Schule schon wieder angegangen? Was macht Ihr alles in der freien Zeit? Was zeichnest Du?
Und kommst Du viel zum Lesen und was?
Wie ist es unten mit dem Schlittschuhlaufen und Rodeln? Vor ein paar Tagen war hier Kunstlaufen; Großmutti und ich haben zugeschaut. Es war sehr schön. –
Wie schmeckt Dir denn das Essen dort unten? Nimmst Du auch noch den Kalk? Wie kommst Du mit Deinem Taschengeld zurecht?
Wenn Du Lust und Zeit hast, schreib einmal ausführlich. Zum Neuen Jahr wünsche ich Dir auch von Herzen alles Gute.
Annemie bestelle doch bitte viele Grüße mit herzlichem Dank für ihre Zeilen.
Alles Liebe, 10 000 000 000 000 Grüße und Küsse
von D e i n e r
Loló“[161]

Lotte pflegt weiter ein vertrautes Verhältnis zu ihrem Neffen René bzw. „Peterlein". Sogar richtig neckisch wird sie, wenn sie ihn fragt, welche Strafe sie dafür bekommt, dass sie ihre Neugier nicht zügeln konnte und die Fenster des Kalenders für die Oma schon vor der Zeit geöffnet hat. Natürlich interessiert sie sich für seine Fortschritte im Skilaufen, kann sie es doch selbst kaum erwarten, wieder auf den Brettern zu stehen.

Eine enge Beziehung pflegt Lotte zur Familie Cramer in Augsburg, die auch mit René verbunden ist. Lotte schließt mit vielen Fragen an den Jungen und der Aufforderung, ihr mal ausführlich zu berichten. Doch sie schreibt ihm kein Wort über ihre Amerika-Pläne, kein Wort von Gabi.

In einem undatierten Brief an Annemarie Wolff-Richter, vermutlich aus dem Februar 1938, gibt Anna Schwarz zu erkennen, wie sehr sie darunter leidet, dass ihr Enkel in der Fremde leben muss: „Dass ich den Jungen wohl lange nicht mehr sehen werde, ist für mich

160 Martin Cramer, seine Ehefrau Clara Cramer, geb. Berberich (* 26. 8. 1886 Augsburg † 1942 Piaski – ermordet), Jüdin, sowie ihre beiden Söhne Ernst und Erwin und ihre Tochter Helene Cramer (* 1916 Augsburg † 1942 Piaski – ermordet), Jüdin.

161 FAH, NL AWR IV/13 Lotte Eckart an René Sechehaye, 7. 1. 1938.

sehr traurig, man hat sich das Alter so ganz anders vorgestellt, bald werde ich ganz allein sein."[162] Mit der gleichen Post geht auch ein aufschlussreicher Brief von Lotte an die Leiterin des Kinderheims in Zagreb:

> „Liebe Frau Annemie,
> ich freue mich auch stets über die guten Berichte! – Hansi hat wohl sehr Heimweh nach ihrem Goldbuben. Noch hat sie ja Arbeit. Ich möchte es gerne erreichen, dass sie in Berlin aufhört, wenn ihre Arbeit zu Ende [ist] und sich hier einmal gründlich ausruht und neue Möglichkeiten ins Auge fasst. Der Kampf in Berlin ist doch für sie hoffnungslos! – Glauben Sie mit den Kindern durchhalten zu können? Ich wünsche es in aller Interesse! Dies wird Hansis Pläne natürlich bestimmen. Vom Allgäu habe ich gute Berichte, ich komme gerade von dort.[163] Sie gedeiht prächtig und ist in bester Pflege. Aber sie fehlt mir sehr. – Hansi sehe ich vielleicht im März in Berlin für 14 Tage. Es ist noch unentschieden, wann meine Pläne für USA sich verwirklichen. Es fehlt noch das Affidavit. Ihnen alles Schöne und sehr herzliche Grüße
> von Ihrer
> Lotte E."[164]

Nicht verwunderlich, dass Lotte hier einen ganz anderen Ton anschlägt als in den Briefen an René. Es wird Tacheles geredet. Lotte sieht ihre Schwester Hansi in Berlin am Ende ihrer Kräfte in einem hoffnungslosen Kampf ums Überleben verstrickt. Besser wäre es, sie würde sich um neue Möglichkeiten, nämlich die Auswanderung, kümmern. Bis es soweit ist, müsste Annemie mit René und den anderen Kindern und Jugendlichen in Kroatien durchhalten, auch wenn Hansi von Sehnsucht nach ihrem „Goldbuben" geplagt wird.

Auch Lotte hat Sehnsucht nach ihrer kleinen Gabi. Immerhin kann sie ihre Tochter im Allgäu besuchen und weiß sie bei den Aicheles in guten Händen. Ohne Gabi beim Namen zu nennen, deutet Lotte „Frau Annemie" lediglich an, dass es „ihr" gut geht – wohl eine bewusste Vorsichtsmaßnahme, falls die Gestapo den Brief mitlesen sollte.

Lotte bemüht sich um die Auswanderung in die USA, benötigt aber noch das Affidavit. Unter Affidavit ist die Bürgschaft eines nahen Verwandten oder Freundes in den Vereinigten Staaten zu verstehen, die verhindern sollte, dass Einwanderer der Fürsorge zur Last fallen.[165]

162 FAH, NL AWR III/5 Anna Schwarz an Annemarie Wolff-Richter, undatiert (Februar 1938).
163 Eine Reihe durch Vermerke auf der Rückseite auf Februar 1938 datierte Fotos zeigen Lotte mit ihrer Tochter in Stiefenhofen.
164 FAH, NL AWR III/5 Lotte Eckart an Annemarie Wolff-Richter, undatiert (Februar 1938).
165 Vgl. Schelpmeier, Die deutschen Juden, S. 573.

Was soll mit Gabi werden?

Hansis Sohn René ist in Kroatien in Sicherheit. Lotte will ihr Kind auch in Sicherheit wissen. Die Unterbringung der kleinen Gabi bei den Aicheles stellt für sie nur eine Zwischenlösung dar. Sie weiß, dass das Kind einer Jüdin im Dritten Reich immer in Gefahr sein wird.[166] Für die Auswanderung nach Amerika benötigt sie ein „Affidavit of Support". In einem späteren Brief[167] erwähnt sie, „man" sei damals „in München" davon ausgegangen, dass sie aufgrund der Empfehlung von Kardinal Faulhaber ohne Weiteres ein Affidavit bekommen müsste. „In München" – wer könnte da gemeint sein? Doch wohl Kardinal Faulhaber und seine Mitarbeiter.[168]

Schon am 17. Juli 1937 hat Lotte bei Pfarrer Wanner in Marktoberdorf vorgesprochen, denn er erstellt an diesem Tag einen Auszug aus dem Taufregister für Gabi.[169] Dieses Dokument benötigt Lotte für die Auswanderung mithilfe der katholischen Kirche.[170] So schnell wie möglich will Lotte Deutschland jetzt verlassen, zusammen mit ihrem Kind. Auch in diesem Taufregisterauszug wird Lottes Kind noch als „Gabriele Eckart" geführt. Offenbar hatte die Namenskorrektur im Taufbuch noch nicht stattgefunden. Zur Mutter wird vermerkt „Witwe", Angaben zum Vater fehlen vollständig, jedoch unterbleiben in dem Vordruck ausdrücklich geforderte „Angaben über den Erzeuger eines unehelichen Kindes" in der Rubrik „Sonstige für die Abstammung wichtige Angaben". Pfarrer Wanner führt hier lediglich Rosalia Häringer als Patin auf. Insbesondere setzt er anders als im Taufbuch das Kürzel „illeg." für eine außereheliche Geburt nicht ein, sodass bei oberflächlicher Betrachtung durchaus der Eindruck entstehen könnte, es handle sich um ein eheliches Kind, dessen Vater noch vor der Geburt verstorben ist.

Am 6. März 1938 verstirbt Wilhelm Eckarts Vater Ludwig in Bad Reichenhall.[171] Lotte reist zur Beerdigung. Am 12. März hält sie sich in München auf.[172] An diesem Tag marschiert die deutsche Wehrmacht in Österreich ein. Am 15. März meldet Hitler auf dem Heldenplatz in Wien vor etwa 250 000 begeisterten Österreichern den Eintritt seiner Heimat in das Deutsche Reich. Am 10. April lässt Hitler im nunmehr mit der „Ostmark" wiedervereinigten Reich abstimmen: 99,73 Prozent der Stimmberechtigten erklären ihre Zustimmung. Die Euphorie ist grenzenlos.

166 Vgl. Hiemer, Interview mit René Sechehaye.

167 Lotte Eckart an HBOB, 5. 12. 1940, DAB, I/1-0.

168 In München ist der Direktor der Caritas-Zentrale in der Heßstr. 26, vermutlich „Sekretär Kett", mit den Hilfsmaßnahmen betraut. Vgl. Karl, Schicksale, S. 348.

169 DAB, I/1-40 Taufregister der Pfarrei St. Martin, Marktoberdorf, für Gabriele Schwarz, Auszug, 17. 7. 1937.

170 DAB, I/1-40 Lotte Eckart an HBOB, 7. 10. 1939. Der Taufregister-Auszug ist als Anhang dieses Schreibens überliefert, in dem es unter anderem um die Verschickung von Gabi nach England geht.

171 Vgl. StAM, AG Bad Reichenhall NR 1944/68, Niederschrift, 31. 5. 1944.

172 Vgl. FAH, NL AWR IV/16 Anna Schwarz an René Sechehaye, 12. 3. 1938.

Lotte mit Gabi im Winter 1937/38

Lotte will mit ihrer Mutter ein paar Tage ins Allgäu fahren, wo der Schnee noch meterhoch liegt.[173] Sie freut sich aufs Skilaufen – und auf ihre Tochter, die bald ein Jahr alt wird.

„Rassenschande"

Vermutlich hat sich Lotte bei ihren Besuchen mit der Störnäherin Martina Kneppler[174] aus Stiefenhofen angefreundet, die regelmäßig auf den Aichele-Hof kommt, um dort Näh- und Flickarbeiten zu erledigen. Lotte vertraut ihr an, dass Gabis Vater ein katholischer Deutsch-Schweizer, jedenfalls kein Jude sei. Sie erzählt ihr auch, Gabis Vater habe auf der Taufe des Kindes bestanden. Auch von Kardinal Faulhaber berichtet Lotte der Näherin: Dieser habe sie persönlich gefirmt.[175]

173 Vgl. FAH, NL AWR IV/17 Anna Schwarz an René Sechehaye, 11. 4. 1938.

174 Über Martina Kneppler liegen keine näheren Angaben vor. Sie soll mit der Familie Aichele über ihre Mutter, die eine Schwester von Josef Aicheles Mutter gewesen sein soll, verwandt gewesen sein.

175 Vgl. Mitteilung von Martina Kneppler an den Autor, 1989. Martina Kneppler sprach den Autor in Stiefenhofen auf der Straße an und erzählte, was sie von Lotte wusste. Glaubwürdig ist ihre Angabe, weil sie lange vor der Bestätigung durch Dokumente von Lottes besonderer Beziehung zu Kardinal Faulhaber wusste. Davon konnte sie nur von Lotte selbst erfahren haben.

Im Frühjahr 1938 erreicht Lotte eine Nachricht, die sie schockiert haben muss: Ihre Cousine Johanna Schmiedchen[176] wird am 19. April von der Gestapo verhaftet. Begründung: „Verdacht der Rassenschande".[177] In den „Nürnberger Gesetzen" von 1935 wird dieser neue Straftatbestand eingeführt. Der geschlechtliche Umgang zwischen „Deutschblütigen" und Juden wird als „Rassenschande" unter Strafe gestellt. Frauen, die der „Rassenschande" überführt werden, sollen dabei straffrei ausgehen, denn Adolf Hitler und seine Juristen halten die Frau für den passiven Teil in der geschlechtlichen Beziehung, weshalb nur der Mann bestraft werden soll. Doch gilt diese Regelung nicht für Jüdinnen.

Eine geheime Direktive des Chefs der Sicherheitspolizei betreffend „Schutzhaft für jüdische Rassenschänder" vom 12. Juni 1937 bestimmt, dass „bei Rassenschande zwischen einem Deutschen und einer jüdischen Frau [...] diese sofort nach Abschluss des Gerichtsverfahrens in Schutzhaft zu nehmen" ist.[178] Im Fall Johanna Schmiedchen gibt es weder eine Anklage noch ein Gerichtsverfahren: Der bloße Verdacht genügt, um sie in Polizeihaft zu bringen, in „Schutzhaft" zu nehmen und sie in einem Konzentrationslager verschwinden zu lassen.

Johanna Schmiedchen ist eine Cousine von Lotte. Eine Schwester von Lottes Mutter Anna Schwarz namens Mathilde[179] ist in Metz mit dem Arzt Dr. Wolff,[180] ebenfalls Jude, verheiratet. Am 26. Mai 1931 heiratet deren Tochter Johanna in Wiesbaden den Eisenbahnbeamten im Ruhestand, Friedrich Gottlob Paul Schmiedchen.[181] Schmiedchen ist bei der Hochzeit schon stolze 71 Jahre alt.[182] Der Altersunterschied beträgt sage und schreibe 45 Jahre. Vier Jahre später werden die „Nürnberger Gesetze" verkündet, die „Rassenschande" unter Strafe stellen. Bestehende Ehen zwischen Juden und Nichtjuden wie die von Friedrich und Johanna Schmiedchen werden aber zunächst nicht angetastet. Schon wenige Tage nach Schmiedchens Tod, am 3. November 1937, bezieht Johanna eine neue Wohnung in Wiesbaden in der Mainzer Straße 27.[183] Sie ist jetzt 33 Jahre alt. Ähnlich

176 Johanna Schmiedchen, geb. Wolff (* 18. 12. 1905 Metz † 25. 3. 1942 Bernburg, Saale – ermordet), Jüdin.

177 ITS, 1.2.2.1/11556912 Karteikarte des Strafgefängnisses Frankfurt-Preungesheim, Johanna Schmiedchen, 19. 4. 1938.

178 Zitiert nach Irene Eckler (Hrsg.), A family torn apart by „Rassenschande", Schwetzingen 1998 (http://www.fasena.de/courage/deutsch/4.htm).

179 Mathilde Wolff, geb. Rosenmeyer (* 28. 10. 1867 Wolfhagen † 10. 11. 1915 Metz), Jüdin. Stadtarchiv Metz Geburtseintrag Johanna Wolff, 18. 12. 1905, sowie Stadtarchiv Metz 1893 Naissance 455 Geburtsanzeige Johanna Wolff.

180 Leo Wolff (* 26. 8. 1864 Dobryca/Posen † ?), Jude, Arzt.

181 Friedrich Gottlob Paul Schmiedchen (* 1. 7. 1860 Jüterbog/Krs. Luckenwalde † 15. 10. 1927 Wiesbaden), Eisenbahnbeamter.

182 Mitteilung von Gerhard Klaiber aus dem Stadtarchiv Wiesbaden, 28. 11. 2014.

183 Vgl. ITS, 1.2.3.10/12301763 Karteikarte Johanna Schmiedchen der Gestapo Wiesbaden.

wie Lotte ist sie nach einer Ehe mit einem Nicht-Juden in jungen Jahren schon Witwe geworden. Sicher hat auch sie Kontakte zu Nicht-Juden. Kein halbes Jahr später wird sie wegen „Verdachts der Rassenschande“ in „Schutzhaft“ genommen und auf die Lichtenburg gebracht, das erste Konzentrationslager speziell für Frauen.

Spätestens jetzt weiß Lotte, was ihr eines Tages blühen könnte. Immerhin ist sie wie ihre Cousine Johanna Schmiedchen die Witwe eines „Ariers“ und hat vermutlich aus dem Umgang mit einem „Deutschblütigen“ sogar eine Tochter. Noch dazu ist die kleine Gabi blond und blauäugig – der lebende Beweis für „Rassenschande“. Jetzt behält Lotte den Namen des Vaters erst recht für sich. Und das Schicksal ihrer Cousine dürfte für Lotte ein Grund mehr sein, die Auswanderung mit Hochdruck voranzutreiben.

Auf großer Fahrt

Lotte bemüht sich spätestens, seit ihr Kardinal Faulhaber eine Empfehlung nach Amerika ausgestellt hat, um die Auswanderung. Aber dieses Unternehmen erweist sich als schwierig: Vermutlich reicht Lotte ihre Papiere beim zuständigen amerikanischen Konsulat in Stuttgart ein. Obwohl sie die nach ihrer Ansicht „nicht allzu hohe“ Wartenummer 26 000 erhält, wird es wohl noch eine Weile dauern, bis sie an der Reihe ist.[184] Außerdem ist es gar nicht so einfach, an ein Affidavit zu kommen. Lotte beschließt, die USA als Touristin zu besuchen und vor Ort ihre Übersiedlung in die „Neue Welt“ vorzubereiten. Ihre Mutter Anna Schwarz bezahlt ihr die teure Reise „über den großen Teich“.[185] Tatsächlich verfügt Lotte am 27. April 1938 auch über ein eigenes, bescheidenes Vermögen von 16 845,– RM.[186] Vermutlich weiß Anna Schwarz davon nichts, sonst hätte sie Lotte die Reise angesichts ihrer sonstigen Knausrigkeit sicher nicht bezahlt. Womöglich hat Lotte von Gabis Vater als Unterhaltsgeld für ihr Kind einen höheren Geldbetrag erhalten.[187]

Am 11. Mai 1938 stellt das amerikanische Konsulat in München ein Touristenvisum auf „Margarete Eckart“ aus. Auch für die Amerikareise greift Lotte auf ihren Taufnamen zurück. Das Visum ist zunächst für 30 Tage gültig, nachträglich wird es auf 60 Tage

184 DAB, DAB, I/1-40 Lotte Eckart an Dr. Engelhardt, 7. 10. 1939.

185 NARA Passenger and Crew List of Vessels Arriving at New York, 26. 5. 1938.

186 In einem Verzeichnis über die Vermögen von Juden des Finanzamtes Augsburg-Stadt vom 27. 4. 1938 ist unter „Eckart Lotte, Gesundbrunnenstraße“ dieser Betrag vermerkt. Günter Steiner aus dem Staatsarchiv Augsburg an den Autor, 2. 2. 2018.

187 StAM, OFD 8741 Bayer. Hypotheken- und Wechselbank Augsburg an den Oberfinanzpräsidenten München, 17. 6. 1942. Lotte bezahlte der Familie Aichele 50,– RM Pflegegeld monatlich, pro Jahr also 600,– RM. Bis zu Gabis Volljährigkeit mit 21 Jahren hätte sich das Pflegegeld allein zu einem Betrag von 12 600,– RM summiert. Darin wären noch keine weiteren Ausgaben für Bildung, Ausbildung oder Reisen etc. enthalten.

verlängert.[188] Auf dem Weg nach Bremerhaven, wo ihr Schiff ablegen soll, macht sie noch einen Abstecher nach Berlin zu ihrer Schwester Hansi. Die schreibt gleich am 19. Mai 1938 an ihren Sohn René in Kroatien: „Loló war einen Tag bei mir und fuhr heute nach Amerika. In vier bis sechs Wochen kommt sie wieder zurück und dann möchte sie uns beide mitnehmen."[189] Der Plan ist also klar: Lotte will sich in Amerika umsehen, sich ein Affidavit besorgen und dann gemeinsam mit ihrer kleinen Gabi, ihrer Schwester Hansi und ihrem Neffen René auswandern. Doch im gleichen Atemzug dämpft Hansi die Erwartungen, wenn sie ihrem Sohn schreibt: „Aber wird so schnell nicht gehen."[190] Es ist also weiterhin Geduld gefragt. Für die Auswanderung nach Amerika wird ja auch ein Affidavit benötigt, das Lotte noch nicht auftreiben konnte. Und auch Hansi braucht für sich und René eine solche Bürgschaftserklärung. Am 20. Mai 1938 begibt sich Lotte in Bremerhaven an Bord der „Bremen", des Flaggschiffs des Norddeutschen Lloyd.[191] Auch Oma Anna Schwarz berichtet René am 25. Mai 1938 von Lottes Reise: „Was meinst Du, lieber Peter, wohin Lolo gefahren ist? Sie ist letzten Freitag von Bremen mit dem Dampfer ‚Bremen' nach New York gefahren und wird morgen schon dort landen; sie wird 4 Wochen bleiben und kommt im Juli wieder hierher zurück, um wohl später ganz nach Amerika zu übersiedeln."[192] Von Hansis Plänen, mit Lotte und René nach Amerika auszuwandern, weiß Anna Schwarz offenbar noch nichts – oder sie ist der Ansicht, es ist besser, dem Jungen noch nichts davon zu erzählen, um ihm keine Flausen in den Kopf zu setzen.

Emmy in Paris, Hansi in Berlin, René in Zagreb, Gabi im Allgäu, Lotte bald in Amerika … Nachvollziehbar, dass Anna Schwarz in Augsburg über diese Aussichten nicht gerade begeistert ist. Sie schreibt an ihren Enkel in Kroatien: „Mir wurde der Abschied sehr schwer, alle Kinder und Enkel so weit weg und man weiß nicht, ob man sich wiedersieht und gerade wenn man alt ist, möchte man so gern mit den Kindern zusammen sein, versteht Du das schon?"[193]

188 NARA Passenger and Crew List of Vessels Arriving at New York, 26. 5. 1938.

189 Vgl. FAH, NL AWR IV/21 Johanna Sechehaye an René Sechehaye, 19. 5. 1938.

190 Unterstreichung im Original.

191 Vgl. StAB, Passagierlisten 1920–1939, 20. 5. 1938 (http://www.bremer-passagierlisten.de/). Die „Bremen" galt damals als einer der modernsten und luxuriösesten Schnelldampfer der Welt. Bei ihrer Jungfernfahrt am 22. 7. 1929 errang die „Bremen" das „Blaue Band" für die schnellste Atlantiküberquerung. Noch 1989 erinnerte sich René an die schöne Ansichtskarte der „Bremen", die ihm Lotte damals geschickt hatte. Hiemer, Interview mit René Sechehaye.

192 FAH, NL AWR IV/22 Anna Schwarz an René Sechehaye, 25. 5. 1938.

193 Ebenda.

Amerika!

Nach sechs Tagen auf hoher See legt die „Bremen" am 26. Mai 1938 in New York an. Bei der Einreise wird Lotte von den US-Behörden eingehend befragt. Ihre Antworten sowie die Feststellungen des Beamten werden in ein Formular eingetragen.[194] Lotte gibt an, ohne Beschäftigung zu sein. Unter „Rasse oder Nationalität" wird vermerkt: „Deutsch". Dass sie wie vermutlich viele andere Passagiere jüdisch ist, unterschlägt sie wohlweislich. Als Wohnsitz gibt sie an: Stiefenhofen.[195] Ihre Größe wird mit 5 feet 9 inches angegeben, was etwa 1,75 m entspricht. Außerdem stellt der Beamte fest, dass sie blond und blauäugig ist. Offenbar ist ihr rotblondes Haar nach dem Färben schon tüchtig nachgewachsen … Und blaue Augen haben offenbar nicht nur „Arier" …

Weiter gibt sie an, dass sie ihren Cousin Dr. Fritz Einstein[196] in Fosterdale im Bundesstaat New York besuchen will. Über Lottes Vater, Karl Schwarz, und über Onkel August Einstein, der im Vorjahr verstorbene Dauermieter bei Anna Schwarz, ist man verwandt.[197] Dr. Einstein hat bereits am 13. April 1937 einen Antrag auf Einbürgerung gestellt.[198] Dr. Fritz Einstein war ein sehr angesehener und verdienter Arzt in Hamburg. Er war Sozialdemokrat und wie Lottes Schwager, Dr. Kurt Glaser, Mitglied bei den „Sozialistischen Ärzten Deutschlands". Fritz Einstein engagierte sich besonders für die Versorgung des reformerischen Wohn- und Lebensprojekts Langenhorn im Norden der Hansestadt. Auch er hat seine Auswanderung nach Amerika zunächst durch einen Besuch vorbereitet. Nach seiner Rückkehr hängten ihm die Behörden eine Affäre mit seiner „arischen"

194 NARA Passenger and Crew List of Vessels Arriving at New York, New York, 1897–1957, Microfilm Publication T715_6158, 26. 5. 1938 (https://www.ancestry.de/).

195 StadtA A, Hausbogen Schaezlerstr. 13. Lotte meldete sich nach ihrem Wegzug aus Augsburg nach Wörishofen am 19. 8. 1935 erst am 24. 10. 1938 wieder in Augsburg polizeilich an und zwar in der Gesundbrunnenstr. 3, wohin ihre Mutter, Anna Schwarz, in der Zwischenzeit umgezogen war. In Stiefenhofen sind keine Meldeunterlagen aus dieser Zeit vorhanden.

196 Fritz Einstein (* 6. 5. 1894 Hamburg † April 1969 Piermont/New York, USA), Jude, Arzt. Dr. Einstein war Mitglied im Verein Sozialistischer Ärzte und übernahm ca. 1924 die Versorgung des reformerischen Wohn- und Lebensprojekts Langenhorn im Norden von Hamburg. Auswanderung bzw. Flucht nach Amerika 1936. Vgl. Anna von Villiez, Mit aller Kraft verdrängt. Entrechtung und Verfolgung „nicht arischer" Ärzte in Hamburg 1933 bis 1945, München/Hamburg 2009, S. 255.

197 Lottes Vater, Karl Schwarz, ist ein Neffe des Großvaters von Dr. Einstein. Außerdem ist Lotte über ihre Schwester Hansi in Berlin wohl mit Dr. Einsteins Schwester, Toni Memeldsdorff, bekannt. Sie ist die Gattin des Notars und Rechtsanwalts Wilhelm Memelsdorff, der einige Zeit in der Konstanzer Str. 8, wenige Schritte von Hansis Wohnung in der Konstanzer Str. 4 entfernt, wohnte. Der Familie Memelsdorff ist allerdings bereits im Herbst 1937 die Auswanderung nach Argentinien geglückt. Vgl. Simone Ladwig-Winters (Hrsg), Anwalt ohne Recht. Das Schicksal jüdischer Rechtsanwälte in Berlin nach 1933, 2., erg., und erw. Aufl., Berlin 2007, S. 223.

198 Naturalization Records 1882–1944, Fritz Einstein, Petition for Naturalization, 13. 4. 1937 (https://www.ancestry.de/).

Ansichtskarte von Lotte
aus New York an Therese Aichele,
Rockefeller Center, 2. Juni 1938
Im Original farbig

Sprechstundenhilfe an und versuchten, ihn wegen „Rassenschande" vor Gericht zu bringen. Im letzten Moment konnte Dr. Einstein seinen Häschern entkommen und mithilfe der Quäker nach Amerika emigrieren. Im Sommer 1938 arbeitet er vermutlich noch in Fosterdale im Staat New York in einer Erholungseinrichtung der amerikanischen Gewerkschaftsorganisation.[199]

Allerdings hat Lotte bei ihrer Einreise in die Vereinigten Staaten eine weitere Adresse angegeben, die der Beamte handschriftlich notierte: „To Mrs. H. Mitchel 30 Daniel Low Terrace S. I. NY".[200] Bei der Adresse handelt es sich um ein 1932 erbautes, mehrstöckiges Art-Déco-Gebäude in Staten Island, das bis heute das Hotel „Ambassador" beherbergt. Was es mit Frau Mitchel auf sich hat, konnte nicht geklärt werden.

199 Vgl. von Villiez, Mit aller Kraft, S. 255. So auch sein Sohn Hans Einstein. Vgl. Hans Einstein, Mitteilung an den Autor, Bakersfield, Kalifornien/USA, 31. 1. 2010. In einem Artikel des „Richfield Spring Mercury" wird dagegen angegeben, Dr. Fritz Einstein sei in Fosterdale für die Quäker-Organisation tätig gewesen. Vgl. „Three New Doctors in Cooperstown", in: Richfield Spring Mercury, 2. 12. 1938. Dr. Einsteins Kinder besuchten vor der Auswanderung in Holland eine Quäkerschule. Möglicherweise waren die Quäker Dr. Einstein behilflich. Tatsächlich schloss sich Dr. Einstein den „New York Friends", der dortigen Quäkergemeinschaft, an.

200 NARA Passenger and Crew List of Vessels Arriving at New York, 26. 5. 1938.

Am 2. Juni 1938, wenige Tage nach ihrer Ankunft, schickt Lotte eine Ansichtskarte vom Rockefeller Center in New York an Therese Aichele nach Stiefenhofen.[201] Ein Wunder, dass die Karte mit der äußerst knappen Anschrift „Frau Therese Aichele, Stiefenhofen b. Harbatshofen/Allg." überhaupt ankommt. Lotte gibt sogar ihre New Yorker Anschrift bekannt: 16th – 87th Street. Es ist eine Adresse in der Upper East Side, einem Stadtteil, in dem sich viele geflüchtete Juden aus Deutschland niedergelassen haben. Der Central Park ist nicht weit, und auch das auf der Karte abgebildete Rockefeller Center ist ganz in der Nähe. Lotte schreibt: „Weit gereist + angekommen – gibt es viel Interessantes zu sehen + viel zu tun. – Ich bin in Gedanken bei Ihnen allen + Gabi + bin neugierig auf Berichte. Sehr liebe Grüße Ihre Lotte E."[202]

Über Lottes Aktivitäten in Amerika gibt es keine Dokumente und nur wenige Hinweise. Vermutlich sucht Lotte Dr. Fritz Einstein in Fosterdale im Staate New York tatsächlich auf. Wer könnte sie besser in ihren Auswanderungsangelegenheiten beraten als ein zwei Jahre zuvor ausgewanderter Verwandter? Da er in einem Erholungsheim der Gewerkschaften tätig ist, liegt auch die Frage nach Arbeitsmöglichkeiten für Lotte als Atemlehrerin nahe. Als Aussteller des dringend benötigten Affidavits kommt er ebenfalls infrage.

Vermutlich hat Lotte auch versucht, Kontakt mit der „National Catholic Welfare Conference" (NCWC) in Washington aufzunehmen, für die Faulhaber sie empfohlen hatte. In den Akten der „Conference" finden sich jedoch keine Spuren von Lotte. Pater Grösser äußert sich ein gutes Jahr später über Lottes Begegnung mit amerikanischen Kirchenvertretern etwas abfällig: „Die Reise dieser Dame nach New York blieb seinerzeit ohne Erfolg, weil sich die dortigen Stellen an der Existenz eines illegitimen Kindes stießen, wie das in USA üblich ist."[203] Mit welchen Kirchenvertretern Lotte in Amerika Kontakt hatte, ist nicht bekannt. Jedenfalls hat sie die „dortigen Stellen" selbst davon unterrichtet, dass sie zusammen mit ihrem Kind nach Amerika auswandern möchte – und dass dieses Kind illegitim ist. Auch in Amerika stieß man sich an dieser Tatsache, obwohl Lotte sicher dargelegt hat, dass es ihr als Jüdin im Deutschen Reich ja verboten war, den Vater des Kindes zu heiraten, sollte es sich tatsächlich um einen „Deutschblütigen" handeln. Dass es eventuell noch andere Gründe dafür geben konnte, zum Beispiel, dass der Mann verheiratet war oder keine Beziehung mit einer Jüdin eingehen wollte, musste sie den kirchlichen Stellen in den USA ja nicht auf die Nase binden ... Im Übrigen stießen sich wohl nicht nur die amerikanischen Stellen an der Existenz eines illegitimen Kindes ...

201 ALH, Lotte Eckart aus New York an Therese Aichele, 2. 6. 1938.
202 Ebenda.
203 DAB, I/1-40 Max Grösser an Dr. Engelhardt, 13. 11. 1939.

Gabi in der Wiese

Anna Schwarz mit ihrer Enkelin Gabi

Auch die Strapazen einer zweitägigen Eisenbahnreise quer über den Kontinent nach Denver/Colorado nimmt Lotte wohl auf sich, um sich an Ort und Stelle ein Bild vom „National Jewish Hospital“ zu machen und sich als künftige Atemlehrerin vorzustellen. Doch auch in Denver finden sich keine Spuren von Lotte Eckart.

5 Zurück im Reich

Gabi entwickelt sich prächtig

Wie viele Fotos zeigen, macht Gabi im Frühjahr und Sommer 1938 große Entwicklungsschritte. Im Frühjahr sitzt sie noch in der Wiese. Es folgen erste Schritte an der Hand der Oma. Bald kann Gabi schon auf eigenen Füßen stehen. Der „Budel“, wie das Fläschchen für Säuglinge im Allgäu genannt wird, ist immer dabei. Bald wird Hühnerfüttern zu ihrer Lieblingsbeschäftigung. Und im Garten gilt es, tausend Wunder zu entdecken. Sogar baden kann man da. Gabis „Papa“ Josef Aichele hat extra eine Zinkwanne für sie besorgt. Und immer wieder heißt es: Hühner füttern.

Gabi mit Flasche vor dem Hof

Gabi mit dem „Budel“ auf einer Decke

Gabi füttert die Hühner

Gabi im Garten

Gabi beim Hühnerfüttern

Gabi beim Baden

Lotte mit Gabi

Zurück aus Amerika kommt auch Gabis „Mutti“ wieder zu Besuch. Gabi nennt ihre Pflegemutter Therese Aichele „Mama“ und ihren Pflegevater Josef Aichele „Papa“. Von einem „Vati“ weiß Gabi nichts …

Lotte ist wieder da

Lotte hat ein Touristenvisum für 30 Tage, das nachträglich auf 60 Tage erweitert wird. Danach müsste sie Ende Juli die Heimreise antreten. Wann genau sie Amerika verlassen hat, ist nicht bekannt. Nach der langen Trennung besucht sie sicher als Erstes ihre Tochter Gabi. Aus dem Jahr 1938 sind eine ganze Anzahl Fotos erhalten; eines hat Lotte mit „August“ und viele andere mit „September 1938“ beschriftet. Im August 1938 ist Lotte wieder zurück in Deutschland. Aus dem Oktober 1938 stammt vermutlich ein Brief von Anna Schwarz an René, in dem sie schreibt: „Lotte ist noch bei mir und hat immer viel zu tun. Hoffentlich kann sie bald fort; sie lässt Dich herzlich grüßen.“[204]

Lotte möchte so bald wie möglich wieder fort. Aber ob Anna Schwarz das wirklich hofft? Am 21. Oktober 1938 schreibt sie wiederum an René: „Lolo ist noch bei mir, sie

204 FAH, NL AWR III/2 Anna Schwarz an René Sechehaye, undatiert (10/1938).

wartet noch immer bis sie eine richtige Anstellung findet, sie möchte doch wieder arbeiten. Das ist nicht leicht."[205] Sicherlich möchte Lotte wieder arbeiten – am liebsten als Atemlehrerin und in Amerika… Vermutlich geht sie wie ihre Schwester Hansi davon aus, dass es noch einige Zeit dauern wird mit der Auswanderung. Einstweilen sucht sie wohl in Augsburg nach einer „richtigen Anstellung". „Richtige Anstellung" bedeutet für Anna Schwarz wohl keine freiberufliche Tätigkeit, sondern eine feste Position als Angestellte – vermutlich eher als Sekretärin denn als Atemlehrerin.

Währenddessen setzt Hitler seinen Siegeszug fort. Nach Drohungen und Ultimaten des Deutschen Reiches wird am 30. September 1938 in München ein Abkommen geschlossen, das den Frieden sichern soll. Die europäischen Mächte machen Hitler weitgehende Zugeständnisse. Er verspricht, dass dies die letzten sein würden, die er für das Deutsche Reich einfordern werde. So wird ihm etwa erlaubt, den deutsch besiedelten Teil der Tschechei „heim ins Reich" zu führen. Schon am nächsten Tag rücken deutsche Truppen ins Sudetenland ein, was im Hitlerreich als großer Sieg gefeiert wird.

Resi in Augsburg

Noch vor ihrer Reise nach Amerika hat Lotte Resi, den jüngsten Spross der Familie Aichele, als Haushaltshilfe nach Augsburg vermittelt. Sie möchte, dass Resi etwas aus ihrem Leben macht, einen Beruf erlernt, Kunst und Kultur für sich entdeckt. Deshalb hat sie ihr schon ihre Schreibmaschine und ein Lehrbuch für das Schreiben mit der Maschine geschenkt. Das hat Resis Vater, Josef Aichele, allerdings zerrissen und verbrannt. Seiner Ansicht nach soll Resi bis zu ihrer Verehelichung auf dem Hof mitarbeiten. Eine Berufsausbildung für ein Mädchen hält er für überflüssig. Doch nach der Heuernte darf Resi nach Augsburg gehen und dort eine Stelle in einem Haushalt annehmen. Das hat Therese Aichele bei ihrem Mann wenigstens erreicht.[206] Am 4. Oktober 1938 tritt Resi eine Stelle als Dienstmädchen in Augsburg an.[207] Am 1. November 1938 bezieht sie ein Zimmer in der Nibelungenstraße 25 bei der Apothekerfamilie Haugg.[208] Nur ein paar Schritte weiter, in der Gesundbrunnenstraße 3, wohnt Anna Schwarz, in einem stattlichen Bürgerhaus.

Eines Abends besucht Resi Wally Morhardt,[209] damals Haushälterin bei Anna Schwarz. Lotte ist aus Amerika zurück und wohnt wieder bei ihrer Mutter.[210] Lotte drückt ihnen Geld in die Hand und sagt, die beiden Mädchen sollen sich einen schönen Abend

205 FAH, NL AWR IV/25 Anna Schwarz an René Sechehaye, 21.10.1938.
206 Vgl. Hiemer, Zeitzeugen-Interview (Film) Resi Baumann.
207 StadtA A, Meldekarte Therese Aichele.
208 Über die Familie Haugg liegen keine näheren Informationen vor.
209 Walburga Morhardt, geb. Bergmüller (* 1907 oder 1908 † ?), Reichsbahngehilfen-Ehefrau.
210 StadtA A, Hausbogen Gesundbrunnenstr. 3. Lotte hatte sich am 24.10.1938 wieder in der Gesundbrunnenstr. 3 angemeldet.

Augsburg, Gesundbrunnenstraße 3
Urheberrechte nicht zu klären

machen und ins Kino oder ins Theater gehen.[211] Als sie heimkommt, wird Resi von ihrer Herrschaft zur Rede gestellt. Wahrheitsgemäß berichtet sie, dass sie eine Freundin besucht habe, die Hauswirtschafterin in der Gesundbrunnenstraße 3 sei. Resi wird verboten, noch einmal dorthin zu gehen, denn „das seien doch alles Juden". Resi versteht die Aufregung nicht, verzichtet daraufhin aber auf weitere Besuche.[212]

Lotte bei Faulhaber: 31. Oktober 1938. Der zwölfte Besuch

Erst Ende Oktober 1938 meldet sich Lotte nach ihrer Amerikareise auch bei Kardinal Faulhaber zurück. Der vermerkt über die Begegnung in seinem Tagebuch: „Werk Ekhard [sic]: Wieder zurück wegen der Mutter. Eine Bekannte in New Jork [sic], aber wegen ihres Mannes unmöglich. Nervenzusammenbruch. Auf dem Wege zu den Gräbern von Reichenhall. Trecento."[213]

211 Vgl. Hiemer, Zeitzeugen-Interview (Film) Resi Baumann.
212 Ebenda.
213 Italienisch für dreihundert. EAM, NL FH 10018 Michael von Faulhaber, Tagebucheintrag vom 31.10.1938.

Faulhaber bezeichnet die ganze Angelegenheit als „Werk Ekhard“. Erstaunlich, dass er sich nicht an die korrekte Schreibung ihres Nachnamens erinnert. Aus seiner Notiz ist zweifelsfrei zu entnehmen, dass Lotte wegen ihrer Mutter zurückgekommen ist. Zweifellos setzen Anna Schwarz die Dramen, die sich rings um sie abspielen, und die zunehmende Vereinsamung sehr zu. Lotte muss sich um sie kümmern. Sicher hat Lotte aber nie ernsthaft in Erwägung gezogen, als Touristin in den USA zu bleiben – als „Illegale“ –, noch dazu ohne ihre Gabi. Ganz konkret hatte Lotte wohl eine Stelle in New York in Aussicht – vielleicht bei der ominösen Mrs. Mitchel? Wegen des Ehemanns kommt diese allerdings nicht infrage. Hatte es der Mann auf die attraktive Lotte abgesehen? Hatte seine Frau oder doch Lotte dort einen „Nervenzusammenbruch“ erlitten? Jetzt ist sie jedenfalls unterwegs zu den Gräbern von Reichenhall. Dort sind ihr Ehemann Wilhelm und ihr Schwiegervater Ludwig beerdigt. Der 1. November ist ein Feiertag: Allerheiligen, der Tag, an dem die Katholiken traditionell die Gräber ihrer Lieben besuchen. Diesmal steckt Faulhaber ihr 300,– RM zu. Aber wie soll es weitergehen? Lotte braucht immer noch ein Affidavit, muss sämtliche Papiere für die Auswanderung zusammenbekommen, und sie benötigt ein gültiges Visum des amerikanischen Konsulats in Stuttgart. Und dann muss noch ihre Wartenummer aufgerufen werden … Und Gabi? Und Hansi, ihre Schwester? Und René? Die sollen ja auch mit, um „drüben“ ein neues Leben zu beginnen. Aber was soll aus Anna Schwarz werden, ihrer Mutter?

Der letzte Wille der Anna Schwarz

Unter dem Eindruck von Lottes Erzählungen aus der „neuen Welt“ ändert Anna Schwarz am 1. November 1938 ihr noch gemeinsam mit ihrem Mann verfasstes Testament:

> „Mein letzter Wille Augsburg, 1. November 1938
> Nach unserem gemeinsamen Testament erben unsere Kinder Emmy, Hansi und Lotte unser gesamtes Vermögen und Hinterlassenschaften; Emmy um das weniger, was sie bei ihrer Verheiratung bereits erhalten hat. Sollten nun unsere Kinder im Ausland sein und somit die Sachen nicht geschickt werden können, so fällt alles an meinen Enkel, René Peter Seché, und an meine Enkelin, Gabriele Schwarz, die z. Z. in Pflege bei Frau Therese Aichele in Stiefenhofen bei Harbatshofen im Allgäu lebt. Sollten jedoch meine Töchter nach Deutschland zurückkommen, so gilt nur unser erstes gemeinsames Testament. Frau Aichele soll das Geld zur Sicherstellung auf die Sparkasse legen, Möbel, Silber, Geschirr etc. alles, was hier ist, bei sich aufheben bis die Kinder erwachsen sind.
> Frau Anna Schwarz geb. Rosenmeyer“.[214]

214 StAA, AGA NLG Schwarz Anna 750/1939 Testament Anna Schwarz, 1. 11. 1938.

Anna Schwarz weiß auch von Hansis Auswanderungsplänen. Sie muss jetzt davon ausgehen, dass bei ihrem Tod keine ihrer drei Töchter mehr in Deutschland sein wird. Sicherlich würde es nicht möglich sein, ihnen Geld und Wertsachen ins Ausland nachzuschicken. In diesem Fall sollen nach dem Willen von Anna Schwarz ihr Enkel René und ihre Enkelin Gabi zu gleichen Teilen erben. Aber René ist in Kroatien, also ebenfalls im Ausland, und Gabi noch klein. Deshalb bestimmt sie vorsorglich Gabis Pflegemutter Therese Aichele zur Treuhänderin des Schwarzschen Vermögens. Frau Aichele soll das Geld auf die Sparkasse legen und die Sachen von Wert aus ihrem Haushalt, also Möbel, Silber, Geschirr und so weiter, im Allgäu aufbewahren, bis René und Gabi erwachsen sind. René ist 1924 geboren. 1945 würde er 21, also volljährig. Bei Gabi würde es noch bis 1958 dauern. Dass Anna Schwarz die Pflegemutter ihrer Enkelin Gabi als Treuhänderin einsetzt, zeugt von dem enormen Vertrauen, das sie in die Allgäuer Bauernfamilie setzt. Sehr ungewöhnlich, dass eine einfache Bäuerin das Vermögen einer wohlhabenden Bürgerfamilie verwalten soll. Doch die Zeitläufte lassen nicht nur in diesem Fall Unmögliches Wirklichkeit werden.

Der organisierte Volkszorn auf die Juden

Wenige Tage nachdem Anna Schwarz ihr Testament gemacht hat, wütet in ganz Deutschland der nationalsozialistische Mob in den Straßen. Ein verzweifelter junger Jude namens Herschel Grünspan[215] hat in Paris den Legationssekretär Ernst vom Rath[216] niedergeschossen. Propagandaminister Joseph Goebbels[217] ruft auf Anweisung Hitlers den „Volkszorn" aus, wobei er die „Verschwörung des Weltjudentums" mitverantwortlich für den Tod des deutschen Diplomaten macht. Die anlässlich der 15. Wiederkehr des Hitler-Marsches auf die Feldherrnhalle in München versammelten Gauleiter und SA-Führer geben umgehend Befehl ins gesamte Reich, Synagogen und jüdisches Eigentum zu zerstören und zu verbrennen. Nach dem Wunsch des Führers soll die Polizei nicht eingreifen, die SA soll Plünderungen verhindern und die Feuerwehr nur die Häuser von „Ariern" beschützen, aber die Brände nicht löschen.

In der von der Propaganda der Nationalsozialisten so genannten „Kristallnacht" vom 9. auf den 10. November 1938 werden im gesamten Deutschen Reich Synagogen und jüdische Geschäfte zerstört und niedergebrannt. Juden werden aus ihren Häusern geholt, beschimpft, bedroht, gequält und erniedrigt. An die 30 000 jüdische Männer werden verhaftet und in Konzentrationslager eingeliefert.

215 Herschel (Hermann) Feibel Grünspan (Grynszpan) (* 28. 3. 1921 Hannover † vermutlich zwischen 1942 und Kriegsende 1945 Magdeburg – ermordet), Jude.

216 Ernst Eduard vom Rath (* 3. 6. 1909 Frankfurt a. M. † 9. 11. 1938 Paris – ermordet), Diplomat.

217 Joseph Goebbels (* 29. 10. 1897 Rheydt † 1. 5. 1945 Berlin – Freitod), NS-Reichsminister für Volksaufklärung und Propaganda.

Auch in Augsburg wütet der „organisierte Volkszorn". In den frühen Morgenstunden des 10. November dringen 20–30 Jugendliche in die Synagoge in der Halderstraße ein, legen Feuer, zerstören Kultgegenstände und vernichten die Unterlagen der Gemeinde. Wegen einer benachbarten Tankstelle hat man Angst, dass das Feuer auf die Gebäude von Nichtjuden übergreifen könnte. Deshalb löscht die Feuerwehr den Brand. Doch die Synagoge ist zerstört. Es kommt zu Ausschreitungen gegen Geschäfte in jüdischem Besitz, Schaufensterscheiben werden eingeworfen, Auslagen geplündert, jüdischer Besitz zerstört. Wohnungen und Häuser von Juden werden durchsucht, 150 jüdische Männer verhaftet. Acht Tage verbringen sie in Polizeihaft im Gefängnis Katzenstadl. Dass heißt es für sie: „Ab nach Dachau", wo sie allesamt mindestens einen Monat interniert werden.[218]

In der Pogromnacht ist Lotte bei ihrer Mutter in der Gesundbrunnenstaße. SA-Männer dringen in die Wohnung von Anna Schwarz ein. In ihrem Zimmer muss Lotte mit ansehen, wie Uniformierte mit langen Messern ihre Kleider zerschneiden.[219]

Die Vorgänge der Pogromnacht sind ein Schock für die Juden im Reich. Sie müssen endgültig einsehen, dass sie völlig rechtlos sind. Ausgelieferte. Und die Machthaber treiben den Zynismus noch auf die Spitze. Hermann Göring[220] verlangt von den gepeinigten und verängstigten Juden als „Sühneleistung" für die angerichteten Verwüstungen eine „Reichskontribution" von einer Milliarde Goldmark.[221] Die Logik ist mehr als krude: Weil der Jude Grünspan in Paris den Legationssekretär vom Rath umgebracht hat, habe sich der Volkszorn in Deutschland spontan Bahn gebrochen. Die entstandenen Schäden gingen demnach auf das Konto der Juden. Heute weiß man, dass die Synagogen keineswegs „spontan" in Flammen aufgingen. Die Juden selbst sollten für die von den Nationalsozialisten angerichteten Zerstörungen aufkommen, sie sollten büßen und wie ein unterworfenes Volk eine „Kontribution" an das Reich leisten. In der Präambel einer Verordnung über die

218 Vgl. Hans K. Hirsch, Reichspogromnacht, in: Stadtlexikon Augsburg.

219 Hieronymus Aichele hatte diese Geschichte von Lotte gehört. Allerdings habe sich der Besuch der SA-Männer schon einige Tage vor der Pogromnacht ereignet. Vgl. Hiemer, Interview mit Hieronymus Aichele. In Anna Schwarz' Geburtsort Wolfhagen wurde die Synagoge zum Teil zerstört. Angehörige des SS-Oberabschnitts Fulda-Werra beschädigten auch den jüdischen Friedhof erheblich. Bei tagelangen Ausschreitungen wurden auch die Häuser jüdischer Familien zerstört, nahezu alle Männer in „Schutzhaft" genommen und ins KZ Buchenwald verschleppt. Vgl. http://www.jüdische-gemeinden.de/index.php/gemeinden/u-z/2118-wolfhagen-hessen. Auch in Mainz wurde die große Hauptsynagoge von 1912 unter Leitung des SS-Sturmbannführers Karl Ober und seiner Untergebenen Sparwasser und Helmut Ritzel zerstört. Die orthodoxe Synagoge und die Schule der Israelitischen Religionsgemeinschaft wurden ebenfalls zerstört. Vgl. http://www.jüdische-gemeinden.de/index.php/gemeinden/m-o/1256-mainz-rheinland-pfalz. Sicher hat auch Anna Schwarz von diesen Ereignissen erfahren.

220 Hermann Göring (* 12.1.1893 Rosenheim † 15.10.1946 Nürnberg – Freitod), NS-Reichsinnenminister, Generalfeldmarschall.

221 Verordnung über eine Sühneleistung der Juden deutscher Staatsangehörigkeit 1938, http://www.verfassungen.de/de33-45/juden38-5.htm.

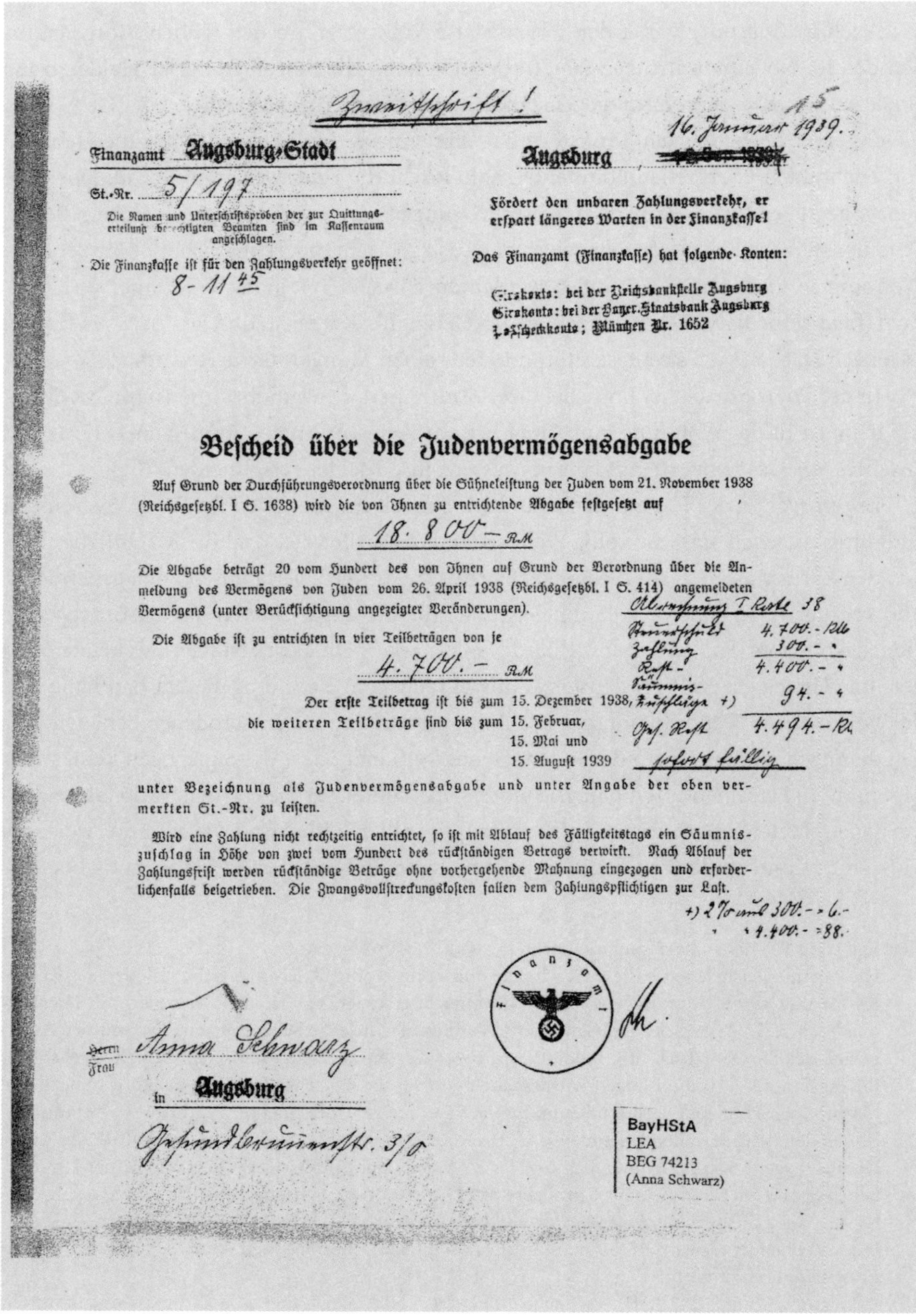

Zweitschrift!

15

Finanzamt Augsburg-Stadt

Augsburg, 16. Januar 1939.

St.-Nr. 5/197

Die Namen und Unterschriftsproben der zur Quittungserteilung berechtigten Beamten sind im Kassenraum angeschlagen.

Die Finanzkasse ist für den Zahlungsverkehr geöffnet: 8–11 45

Fördert den unbaren Zahlungsverkehr, er erspart längeres Warten in der Finanzkasse!

Das Finanzamt (Finanzkasse) hat folgende Konten:

Girokonto: bei der Reichsbankstelle Augsburg
Girokonto: bei der Bayer. Staatsbank Augsburg
Postscheckkonto; München Nr. 1652

Bescheid über die Judenvermögensabgabe

Auf Grund der Durchführungsverordnung über die Sühneleistung der Juden vom 21. November 1938 (Reichsgesetzbl. I S. 1638) wird die von Ihnen zu entrichtende Abgabe festgesetzt auf

18.800.– RM

Die Abgabe beträgt 20 vom Hundert des von Ihnen auf Grund der Verordnung über die Anmeldung des Vermögens von Juden vom 26. April 1938 (Reichsgesetzbl. I S. 414) angemeldeten Vermögens (unter Berücksichtigung angezeigter Veränderungen).

Die Abgabe ist zu entrichten in vier Teilbeträgen von je

4.700.– RM

Der erste Teilbetrag ist bis zum 15. Dezember 1938,
die weiteren Teilbeträge sind bis zum 15. Februar,
15. Mai und
15. August 1939

Abrechnung I Rate 38	
Grundschuld	4.700.- RM
Zahlung	300.- "
Rest	4.400.- "
Säumniszuschlag +)	94.- "
Ges. Rest	4.494.- RM
sofort fällig	

unter Bezeichnung als Judenvermögensabgabe und unter Angabe der oben vermerkten St.-Nr. zu leisten.

Wird eine Zahlung nicht rechtzeitig entrichtet, so ist mit Ablauf des Fälligkeitstags ein Säumniszuschlag in Höhe von zwei vom Hundert des rückständigen Betrags verwirkt. Nach Ablauf der Zahlungsfrist werden rückständige Beträge ohne vorhergehende Mahnung eingezogen und erforderlichenfalls beigetrieben. Die Zwangsvollstreckungskosten fallen dem Zahlungspflichtigen zur Last.

+) 2% aus 300.- = 6.-
" 4.400.- = 88.

Finanzamt

Frau Anna Schwarz

in Augsburg

Schaezlerstr. 3/0

BayHStA
LEA
BEG 74213
(Anna Schwarz)

Bescheid über Judenvermögensabgabe für Anna Schwarz, 16. Januar 1939
Bayerisches Hauptstaatsarchiv, LEA BEG 74213 (Anna Schwarz)

Sühneleistung der Juden deutscher Staatsangehörigkeit heißt es: „Die feindliche Haltung des Judentums gegenüber dem deutschen Volk und Reich, die auch vor feigen Mordtaten nicht zurückschreckt, erfordert entschiedene Abwehr und harte Sühne."[222]

Weder Lotte noch ihre Mutter Anna Schwarz oder ihre Schwester Hansi stehen dem deutschen Volk und Reich in irgendeiner Weise feindlich gegenüber. Selbstredend sind für sie „feige Mordtaten" gegen Repräsentanten des Staates völlig undenkbar. Dennoch ereilt sie die angedrohte harte Strafe.

Judenvermögensabgabe

Aufgrund der „Verordnung über die Anmeldung des Vermögens von Juden" vom 26. April 1938[223] müssen die Juden in Deutschland schon lange vor der Pogromnacht eine Vermögenserklärung abgeben. Anna Schwarz meldet ein Vermögen von 144 000,– RM, exakt der Wert, der 1926 als Nachlass ihres Mannes festgestellt wurde. Aufgrund dieser Daten ist es nun ein Leichtes, die „Judenvermögensabgabe" zu berechnen, die 20 Prozent des 50 000,– RM übersteigenden Vermögens betragen soll. Anna Schwarz erhält vom Finanzamt prompt den entsprechenden Bescheid über eine „Judenvermögensabgabe" von 18 800,– RM.[224] Wie soll sie diese enorme Summe, die in etwa ihrem Bruttojahreseinkommen entspricht, so schnell aufbringen? Der Betrag soll in vier Raten bezahlt werden. Auf die erste Rate von 4700,– RM bezahlt Anna Schwarz einen Betrag von 300,– RM an. Der Rest ist bei Ausfertigung einer Zweitschrift des Steuerbescheides an Anna Schwarz am 16. Januar 1939 bereits seit vier Wochen fällig. Säumniszuschläge kommen hinzu. 4494,– RM sind sofort fällig.

Gabriele Sara Schwarz

In der Atmosphäre des Judenhasses und der straffrei durchgeführten, ja gefeierten Zerstörung von jüdischem Eigentum in der Pogromnacht und der Demütigung von Juden bis hin zu willkürlichen Verhaftungen stellt die offizielle Kenntlichmachung der Juden eine weitere Stufe der Stigmatisierung und Ausgrenzung dar. So kommt nun der bereits am 17. August 1938 erlassenen „2. Verordnung zur Durchführung des Gesetzes über die Änderung von Familiennamen und Vornamen"[225] besonders unselige Bedeutung

222 Ebenda, Präambel.

223 Verordnung über die Anmeldung des Vermögens der Juden 1938, http://www.verfassungen.ch/de/de33-45/juden38-2.htm.

224 BayHStA, V 967 LEA 74213 K-Akte Nr. 2511, WBSchw, Bescheid über Judenvermögensabgabe Anna Schwarz, 16. 1. 1939.

225 http://www.documentarchiv.de/ns/1938/juedische-namen_vo02.html.

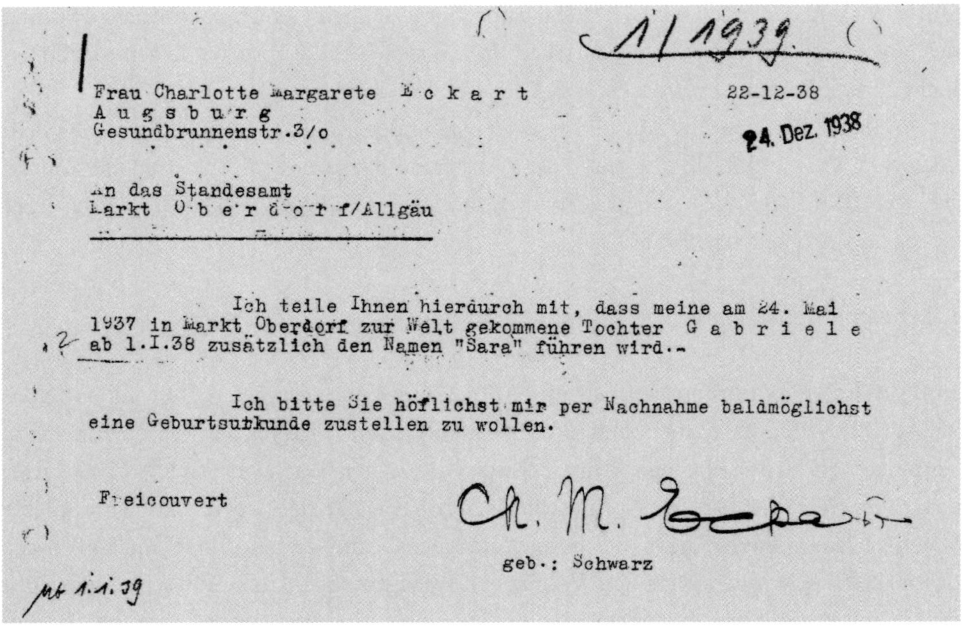

1/1939.

Frau Charlotte Margarete E c k a r t 22-12-38
A u g s b u r g
Gesundbrunnenstr.3/o

24. Dez. 1938

An das Standesamt
Markt O b e r d o r f/Allgäu

Ich teile Ihnen hierdurch mit, dass meine am 24. Mai 1937 in Markt Oberdorf zur Welt gekommene Tochter G a b r i e l e ab 1.I.38 zusätzlich den Namen "Sara" führen wird.-

Ich bitte Sie höflichst mir per Nachnahme baldmöglichst eine Geburtsurkunde zustellen zu wollen.

Freicouvert

Ch. M. Eckart
geb.: Schwarz

Mb 1.1.39

Lottes Meldung an das Standesamt Marktoberdorf, Augsburg, 22. Dezember 1938
Stadtarchiv Marktoberdorf

zu. Ab 1. Januar 1939 müssen alle Juden als zusätzlichen Vornamen „Sara" beziehungsweise „Israel" führen. Dies muss dem Geburtsstandesamt sowie der Wohngemeinde angezeigt werden. Wer dieser Pflicht nicht nachkommt, wird mit einem Jahr Gefängnis oder Zuchthaus bestraft. Die Sache ist sonnenklar: Lotte gilt dank ihrer vier jüdischen Großeltern als Jüdin und muss angeben, dass sie ab 1. Januar 1939 den weiteren Vornamen „Sara" führt. Lotte meldet dies dem Standesamt Augsburg. Am 21. Dezember 1938 wird ein entsprechender Randvermerk auf ihrem Geburtseintrag angefertigt.[226] Auch bei Gabi liegt der Fall klar: Sie hat zwei jüdische Großeltern, stammt aus einem außerehelichen Verkehr ihrer Mutter und ist vor dem Stichtag außerehelich geboren. Damit gilt sie den Behörden ebenfalls als „Volljüdin". Am Donnerstag, dem 22. Dezember 1938, schickt Lotte ein paar dürre Zeilen in Sachen Gabi an das Standesamt nach Marktoberdorf: „Ich teile Ihnen hierdurch mit, dass meine am 24. Mai 1937 in Markt Oberdorf zur Welt gekommene Tochter G a b r i e l e[227] ab I. I. 38[228] zusätzlich den Namen ‚Sara'

226 StadtA A, StA Nr. A 896/1904, Geburtseintrag Lotte, 30. 4. 1904. Lotte wird dabei als „nunmehr verehelichte Eckart" bezeichnet. Dass sie schon seit vier Jahren Witwe ist, ist dem Standesamt nicht bekannt.

227 Sperrung im Original.

228 Verschrieben. Richtig: 1. 1. 1939. Handschriftliche Korrektur durch den Standesbeamten, ebenda.

Lotte mit Gabi in der Stube des Aichele-Hofes, Weihnachten 1938

führen wird."[229] Lotte nennt nur Gabis Vornamen. Über ihren Aufenthaltsort verrät sie nichts. Das Schreiben trägt den Eingangsstempel vom Heiligen Abend, Samstag, dem 24. Dezember 1938.

Vermutlich fährt Lotte gleich nach Weihnachten mit ihrer Mutter ins Allgäu. In der Bauernstube der Aicheles lässt sie sich mit Gabi auf dem Schoß vor dem Christbaum fotografieren.[230]

229 StadtA Mod, Lotte Eckart an Standesamt Marktoberdorf, 22.12.1938.

230 Eines der wenigen Fotos, die im Haus angefertigt wurden. Auch das Format unterscheidet sich von den anderen Fotos. Vermutlich hat es einer von Lottes Begleitern geschossen. Die Bewegungsunschärfe resultiert vermutlich aus den ungenügenden Lichtverhältnissen und dem fehlenden Fotoblitz. Auch Resi ist über Weihnachten daheim und lässt sich mit Gabi auf dem Schoß vor dem Christbaum ablichten.

Natürlich hat das Christkind auch der eineinhalbjährigen Gabi Geschenke gebracht: Eine Puppe mit Puppenwiege[231] und ein paar Winterstiefel. Die müssen beim Spielen im Schnee gleich ausprobiert werden. Schnee gibt es genug. Anna Schwarz berichtet am 2. Januar 1939 ihrem Enkel René nach Kroatien, es liege sogar so viel Schnee, „dass man bis zu den Knien einsinkt".[232]

Im neuen Jahr werden die Behörden umgehend aktiv. Am 5. Januar 1939 wird ein Vermerk über die zusätzliche Namensführung dem Geburtshauptregister beim Standesamt Marktoberdorf beigeschrieben.[233] Eine Abschrift wird dem Bezirksamt[234] Marktoberdorf übersandt. Die geht am 7. Januar 1939 dort ein. Am 10. Januar ersucht der Landrat das Amtsgericht um Beischreibung im Nebenregister. Am 16. Januar 1939 wird auch diese Beischreibung im Nebenregister des Amtsgerichts eingetragen.[235] Bei den Bezirksämtern hat der Landrat eine Judenkartei zu führen, in die nun auch Gabi eingetragen wird. Änderungen in den Daten der Juden müssen der zuständigen Gestapostelle gemeldet werden.[236] Aber auch der Wohngemeinde ist die Namensänderung zu melden. Johann Seelos, der schon seit 1935 Ortsgruppenleiter der NSDAP in Stiefenhofen ist,[237] bekleidet seit dem 7. Oktober 1937 auch das Amt des Bürgermeisters.[238] Durch die Anmeldung von Gabis weiterem Vornamen Sara erfährt Seelos nun, dass er eine Jüdin in der Gemeinde hat.[239] Die einzig bekannte.

231 Die Puppenwiege wurde von der Familie Aichele aufbewahrt und befindet sich jetzt im Archiv Leo Hiemer.

232 FAH, NL AWR IV/29 Anna Schwarz an René Sechehaye, 2. 1. 1939.

233 StadtA Mod, StA Nr. 27/1939, Geburtseintrag Gabriele Schwarz mit Beischreibung des weiteren Vornamens Sara, 28. 1. 1939.

234 Das Bezirksamt entspricht dem heutigen Landratsamt. Der Leiter des Bezirksamts führte allerdings schon damals die Bezeichnung „Landrat".

235 AG Mod, Beischreibung des zusätzlichen Vornamens Sara für Gabriele Schwarz, 16. 1. 1939.

236 Vgl. StAM, SpkA K 1504 Seelos Hans, Protokoll, 2. 9. 1948. Dr. Ferdinand Waller, bis 1945 Landrat von Sonthofen, erklärte im Spruchkammerverfahren gegen Ortsgruppenleiter Johann Seelos: „Der Landrat führte eine Kartei über die Bewegung der Juden, in welche jeweilige Veränderungen eingetragen wurden, die der geheimen Staatspolizei München zur Kenntnis zu bringen waren."

237 Johann Seelos (* 20. 1. 1899 Buch/Gde. Stiefenhofen † ?), Schuster, Landwirt, Ortsgruppenleiter der NSDAP und Bürgermeister von Stiefenhofen (1937–1944).

238 StAM, SpkA K 1504 Seelos Hans, Fragebogen der Amerikanischen Militärregierung, Angabe von Seelos, 25. 1. 1948.

239 Ebenda, Protokoll Lagerspruchkammer Moosburg-Dachau, 24. 8. 1948. Vor der Spruchkammer erklärte Seelos 1948, er habe kurze Zeit nach seiner Ernennung zum Bürgermeister im Oktober 1937 den Auftrag erhalten, die Geburtsurkunde des Kindes Gabriele Schwarz mit einer Randbemerkung hinsichtlich des zusätzlichen Vornamens „Sara" zu versehen und dem Landrat eine Kopie zu schicken. Vor der Hauptkammer Kempten konnte er sich allerdings dann nicht mehr erinnern, woher er von der jüdischen Abstammung des Mädchens wusste. Vgl. ebenda, Hauptkammer Kempten, Protokoll, 31. 1. 1949. Vermutlich erfuhr Seelos Anfang 1939 anlässlich der Beischreibung des zusätzlichen Vornamens „Sara", dass Aicheles ein Kind jüdischer Abstammung in Pflege hatten.

Doch es gibt noch einen Juden in Stiefenhofen: Prof. Leo Rosenberg,[240] der Ende 1938 nach Stiefenhofen übersiedelt. Seine Frau Hedwig[241] hat nämlich von „Hauptlehrer Pletzer“[242] das Hausgrundstück Nr. 2 in der Stiefenhofener Filiale Ranzenried für 4000,– RM erworben.[243] Schon 1934 war Prof. Rosenberg, der an der Universität Leipzig eine Professur für Zivilprozess und Deutsches Bürgerliches Recht innegehabt hatte, wegen seiner jüdischen Abstammung zwangsweise in den Ruhestand versetzt worden. Dass Prof. Rosenberg Jude ist, weiß außer Johann Pletzer kein Mensch in der Gemeinde.[244]

Johann Seelos ist nach eigenen Angaben „mit Leib und Seele Parteigenosse“.[245] Zudem ist er ein fanatischer Judenfeind, der bei den Reden, die er pflichtgemäß hält, nicht vergisst, auch gegen die Juden zu hetzen. Obwohl er selbst wohl noch nie bewusst einen Juden zu Gesicht bekommen hat, sind auch für ihn Juden von Natur aus minderwertige Menschen. Als Seelos durch die Meldung über die Führung des zusätzlichen Vornamens „Sara“ für Gabi in seiner Funktion als Bürgermeister der Gemeinde Stiefenhofen erfährt, dass ein „Judenkind“ in seiner Gemeinde lebt, ist für ihn sofort klar: Dieser „Fremdkörper“ muss so schnell wie möglich entfernt werden. Dass ausgerechnet seine Gemeinde ein „Judenkind“ beherbergt, wurmt ihn. Des Öfteren macht er Josef Aichele persönlich Vorwürfe, weil dieser das Kind angenommen hat.[246] Die zuständige Ortspolizeibehörde ist ebenfalls von der Führung des zusätzlichen Vornamens zu verständigen. Gendarmeriewachtmeister Gerle[247] aus dem nahen Oberstaufen wird in Marsch gesetzt, um sich persönlich von der Existenz des Judenkindes bei Aicheles zu überzeugen. In seinem Bericht bestätigt er, dass sich bei Aicheles ein jüdisches Kind

240 Leo Rosenberg (* 7. 1. 1879 Fraustadt/Niederschlesien † 18. 12. 1963 München), Jude, Rechtsgelehrter.

241 Hedwig Rosenberg, geb. Peter (* 8. 7. 1887 München † 21. 8. 1979 München).

242 Mit „Hauptlehrer Pletzer“ ist aller Wahrscheinlichkeit nach Johann Pletzer gemeint. Zwar waren einige seiner Brüder ebenfalls Lehrer, doch hatte Johann Pletzer als Einziger bereits seit vielen Jahren eine Lehrerstelle in der Gemeinde Stiefenhofen inne.

243 Vgl. GA Stie, II/712/1 Antrag von Sidonia Dreyer aus Ranzenried an das Anerbengericht Immenstadt, 6. 2. 1940. Seelos befürwortete den Verkauf.

244 Oberlehrer Johann Pletzer berichtete, niemand habe gewusst, dass Rosenberg Jude sei. Vgl. StAA, Spruchkammer Sonthofen, Pletzer Johann P 78, Johann Pletzer, „Meine politische Vergangenheit“, 19. 10. 1947. Die Ansicht von Mader, Rosenberg sei in Stiefenhofen als Jude gebrandmarkt gewesen und habe Lebensmittelkarten mit dem Aufdruck „J“ für „Jude“ einlösen müssen und dafür geringere Rationen erhalten, die die Ortseinwohner von Ranzenried durch heimliche Gaben aufgebessert hätten, ist wenig plausibel. Nach Rosenbergs eigenen Angaben lebte er von der Veräußerung von Wertpapieren und Pensionszahlungen auf seine Professur. Vgl. Ulrike Gräfe, Leo Rosenberg – Leben und Wirken (1879–1963), Berlin 2011, S. 83. Nachdem das Land Sachsen die Pensionszahlungen ab November 1943 eingestellt hatte, sei er gezwungen gewesen, Schulden zu machen. Vgl. ebenda, S. 93.

245 StAM, SpkA K 12504 Seelos Hans, Sitzungsprotokoll, 31. 1. 1949.

246 Ebenda, Aussage Josef Aichele, 5. 2. 1948.

247 Josef Gerle (* 20. 8. 1895 Schwabmünchen † ?), Polizeibeamter (in Oberstaufen 1936–1940), später Kreis- Abschnitts- und Gebietsführer der Deutschen Polizei im Warthegau und in Russland.

befindet.[248] Allerdings räumt er Josef Aichele gegenüber ein: „Das Kind hat überhaupt keinen jüdischen Typ!“[249]

In dieser Zeit erklärt Lotte den Aicheles, dass auch Gabi wegen ihrer „jüdischen Abstammung“ den zusätzlichen Vornamen Sara führen muss und den Machthabern als Volljüdin gilt.[250] Aicheles können wohl kaum begreifen, dass ein katholisch getauftes und katholisch erzogenes Kind, mit dem man jeden Tag betet, plötzlich als Jude gelten soll.[251]

Aber was soll aus dem „Judenkind“ bei Aicheles werden? Die Nationalsozialistische Volkswohlfahrt (NSV) wird eingeschaltet, die Familienfürsorge der Nationalsozialisten. Diese schreibt: „Wir können uns für das Kind nicht einsetzen, werden aber versuchen, dass es zur Mutter zurückkommt oder bei jüdischen Eltern in Pflege gegeben wird.“[252]

Der Jugendhelfer des Schulsprengels Stiefenhofen und Harbatshofen, Oberlehrer Johann Pletzer, ist für die Waisen- und Ledigenkinder in den beiden Gemeinden zuständig.[253] Wie Gabi ist er in Marktoberdorf geboren und besucht in Vorbereitung auf seine eigene Laufbahn als Lehrer nach der Volksschule drei Jahre die dortige Präparandenschule[254] und später das Lehrerseminar in Lauingen. Seit 1914 ist Pletzer Lehrer und Schul-

248 StAM, SpkA K 1504 Seelos Hans, Aussage Dr. Waller, 2. 9. 1948.

249 Ebenda, Aussage Josef Aichele, 31. 1. 1949. Dr. Waller berichtete demgegenüber, dass diese Äußerung erst 1942 gefallen sei, als Gerle Gabi bei den Aicheles zur Ergänzung der Judenkartei aufsuchte. Hier irrte Dr. Waller. Gerle wurde bereits 1940 versetzt. Vgl. StAA, SpkA Schwabmünchen G 102 Josef Gerle.

250 StAM, SpkA K 12504 Seelos Hans, Sitzungsprotokoll, 31. 1. 1949. Aichele gab an, er habe anfangs nicht gewusst, dass das Kind jüdischer Abstammung sei. Lotte habe es ihm erst 1938 gesagt. Dass Lotte Jüdin war, wusste er jedoch sicher von seiner Schwägerin Rosalia Häringer. Lotte informierte ihn vermutlich über Gabis Status als Volljüdin erst im Zusammenhang mit der Annahme des zusätzlichen Vornamens.

251 Anders Schrafstetter, die davon ausgeht, dass Taufe und christliche Erziehung für den Status der Kinder von Juden in der NS-Rassenhierarchie entscheidend gewesen seien. Bei Gabi spielten die Zugehörigkeit zur katholischen Kirche und die Erziehung bei den frommen Aicheles jedoch nie eine Rolle. Vgl. Schrafstetter, Flucht und Versteck, S. 168.

252 StAM, SpkA K 1504 Seelos Hans, Sitzungsprotokoll, 2. 9. 1948. Das zitierte Schreiben befand sich in der Pflegschaftsakte Gabriele Schwarz. Die Akte ist jedoch verschollen. Vermutlich wurde sie beim Brand des Landratsamtes Sonthofen in den 1950er-Jahren vernichtet. Im Spruchkammerverfahren gegen Johann Seelos gab Dr. Waller nach unmittelbar vorausgegangener Durchsicht jedoch wesentliche Inhalte der Akte wieder und zitierte zum Teil wörtlich aus ihr.

253 StAA, Lehrerpersonalakte Pletzer Johann 13414. Lt. Angabe der Regierung von Schwaben war Pletzer von 1939 bis 1945 als „Jugendhelfer“ im Schulsprengel Stiefenhofen/Harbatshofen tätig. Vgl. StAA, Spruchkammer Sonthofen Pletzer Johann P 78. Johann Pletzer legte seiner Erwiderung auf die Klageschrift im Verfahren gegen ihn vor der Spruchkammer Sonthofen vom 19. 10. 1947 einen Text bei, der mit „Meine politische Vergangenheit“ überschrieben ist. Auf Seite 5 nahm er zu dem Fall „Gabriele Schwarz“ Stellung. Dort bezeichnete er sich ebenfalls als „Jugendhelfer“. Im Verfahren gegen Johann Seelos vor der Hauptkammer Kempten nennt er sich jedoch „Schulpfleger“ vor. Vgl. StAM, SpkA K 12504 Seelos Hans.

254 Zur Präparandenschule Markt Oberdorf vgl. Martin Dömling, Heimatbuch, Markt Oberdorf 1952, S. 232–245. Zur gleichen Zeit wie Johann Pletzer war der später berüchtigte Judenhasser und Herausgeber des „Stürmer“, Julius Streicher, Präparand in Marktoberdorf. Pletzer war im Schuljahr 1899/1900 im 3. Kurs, Streicher war zur gleichen Zeit unter anderem zusammen mit Pletzers Bruder Michael im 2. Kurs. Vgl. K. Schullehrerseminars Lauingen und der demselben unterstellten K. Präparandenschulen

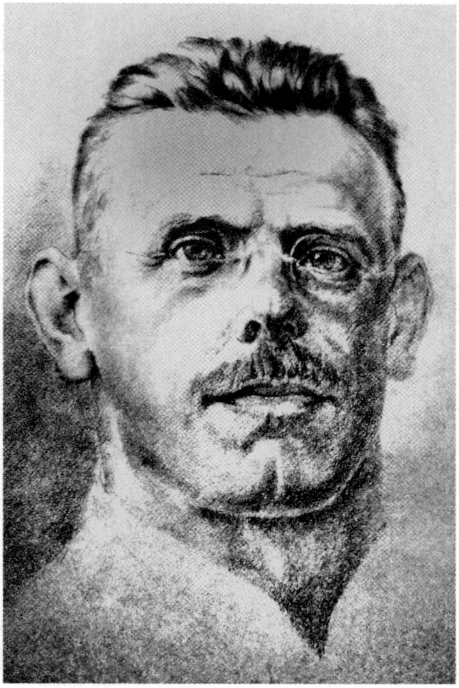

Johann Pletzer,
Zeichnung von Adolf Adamer 1935
Archiv des Heimat-Dienstes Oberstaufen e. V.

verweser in Genhofen, einer Filiale von Stiefenhofen. Obwohl überzeugter Sozialdemokrat, ist er im katholisch-bäuerlichen Stiefenhofen ein angesehener Bürger und anerkannter Pädagoge. Nach eigener Aussage wird er im Jahre 1937 gezwungen, Mitglied der NSDAP zu werden.[255] Gegen seinen Willen wird er von Seelos sogar zum Ortsgruppen-Schulungsleiter berufen,[256] distanziert sich aber nach eigener Aussage öffentlich von der nationalsozialistischen Ideologie und spricht bewusst nur über unpolitische Themen.[257] Als Pletzer Anfang

Lauingen (Hrsg.), Jahresbericht Mindelheim und Oberdorf pro 1899/1900, Lauingen 1900, S. 52. Diesen Hinweis verdanke ich Herrn Filser, Kulturamtsleiter in Marktoberdorf, und Josephine Berger, Stadtarchivarin und Leiterin der Städtischen Museen Marktoberdorf.

255 Pletzer begründete in seinem eigenen Spruchkammerverfahren den Parteieintritt mit seiner Angst vor KZ und Tod. Vgl. StAA, Spruchkammer Sonthofen Pletzer Johann P 78, Pletzer, „Meine politische Vergangenheit", S. 5. Im Verfahren gegen Johann Seelos vor der Hauptkammer gab Pletzer allerdings an, nicht bedroht worden zu sein. Vgl. StAM, SpkA K 12504 Seelos Hans, Sitzungsprotokoll, 31. 1. 1949.

256 In dieser Funktion wird er noch am 9. 3. 1941 beim Kreisappell in der Ordensburg Sonthofen geführt. Vgl. StAA, NSDAP-Kreisleitung 20 Sonthofen/Stiefenhofen.

257 Allerdings wird schon im November 1937 eine kleine Dorfbücherei bei „Bücherwart Oberlehrer Pletzer" eingerichtet. Unter den 16 Büchern befindet sich neben Hitlers „Mein Kampf", Rosenbergs „Mythus des 20. Jahrhunderts", Günthers „Kleine[r] Rassenkunde" auch die aggressive antisemitische Hetzschrift „Arische Rasse, Christliche Kultur und Judenproblem" von Egon Winghenne. Vgl. GA Stie, NSDAP-Ortsgruppe Stiefenhofen, Protokollbuch 12/1933–5/1944. Bei der Mitgliederversammlung der

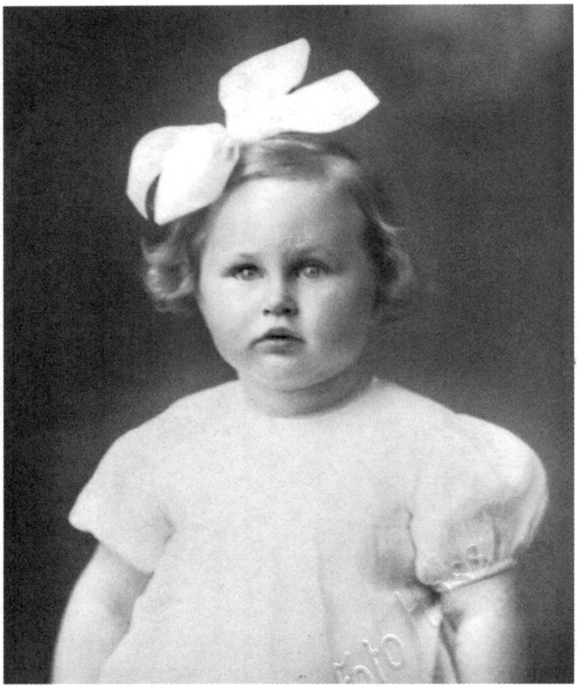

Gabriele Sara Schwarz
Fotograf: Höss, Oberstaufen

1938 von Gabi erfährt, befasst er sich sogar persönlich mit dem Kind. Nach seinen Worten ist Gabi „ein selten schönes, liebenswertes und begabtes Kind", das er gleich in sein Herz geschlossen hat.[258] Pletzer macht eine Eingabe, vermutlich an das Bezirksamt Sonthofen, in der er sich für den Verbleib Gabis bei Aicheles ausspricht. Er stellt fest, „dass das Kind wohl das arischste Aussehen [...] von allen Kindern seines Kreises" hat.[259] Oberlehrer Pletzer hat tatsächlich Erfolg: Gabi wird bei den Aicheles belassen. Vorerst.

Für die Judenkartei muss ein Passbild von Gabi eingereicht werden. Am 6. April 1939 schiebt Anna die kleine Gabi im „Sportwagen" genannten Kinderwagen nach Oberstaufen.[260] Fotograf Höss fertigt ein entzückendes Porträt der zweijährigen „Gabriele Sara Schwarz" an.

NSDAP Stiefenhofen am 19. 4. 1942 hielt Pletzer einen Vortrag zum Thema „Warum unsere Gegner eine europäische Einigung nicht zustande kommen lassen", wobei er laut Protokollbuch der NSDAP Stiefenhofen das Judentum, das immer wieder Kriege anzettele, um im Trüben fischen zu können, dafür verantwortlich machte. Vgl. ebenda, Eintragung vom 19. 4. 1942 sowie den wortgleichen Bericht über die Versammlung im Anzeige-Blatt für das westliche Allgäu, 23. 5. 1942.

258 StAA, Spk Sonthofen, Pletzer Johann P 78, Pletzer, „Meine politische Vergangenheit", 19. 10. 1947, S. 5.

259 StAM, SpkA K 1504 Seelos Hans, Dr. Ludwig Dreifuß an die „Lagerspruchkammer Moosburg", 20. 2. 1948.

260 Vgl. Hiemer, Zeitzeugen-Interview (Film) Resi Baumann. Das Foto hat Josef Aichele auf der Rückseite datiert: „Gemacht am 6. April 1939 in Oberstaufen."

Josef und Therese Aichele mit ihrem Pflegekind Gabi, Januar 1939

Hansi zu Besuch

Im Januar 1939 besucht Hansi ihre Mutter und ihre Schwester Lotte in Augsburg.[261] Die beiden Schwestern fahren weiter ins Allgäu, um Gabi und die Familie Aichele zu sehen.[262] Aus dieser Zeit stammt eine Sequenz aus mehreren Fotos, die Lotte unbeschwert beim Schlittenfahren mit Gabi vor dem Aichele-Hof zeigen. Vermutlich hat Hansi diese Fotos geschossen. Auch Hansi ist mit ihrer kleinen Nichte Gabi abgebildet und bewundert ihre schönen Locken. Lotte und Hansi gehen auch zusammen am Hündle bei Oberstaufen Skifahren und besuchen dabei die Familie Obermeyer in Oberstaufen.[263] Frau Obermeyer ist Jüdin wie Hansi und Lotte – und wie Gabi.

261 FAH, NL AWR IV/30 Anna Schwarz an René Sechehaye, 16. 1. 1939. Anna Schwarz berichtete René, dass seine Mutter bei ihr in Augsburg sei.

262 Zwei Fotos mit Hansi und Gabi auf dem Aichele-Hof sind erhalten, eines davon ist mit „I/39" datiert.

263 Leo Hiemer, Interview mit Heinrich Obermeyer, Oberstaufen, 8. 3. 1989. Heinrich Obermeyer berichtete von mehreren Besuchen Lottes; einmal sei auch ihre Schwester dabei gewesen.

Lotte mit Gabi, Januar 1939

Hansi mit Gabi, Januar 1939

Familie Obermeyer in Oberstaufen

Der aus Weinsberg gebürtige Kunstmaler Fritz H. Obermeyer[264] lernt in Berlin die Jüdin Mina Pinkus[265] kennen. Sie ist in Mrotschen geboren, das damals zur preußischen Provinz Posen gehört. 1918 heiraten die beiden und ziehen nach Ostpreußen. 1923 übersiedelt das Paar nach Ried bei Lindenberg im Allgäu, 1926 nach Kalzhofen, 1930 schließlich nach Oberstaufen.[266] Mina Obermeyer ist eine außerordentlich tüchtige und tatkräftige Person und schafft es bald, mit einem kleinen Textilgeschäft die Existenz der Familie zu sichern.

264 Fritz Heinrich Obermeyer (* 11. 10. 1880 Weinsberg † 7. 1. 1967 Oberstaufen), Kunstmaler.

265 Über Mina Obermeyer, geb. Pinkus, liegen keine weiteren Informationen vor.

266 Weitere Informationen über Fritz H. Obermeyer und seine Familie vgl. Fritz H. Obermeyer 1880–1967, Gedächtnissausstellung Färberhaus Oberstaufen 2008, Katalog zur Ausstellung, hrsg. vom Künstlerkreis Oberstaufen, Oberstaufen 2008, sowie Fritz H. Obermeyer, Unter südlicher Sonne. Einführende Worte von Hanns Otto Roecker, Oberstaufen o. J. und Gunther Le Maire, Die frischen Landschaften des Kohlrabi-Apostel-Schülers. Kunstgeschichte(n) 55. Fritz Heinrich Obermeyer lernte in Capri und lebte in Oberstaufen, in: Allgäuer Zeitung, 16. 7. 2007 (http://kultur-oa.de/lemaire/kunstgeschichten/2007/55-Obermeyer_Fritz_Heinrich-Die_frischen_Landschaften_des_Kohlrabi_Apostel_Schuelers_AZ-160607.jpg).

Da Fritz und Mina Obermeyer schon vor den „Nürnberger Gesetzen“ miteinander verheiratet sind, gilt ihre Verbindung als „privilegierte Mischehe“, die vorerst von den Behörden nicht angetastet wird. Das Ehepaar hat zwei Söhne, Klaus[267] und Heinrich,[268] die den Nationalsozialisten als „Judenstämmlinge“ bzw. „Halbjuden“ oder „Mischlinge 1. Grades“ gelten. Wie seine Klassenkameraden wird Heinrich Obermeyer in die Hitlerjugend, die Jugendorganisation des Dritten Reiches, übernommen. Als der Oberstaufener Ortsgruppenleiter feststellt, dass seine Mitgliedschaft dem Grundsatz der Bewegung „Kampf dem Judentum“ gänzlich widerspricht, wird er am 24. August 1939 vom Allgäuer Fähnleinführer kurzerhand rausgeschmissen.[269]

Mina Obermeyers Textilgeschäft geht gut in Oberstaufen. 1934 lässt sie es aber vorsichtshalber auf ihren Mann, Fritz H. Obermeyer, umschreiben. In der „Reichspogromnacht“ bleiben bei Obermeyer die Fenster zwar heil und die Auslagen unberührt,[270] aber schon wenige Tage später wird das Geschäft durch den Kreisobmann der Deutschen Arbeitsfront in Sonthofen als „getarntes Judengeschäft“ denunziert.[271]

Der nach nationalsozialistischer Diktion „jüdisch versippte“ Maler Obermeyer wird nicht in die „Reichskammer der bildenden Künste“ aufgenommen. Die Ausübung seines Berufes auf allen Gebieten der Kunst ist ihm somit untersagt. Mit der Überwachung wird die Landpolizeistation Oberstaufen beauftragt. 1939 wird auch das Geschäft geschlossen. Der Familie droht der wirtschaftliche Ruin. Doch Oberlehrer Pletzer setzt sich für den Maler ein, schanzt ihm Aufträge zu[272] und sorgt dafür, dass die Ortspolizei ruhig bleibt.

267 Klaus Obermeyer (* 2.12.1919 Oberstaufen im Allgäu), Wintersportpionier, Textilunternehmer, 1947 ausgewandert, lebt in Aspen, Colorado/USA.

268 Über Heinrich Obermeyer liegen keine näheren Informationen vor.

269 StAA, NSDAP Kreisleitung Sonthofen 20/Oberstaufen, Ortsgruppenleiter von Oberstaufen an den Bannführer B. Frei, 2. 8. 1939, sowie Fähnleinführer Hunglinger, kommandierender Dienststellenleiter des Bannes und Jungbannes Allgäu 320, an Scharführer Robert Weber, Gefolgschaft 8/320, 24. 8. 1939.

270 StAA, SpkA Schwabmünchen G 102 Josef Gerle, Bestätigung von Fritz H. Obermeyer, 26. 1. 1946. Obermeyer bescheinigte Ortspolizist Josef Gerle, dass ihm und seiner Familie kein Unrecht zugestoßen sei, solange Gerle in Oberstaufen war. Ebenso: ebenda, Josef Gerle an die Spruchkammer Schwabmünchen, 3. 5. 1946.

271 StAA, Kreisleitung Sonthofen 17/25, Kreisobmann der Deutschen Arbeitsfront, Gauwaltung Schwaben, Kreiswaltung Sonthofen, an Ortsgruppenleiter von Oberstaufen, 18. 11. 1938. Ein gewisser Fritz Hagspiel machte der Deutschen Arbeitsfront in Sonthofen entsprechende Meldung. Diese leitete die Information an die Ortsgruppe der NSDAP, Pg. Josef Fink, weiter.

272 Vgl. StAA, Spk Sonthofen, Pletzer Johann P 78, Pletzer, „Meine politische Vergangenheit“, S. 4. Pletzers Darstellung bestätigte auch Heinrich Obermeyer. Vgl. Hiemer, Interview mit Heinrich Obermeyer. So vergab Pletzer als Gründer und Vorsitzender der Ortsgruppe Oberstaufen-Lindenberg des „Vereins zum Schutze der Alpenpflanzen und -tiere“ den Auftrag für drei Bildstöcke in Steibis, Thalkirchdorf und Oberstaufen an Obermeyer. Einen vierten Bildstock in Obermaiselstein schuf der dortige Lehrer Adolf Adamer, ein Freund Pletzers und Obermeyers. Vgl. Pletzer, Johann, Naturschutzbildstöcke im Allgäu. Sonderdruck aus dem Jahrbuch des Vereins zum Schutze der Alpenpflanzen und -Tiere [sic] 1942.

Pletzer organisiert auch eine öffentliche Ausstellung mit den Werken des Verfemten in Kempten. Die Stadt Kempten unter ihrem eigenwilligen Oberbürgermeister Dr. Otto Merkt[273] kauft bei dieser Gelegenheit sogar ein Gemälde an.[274] Dank der Unterstützung von Pletzer kommt die Familie einigermaßen über die Runden.

Lottes Kontakt zur Familie Obermeyer kommt wohl über Oberlehrer Johann Pletzer zustande. Vermutlich erzählt er ihr von der „halbjüdischen" Familie in Oberstaufen und von ihrem ältesten Sohn, dem Wintersportpionier Klaus Obermeyer. Lotte kommt mehrmals zu Besuch und geht wohl auch mit Obermeyers Söhnen am Oberstaufener Hausberg Hündle Skifahren.[275] Überdies scheint die sportliche junge Frau großen Eindruck auf den Hausherrn, Maler Fritz H. Obermeyer, gemacht zu haben.[276] Bei einem Besuch von Lotte lernt Heinrich Obermeyer, damals ein junger Bursche, auch die kleine Gabi kennen. Gabi hat am Arm oder am Bein eine Verletzung von einem Hundebiss. Darauf angesprochen, sagt sie in breitester Westallgäuer Mundart: „Des isch a Wehle. Des muss ma schmirbe!" Auf Hochdeutsch etwa: „Das ist ein Wehwehchen. Das muss man einschmieren!"[277]

Lotte bemüht sich weiter um die Auswanderung

Im Jahr 1938 wurden laut einem Bericht des Bischofs von Osnabrück, Hermann Wilhelm Berning,[278] 1850 nichtarische Katholiken mithilfe des St. Raphaels-Vereins aus Deutschland herausgebracht.[279] Lotte war nicht darunter. Gabi auch nicht. Und auch nicht Hansi.

Spätestens Mitte Februar 1939 kehrt Hansi von ihrem Ausflug ins Allgäu zurück nach Berlin.[280] Obwohl ihr Junge bei Annemarie Wolff-Richter in Kroatien in guten Händen ist, bemüht sie sich zusammen mit Renés Vater, Joseph Seché, um seine Verschickung nach Großbritannien, das nach der Reichspogromnacht im November 1938 Kinder von deutschen Juden aufnimmt. Im Rahmen des „Refugee Children Movement", der Unterbringung von Kindern, die die Nationalsozialisten als jüdisch klassifizierten, in Familien

273 Otto Merkt (* 26. 7. 1877 Kempten/Allgäu † 23. 3. 1951 Kempten/Allgäu), Bürgermeister von Kempten, Heimatforscher.

274 Vgl. StAA, Spk Sonthofen, Pletzer Johann P 78, Pletzer, „Meine politische Vergangenheit", sowie StAA, Spruchkammer Sonthofen, Pletzer Johann P 78.

275 Hiemer, Interview mit Heinrich Obermeyer. Der 97-jährige Klaus Obermeyer teilte dem Autor auf Anfrage jedoch mit, dass er weder Lotte Eckart noch ihr Kind gekannt habe. Klaus Obermeyer an den Autor, 6. 1. 2017.

276 Es wird erzählt, Fritz H. Obermeyers Mutter habe ihrer Schwiegertochter Mina vor einem Besuch von Lotte den guten Rat gegeben: „Halt Deinen Fritz gut fest. Die Lotte kommt!"

277 Dass man sich an diesem unschuldigen, reizenden Kind versündigen könnte, hielt Heinrich Obermeyer damals für absolut undenkbar. Hiemer, Interview mit Heinrich Obermeyer.

278 Hermann Wilhelm Berning (* 26. 3. 1877 Lingen/Ems † 23. 11. 1955 Osnabrück), Bischof von Osnabrück.

279 Vgl. Reutter, Katholische Kirche, S. 188.

280 FAH, NL AWR IV/32 Anna Schwarz an René Sechehaye, 20. 2. 1939.

auf der Insel, können etwa 10 000 Kinder das Reich verlassen. Die meisten sehen ihre Eltern und Geschwister niemals wieder, und oftmals sind sie die einzigen Überlebenden ihrer Familien. Zuständig für diese Kindertransporte ist die „Hilfsstelle beim Bischöflichen Ordinariat Berlin", die nicht nur für die Berliner „nichtarischen" Katholiken, sondern auch reichsweit für die Auswanderung von Kindern zuständig ist. Befragt nach eigenen „Auswanderungsmöglichkeiten", gibt Hansi auf einem Fragebogen an: „noch unbestimmt; wird nachgereicht".[281] Am 20. Februar 1939 schickt die „Hilfsstelle" Hansis Fragebogen und weitere eingereichte Unterlagen an Joseph Seché zurück. Da er mittlerweile mit Pater Musiał[282] verhandelt und dieser ihm einen Rat erteilt habe, geht die „Hilfsstelle" davon aus, dass sie sich jetzt nicht mehr für René verwenden muss. Am nächsten Tag spricht Hansi persönlich bei der „Hilfsstelle" vor. Joseph Seché schickt am 22. Februar einen Fragebogen sowie ein Passbild von René an Dr. Winzinger vom „Hilfswerk" mit der Bitte zurück, sich weiter für René einzusetzen. Seché hofft, der St. Raphaels-Verein in Hamburg könnte seinem noch schulpflichtigen Sohn einen Schulabschluss oder nach Beendigung der Schule in Kroatien über das „englische Hilfskomitee" oder das Salesianer-Kolleg eine Lehrstelle in England vermitteln. Mit Bleistift ist auf dem Schreiben vermerkt: „steht auf der Liste – P. Huisgen Antrag schreiben".[283] Trotz aller Bemühungen von Hansi und Seché ist René nicht unter den vom 1. April bis zum 31. Dezember 1939 aus Berlin nach Großbritannien verschickten 29 Kindern, auch nicht unter den vier Kindern, die in diesem Zeitraum in die Niederlande verschickt werden.[284]

Derweil treibt Lotte ihre Auswanderung nach Amerika voran. Wie erwähnt, erhält Lotte die Nummer 26 000 zugeteilt. Bis Lottes Wartenummer aufgerufen wird, dürfte es allerdings noch eine Weile dauern. Das weiß Lotte. Jetzt heißt es warten. Und das Affidavit braucht sie ja auch noch.[285]

Welchen Schwierigkeiten sich deutsche Juden im Frühjahr 1939 gegenübersehen, die nach Amerika auswandern wollen, lässt sich aus einem Brief Kardinal Faulhabers an eine andere Bittstellerin vom 25. März 1939 entnehmen: „Die Auswanderung nach Nordamerika ist zur Zeit fast gesperrt, da jene, die heute sich vormerken lassen, erst in zwei bis drei Jahren an die Reihe kommen. Die einzigen Länder, die heute in Frage kommen, sind

281 DAB, I/1-44 HBOB an Joseph Seché, 20. 2. 1939 sowie ebenda, Joseph Seché an Dr. Witzinger (richtig: Winzinger), 22. 2. 1939.

282 Möglicherweise handelt es sich um Pater Jerzy Stanisław Musiał (* 3. 8. 1919 † 9. 3. 1945 KZ Dachau – ermordet), Pole, Jesuit. Pater Musiał war im Pfarrerblock des Konzentrationslagers Dachau interniert und gilt der katholischen Kirche als Märtyrer.

283 DAB, I/1-44 Joseph Seché an Dr. Witzinger (richtig: Winzinger), HBOB, 22. 2. 1939. Der zweite Teil der Notiz ist sehr schwer zu entziffern. Über Pater Huisgen liegen keine Informationen vor.

284 Vgl. Reutter, Katholische Kirche, S. 113.

285 Das Affidavit war demnach keine Voraussetzung für die Erteilung einer Wartenummer. Anders Schelpmeier, Die deutschen Juden, S. 573.

Brasilien und Argentinien, deren Einwanderungsquote freilich auch für 1939 bereits erfüllt ist. Unser offizielles Auswanderungsbüro ist der Raphaelsverein Hamburg – Große Allee 42, der mit Genehmigung der Reichsregierung arbeitet, sein Vertreter für die Erzdiözese München Herr Kett, München – Heßstr. 26."[286] Kardinal Faulhaber verfolgt deshalb den Plan, „nichtarischen" Katholiken Lateinamerika weiter für die Auswanderung zu öffnen.

Die Brasil-Visa der katholischen Kirche

Nach dem Tod von Papst Pius XI. wird das Konklave nach Rom einberufen. Am 2. März 1939 endet es mit der Wahl Eugenio Pacellis zum Papst. Als Pius XII. tritt er sein Amt an. Statt öffentlich gegen die Judenpolitik der Nationalsozialisten zu protestieren, will er lieber so viele Juden wie möglich in Sicherheit bringen.[287] Eine von Faulhaber auf Betreiben von Kardinal Bertram gestartete, spektakuläre Initiative, um „nichtarische" Katholiken vor der Verfolgung durch die Nationalsozialisten zu retten, fällt deshalb bei Papst Pius XII. auf fruchtbaren Boden. Die meisten Lateinamerikaner sind katholisch, und die Kirche verfügt über enormen Einfluss in diesen Staaten. Deshalb verhandelt Faulhaber mit den lateinamerikanischen Bischöfen über die Erteilung von Visa für katholische „Nichtarier". Tatsächlich sagt Brasilien Papst Pius XII. 3000 Sondervisa zu.[288] Doch bis sie tatsächlich ausgestellt werden, wird es auch hier noch einige Zeit dauern.[289]

Glasers in Paris

Die Reichspogromnacht vom 9./10. November 1938 treibt auch eine neue Welle von Emigranten aus Deutschland nach Paris, von der Kurt Glasers deutschsprachige Hautarztpraxis profitiert. Auch Emmys Geschäfte blühen. Sie bemalt mittlerweile Stoffe für die Haute Couture und verdient nicht schlecht dabei. Sie kann sogar einige Mädchen als Hilfskräfte beschäftigen.[290] Das eröffnet ganz neue Perspektiven: Vielleicht könnte Hansi im Atelier ihrer Schwester in Paris mitarbeiten?

286 Michael von Faulhaber an eine Bittstellerin, 25.3.1939, in: Akten Faulhabers, bearb. von Volk. Bd. II, Nr. 759, S. 615 (EAM, NL FH 8429).

287 Vgl. Brechenmacher, Pius XII and the Jews, S. 76.

288 Zur Geschichte der Brasil-Visa vgl. die Darstellung bei Röhm, Juden, Christen, Deutsche, S. 206–211; Reutter, Katholische Kirche, S. 141–180, sowie bei Schönlebe, München im Netzwerk, S. 111–113.

289 Es ist fraglich, ob Lotte überhaupt in den Genuss eines solchen Visums hätte kommen können, denn noch vor Beginn der Aktion, am 12.1.1939, teilte der St. Raphaels-Verein seinen Auswandererberatungsstellen bereits mit, dass man in Rio de Janeiro keine Visa an Personen erteile, die nach dem 1. Januar 1937 getauft wurden. – Lotte wurde am 12. Mai 1937 getauft. Vgl. Röhm, Juden, Christen, Deutsche, 206 f.

290 1940 beschäftigte sie zwölf Mädchen als Hilfskräfte. Vgl. IfZ, ZS-2113-1, Röder, Interview mit Glaser, S. 7.

Emmys Sohn Helmut aus ihrer ersten Ehe mit Martin Cohn lebt jetzt ebenfalls in Paris. Obwohl er erst 13 Jahre alt ist, arbeitet er seit Ende 1937 in einem Pelzfachgeschäft.[291] Sein älterer Bruder Werner ist naturwissenschaftlich interessiert und lebt jetzt in Dänemark.[292] Ende November 1938 emigriert Emmys geschiedener Ehemann, Martin Cohn, aus Chemnitz nach Stockholm. Fabrik und Pelztierfarm nebst Jagdhaus mit Garten und Schwimmbad werden mit Kaufvertrag vom 11. April 1939 „arisiert".[293] Kurt Glaser und Emmy geht es dagegen verhältnismäßig gut. Am 7. August 1939 schreibt Emmy an Annemarie Wolff-Richter: „Wir sind gerne hier, es ist sehr schön zu leben, aber sehr, sehr schwer, zu arbeiten, aber das ist es für Ausländer sicher in fast allen Ländern."[294]

Hansis Pläne

Die Mitarbeit in Emmys Pariser Atelier stellt für Hansi zweifellos eine verlockende Perspektive dar. Hansi kann ja mit dem Zeichenstift umgehen und könnte wohl auch Muster entwerfen und vorzeichnen. Falls das nicht klappen sollte, müsste sie sich als Haushaltshilfe verdingen. Die Zubereitung schmackhafter Mahlzeiten übt sie schon fleißig in Berlin.[295] René will sie in England oder einem katholischen Hospiz, einem klösterlichen Internat, in Holland unterbringen.[296] Er wäre so in ihrer Nähe, und sie könnte ihn von Zeit zu Zeit besuchen. Hansi ist der Ansicht, dass René auf Dauer ohnehin nicht in Kroatien wird bleiben können, da es immer schwieriger für sie wird, das Unterhaltsgeld für Annemarie Wolff-Richter aufzubringen. Aufgrund der für Juden immer drastischer werdenden Beschränkungen im Geldverkehr, besonders hinsichtlich Devisen, wird es immer problematischer, Geld von Deutschland nach Kroatien zu transferieren. Hansi hat ihren Jungen für Holland angemeldet. Doch solange noch nicht alles unter Dach und Fach ist, soll René weiter die Gewerbeschule in Zagreb besuchen und den Beruf des Tischlers erlernen. Handwerker haben größere Chancen, sich in einem fremden Land durchzuschlagen als beispielsweise Studenten.[297] Englischlernen ist für René jetzt jedenfalls nicht mehr angesagt.

291 Vgl. FAH, NL AWR II/4, Emilie Glaser an René Sechehaye, 15. 12. 1937. Emmy schrieb, Helmut Cohn bleibe ein Jahr bei ihr in Paris. Vgl. auch FAH, NL AWR IV/20 Anna Schwarz an René Sechehaye, 28. 4. 1938. Anna Schwarz schrieb, Helmut Cohn sei bei Emmy in Paris und lerne in einem Pelzgeschäft. Vgl. auch FAH, NL AWR IV/25 Anna Schwarz an René Sechehaye, 21. 10. 1938. Anna Schwarz erwähnte hier ein weiteres Mal, dass Helmut in einem Pelzgeschäft in Paris sei.

292 FAH, NL AWR IV/14 Anna Schwarz an René Sechehaye, 25. 1. 1938. Anna Schwarz berichtete René nach Kroatien, dass Werner eine Schule in der Nähe von Kopenhagen besuche.

293 Zur „Arisierung" der Betriebe von Martin Cohn und seine Auswanderung vgl. Bästlein, Besonderer Anhang, S. 16 f.

294 FAH, NL AWR (I/5) aM 86, Emilie Glaser an Annemarie Wolff-Richter, 7. 8. 1939.

295 FH Heuss NL AWR I/3 Johanna Sechehaye an Annemarie Wolff-Richter, 25. 5. 1939.

296 Hiemer, Interview mit René Sechehaye.

297 FH Heuss NL AWR I/3 Johanna Sechehaye an Annemarie Wolff-Richter, 25. 5. 1939.

Aber die Bemühungen von Hansi haben nicht so rasch Erfolg, wie sie es sich erhofft. Die Sehnsucht nach ihrem Sohn, ihr Verlangen, ihn endlich wiederzusehen, werden immer größer. Doch die nötigen Papiere lassen weiter auf sich warten.

Emmy setzt unterdessen alle Hebel in Bewegung, um Hansi nach Paris zu holen. Aufgrund der Spannungen zwischen Frankreich und dem Deutschen Reich ist die Einreise im Sommer 1939 aber bald so erschwert, dass man als Deutscher nur noch ein Durchreisevisum nach Frankreich erhält. Ein Visum für einen Daueraufenthalt zu bekommen, erweist sich auch für die Glasers mit ihren glänzenden Kontakten als sehr schwierig. Dennoch stehen die Aussichten für Hansi gut. Es scheint nur eine Frage der Zeit, bis sie nach Frankreich emigrieren kann. Es gilt, die nötige Geduld aufzubringen.[298]

Der Predigerberg muss verkauft werden

Im Frühjahr 1939 schlagen sich viele Juden in Deutschland mit Auswanderungsfragen herum – auch Lotte: Wann wird endlich meine Wartenummer aufgerufen? Kann ich auf meine Wartenummer auch meine Tochter mitnehmen? Oder soll ich lieber mit Hansi nach Paris gehen? Wie lange soll ich meine Tochter noch bei ihren Pflegeeltern lassen? Wie lange wird die Ungewissheit noch dauern?

Und es gibt in diesen Tagen ein weiteres großes Thema: Wie kann Anna Schwarz die fällige Judenvermögensabgabe aufbringen? Am 26. Januar 1939 schildert Anna Schwarz der Regierung von Schwaben ihre Lage:

> „Aufgrund der Verordnung über eine Sühneleistung von Juden vom 12. 11. 1938 habe ich eine Vermögensabgabe von RM 18 800,– zu leisten. Zur Barbezahlung dieses Betrages bin ich nicht im Stande.
> Das Anwesen selbst soll zur Vermeidung einer Überbelastung nicht mit einer weiteren Hypothek belastet werden. Ich beabsichtige deshalb, die Mittel zur Entrichtung der Abgabe durch den Verkauf eines Teiles meines Anwesens oder des ganzen zu erlangen und bitte hiermit die Regierung um Genehmigung.“[299]

Anna Schwarz will zunächst an den ehemaligen Vorstand, später Aufsichtsrat der Zahnräderfabrik Augsburg, vorm. Joh. Renk AG, Arthur Rabitz,[300] verkaufen. Die Firma ist

298 FAH, NL AWR (I/5) aM 86 Emilie Glaser an Annemarie Wolff-Richter, 7. 8. 1939.

299 StadtA A, L5 Nr. 645 Anna Schwarz an die Regierung von Schwaben, 26. 1. 1938. Die Verkaufsabsicht von Anna Schwarz ist im Gesamtvorgang der „Arisierung“ jüdischer Betriebe und jüdischen Vermögens zu sehen. Vgl. dazu den Überblick bei Maren Janetzko, Anfänge der „Arisierung“ in Augsburg, in: Cramer-Fürtig/Gotto (Hrsg.), „Machtergreifung“, S. 159–166.

300 Arthur Rabitz (* 1877 † 1946) ist der Erfinder des Rabitz-Getriebes und war von 1920–1930 alleiniger Vorstand der Firma, später Aufsichtsrat.

ein weltweit führender Getriebehersteller, der seit 1923 zum Konzern Gutehoffnungshütte, heute MAN, gehört. Rabitz ist stiller Teilhaber der Eisenwarenhandlung, die nach dem Tod von Karl Schwarz an Josef Stangl verkauft worden ist. Er ist durchaus an einem Erwerb des Gebäudes interessiert. Schon am 16. Dezember 1938 bestellt Anna Schwarz ihm ein dingliches Vorkaufsrecht für ihr Anwesen am Predigerberg 9.[301] Am 26. Januar 1939 bittet sie die Regierung von Schwaben und Neuburg um die Genehmigung zum Verkauf.[302] Am 9. Februar 1939 teilt der Regierungspräsident dem Augsburger Oberbürgermeister Mayr[303] mit, dass er der Eintragung des Vorkaufsrechts für Fabrikdirektor Rabitz widerspricht, da dieser keine Genehmigung habe.[304]

In der Zwischenzeit bietet Anna Schwarz den Predigerberg auch der Stadt Augsburg an. Am 27. Januar 1939 erscheint Lotte bei der Städtischen Bauverwaltung und erklärt, ihre Mutter sei mit einem Verkauf zum Einheitswert von 80 400,– RM einverstanden. Das Angebot wird in einer Aktennotiz festgehalten.[305] Die Sache eilt, denn am 15. Februar 1939 ist schon die nächste Rate der Judenvermögensabgabe von wiederum 4700,– RM fällig. Außerdem ist noch eine deftige Rechnung über 4300,– RM für die Kanalisation offen. Auch Lotte hat es eilig, denn sie will so schnell wie möglich auswandern. Deshalb will sie sich auch keine Probleme mit den Behörden einhandeln. Die Judenvermögensabgabe muss also schnellstens aufgebracht werden. Dass sich Anna Schwarz darüber klar ist, dass von den 80 400,– RM nach Abzug von Steuern, Abgaben und Verbindlichkeiten sowie von Hypotheken und Darlehen nur gut 30 000,– RM als Verkaufserlös übrigbleiben würden, belegt eine handschriftliche, aber undatierte Aufstellung in der Akte Predigerberg 9 des Liegenschaftsamtes der Stadt Augsburg.[306] Die Stadt ist dem Kauf keineswegs abgeneigt, verlangt doch das nebenan gelegene Altersheim der städtischen Fürsorgeanstalten nach einer Vergrößerung.[307] Der Erwerb zum Einheitspreis wird als günstig erachtet. Das Referat 9 im Augsburger Rathaus vermerkt intern: „Der absolute Stoppreis liegt etwa zwischen 90 000,– und 105 000,– RM." Handschriftlich ist in Rot vermerkt: „Eilt sehr!"[308]

301 StadtA A, L5 Nr. 645 Regierung von Schwaben an den Oberbürgermeister der Stadt Augsburg, 9. 2. 1939.

302 StadtA A, L5 Nr. 645. Der Verkauf des Anwesens ist in dieser Akte lückenlos dokumentiert. Weitere Dokumente in: StAA, WBSchw V 967 LEA 74213 K-Akte Nr. 2511 Emmy Glaser und René Sechehaye. Für den gesamten Vorgang vgl. die knappe Darstellung bei Hanna Buchert, „Arisierung" in Augsburg und Schwaben. Unveröff. Magisterarbeit, Augsburg 2009, S. 75 f.

303 Josef Mayr (* 16. 6. 1900 Augsburg † 2. 8. 1957 La Spezia/Italien), NS-Oberbürgermeister von Augsburg.

304 StadtA A, L5 Nr. 645, Regierung von Schwaben an den Oberbürgermeister der Stadt Augsburg, 9. 2. 1939.

305 Ebenda, Aktennotiz, 27. 1. 1939.

306 Ebenda, Anna Schwarz, Aufstellung über den Erlös aus dem Verkauf des Predigerbergs, o. D.

307 Ebenda, Verwaltung der Städtischen Fürsorgeanstalten an das Referat 5, 15. 2. 1939.

308 Ebenda, Städtisches Liegenschaftsamt, Aktenvermerk 7. 2. 1939.

Am 25. März 1939 korrigiert Anna Schwarz ihr Angebot an die Stadt. Sie verlangt nunmehr 100 000,– RM. Sie sei davon ausgegangen, dass der Einheitswert der Höchstpreis sei, den Juden für ihre Grundstücke bekommen könnten; das sei aber nach einer entgegengesetzten Regierungsverordnung nicht der Fall. Deshalb fordere sie nunmehr 100 000,– RM, einen Preis, für den sie auch andere, ernstzunehmende Interessenten an der Hand habe. Zudem habe man das Anwesen einst zum Preis von 200 000,– RM erworben, ca. 50–60 000,– RM seien seither investiert worden.[309] Am 27. März 1939 genehmigt das zuständige städtische Gremium den Kauf des Predigerbergs bis zu einem Preis von 100 000,– RM.[310] Am folgenden Tag bekräftigt der Oberbürgermeister bei einer internen Unterredung, dass man bis zu einem Kaufpreis von 100 000,– RM gehen könne. Es solle aber versucht werden, den Preis auf den Einheitswert von 80 400,– RM zu drücken. In diesem Fall übernehme die Stadt auch die Rechnung für die Kanalisation in Höhe von 4389,03 RM.[311] Am 6. April 1939 wird Anna Schwarz ein entsprechendes Angebot unterbreitet.[312] Am 17. April 1939 stimmt sie dem Verkauf des Anwesens in Höhe des Einheitswertes zu. Die Stadt übernimmt die Kosten der Kanalisierung, ½ Jahr Brand- und Unfallversicherung, die Grunderwerbssteuer sowie die Notar- und Grundbuchkosten.[313] Am 5. Mai 1939 wird der Vertrag beurkundet.[314]

Mit Wirkung vom 1. Juli 1939 geht das Anwesen Am Predigerberg 9 in den Besitz der Stadt Augsburg über. Der Regierungspräsident von Schwaben teilt dem Oberbürgermeister von Augsburg am 28. Juni 1939 unter dem verräterischen Betreff „Vollzug über den Einzug des jüdischen Vermögens; hier Verkauf des Anwesens Predigerberg 9 Augsburg" mit, dass er den Vertrag nur unter der Bedingung, „dass der Kaufpreis auf ein Sperrkonto bei der Dresdner Bank, Filiale Augsburg, einbezahlt wird, über welches nur mit Zustimmung des Finanzamtes Augsburg-Stadt verfügt werden darf", genehmige.[315] Vom Kaufpreis werden die Hypotheken abgezogen, die Judenvermögensabgabe und die fällige Grundsteuer erlegt, eine Einkommenssteuerschuld beglichen sowie die Fäkalienabfuhr bezahlt. Es bleibt ein kümmerlicher Rest: Ganze 24 930,19 RM zahlt die Stadt am Ende auf das Konto Nr. 1644 von Anna Schwarz bei der Bayerischen Hypotheken- und Wechselbank, Augsburg, ein.[316] Es ist zwar nicht, wie vom Regierungspräsidenten gefordert,

309 Ebenda, Anna Schwarz an die Stadt Augsburg, 25. 3. 1939.
310 Ebenda, Niederschrift, 27. 3. 1939.
311 Ebenda, Aktenvermerk, 28. 3. 1939.
312 Ebenda. Der entsprechende Vermerk findet sich auf der Rückseite der Aktennotiz über die Entscheidung des Bürgermeisters.
313 Ebenda, Aktennotiz, 17. 4. 1939.
314 Ebenda, Kaufvertrag Predigerberg 9, 5. 5. 1939.
315 Ebenda, Regierungspräsident von Schwaben an den Oberbürgermeister von Augsburg, 28. 6. 1939.
316 StAA, WBSchw V 967 LEA 74213 K-Akte Nr. 2511, Stadtverwaltung Augsburg an die WBSchw, 31. 8. 1949. Vgl. ebenda, Stadtverwaltung Augsburg an die WBSchw, 7. 10. 1949. Hier kommt die Stadtverwaltung auf 24 930,– RM, 7. 10. 1949.

ein Sperrkonto bei der Dresdner Bank, sondern ihr eigenes Konto, doch darf sie nur im Rahmen eines den Juden noch gewährten geringen monatlichen Freibetrags über das Geld verfügen.

Am 23. August 1939 überweist die Stadt Augsburg 20 000,– RM, am 9. September 1939 den Restbetrag von 4930,19 RM.[317] Anna Schwarz hat den größten Teil des Vermögens, von dem sie viele Jahre gelebt hat und das ihr Auskommen im Alter sichern sollte, faktisch eingebüßt: Es bleiben keine 25 000,– RM, und nicht einmal die hat sie zur freien Verfügung. Josef Stangl, der Inhaber des Eisenwarengeschäfts, zahlt jetzt seine Pacht an die Stadt Augsburg.[318] Ein städtischer Beamter vermerkte schon am 5. Mai 1939: „Es wurde im Vertrag festgelegt, dass Stangl an die Stadt als Miete die Friedensmiete + 10 % zu zahlen hat. Der Vertrag, den Frau Schwarz mit Stangl hat, geht die Stadt also nichts an."[319] In § 7 des Vertrags von 1927 war allerdings etwas ganz anderes vereinbart: „Sollte das Anwesen Predigerberg A 72/73 vor Ablauf des Vertrags in andere Hände übergehen, so hat der neue Käufer vollinhaltlich in den Mietvertrag einzutreten."[320] Das bedeutet, das Anna Schwarz jetzt auch ohne die 900,– Goldmark Miete und Rente auskommen muss, die ihr Herr Stangl zahlen müsste. Allerdings behält sie noch ihr Depot mit den Wertpapieren. Aber auch dies unterliegt den Beschränkungen des Geldverkehrs für Juden. Schmuck und Wertsachen besitzt sie nicht mehr. Die mussten schon im Frühjahr abgegeben werden.

Sämtliche Wertsachen sind abzugeben

Schon am 2. Dezember 1938 wird den Juden durch eine Verordnung verboten, Wertsachen zu verkaufen.[321] Verschenken ist allerdings noch erlaubt. So bekommt Berta Haas[322] anlässlich ihrer Verheiratung an Weihnachten 1938 von Anna Schwarz ein silbernes Butter- und Käsebesteck geschenkt. Sie habe von solchen Sachen ja noch reichlich genug, sagt Anna Schwarz bei dieser Gelegenheit zu ihr.[323] Berta Haas ist eine Freundin von Lotte und Anna Schwarz, die als Rechtsbeistand in der Nachlassverwaltung des Rechtsanwalts

317 Ebenda.

318 StadtA A, L5 Nr. 645, Aktennotiz, 5. 5. 1939.

319 Ebenda.

320 Ebenda, Vertrag über den Verkauf der Eisenwarenhandlung am Predigerberg 9, 1. 3. 1927.

321 Vgl. Ralf Banken, Der Edelmetallsektor und die Verwertung konfiszierten jüdischen Vermögens im „Dritten Reich". Ein Werkstattbericht über das Untersuchungsprojekt „Degussa AG" aus dem Forschungsinstitut für Sozial- und Wirtschaftsgeschichte an der Universität zu Köln, in: Jahrbuch für Wirtschaftsgeschichte (JWG) 1 (1999), S. 135 ff., hier S. 135.

322 Berta Haas, geb. Berninger (* 22. 2. 1895 Augsburg † ?), Kontoristin, Rechtsbeistand. Vgl. StAA, Meldekarte Berta Berninger verehelichte Haas sowie StadtA A, Familienbogen Berninger. Berta Haas arbeitete seit 2. 1. 1911 bei Rechtsanwalt Rieser, Augsburg, Fuggerstr. 5, als Schreiberin. Am 1. 4. 1934 zog sie nach Aystetten.

323 StAA, WBSchw V 967 LEA 74213 K-Akte Nr. 2511, Vernehmungsprotokoll Berta Haas, 26. 2. 1952.

Rieser[324] tätig ist.[325] Rieser ist einer der jüdischen Männer, die in Augsburg in der Pogromnacht vom 9./10. November 1938 verhaftet und ins Konzentrationslager Dachau überführt werden. Rechtsanwalt Leopold Rieser ist der erste Augsburger Jude, der durch die Nationalsozialisten zu Tode kommt – und nicht der letzte. Die Umstände seines Todes sind nicht mit letzter Sicherheit zu klären. Möglicherweise wird er bereits bei der Ankunft in Dachau erschlagen oder er nimmt unterwegs Gift und kommt bereits tot im Lager an.[326]

Am 21. Februar 1939 tritt eine Anordnung in Kraft, die Juden zur Abgabe aller edelmetallhaltigen Wertgegenstände verpflichtet: Diese sind innerhalb von zwei Wochen bei den Leihämtern abzugeben, eine Frist, die am 3. März bis zum 31. März verlängert wird.[327] Wertgegenstände aus Edelmetall gibt es in Anna Schwarz' Haushalt damals tatsächlich noch reichlich. Viele Jahre hat sie mit Vorliebe auffälligen Schmuck, Ringe mit großen Steinen und goldene Halsketten getragen. Dann gibt es noch fünf silberne Becher, wertvolle alte Augsburger Handwerksarbeit, die noch Karl Schwarz erworben hatte. Damals war es üblich, dass jeder männliche Nachkomme einer jüdischen Familie einen Silberbecher erhielt.[328] Des Weiteren befinden sich in Anna Schwarz' Haushalt ein Chanukka-Leuchter, reichlich Silberbesteck, eine Vielzahl silberner Platten und allerhand Kleinteile.[329] All das gibt Anna Schwarz ab. Einige Goldkettchen und Anhänger unterschlägt sie allerdings,[330] ebenso den überreich mit Gold verzierten Prunkteller aus Meissener Porzellan aus der Zeit um 1830, vermutlich ein Familienerbstück.[331]

324 Leopold Rieser (* 10. 3. 1880 Ichenhausen † 13. 11. 1938 KZ Dachau – Freitod oder ermordet), Jude, Rechtsanwalt. Zu Rieser vgl. Weber, Das Schicksal der jüdischen Rechtsanwälte, S. 254 sowie Gernot Römer, Der Leidensweg der Juden in Schwaben. Schicksale von 1933–1945 in Berichten, Dokumenten und Zahlen, Augsburg 1983, S. 168.

325 Rieser war dekorierter Frontoffizier und bis 1933 ein gesuchter Strafverteidiger. Im Oktober 1934 lästerte das antisemitische Hetzblatt „Der Stürmer" über seine Liebesbeziehung zu einer „arischen" Witwe in Buchloe. Rieser nahm mehrere Möglichkeiten, in die USA auszuwandern, nicht wahr, weil er sich als ehemaliger Offizier in Deutschland sicher wähnte. Vgl. Weber, Das Schicksal der jüdischen Rechtsanwälte, S. 122.

326 Vgl. ebenda, S. 254.

327 Nach der „Dritten Anordnung aufgrund der Verordnung über die Anmeldung des Vermögens von Juden" vom 21. 2. 1939 waren lediglich Trauringe, silberne Armband- und Taschenuhren, Zahnersatz aus Edelmetall „in persönlichem Gebrauch", Silbersachen bis zu einem Gewicht von 40 Gramm pro Stück sowie pro Person je zwei vierteilige Essbestecke aus Tafelsilber ausgenommen. Vgl. Gabriele Anderl/Edith Blaschitz/Sabine Loitfellner/Mirjam Triendl/Niko Wahl, „Arisierung" von Mobilien, München 2004, S. 66 ff.

328 Demnach waren es ursprünglich acht Silberbecher: Drei waren bereits an Helmut und Werner Cohn sowie René Sechehaye vergeben worden.

329 Vgl. StAA, WBSchw V 967 LEA 74213 K-Akte Nr. 2511, Vernehmungsprotokoll Berta Haas, 26. 2. 1952. Berta Haas legte hier eine umfangreiche Aufzählung vor.

330 Einige Goldkettchen verschenkte Lotte später an Resi Baumann. Jahrzehnte später wurden ihr diese Andenken bei einem Einbruch gestohlen.

331 Das gute Stück überstand die Zeitläufte, wurde lange Zeit von der Familie Aichele aufbewahrt und befindet sich jetzt im Archiv Leo Hiemer.

Die Wertsachen müssen beim Städtischen Leihamt abgegeben werden. Die Juden erhalten eine Entschädigung – auf dem Papier. Wenn das Leihamt nicht sofort zahlungskräftig ist, gibt es nur eine einfache Bestätigung. Die Zahlung soll dann innerhalb von zwei Monaten erfolgen. Auf keinen Fall dürfen jüdische Ablieferer das Angebot der annehmenden Stelle ablehnen.[332] Lotte schleppt einen großen Korb mit Gold- und Silbersachen dorthin. Zu ihrer Freundin Berta Haas sagt sie, sie habe ein Vermögen aufs Leihamt getragen und dafür keinen Pfennig erhalten.[333] Nach der Abgabe kann Anna Schwarz keinen Schmuck mehr tragen, nur noch „gewöhnlichen Tand".[334] Der kümmerliche Rest des Silberbestecks, das Juden zugestanden wird, kommt kaum mehr zum Einsatz. Es gibt nur noch selten Gäste. Viele Bekannte und Verwandte sind bereits ausgewandert oder damit beschäftigt, ihre Emigration vorzubereiten.

Drei Monate beherbergt Anna Schwarz Aenni Hirsch[335] und ihre Tochter Irmgard in der Gesundbrunnenstaße. Die Wohnung der Familie Hirsch in der Beethovenstraße 1 ist bereits leergeräumt, aber sie kann nicht wie geplant nach England ausreisen: Ihr längst genau geprüftes Umzugsgut wird im Freihafen von Hamburg aufgehalten. Bis zur Freigabe der beiden großen Kisten hausen Mutter und Tochter bei Anna Schwarz. Am 2. August 1939 ist es endlich soweit, und die beiden reisen nach England ab.[336]

Es wird einsam um Anna Schwarz. Am Vorabend der Abreise von Aenni und Irmgard Hirsch, am 1. August 1939, schreibt sie an ihren Enkel René nach Zagreb: „Nach und nach werde ich ganz allein hier sein, glaubst Du, dass das sehr traurig für mich ist."[337]

Leben auf dem Aichele-Hof

Am 11. April 1939 quittiert Resi ihren Dienst bei der Apothekerfamilie Haugg in Augsburg und kehrt nach Stiefenhofen zurück.[338] Dass man Lotte und ihre Mutter in Augsburg so drangsaliert, bloß weil sie Juden sind, kann sie nicht verstehen. Dass die kleine Gabi eines Tages ebenfalls ins Visier der Judenhasser geraten könnte, mag sie sich gar nicht vorstellen. Das kleine Mädchen ahnt sicher nichts von den Sorgen der Erwachsenen. Sie freut sich auf das Osterfest. Schließlich heißt es, wie so oft im Allgäu: Ostereiersuchen im Schnee. Der Osterhase bzw. die „Mutti" hat für Gabi einen Puppenwagen gebracht. Oma Anna Schwarz ist auch dabei.

332 Vgl. Runderlass des Reichswirtschaftsministers an alle Pfandleihstätten vom 24. 2. 1939. Vgl. Anderl u. a., „Arisierung", S. 66 ff.

333 Vgl. StAA, WBSchw V 967 LEA 74213 K-Akte Nr. 2511, Vernehmungsprotokoll Berta Haas, 26. 2. 1956.

334 Ebenda.

335 Aenni Hirsch (in England: Annie) (* 1. 10. 1891 † 8. 1. 1954 Manchester/England), Jüdin, Hausfrau.

336 StadtA A, Hausbogen Gesundbrunnenstraße 3 sowie Hirsch-Erlund/Römer, Irmgard, S. 116.

337 FAH, NL AWR I/3 Johanna Sechehaye an Annemarie Wolff-Richter, 25. 5. 1939.

338 StadtA A, Meldekarte Aichele, Therese.

Gabi sucht Ostereier im Schnee, April 1939

Lotte mit Gabi und ihrer Großmutter

Am 14. Mai 1939 wird Therese Aichele mit dem Mutterkreuz ausgezeichnet, weil sie fünf Kinder großgezogen hat. Dass sie die kleine Gabi, ein als jüdisch geltendes Kind, angenommen hat, wird dagegen von den Nationalsozialisten im Ort nicht gern gesehen. Gabi gratuliert der „Mama" mit einem kleinen Blumenstrauß zum Muttertag.

„Hoffotografin" Anna findet in der Zweijährigen ein nahezu unerschöpfliches Motiv, etwa mit den Tieren des Hofes. Gabi trägt die schönsten Kleidchen und hat fast immer eine große, weiße Schleife im Haar. Sogar aufs Feld darf Gabi schon mit. Pflegevater Josef Aichele hat extra für sie eine kleine Heugabel angefertigt. Gabi bekommt nicht nur einen Puppenwagen, sondern auch eine Puppe geschenkt, die sie „Lotti" nennt …

Gabi ist ein glückliches Kind. Und endlich kommt auch ihre „Mutti" wieder zu Besuch. Sie hat Gabi ein neues Dirndl mitgebracht. Doch wenn es nach Lotte geht, wird Gabi nicht mehr lange bei den Aicheles bleiben.

Gabi mit Puppenwagen und Puppe „Lotti“

Therese Aichele mit Mutterkreuz und Gabi

Gabi auf dem Dengelbock, Juli 1939

Gabi auf Hofhund Frischle, Juli 1939

Gabi beim Heuen mit Therese, links, und Resi, Juli 1939

Lotte mit Gabi

Gabi im Dirndl vor dem Hof

Lotte mit Gabi

6 Letzte Rettung Ausland

Lotte will Gabi nach England verschicken

Im März 1939 besucht Lotte für etwa zwei Wochen ihre Schwester Hansi in Berlin.[339] Am 30. Mai meldet sie sich sogar für längere Zeit polizeilich nach Berlin ab.[340] Lotte setzt zunächst weiter auf Amerika, doch im Sommer 1939 disponiert sie um. Jetzt setzt sie auf England. Am 21. August spricht sie bei der „Auswanderungsstelle für Kinder" vor.[341] Vermutlich hat ihre Schwester Hansi sie auf diese Einrichtung des „Hilfswerks beim Bischöflichen Ordinariat Berlin" aufmerksam gemacht, hatte sie doch bereits im Februar des Jahres Kontakt zu dieser Stelle. Lotte spricht jetzt beim Vorsitzenden des Hilfswerks, Dr. Engelhardt,[342]

339 Hansi berichtete ihrem Sohn am 17. 3. 1939, dass Lotte seit acht Tagen bei ihr in Berlin sei. Vgl. FAH, NL AWR IV/34 Johanna Sechehaye an René Sechehaye, 17. 3. 1939. Am 23. 3. 1939 schrieb sie, dass Lotte wieder nach Augsburg zurückgefahren sei. Vgl. FAH, NL AWR IV/35 Johanna Sechehaye an René Sechehaye, 23. 3. 1939.

340 StadtA A, Hausbogen Gesundbrunnenstr. 3.

341 DAB, I/1-40 Lotte Eckart an HBOB, 7. 10. 1939.

342 Viktor Engelhardt (* 1891 † 1964), Jude, Oberregierungsrat. Konvertierte am 7. 2. 1934 zum Katholizismus. 4. 4. 1939–15. 9. 1941 Geschäftsführer des „Hilfswerks beim Bischöflichen Ordinariat Berlin" (HBOB), 1. 11. 1939–15. 9. 1941 Geschäftsführer der „Caritas-Reichsstelle für nichtarische Katholiken".

vor. Schon am 23. August 1939 schreibt dieser an den Leiter des „katholischen Komitees für Flüchtlinge aus Deutschland", des „Catholic Committee for Refugees from Germany", Reverend Father Ostermann,[343] nach New York:

> „Betr.: Kind Gabriele E c k a r t[344] [sic], Augsburg
> Sehr geehrter Father Ostermann,
> die nicht-arische Mutter des oben erwähnten zweijährigen Kindes sucht uns hier auf. Sie bemüht sich in England um eine Stelle in einem Haushalt. Sicherlich wird sie mithilfe des St. Raphaels-Vereins in Hamburg bald eine solche bekommen. Sie ist auch für die USA registriert und hat in Stuttgart die Quotennummer 26 000 erhalten. Doch in England wird verlangt, dass das Kind versorgt sein muss, bevor die Mutter einwandern darf. Die Mutter ist verwitwet, das Kind nicht-arisch. Man könnte dem Kind ganz einfach ein Heim in England verschaffen, wenn es möglich wäre, 50 Pfund für das Kind aufzubringen.
> Wie Sie aus dem Brief seiner Eminenz, Kardinal Faulhaber, ersehen können, hat Frau Eckart eine sehr gute Empfehlung durch die Kirche erhalten. Wir bitten Sie, sehr geehrter Father Ostermann, nutzen Sie in diesem speziellen Fall Ihren Einfluss, um zu helfen. Wir würden uns sehr darüber freuen, wenn Sie eine edle und großherzige Person finden könnten, die bereit ist, 50 Pfund für das Kind zu hinterlegen.
> Wir erwarten gespannt Ihre Antwort, danken Ihnen schon jetzt für Ihre Bemühungen und verbleiben mit den besten Wünschen."[345]

Lotte dauert die Sache mit Amerika wohl zu lange. Jetzt will sie ihre Gabi nach England verschicken und versuchen, dort selbst in einem Haushalt unterzukommen. Ihre Tochter nennt sie „Gabriele Eckart", wohl um den Anschein eines ehelichen Kindes zu erwecken.

343 Über Reverend Joseph Ostermann liegen keine weiteren Informationen vor.

344 Sperrung im Original.

345 DAB, I/1-40 HBOB an das „Catholic Committee for refugees from Germany", 23. 8. 1939. Der auf Englisch versandte Text lautet: „Re.: Child Gabriele E c k a r t [sic], Augsburg. / Most honourable Father Ostermann, / The non-arian mother of the above mentioned 2 years old child comes to see us here. She is endeavouring to get a house-hold position in England and it is sure, that she will get one by the assistance of the St. Raphaelsverein in Hamburg soon. She is also registered for USA and has the quote number 26 000 for Stuttgart. But in England is the condition that the child has to be taken care of before the mother's immigration. The mother is a widow, the child non-arian. It would be very easy to get the child a home in England, could the 50 pounds be paid for the child. / As can be seen by the letter of His Emminency Mr. Cardinal Faulhaber Mrs. Eckart has a very good recommandation [sic] of the church. We ask you, please dear Father Ostermann, in this special case to use your influence to assist, and would be extremely happy should you succeed to find a noble and kindhearted, who is willing to deposit 50 pounds for the child. / With a great interest we are waiting your answer and remain thanking you in anticipation for all the troubles you will take with kindest regards / Yours."

Dr. Viktor Engelhardt, Vorsitzender des Hilfswerks beim Bischöflichen Ordinariat Berlin
Diözesanarchiv Berlin, BN 8924,02

Lotte hat ja eine Taufbescheinigung von Pfarrer Wanner aus Marktoberdorf, die auf „Gabriele Eckart“ ausgestellt ist…

England verlangt jedoch eine Sicherheitsleistung von 50 Pfund Sterling für die Aufnahme nichtarischer Kinder aus Deutschland. Zu diesem Zeitpunkt ist es für Juden in Deutschland bereits nahezu unmöglich, an ausländische Währung zu kommen. Deshalb wendet sich das Hilfswerk in diesem speziellen Fall an das Flüchtlingskomitee in New York. Jetzt heißt es wieder warten, warten auf eine Antwort aus Amerika.

Anna Schwarz' letzte Tage

1939 ist kein gutes Jahr für Anna Schwarz: Sie muss ihren geliebten Schmuck abgeben und sämtliche Wertsachen abliefern, der Verkauf des Predigerbergs zieht sich hin und zerrt an den Nerven, nach dem Verkauf ihres Anwesens ist sie praktisch ruiniert, außerdem kommen fast täglich Nachrichten von Bekannten und Verwandten, die im Begriff stehen, Augsburg zu verlassen. Auch ihre beiden Töchter Hansi und Lotte wollen nur noch weg aus Deutschland und zwar so schnell wie möglich. Jetzt muss Anna Schwarz auch noch ihre herrschaftliche Wohnung räumen und soll in eine Zweizimmerwohnung umziehen.

Das „Gesetz über Mietverhältnisse mit Juden“[346] vom 30. April 1939 lockert den Mieterschutz für Juden. Wenn Ersatzwohnraum nachgewiesen wird, kann jetzt jüdischen Mietern von „deutschblütigen“ Vermietern ohne Weiteres gekündigt werden.

Anna Schwarz bewohnt seit dem 8. Januar 1936 ein stattliches Bürgerhaus in der Gesundbrunnenstraße, das mit den Nachbarhäusern ein hübsches Ensemble bildet. Nach den Akten der Polizei Augsburg gehört das Haus der in New York geborenen „Arzteswitwe“ Stella Marburg, die seit 1924 auch selbst im Haus wohnt, sich jedoch nach „Amerika“ abmeldet, wann, ist nicht bekannt.[347] Der Name könnte auf eine jüdische Abstammung hindeuten. In den Akten der Augsburger Polizei ist als neue Eigentümerin Maria Seitz im Schwedenweg 3 eingetragen, Witwe von Michael Seitz, dem Inhaber der speziell auf ein katholisches Publikum ausgerichteten „Buch- und Kunsthandlung M. Seitz“ in der Karolinenstraße 40. Maria Seitz ist zusammen mit Josef Seitz Geschäftsführerin des Unternehmens. Sie wohnt nicht im Haus. Wann sie das Haus erwirbt, ist nicht bekannt.

Außer der Kaufmannswitwe Anna Schwarz wohnen in der Gesundbrunnenstraße 3 unter anderem noch ein Fabrikdirektor, ein Oberinspektor, ein Direktor, ein Schriftsteller, eine Kontoristin und eine Sekretärin. Ein Arbeiter ist ebenfalls darunter. Einige Bewohner sind verheiratet, manche ledig oder verwitwet. Außerdem gibt es ein paar wenige Kinder. Zu den bürgerlichen Haushalten gehören ganz selbstverständlich auch Dienstmädchen. Bei Inkrafttreten des „Entmietungsgesetzes“ am 30. April 1939 gibt es in der Gesundbrunnenstraße 3 auch zwei jüdische Haushalte, den Haushalt von Anna Schwarz im Erdgeschoss und den von Heinrich Neuburger[348] im 3. Stock, der vier jüdische Personen umfasst. Heinrich Neuburger war bis zur „Arisierung“ Mitinhaber der Firma „Gebrüder Neuburger, Kurz- und Wollwaren en gros, Zeuggasse 3, Augsburg“.[349] Zusammen mit seiner Frau Hilde[350] und ihren beiden Töchtern Lotte[351] und Susie[352]

346 Das Gesetz über Mietverhältnisse mit Juden vom 30. 4. 1939 (http://alex.onb.ac.at/cgi-content/alex?apm=0&aid=dra&datum=19390004&zoom=2&seite=00000864&ues=0&x=19&y=12).

347 Vgl. StadtA A, Hausbogen Gesundbrunnenstr. 3. Die Abmeldung nach Amerika erfolgte ohne die Angabe eines Datums. Vermerkt ist lediglich, dass Frau Marburg sich am 1. bzw. 6. 10. 1936 nach München abgemeldet hat. Als Stellvertreter ist der Augsburger Johann Hammer genannt, der die Aufgaben eines Hausverwalters wahrgenommen haben dürfte.

348 Heinrich Neuburger (* 30. 9. 1887 Ichenhausen † 28. 12. 1978 New York/USA), Jude, Kaufmann.

349 Römer (Hrsg.), „An meine Gemeinde in der Zerstreuung“, S. 318.

350 Hilde Neuburger, geb. Bendit (* 4. 4. 1896 Amberg † 20. 10. 1987 New York), Jüdin, Hausfrau.

351 Lotte Buff, geb. Neuburger (* 9. 6. 1921 Ichenhausen † ?), Jüdin. Schülerin des A.-B.-von-Stettenschen Instituts, das sie 1935 nach der 4. Klasse verlassen musste. Anschließend Klosterschule St. Ursula. Vgl. Römer (Hrsg.), „An meine Gemeinde in der Zerstreuung“, S. 195. Heiratete 1944 in New York den ebenfalls aus Augsburg ausgewanderten Fritz Buff (in Amerika: Fred) (* 26. 7. 1921 Krumbach † ?), Jude, Unternehmer, ebenda, S. 89.

352 Susie Neuburger (in Amerika: Sue, Susan) (* 15. 2. 1927 Ichenhausen), Jüdin. Susie ist im Gegensatz zu ihrer älteren Schwester im Hausbogen nicht eigens erwähnt. Es ist aber davon auszugehen, dass die Zwölfjährige 1939 ebenfalls bei ihren Eltern wohnte.

reist er am 22. August 1939 nach England aus und emigriert von dort in die Vereinigten Staaten.[353]

Zum Haushalt von Anna Schwarz gehören am 30. April 1939 acht Personen, davon fünf von der Polizei als „Jude“ oder „israelitisch“ identifizierte: Neben Anna Schwarz sind das Lotte, der Rentner Daniel Bissinger,[354] der Witwer August Silber[355] und der Hilfsarbeiter Otto Rödelheimer.[356] Dazu kommt der türkische Student Celal Basara aus Erzincan, ein Mohammedaner, wie die Polizei vermerkt, sowie das katholische „Allesmädchen“ Wally Bergmiller, Resis Freundin, und die ebenfalls katholische Hausangestellte Sofia Prax. Am 1. Mai nimmt Anna Schwarz noch ihre jüdischen Verwandten Aenni Hirsch und ihre Tochter Irmgard in ihre Wohnung auf, die ihren eigenen Haushalt bereits aufgelöst haben und auf die Auswanderung nach England warten. Eine weitere Jüdin, Johanna Einstein,[357] wohnt zwar im 2. Stock, die Polizei ordnet sie dennoch der Wohnung von Anna Schwarz zu. Vielleicht hat sie im März 1938 noch ein Zimmer in dieser Wohnung für Frau Einstein angemietet, die damals noch unverheiratet war und Johanna Stern hieß.[358] Jedenfalls dürfte es nach der Aufnahme von Aenni Hirsch und ihrer Tochter in der Wohnung von Anna Schwarz reichlich eng geworden sein. Die Situation entspannt sich etwas, als sich Lotte am 30. Mai 1939 für mehrere Monate nach Berlin abmeldet. Wann Anna Schwarz die Kündigung für ihre Wohnung erhält, ist nicht bekannt.

Am 1. September 1939 fingieren SS-Leute einen Überfall polnischer Widerstandskämpfer auf den Deutschen Sender Gleiwitz. Das liefert Hitler den Vorwand, ab „fünf Uhr 45“ zurückschießen zu lassen.[359] Am 3. September erklären die Verbündeten Polens, Frankreich und Großbritannien, dem Deutschen Reich den Krieg. Mit Hitlers dreistem Überfall auf Polen beginnt der Zweite Weltkrieg. Die deutsche Wehrmacht rückt rasch vor. Das Oberkommando der Wehrmacht verkündet einen Sieg nach dem anderen.

353 Hilde Neubergers Vater Justus Bendit (* 25. 3. 1867 Fürth † 14. 2. 1944 Theresienstadt), Jude, ist schon am 1. 4. 1939 in die Mozartstraße 7 gezogen. Vgl. StadtA A, Hausbogen Gesundbrunnenstr. 3.

354 Daniel Bissinger (* 14. 2. 1881 Neu-Ulm † 1942 Piaski/Polen – ermordet), Jude. Zog am 1. 11. 1939 in die Hochfeldstr. 2. Am 3. 2. 1942 von München ins Ghetto nach Piaski transportiert. Für tot erklärt. Vgl. ebenda.

355 August Silber (* 15. 11. 1870 Mainstockheim † ?), Jude. Zog am 27. 10. 1939 in die Hochfeldstraße. Vermutlich verstarb er noch vor einer möglichen Deportation. Vgl. ebenda.

356 Otto Rödelheimer (* 4. 11. 1897 Augsburg † 4. 2. 1942 Piaski/Polen – ermordet), Jude, Hifsarbeiter. Otto Rödelheimer zog am 27. 10. 1939 in die Hochfeldstr. 2 und wurde von dort deportiert. Vgl. ebenda.

357 Johanna Einstein, geb. Stern (* 15. 2. 1882 Körbecke/Soest in Westfalen † 1942 Piaski/Polen – ermordet), Jüdin. Am 3./4. 4. 1942 ab München nach Piaski ins Ghetto transportiert. Für tot erklärt. Vgl. ebenda.

358 Am 3. 3. 1938 zog die ledige Jüdin Johanna Stern als Untermieterin von Anna Schwarz im 2. Stock ein. Bereits am 22. 3. 1938 erschien sie als Johanna Einstein, verheiratete Israelitin ohne Beruf. Vgl. ebenda. Da die Geburtsdaten identisch sind, dürfte es sich um ein und dieselbe Person handeln.

359 Tatsächlich beschoss das Passagierschiff „Schleswig-Holstein“ befehlsgemäß bereits um 4:45 Uhr ein polnisches Munitionsdepot auf der Westerplatte bei Danzig. In seiner Rede um 10 Uhr vor dem Reichstag erklärte Hitler jedoch fälschlich, dass „seit fünf Uhr 45 zurück [sic] geschossen“ werde.

Lotte kehrt schleunigst aus Berlin nach Augsburg zurück. Vermutlich hat ihre Mutter sie über die Kündigung der Wohnung unterrichtet. Am 9. September ist sie wieder polizeilich bei ihrer Mutter gemeldet.[360] An diesem Tag wird die letzte Rate des Kaufpreises für den Predigerberg auf das Konto Nr. 1644 lautend auf Anna Schwarz bei der Bayerischen Hypotheken- und Wechselbank Augsburg angewiesen.[361] Allerdings wurde ihr Konto in ein Sperrkonto umgewandelt, auf das Anna Schwarz nur mit Zustimmung des Finanzamtes Augsburg-Stadt zugreifen darf.[362] Als Jüdin darf sie monatlich nur noch über einen geringen Betrag verfügen, um ihre Lebenshaltungskosten decken zu können. Anna Schwarz ist faktisch enteignet. Jetzt soll sie auch noch ihre Wohnung räumen …

Am 18. September 1939 rückt Stalins[363] Rote Armee in Ostpolen ein. In einem Geheimpakt haben sich Hitler und Stalin längst auf die Aufteilung Polens verständigt, das bald aufhört zu existieren. Nichts und niemand scheint Hitler mehr aufhalten zu können.

Zwei Tage später nimmt Anna Schwarz Gift.[364] Am 20. September 1939 nachmittags um 17:10 Uhr stirbt Anna Schwarz in ihrer Wohnung in der Gesundbrunnenstraße 3.[365] Lotte kann ihren Freitod nicht verhindern. Sie findet ihre Mutter gemeinsam mit dem Hilfsarbeiter Otto Rödelheimer, Untermieter bei Anna Schwarz, der am nächsten Tag ihren Tod beim Standesamt Augsburg anzeigt.[366] Dr. Hugo Berberich[367] stellt den Leichenschauschein aus. Als Todesursache vermerkt er „Herzschlag". Er notiert, Anna Schwarz habe seit vier Wochen an „Angina Pectoris" gelitten. Kein Wort von Freitod.[368]

Als Hansi in Berlin vom Tod ihrer Mutter erfährt, lässt sie buchstäblich alles stehen und liegen und eilt nach Augsburg.[369] Anna Schwarz wird in Anwesenheit der beiden

360 StadtA A, Hausbogen Gesundbrunnenstr. 3.

361 StAA, WBSchw V 967 LEA 74213 K-Akte Nr. 2511 Stadtverwaltung Augsburg an die Wiedergutmachungsbehörde, 7.10.1949.

362 StadtA A, L5 Nr. 645 Regierungspräsident von Schwaben an die Stadt Augsburg, 28.6.1939.

363 Josef Stalin (* 18.12.1878 Gori/Georgien † 5.3.1953 Kunzewo b. Moskau/Sowjetunion), Diktator der Sowjetunion.

364 Hiemer, Interview mit René Sechehaye sowie Hirsch-Erlund/Römer, Irmgard, S. 38 f.

365 StadtA A, StA Nr. C 1952/1939 Sterbeeintrag Anna Schwarz, 21.9.1939.

366 AdIKGA, 003-Z05_031 Anzeige des Todes von Anna Schwarz, 21.9.1939.

367 Dr. Hugo Berberich (* 6.12.1887 Augsburg † 03/1968 Jamaica-N. Y./USA), Jude, praktischer Arzt.

368 Den Juden ist es grundsätzlich verboten, sich selbst zu töten. Selbstmord ist nur erlaubt, um einen Inzest, einen Götzendienst oder einen Mord zu verhindern. Die Selbsttötung von Anna Schwarz widersprach also den jüdischen Gesetzen. Daher hätte es für sie kein Totengebet, kein normales jüdisches Begräbnis und nur ein Grab am Rande des Friedhofs geben dürfen. Zur Problematik der Selbsttötung im Judentum vgl. Religionen entdecken: Selbsttötung im Judentum – ist nur in drei Fällen akzeptiert (https://www.religionen-entdecken.de/lexikon/s/selbsttoetung-im-judentum). Möglicherweise wurden nach der Selbsttötung auch Probleme im Nachlassverfahren befürchtet.

369 Schon am 22.9.1939 ist sie in der Gesundbrunnenstraße 3 polizeilich gemeldet. StadtA A, Hausbogen Gesundbrunnenstraße 3.

Schwestern Hansi und Lotte auf dem Judenfriedhof an der Haunstetter Straße in Augsburg-Hochfeld zur letzten Ruhe gebettet. In dem Grab Nummer 8 der Reihe N 38 liegt schon ihr Ehemann Karl Schwarz.[370] Auf dem Grabstein der Grabstelle Nummer 1202 ist zu lesen:

> „Anna Schwarz
> geb. Rosenmeyer
> 4. 4. 1870–20. 9. 1939
> Suizid in Augsburg".[371]

Lotte kämpft weiter um die Auswanderung

In dieser turbulenten Zeit bemüht sich Lotte, Gabi außer Landes zu bringen. Am 23. August 1939 sandte Dr. Engelhardt vom Hilfswerk in Berlin eine Anfrage in Sachen Lotte Eckart und ihres Kindes Gabriele an das Flüchtlingskomitee in New York. Aufgrund dieses Gesuchs wendet sich Father Ostermann zwei Wochen später an den Vorsitzenden des Flüchtlingskomitees, den deutschstämmigen Erzbischof von New Orleans, Joseph F. Rummel.[372] Mit Datum vom 11. September 1939 schreibt er an den Erzbischof in Sachen „Mrs. Eckert" [sic]:

> „Eure Exzellenz,
> in der Anlage erhalten Sie einen Brief des katholischen Komitees in Berlin mit der Anfrage, ob wir Frau Eckart wegen ihres Kindes unterstützen könnten.
> Sie erhalten außerdem eine Fotokopie einer Empfehlung, ausgestellt von Kardinal Faulhaben [sic].
> In Erwartung einer Entscheidung in dieser Sache verbleibe ich mit allen guten Wünschen!
> Mit größtem Respekt in Christus,
> Rev. Joseph D. Ostermann
> Geschäftsführender Direktor"

370 Grabinschriften Jüdischer Friedhof, Haunstetter Straße, Augsburg Hochfeld (http://www.alemannia-judaica.de/images/Images%20302/CEM-AUG-GRAVELIST-GERMAN.pdf). Es handelt sich um ein Doppelgrab mit den Nummern 1202 und 1203.

371 Ebenda. Wann die Inschrift erstellt wurde, speziell was den für Juden nicht unproblematischen Zusatz „Suizid" angeht, ist nicht bekannt.

372 Franz Josef Rummel (in Amerika: Josef Francis) (* 14. 10. 1876 Steinmauern, Baden † 8. 11. 1964 New Orleans/USA), Erzbischof von New Orleans.

Handschriftlich setzt Rev. Ostermann hinzu: „Was kann während des Krieges getan werden? Ist die Auswanderung von Berlin nach London ausgesetzt? – Im September keine Auswanderung von London oder Warschau in die USA möglich."[373] Mit einem knappen Begleitschreiben leitet Reverend Ostermann die Bitte des Hilfswerks in Berlin in Sachen Gabi an Erzbischof Rummel weiter. Auch die Empfehlung Faulhabers legt er als Fotokopie bei. Handschriftlich setzt er noch seine Bedenken hinsichtlich einer Auswanderung nach England und in die USA hinzu: Angesichts der kriegerischen Auseinandersetzungen in Europa erscheint eine Emigration von Lotte und ihrem Kind nach England zumindest im Moment äußerst schwierig.

Zwei Wochen später, am 25. September 1939, beantwortet Erzbischof Rummel die Anfrage von Reverend Ostermann: „Frau Lottie [sic] Eckart hat in Kardinal Faulhaben [sic] einen hervorragenden Förderer, ihr Fall verdient zum Wohle ihres Kindes unsere sorgfältige Betrachtung. Offensichtlich wird es noch einige Zeit dauern, bis sie ihren Quotenrang, nämlich Nummer 26 000, erreichen wird. Und doch ist es möglich, dass sich unter Kriegsbedingungen einige Lücken auftun werden, die diese hohen Quotenränge voranbringen werden. Wenn eine Emigration nach England noch möglich ist, würde ich einen Vorschuss von 50 Pfund zum Wohle des Kindes bewilligen, aber nur unter der Voraussetzung, dass Mutter und Kind dabei nicht getrennt werden."[374] Offensichtlich hat Faulhabers Empfehlung Erzbischof Rummel zu seiner Zusage bewogen, auch wenn er sie unter die kaum zu erfüllende Bedingung stellt, dass Gabi nur gemeinsam mit ihrer Mutter nach England auswandern soll.

Von der Korrespondenz zwischen Reverend Ostermann in New York und Erzbischof Rummel in New Orleans weiß Lotte noch nichts, als sie sich am 7. Oktober 1939 schriftlich bei Dr. Engelhardt in Berlin nach dem Stand der Dinge erkundigt:

373 EANO, Refugees from Germany, Catholic Committee (New York, N. Y.) Archbishop Rummel, Chairman, Folder, Joseph Ostermann an Rummel, 11. 9. 1939. Im englischen Original lautet der Brief: „Your Excellency: / Enclosed herewith please find copy of a letter received from the Catholic Committee in Berlin, inquiring whether we could assist Mrs. Eckert [sic] financially in behalf of her child. We are also enclosing photostatic copy of a recommendation furnished by His Eminence, Cardinal Faulhaben [sic]. Awaiting Your Excellency's decision in this matter, we remain with all good wishes. Most respectfully in Christ, / Rev. Joseph D. Ostermann / Executive Director." Der handschriftliche Zusatz lautet im englischen Orginal: „What can be done during the war crisis? Immigration from Berlin to London is suspended? During Sept. immigration from London and Warsaw to U.S.A. is out."

374 Erzbischof Rummel an Ostermann, 25. 9. 1939. Ebenda. Der Brief hat im englischen Original folgenden Wortlaut: „Mrs. Lottie [sic] Eckart has an excellent sponsor in His Eminence Cardinal Faulhaben (!) and deserves our careful consideration for the benefit of her child. Evidently it will take considerable time until she reaches her quota number, namely 26,000. And yet it is possible that owing to war conditions many gaps will occur which will push forward these numbers. If immigration to England is still possible, I would approve the advance of fifty pounds for the benefit of the child, but only on condition that mother and child will not be separated in the process."

„Sehr geehrter Herr Doktor,
im Anschluss an meine Unterredung mit Ihnen am 21. August muss ich Ihnen mitteilen, dass meine Mutter inzwischen am 20. September hier verschieden ist. Es war mir dadurch noch nicht möglich, Ihnen die besprochenen Unterlagen einzusenden. – Ich sende Ihnen heute nur Photokopie des Taufscheines meiner Tochter Gabriele.[375] Da sich inzwischen politisch so einschneidende Veränderungen ergeben haben, weiß ich nicht, ob es zweckmäßig erscheint, Ihnen die anderen Unterlagen – ausgefüllte Formulare, Bericht etc. – einzusenden. Eine Verschickung nach England dürfte wohl zunächst gar nicht infrage kommen. Sollten Sie aber auf alle Fälle lediglich vorbereitungshalber diese Unterlagen wünschen (Lichtbild auch schon?), so werde ich sie zusammenstellen und einsenden. –
Es würde mich interessieren von Ihnen zu erfahren, ob sie von U-S-A bezüglich der Beschaffung der Pfund 50,– Kaution Bescheid erhielten, und ob irgendeine Aussicht besteht, diese in absehbarer Zeit zur Verfügung gestellt zu bekommen. –
Ferner würde mich interessieren, ob eine Möglichkeit besteht, das Kind auf Grund meiner nicht allzu hohen Wartenummer für U-S-A (26 000) – mit einem Transport nach dort verschicken zu können. Hierzu muss ich noch bemerken, dass das Kind auf meiner Nummer nicht eingeschlossen ist. Ich war damals der Annahme, dass dies bei einem entsprechend hohen Affidavit keine Schwierigkeiten bedeuten würde. –
Halten Sie es für zweckmäßig, mir jetzt noch nachträglich für das Kind in Stuttgart eine Nummer geben zu lassen?
Ich bitte Sie auf alle Fälle die Frage der Verschickung meiner Tochter weiter im Auge zu behalten und mich sofort zu benachrichtigen, wenn ich von mir aus irgendetwas noch dazu tun kann.
Ich danke Ihnen verbindlichst für Ihre Bemühungen.“[376]

Lotte geht davon aus, dass eine Verschickung nach England angesichts des Krieges nicht mehr möglich sein wird, und erwägt stattdessen die Verschickung ihrer kleinen Tochter nach Amerika. Allerdings hat Lotte für Gabi keine eigene Wartenummer für die Einwanderung beantragt. Soll sich Lotte in Stuttgart jetzt um eine Wartenummer für Gabi bemühen?

Dr. Engelhardt antwortet umgehend:

375 Vgl. DAB, I/1-40. In den Akten des Hilfswerks Berlin ist der Auszug aus dem Taufregister der Marktoberdorfer St. Martinsgemeinde vom 17. 7. 1937 erhalten. Erzbischof Rummels Brief ist auch in den Unterlagen des „Catholic Committee for Refugees from Germany“ in New York vorhanden. Center for Migration Studies, New York City CMS, 023B, Box 157, Folder 5047.

376 DAB, I/1-40 Lotte Eckart an HBOB, 7. 10. 1939.

„Betr.: Gabriele Eckart [sic]
Sehr geehrte Frau Eckart,
Aus New York haben wir auf unser Schreiben bisher noch keine Antwort erhalten. Große Hoffnungen können wir Ihnen leider nicht machen, da auf einige etwas früher abgesandten Anfragen aus New York abschlägiger Bescheid gekommen ist.
Wegen einer Verschickung nach USA stehen Verhandlungen in Aussicht. Ihre Wartenummer in Stuttgart 26 000 wird nach allem, was wir bisher gehört haben, jedoch zu hoch sein. Es handelt sich augenblicklich um die um 8000 liegenden Wartenummern. Wir haben aber auf alle Fälle das Kind in der Liste der für eine USA-Wanderung in Frage kommenden Kinder aufgenommen. Ob das Kind eine besondere Wartenummer braucht, müssen Sie beim Amerikanischen Konsulat in Stuttgart durch Anfrage feststellen.“[377]

Tatsächlich beginnt im Sommer 1939 der „Zentralausschuss für die Verschickung nichtarisch-christlicher Kinder“ eine Initiative für die Unterbringung von christlichen Kindern in den USA.[378] Dort hatten sich christliche Kreise bereit erklärt, Kinder, deren Eltern wegen fehlender Affidavits zurzeit noch nicht in die USA auswandern konnten, vor ihren Eltern einreisen zu lassen und sie solange in Familien oder Heimen unterzubringen, bis die Eltern nachkommen könnten. Allerdings mussten die Eltern im Besitz einer vom amerikanischen Konsulat in Deutschland ausgegebenen Wartenummer sein, die bereits fällig war oder in den nächsten Wochen fällig werden würde.[379]

Dr. Engelhardt schenkt Lotte bezüglich ihrer Wartenummer für die Vereinigten Staaten reinen Wein ein: Die Nummer 26 000 dürfte wohl zu hoch sein, das heißt, sie muss sich noch auf eine längere Wartezeit einrichten. Gabi kann also noch nicht nach Amerika verschickt werden. Das Einzige, was Dr. Engelhardt Lotte anbieten kann, ist, Gabi auf die Liste der für die USA infrage kommenden Kinder zu setzen. Was die Frage einer eigenen Wartenummer für Gabi betrifft, verweist er sie an das Konsulat in Stuttgart. Auch was die 50 Pfund Kaution angeht, macht Dr. Engelhardt Lotte wenig Hoffnungen. – Doch so schlecht sieht es gar nicht aus für Gabi und Lotte.

Am 10. November 1939 geht die bereits am 10. Oktober verfasste Antwort Reverend Ostermanns auf die Anfrage vom August bei Dr. Engelhardt in Berlin ein. Ostermann zitiert wörtlich die Antwort von Erzbischof Rummel und fügt hinzu: „Bitte informieren Sie uns unverzüglich, welche weiteren Schritte nötig sind. In dringenden Fällen würden

377 Ebenda, HBOB an Lotte Eckart, 10. 10. 1939.
378 „Die Kinderverschickung wurde von den jüdischen, evangelischen und katholischen Hilfswerken in Berlin gemeinschaftlich durchgeführt.“ Reutter, Katholische Kirche, S. 197.
379 Vgl. ebenda, S. 114.

wir Ihnen empfehlen zu telegraphieren. Bitte beachten Sie, dass seine Exzellenz festgesetzt hat, dass die 50 Pfund nur dann bereitgestellt werden, wenn Mutter und Kind bei dem Vorgang nicht getrennt werden. Deshalb sind wir auf Ihre rasche Antwort angewiesen. Wir verbleiben mit der Versicherung unserer Unterstützung."[380]

Der Erzbischof von New Orleans erklärt sich tatsächlich bereit, für Gabi 50 englische Pfund als Sicherheitsleistung zu hinterlegen. Ohne Faulhabers Empfehlung hätte er sicher keine Zusage gemacht. Der Erzbischof unterstützt ihre Auswanderung allerdings nur unter der Bedingung, dass Mutter und Tochter zusammenbleiben. Nachdem Father Ostermanns Brief einen ganzen Monat von New York nach Berlin unterwegs war, entbehrt der Hinweis auf die Möglichkeit der Telegraphie, wenn die Sache dringlich sein sollte, nicht einer gewissen Ironie.

Noch am gleichen Tag erkundigt sich Dr. Engelhardt beim St. Raphaels-Verein in Hamburg, der für Lottes Auswanderung zuständig ist, über die Möglichkeiten, Lotte und Gabi zusammen nach England zu bringen:

> „Wir erhielten heute aus New York einen Brief, der uns zusagt, dass man für ein Kind, welches nach England kommen sollte, die Garantie von 50 Pfund, die wir erbaten, geben würde. Die Verhältnisse haben sich seit unserem Antrag wesentlich geändert. Weiterhin teilt man mit, dass man die Garantie für das zweijährige Kind nur geben könne, wenn Mutter und Kind nicht getrennt würden. Nach allem muss ich es jetzt ja für unmöglich halten, dass Mutter und Kind ein Permit[381] für England bekommen. Zur Sicherheit aber will ich, bevor ich entsprechend nach New York schreibe, noch einmal anfragen, wie eigentlich Ihre Auskünfte über die englischen Dinge nach Rückkehr von Fräulein Piendl[382] lauten. Es war seinerzeit beabsichtigt worden, die Mutter in eine Haushaltungsstellung zu bringen und ihr die Mitnahme des Kindes zu ermöglichen."[383]

Postwendend kommt die Antwort von Pater Max Grösser, dem Vorsitzenden des St. Raphaels-Vereins Hamburg:

380 DAB, I/1-40 Joseph Ostermann an HBOB, 10. 10. 1939. Im englischen Original hat der Brief folgenden Wortlaut: „Kindly inform us immediately as to what further action is necessary, and if urgent, we would suggest that you cable. Please note that His Excellency states that the fifty pounds will be forthcoming only if the mother and child will not be separated in the process. We are, therefore, depending on your immediate reply and with assurances of our cooperation, we remain."

381 Englisch für „Einreiseerlaubnis".

382 Frau Piendl war eine enge Mitarbeiterin von Pater Grösser.

383 DAB, I/1-40 HBOB an Lotte Eckart, 10. 11. 1939.

„Sehr geehrter Herr Dr. Engelhardt,
unter Bezugnahme auf den Fall Gabriele ECKART[384] fragten Sie heute nach den Nachrichten, die Fr. Piendl wegen der Kinderverschickung mitgebracht hat. Der letzte Eindruck war, dass die Engländer auch keine Kinder mehr nehmen. Dass sie keine Erwachsenen mehr nehmen, also auch die Mutter von Gabriele nicht, war schon über eine Woche klar. Unter diesen Umständen dürfte sich der Fall Gabriele Eckart wohl erledigen. Ob es Zweck hat, dass Sie sich an das Huisvestings Comité in Den Bosch[385] wenden wegen Auswanderung nach Holland, erscheint zweifelhaft. Sie können nach Frl. Piendls Mitteilungen ganz vereinzelte Kinderfälle in Den Bosch anbringen. Sie kennen ja die Methoden der Leute. Die Kinder bringt man bei Familien unter. Es erscheint darnach kaum möglich, Frau Eckart mit hinaus zu bekommen. Wohl ist andererseits erneut das Bestreben im Gang, etwa 40 nichtarische Frauen nach Holland zu bringen. Frl. Piendl ist aber misstrauisch in Bezug auf den Erfolg, und sieht hier nur eine Betriebsamkeit des Komitees in Utrecht.
Wenn also das Kind Gabriele Eckart nicht allein auswandern kann und soll, würden wir vorschlagen, den Fall beiseite zu legen. Im Übrigen haben wir hier die Vorstellung gehabt, dass das Kind von Frau Eckart aus Augsburg schon 4 oder 5 Jahre alt sei.
Die Reise dieser Dame nach New York blieb seinerzeit ohne Erfolg, weil sich die dortigen Stellen an der Existenz eines illegitimen Kindes stießen, wie das in USA üblich ist. Auch haben wir die Erinnerung, dass Frau Eckart das Kind damals gar nicht bei sich behalten, sondern anderswo in USA unterbringen wollte. Wir können darum nicht annehmen, dass sie heute das Interesse hätte, mit dem Kind zusammen zu bleiben.
Wir überlassen aber die Angelegenheit Ihnen.“[386]

England hat sich also erledigt.[387] Auch Holland kommt nicht infrage. In Amerika ist Lotte wegen ihres illegitimen Kindes laut Pater Grösser auch nicht gerade gern gesehen. Obendrein vermeint sich der Pater daran zu erinnern, dass „diese Dame“, wie er Lotte etwas despektierlich nennt, eine echte Rabenmutter sei, die ihr Kind auch in Amerika bei fremden Leuten unterbringen wollte und kein Interesse an ihrem Kind habe. Pater Grösser schlägt denn auch ohne Weiteres vor, den Fall Gabriele zu den Akten zu legen, schiebt aber Dr. Engelhardt die Entscheidung zu.

384 Unterstreichung im Original.

385 Das „Haushaltskomité“ in „Den Bosch“ (vermutlich: Hertogenbosch) war eine seit 1924 bestehende katholische Einrichtung für Menschen in Not, die sich auch katholischer Kinder annahm.

386 DAB, I/1-40 Pater Grösser an Dr. Engelhardt, 13. 11. 1939.

387 Von April bis August 1939 waren nur 27 katholische Kinder nach England gekommen, vier wurden nach Holland vermittelt, bis März 1940 kamen noch acht dazu. Von April 1939 bis März 1940 hat das Hilfswerk insgesamt 193 Fälle bearbeitet. Einer von ihnen war der Fall Gabriele Schwarz bzw. Eckart. Vgl. Röhm, Juden, Christen, Deutsche, S. 181.

Obwohl Lotte Gabi stets als „Gabriele Eckart“ angibt, hat sie in Amerika offenbar eingeräumt, dass Gabi illegitim ist. Jeder, der Wilhelm Eckarts Todesdatum mit Gabis Geburtsdatum verglich, sah sofort, dass Gabi kein eheliches Kind sein konnte – auch wenn Pfarrer Wanner in seinem Auszug aus dem Geburtsregister diese Frage offenließ. Um sich eine neue Existenz aufbauen zu können, war Lotte auch in Amerika auf eine Pflegestelle für ihre Tochter angewiesen. Daraus abzuleiten, dass sie gar kein Interesse hätte, mit ihrer Tochter zusammenzubleiben, grenzt an Böswilligkeit.

Am 16. November 1939 beantwortet Pater Grösser, der Vorsitzende des St. Raphaels-Vereins in Hamburg, sogar persönlich einen nicht überlieferten Brief von Lotte:[388]

> „Sehr geehrte Frau Eckart,
> wir nehmen aufrichtig Anteil an dem Familienverlust, der Sie betroffen hat und der Sie erst recht zwingt, der Zukunft fest entgegen zu schauen und die Lebensexistenz für sich und Ihr Kind aufzubauen. Wir hörten schon von Herrn Dr. Engelhardt, dass er sich wegen Ihres Kindes bemüht. Genaue Mitteilungen über den Erfolg der amerikanischen Bemühungen um Kindereinreise sind noch nirgends erhältlich.
> Sie teilen mit, dass Sie sich mit dem Reisebüro in der Meineckestraße in Berlin wegen Auswanderung nach Chile oder Venezuela bemühen. Es dürfte Ihnen bekannt sein, dass die Reichsvereinigung[389] aus ihren Geldern keine Devisen für die hohen Visagebühren zur Verfügung stellt, die bei beiden Ländern verlangt werden. Für die Passage stellt die Reichsvereinigung nur für Glaubensjuden die Devisen zur Verfügung, weil die Devisen aus mosaischen Quellen stammen. Sie wollen zur Kenntnis nehmen, dass katholischerseits ebenfalls für die Visagebühren für Chile oder Venezuela keine Devisen zur Verfügung stehen können. Ihre Bezugnahme auf das Nachrichtenblatt geht offenbar die Möglichkeit an, auch heute noch mit Reichsmark Devisen zu erreichen. Wenn Sie glauben, dass Ihre Mittel für diesen Devisenerwerb reichen, so bleibt nichts übrig, als dass Sie sich an die bei den Devisenstellen für diese Zwecke zugelassenen Stellen wenden. Dieselben sind für Christen und Glaubensjuden die gleichen. Sie dürfen nicht übersehen, dass der Andrang zu diesen Bewilligungen sehr groß ist, so dass wir zweifeln, ob Sie in absehbarer Zeit unter erträglichen Bedingungen Devisen bekommen.“[390]

388 Der St. Raphaels-Verein wurde am 25.6.1941 verboten. Sämtliche Akten wurden beschlagnahmt. Seither sind sie verschollen, womöglich vernichtet. Vgl. Leichsenring, Die Katholische Kirche, S. 186.

389 Die „Reichsvereinigung der Juden in Deutschland“, ursprünglich die Interessenvertretung der „Glaubensjuden“ in Deutschland, seit dem 4.7.1939 dem Reichssicherheitshauptamt unterstellt und weisungsgebundenes Verwaltungsorgan, in dem alle „Juden“ Zwangsmitglieder waren – auch Lotte und Gabi.

390 DAB, I/1-40 Pater Grösser an Lotte Eckart, 16.11.1939. Pater Grösser ließ Dr. Engelhardt eine Kopie seines Schreibens an Lotte zukommen und vermerkte, dass er aus den Akten ersehe, dass Gabriele Eckart [sic] doch erst im Jahr 1937 geboren sei und Lotte Ende Mai 1938 nach Nordamerika gereist sei.

Pater Grösser macht Lotte keine Hoffnungen: Über eine Kindereinreise nach Amerika gebe es noch keine Informationen. Was Lottes Bemühungen um eine Auswanderung nach Südamerika angeht, ist er skeptisch: Wie soll sie an die Devisen kommen, um die hohen Visagebühren und die Passage zu bezahlen? Der Vorsitzende des St. Raphaels-Vereins macht ihr unmissverständlich klar, dass sie sich als getaufte Jüdin zwischen alle Stühle platziert hat: Bei der „Reichsvereinigung der Juden" ist sie Zwangsmitglied. Obwohl sie längst aus der Israelitischen Kultusgemeinde ausgetreten ist und seit zweieinhalb Jahren der katholischen Kirche angehört, gilt sie den Nationalsozialisten weiterhin als Jüdin. Für die Juden ist sie eine Dissidentin. Von der „Reichsvereinigung der Juden"[391] hat sie deshalb keinerlei Unterstützung zu erwarten, obwohl sie dort zwangsweise Mitglied ist und ihren Beitrag bezahlen muss und eine zusätzliche Auswandererabgabe an die Reichsvereinigung fällig wird – und von den Katholiken ebenso wenig. Dass Lotte mit den ihr verbliebenen Mitteln bei zugelassenen Stellen noch genügend Devisen für Visa und Passage erwerben kann, bezweifelt Pater Grösser. „Mit besten Wünschen" überlässt er Lotte ihrem Schicksal.[392]

Pater Grösser und der St. Raphaels-Verein

Der Pallottinerpater Max Josef Grösser, den Faulhaber mit Lottes Fall betraut hat, leitet den St. Raphaels-Verein seit 1930.[393] Zu seinen Aufgaben gehören die Auswandererfürsorge und die Pflege des katholischen Auslandsdeutschtums. 1933 wird unter seiner Leitung ein „Sonderhilfswerk" innerhalb des Vereins für die Katholiken geschaffen, die infolge des „Gesetzes zur Wiederherstellung des Berufsbeamtentums" entlassen wurden und auswandern wollen. Bald liegt der Schwerpunkt der Arbeit des St. Raphaels-Vereins auf den „nichtarischen" Katholiken, die durch die „Nürnberger Gesetze" 1935 als Juden gebrandmarkt und ausgegrenzt werden. Doch werden die Betroffenen von Verein und

391 Vgl. ITS, Digital Archives DEC-FOS-0522 Reichsvereinigung der Juden, Karteikarte Charlotte Eckart, 30. 9. 1947 (https://digitalcollections.its-arolsen.org/01020401/content/pageview/523600). Ihre Karteikarte weist sie als „kathol. jüd." sowie als „Angestellte Secretärin Atemgymnastikerin" aus. Doch sowohl die angegebene Adresse „Augsburg Martin-Luther-Platz 5" sowie das Todesdatum „31. 8. 1942" sind falsch. Vermutlich handelt es sich um eine Verwechslung.

392 In einzelnen Fällen sprangen durchaus schon mal Hilfsorganisationen im Ausland ein wie die amerikanische jüdische Hilfszentrale, das American Joint Distribution Committee, der Vatikan oder der Flüchtlingsdienst des Ökumenischen Rates in Genf. Vgl. Röhm, Juden, Christen, Deutsche, S. 204.

393 Zu Pater Grösser vgl. Hermanns, „Im Dienste für andere". Vgl. auch die Kurzbiografie Pater Grössers, in: Erhart u. a., Katharina Staritz, S. 517, die kritischen Hinweise zu seiner Biografie bei Leichsenring, Die Katholische Kirche, S. 39, sowie die Hinweise zu Pater Grössers in Jugendjahren nicht ganz unproblematischen Kontakten zum anderen Geschlecht bei Antonia Leugers, Eine geistliche Unternehmensgeschichte. Die Limburger Pallottiner-Provinz 1892–1932, St. Ottilien 2004, S. 163 f. sowie die zugehörigen aufschlussreichen Anmerkungen 959–961. Im Jahr 1925 sollte Pater Grösser wegen seines Verhaltens gar das „consilium abeundi" erhalten. Das heißt: Er stand wegen seiner Verfehlungen kurz vor dem Rausschmiss. Vgl. ebenda.

Sonderhilfswerk keineswegs alle unterschiedslos gleichbehandelt. Man nimmt für sich in Anspruch, jeden Einzelfall zu prüfen. Wie in einem Bericht aus der Zeit um 1935 nachzulesen, stellt der Verein nicht nur religiöse Anforderungen an die zu Betreuenden: „Von Anfang an bis heute dient das Werk nur Personen, deren katholische Gesinnung eine besondere Betreuung rechtfertigt, und die außerdem zu den deutschen Reichsbehörden normale Beziehungen unterhalten. Für Leute, die dem sogenannten ‚Emigrantentyp' zuzurechnen sind, setzt sich das Hilfswerk nicht ein."[394] Was unter „Emigrantentyp" verstanden wird, bleibt unklar. Klar ist hingegen, dass diese „Typen" keinesfalls unterstützt werden. Voraussetzung für eine „besondere Betreuung" der Auswanderer sind dagegen eine „katholische Gesinnung" und „normale Beziehungen zu den deutschen Reichsbehörden". Dabei verfügt selbst der Generalsekretär des Vereins keinesfalls über „normale Beziehungen zu den deutschen Reichsbehörden".

Obwohl der Verein streng legalistisch arbeitet, das heißt mit offizieller Genehmigung der zuständigen staatlichen Stellen, wird am 16. und 17. Januar 1936 erstmals eine Haussuchung im St. Raphaels-Verein durchgeführt. Im November 1937 durchsuchen 40 Gestapobeamte die Büros des Vereins und beschlagnahmen Akten.[395] Pater Grösser wird verhört und am 17. Dezember 1937, zehn Tage vor Lottes Firmung, von der Gestapo verhaftet und erst am 4. Februar 1938 wieder auf freien Fuß gesetzt. Im Oktober 1938 wird er noch einmal verhaftet und sitzt bis Januar 1939 in Gestapo-Haft.[396] Nichtsdestotrotz bemüht sich auch Pater Grösser, dem nationalsozialistischen Staat keine überflüssigen Angriffsflächen zu bieten. Trotz oder wegen des Argwohns der staatlichen Stellen gegenüber der katholischen Kirche ist er stets bemüht, nicht nur seine „katholische", sondern auch seine „deutsche" Gesinnung zu demonstrieren.

So pflegt Pater Grösser gute Kontakte zum Agrarspezialisten der NSDAP, Richard Darré, der auch Präsident der 1931 unter maßgeblicher Mitwirkung des St. Raphaels-Vereins gegründeten „Gesellschaft für Siedlung im Ausland" ist.[397] Darré ist fanatischer Verfechter der Blut-und-Boden-Ideologie und der Züchtung eines neuen Bauernadels. Seit Juli 1930 ist er NSDAP- und SS-Mitglied und bald für die Agrarpolitik der Partei zuständig. Die Idee, mit deutschen Auswanderern auch das Deutschtum in alle Welt zu exportieren, vereint den Kirchenmann und den Parteifunktionär.

In einem Artikel über „Die kirchlich-religiöse Lage der deutsch-stämmigen Katholiken außerhalb des Reiches" für das „Kirchliche Handbuch für das katholische Deutschland" spricht Pater Grösser schon 1933 von dem „Gedanken Volkstum", zu dem man von

394 EAM, NL FH 8427 II, Bericht des Sonderhilfswerks des St. Raphaels-Vereins für Persönlichkeiten, die infolge Abstammung oder aus anderen Gründen ihre Existenz verloren haben, undatiert (1935).

395 Vgl. Hermanns, „Im Dienste für andere", S. 16.

396 Ebenda, S. 17.

397 Leichsenring, Die Katholische Kirche, S. 39.

dem „mehr an der Oberfläche belegenen Begriff der Minderheit" vorgestoßen sei.[398] Die Auswanderung betrachtet er vornehmlich als Export deutschen Volkstums ins Ausland. Vor allem den „Katholiken deutschen Bluts" erkennt er dabei eine besondere Rolle zu. Diese stemmten sich beispielsweise in Nordamerika gegen die „Linie einer unaufhaltsamen Entnationalisierung", wie er in seinem Beitrag über „die Lage der deutsch-stämmigen Katholiken außerhalb des Reichs" für das „Kirchliche Handbuch für das katholische Deutschland" 1933 schreibt.[399]

Weil sich die meisten europäischen Länder gegen jüdische Einwanderung aussprechen, rücken die Vereinigten Staaten als Auswanderungsland rasch in den Brennpunkt des Interesses. Pater Grösser versucht dort, Hilfe für katholische jüdische Flüchtlinge aus dem nationalsozialistischen Deutschland zu organisieren. Unter anderem wendet er sich an seinen Vorgänger im Amt, Georg Timpe,[400] der 1930 selbst in die USA ausgewandert ist. Timpe vertritt jedoch die Ansicht, dass auch den Konvertiten noch so viel von der „jüdischen" Rasse anhafte, dass diese sich zwangsläufig durchsetze. Die „nichtarischen" Katholiken benötigten mithin wegen der für sie typischen jüdischen Rassenmerkmale keinerlei Hilfe.[401] 1936 besucht Pater Grösser selbst die Vereinigten Staaten. Dabei gibt er sich ausgesprochen systemkonform, legt dem Generalvikar von New York, James Francis McIntyre, von der Gestapo beglaubigte Dokumente vor und behauptet, es gebe keine Verfolgung der Kirche in Deutschland, im Gegenteil: Die deutschen Katholiken seien vielfach besser dran als ihre Glaubensgenossen in den USA, seit Hitler finanziell zu ihren Schulen und zu ihrer Besoldung beitrage. Obendrein schwärzt er den Seemannspastor Reinhold[402] an, immerhin Generaldirektor und Nationaldirektor für Deutschland des 1928 geschaffenen „Apostolats des Meeres" zur geistlichen Betreuung der Seeleute.[403]

Reinhold flieht vor der Gestapo quer durch Europa. Im Auftrag amerikanischer Katholiken engagiert er sich besonders für die Konvertiten und bespricht sich in dieser Sache im Vatikan sogar persönlich mit Kardinalstaatssekretär Pacelli. Der Vatikan soll die Katholiken Amerikas auffordern, die vor den Nationalsozialisten geflohenen „nichtarischen" Katholiken aus Deutschland zu unterstützen. Doch der Vatikan zögert, zugunsten

398 Max Größer [sic], Die kirchlich-religiöse Lage der deutsch-stämmigen Katholiken außerhalb des Reiches, in: KHB 1933/34, S. 155–172, hier S. 155.

399 Ebenda, S. 155–172.

400 Georg Timpe (* 4. 8. 1873 Hamburg † 26. 2. 1969 Hyattsville/USA), katholischer Theologe.

401 Vgl. Hermanns, „Im Dienste für andere", S. 124.

402 Hans Ansgar Reinhold (* 1887 Hamburg † 26. 1. 1968 Pittsburgh/USA), katholischer Priester.

403 Vgl. Peter Schmidt-Eppendorf, Der Hamburger Seemannspastor Hans Ansgar Reinhold – ein Priesterschicksal im Dritten Reich (https://www.hansansgarreinholdfoerderverein.de/%C3%BCber-uns/der-name/). Vgl. auch die Darstellung des Falls bei Manfred Hermanns, Weltweiter Dienst am Menschen unterwegs. Auswandererberatung und Auswandererfürsorge durch das Raphaels-Werk 1871–2011 mit einem Geleitwort von Erzbischof Dr. Werner Thissen, Friedberg 2011, S. 125.

katholischer Flüchtlinge, die der NS-Staat als Juden betrachtet und verfolgt, offen einzutreten. Man befürchtet eine Belastung des Verhältnisses zum Dritten Reich. Als Reinhold kurze Zeit später beim Generalvikar von New York vorspricht, muss er feststellen, dass Pater Grösser ihn dort bereits angeschwärzt hat. Er sei kein richtiger Flüchtling, sondern ein Abenteurer, der ohne wirklichen Grund und ohne Erlaubnis seines Bischofs seinen Posten aufgegeben habe. Niemand wisse, warum er das Land verlassen habe. Prompt erhält Reinhold Redeverbot im Erzbistum New York.[404]

Bei einer Reise im März 1937 in die Vereinigten Staaten erntet Pater Grösser viel Kritik von den aus NS-Deutschland geflohenen Emigranten, weil er noch in den USA die Vertreter des Reiches und der NSDAP über seine Verhandlungen mit dem amerikanischen Hilfswerk unterrichtet. Nach seiner Rückkehr berichtet er auch der „Reichsstelle für das Auswanderungswesen" über eine Veranstaltung des „Amerikanischen Komitees für christliche, deutsche Flüchtlinge" – dem „American Committee for Christian German Refugees" – vom 12. April 1937 in New York. Er kritisiert die dort vorgetragene, den deutschen Interessen abträgliche Propaganda. Unter anderem berichtet er, Erika Mann[405] habe „lächerliche Mätzchen von Kindern, die weinend von der Schule zurückgekommen sind, weil sie als nichtarisch verhöhnt worden waren" erzählt. In seinem Bericht stellt er sich als Wahrer deutscher Interessen dar. So sollten keine Emigranten gefördert werden, die sich in Deutschland abträglicherweise äußern.[406] Kurzum: Der St. Raphaels-Verein will „wertvolle katholische Persönlichkeiten [...], die in keiner Weise ihre staatsbürgerlichen Pflichten verletzen",[407] unterstützen, andere nicht. Eine „katholische Persönlichkeit", für die sich der besondere Aufwand einer Auswanderungsunterstützung lohnt, sieht Pater Grösser in Lotte zweifellos nicht.

Der St. Raphaels-Verein arbeitet seit dem 4. Juli 1939 mit dem protestantischen Büro Grüber und Vertretern der Quäker sowie der „Reichsvereinigung der Juden in Deutschland" in einem „Passagebewilligungsausschuss" zusammen. Pater Grösser führt den Vorsitz. Mit Beginn des Weltkrieges können Passagen, also Schiffsreisen, nur noch in Devisen gebucht werden. Der Zugang zu Devisen ist Juden in Deutschland mittlerweile so gut wie unmöglich. Einzig die „Reichsvereinigung" verfügt über von ausländischen, jüdischen Glaubensvereinigungen bereitgestellte Gelder, die bestimmungsgemäß allerdings nur Glaubensjuden zur Verfügung stehen.[408]

404 Vgl. ebenda, Anmerkung 18.

405 Erika Mann (* 9. 11. 1905 München † 27. 8. 1969 Zürich/Schweiz), Schauspielerin, Schriftstellerin, Tochter von Thomas Mann.

406 Vgl. Reutter, Katholische Kirche, S. 94 ff.

407 Schönlebe, München im Netzwerk, S. 23 mit Verweis auf Reutter, der wiederum den St. Raphaels-Verein zitiert. Vgl. Reutter, Katholische Kirche, S. 59.

408 Vgl. Leichsenring, Katholische Kirche, S. 148.

Zudem hat der St. Raphaels-Verein für Passagebeihilfen hohe Hürden errichtet. Für die Gewährung von Passagebeihilfen wird gewissermaßen eine „katholische Selektion" vorgenommen: Neben dem Taufzeugnis wird ein Leumundszeugnis des Pfarrers der Heimatgemeinde gefordert, das bescheinigt, dass der Hilfe suchende „nichtarische" Katholik in seiner alltäglichen Lebensführung den Grundsätzen der katholischen Kirche folgt. Es wird erwartet, dass ein Hilfesuchender regelmäßig die Kirche besucht und die Sakramente empfängt.[409] Ob Lotte so ein Leumundszeugnis beibringen konnte, ist nicht bekannt. Als unverheiratete Mutter mit Kind, die ihr Kind noch dazu von fremden Leuten erziehen lässt, auch wenn diese katholisch sind und das Kind sehr fromm erziehen, hat sie aus dem Blickwinkel der katholischen Moral sicher keinen guten Leumund.

Lotte und Dr. Engelhardt

Am 20. November 1939 schreibt Dr. Engelhardt mit Bezug auf dessen Brief in der Sache Gabriele Eckart an Rev. Father Ostermann nach New York:

> „Betreff: Gabriele E c k a r t. Ihr Brief 1153/M. 10. 10. 1939
> Ehrwürdiger Vater Ostermann,
> vielen Dank für Ihren oben erwähnten Brief. Nach unseren Informationen ist es unglücklicherweise nicht mehr möglich, Mutter und Kind nach England zu bringen, sodass wir auf absehbare Zeit keinen Gebrauch von Ihrer freundlichen Unterstützung mit der Zusage einer Garantie für das Kind machen können. In jedem Fall bedanke ich mich für Ihre freundliche Hilfe und verbleibe, lieber Vater, als Ihr …"[410]

Dr. Engelhardt schließt den Fall ab. Die 50 Pfund sind zwar zugesagt, können aber wegen des Krieges nicht für den beabsichtigten Zweck, Auswanderung von Mutter und Kind nach England, eingesetzt werden. Noch am gleichen Tag schreibt Dr. Engelhardt an Lotte:

> „Aus New York bekommen wir die Nachricht, dass man dort unter Umständen bereit ist, die Garantiesumme von 50 Pfund für die Verschickung Ihres Kindes bereit zu stellen. Leider kommt diese Nachricht zu spät, denn jetzt besteht ja keine Gelegenheit mehr, das Kind nach England zu bringen.

409 Ebenda, S. 149.

410 DAB, I/1-40 Dr. Engelhardt an Ostermann, 20. 11. 1939. Auf Englisch hat der Brief folgenden Wortlaut: „Re.: Gabriele E c k a r t. Your letter 1153/M. 10. 10. 39 / Rev. Father Ostermann, / Many thanks for the receipt of your letter mentioned above. After our inquiries there is unfortunately no more possibility to bring the mother and child to England, so that for the time being we cannot make use of your kind assistance to guarantee for the child. In any case I thank you for your kind help, and remain, dear Father, Yours sincerely."

Was die USA-Verschickung des Kindes betrifft, von der Sie vielleicht auch schon gehört haben, so kommt auch diese leider für Ihren Fall nicht in Frage, da die USA-Verschickung nur für diejenigen Kinder in Frage kommt, deren Eltern eine Registriernummer haben, die bald an die Reihe kommt, und bei denen vielleicht das Affidavit für das Kind nicht ausreicht. No. 26 000 Stuttgart wird noch sehr lange dauern. Da das Kind erst 2 Jahre ist, kommt ja wohl eine Ausreise ohne die Mutter nicht in Frage. Es bleibt also nur zu hoffen, dass es Ihnen in Zusammenarbeit mit dem St. Raphaelsverein gelingt, Ihre Auswanderung gemeinsam mit der des Kindes zu erreichen."[411]

Dr. Engelhardt hat eine gute und eine schlechte Nachricht für Lotte. Die gute ist, dass man in New York bereit ist, die 50 Pfund für Gabi zu stellen, die schlechte, dass es wohl keine Möglichkeit mehr gibt, Mutter und Kind nach England zu bringen. Und es kommen noch mehr schlechte Nachrichten. Auch was Amerika betrifft, vermag er ihr keine Hoffnungen zu machen. Selbstverständlich geht Dr. Engelhardt davon aus, dass Lotte ihre erst zweijährige Tochter nicht alleine in ein fremdes Land schicken wird. Unterschwellig schwingt der Vorwurf mit, dass Lotte dies mit ihrem Antrag für die 50 Pfund Sicherheitsleistung, um Gabi nach England zu bringen, eventuell vorgehabt haben könnte. Schließlich bleibt nur die vage Hoffnung, dass Lotte es mithilfe des St. Raphael-Vereins gelingt, zusammen mit Gabi auszuwandern. Dass Dr. Engelhardt Reverend Father Ostermann in New York bereits mitgeteilt hat, dass die zugesagten 50 Pfund nicht in Anspruch genommen werden können, teilt er Lotte nicht mit. Auch so ist der Inhalt des Briefes niederschmetternd genug. Doch Lotte gibt nicht auf. Kurz nach Erhalt des Briefes schreibt sie am 25. November 1939 an Dr. Engelhardt zurück:

„Lotte Eckart 25–11–39
Augsburg
Frölichstr. 12 ½[412]
An das Hilfswerk
beim Bischöflichen Ordinariat
z. Hd. v. Herrn Dr. Engelhardt
B e r l i n N 54
Sehr geehrter Herr Doktor,
haben Sie verbindlichen Dank für Ihre Briefe vom 10. 10. und 20. 11. Auf Ihren Brief vom 10. 10. hatte ich noch nicht geantwortet, weil ich bisher vergeblich auf eine Antwort von Stuttgart bezüglich der Wartenummer des Kindes gewartet habe. –

411 Ebenda.
412 Lotte wohnte seit dem 1. 11. 1939 in der Frölichstraße 12 ½. Vgl. StadtA A, Hausbogen Frölichstraße 12 ½.

Ihr Brief vom 20. 11.: die Nachricht, die Sie aus New-York bekommen, dass man dort bereit ist, die Garantiesumme von 50 Pfund bereit zu stellen, ist für mich sehr erfreulich, auch wenn das England-Projekt zur Zeit nicht realisierbar ist. Da doch anzunehmen ist, dass es der amerikanischen Stelle darum zu tun ist, mir resp. dem Kind mit dieser Summe eine Auswanderungs-Möglichkeit zu schaffen, so möchte ich Sie sehr herzlich bitten, den Herren dort nahezulegen, diesen Betrag als Vorzeigegeld für Chile zur Verfügung zu stellen. Die Passage könnte dann beschafft werden und ich könnte in einigen Monaten gemeinsam mit meiner Tochter auswandern. Wie Sie sehr richtig schreiben, kommt bei dem Alter des Kindes nur eine gemeinsame Auswanderung infrage. Durch meinen dreijährigen Aufenthalt in Spanien und Arbeit dort spreche ich die Sprache perfekt und habe hierdurch wohl einen etwas leichteren Anfang wie dies ohne diese Tatsache der Fall sein würde. –
Was meine persönliche Lage anbetrifft – vielleicht sind Sie so liebenswürdig dies, falls Sie es für richtig halten, in Ihrem Schreiben nach U-S-A zu erwähnen – ist so, dass ich durch den kürzlich eingetretenen Tod meiner Mutter vollkommen alleine für meinen Lebensunterhalt wie für den des Kindes aufzukommen habe. Die von meiner Mutter hinterlassene Vermögens-Substanz ist nicht sehr hoch und kann nur beschränkte Zeitdauer als Lebensunterhalt dienen; dies um so mehr als die lebenslängliche Rente, die meine Mutter bezog und die bis März 1942 auf die Erben übergehen sollte, nicht weiter bezahlt wird und es fraglich erscheint, ob und was auf dem Prozessweg erreicht wird. – Da für mich außerdem keine Verdienst-Möglichkeit besteht, ist es eine dringende Notwendigkeit auszuwandern. –
Da die Befürchtung besteht, dass die Möglichkeiten nach Chile auszuwandern auch nur beschränkte Zeit sein werden, so möchte ich Sie sehr bitten, diesen Ihren Brief nach U-S-A beschleunigt herausgehen zu lassen und auch dort um baldmöglichsten Bescheid zu bitten. Die Visagebühr für mich und mein Kind ist Dollar 245,– Dieser Betrag müsste auf der Incasso-Bank Amsterdam auf meinen Namen zur Verfügung gestellt werden. –
Empfehlen Sie mich bitte der Stelle in New-York [sic] mit meinem aufrichtigen Dank für ihre großzügige Hilfsbereitschaft. Es ist mir nicht gegenwärtig, welchen Dollar-Betrag der angebotene Betrag von Pfund 50,– darstellt, glaube jedoch nicht, dass eine große Differenz zwischen beiden Beträgen besteht. – Die Gebühr für Luftpost erlaube ich mir beizufügen. – Mit dem St. Raphaelsverein bin ich erneut in Korrespondenz und werde auch Kopie dieses Briefes dorthin einsenden. –
Ich danke Ihnen verbindlichst für Ihre Bemühungen.
Ihre sehr ergebene Lotte Eckart.“[413]

413 DAB, I/1-40 Lotte Eckart an Dr. Engelhardt, 25. 11. 1939.

Lotte malt ihre persönliche Lage nach dem Tod ihrer Mutter in düsteren Farben. Sie habe keine Verdienstmöglichkeit, müsse aber für sich und ihre Tochter sorgen. Was ihre Mutter hinterlassen habe, reiche nur noch eine gewisse Zeit zum Leben. Dass sie als Jüdin auf die Erbschaft nur sehr beschränkten Zugriff hat, erwähnt sie gar nicht. Besonders schmerzlich ist für sie die Tatsache, dass mit dem Verkauf des Predigerbergs an die Stadt Augsburg der Vertrag zwischen ihrer Mutter und dem Inhaber der Eisenwarenhandlung, Herrn Stangl, aufgehoben ist, wonach Anna Schwarz eine lebenslange Rente von ihm bezog. Sollte Anna Schwarz vor dem März 1942 sterben, sollte die Rente auf die Erben übergehen. Stangl zahlt jedoch seit dem Verkauf des Anwesens an die Stadt keinen Pfennig mehr an die Familie Schwarz.[414] Die beiden Jüdinnen Hansi Sechehaye und Lotte Eckart verklagen den Eisenwarenladenbesitzer Stangl und erreichen am 31. Januar 1940 vor dem Landgericht Augsburg immerhin einen Vergleich.[415]

Lottes Bitte, Dr. Engelhardt soll die amerikanische Stelle, die die 50 Pfund bewilligt hat, darum bitten, das Geld für ihre und ihrer Tochter gemeinsame Auswanderung nach Chile umzuwidmen, ist mehr als nachvollziehbar. Ganz konkret schildert sie ihm das Prozedere: Der Geldgeber soll 245,– $ an Visagebühren für sie und ihre Tochter auf ihren Namen bei einer Amsterdamer Bank einzahlen. Lotte weiß, dass die Sache eilt, weil das Fenster für eine Auswanderung nach Chile vermutlich nicht lange offenstehen wird. Sie legt sogar die Gebühr für eine Luftpostsendung nach Amerika bei. Sie weiß nicht, wer die Summe zugesagt hatte, und sie weiß auch nicht, dass Dr. Engelhardt Reverend Father Ostermann bereits abgesagt hat. Um nicht noch mehr Zeit zu verlieren, wäre es jetzt nötig, nach Amerika zu kabeln – wie es Reverend Ostermann ja in seinem Brief vom 10. Oktober 1939 ausdrücklich empfohlen hatte –, ob der Erzbischof auch bereit wäre, statt der 50,– Pfund 245,– $ für Lotte und Gabi einzusetzen.

Wie immer antwortet Dr. Engelhardt Lotte am 28. November 1939 postwendend: „Ihr oben genanntes Schreiben ist hier eingegangen. Ich habe es empfehlend an den St. Raphaelsverein nach Hamburg weitergeleitet, der allein für Ihre Auswanderung zuständig ist. (In Berlin behandeln wir nur die Auswanderung von Berlinern und die Kinderverschickung für das ganze Reich). Wir bitten Sie, sich in dieser Angelegenheit jetzt unmittelbar mit dem St. Raphaelsverein in Verbindung zu halten. Der St. Raphaelsverein wird Ihnen, da wir ihm den ganzen Inhalt des Briefes übermittelt haben, ja auch unmittelbar Antwort geben."[416]

Offenkundig kneift Dr. Engelhardt. Unter dem Eindruck von Pater Grössers Darlegungen über Lotte und dessen Empfehlung, „die Sache beiseite zu legen", in dessen Brief vom 13. November 1939, verweist Dr. Engelhardt Lotte sehr geschäftsmäßig an den für

414 Vgl. StadtA A, L5 Nr. 645, Aktennotiz, 5. 5. 1939. Stangl zahlte seine Pacht fortan an die Stadt, die sich hinsichtlich seines Vertrags mit Anna Schwarz für nicht zuständig erklärt hatte.

415 StAA, AGA NLG Anna Schwarz 750/1939 Aktenvermerk, 1. 2. 1940.

416 DAB, I/1-40 Dr. Engelhardt an Lotte Eckart, 28. 11. 1939.

sie zuständigen St. Raphaels-Verein. In der Sache absolut korrekt weist er sie darauf hin, dass seine Stelle nur für die Kinderverschickung zuständig sei, aber nicht für Erwachsene. Doch Lotte ist, da ihr Kind ja noch zu klein ist, um alleine verschickt zu werden, darauf angewiesen, nicht nur eine Auswanderungsmöglichkeit für sich selbst, sondern auch für ihre Tochter zu finden. Dr. Engelhardt weiß, dass die Problematik von Mutter und Kind auch für den St. Raphaels-Verein in Hamburg eine schwierige Sache ist. Er weiß auch, dass Pater Grösser, der Vorsitzende des Vereins, keine Chance für Lotte und Gabi sieht – trotz Faulhabers Empfehlung. Wer würde schon eine Jüdin mit einem unehelichen Kind aufnehmen? Die amerikanischen Katholiken jedenfalls nicht. Dr. Engelhardt weiß auch ganz genau, was Pater Grösser von „dieser Dame" hält, nämlich nicht viel. Ob Pater Grösser zu Father Ostermann oder Erzbischof Rummel für Lotte nach Amerika telegraphieren wird, damit die zugesagte Summe der Auswanderung von Lotte und Gabi nach Chile zugutekommen kann? Auch Dr. Engelhardt dürfte da seine Zweifel gehabt haben.

Am gleichen Tag schreibt Dr. Engelhardt auch an den St. Raphaels-Verein in Hamburg. Noch einmal schildert er die ganze Vorgeschichte, nimmt Bezug auf den Brief von Pater Grösser vom 13. November 1939 und erläutert, dass er an Father Ostermann geschrieben habe, dass man keinen Gebrauch von der Garantie machen könne. Er legt auch Lottes jüngsten Brief mit dem Antrag, 245,– $ auf eine Amsterdamer Bank für sie einzuzahlen, bei und folgert: „Nach dem neuesten Antrag geht die Angelegenheit über den Arbeitsbereich der Kinderverschickung hinaus, und da die Antragstellerin in Augsburg wohnt, sind Sie zuständig. Wir würden es begrüßen, wenn Sie in diesem Fall helfen könnten und bitten Sie, da die Angelegenheit ja auch bei uns notiert war, gelegentlich um Nachricht über das, was Sie tun konnten."[417]

Auch Lottes Luftpostmarken reicht Dr. Engelhardt an den St. Raphaels-Verein weiter. Dorthin hat er den Fall Lotte Eckart und den Fall Gabriele Schwarz abgegeben.[418]

Der Nachlass der Anna Schwarz

Am 11. Oktober 1939 wird das Testament von Anna Schwarz im Beisein ihrer Töchter Lotte und Hansi eröffnet.[419] Sie werden „verbeistandet" von dem Rechtskonsulenten Dr. Ludwig Dreifuß.[420] Der von Anna Schwarz am 1. November 1938 niedergelegte „letzte

417 DAB, I/1-40 Dr. Engelhardt an den St. Raphaels-Verein, 28. 11. 1939.

418 Die Korrespondenz zwischen dem St. Raphaels-Verein und Lotte ist nicht überliefert. Die Unterlagen des Vereins wurden wie erwähnt beim Verbot des Vereins 1941 beschlagnahmt und sind seitdem verschollen. Unter den auf dem Aichele-Hof erhaltenen Sachen von Lotte befand sich keinerlei Korrespondenz.

419 StAA, AGA, NLG Anna Schwarz 750/1939, Protokoll, 11. 10. 1939.

420 Ludwig Dreifuß (* 28. 8. 1883 München † 15. 4. 1960 Murnau am Staffelsee), Jude, Jurist, erster Oberbürgermeister von Augsburg nach dem Zweiten Weltkrieg. Informationen über Dr. Dreifuß vgl. Florian Schwinger, Entrechtete Anwälte – Schicksal Jüdischer Rechtsanwälte in Bayerisch-Schwaben zur

Wille" wird vom Nachlassgericht für ungültig erklärt, da sie das gemeinsame Testament mit ihrem 1926 verstorbenen Mann nicht alleine habe ändern können. Das bedeutet: Emmy, Hansi und Lotte sind erbberechtigt und erben den kümmerlichen Rest des Schwarzschen Vermögens.

Emmy ist im Ausland. Da ihren Erbteil der deutsche Fiskus eingezogen hätte, gibt sie zu den Akten des Nachlassgerichts eine eidesstattliche Erklärung ab, dass sie bereits anlässlich ihrer Hochzeit im Januar 1918 70 000,– RM Mitgift erhalten habe und deshalb ihrerseits keine Ansprüche mehr auf das Erbe ihrer Mutter bestünden.[421] Das Finanzamt Augsburg-Land teilt am 28. Februar 1940 mit, dass sich das „Nachlassvermögen" von Anna Schwarz auf 38 969,– RM belaufe.[422] Der Erlös aus dem Verkauf des Predigerbergs beträgt 24 930,19 RM. Bekanntlich wurde er auf das Konto Nr. 1644 bei der Bayerischen Hypotheken- und Wechselbank Augsburg, lautend auf Anna Schwarz, überwiesen. Allerdings mussten noch die ersten beiden Raten der Judenvermögensabgabe, samt Mahngebühren ca. 10 000,– RM, davon bezahlt werden, die dritte und vierte Rate hatte die Stadt Augsburg vom Kaufpreis abgezogen und selbst abgeführt.[423] Doch gibt es noch ein Wertpapierdepot bei der Bayerischen Hypotheken- und Wechselbank Augsburg, bestehend aus Pfandbriefen der Bank im Wert von ca. 15 000,– RM. Daneben müsste auf dem Konto von Anna Schwarz wohl noch ein gewisser Betrag aus dem Vergleich mit Franz Stangl, dem Inhaber des Eisenwarengeschäfts am Predigerberg, gutgeschrieben worden sein. Von dem als Nachlassvermögen festgestellten Betrag ist noch die Erbschaftssteuer zu entrichten. Da die Kontoinhaberin Jüdin war, unterliegt das von den beiden Schwestern geerbte Konto überdies strengen Verfügungsbeschränkungen. Lotte und Hansi erben also je an die 20 000,– RM. Doch können sie über die Erbschaft nicht frei verfügen, da sie ebenfalls Jüdinnen sind.

Der plötzliche Tod der Mutter hat Lotte und Hansi sicherlich tief erschüttert. Hansi schreibt ihrem Sohn René kein Wort von Selbstmord. Sie will ihm Vorbild in der Trauer sein und ihrem Sohn den Abschied von „Großmutti" so leicht wie möglich machen, wenn

Zeit des Nationalsozialismus, juristische Dissertation, unveröff. Manuskript, Augsburg 2018, S. 83–101, sowie Römer (Hrsg.), „An meine Gemeinde in der Zerstreuung", S. 206, und Gerhard Hetzer, Dreifuß, in: Augsburger Stadtlexikon (https://www.wissner.com/stadtlexikon-augsburg/artikel/stadtlexikon/dreifuss/3603).

421 StAA, AGA NLG Anna Schwarz 750/1939, Eidesstattliche Erklärung Emilie Glaser, 13. 2. 1950. Nach dem Krieg erklärte Emmy, dass der Verzicht auf das Erbteil unrechtmäßig gewesen sei. Die damals abgegebene eidesstattliche Erklärung habe nicht den Tatsachen entsprochen. Zwar habe sie eine Mitgift erhalten, Hansi und Lotte hätten als Ausgleich jedoch jahrelang Unterhaltszahlungen bekommen. Tatsächlich erhielten Hansi mindestens zeitweise monatlich 200,– RM und Lotte 100,– RM Unterhalt von ihrer Mutter. Vgl. ebenda, Dr. Weiss an das Nachlassgericht, 28. 4. 1950.

422 StAA, AGA NLG Anna Schwarz 750/1939, Finanzamt Augsburg-Land an den Bezirksrevisor I beim Landgericht Augsburg, 28. 2. 1940.

423 StAA, WBSchw V 967 LEA 74213 K-Akte Nr. 2511 Stadtverwaltung Augsburg an die WBSchw, 7. 10. 1949.

sie schreibt: „Großmutti war fast 70 Jahre alt und hat ein reiches Leben gehabt, hat viel von der Welt gesehen und sich bis zuletzt tapfer durchgekämpft. Und dann ist sie leicht und so schön gestorben, sie hat gar nichts davon gemerkt, war bis zum letzten Augenblick vergnügt und lebensfroh, so wie sie uns auch immer haben wollte."[424]

Angesichts ihres Freitods erscheint die Aussage, sie sei „bis zum letzten Augenblick vergnügt und lebensfroh" gewesen, in einem merkwürdigen Licht. Vielleicht war Anna Schwarz wirklich froh, mithilfe des Gifts „leicht und schön" Abschied von dieser Welt nehmen zu können, die ihr zuletzt so viel Kummer gemacht hatte. Natürlich will Hansi ihren Sohn trösten und versucht deshalb, den Tod seiner „Großmutti" in möglichst mildem Licht zu sehen. Am 6. Dezember 1939 berichtet sie ihrem Sohn von der Räumung der großzügigen Wohnung in der Gesundbrunnenstraße und vom Umzug in eine Zwei-Zimmer-Wohnung. Sie resümiert: „In Augsburg war es sehr traurig. Für die Großmutti ist es ja besser, dass sie alles Traurige nicht mehr erleben muss."[425]

Für Trauer ist nicht viel Zeit, denn die schöne Wohnung in der Gesundbrunnenstraße muss aufgelöst werden. Viele schwere Möbel, Wohn- und Schlafzimmer, Salon und Küche, werden verkauft.[426] Mit den restlichen Möbeln wird eine Zwei-Zimmer-Wohnung im 2. Stock der Frölichstr. 12 ½ eingerichtet, die die beiden Schwestern Lotte und Hansi am 1. November 1939 beziehen.[427] Nachdem Anna Schwarz beigesetzt, die Wohnung in der Gesundbrunnenstraße aufgelöst[428] und die neue Wohnung in der Frölichstraße eingerichtet ist, meldet sich Hansi am 20. November 1939 wieder nach Berlin ab.[429] Lotte wohnt jetzt allein in der Frölichstraße 12 ½. Freilich ist der Platz in der Zwei-Zimmer-Wohnung arg beschränkt. Lotte bringt deshalb einige Sachen auf den Aichele-Hof zur Aufbewahrung. Das „gute Geschirr" der Familie Schwarz wird in Kartons verpackt und nach und nach ins Allgäu geschafft.

424 FAH, NL AWR IV/41 Johanna Sechehaye an René Sechehaye, 18. 10. 1939.

425 FAH, NL AWR IV/42 Johanna Sechehaye an René Sechehaye, 6. 12. 1939.

426 Ebenda.

427 StadtA A, Hausbogen Frölichstr 12 ½. Das Gebäude gehörte dem Fabrikanten August Blatter aus Augsburg. Auch dieses Haus war von gutbürgerlichen Familien bewohnt. Unter den Bewohnern befanden sich u. a. ein Rechtsanwalt, ein Ingenieur und ein Oberstudiendirektor. Auch hier gab es jüdische Familien. Am 1. 11. 1939 wohnte Hugo Veith (* 30. 5. 1883 Augsburg † 5. 9. 1967 Benjamina/Israel), Jude, Inhaber der Sigmund Veith & Co., Großhandel für Därme und Gewürze und Teilhaber der Getreidegroßhandlung Franz Schwarz, beide Jakoberstr. 38, zusammen mit seiner Ehefrau Anneliese, geb. Levi (* 22. 8. 1887 Cannstatt † ? Benjamina/Israel), und ihren Kindern im Erdgeschoss. Am 8. 6. 1941 emigrierte die Familie nach New York. Später übersiedelte sie nach Israel. Außerdem wohnte in der Frölichstr. 12 ½ Bernhard Feuchtwanger (* 1. 2. 1882 Schwabach † 1942 Piaski/Polen – ermordet), Jude, sowie Klara Kahn (* 7. 3. 1907 St. Ingbert/Saar † ?), Jüdin, Kontoristin, die am 21. 1. 1940 nach Richmond/USA auswanderte.

428 Das Einwohnerbuch verzeichnet 1940 in der Gesundbrunnenstraße 3 die NSDAP-Gauleitung Schwaben, NS-Frauenschaft. In Anna Schwarz' früherer Adresse Schaezlerstraße 3 residiert die NSDAP-Ortsgruppe 5. Vgl. Einwohnerbuch der Stadt Augsburg, Augsburg 1940.

429 Ebenda.

Teller Karlsbader Porzellan aus dem Hausrat der Familie Schwarz
Im Original farbig

Prunkteller Meissener Porzellan
Im Original farbig

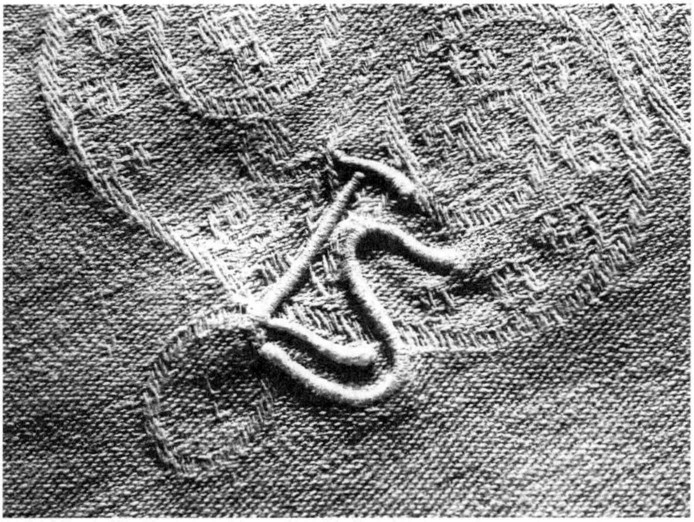

Tischdecke mit den Initialen „LS“ für „Lotte Schwarz“

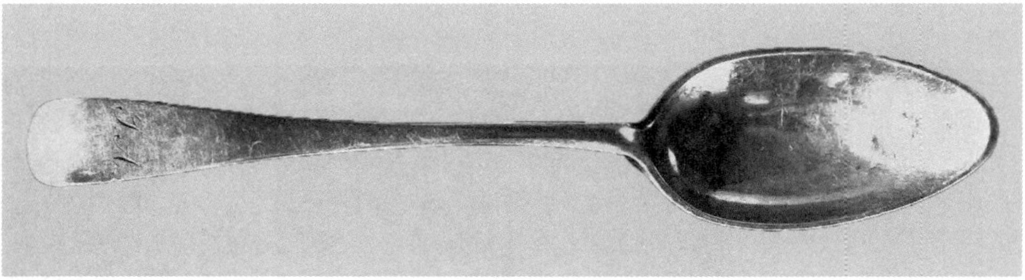

Löffel von Gabi mit Initialen „G. A.“ für „Gabi Aichele“

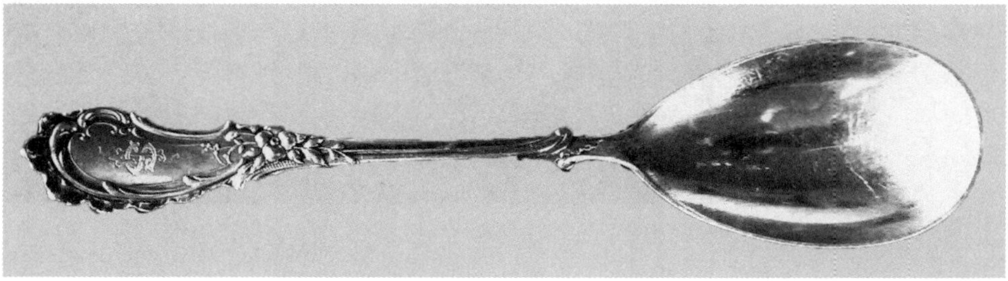

Silberner Esslöffel mit den Initialen „LS“ für „Lotte Schwarz“

Das Geschirr umfasst nicht bloß Teller, Frühstücksteller, Kaffeegeschirr, Suppenteller und Suppenterrine, sondern auch gläserne Messerbänkchen, ein geschliffenes Salzfass mit Deckel, eine Keks- sowie eine Kerzenschale. Noch heute sind silberne Serviettenringe und ein komplettes Obstbesteck, bestehend aus sechs Obstmessern und sechs Obstgabeln mit Elfenbeingriffen im Etui, vorhanden. Außerdem sind zwei Rumkaraffen, eine gläserne Apfelreibe, einige Sekt- und Weingläser sowie ein hübsch geschliffener Tortenteller erhalten. Der vergoldete Prunkteller aus Meissener Porzellan landet ebenso in Stiefenhofen wie eine Tischdecke aus Lottes Aussteuer mit den Initialen „LS“ für „Lotte Schwarz“. Passend dazu sind noch einige Stoffservietten vorhanden. Auch ein Teil der vier Bestecke, die man den Juden belassen hatte, hat Lotte auf den Aichele-Hof gebracht. Auf den erhaltenen Löffeln und Gabeln sind ihre Initialen „LS“ eingraviert. Gabis Löffel ist ebenfalls erhalten.[430] Er ist aus Blech und zeigt im vorderen Bereich deutliche Bissspuren. Auch er trägt eine Gravur: „G.A.“ für „Gabi Aichele“.[431]

Lotte trägt jetzt Trauerkleidung: schwarz. Doch wie immer bringt sie bei jedem Besuch ihrer kleinen Gabi etwas zum Anziehen oder zum Spielen mit.

Lotte, ganz in schwarz, mit Gabi und Puppe „Lotti“, Herbst 1939

430 Sämtliche genannten Gegenstände befinden sich im Archiv Leo Hiemer.

431 Die Gravur bezieht sich möglicherweise nicht auf Gabriele Schwarz, sondern auf Resi Baumanns erste Tochter, die ebenfalls Gabi hieß.

Konsulent Dr. Ludwig Dreifuß

In dieser Zeit nimmt Lotte eine Tätigkeit in der Kanzlei des jüdischen Konsulenten Dr. Ludwig Dreifuß in Augsburg auf.[432] Dreifuß ist ein in Augsburg angesehener Rechtsanwalt mit einer bis 1933 florierenden Kanzlei. Im Ersten Weltkrieg kämpft er an der Front und wird mit dem Bayerischen Verdienstorden mit Schwertern ausgezeichnet. Dreifuß ist seit 1919 SPD-Mitglied. So wird er vom 23. März bis zum 29. April 1933 als politischer Gegner des Regimes im Augsburger Polizeigefängnis, dem „Katzenstadel", erstmals in „Schutzhaft" genommen. Vom 1. bis 5. Mai 1934 sitzt er wieder ein, und auch am 9. November 1938 wird er inhaftiert, kommt aber noch am gleichen Tag wegen schwerer Erkrankung wieder frei.[433] Am 30. November 1938 wird ihm wie all seinen jüdischen Kollegen die Zulassung als Rechtsanwalt entzogen – einzig und allein, weil er Jude ist.[434] Als einer der wenigen ehemaligen jüdischen Anwälte darf er wenigstens als Konsulent tätig sein, das heißt, er darf fortan nur noch Juden vertreten.

Für Juden gibt es in dieser Zeit beim Anwalt nur ein Thema: die Auswanderung. Dr. Dreifuß ist mit der Familie Schwarz gut bekannt. Es heißt, er sei sogar über ein paar Ecken mit ihr verwandt. Lotte erledigt jetzt als Sekretärin die in der Kanzlei anfallenden Arbeiten und bemüht sich gleichzeitig weiter um ihre und ihrer Tochter Auswanderung in die USA. Da hat sie mit Dr. Dreifuß einen kompetenten Ansprechpartner, lebt doch sein 16-jähriger Sohn Rolf schon seit 1938 in den Vereinigten Staaten.[435] Ein Cousin hatte für ihn ein Affidavit gestellt.[436] Rolf ist wie seine Mutter Amalie getauft, gilt den Nationalsozialisten aber als „Mischling 1. Grades", als „Halbjude". Lotte verrät auch Dr. Dreifuß den Namen von Gabis Vater nicht. Um keinen Hinweis auf eine möglicherweise rassenschänderische Straftat zu geben, erzählt sie ihm, ihr Kind stamme von einem nach Liechtenstein geflüchteten Juden. Doch Dr. Dreifuß glaubt ihr nicht. Nach eigenen Angaben hat er Kenntnis von Briefen erlangt, die vermuten lassen, dass es sich bei dem Vater um einen „Schweizer oder Liechtensteiner Herrn", also keineswegs um einen Juden, handelt.[437]

432 Dr. Dreifuß fungierte bei der Nachlasssache Anna Schwarz Ende 1939 als Rechtsbeistand der beiden Schwestern. Möglicherweise stellte Dr. Dreifuß Lotte 1940 dann als Sekretärin ein.

433 Vgl. Ludwig Dreifuß, undatierter Lebenslauf (Typoskript, etwa August 1946), S. 4, in: Ludwig Dreifuß: Jurist, Oberbürgermeister der Stadt Augsburg 1945–1946 (28. 8. 1883 in München –15. 4. 1960 in Murnau), http://www.rijo.homepage.t-online.de/pdf/DE_BY_JU_dreifuss.pdf.

434 Susanne Rieger, Das Berufsverbot für jüdische Rechtsanwälte in Bayern im Dezember 1938, www.rijo.homepage.t-online.de/pdf/DE_BY_JU_anwalt01.pdf.

435 In den Vereinigten Staaten nannte sich Rolf Dreifuß später Ralph A. Dreike.

436 Florian Schwinger an den Autor, 28. 11. 2015.

437 StAM, SpkA K 1504 Seelos Hans, Sitzungsprotokoll, 24. 8. 1948. Dr. Dreifuß erklärte bei seiner Vernehmung im Spruchkammerverfahren gegen Seelos: „Die Mutter des Kindes war meine Angestellte in der Kanzlei, so wusste ich genau von der Sache […] Die Mutter war zuerst in Liechtenstein, sie war immer sehr zurückhaltend, gab nichts Näheres über das Kind an, sagte mir, dass es von einem ausgewanderten

Lotte und Gabi fahren Schlitten, Januar 1940

Therese Aichele mit Pflegekind Gabi, Januar/Februar 1940

Gabi im Allgäu

Mit Beginn des Krieges werden Lebensmittelkarten eingeführt. Für Gabi, die einzige Bürgermeister und Ortsgruppenleiter Seelos bekannte Jüdin im Dorf, lässt er extra einen kleinen Stempel anfertigen. Jeder einzelne Abschnitt ihrer Lebensmittelkarte wird mit einem roten J bestempelt.[438] Aicheles lösen diese Abschnitte jedoch nie ein.[439]

Seelos und andere Stiefenhofener Nationalsozialisten üben jetzt jeden erdenklichen Druck auf die Familie Aichele aus.[440] So lehnt Seelos alle Anträge auf Zuteilung von

Juden stammt. Aber es stammte sicherlich von einem Schweizer oder Liechtensteiner Herrn, aus diesbezüglicher, besonderer Korrespondenz war zu ersehen, dass dies der Fall sei."

438 Vgl. ebenda, Aussage Hans Seelos, 24.8.1948. Vor der Spruchkammer sagte Seelos aus, dass er ein entsprechendes Rundschreiben des Landrats zunächst nicht beachtet habe. Bei einer Kontrolle habe er dann jedoch einen Verweis eines Herrn vom Ernährungsamt bekommen. Daraufhin habe er einen entsprechenden Stempel anfertigen lassen.

439 Hiemer, Zeitzeugen-Interview (Film) Resi Baumann.

440 Hieronymus Aichele nannte namentlich Fehr von Buch, Mohr in Stiefenhofen und den „roten Hauber" von Harbatshofen. Hiemer, Interview mit Hieronymus Aichele. Nach dem Krieg bezeichnete Josef

Hieronymus Aichele, genannt Ronny, fährt mit Gabi Schlitten, März 1940

Bezugsscheinen aus der Familie Aichele ab oder zerreißt sie vor ihren Augen.[441] Als Anna heiratet und einen Antrag auf Bezugsscheine für Vorhänge stellt, lässt Seelos Anna abblitzen und sagt zu ihr, da könne sie warten, bis Kirchgang sei,[442] was bedeutet, dass sie ihm „den Buckel runterrutschen" könne.

Im Kriegsjahr 1940 wohnt Lotte in ihrer kleinen Zwei-Zimmerwohnung in Augsburg und besucht ihre Gabi im Allgäu so oft es geht. Im Spiel mit der bald Dreijährigen kann sie ihre Sorgen für ein paar Stunden vergessen – so scheint es. Bei einem Fronturlaub fährt auch Soldat Hieronymus Aichele ganz selbstverständlich mit Gabi Schlitten.

Aichele die „überaus fanatische Frauensleiterin" Maria Felder, verwitwete Fink, als „rechte Hand des Ortsgruppenleiters". Sie habe sich alle Mühe gegeben, einer Familie, die ein Judenkind in Pflege hatte, Schwierigkeiten zu bereiten. Ohne Zweifel waren damit die Familie Aichele und Gabi gemeint. Vgl. StAA, Spruchkammer Sonthofen Akte F 20 Felder Maria, Josef Aichele/Xaver Wagner/Josef Denzl, Anzeige gegen Maria Felder, Frauenschaftsleiterin in Stiefenhofen, o. D.

441 Hiemer, Interview mit Resi Baumann sowie Hiemer, Zeitzeugen-Interview (Film) Resi Baumann.

442 Hiemer, Interview mit Anna Embritz. Vgl. auch StAM, SpkA K 1504 Johann Seelos, Aussage Josef Aichele, 5. 2. 1948. Nach seiner Aussage bewilligte Seelos Nicht-Parteimitgliedern generell keine Bezugsscheine.

Gabi, Sommer 1940

Lotte mit Gabi auf der Villebank
vor dem Aichele-Hof

Mindestens einmal ist Gabi noch in Marktoberdorf. Als auf dem Aichele-Hof alle bei der Heuernte eingespannt sind, ist sie ein paar Tage bei Rosalia in Marktoberdorf zu Besuch.[443] Lotte weiß aber auch, dass Gabi nicht ewig in Stiefenhofen bleiben kann. Wegen des Krieges und der finanziellen Einschränkungen werden ihre Besuche im Allgäu mit der Zeit vermutlich seltener. Auch Filme für den Fotoapparat sind wohl immer schwerer aufzutreiben. Auf einigen Fotos ist eine Freundin von Lotte zu sehen.[444] Um wen es sich handelt, ist nicht bekannt.

Am 16. September 1940 macht Lotte mit Resi zusammen einen Ausflug auf den Hochgrat. Die Ansichtskarte, die Lotte ihr „zur Erinnerung an Steibis" schenkt, zeigt laut Bildunterschrift „Allgäuer Vieh auf der Weide".[445]

443 Maria Elisabeth Hartmann erinnerte sich noch, dass ihre Schwester Gertraud ihr einmal von Gabi erzählte. Rosalia sei einmal mit Gabi an der Hand zum Milchholen gekommen. Rosalia habe erklärt, Gabi sei von ihrer Schwester. Gabi sei sehr schüchtern gewesen und habe mit Rosalia nur geflüstert. Vgl. Maria Elisabeth Hartmann an den Autor, 17. 9. 2018.

444 Resi Baumann beim Betrachten der betreffenden Fotos gegenüber dem Autor.

445 ALH, Lotte Eckart, Ansichtskarte für Resi, 16. 9. 1940.

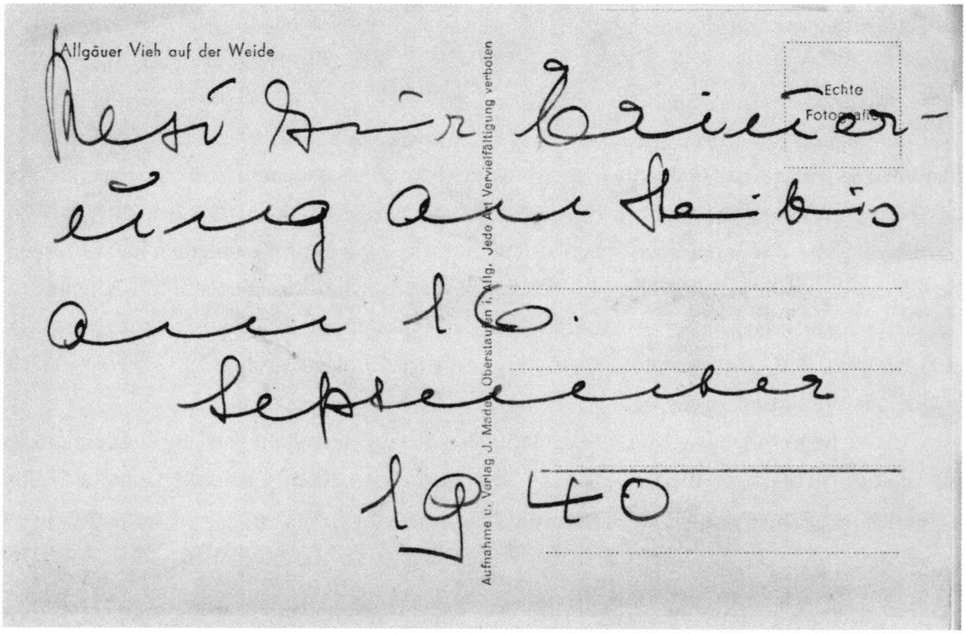

Ansichtskarte aus Steibis mit Widmung von Lotte für Resi, 16. September 1940

Von links: Anna, Josef Aichele, Lottes Freundin, Therese Aichele, Resi, Lotte, vorne Gabi

Hansi in Berlin, René in Zagreb

Nach dem Tod von Anna Schwarz kehrt Hansi nach Berlin zurück. Jetzt wird sie grundsätzlich nur noch befristet oder für die Dauer eines Projekts eingestellt, muss zusätzlich Heimarbeit annehmen, wird entlassen und muss erneut versucht, an Arbeit zu kommen.[446] Ihr René wird auf die Dauer nicht in Kroatien bleiben können. Fieberhaft sucht sie nach einer Lösung, doch es zeichnet sich keine ab, im Gegenteil: Die Probleme wachsen.

Hansis geschiedener Ehemann Seché hat seine Arbeits- und Verdienstmöglichkeiten in Berlin eingebüßt:[447] Die Schule Reimann wird gleichgeschaltet, Albert Reimann[448] selbst, da Jude, ist längst aufs Abstellgleis verwiesen. Seché ist nach Breitbrunn am Ammersee übergesiedelt und gehört dort bald zum Kreis der „Ammerseemaler".[449]

446 Vgl. FAH, NL AWR, diverse Briefe von Johanna Sechehaye, Emilie Glaser sowie Lotte Eckart an René Sechehaye.

447 FAH, NL AWR a/20 Johanna Sechehaye an Frau Husadzic (d. i. Annemarie Wolff-Richter), 4. 6. 1940.

448 Albert Reimann (* 9. 11. 1874 Gnesen/Polen † 5. 6. 1976 London/Großbritannien), Jude, Bildhauer, Kunsthandwerker, Kunsterzieher, Gründer und Leiter der Schule Reimann (1902–1935).

449 Seché lebte bereits vor dem 24. 9. 1939 eine Zeit lang in Breitbrunn am Ammersee, verzog am 15. 10. 1939 erneut nach Breitbrunn und ging am 10. 10. 1940 zurück nach Berlin. Vermutlich kehrte er bald wieder

Am 31. Mai 1940 läuft jetzt auch noch Renés Aufenthaltserlaubnis ab. Hansi schreibt am 4. Juni 1940 einen förmlichen Brief an Annemarie Wolff-Richter.[450] Als Absender notiert sie lediglich „Seché", die Anrede lautet: „Sehr geehrte Frau Husadzizc". Seit der Berliner Zeit duzen sie sich. Aber in diesem Brief soll nichts darauf hindeuten, dass die beiden Frauen miteinander befreundet sind. Wer weiß, vielleicht muss der Brief irgendwann einer offiziellen Stelle vorgelegt werden? Auch in diesem Brief sind Devisenbeschränkungen ein Thema. Da es Juden mittlerweile so gut wie unmöglich ist, Geld ins Ausland zu überweisen, werden die Unterhaltszahlungen für René mittlerweile von Seché, der jetzt am Ammersee lebt, geleistet. Allerdings sind bereits bedeutende Schulden aufgelaufen. Und auch für ihn als Nichtjuden wird es immer komplizierter, Geld an Annemarie Wolff-Richter in Kroatien zu transferieren, ganz zu schweigen davon, dass es im Krieg immer schwieriger wird, die erforderlichen Beträge zusammenzukratzen. In ihrem Brief fordert Hansi von Annemie recht förmlich einige Bestätigungen an, die die Devisenstelle München zur Ausführung der Überweisungen für René nach Kroatien benötigt.

Adieu, Paris

Auch für Emmy und Kurt Glaser in Paris werden die Zeiten ungemütlicher. Am 3. September 1939 erklärt Frankreich dem Deutschen Reich den Krieg. Schon am nächsten Tag werden alle „feindlichen Ausländer" interniert. Die in Frankreich lebenden männlichen deutschen Staatsangehörigen werden nach der Intensität ihrer Gegnerschaft zum Hitlerregime in drei Gruppen eingeteilt. Kurt Glaser gehört zur privilegierten Gruppe I der schärfsten Gegner. Er bekommt einen entsprechenden Stempel in seine „Carte d'Identité", seine Ausweispapiere. Damit entgeht er der Internierung.[451] Auch Emmy und ihr Sohn Helmut bleiben zunächst verschont.

Lange Zeit bleibt es an der deutsch-französischen Grenze ruhig. Erst am 10. Mai 1940 beginnt die deutsche Offensive gegen Frankreich. Wenige Tage später kommt es zu einer zweiten Internierungswelle „feindlicher Ausländer". Diesmal werden auch Frauen und Kinder festgesetzt, und diesmal kann Glaser trotz seiner vorzüglichen Beziehungen die Internierung von Emmy und Helmut nicht verhindern. Sie werden ins Lager Gurs am Fuße der Pyrenäen verbracht.[452] Nach einem „Blitzkrieg" steht die Wehrmacht schon am 12. Juni 1940 vor den Toren von Paris. Die Franzosen fliehen in Panik. Die deutschen Emigranten müssen bleiben. Doch Kurt Glaser verfügt immer noch über beste Beziehungen.

nach Breitbrunn zurück. LAB, Berliner Einwohnermeldekartei (EMK) Bestand B Rep. 021 Einwohnermeldekarte Joseph Seché. Vgl. auch Hiemer, Interview mit René Sechehaye.

450 FAH, NL AWR a/20 Johanna Sechehaye an Frau Husadzic (d. i. Annemarie Wolff-Richter), 4. 6. 1940.

451 IfZ, ZS-2113-1, Röder, Interview mit Glaser, S. 4 f.

452 Ebenda, S. 7.

Vom Chef der französischen Geheimpolizei – der „Sûreté Générale" – persönlich erhält er einen Sonderausweis, der es ihm ermöglicht, die Stadt ein, zwei Tage vor der Einnahme durch die Deutschen zu verlassen. Er flieht in den Süden.[453] In Marseille wird Glaser in einem von der Sopade angemieteten Hotel untergebracht. Der ehemalige Parteivorstand der SPD ist mittlerweile von Prag ebenfalls nach Südfrankreich geflohen. Tatsächlich gelingt es Glaser, Emmy aus dem Lager Gurs freizubekommen.[454] Und Kurt Glaser hat Glück. Er steht auf einer Liste von Leuten, die ein Sondervisum nach Amerika bekommen sollen. Deutsche und amerikanische Gewerkschafter haben US-Präsident Roosevelt eine Liste von Aktivisten vorgelegt, die nach dem Waffenstillstandsvertrag von Frankreich an Deutschland auszuliefern sind. Roosevelt bewilligt 200 amerikanische Notfall-Gäste-Visa – „Emergency Visitor Visa" – für diesen Kreis der besonders Verfolgten. Die Rettungsaktion der „German Labor Delegation" und des „Jewish Labor Committee" startet umgehend. Nur 32 der 200 Flüchtlinge kommen aus Deutschland, unter ihnen Hannah Arendt,[455] Marc Chagall,[456] Max Ernst,[457] Lion Feuchtwanger,[458] Heinrich und Golo Mann[459] sowie Franz Werfel[460] – und Kurt Glaser.

Nach einem halben Jahr, Anfang Februar 1941, sind endlich alle Visa für Kurt und Emmy sowie ihren Sohn Helmut für Spanien, Portugal und die Vereinigten Staaten gleichzeitig gültig. Mitte 1941 sind alle drei endlich in New York. Gerettet![461]

Das Schicksal der Brasil-Visa

Die unter dem Stichwort „Brasil-Visa" so hoffnungsvoll begonnene Initiative der Kirche für die Auswanderung „nichtarischer" Katholiken nach Lateinamerika wird im Laufe des Jahres 1940 zur Enttäuschung. Tatsächlich gelingt nur etwa 700 Menschen, die sich

453 Ebenda.

454 Die damals im Lager Gurs inhaftierte Elsbeth Weichmann berichtet, dass sich die deutschen Frauen, die vor den Nationalsozialisten geflüchtet waren, heimlich selbst Entlassungspapiere anfertigten und das Lager verließen. Weichman vermutet, dass der Lagerkommandant von der Flucht der politisch gefährdeten Frauen keine Notiz nehmen wollte und nicht einschritt. Vgl. Elsbeth Weichmann, Zuflucht. Jahre des Exils, mit einem Vorwort von Siegfried Lenz, Hamburg 1983, S. 93 f.

455 Hannah Arendt (* 14. 10. 1906 Linden bei Hannover † 4. 12. 1975 New York), Jüdin, politische Theoretikerin, Publizistin.

456 Marc Chagall (* 6. 7. 1887 Peskowatik bei Witebsk/Russland † 28. 3. 1985 Saint-Paul-de-Vence/Frankreich), Jude, Maler.

457 Max Ernst (* 2. 4. 1891 Brühl/Rheinland † 1. 4. 1976 Paris), Jude, Maler, Grafiker, Bildhauer.

458 Lion Feuchtwanger (* 7. 7. 1884 München † 21. 12. 1958 Los Angeles/USA), Jude, Schriftsteller.

459 Golo Mann (* 27. 3. 1909 München † 7. 4. 1994 Leverkusen), Historiker, Publizist, Schriftsteller.

460 Franz Werfel (* 10. 9. 1890 Prag/Österreich-Ungarn † 26. 8. 1945 Beverly Hills/Kalifornien, USA), Jude, Schriftsteller.

461 Vgl. IfZ, ZS-2113-1, Röder, Interview mit Glaser, S. 7–11, Dr. Glasers Schilderung seiner Flucht nach Amerika.

schon in Randstaaten wie etwa Italien aufhalten, die Auswanderung. Offenbar wird da gebremst. Bei den Bremsern ist auch Kardinal Faulhaber. Er macht sich Sorgen: Wenn bekannt würde, dass „nichtarische" Katholiken mithilfe von „Brasil-Visa" ausreisen könnten, würde starker Andrang von Juden zur katholischen Taufe einsetzen. Im März 1940 wird deshalb angeordnet, den „Konvertitenunterricht für Israeliten" auf sechs Monate auszudehnen.[462] Eine vermutlich von Bischof Berning verfasste Denkschrift aus dem Jahr 1940[463] verortet die Bremser allerdings auf der anderen Seite: In der brasilianischen Botschaft in Berlin. Dort herrschten offenbar „antisemitische Tendenzen". Der Verfasser der Denkschrift sieht die Schuld aber auch bei den Einwanderern selbst. Diese hätten durch Faulheit und mangelnde Integrationsbereitschaft den Unmut der brasilianischen Behörden erregt.

Ende Juli 1940 keimt neue Hoffnung auf: Jeden Monat sollen jetzt 50 Visa aus Deutschland nach Brasilien erteilt werden. Von Lissabon geht alle zehn Tage ein Dampfer nach Übersee, doch ist noch einiges zu klären, von Devisenfragen bis zum Durchfahrtsrecht durchs mittlerweile besetzte Frankreich. Von sehr großem Druck der Gestapo auf die „Nichtarier" ist die Rede, ihre Auswanderungspläne endlich zu verwirklichen. Aber wohin sollen sie gehen? Wem sind Juden schon willkommen? Offenbar selbst den katholischen Ländern Lateinamerikas nicht ohne Weiteres. Auch hier scheint entgegen jeder theologischen Theorie zu gelten: „Jud' bleibt Jud'" – getauft oder nicht. Da macht ein Gerücht die Runde: Sämtliche Juden ohne Ausnahme sollen nach Madagaskar verfrachtet werden – dorthin, „wo der Pfeffer wächst" …

Die Zeit wird knapp. Der Verfasser der erwähnten Denkschrift, vermutlich Bischof Berning, berichtet: „Mündlichen Mitteilungen der Gestapo an das Hilfswerk beim Bischöflichen Ordinariat in Berlin zufolge sollen auch die katholischen Nichtarier von Zwangsmaßnahmen nicht ausgeschlossen werden, wenn die Brasilaktion nicht bald befriedigende Erfolge zeitigen wird."[464] Aber wie sollen die im Reich verbliebenen „nichtarischen" Katholiken bei den offenbar auch in kirchennahen Kreisen verbreiteten Vorurteilen gegen Juden dem Zugriff der Antisemiten entzogen werden?

Insgesamt nehmen sich die zeitweise vom NS-Staat geduldete karitative Hilfe der Kirche für die ihr angehörenden „Nichtarier" sowie ihre Unterstützung bei einer offiziell gewünschten Auswanderung dieser Menschen angesichts der Dimension der mittlerweile in halb Europa verbreiteten Verfolgung angeblich Minderwertiger und vermeintlicher Reichsfeinde sehr bescheiden aus.[465]

462 Schönlebe, München im Netzwerk, S. 113. Unter diesen Bedingungen hätte Lotte die Taufe vor Gabis Geburt nicht mehr erhalten können.

463 EAM, NL FH 8423 Wilhelm Berning(?): Denkschrift, 1940.

464 Ebenda.

465 Vgl. Leugers, Gegen eine Mauer, S. 17.

Lotte bei Faulhaber: 30. September 1940. Der dreizehnte Besuch

Am 10. September 1940 informiert der Leiter des Reichssicherheitshauptamtes (RSHA), Reinhard Heydrich,[466] den Reichsminister des Äußeren, Joachim von Ribbentropp,[467] über die zurückliegende Plenarsitzung der Fuldaer Bischofskonferenz,[468] bei der es hauptsächlich um die Haltung der Kirche zum Nationalsozialismus gegangen sei. Heydrich zählt Faulhaber zwar zu denjenigen, die den Nationalsozialismus im offenen Kampf überwinden wollten, berichtet aber zugleich, der Münchner Erzbischof sei gesundheitlich schwer angeschlagen und seelisch erschüttert. Im intimen Kreis habe er geäußert, man könne den Nationalsozialismus jetzt nur noch mit Zugeständnissen und Kompromissen in die richtigen Bahnen lenken.

Tatsächlich war es auf der jährlichen Tagung der Bischofskonferenz in Fulda im August 1940 zu einem tiefen Zerwürfnis unter den Bischöfen über die rechte Haltung zum Nationalsozialismus gekommen. Faulhaber selbst laborierte seit einem dreiviertel Jahr an seinen Krankheiten und war gar nicht in Fulda erschienen. Doch das, was er von dort hörte, konnte ihm nicht gefallen. Die von Heydrich zitierte Äußerung Faulhabers lässt sich zwar nicht belegen, doch dürfte sie seine Gemütslage zutreffend wiedergeben.[469]

In dieser Verfassung empfängt Faulhaber am 30. September 1940 die katholisch getaufte Jüdin Lotte Eckart noch einmal zum Gespräch. Über ihre Begegnung notiert Faulhaber in seinem Tagebuch: „Eckart: Will hier Stellung annehmen. Ich glaube, es sei alles ruhig geworden – dagegen wieder Haussuchung. Dürfen für einen Monat im Haus haben."[470] Erstaunlicherweise vermerkt Faulhaber nichts über den Stand von Lottes Bemühungen um Auswanderung. Im Gegenteil: Sie möchte hier, also wohl in München, eine Stellung annehmen, vielleicht um die Zeit bis zur Ausreise zu überbrücken? Vermutlich will sie als Sekretärin arbeiten. Aber wer stellt 1940 noch eine Jüdin ein – sei sie auch getauft? Das Erzbischöfliche Ordinariat vielleicht? Faulhaber überlegt. Er ist offenbar der Ansicht, dass sich die allgemeine Lage beruhigt hat. Aber eine Jüdin im Sekretariat eines Erzbischofs? Was, wenn es wieder eine Haussuchung gäbe? Ist die folgende Formel „dürfen für einen Monat im Haus haben" so zu deuten, dass Lotte für einen Monat „im

466 Reinhard Heydrich (* 7.3.1904 Halle an der Saale † 4.6.1942 Prag/Tschechien – ermordet), Leiter des Reichssicherheitshauptamts (RSHA), mit der „Endlösung der Judenfrage" betraut, fiel einem Attentat zum Opfer.

467 Joachim von Ribbentrop (* 30.4.1893 Wesel † 16.10.1946 Nürnberg – hingerichtet), NS-Reichsaußenminister. Vom „Internationalen Militärgerichtshof" in Nürnberg zum Tode verurteilt.

468 Heydrich an Ribbentropp, 10.9.1940, Nr. 17*, in: Akten deutscher Bischöfe über die Lage der Kirche 1933–1945, Bd. V: 1940–1942 (= Veröffentlichungen der Kommission für Zeitgeschichte, Reihe A: Quellen, Bd. 34), bearb. von Ludwig Volk, Mainz 1983, S. 1006–1008, hier S. 1007.

469 Vgl. Leugers, Gegen eine Mauer, S. 104.

470 EAM, NL FH 10019 Michael von Faulhaber, Tagebucheintrag, 30.9.1940.

Haus", also im Bischöflichen Ordinariat, leben und arbeiten darf? Das wäre nicht ganz ungewöhnlich gewesen. Verschiedentlich haben Menschen eine Zeitlang bei Faulhaber gearbeitet und gewohnt. Auch Faulhabers „Freundin", Dr. Franziska Bösmiller, war später vorübergehend im Erzbischöflichen Palais untergebracht, als sie ausgebombt war.[471]

Lotte gibt nicht auf

Am 5. Dezember 1940 wendet sich Lotte erneut an Dr. Engelhardt vom Hilfswerk beim Bischöflichen Ordinariat Berlin.[472] Ein geschlagenes Jahr hat sie vergeblich versucht, mithilfe des St. Raphael-Vereins etwas zu erreichen. Aus der Umwandlung der 50,– Pfund, die Erzbischof Rummel ursprünglich für die Verschickung von Gabi nach England bereitstellen wollte, in 245,– $ für das Auswanderungsziel Chile wurde nichts. Die kleine Chance, nach Südamerika auszuwandern, ist also verspielt. Lotte schreibt jetzt:

> „Das einzige Projekt, das wohl realisierbar zu sein scheint, ist somit wohl U-S-A und meine Nummer rückt doch nunmehr in einige Nähe – man nimmt allgemein an, dass es alles in allem noch ein Jahr dauern dürfte. –
> Ich möchte nunmehr heute höflichst bei Ihnen anfragen, wie es mit der Kinderverschickung steht und ob nunmehr einige Aussicht vorhanden ist, dass meine Tochter Gabriele mit einem Transport mitgenommen werden kann und wann und wohin dies der Fall wäre. –
> Ich möchte gleichzeitig erneut Versuche bezüglich eines Affidavits machen und hierfür wäre mir die Stelle in New-York sehr wesentlich. Soll ich mich an Dr. Ostermann [sic] deshalb wenden und ist er im Bilde oder an welche andere Stelle? In München war man ja damals der Ansicht, dass ich auf Grund meiner Empfehlung ein Affidavit bekommen müsste. Aber die geldliche Inanspruchnahme des Comités ist eben

471 Franziska Bösmiller (* 1896 † 1983), Lehrerin, evangelische Konvertitin. Vom 13.–19. 7. 1944 bewohnte die Ausgebombte das Caritas-Zimmer in der Erzbischöflichen Residenz. Antonia Leugers, „Du hast alles vereint: Seele und Geist und Körper", Kardinal Faulhaber und seine Freundin, in: Rottenburger Jahrbuch für Kirchengeschichte 2016 (2017), S. 173–211, hier S. 208. Die erste Begegnung zwischen Dr. Bösmiller und Faulhaber fand am 8. 1. 1938 wie bei Lotte im Erzbischöflichen Palais und in einer Phase statt, wo Lotte jede Woche bei ihm vorsprach. In der Folge entwickelte sich zwischen Faulhaber und Dr. Bösmiller eine innige Zuneigung, die Antonia Leugers auf Grundlage der Tagebücher von Frau Dr. Bösmiller und Kardinal Faulhaber dargestellt und behutsam eingeordnet hat. Unter anderem besuchte Faulhaber seine „Freundin" neun Mal jeweils nachmittags in ihrer Wohnung (ebenda, S. 190). Dr. Bösmiller war bei der ersten Begegnung 1938 42 Jahre alt, Lotte 1935 erst 31, Dr. Bösmiller war schlank, 1,78 m groß und schwarzhaarig (ebenda, S. 173), Lotte maß 1,75 m, war ebenfalls schlank und färbte ihr rotblondes Haar so dunkel wie möglich. Beide waren moderne, aufgeklärte und gebildete Frauen, die auf ihre Selbstständigkeit Wert legten. Doch im Gegensatz zu der Lehrerin aus München gab es für Lotte bald nur noch ein Thema: Wie komme ich aus Deutschland raus? Und: Wie rette ich mein Kind?

472 DAB, I/1-40 Lotte Eckart an Dr. Engelhardt, 5. 12. 1940.

dauernd größer geworden und ich begreife sehr wohl, dass dies nicht so einfach ist und keine Ausnahmen gemacht werden können. Vielleicht könnte aber doch wenigstens ein Teil der Bürgschaft übernommen werden und ich würde versuchen, von Freunden und Verwandten den anderen Teil zu erhalten. – Da alle diese Korrespondenzen viel Zeit in Anspruch nehmen, möchte ich dies gern erneut in Angriff nehmen und wäre Ihnen sehr geehrter Herr Doktor, um Ihren Rat, und wenn möglich Ihre Hilfe sehr verbunden. Sollten Sie sowieso nach drüben schreiben oder es für besser halten, dass diese Rückfrage von Ihnen aus geschieht, so wäre ich Ihnen um diese erneute Vermittlung sehr verbunden. – Das Kind ist noch immer im Allgäu an der Ihnen seinerzeit genannten Adresse und ich will es auch gerade in dieser Zeit dort lassen bis die Auswanderung in größere Nähe rückt. –
Ich danke Ihnen im Voraus verbindlichst für Ihre Mühe und empfehle mich Ihnen als Ihre sehr ergebene Lotte Eckart."[473]

Wie immer trägt Lotte ihre Bitten inhaltlich, sprachlich und formal tadellos vor. Sie hofft, in einem Jahr nach Amerika auswandern zu können, aber sie hat noch immer kein Affidavit. Faulhaber und seine zuständigen Mitarbeiter waren davon ausgegangen, dass sie aufgrund der Empfehlung des Kardinals ein Affidavit vom „Katholischen Komitee Washington" bekommen müsste. Mittlerweile hat sie über den St. Raphaels-Verein in Hamburg offenbar vom „Komitee für katholische Flüchtlinge aus Deutschland" in New York die Nachricht erhalten, dass von dort kein Affidavit für sie gestellt werden kann.

Doch nicht nur Lotte hofft vergeblich auf ein Affidavit des Komitees. Schon im August 1938 hat Pater Grösser als Generalsekretär des St. Raphael-Vereins eine äußerst ernüchternde Bilanz über die Tätigkeit des „amerikanischen Hilfswerks" gezogen und sich beklagt, dass es dem Komitee nicht gelungen sei, die ersehnten „Freundesbürgschaften", sprich: Affidavits, für die Auswanderungswilligen zu beschaffen.[474] Kein Wunder, dass die Betroffenen „infolge der Aussichtslosigkeit der Bemühungen [...] seelisch äußerst bedrückt sind und sie zugleich das Empfinden haben, die Kirche sorge nicht genügend für sie. In vielen Fällen kann die Beratung nur eine vorläufige Vertröstung und damit mehr oder weniger nur von zweifelhaftem Wert sein."[475]

Auch Lotte mag unter seelischer Bedrückung leiden, setzt ihre Hoffnung aber darauf, dass das Komitee wenigstens einen Teil der erforderlichen Bürgschaft übernimmt. Den Rest hofft sie von Freunden und Verwandten zu bekommen, die bereits in den USA leben. Vermutlich verfügen diese jedoch nur über beschränkte Geldmittel.

473 Ebenda.
474 Vgl. Akten deutscher Bischöfe, hrsg. von Völk, Bd. IV, Bericht Grössers, Mitte August 1938, S. 486 (= EAM, NL FH 8427).
475 Vgl. ebenda, S. 485.

Lotte ist wohl zu Recht enttäuscht von der mangelnden Unterstützung durch den St. Raphaels-Verein. Sie ist aber nur eine von etwa 5000 Menschen, die hoffen, mithilfe des St. Raphaels-Vereins auswandern zu können. Bei etwa 1000 von ihnen dürfte es sich um katholische „Nichtarier" handeln.[476] Durch die Empfehlung von Kardinal Faulhaber nimmt sie allerdings eine prominente Stellung ein. Jetzt will sie auf eigene Faust aktiv werden und selbst in New York nachfragen. Aber wer ist zuständig? Der Name Ostermann ist ihr offenbar geläufig, auch wenn sie ihn fälschlich als „Dr." tituliert. Oder soll sie sich an eine andere Stelle wenden? Noch immer hat man ihr nichts vom Erzbischof von New Orleans erzählt, der direkt angesprochen ihrer Bitte möglicherweise aufgeschlossener gegenübergestanden wäre. Außerdem erkundigt sich Lotte erneut nach den Möglichkeiten für Gabi, auf einem Transport mitgenommen zu werden. Immerhin ist sie jetzt schon 3 ½ und könnte zur Not auch allein in Sicherheit gebracht werden.

Es bleibt dabei: Lotte will raus aus dem Deutschen Reich. So schnell wie möglich. Aber wer hilft ihr? Inständig bittet sie Dr. Engelhardt um Rat und Hilfe. Sie informiert ihn auch darüber, dass Gabi immer noch im Allgäu ist und vorerst auch dort belassen werden soll – bis die Auswanderung endlich in greifbare Nähe rückt. Gabis Aufenthaltsort hat sie Dr. Engelhardt offenbar verraten – aber vorsichtshalber nur mündlich.[477]

Wie immer antwortet Dr. Engelhardt prompt. Schon am 7. Dezember 1940 diktiert er seine Antwort in die Maschine:

> „Ihre Fragen, welche die eigene Auswanderung betreffen, und auch die Fragen der Stellung einer Bürgschaft durch das New Yorker Committee müssen Sie unmittelbar dem St. Raphaels-Verein, Hamburg I, Große Allee 42 unterbreiten. Wir können Sie hier in Berlin in dieser Beziehung nicht beraten, da wir in Bezug auf die Auswanderung Erwachsener nur für Berliner Fälle zuständig sind.
> Wenn die Fälligkeit Ihrer Wartenummer, wie Sie schreiben, erst in etwa 1 Jahr zu erwarten ist, hat es heute noch keinen Zweck, einen Antrag auf die Kinderverschickung nach USA zu stellen. Das können Sie erst in dem Augenblick, wenn die Wartenummer fällig wird, sagen wir beispielsweise vier Wochen vorher."[478]

Dr. Engelhardt antwortet korrekt – und ausweichend. Er wiederholt, sein Hilfswerk sei nur für erwachsene Berliner zuständig. Sie müsse sich in allen Fragen, die ihre Auswanderung betreffen und auch was die Stellung einer Bürgschaft angehe, an den St. Raphaels-Verein in Hamburg wenden. Einen Antrag für eine Kinderverschickung in die USA zu stellen,

476 Reutter, Katholische Kirche, S. 189.

477 Vgl. DAB, I/1-40 Margarete Sommer, Aktenvermerk, 10.10.1941. Dr. Engelhardts Nachfolgerin, Dr. Margarete Sommer, wusste nur, dass Gabi im Allgäu ist, ansonsten: „Adresse unbekannt".

478 DAB, I/1-40 Dr. Engelhardt an Lotte Eckart, 7.12.1940.

mache erst vier bis acht Wochen vor der Fälligkeit ihrer Wartenummer Sinn, sprich: in einigen Monaten.[479]

Im Vergleich zu dem verbindlichen und vertrauensvollen Ton von Lottes Brief wirkt die Antwort von Dr. Engelhardt kühl und distanziert. Außer allgemeinen Hinweisen hat er ihr nicht viel zu bieten – noch nicht mal gute Wünsche … Lotte und Gabi – zwei getaufte „Nicht-Arier“, Mutter und Tochter, diese obendrein illegitim – ein schwieriger Fall, zu schwierig für die zuständigen katholischen Hilfsstellen – gar ein hoffnungsloser Fall?

Lotte bei Faulhaber: 18. Dezember 1940. Der vierzehnte Besuch

Wenige Tage vor Weihnachten sucht Lotte Kardinal Faulhaber erneut zu einer Unterredung auf. Den niederschmetternden Brief von Dr. Engelhardt vom 7. Dezember hat sie sicherlich schon bekommen. Die Aussichten, sich und ihre Tochter im Ausland in Sicherheit zu bringen, stehen schlecht. Faulhabers Eintrag ins Tagebuch hat folgenden Wortlaut: „Eckart bringt Kreuzweg von Guardini. Ist mit einem Rechtsanwalt Dr. Bloch wegen Auswandern. Ich frage, ob sie das Kind nicht mitnehmen will – das sei nicht möglich. Ich sage, P. Grösser wollte nichts mehr zu tun haben, weil sie die 1. Stelle in Amerika verlassen habe – Hoffentlich ist das nicht in der Kartothek eingetragen. Stoeckle habe mir gesagt, sie nehmen sehr teil, aber auf die Frage, wer sorgen soll, habe sie meinen Namen genannt. Das will sie nicht gelten lassen, das sei ein Missverständnis.“[480]

Zu der Unterredung mit dem Kardinal bringt sie ein Buch des Theologen Romano Guardini[481] mit: „Der Kreuzweg unseres Herrn und Heilandes“.[482] Das erstmals 1919 erschienene und in vielen Auflagen weitverbreitete Buch enthält abseits der institutionalisierten Kreuzweg-Andacht Gebets- und Meditationstexte zur Passion, die eigene Lebenssituationen mit Jesu Selbsthingabe in Verbindung bringen. In der Sichtweise Guardinis lehrt der Kreuzweg Christi das Mitfühlen. „Bitterstes Leiden, des Leibes und der Seele, sehen wir den Herrn durchmachen, aber auch durch die Liebe zu Gott und zu uns überwinden und wir lernen, mit unserem Schicksal Ähnliches zu vollbringen.“[483] Der Kreuzweg sei eine „Schule der Leidensüberwindung“,[484] ja „eine heilige Schule des Lebens und Leidens, in der wir unser tägliches Dasein wiederfinden“.[485] In Lottes Leben hat das Leiden

479 Ebenda.
480 EAM, NL FH 10019 Michael von Faulhaber, Tagebucheintrag, 18.12.1940.
481 Romano Guardini (* 17.2.1885 Verona/Italien † 1.10.1968 München), katholischer Priester, Theologe.
482 Romano Guardini, Kreuzweg unseres Herrn und Heilandes, Würzburg 1938.
483 Ebenda, S. 12 f.
484 Ebenda, S. 13.
485 Ebenda, S. 17.

ohne Zweifel seinen Platz gefunden. Wie auf Lottes Situation gemünzt, wirkt Guardinis Rat für den Umgang mit seinem Büchlein: „Der [...] wird seine Absicht am besten verstehen, der benützt, was es ihm zu sagen hat, dann aber selbst hingeht und sein persönliches Leben mit all seiner besonderen Not in das Licht des Herrenleidens stellt; der selber denkt, selbst fragt, und dann auch die gerade für ihn nötige Antwort findet."[486] Und wie soll nach Guardini diese Antwort aussehen? Der Beter soll zunächst darauf vertrauen, dass Jesus ihm hilft, sein Kreuz zu tragen.[487] Er soll die Ungerechtigkeit akzeptieren und das Leid annehmen[488] und schließlich im Vertrauen auf Gott und in Liebe zu ihm sein Kreuz überwinden, indem er es in Liebe für die anderen darbringt.[489] So soll der Beter aus dem Leiden des Herrn nicht nur Einsicht und Kraft schöpfen, sein Leiden zu tragen, sondern es auch „besiegen".[490]

Guardinis Gebetbüchlein scheint mit der Aufforderung zur Selbstaufopferung in der Annahme des Leidens in der Nachfolge Christi zweifellos wie geschaffen für Lottes von Kummer, Leid und Sorgen geprägte Lebenssituation. Vermutlich ist Lotte Guardinis Trostbuch wertvoll geworden, und sie möchte es Faulhaber gewissermaßen empfehlen – vielleicht für ähnliche Fälle? In den fünfeinhalb Jahren seit der ersten Begegnung von Lotte und dem Kardinal ist aus der aufgelösten jüdischen Witwe, die Aufnahme in die katholische Kirche begehrt, eine Frau geworden, die inmitten der immer gnadenloser werdenden Verfolgung und zunehmend verzweifelten Suche nach Rettung ins Ausland im Glauben Halt sucht. Faulhaber kennt Guardinis Passionsbuch gewiss und sicherlich auch die in ihm empfohlene Annahme des Leids in der Nachfolge Christi. Muss es den Erzbischof von München nicht beschämen, dass Lotte ihm das Buch eines berühmten Theologen unter die Nase hält, das ihr unverblümt empfiehlt, ihr Leid zu überwinden, indem sie „ihr Kreuz annimmt", während er miterlebt hat, wie Lotte als getaufte Jüdin seit Jahren vergeblich darum kämpft, sich und ihr Kind mithilfe der Kirche zu retten? Der Kardinal registriert in seinem Eintrag zwar, dass Lotte das Buch von Guardini mitgebracht hat, kommentiert es aber nicht weiter. Faulhaber schweigt. Umso eingehender beschäftigt er sich mit Lottes Aussicht, „ihr Kreuz" doch noch loszuwerden.

Bei ihren Bemühungen um Auswanderung wird sie von dem Münchner jüdischen Konsulenten Dr. Bloch[491] unterstützt. In seiner Tagebuchnotiz erwähnt Faulhaber zum

486 Ebenda, S. 18.
487 Ebenda, S. 24.
488 Ebenda, S. 25 f.
489 Ebenda, S. 68.
490 Vgl. Josef Arquer, Kreuzwege. Im Zeichen des Kreuzes dem Herrn nachgehen – Eine Betrachtung, http://opusdei.de/de-de/article/kreuzwege/.
491 Hans Bloch (* 27. 10. 1895 München † 9. 3. 1942 KZ Mauthausen/Linz), Jude, Rechtsanwalt mit Spitzenexamen, Kriegsfreiwilliger, dekorierter Frontoffizier, verlor im Krieg ein Auge. Vgl. Weber, Das Schicksal der jüdischen Rechtsanwälte, S. 224.

ersten Mal Lottes Kind. Sicher hat Lotte ihm schon früher von Gabi erzählt, schließlich geht es auch in der Korrespondenz mit dem St. Raphaels-Verein ständig auch um das Kind, der Kardinal hat aber in seinen Aufzeichnungen bislang nichts von Gabi vermerkt. Demzufolge finden sich auch keinerlei Bemerkungen Faulhabers zu Gabis Vaterschaft und den Umständen ihrer Geburt und Taufe oder über die Pflegefamilie des Kindes im Allgäu. Angesichts von Lottes Bericht über den Stand ihrer Bemühungen um Auswanderung fragt Faulhaber nach, ob sie denn ihr Kind nicht mitnehmen wolle. Lottes Auskunft, das sei nicht möglich, deutet auf eine neue Strategie hin. In der Auswanderung in die Vereinigten Staaten sieht Lotte die einzige realistische Möglichkeit. Sie hat eine Wartenummer, die in nicht allzu ferner Zukunft, vielleicht schon in ein paar Monaten aufgerufen werden dürfte, aber ihre Tochter ist ja nicht in ihre Wartenummer miteingeschlossen, weil sie es 1938 bei ihrem Antrag versäumt hat, Gabi mit anzugeben. Auch wenn sie dieses Versäumnis nachgeholt und eine eigene Wartenummer für Gabi beantragt hat, wäre deren Wartenummer dann höher gewesen, was eine weitere Wartezeit zur Folge haben würde. So hat sich Lotte vielleicht auf Empfehlung ihres Anwalts Dr. Bloch wohl entschlossen, Gabi einstweilen bei den Aicheles in Stiefenhofen zu belassen und das Kind nach erfolgreicher Auswanderung später nachzuholen.

Der Kardinal spricht diesmal auch Pater Grössers negative Einstellung ihr gegenüber offen an. Faulhabers Aussage, dass Pater Grösser nichts mehr mit ihr zu tun haben wollte, ist eindeutig: Lotte hatte ihn verärgert. Die Aussage, sie habe ihre erste Stelle in Amerika „verlassen“, verwundert. Hatten ihr Pater Grösser und der St. Raphaels-Verein tatsächlich eine Stelle, das heißt eine Arbeitsstelle, in Amerika verschafft? Lotte war doch nur mit einem Touristenvisum in den USA und hatte sicher keine Arbeitsgenehmigung. Steht diese Arbeitsstelle in Zusammenhang mit Mrs. Mitchel in New York, bei der sie wegen deren Ehemannes nicht bleiben konnte und möglicherweise einen Nervenzusammenbruch erlitt? Hatte Lotte in New York tatsächlich eine ihr vom St. Raphaels-Verein vermittelte Stelle, die sie „verlassen“ hat? Diese Fragen lassen sich aus den vorliegenden Quellen nicht beantworten. Klipp und klar spricht Faulhaber hier aber aus, warum aus Lotte und dem St. Raphaels-Verein später nichts mehr werden konnte: Lotte hatte Pater Grösser schon 1938, als sie Amerika besuchte, so verärgert, dass er mit „dieser Dame“ nichts mehr zu tun haben wollte.

Faulhaber weiß um die Konsequenzen von Pater Grössers negativer Beurteilung von Lotte, ja schon 1938 musste ihm klar sein, dass der St. Raphaels-Verein Lotte nicht helfen würde. Zwar ist Pater Grösser in Ausübung seines Dienstes schon im März verstorben, doch Faulhaber macht sich Gedanken über negative Eintragungen, die der Pater auf Lottes Karteikarte hinterlassen haben könnte. Der Kardinal hofft für Lotte, dass dem nicht so ist. Er nimmt ganz persönlich Anteil an Lottes Schicksal. Doch ist es bereits besiegelt? Es gibt noch einen Hoffnungsschimmer.

Faulhaber bringt einen Herrn Stoeckle[492] ins Spiel, der mit seinen Leuten an Lottes Schicksal ebenfalls großen Anteil nehme. Hermann Maria Stoeckle ist seit 1931 Rektor des „Campo Santo Teutonico" in Rom. Der uralte deutsche Friedhof wurde 1929 samt zugehöriger Kirche und weiterer Gebäude eine exterritoriale Besitzung des Vatikans. Wird ernsthaft überlegt, Lotte im „Campo Santo Teutonico" unterzubringen? Faulhabers Notiz legt das nahe, denn offenkundig geht es im Folgenden um die Frage, wer für ihren Unterhalt dort aufkommen soll. Faulhaber hat sich bereits am 9. Dezember mit dem Geistlichen Rat Stoeckle beraten.[493] Er berichtet, dieser habe ihm gesagt, Lotte habe seinen Namen genannt. Lotte beeilt sich klarzustellen, dass sie das so nicht gesagt habe. Offenkundig habe Stoeckle sie da falsch verstanden. Mit dem Wort „Missverständnis" endet Faulhabers Eintragung. Sie bleibt die letzte in seinen Tagebüchern in der Angelegenheit Lotte Eckart.

Hermann Maria Stoeckle ist alles andere als ein Widerstandskämpfer gegen den Nationalsozialismus. Als junger Chorvikar erlebt Stoeckle an der Stiftskirche St. Kajetan in München die Novemberrevolution, die Räterepublik, den Einzug der Freikorps, die Ära der „Ordnungszelle München" und Hitlers Putschversuch 1923 mit. Der Kreis der ehemaligen Hofkleriker an St. Kajetan gilt als Hochburg der nationalistisch gesinnten Geistlichen in München. Aus diesem Kreis stammen sogar einige ausgesprochen nationalsozialistisch orientierte Priester wie August Wilhelm Patin[494] und Georg Stippenberger.[495] Anfang der 1920er-Jahre sind 41 Kleriker in der Erzdiözese München und Freising aktive Mitglieder in den Freikorps und nationalistischen Wehrverbänden.[496] Ja der nationalistisch grundierte Klerusverband selbst steht mit dem Dachverband der Einwohnerwehren, der „Organisation Escherich", in Verbindung.[497] Hermann Maria und seinem Bruder Edmund wird darüber hinaus eine bedeutende Rolle hinsichtlich des katholischen Engagements in der Frühzeit der nationalsozialistischen Bewegung nachgesagt. Es wird sogar spekuliert, dass Stoeckle wegen seiner offenkundigen Sympathie für den Nationalsozialismus 1931 nach Rom geschickt wird.[498] Vor diesem biografischen Hintergrund erscheint es fraglich, ob Hermann Maria Stoeckle an Lottes Schicksal wirklich so „sehr Anteil"

492 Hermann Maria Stoeckle (* 3. 9. 1888 Bayreuth † 12. 3. 1972 Rom/Italien), katholischer Geistlicher, Rektor des „Campo Santo Teutonico" im Vatikan (1931–1954).

493 EAM, NL FH 10019 Michael von Faulhaber, Tagebucheintrag vom 9. 12. 1940.

494 Wilhelm August Patin (* 25. 6. 1879 Würzburg † zwischen 1945 und 1949), Priester, Theologe, SS-Obersturmbannführer, Referent für Katholizismus im Reichssicherheitshauptamt (RSHA), Cousin von Heinrich Himmler, 1938 aus der Kirche ausgetreten.

495 Georg Stippenberger war Priester und Hauptsturmführer SS. Nähere Angaben zu Stippenberger liegen nicht vor. Über die Prediger an St. Kajetan vgl. Forstner, Priester in Zeiten des Umbruchs, S. 433.

496 Ebenda, S. 423.

497 Vgl. ebenda, S. 432, Anmerkung 59.

498 Ebenda, S. 433 mit Verweis auf Erwin Gatz, Das Römische Institut der Görres-Gesellschaft 1888–1988, in: Römische Quartalsschrift für christliche Altertumskunde und Kirchengeschichte 83 (1988), S. 12.

nimmt, wie Faulhaber notiert. Noch fraglicher dürfte seine Bereitschaft sein, eine von Faulhaber nach Rom geschickte Jüdin in seiner vatikanischen Einrichtung aufzunehmen.

Über weitere Kontakte zwischen der getauften Jüdin Lotte Eckart und Kardinal Faulhaber liegen keinerlei Unterlagen oder auch nur Hinweise vor. Vielleicht war das Ganze ja von Anfang an ein „Missverständnis“, ein Missverständnis über die Bedeutung von Taufe und Firmung für eine Jüdin, ein Missverständnis über die Macht der Kirche, die Auslieferung einer Jüdin an ihre antisemitischen Feinde zu verhindern. – Oder gar ein Missverständnis über das Wohlwollen der katholischen Kirche im nationalsozialistischen Deutschland einer getauften Jüdin mit einem unehelichen Kind gegenüber?

Faulhaber half Lotte all die Jahre, so gut er konnte. Doch hätte es jetzt eines mutigen Schritts bedurft: Er hätte Lotte in einem Kloster verstecken oder sie außer Landes schaffen und im Vatikan unterbringen müssen, um sie zu retten.[499] Der Kardinal weiß auch von ihrer kleinen Tochter. Für Gabi unternimmt er offenbar gar nichts. Vielleicht hat Lotte ihm niemals von Stiefenhofen erzählt? Offenbar begnügt sich Faulhaber mit der Hoffnung, dass das Kind auf dem Land in Sicherheit ist.

Weihnachten 1940

Das Weihnachtsfest 1940 ist traurig für Gabi. Ihre „Mutti“ kann nicht zu ihr auf Besuch kommen. In der Familie erzählt man sich, man habe Lotte auf dem Bahnhof in Augsburg festgenommen, als sie im Begriff stand, ins Allgäu zu fahren.[500] Möglicherweise hat Lotte den Aicheles tatsächlich mitgeteilt, dass sie daran gehindert wurde, Weihnachten ins Allgäu zu kommen und ihr Töchterchen zu besuchen. Der Verzicht auf den Weihnachtsbesuch könnte aber auch finanzielle oder seelische Gründe haben.

Lotte schickt Gabi zu Weihnachten jedenfalls eine Mütze und einen Schal. Nach Weihnachten fotografiert Anna Gabi mit den Sachen beim Schlittenfahren. Sogar ein paar Postkarten von dem Foto werden angefertigt. Josef Aichele beschriftet es eigenhändig mit „Dezember 1940.“ Vermutlich wird auch eine Postkarte an Lotte nach Augsburg geschickt, damit sie weiß, dass die Sachen gut angekommen sind. Gabi muss die Winterfreuden zunächst ohne ihre „Mutti“ genießen. Doch ein Foto zeigt Lotte zusammen mit Gabi auf Skiern. Sie war also im Winter 1940/41 zum Skifahren im Allgäu.

499 Vgl. auch Schönlebe, München im Netzwerk, S. III sowie S. 29. Schönlebe kommt zu dem Ergebnis, dass Faulhaber in Einzelfällen Hilfe bis zur Grenze der Illegalität gewährt habe, aber nicht bereit gewesen sei, Hilfe in größerem Maßstab zu organisieren. Kornacker erwähnt den Bericht eines „Herrn aus der Diözese“, dass seine Mutter, eine getaufte Jüdin, vom katholischen Pfarrer Josef Halmer in München-Solln mit dem ausdrücklichen Einverständnis des Kardinals versteckt wurde. Kornacker, Faulhaber und die Juden, S. 342.

500 Vgl. Hiemer, Zeitzeugen-Interview (Film) Resi Baumann. Ihre Aussage bezieht sich allerdings auf Lottes Verhaftung.

Gabi mit Schlitten, Dezember 1940

Im Schnee | *Elisabeth Embritz, Hergensweiler*

Lotte und Gabi
Erste Gehversuche auf Skiern

Lotte lässt nicht locker

Noch immer wirft Lotte die Flinte nicht ins Korn. Sie wendet sich, wie von Dr. Engelhardt empfohlen, erneut an den St. Raphaels-Verein in Hamburg und erhält am 28. Januar 1941 folgende Auskunft: „Leider können wir Ihnen von hier aus nicht mitteilen, wer Ihnen die 50 Pfund für Ihre Tochter zur Verfügung gestellt hat. Soweit wir uns erinnern, lief die Angelegenheit s. Zt. über Herrn Dr. Engelhardt beim Hilfswerk beim Bischöflichen Ordinariat Berlin N 54, Schönhauser Allee 182. Vielleicht wenden Sie sich noch einmal dorthin."[501] Am 28. November 1939 hatte Dr. Engelhardt dem St. Raphaels-Verein in Hamburg mitgeteilt, dass Father Ostermann mitgeteilt habe, „S. Exzellenz" sei bereit, die gewünschte Garantiesumme von 50 Pfund zu stellen.[502] Beim St. Raphaels-Verein war man also sehr wohl im Bilde. Selbst wenn man nicht gewusst haben sollte, dass mit „S. Exzellenz" Erzbischof Rummel in New Orleans gemeint war, hätte eine Rückfrage bei Dr. Engelhardt rasch für Klarheit gesorgt. Da stand wohl doch etwas auf ihrer Karteikarte, sonst hätte man sie wohl nicht so abgewimmelt. Lotte wird zwischen Hamburg und Berlin hin und her geschickt. Langsam muss sie sich vorkommen wie der „Hauptmann von Köpenick".[503]

Am 7. Februar 1941 wendet sich Lotte erneut an Dr. Engelhardt in Berlin: „Geben Sie mir die Neue Adresse des New-Yorker [sic] Comités mit Rev. Komora als Direktor, die Ihnen ja auch bekannt sein dürfte. Sind Sie mit Rev. Komora in Verbindung, glauben Sie, dass dieser den Betreffenden eruieren kann oder wird dies nur über Re. Osterman [sic] möglich sein? Wollen Sie die Güte haben, dies für mich zu übernehmen oder soll ich mich selbst nach dort und an welche Stelle wenden?"[504] Lotte wird im Ton ungeduldiger. Was nützen denn katholische Vereine und Hilfswerke, wenn sie einem schlicht und ergreifend gar nicht helfen, wenn man letztlich doch alles selbst machen muss? Lotte ist keineswegs untätig geblieben, hat sich erkundigt und weiß bereits, dass Reverend Komora der Nachfolger von Reverend Father Ostermann geworden ist. Sie fährt fort: „Wir sind alle, die Nummern unter 30 000 haben, wozu ich ja auch gehöre, aufgefordert, unsere Papiere in Stuttgart einzureichen, so dass ich nunmehr alles daransetzen muss, ein Affidavit zu bekommen, da es auch aus anderen nicht zuletzt geldlichen Gründen nötig ist, bald fortzukommen. Ich danke Ihnen im Voraus für Ihre erneute Hilfe. Ihre sehr erg. Lotte Eckart."[505]

501 DAB, I/1-40 Lotte Eckart an Dr. Engelhardt, 7. 2. 1941. Lotte zitierte in diesem Brief aus dem Schreiben des St. Raphael-Vereins.

502 Ebenda, Dr. Engelhardt an den St. Raphaels-Verein, 28. 11. 1939.

503 Im ersten Akt des Theaterstücks von Carl Zuckmayer benötigt der Held Wilhelm Voigt eine Aufenthaltserlaubnis, für die aber der Nachweis eines Arbeitsplatzes benötigt wird, für den wiederum eine Aufenthaltserlaubnis Voraussetzung ist. Ein Teufelskreis.

504 DAB, I/1-40 Lotte Eckart an Dr. Engelhardt, 7. 2. 1941.

505 Ebenda.

Es gibt Anlass zur Hoffnung: Ihre Wartenummer ist aufgerufen. Sie kann hoffen, bald nach Amerika zu kommen. Jetzt braucht sie so schnell wie möglich ein Affidavit. Und die Angelegenheit eilt, denn ihre finanziellen Reserven drohen schon bald zur Neige zu gehen.

Wiederum antwortet Dr. Engelhardt prompt. Am 11. Februar 1941 rekapituliert er in einem ausführlichen Schreiben den gesamten Sachverhalt. „Alles, was über die Zurverfügungstellung der 50 Pfund hier bekannt ist, können Sie aus dem mit uns geführten Briefwechsel ohne Weiteres entnehmen. Sie wissen, dass es sich seinerzeit und zwar im August des Jahres 1939, darum handelte, dass Sie versuchen wollten, mit dem Kind zusammen einen Zwischenaufenthalt in England zu nehmen und hierfür eine Garantie von 50 Pfund erforderlich war. Das New Yorker Committee war auf Grund einer Zusage des Hochwürdigsten Herrn Erzbischof von New Orleans bereit, die 50 Pfund Kaution für den Zwischenaufenthalt in England zu stellen.“[506]

Hier irrt Dr. Engelhardt. Am 20. November 1938 schrieb Dr. Engelhardt in seinem Brief an Lotte lediglich: „In New York ist man u. U. bereit, 50 Pfd. für die Verschickung von Gabi bereit zu stellen.“[507] Wer sich bereit erklärt hatte, die von England geforderte Sicherheitsleistung zu stellen, hatte er nicht erwähnt oder verschwiegen. Diesen Sachverhalt hätte Dr. Engelhardt aus dem mit Lotte geführten Briefwechsel seinerseits „ohne Weiteres“ entnehmen können. Erneut verweist er Lotte an den allein für sie zuständigen St. Raphaels-Verein in Hamburg. Eine andere Möglichkeit wäre, sie wende sich direkt an das New Yorker Komitee. Für die Kinderverschickung sei allerdings das Hilfswerk in Berlin zuständig. Dr. Engelhardt schreibt: „Bei nicht ausreichendem Affidavit kann eine solche Verschickung unter Umständen in die Wege gleitet werden, wenn eine fällige Wartenummer vorliegt. In Ihren früheren Briefen teilten Sie uns mit, dass Sie selbst zwar unter der Nummer 26 000 registriert seien, das Kind aber keine Wartenummer habe. Bevor irgend etwas unternommen werden kann, müssen Sie dafür sorgen, dass das Kind auf Ihre Wartenummer miteingeschlossen wird. Wenn Sie in dieser Beziehung Erfolg gehabt haben, teilen Sie uns das bitte mit. Wir werden Ihnen dann die nötigen Unterlagen zu dem Antrag auf Verschickung des Kindes zukommen lassen.“[508]

Dass Gabi entweder selbst eine eigene Wartenummer braucht, was bedeuten würde, dass Mutter und Tochter nicht gemeinsam ausreisen könnten, oder Gabi auf der Wartenummer von Lotte eingeschlossen werden muss, weiß Lotte schon seit Langem. Dr. Engelhardt hatte ihr schon am 10. Oktober 1939 geraten, sich beim Konsulat in Stuttgart darum zu bemühen, dass Gabi dieselbe Wartenummer erhält wie ihre Mutter. Das hat bisher, aus welchen Gründen auch immer, offenbar nicht geklappt.

506 Ebenda, Dr. Engelhardt an Lotte Eckart, 11. 2. 1941.
507 Ebenda, Dr. Engelhardt an Lotte Eckart, 20. 11. 1939.
508 Ebenda, Dr. Engelhardt an Lotte Eckart, 11. 2. 1941.

Jetzt muss rasch ein neuer Anlauf gemacht werden, das heißt, erneut nach Stuttgart schreiben, vielleicht sogar persönlich beim US-Konsulat vorstellig werden. Gabi muss auf Lottes Wartenummer eingeschlossen werden, damit das Kind überhaupt eine Chance hat, nach Amerika zu kommen. Aber was, wenn sich das nicht machen lässt? Was, wenn Gabi eine eigene Wartenummer braucht und sich ganz hinten anstellen muss? Was, wenn der Erzbischof von New Orleans seine finanzielle Unterstützung weiterhin davon abhängig macht, dass Mutter und Tochter nicht getrennt werden dürfen? Was, wenn diese Bedingung möglicherweise gar nicht zu erfüllen ist? Und dann noch die Kompetenzverteilung zwischen Berlin und Hamburg, zwischen Kinderverschickung und der Auswanderung Erwachsener. Sie macht es doppelt schwierig, eine erwachsene Mutter und ihre noch sehr kleine Tochter zusammen ins Ausland zu bringen.

Hansi wird verhaftet

In dieser Situation erreicht Lotte die Nachricht, dass ihre Schwester Hansi in Berlin verhaftet wurde.[509] Über die Gründe der Verhaftung kann mangels entsprechender Unterlagen nur spekuliert werden.

Mit dem Einmarsch der Deutschen in Paris im Sommer 1940 muss Hansi ihre Auswanderungspläne nach Frankreich endgültig begraben. Sicher macht sie sich Sorgen um ihre Schwester Emmy und ihren Mann, Kurt Glaser. Möglich, dass sie einen Brief an die Adresse der Glasers in Paris schickt, um zu erfahren, wie es ihnen geht. Doch da ist niemand mehr. Der Brief könnte nicht angekommen und stattdessen bei der Gestapo gelandet sein. Die könnte sofort aufmerksam geworden sein. Immerhin war Dr. Kurt Glaser einer der führenden Köpfe der Anti-Hitler-Bewegung in Paris und einer der gesuchten „Antifaschisten" und Reichsgegner, derer sich die Nationalsozialisten bei ihrem Einmarsch in Paris zu bemächtigen hofften. Ein harmloser Brief könnte Hansi so zum Verhängnis geworden sein: Sie hat Kontakt zu einem Staatsfeind gesucht. Das hätte vermutlich genügt, um die Jüdin Hansi Sechehaye in „Schutzhaft" zu nehmen. Möglicherweise hat auch der Umstand eine Rolle gespielt, dass ihr Sohn René einst in Annemarie Wolff-Richters Kinderheim in Berlin untergebracht war, das 1936 wegen „staatsfeindlicher Tätigkeit durch Erziehung von Kindern in jüdisch-marxistischem Sinne" geschlossen worden war und aus dem nicht zuletzt einige Widerstandskämpfer hervorgegangen sind.[510] Ob Hansi tatsächlich einen Brief an die Glasers nach Paris geschrieben hat, der von der Gestapo abgefangen wurde? Dieser Umstand würde allerdings Hansis

509 Vgl. AAH, Dr. Grau an die Lager-Kommandantur Ravensbrück, 26.4.1941.
510 Kölch, Kinder- und Jugendpsychiatrie, S. 411.

Bemerkung „natürlich weiß ich, dass ich selbst an allem schuld bin“[511] in einem Brief an ihren Rechtsanwalt, Dr. Grau[512] erklären.

Als Lotte von der Verhaftung ihrer Schwester erfährt, informiert sie, vermutlich noch im Februar, Annemarie Wolff-Richter in Kroatien.[513] Am 4. März 1941 schreibt sie erneut:

> „Meine liebe Frau Annemie,
> leider geht es Hansi noch nicht besser – sie wird wohl sehnsüchtig auf Nachricht von Ihnen und Peter warten – Sie haben doch meinen letzten Brief erhalten?
> Bitte schreiben Sie mir doch gleich beide wie es geht, wie Peter bei der Arbeit voran geht, wie es ihm gesundheitlich und überhaupt geht – hoffentlich können Sie Gutes berichten, auch von sich und allen anderen.
> Mit sehr herzlichen Grüßen für Sie und Peter, Ihre Lotte Eckart.“[514]

Hansi sitzt zu diesem Zeitpunkt noch in einem Berliner Polizeigefängnis. Diesen Umstand benennt Lotte nicht offen, sondern umschreibt ihn vorsichtshalber mit „Hansi geht es noch nicht besser.“ Sie fordert Annemarie Wolff-Richter und ihren Neffen René auf, umgehend an Hansi zu schreiben. Die wartet sehnsüchtig nicht nur auf Post von ihrem Sohn und Annemarie Wolff-Richter, sondern auch von ihrer Schwester Lotte. In einem Brief an ihren Anwalt, Dr. Grau, geschrieben aus der Berliner Polizeihaft, beklagt sich Hansi bitterlich über Lotte: „Meine Schwester schreibt und schickt so wenig, ich bin sehr traurig darüber. Sie hätte mir alles leichter tragbar machen können. Natürlich weiß ich, dass ich selbst an allem schuld bin, aber Psychologie ist doch nicht nur Theorie, ich hätte meiner Schwester mehr Kenntnis darum zugetraut.“[515]

Hansi bittet Dr. Grau außerdem, Lotte zu schreiben, dass sie ihr ein kleines Päckchen senden solle.[516] Dr. Grau hat offenbar einen Wohnungsschlüssel. In dem Brief beschreibt Hansi ihm detailliert, welche Utensilien er für sie aus ihrem Badezimmer mitbringen soll. Hansi weiß, dass sie demnächst auf Transport geht. Toilettenartikel dürften mitgenommen werden, man müsse aber „auf unbestimmte Zeit“ damit auskommen. Hansi hat drei Bücher von Dr. Grau ausgeliehen, die er sich jetzt zurückholen soll: einen

511 AAH, Johanna Sechehaye an Dr. Grau, 31. 3. 1941.

512 Walter Grau (* 25. 5. 1893 Berlin † 27. oder 28. 9. 1942 Berlin – Freitod), Jude, Rechtsanwalt.

513 Dieser Brief ist nicht erhalten.

514 FAH, NL AWR aM 162 Lotte Eckart an Annemarie Wolff-Richter, 4. 3. 1941.

515 ALH, Johanna Sechehaye an Dr. Grau, 31. 3. 1941. Johanna hatte in ihrem Studium auch psychologische Vorlesungen belegt, von ihrer Schwester ist die Novelle „Das Schweigen“ von Theodor Storm, versehen mit dem Besitzeintrag „Lotte Schwarz“, auf dem Aichele-Hof erhalten, in der es um die Verarbeitung einer psychischen Erkrankung geht. Offenbar teilten die Schwestern ein Interesse an psychologischen Themen.

516 Vgl. ebenda auch für das Folgende.

Voltaire,[517] den Erzählungsband „The trembling of a Leaf" von Somerset Maugham[518] sowie eine blau gebundene Schrift von Dr. Grau selbst. Sogar zu der mittleren Schreibtischschublade hat Hansis Vertrauter und Anwalt, Dr. Grau, einen Schlüssel. Daraus soll er Hansis Ehering entnehmen und ihr bringen.

Ein paar Tage später geht Hansi tatsächlich auf Transport. Am 5. April 1941 wird sie als „Schutzhäftling" an das Frauenkonzentrationslager Ravensbrück überstellt.[519] Vermutlich gilt sie als „Politische". In Ravensbrück trifft Hansi ihre Cousine Johanna Schmiedchen wieder, die schon am 7. Juli 1938 wegen „Verdachts der Rassenschande" als „Schutzhäftling" in das erste Konzentrationslager, in dem nur Frauen interniert wurden, auf die Lichtenburg geschickt[520] worden war. Spätestens nach dessen Schließung im Mai 1939 wurde Johanna Schmiedchen in das neu gegründete Frauen-KZ Ravensbrück überstellt.

Sorge um René

Auch Hansis Sohn René gerät in diesen Tagen in Gefahr: Am 10. April 1941 rückt die Wehrmacht in Zagreb ein. Jugoslawien wird zerschlagen. Die Macht übernimmt die katholisch-faschistische Ustascha. Am 15. April 1941 erklärt sich Kroatien für unabhängig. Das Deutsche Reich erkennt den neuen Vasallenstaat umgehend an. Noch im April 1941 erlässt das neue Regime Rassengesetze gegen Juden und Roma, die sich bald auch mit Abzeichen auf ihren Kleidern als solche kenntlich machen müssen. Im August 1941 beginnt die kroatische Ustascha-Regierung in eigens errichteten Lagern brutale Mordaktionen an der serbischen Minderheit sowie an den kroatischen Juden. René ist zum Glück „nur" Halbjude.

Aber Annemarie Wolff-Richters Lebensgefährte, Erwin Süßmann, ist Jude. Er wird verhaftet und bereits Mitte April 1941 interniert. Nach mehreren kroatischen Konzentrationslagern, unter anderen Danica Koprivnica, wird er im Dezember 1941 an das Konzentrationslager Jasenovac überstellt, von wo er nicht zurückkehrt.[521]

517 Voltaire, eigentlich François-Marie Arouet (* 21. 11. 1694 Paris/Frankreich † 30. 5. 1778 Paris), Philosoph, Schriftsteller.

518 William Somerset Maugham (* 25. 1. 1874 Paris/Frankreich † 16. 12. 1965 Saint-Jean-Cap-Ferrat bei Nizza/Frankreich), Schriftsteller.

519 Vgl. AAH, Dr. Grau an die KZ-Kommandantur Ravensbrück, 26. 4. 1941.

520 YVA, Johanna Schmiedchen, http://yvng.yadvashem.org/index.html?language=en&s_lastName=Schmiedchen&s_firstName=Johanna&s_place=.

521 Marina Sindram an den Autor, 19. 7. 2017. Erwin Süßmann hat zwischen Mai und Dezember 1941 mehrere Briefe aus verschiedenen Lagern an Annemarie Wolff-Richter geschrieben, die sich im Familienarchiv Heuss befinden. Vgl. FAH, NL AWR Ordner H. Die Eintragung im Gedenkbuch des Bundesarchivs, wonach er am 17. 11. 1941 von Berlin nach Kaunas deportiert wurde, wo er am 24. 11. 1941 im Fort IX ermordet worden sei, ist demnach nicht korrekt (https://www.bundesarchiv.de/gedenkbuch/de1169909).

Briefe ins KZ

Hansis Anwalt und Vertrauter, Dr. Grau, ist ein Mensch, der glaubt, dass trotz Krieg und nationalsozialistischem Terror alles seine Ordnung haben muss, auch im KZ. Am 26. April 1941 adressiert er einen Brief an die „Lager-Kommandantur des Frauen-Konzentrationslagers Ravensbrück b/Fürstenberg Meckl."[522] Lagerkommandant ist SS-Obersturmbannführer Max Koegel,[523] er stammt aus Füssen im Allgäu. Dr. Grau übersendet eine von Hansi unterzeichnete Vollmacht und ihre Steuererklärung mit der Bitte, sie ihr zur Unterschrift vorzulegen. Ferner bittet Dr. Grau um Mitteilung, ob er einen Fragebogen des amerikanischen Generalkonsulats für die Einwanderung in die Vereinigten Staaten, der ebenfalls von Hansi persönlich unterschrieben werden muss, als Geschäftsbrief zwecks Rücksendung übersenden darf. Sogar einen Freiumschlag legt Dr. Grau bei. Lagerkommandant Koegel und die Sachbearbeiter der Kommandantur dürften sich halbtot gelacht haben ...

Jeder Häftling im Konzentrationslager Ravensbrück darf jeden Monat einen Brief schreiben, maximal zwei Seiten mit je 15 Zeilen. Hansi führt die Korrespondenz mit Dr. Grau so gut es geht weiter. Drei Briefumschläge sind erhalten. Die Poststempel bezeugen, wann die Briefe abgeschickt wurden: am 13. September 1941, am 13. November 1941 sowie am 20. Januar 1942. Absender: Johanna Sara Sechehaye, Häftlings-Nr.: 5867/Block 9. Leider sind nur die Umschläge, jedoch nicht die zugehörigen Briefe erhalten.[524]

7 Lotte als „Schutzhäftling"

Auch Lotte wird verhaftet

Lotte kommt trotz aller Bemühungen mit ihrer Auswanderung in die Vereinigten Staaten nicht vom Fleck. Bis Herbst 1939 stehen die Chancen für deutsche Juden nicht schlecht für eine Emigration. Dann wird es für die von den Nationalsozialisten weitgehend mittellos gemachten Juden immer schwieriger, an die entsprechenden Mittel für Visabeschaffung und Schiffspassage zu kommen. In den USA mehren sich zudem die Stimmen, die davor warnen, weiter verarmte Flüchtlinge ins Land zu lassen, die den Amerikanern Arbeitsplätze wegnehmen könnten. Eine fremdenfeindliche, ja antisemitische Stimmung sorgt dafür, dass die Hürden für eine Einwanderung deutscher Juden immer höher werden.[525]

522 AAH, Dr. Grau an die Kommandantur des Konzentrationslagers Ravensbrück, 26. 4. 1941.
523 Max Koegel (* 16. 10. 1895 Füssen † 26. 6. 1946 Schwabach – Freitod), KZ-Kommandant in Ravensbrück (1939–1942), Majdanek (1942–1943) und Flossenbürg (1943–1945).
524 Die Umschläge befinden ich im Archiv Alfred Horman (AAH) .
525 Vgl. Wetzel, Auswanderung aus Deutschland, S. 421 f.

Gabi mit einem Spielkameraden
Elisabeth Embritz, Hergensweiler

Lotte möchte auch ihre mittlerweile vierjährige Tochter Gabi aus Deutschland herausbringen. Sie hat zwar eine Wartenummer für ihre eigene Auswanderung in die USA, aber ob sie auf diese Nummer auch ihre Kleine mitnehmen kann, ist immer noch nicht klar. Auch die Frage, wie sie an ein Affidavit kommen könnte, bleibt ungelöst. Gerade in dieser Zeit werden die amerikanischen Konsulate in Deutschland immer zurückhaltender, was die Bearbeitung von Visaanträgen angeht. Lotte ist weiter zum Briefeschreiben verurteilt – und zum Warten. Bis im Juli 1941 die Vereinigten Staaten keine Juden aus Deutschland mehr aufnehmen. Auch Amerika macht nun seine Grenzen dicht.[526] Seit Anfang 1938 wird Lotte vom St. Raphaels-Verein in Hamburg betreut. In dreieinhalb Jahren ist sie ihrem Ziel, zusammen mit ihrer Tochter auszuwandern, keinen Schritt nähergekommen. Die Hilfe, die Lotte durch den St. Raphaels-Verein und das Hilfswerk beim Bischof von Berlin erhalten hat, hat nicht ausgereicht, um sie und ihre Tochter aus der Gefahrenzone zu bringen.[527]

Ende September 1941 entscheidet sich Lottes Schicksal. Aus heiterem Himmel wird sie an ihrem Arbeitsplatz als Sekretärin in der Kanzlei des jüdischen Konsulenten

526 Ebenda, S. 422.
527 Vgl. Reutter, Katholische Kirche, S. 193. Reutter kommt zu dem Ergebnis, dass die Hilfe kirchlicher Stellen und Auswanderungsorganisationen für Verfolgte des NS-Regimes ganz allgemein trotz größter Anstrengungen nicht ausreichend war.

Dr. Ludwig Dreifuß in Augsburg verhaftet.[528] Der Haftbefehl der Staatspolizei München ist auf den 27. September 1941 ausgestellt.[529] Der Haftgrund? Womöglich „Rassenschande".[530] Das „arische" Aussehen ihrer Tochter Gabi ist ja der lebendige Beweis dafür, dass Lotte Geschlechtsverkehr mit einem „Deutschblütigen" hatte.

Gabis Erscheinung entspricht tatsächlich in keiner Hinsicht den gängigen Vorstellungen von Juden. Im Gegenteil: Gabi ist blond und blauäugig. Wenn man aber das Kind aufgrund äußerer Merkmale eher als „arisch" denn als „jüdisch" betrachtet, ist das in den Augen der Nationalsozialisten für den „rassischen" Wert des Kindes zwar gut, bringt ihre jüdische Mutter aber in Gefahr. Ein blondes und blauäugiges Kind lässt die Rassenfanatiker vermuten, dass die jüdische Mutter geschlechtlichen Umgang mit einem „Deutschblütigen" hatte, sie also „Rassenschande" begangen hat. Dass die jüdische Mutter entgegen dem Klischee keineswegs schwarzhaarig, sondern rotblond ist und keine dunklen, sondern blaugrüne Augen hat, spielt für die Anhänger des NS-Rassenwahns wohl keine Rolle. Hier wird die Zwickmühle deutlich, die die Nationalsozialisten für Mütter mit Kindern aus „illegitimen", nach den „Nürnberger Gesetzen" verbotenen Beziehungen aufgestellt hatten: Gibt die Mutter den Erzeuger des Kindes an und stellt sich heraus, dass er „deutschblütig" ist, bezichtigt sie sich selbst der „Rassenschande". Schon das nichtjüdische Aussehen ihres Kindes kann diesen Verdacht nähren, während eben diese „arische" Anmutung des Kindes die Chance für eine „rassenbiologisch" positive Einstufung, also die Aussicht, unter Umständen am Leben gelassen zu werden, für das Kind erhöht. Womöglich … Dass das Kind außerhalb des Geltungsbereichs der „Nürnberger Gesetze", in Gabis Fall wohl in Liechtenstein, und womöglich gegen den Willen der Mutter gezeugt wurde, spielt bei all den zynischen erbbiologischen „Berechnungen" der NS-Rassisten keine Rolle.

Reine Menschenverachtung spricht aus den abstrusen Definitionen und ganz und gar willkürlichen Stichtagsregelungen der „Nürnberger Gesetze". Man muss sich die Konsequenzen vor Augen halten: Wäre Lotte mit dem Vater des Kindes verheiratet gewesen und Gabi vor dem Stichtag, dem 31. Juli 1936, auf die Welt gekommen, würde das Kind als „Mischling 1. Grades" gelten, Lotte lebte in „privilegierter Mischehe" und wäre im September 1941 nicht verhaftet worden – jedenfalls nicht wegen „Rassenschande". So aber gilt Gabi als „Volljüdin" wie Lotte, der Vater ist unbekannt. Wenn er ebenfalls Jude wäre, zum Beispiel ein nach Liechtenstein geflohener Jude, dann wären zwar alle drei Juden, aber es läge keine durch die „Nürnberger Gesetze" verbotene „Rassenschande" vor. Deshalb hat

528 StAM, SpkA K 1504 Seelos Hans, Aussage Dr. Dreifuß, 24. 8. 1948. Vgl. auch StAA, AGA NLG Charlotte Eckart 1035/1950 Dr. Dreifuß an das Nachlassgericht, 14. 11. 1950.

529 StAN, Polizeipräsidium Nürnberg-Fürth 810 Nr. 1921, Gefangenenbuch des Nürnberger Polizeigefängnisses, 28. 10. 1941.

530 Diese Ansicht vertrat Dr. Dreifuß: „1942 [sic] wurde die Mutter wegen Rassenschande nach Ravensbrück verhaftet." StAM, SpkA K 1504 Seelos Hans, Protokoll, 24. 8. 1948.

Lotte Dr. Dreifuß und sicher auch anderen Bekannten und Verwandten weiszumachen versucht, Gabis ungenannter Vater sei Jude. Aber warum sollte sie dann seinen Namen nicht preisgeben? Sollte allerdings herauskommen, dass der Vater „deutschblütig" ist, wäre sie einwandfrei als „Rassenschänderin" überführt.

Aber wer könnte Lotte angezeigt haben? Wenn der Haftgrund tatsächlich „Rassenschande" war, müsste es jemand gewesen sein, der wusste, dass Lotte ein uneheliches Kind mit „arischem" Aussehen in Stiefenhofen hat. Seit Gabi den weiteren Vornamen „Sara" trägt, also schon seit Anfang 1939, ist das aus der beim Landratsamt wie beim Amtsgericht geführten Judenkartei zweifelsfrei ersichtlich. Und auch die zuständige Gestapo-Leitstelle ist über Gabis Judentum im Bilde. Warum also zweieinhalb Jahre später Lottes plötzliche Verhaftung? Wer weiß überhaupt, dass die blonde und blauäugige Gabi nach dem Stichtag unehelich von einer Jüdin geboren wurde, die Mutter also „Rassenschande" begangen hat? In Stiefenhofen wissen die Angehörigen der Aicheles sowie ein paar Nachbarn von Gabis jüdischer Mutter. Lottes wenige Andeutungen über den nicht genannten Vater wie etwa gegenüber der Näherin Martina Kneppler besagen, dass der Vater jedenfalls kein Jude ist. Seit Lotte von der Verhaftung ihrer Cousine Johanna Schmiedchen am 16. April 1938 wegen „Verdacht auf Rassenschande" erfahren hat, weiß sie, dass jede Andeutung der „arischen" Herkunft von Gabis Vater sie selbst in Gefahr bringt. Lotte hat Martina Kneppler also vermutlich vor Mitte April 1938 anvertraut, dass Gabis Vater kein Jude ist. Ob Martina Kneppler dieses Wissen für sich behalten hat? Sicher hat Lotte sie beschworen, über Gabis Vater Stillschweigen zu bewahren. Vielleicht hat sich das Gerücht dennoch im Dorf verbreitet?

Seit Anfang 1939 wissen aber auch Seelos und andere Nationalsozialisten von Gabis Einstufung als „volljüdisch". Ob der Vater nun Jude oder „deutschblütig" ist, ist für diese Klassifikation unerheblich. Wegen Lottes hartnäckigem Schweigen über die Vaterschaft wissen sie jedoch nichts über Gabis Vater. Jedoch wissen Seelos und auch die Polizei und der Landrat in Sonthofen schon damals, dass Gabi „keinen jüdischen Typ" hat, also aus der „jüdischen" Art schlägt. Jeder, der die Gesetzeslage kennt, hätte Lotte schon damals ohne Weiteres wegen „Verdachts auf Rassenschande" anzeigen können. Das ist aber offenkundig nicht geschehen. Allerdings bekommt die Pflegefamilie die Macht der Nationalsozialisten im Ort zu spüren.

Nach Aussagen der Aicheles werden sie von Ortsgruppenleiter und Bürgermeister Johann Seelos, der Frauenschaftsleiterin Maria Felder[531] und anderen örtlichen Nationalsozialisten massiv unter Druck gesetzt. Seelos macht Josef Aichele oft Vorhaltungen, das Kind angenommen zu haben.[532] Er thematisiert diesen Vorwurf immer wieder.[533] Maria

531 Maria Felder verwitwete Fink (* 30. 6. 1892 Buflings † ?) NS-Frauenschaftsleiterin in Stiefenhofen.
532 StAM, SpkA K 1504 Johann Seelos, Aussage Josef Aichele, 5. 2. 1948.
533 Hiemer, Interview mit Anna Embritz.

Felder ist eine überaus fanatische Frauenschaftsleiterin, quasi die rechte Hand des Ortsgruppenleiters. Sie gibt sich alle Mühe, der Familie Aichele, die mit Gabi ein „Judenkind" in Pflege hat, Schwierigkeiten zu bereiten.[534]

Es stellt sich die Frage, ob die Anzeige Lottes bei der Gestapo wegen „Rassenschande" im September 1941 aus Stiefenhofener Parteikreisen gekommen sein könnte? Hier gäbe es jedenfalls ein Motiv: Manchem mögen die Besuche der Jüdin aus Augsburg, oft noch in Begleitung ihrer Mutter und diverser anderer Juden, bei ihrer jüdischen Tochter ein Dorn im Auge gewesen sein. Naheliegend, dass man die lästige Lotte loswerden wollte, um Stiefenhofen „sauber" zu halten. Doch gibt es darauf keine Hinweise. Bei der langwierigen Entnazifizierung von Johann Seelos nach dem Krieg kommt die Verhaftung von Lotte nur am Rande zur Sprache. Es bleibt die Frage: Warum war Lotte erst jetzt wegen „Rassenschande" in Verdacht geraten? Immerhin ist das Kind schon 4 ½ Jahre alt; seit 2 ½ Jahren steht in Stiefenhofen fest, dass sie überhaupt nicht „typisch jüdisch" aussieht. Oder ist der Grund für die Verhaftung ein ganz anderer?[535]

Am 19. September 1941 tritt eine Verordnung in Kraft, die alle Juden über sechs Jahre verpflichtet, in der Öffentlichkeit einen auf der Kleidung anzubringenden Judenstern zu tragen.[536] Eine Woche später wird Lotte verhaftet. Hat sie diese Verordnung ignoriert, keinen Judenstern auf ihren Mantel genäht und sich in der Öffentlichkeit ohne ihn gezeigt? Von der Gesundbrunnenstraße 3 bis zu ihrer neuen Adresse in der Frölichstr. 12 ½ sind es nur gute fünf Minuten zu Fuß. Gut möglich, dass ihre neuen nichtjüdischen Hausbewohner und Nachbarn wissen, unter welchen Umständen Lotte am 1. November 1939 eingezogen ist: Weil ihrer Mutter als Jüdin die Wohnung gekündigt wurde. Näht Lotte den Judenstern ganz bewusst nicht wie verlangt gut sichtbar auf ihre Kleidung, weil sie sich seit Langem nicht mehr als Jüdin, sondern als Christin, als Katholikin, fühlt? Nimmt sie nun ganz bewusst ihr „Kreuz" auf sich, wie es Guardini nahelegte, weil sie die Ausweglosigkeit ihrer Situation sieht?[537] Eine Auswanderung auch ohne Gabi ist faktisch nicht mehr mög-

534 So jedenfalls die Begründung des „Politischen Ausschusses" der Gemeinde Stiefenhofen, bestehend aus den CSU-Mitgliedern Josef Aichele und Josef Denzel sowie dem parteilosen Xaver Wagner, für ihren Antrag, Maria Felder nicht in den Genuss einer Amnestie kommen zu lassen. StAA, Spruchkammer Sonthofen Akte F 20 Felder Maria, Josef Aichele u. a., Anzeige gegen Maria Felder. Vgl. dagegen ebenda, Gemeinderat und „Politischer Ausschuss" an den öffentlichen Kläger in Sonthofen, 7. 5. 1948. Hier wurde Maria Felder schlicht als „gute Frauenschaftsleiterin" bezeichnet. Maria Felder wurde von der Spruchkammer schließlich als Mitläuferin eingereiht und zu einem Sühnebetrag von 1000,– DM an einen Wiedergutmachungsfonds verurteilt. Ebenda, Spruchkammer Sonthofen: Spruch, 9. 6. 1948.

535 Es stellt sich die Frage, warum die Gestapo dann nicht schon direkt nach Lottes Verhaftung im September 1941 in Sachen Gabi aktiv geworden ist. Auch dieser Umstand deutet darauf hin, dass der Grund für den Haftbefehl nicht im Tatbestand der „Rassenschande" zu suchen ist.

536 Polizeiverordnung über die Kennzeichnung der Juden, www.verfassungen.de/de33-45/juden41.htm.

537 Nach dem Bericht von Dr. Sommer, der Nachfolgerin von Dr. Engelhardt und Leiterin der Hilfsstelle beim bischöflichen Ordinariat Berlin (HBOB), ist dies keineswegs abwegig. Frau Dr. Sommer

lich, ihre Schwester Hansi wurde in ein Konzentrationslager eingewiesen, um ihren Neffen René in Kroatien muss sie sich große Sorgen machen, haben doch dort die Nationalsozialisten und ihre kroatischen Gefolgsleute eine grausame Tyrannei errichtet und Annemies Lebenspartner verschleppt. Außerdem hat sie keine Nachricht von ihrer Schwester Emmy, die mit ihrem Mann in Frankreich verschollen ist. Lotte kann nur hoffen, dass ihre Tochter bei den Aicheles im Allgäu in Sicherheit ist. Der fehlende Judenstern – ist das der Anlass für eine Denunziation? Auch diese Vermutung lässt sich nicht belegen. Die Folgen der Anzeige sind jedenfalls fatal: Lotte wird am 27. September 1941 wie drei Jahre zuvor ihre Cousine Johanna Schmiedchen und wenige Monate zuvor ihre Schwester Hansi verhaftet.[538]

Aus dem Katzenstadel, dem Polizeigefängnis von Augsburg, heraus wendet sich Lotte an den jüdischen Konsulenten Dr. Grau in Berlin, der auch ihre Schwester Hansi vertritt. Er soll sich beim Hilfswerk des Bischöflichen Ordinariats Berlin erkundigen, ob es eine Möglichkeit gibt, wenigstens Gabi aus dem Reich herauszuschaffen. Das Hilfswerk in Berlin wird seit dem 1. September 1941 von Frau Dr. Margarete Sommer[539] geleitet. Dr. Engelhardt hatte sein Amt aus Protest gegen die Neuorientierung des Hilfswerks nach dem Verbot des St. Raphaels-Vereins am 25. Juni 1941 von der Auswanderungsberatung zur Fürsorgeeinrichtung niedergelegt.[540] Anders als ihr Vorgänger, Dr. Engelhardt, setzt sich Frau Dr. Sommer als Leiterin des Hilfswerks direkt beim Bischof von Berlin buchstäblich vom ersten Tag an bei den Bischöfen für die ihr anvertrauten „nichtarischen" Katholiken ein. Am Tag ihrer Amtsübernahme, dem 1. September 1941, wird die Verordnung zur Kennzeichnung der Juden durch einen gelben Stern verabschiedet. Frau Dr. Sommer verfasst einen Bericht über die Verordnung für den Berliner Bischof Preysing,[541] der ihn Kardinal Bertram überreicht.[542] Frau Dr. Sommer fordert darin, die katholischen Sternenträger unter keinen Umständen aus der Gemeinschaft der Gläubigen auszugliedern.[543] Doch Kardinal Bertram und der Episkopat schweigen zur Sternenverordnung.[544]

berichtete, manche „Nichtarier" würden die „Verfolgungen durch Nichtkatholiken" auf sich nehmen wollen als eine „ihnen von Gott geschenkte Möglichkeit", durch ihr „Sich-Bekennen zur wahren Kirche Christi sühnen zu dürfen, was das Judenvolk an Christus gesündigt" habe. Zitiert nach Leugers, Die deutschen Bischöfe, S. 49 f.

538 StAN, Polizeipräsidium Nürnberg-Fürth 810 Nr. 1921, Gefangenenbuch des Nürnberger Polizeigefängnisses, 28. 10. 1941.

539 Margarete Sommer (* 21. 7. 1893 Berlin † 30. 6. 1965 Berlin), Sozialarbeiterin, ab 1941 Geschäftsführerin der „Hilfsstelle beim Bischöflichen Ordinariat Berlin", von der Gedenkstätte Yad Vashem in Israel als „Gerechte unter den Völkern" ausgezeichnet.

540 Vgl. Leichsenring, Die Katholische Kirche, S. 191.

541 Konrad Graf von Preysing (* 30. 8. 1880 Kronwinkl bei Landshut † 21. 12. 1950 Berlin), Bischof von Eichstätt (1932–1935), Bischof von Berlin (ab 1935), 1946 Kardinal.

542 Leichsenring, Die Katholische Kirche, S. 223.

543 Ebenda, S. 224.

544 Ebenda, S. 225.

Tatenlos sehen die Amtsträger der katholischen Kirche in Deutschland zu, wie der nationalsozialistische Staat katholische Christen öffentlich brandmarkt und sie als Juden kennzeichnet, sie aus der Gesellschaft ausstößt und der Verfolgung preisgibt. Keine Kritik am Vorgehen des Staates. Schon gar keine Zurückweisung. Kein Protest. Geschweige denn Widerstand.[545]

Am 10. Oktober 1941 fertigt Frau Dr. Sommer eine Aktennotiz über die Anfrage von Lottes Anwalt an:

> „Betr.: Eckart[546]
> Rechtskonsulent Dr. Grau, Gustloffstr. 51, fragt im Interesse seiner Klientin, ob für ihre uneheliche Tochter Gabriele eine Auswanderungsmöglichkeit zur Zeit bestünde. Wir orientieren ihn, dass es vorläufig keine Kinderauswanderung ohne Eltern gibt. Wir erklären uns bereit, für den Fall, dass eine Pflegestelle für das Kind in Bayern, wo es sich z. Zt. aufhält (Adr. unbekannt) notwendig werden sollte, vermittelnd einzugreifen. Frau E. ist z. Zt. verhaftet. Es ist noch nicht zu übersehen, welchen Ausgang das Strafverfahren haben wird."[547]

Die Antwort von Frau Dr. Sommer ist eindeutig: Nein. Es gibt keine Möglichkeit für das 4 ½-jährige Kind, allein aus Deutschland auszuwandern.[548] Doch erklärt sich Frau Dr. Sommer bereit, vermittelnd einzugreifen, falls Gabi nicht bei ihren Pflegeeltern in Bayern bleiben könnte und eine neue Pflegestelle benötigt werden sollte. Aber warum sollte das der Fall sein? Vermutlich fürchtet Dr. Sommer, dass Gabi, wie schon in ähnlichen Fällen geschehen, als Jüdin der „arischen" Pflegefamilie weggenommen werden könnte und eine andere, vermutlich jüdische Pflegefamilie, gesucht werden muss. Im Fall des Falles könnte Frau Dr. Sommer aber nur dann vermittelnd eingreifen, wenn sie den vollständigen Namen und Aufenthaltsort von Gabi kennt. Doch diese Daten sind höchst vertraulich. Um das Kind nicht zu gefährden, hat auch Dr. Grau sie offenbar nicht genannt. Dr. Engelhardt kannte zwar Gabis Aufenthaltsort, hat ihn aber offenbar nicht schriftlich niedergelegt – wohl aus Sicherheitsgründen. Frau Dr. Sommer kann den Akten nur entnehmen, dass Gabriele in einer Pflegefamilie in Bayern untergebracht ist, mehr nicht. Falls es nötig werden sollte, könnte Frau Dr. Sommer den vollständigen Namen und Aufenthaltsort von Gabi jedoch von Dr. Engelhardt erfragen.

545 Ebenda, S. 225 f.
546 Unterstreichung im Original.
547 DAB, I/1-40 Dr. Sommer, Aktenvermerk, 10.10.1941.
548 Tatsächlich gab es große Hoffnungen, dass die USA 20 000 Kinder und Jugendliche unter 14 Jahren außerhalb der Quote aufnehmen würden. Mit dem Kriegseintritt der Vereinigten Staaten am 8.12.1941 zerschlugen sich auch diese Hoffnungen. Vgl. Röhm, Juden, Christen, Deutsche, S. 181.

Dr. Grau hat Frau Dr. Sommer mitgeteilt, dass Lotte verhaftet ist. Offenbar rechnet er mit einem Strafverfahren, dessen Ausgang noch nicht abzusehen ist. Auch hier sollte Dr. Graus Vertrauen in die Justiz enttäuscht werden: Es gibt kein Strafverfahren gegen Lotte Eckart. Lotte wird in „Schutzhaft" genommen. Das ist alles.

Am 23. Oktober 1941 wird ein generelles Auswanderungsverbot für Juden aus dem Deutschen Reich erlassen.[549] Damit sitzt Lotte endgültig in der Falle. Und auch für ihre Tochter Gabi besteht keine Möglichkeit mehr, sich legal aus Deutschland zu retten.

Im Augsburger Polizeigefängnis, dem Katzenstadl, wird Lotte noch zweimal von einer Freundin besucht, die sie regelrecht beschwört, den Namen des Vaters preiszugeben.[550] Würde Lotte der Gestapo den Namen von Gabis vermutlich „deutschblütigem" Vater nennen, hätte sie sich selbst der „Rassenschande" bezichtigt. Deshalb schweigt sie. Doch Lottes unbekannte Freundin denkt vielleicht schon weiter: Da Lotte verhaftet ist und es keine Hoffnung auf Auswanderung mehr für sie und Gabi gibt, müsste sich jetzt der Vater seines Kindes annehmen und es außer Landes bringen. Dazu müsste man allerdings wissen, wer dieser Vater ist und wo er zu finden ist. Doch Lotte verschweigt den Namen auch ihrer Freundin. Geht sie davon aus, dass Gabis Vater keinen Finger für Gabi rühren würde? Hofft sie, dass Gabi bei Aicheles in Stiefenhofen in Sicherheit sein würde?

Lottes Weg ins KZ

Wie schon ihre Schwester Hansi ein halbes Jahr zuvor geht auch Lotte auf Transport ins Frauenkonzentrationslager Ravensbrück. Am 28. Oktober um 19 Uhr wird sie ins Polizeigefängnis Nürnberg eingeliefert.[551] Der „Transporthäftling" Lotte Eckart verbringt nur eine Nacht in der „Stadt der Reichsparteitage". Am nächsten Morgen um 7 Uhr geht es weiter. Wohin, ist unklar. Erst am 4. November 1941 um 16 Uhr wird Lotte mit einem Sammeltransport von etwa 140 Personen ins Polizeigefängnis Leipzig eingeliefert.[552] Die meisten Häftlinge werden am 5. November in andere Gefängnisse oder Konzentrationslager weitertransportiert, 20 Personen, darunter Lotte, werden am 8. November 1941 nach Ravensbrück verbracht. Jetzt sind die beiden Schwestern Lotte und Hansi sowie ihre Cousine Johanna Schmiedchen Schutzhäftlinge im Frauenkonzentrationslager Ravensbrück.[553]

549 Vgl. Leichsenring, Die Katholische Kirche, S. 232.

550 Hiemer, Interview mit Resi Baumann sowie Hiemer, Zeitzeugen-Interview (Film) Resi Baumann.

551 StAN, Polizeipräsidium Nürnberg-Fürth 810 Nr. 1921, Gefangenenbuch des Nürnberger Polizeigefängnisses.

552 SStAL Gefängnisbuch Leipzig PP-S 8519 Nr. 9642, 4. 11. 1941.

553 Alle drei sind aufgeführt in: Mahn- u. Gedenkstätte Ravensbrück (Hrsg.), Gedenkbuch für die Opfer des Konzentrationslagers Ravensbrück 1939–1945, bearb. von Bärbel Schindler-Saefkow und Monika Schnell, Berlin 2005, Eintrag Charlotte Maragrete Eckart, S. 185, Eintrag Johanna Sechehaye, S. 558.

Das Frauenkonzentrationslager Ravensbrück
Archiv der Mahn- und Gedenkstätte Ravensbrück

In dieser Zeit wird auf dem Aichele-Hof in Stiefenhofen die Taufe des ersten Kindes von Josef Aichele junior gefeiert: Am 14. Dezember 1941 entsteht anlässlich der Taufe von Sieglinde Aichele[554] ein Foto mit dem Täufling, der Taufpatin und Gästen. Auch die 4 ½-jährige Gabi ist auf dem Foto. Ganz in weiß gekleidet hält sie die Taufkerze.[555]

Faulhaber, die deutschen Bischöfe und der Protest

Die Haltung der deutschen Bischöfe zum Nationalsozialismus im Zeichen des Weltkriegs ist widersprüchlich. Verlautbarungen des Vorsitzenden der Fuldaer Bischofskonferenz, Kardinal Bertram, rechtfertigen den „gerechten" Krieg zur Sicherung von Staat und Volk, den Hitler seit dem Überfall auf Polen am 1. September 1939 angezettelt hat. Unter dem Druck der Verhältnisse ziehen die anderen Bischöfe mit. Doch auf der Fuldaer Bischofskonferenz im August 1940 kommt es zum Eklat: Der Berliner Bischof Preysing will den Gehorsam der Kirche gegenüber dem nationalsozialistischen Staat aufkündigen. Ein vorbereitetes Kirchenwort mit entsprechender Stoßrichtung wird von Kardinal Bertram allerdings

554 Sieglinde Metzger, geb. Aichele (* 8. 12. 1941 † 7. 4. 1979).
555 ALH, Foto vom 14. 12. 1941.

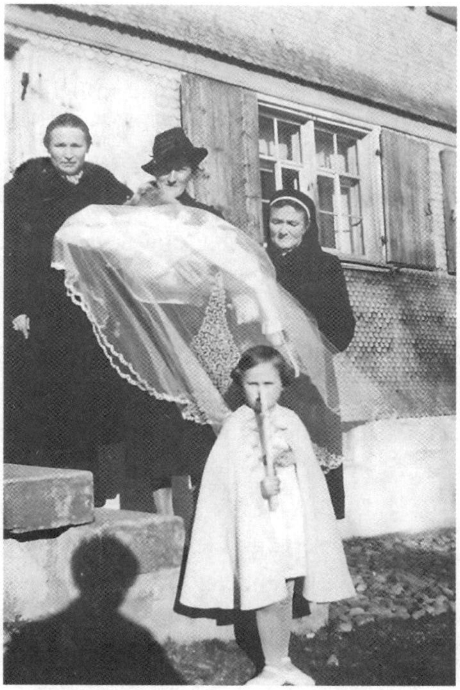

Gabi mit Taufkerze, 14. Dezember 1941

sabotiert. Faulhaber fehlt wegen Krankheit. Die Bischöfe sind tief zerstritten. Selbst der im Spätherbst 1940 einsetzende „Klostersturm“ mit Beschlagnahmungen und Enteignungen von Klöstern und Vertreibung von Ordensleuten zieht keinen Protest der Bischöfe nach sich. Allerdings gründet sich im Sommer 1941 ein aus Jesuiten, Dominikanern und einem Laien zusammengesetzter „Ausschuss für Ordensangelegenheiten“, der sich anschickt, die Wahrung der Grundsätze des Rechtsstaates unterschiedslos für alle Bürger einzuklagen.[556] Am 24. Juni 1941 äußert sich Faulhaber auf der Plenarkonferenz des Deutschen Episkopats über das Verhältnis von Staat und Kirche sehr drastisch: „Es geht um Sein oder Nichtsein, es geht um die Ausrottung des Christentums.“[557] Die Kirche sei nur verpflichtet, der rechtmäßigen Obrigkeit Gehorsam zu leisten, also dem Staat, aber nicht der Partei.[558]

Seit einem auf den 1. September 1939, den Tag des Kriegsbeginns, rückdatierten „Führererlass“ wird eine als „Euthanasie“ verbrämte und als „Aktion Gnadentod“ umschriebene, groß angelegte Tötungsaktion an geistig und körperlich Behinderten sowie psychisch Kranken, Missliebigen und nicht in die „Volksgemeinschaft“ integrierbaren

556 Vgl. detailliert zu den Bemühungen des Ausschusses Leugers, Gegen eine Mauer, passim.
557 Faulhaber am 24. 6. 1941 nach den Aufzeichnungen Sebastians über die Plenarkonferenz des deutschen Episkopats, in: Akten deutscher Bischöfe, hrsg. von Volk, Bd. V, Nr. 667/III, S. 451.
558 Vgl. ebenda.

Menschen aus Heil- und Pflegeanstalten durchgeführt. Die Bezeichnung „Aktion T 4" bezieht sich auf die verantwortliche Dienststelle in der „Kanzlei des Führers", die ihren Sitz in der Tiergartenstraße 4 in Berlin hat. Die Bischöfe sind sich zwar einig über die Unvereinbarkeit von Hitlers Euthanasie-Befehl mit der naturrechtlichen Position der katholischen Kirche, doch sie schweigen auch dazu. Erst Clemens August von Galen,[559] Bischof von Münster, protestiert am 3. August 1941 in einer berühmt gewordenen Predigt gegen die „Tötung lebensunwerten Lebens" in der „Euthanasie-Aktion" und durchbricht so die Mauer des öffentlichen Schweigens der Bischöfe. Und die Predigt zeigt Wirkung. Kurz nach der Aufsehen erregenden Predigt von Bischof Galen gibt Hitler seinem Leibarzt Brandt[560] und Reichsleiter Bouhler am 24. August 1941 die Anweisung, die „Aktion T 4" zu beenden und die Erwachseneneuthanasie in den NS-Tötungsanstalten einzustellen. Vom Beginn bis zum Abbruch der „Aktion T 4" werden ca. 70 000 Menschen auf reichsdeutschem Gebiet durch Kohlenmonoxid getötet.

Hitler lässt die Aktion einstellen, doch die „Euthanasie" geht dezentral weiter – in den Heil- und Pflegeanstalten. Zur Verfolgung und Ermordung von Juden, sogenannten Zigeunern und vielen anderen Gruppen schweigen die Bischöfe weiterhin.[561] Sie lehnen zwar die nationalsozialistische Rassenlehre in ihren Hirtenbriefen ab, da diese bedeute, dass allein das, was Volk und Rasse nütze, sittlich sei. Doch hatten die Bischöfe am 1. April 1933 geschwiegen, als es hieß „Kauft nicht bei Juden!", hatten geschwiegen, als kurz darauf die Juden aus dem Staatsdienst entfernt wurden, hatten 1935 geschwiegen, als die „Nürnberger Rassengesetze" die Juden zu Aussätzigen der Gesellschaft erklärten, hatten selbst am 9. November 1938 noch geschwiegen, als die Synagogen in Flammen aufgingen, als jüdisches Eigentum zerstört und Juden erniedrigt, gequält, interniert und ermordet wurden.[562]

Mit Wirkung vom 19. September 1941 wird nun allen „Nichtariern" vorgeschrieben, sich durch Tragen eines gelben Sterns auf der Kleidung in der Öffentlichkeit kenntlich zu machen. Diese Vorschrift gilt auch für die katholischen „Nichtarier". Das wissen die Bischöfe.[563] Sie wissen auch, welche Folgen die Verordnung in ihren Kirchen hat, wie die Leiterin des „Hilfswerks beim Bischöflichen Ordinariat Berlin" (HBOB), Frau Dr. Margarete Sommer, berichtet: „Es sei ein ‚schmerzendes und tief verletzendes Abrücken' von den nichtarischen Glaubensgenossen (sogar an der Kommunionbank) vorgekommen. Priester verhielten sich distanziert. Manche von ihnen würden ‚Sondergottesdienste' wünschen."[564]

559 Clemens August Graf von Galen (* 16. 3. 1878 Dinklage † 22. 3. 1946 Münster), Bischof von Münster (1933–1946), 1946 Kardinal.

560 Karl Brandt (* 8. 1. 1904 Mülhausen, Elsass † 2. 6. 1948 Landsberg am Lech – hingerichtet), Leibarzt von Adolf Hitler, Generalkommissar für das Sanitäts- und Gesundheitswesen.

561 Vgl. Leugers, Gegen eine Mauer, S. 213 f.

562 Ebenda, S. 213.

563 Ebenda, S. 214.

564 Leugers, Die deutschen Bischöfe, S. 49 f.

Im Herbst 1941 verdichten sich auch die Hinweise, dass Juden und andere „Nicht-Arier" aus Deutschland fortgeschafft werden sollen. Über das Schicksal der „nichtarischen" Katholiken bekommt Wilhelm Berning, der Bischof von Osnabrück, auf seine Anfrage von der für die „Evakuierung" von Nichtariern zuständigen Stelle eine scheinbar beruhigende Auskunft. Am 27. Oktober 1941 – Lotte sitzt bereits im Polizeigefängnis in Augsburg und wartet auf ihren Abtransport – informiert er Kardinal Bertram: „Es wurde mir erklärt, dass christliche Nichtarier nur ausnahmsweise evakuiert würden, besonders nur diejenigen, die mit der Staatspolizei schon in Konflikt gekommen seien."[565]

Lotte ist ohne Zweifel eine „christliche Nichtarierin", aber sie ist mit der Staatspolizei durchaus schon in Konflikt gekommen: Sie wurde von der Gestapo verhaftet und sitzt jetzt im Gefängnis. Die zuständige Stelle habe außerdem mitgeteilt, die Juden kämen in die Ostgebiete, wo die Katholiken unter ihnen zum Beispiel in Polen an den Gottesdiensten der Einheimischen teilnehmen könnten. Die kirchlichen Stellen könnten vor anstehenden Evakuierungen bei der Gestapo jeweils anfragen, ob sich Katholiken unter den Evakuierten befänden und dann noch Seelsorge ausüben.[566]

Ein einziger Hohn. Letzte Seelsorge vor der Deportation für katholische Juden als staatlich geduldeter Liebesdienst am Mit-Christen. Was sagt die Kirche dazu? In Faulhabers Erzbistum wird ein neuer Aktendeckel mit der Überschrift „Deportation der Juden" angelegt. Mit roter Tinte ist darauf vermerkt: „In Exitu Israel".[567] Faulhaber weiß, was die Stunde geschlagen hat. Eine außerordentliche Bischofskonferenz soll noch im November 1941 einberufen werden. Doch sowohl Kardinal Bertram als auch Faulhaber sehen sich wegen Krankheit nicht in der Lage, die Konferenz zu leiten. Am 28. Oktober schlägt Faulhaber Kardinal Bertram ausgerechnet dessen Gegenspieler Bischof Preysing als „Leiter pro casu" vor, einen Mann, der schon ein Jahr zuvor entschiedeneren Widerstand der Kirche gegen den Nationalsozialismus verlangt hat. Als Bischof der Reichshauptstadt, ehemaliger Diplomat und Vertrauter des Heiligen Vaters sei er in besonderer Weise für diese Aufgabe geeignet. Obendrein stammt Konrad Bischof Graf von Preysing-Lichtenegg-Moos aus Bayern. Kein Wunder, dass Bertram ablehnt.[568]

565 Berning an Bertram, 27. 10. 1941, in: Akten deutscher Bischöfe, bearb. von Volk, Bd. V, Nr. 713, S. 584. Faulhaber erhielt von Kardinal Bertram eine Kopie dieses Briefes, allerdings erst am 24. 11. 1941 um 8 Uhr (handschriftliche Notiz Faulhabers zum Erhalt des Briefes). Vgl. EAM, NL FH 8431, Berning an Bertram, 27. 10. 1941.

566 Ebenda.

567 EAM, NL FH 8431. Darin sämtliche in diesem Abschnitt zitierten Dokumente. Die erste Zeile des Psalms 114 lautet: „In exitu Israel de Aegypto domus Iacob de populo barbaro." Auf Deutsch: „Als Israel aus Ägypten, das Haus Jakobs vor einem barbarischen Volk floh." Psalmus 113 (http://www.medievalist.net/psalmstxt/ps113.htm).

568 Leugers, Gegen eine Mauer, S. 246.

Am 4. November 1941 – Lotte wird gerade als Transporthäftling ans Polizeigefängnis Leipzig überstellt – ergänzt Bischof Berning seine Angaben.[569] In Absprache mit der zuständigen, örtlichen Staatspolizeistelle könne die Kirche Einblick in die Listen der jeweils zu Evakuierenden erhalten, um Judenchristen festzustellen. Diese könnten im Einvernehmen mit der Staatspolizei sogar in den Sammellagern zur Seelsorge aufgesucht werden. Die knapp bemessene Frist von der Benachrichtigung bis zur Evakuierung der Juden könne jedoch keinesfalls verlängert werden.

Am 13. November 1941 – Lotte ist eben im KZ angekommen – wendet sich Kardinal Faulhaber an Kardinal Bertram.[570] Vor seinen Augen, wenn auch meist im Dunkel der Nacht, würden die Juden in den Osten deportiert. Jetzt sei es Zeit für Protest. Laienkreise fragten, was die deutschen Bischöfe tun könnten, um zumindest die unbeschreiblichen Härten beim Abtransport zu mindern. Und Faulhaber macht endlich unmissverständlich klar, dass die Bischöfe wenigstens für die getauften Juden eintreten müssten: „Die Bischöfe [sind] verpflichtet, für jene Nichtarier einzutreten, die durch die Taufe ‚neue Kreaturen‘ und Kinder der katholischen Kirche geworden und damit unter den Schutz ihrer Diözesanbischöfe getreten sind.“[571]

Zwischen Konversionen vor und nach den „Nürnberger Gesetzen“ dürfe ebenfalls kein Unterschied gemacht werden, ein Hinweis, der auch für Lotte – getauft am 12. Mai 1937, also nach Erlass der „Nürnberger Gesetze“ – von Bedeutung ist. Faulhaber bietet an, öffentlich den Namen eines „nichtarischen“ Katholiken zu nennen, den Namen eines Oberleutnants im Weltkrieg, der im Freikorps Epp gegen die Kommunisten gekämpft habe, der mehrere Orden trage und als Katholik mannhaft für seine Überzeugung eingetreten sei – aber leider Gottes ein „Nichtarier“, den jetzt das Elend der „Verbannung“ treffe.[572] Der Kardinal stimmt sogar das „Hohe Lied“ auf die „nichtarischen“ Katholiken

569 Vgl. EAM, NL FH 8431, Ergebnisse der Verhandlungen von Bischof Berning, 4.11.1941. Vgl. die ausführliche Darstellung des Ringens der Bischöfe um einen angemessenen Protest bei Leugers, Gegen eine Mauer, S. 246–264.

570 Akten Faulhabers, bearb. von Volk, Bd. II, Nr. 844, Faulhaber an Bertram, 13.11.1941, S. 824 f. (EAM, NL FH 8431). Zu Faulhabers Initiative vgl. Leugers, Gegen eine Mauer, S. 216 ff.

571 Akten Faulhabers, bearb. von Volk, Bd. II, Nr. 844, Faulhaber an Bertram, 13.11.1941, S. 824 f.

572 Gemeint ist Rudolf Vogel (* ? † 12/1945?), Jude, Oberleutnant a. D., Handelsvertreter. Am 9.11.1941 hatte Vogel in höchster Not bei Faulhaber vorgesprochen und ihn um eine Empfehlung gebeten. Mit Faulhabers Hilfe hoffte er, der bevorstehenden Deportation noch zu entgehen. Da sich Faulhaber von der gewünschten Empfehlung wenig versprach, verfasste er einen Brief an Franz Xaver Ritter von Epp (* 16.10.1868 München † 31.1.1947 München), General im Ersten Weltkrieg, Freikorpsführer, bayerischer Reichsstatthalter – ließ ihn dann aber liegen. Vogel erreichte dennoch mithilfe Ritter von Epps die Streichung von der Deportationsliste. Im Frühjahr 1942 wurde er in der „Heimanlage für Juden Berg am Laim“ interniert, wo er sich dann der erneut drohenden Deportation durch Flucht entzog. Er tauchte unter und erlebte die Befreiung Münchens durch die Amerikaner, verstarb aber schon im Dezember 1945. Vgl. die Darstellung des Falls Vogel mit Quellenverweisen bei Leugers, „Du hast alles vereint“, S. 217 sowie bei Schrafstetter, Flucht und Versteck, S. 63–68.

an: „Es sind solche darunter, die seit Jahrzehnten in der Kath. Kirche leben, im deutschen Volk ehrliche Arbeit geleistet haben und nun einzig aus dem Grund, weil sie ohne ihre Schuld blutmäßig der jüdischen Rasse verbunden oder verwandt sind, dem Bannfluch verfallen sollen, der auf diese Rasse gelegt ist."[573]

Faulhaber schlägt dem Vorsitzenden der Fuldaer Bischofskonferenz, Kardinal Bertram, sogar eine Art Protest gegen das Vorgehen des NS-Staats vor, der von der Fuldaer Bischofskonferenz geschlossen eingelegt werden sollte: „Ich bitte, Euere Eminenz zu erwägen, ob wir nicht durch eine Eingabe an höchster Stelle oder an der ausführenden Stelle unserer menschlichen und oberhirtlich pflichtmäßigen Teilnahme Ausdruck verleihen müssten, damit wenigstens die härtesten Härten, die einmal auf unser Volk zurückfallen, vermieden werden."[574]

Faulhaber formuliert sehr sorgfältig. Die Eingabe an höchster Stelle, also bei Reichsregierung und Parteileitung, gar beim Führer selbst, solle lediglich die für die Bischöfe pflichtgemäße menschliche Anteilnahme am Schicksal der Unglücklichen ausdrücken. Von einem glasklaren Einspruch gegen das Vorgehen des Regimes ist diese diplomatische Formulierung meilenweit entfernt. Der Münchner Erzbischof begründet sie denn auch nicht mit der Missachtung der unveräußerlichen Rechte von Menschen, die der Nationalsozialismus als minderwertig gebrandmarkt hat – was für den obrigkeitshörigen Kardinal Bertram ohnehin kein Grund für einen Einspruch gewesen wäre –, sondern mit der Sorge, dass die Untaten der deutschen Führung einmal auf das ganze deutsche Volk zurückfallen würden; das heißt mit der Sorge, dass auch die Bischöfe, die gesamte Kirche und alle Gläubigen für diese Verbrechen „einmal" bezahlen müssten. Ob Faulhaber dabei an das „Jüngste Gericht" oder ganz profan an Kriegs- und Standgerichte der Sieger denkt, falls Deutschland den Krieg verlieren sollte, bleibt unklar. Immerhin macht sich der Münchner Kardinal wenigstens zum Anwalt der verfolgten Katholiken „nichtarischer" Abstammung.

Am 17. November 1941 formuliert Kardinal Bertram seine Antwort. Eine solche Eingabe bei den Nationalsozialisten, denen es um ein „Grundprinzip einer Weltanschauung" gehe, die sie „in einer über die Grenzen des allgemein menschlichen Empfindens hinausgehenden Weise durchführen zu sollen" glauben, mache keinen Sinn. Mit den Bemühungen von Bischof Berning sei der den Bischöfen obliegenden Pflicht, sich auch um ihre „katholisch-christlichen Nichtarier" zu kümmern, zunächst Rechnung getragen. Zwar seien die Auskünfte, die Bischof Berning erhalten habe, praktisch „nicht bedeutsam", aber mehr sei momentan einfach nicht drin. Außerdem äußert Kardinal Bertram die Ansicht,

573 Akten Faulhabers, bearb. von Volk, Bd. II, Nr. 844, Faulhaber an Bertram, 13.11.1941, S. 824 f. (EAM, NL FH 8431).

574 Ebenda.

es sei vordringlicher, „dass der Episkopat darauf bedacht sei, Einflussmöglichkeiten auf andere, kirchlich wichtigere und weittragendere Belange zu konzentrieren.“[575] Keinesfalls dürfe das Wirken und der Weiterbestand der Kirche durch das Eintreten für Verfolgte aufs Spiel gesetzt werden.[576] – Mit Bezug auf die Bemühungen von Bischof Berning gibt Faulhaber daraufhin klein bei und stellt fest: „Nun können wir wenigstens sagen, der Episkopat hat einen Versuch gemacht, Milderungen für christliche Nichtarier zu erwirken.“[577] Das Schicksal der nicht getauften Juden interessiert erst gar nicht,[578] das der getauften zu mildern hat man wenigstens versucht ... Mehr nicht.

Am 21. November 1941 – Lotte ist seit Kurzem Schutzhäftling im Konzentrationslager Ravensbrück – geht der erste Transport mit 999 Juden[579] aus dem Lager Milbertshofen im Norden von München nach dem Osten ab, unter ihnen auch Katholiken. Die Kirche schweigt. Auch Faulhaber. Fünf Tage später sind alle 999 Menschen nicht mehr am Leben, Männer, Frauen, Kinder und Alte tot, alle erschossen in Kaunas, Litauen.

Ravensbrück

Über Lottes Aufenthalt im Frauenkonzentrationslager Ravensbrück gibt es keinerlei Einzelinformationen. Sicher muss auch sie nach der Ankunft des Transports am Bahnhof Fürstenwalde den Weg zum nahe gelegenen Konzentrationslager unter strenger Bewachung zu Fuß zurücklegen. Wie die anderen Neuankömmlinge durchläuft sie eine entwürdigende Aufnahmeprozedur. Für die Körperreinigung im Bad hat sie sich auszuziehen. Dann geht es zur Eingangsuntersuchung. Splitterfasernackt muss Lotte vor den SS-Lagerärzten erscheinen. Anschließend erhält sie eine Häftlingsnummer und wird in Lagerkleidung gesteckt. Der Schädel wird ihr kahlgeschoren. Angeblich aus hygienischen Gründen. Zusammen mit ihren Schicksalsgenossinnen wird Lotte im Block für die Neuankömmlinge untergebracht. Ein paar Wochen später wird sie vermutlich in Block 9 eingewiesen, einen der beiden „Judenblocks“.

Unter einem Block versteht man eine einfache Baracke, wie sie auch vom Deutschen Arbeitsdienst benutzt wird: ein niedriger Holzbau, zwei Flügel mit Schlafräumen und einem Aufenthaltsraum in der Mitte sowie Wachstuben für die SS-Blockführerin und SS-Aufseherinnen, ausgelegt auf 200 Menschen. Zunächst ist Block 11 der „Judenblock“,

575 EAM, NL FH 8431 Bertram an Faulhaber, 17. 11. 1941.

576 Vgl. Leugers, Gegen eine Mauer, S. 18.

577 EAM, NL FH 8431 Faulhaber an Bertram, 1. 12. 1941.

578 Zur Frage, was mit den nicht getauften Juden geschah, schwieg sich Faulhaber aus. Vgl. Wirsching, Mehr Nähe als Distanz?, S. 214.

579 Maximilian Strnad, Zwischenstation „Judensiedlung“. Verfolgung und Deportation der jüdischen Münchner 1941–1945, München 2011, S. 182. Zur Deportation am 21. 11. 1941 vgl. S. 109–120.

doch der ist rasch überbelegt. Am 4. Juni 1941 drängen sich 330 Frauen in der Baracke, am 11. September 1941 sogar 501.[580] Daraufhin wird auch Block 9 überwiegend für jüdische Häftlinge reserviert. Am 20. Oktober 1941 sind dort 226 Frauen untergebracht, davon 189 Jüdinnen.[581] Als Lotte im November 1941 in Ravensbrück ankommt, lebt ihre Schwester Hansi schon in eben diesem Judenblock 9, in den wohl auch Lotte eingewiesen wird. Ein trauriges Wiedersehen.

Am 1. Januar 1942 werden 6906 Häftlinge im Frauenkonzentrationslager Ravensbrück gezählt, davon 656 Jüdinnen, von denen die allermeisten in den beiden überfüllten „Judenblocks“ 9 und 11 unter menschenunwürdigen Bedingungen leben. 237 Jüdinnen gelten als „Rassenschänderinnen“, darunter Lottes Cousine Johanna Schmiedchen. 342 als „Politische“, darunter vermutlich Hansi, 55 werden als „Asoziale“ geführt, 13 sind Abschiebehäftlinge, 9 sind in Vorbeugehaft in Ravensbrück.[582] Welcher Kategorie Lotte zugewiesen wird, lässt sich nicht mit Bestimmtheit sagen.

Die Jüdinnen bilden eine Minderheit unter den Häftlingen. Sie sind der Lagerleitung verhasst und werden vom SS-Personal besonders brutal behandelt. Nicht nur, dass sie in heillos überbelegten Baracken hausen müssen, sie werden auch zu den schwersten, gefährlichsten und besonders erniedrigenden Arbeiten eingeteilt. So müssen die Jüdinnen am nahe gelegenen Schwedtsee mit bloßen Händen die Schiffe entladen, die Kohle sowie Steine für den Bau der SS-Wohnsiedlung bringen, wobei sie unaufhörlich von den SS-Aufseherinnen geschlagen werden. Sie müssen Steine setzen, Kabelgräben ausheben, werden zu Straßenarbeiten herangezogen und müssen die Kläranlage reinigen.[583] An einem Sonntag im Januar 1942 haben die völlig geschwächten Jüdinnen aus Block 11 bei weniger als 20° Celsius unter Null zu Außenarbeiten anzutreten.[584]

Überhaupt gibt es keinen arbeitsfreien Sonntag für die Jüdinnen, außerdem erhalten sie noch weniger Verpflegung als die übrigen Häftlinge.[585] Verwaltungsführer Hauptsturmführer Seitz[586] ist besonders brutal zu den Jüdinnen und lässt sie zeitweise 15 bis 18 Stunden ohne Essen arbeiten.[587] Für die kleinste Verfehlung werden drakonische Strafen ausgesprochen. Gefürchtet ist das Strafestehen. Schafft man es beispielsweise drei Mal nicht, sein Bett in der vorgegebenen Zeit akkurat zu machen, muss man nach der Arbeit

580 Schlaefer/Schröder, Häftlinge, S. 39.
581 Ebenda, S. 40.
582 Ebenda, Anlage V, Aufstellung der vorhandenen Gefangenenstärkemeldungen des Frauenkonzentrationslagers Ravensbrück (1939–1942), S. 44.
583 Ebenda, S. 45 f.
584 Ebenda, S. 46.
585 Ebenda, S. 44.
586 Zu Kurt Seitz liegen keine näheren Informationen vor.
587 Schlaefer/Schröder, Häftlinge, S. 45.

und dem Zählappell vier Stunden im Freien Strafestehen.[588] Mitunter werden ganze Blocks aus nichtigem Anlass zum Strafestehen verdonnert.[589] Auf dem Krankenrevier werden Jüdinnen oftmals nicht ärztlich behandelt, sondern beschimpft, allenfalls ein Papierverband wird angelegt. Die Jüdinnen sind darauf angewiesen, dass sich andere Häftlinge mit den vorhandenen primitiven Mitteln um ihre Wunden und Leiden kümmern.[590] Auch Essensentzug wird als Strafe eingesetzt – mitunter für den ganzen Block. Das heißt, die Jüdinnen werden in ihrer Baracke eingeschlossen und erhalten nur jeden vierten Tag Essen.[591] Überdies ist Nicht-Jüdinnen jeglicher Kontakt zu ihnen verboten. Wer auch nur mit einer Jüdin gesehen wird, kommt schon in den Judenblock.[592] Als Strafe droht auch Arrest im Strafbunker. Das bedeutet: hartes Lager in einer winzigen Zelle, kein Spaziergang, kein Kontakt, der Willkür der SS-Aufseherinnen ausgeliefert, manchen wird sogar eine Zwangsjacke angelegt.[593] Die Strafordnung des Lagers reicht von Ordnungsstrafen über Arreststrafen im Strafbunker bis zu Prügelstrafen. Dazu muss sich der Häftling auf den sogenannten Bock legen und erhält eine festgelegte Anzahl Schläge mit einem Knüppel auf das nackte Gesäß. Nicht alle überleben diese grausame Prozedur.

Wie alle anderen Jüdinnen ist Lotte dem grausamen Lagersystem mit Mangelernährung bei schwerster körperlicher Arbeit, primitivster Massenunterbringung auf engstem Raum und willkürlicher, drakonischer Bestrafung ausgesetzt. Dabei fühlt sie sich längst nicht mehr als Jüdin. Wann sie aus der Israelitischen Kultusgemeinde Augsburg ausgetreten ist, lässt sich nicht sagen, 1933 bezeichnet sie sich noch als „religionslos", 1935 will sie bereits katholisch getauft werden, 1937 wird sie tatsächlich getauft und gefirmt, 1940 erscheint sie mit der „Passion" von Guardini bei Kardinal Faulhaber, möglicherweise weigert sie sich 1941, den Judenstern zu tragen. Sie fühlt sich als Christin, nicht als Jüdin. Auf Lotte trifft wohl genau das zu, was die SS über einen anderen Häftling, Charlotte Capell[594] aus Wien, vermerkt. Ihr wird in zynischer Weise unterstellt, nur deswegen konvertiert zu sein, um sich den Verfolgungsmaßnahmen zu entziehen. In einer Notiz heißt es: „Fort-

588 Ebenda, S. 47.

589 Vgl. ebenda, S. 48. So mussten etwa im Dezember 1941 die Jüdinnen aus Block 11 „bei eisigen Temperaturen und Schneegestöber Strafe stehen, weil sich zwei Frauen ihres Blocks beim Abholen sauberer Wäsche in der Wäschekammer trotz Sprechverbots leise etwas zugeflüstert hatten. 50 Frauen erlitten bei dieser Strafaktion schwere Erfrierungen, sie durften aber nicht als Patientinnen in das Kranken-Revier aufgenommen werden." Grit Philipp, Kalendarium der Ereignisse im Frauen-Konzentrationslager Ravensbrück 1939–1945, Berlin 1999, S. 77. Ebenfalls im Winter 1941 konnten die völlig erschöpften Jüdinnen von Block 11 nach ihrem Arbeitseinsatz trotz Befehls beim besten Willen nicht mehr singen. Dafür mussten sie vor dem Arrestblock Strafestehen. Schlaefer/Schröder, Häftlinge, S. 48.

590 Ebenda, S. 44.

591 Ebenda, S. 48.

592 Ebenda, S. 43.

593 Ebenda, S. 50 f.

594 Charlotte Pauline Capell (* 14. 10. 1893 Kreuzburg, Oberschlesien † 1942 Bernburg), Jüdin.

gesetzte Rassenschande. Tarnte ihre jüdische Abstammung durch den Katholizismus, hängte sich ein Christuskreuz um den Hals."[595]

Lange muss Lotte die Torturen des Lagers nicht über sich ergehen lassen. Am Jahresende 1941 steht im Deutschen Reich die „Endlösung" der Judenfrage auf der Tagesordnung. Bereits am 30. Januar 1939 hatte Hitler in einer Reichstagsrede die Vernichtung des Judentums in Europa als Ergebnis eines angeblich von den Juden angezettelten neuen Weltkrieges beschworen.[596] Am Nachmittag des 12. Dezember 1941 erklärt Hitler nun im Kreis der versammelten Reichs- und Gauleiter der NSDAP seine Absicht, „reinen Tisch" mit den Juden zu machen, was wohl bedeuten sollte, sie zu vernichten.[597]

„Endlösung"

Am 20. Januar 1942 wird auf der Wannsee-Konferenz die Zusammenarbeit aller an der „Endlösung der Judenfrage" beteiligten Dienststellen koordiniert. Die Deportationen von Juden aus dem Reich haben längst begonnen. Als die Wannsee-Konferenz tagt, sind schon Tausende ermordet, am 21. November 1941 wurden 999 Münchner Juden deportiert und einer nach dem anderen erschossen: Frauen, Männer, Kinder. Die systematische Vernichtung der deutschen Juden ist längst im Gange, als im Dezember 1941 die Einbeziehung der in Ravensbrück internierten Jüdinnen in die „Sonderbehandlung 14 f 13" beschlossen wird. Im SS-Einheitsaktenplan werden Unterlagen über ganz besondere Todesfälle unter dem Kürzel „14 f 13" abgelegt: 14 f ist das Kürzel für „Tod im Konzentrationslager", die Zahl 13 steht für die „Vergasung" von Menschen. Unter dem Aktenzeichen „14 f 13" laufen alle Fälle von „Häftlings-Euthanasie", das heißt der planmäßige Mord an – tatsächlich oder vermeintlich – kranken und „arbeitsunfähigen" oder auch einfach nur unerwünschten Häftlingen der Konzentrationslager. Die „Sonderbehandlung 14 f 13" ist die erste systematische Mordaktion innerhalb des KZ-Systems.[598]

Heinrich Himmler, als Reichsführer der Deutschen Polizei auch für die Konzentrationslager zuständig, regt schon während der „Aktion T 4" an, das Euthanasie-Programm auf die Konzentrationslager auszuweiten. Durch die Nutzung des Personals und der Einrichtungen der „Aktion T 4" könne man sich der durch Überfüllung der Lager, unzureichende Verpflegung, übersteigerte Arbeitsanforderungen und die Exzesse des Lager-

595 Archiv der Nationalen Mahn- und Gedenkstätte, Ravensbrück, Häftlingskartei, zitiert nach Schlaefer/Schröder, Häftlinge, S. 30.

596 Adolf Hitler, Rede des Führers und Reichskanzler Adolf Hitler am 30. Januar 1939 vor dem Reichstag. (https://ia902603.us.archive.org/1/items/RedeHitler30.01.1939/Rede%20Hitler%2030.01.1939_text.pdf).

597 Dies vermerkt jedenfalls Joseph Goebbels in seinem Tagebuch. Vgl. Elke Fröhlich (Hrsg.), Die Tagebücher von Joseph Goebbels, Bd. II.2, München 2001, S. 498 f.

598 Für die „Aktion 14 f 13" sowie die mit ihr zusammenhängenden Ereignisse im KZ Ravensbrück vgl. Bernhard Strebel, Das KZ Ravensbrück. Geschichte eines Lagerkomplexes, Paderborn 2003, S. 320–339.

personals steigenden Zahl der langzeitkranken und dauerhaft arbeitsunfähigen Häftlinge entledigen.[599] Bereits bei der „Aktion T 4“ haben die Berliner Schreibtischtäter eng mit Ärzten im gesamten Reich zusammengearbeitet, die als „T 4-Gutachter“ die Listen der Patienten zusammenstellten, die der „Sonderbehandlung“ zuzuführen waren. Auch bei der „Aktion 14 f 13“ kommen die „T 4-Gutachter“ zum Einsatz.

Schon Anfang April 1941 findet im KZ Sachsenhausen eine erste Selektion durch T 4-Ärzte statt, bei der kranke und geschwächte Häftlinge aussortiert werden. Unter dem „Aktenzeichen 14 f 13“ bereisen T 4-Gutachter systematisch die Konzentrationslager und nehmen Selektionen vor. Die Lagerkommandanten sind angehalten, anhand von Meldebögen eine Vorauswahl vorzunehmen, das heißt, sie benennen die „Ballastexistenzen“, Häftlinge, die dauerhaft oder für einen längeren Zeitraum nicht wieder arbeitsfähig sind – die „überflüssigen Esser“. Die vorausgewählten Häftlinge haben sich dann der T 4-Ärztekommission zu stellen. Die entscheidet dann, ob der Häftling der „Sonderbehandlung“ zugeführt werden soll oder nicht.[600] Ergebnis dieser Prozedur ist ein riesiger Stapel Meldebögen, eine lange Liste von todgeweihten Häftlingen, abgesprochen von SS-Standort- und Lagerärzten, der Lagerleitung, den T 4-Ärzten und den Behörden in Berlin.

Die „Aktion 14 f 13“ basiert zwar auf der „Euthanasie“ von Behinderten und psychisch Kranken, stellt aber einen kompletten Bruch mit dem von Hitler in seinem auf den 1. September 1939 rückdatierten Führererlass, den Geisteskranken und unheilbar Kranken einen „Gnadentod“ zu gewähren, dar: Der Kreis der Menschen, die beseitigt werden sollen, wird enorm ausgeweitet. Jetzt sollen nicht mehr „nur“ geistig und körperlich behinderte Häftlinge ausgesondert werden, jetzt will man sich nicht mehr allein Arbeitsunfähiger oder eingeschränkt Leistungsfähiger entledigen. Behinderung oder Krankheit sind bei der Frage „Sonderbehandlung – ja oder nein?“ nicht mehr die allein relevanten Kategorien. Jetzt geht es auch um soziale und politische Kriterien sowie um die Frage nach früheren Straftaten.

Die „Aktion 14 f 13" in Ravensbrück

Nach Ravensbrück wird der T 4-Arzt Dr. Friedrich Mennecke[601] geschickt. Für die Erfassung der für die „Aktion 14 f 13“ vorgesehenen Häftlinge verwendet er den bereits bei der „Euthanasie“-Aktion benutzten „Meldebogen I“.[602] Noch bei seiner Ankunft in

599 Vgl. ebenda, S. 321.
600 Vgl. ebenda.
601 Friedrich Mennecke (* 16. 10. 1904 Groß-Freden † 28. 1. 1947 Butzbach – Freitod?), Arzt, T4-Gutachter.
602 Vgl. die Beschreibung der Tätigkeit Dr. Menneckes im Rahmen der „Aktion 14 f 13“ in Ravensbrück bei Anise Postel-Vinay, Die Massentötungen durch Gas in Ravensbrück, Anhang in: Germaine Tillion, Frauenkonzentratioslager Ravensbrück, Lüneburg 1998, S. 357–392, hier S. 361–363.

Ravensbrück geht Dr. Mennecke von 259 Häftlingen aus,[603] die nach den Vorarbeiten der Lagerleitung und des SS-Lagerarztes Dr. Sonntag[604] zur Untersuchung und Begutachtung infrage kommen. Am 20. November 1941 treffen zwei weitere T 4-Ärzte im Konzentrationslager Ravensbrück ein: Dr. Schmalenbach[605] und Dr. Müller.[606] Sie bringen den Befehl aus Berlin mit, dass insgesamt 2000 Häftlinge „gemacht" werden sollen. Ob nach den grundsätzlichen Richtlinien so viele Häftlinge überhaupt infrage kommen, scheint „Berlin" egal, was Dr. Menneckes Unmut über das offenkundige Organisationschaos erregt.[607] Die restlichen 1500 Bögen soll die Lagerleitung bis zum 15. Dezember 1941 vorbereiten.[608]

Lagerkommandant Koegel versucht nun mithilfe der Oberaufseherin Langefeld,[609] der Blockältesten und der SS-Aufseherinnen bis zum 15. Dezember 1941 weitere Kandidatinnen namhaft zu machen. Doch es gibt Widerstand. Die Blockältesten weigern sich, Namen zu nennen. Emmy Handke,[610] ein Häftling, der im Revier für Schreibarbeiten eingeteilt ist, berichtet: „Auf Anordnung der Lagerleitung mussten die Personalbögen, die im Revier von jedem Häftling vorhanden waren, von allen Jüdinnen, von einem Teil der Berufsverbrecher, von sog. unheilbar Kranken (z. B. Tbc-Kranke), Luetikern,[611] Arbeitsunfähigen u. a. herausgesucht werden."[612] Insbesondere sämtliche Jüdinnen, egal ob gesund oder krank, arbeitsfähig oder nicht, sollen der „Sonderbehandlung" zugeführt werden.

Am 5. Januar 1942 kehrt Dr. Mennecke nach Ravensbrück zurück und schließt am 13. Januar 1942 seine Tätigkeit als gutachtender Arzt ab. Die ausgewählten Frauen haben nackt vor dem schweigenden Arzt vorbeizumarschieren, der lediglich in die auf dem Tisch aufgestapelten Akten kleine Zeichen einträgt.[613] Bis zum Mittag begutachtet er die Jüdinnen, sieht sich aber „nur einige wenige" überhaupt an.[614] Vermutlich arbeitet er genauso

603 Vgl. Friedrich Mennecke an seine Frau, 9. 11. 1941, in: ders., Innenansichten eines medizinischen Täters im Nationalsozialismus. Eine Edition seiner Briefe 1935–1947, bearb. von Peter Chroust, Bd. 1, Hamburg 1988, S. 203.

604 Walter Sonntag (* 13. 5. 1907 Metz † 7. 9. 1948 Hameln), Lagerarzt.

605 Curt Schmalenbach (* 24. 2. 1910 Elberfeld † 15. 6. 1944 Flugzeugabsturz über dem Comer See/Schweiz), T 4-Arzt, Leiter der NS-Tötungsanstalt Hadamar.

606 Robert Müller (* 14. 1. 1886 Schwientochlowitz † 2. 6. 1945 Königslutter – Suizid), T 4-Arzt, Psychiater.

607 Vgl. Friedrich Mennecke an seine Frau, 20. 11. 1941, in: Friedrich Mennecke, Innenansichten, S. 207.

608 Vgl. auch Menneckes Briefe an seine Frau vom 22. und 25. 11. 1941, ebenda, S. 226 f. sowie S. 238.

609 Johanna Langefeld (* 5. 3. 1900 Kupferdreh † 20. 1. 1974 Augsburg), KZ-Oberaufseherin.

610 Emmy Handke, geb. Christoph (* 30. 9. 1902 Breslau † 17. 1. 1994 Berlin), Kommunistin, Generalsekretärin des „Internationalen Lagerkomitees Ravensbrück", in der DDR Volkskammerabgeordnete.

611 Menschen, die an Syphillis leiden.

612 Ministerium des Innern der DDR, Dokumentationszentrum der Staatlichen Archivverwaltung, Bestand Ravensbrück, Bd. 17, Bericht 41, Emmy Handke, zitiert nach: Schlaefer/Schröder, Häftlinge, S. 63.

613 Vgl. Postel-Vinay, Massentötungen, S. 358.

614 Vgl. Mennecke an seine Frau, 12. 1. 1942, in: Friedrich Mennecke, bearb. von Chroust, S. 313.

wie im Konzentrationslager Buchenwald, wo es bei den Juden „genügt, die Verhaftungsgründe […] aus der Akte zu entnehmen und auf die Bögen zu übertragen."[615] Die Begutachtung der nackten Jüdinnen ist eine reine Farce. Eine ärztliche Untersuchung findet nicht statt. Das Urteil über die jüdischen Häftlinge steht ohnedies bereits fest. Aufgrund ihrer rassischen Zuordnung durch die Nationalsozialisten sind sie alle für die „Sonderbehandlung 14 f 13" vorgesehen. Mit der Einbeziehung auch der arbeitsfähigen jüdischen Häftlinge in die Sonderaktion wird diese zur rassistischen Verfolgungsaktion.[616] Aber selbst unter Einbeziehung sämtlicher Jüdinnen, das sind jeweils etwa 300 aus den beiden Judenblocks 9 und 11 sowie noch etwa 100 bis 200 aus Block 12 b, in dem die Neuankömmlinge untergebracht sind, und weiterer Blocks, wo noch einzelne Jüdinnen leben, ist die von „Berlin" geforderte Zahl von 2000 Häftlingen nicht zu erreichen.

Am Abend des 3. Februar 1942 werden von der Oberaufseherin Zimmer[617] Namenslisten angefertigt.[618] Noch in der Nacht werden die betreffenden Häftlinge aus den Blocks geholt.[619] Die ersten 125[620] ausgemusterten Frauen werden ins Bad gebracht, wo sie jeweils einen Becher Kaffee und Brot erhalten.[621] Dann werden sie in Fünferreihen hinausgeführt. Auf zwei mit Planen abgedeckten Lastwagen werden sie mitten im Winter von Ravensbrück über 250 Kilometer in die „Landes-Heil- und Pflegeanstalt" Bernburg an der Saale gekarrt.[622] Zwei Tage später kehren die Lastwagen zurück. Vor der Effektenkammer werden Berge von Sachen abgeladen: Häftlingskleider mit den Nummern der Abtransportierten, Zahnprothesen, Brillen, Kämme, Haarbürsten, Seife, ein Krückstock. Bald wird ein neuer Transport zusammengestellt. Die Jüdinnen wissen, was ihnen bevorsteht, und sehen sich ernst an.[623] Doch der Abtransport verzögert sich. Schneeverwehungen machen die winterliche Fahrt unmöglich. Die bereits im Bad versammelten Häftlinge werden zurück in die Blocks geschickt. Doch dort sind ihre Plätze schon vergeben. Ohne Bettzeug, ganz auf Abbruch, vegetieren sie ein paar Tage, manche sind ungeduldig, endlich

615 Mennecke an seine Frau, 25. 11. 1941, ebenda, S. 243 f.

616 Vgl. Ute Hoffmann/Dietmar Schulze, „… wird heute in eine andere Anstalt verlegt". Nationalsozialistische Zwangssterilisation und „Euthanasie" in der Landes-Heil- und -Pflegeanstalt Bernburg – eine Dokumentation, Dessau 1997, S. 73. Vgl. ebenda, das Kapitel „Die Sonderbehandlung 14 f 13", S. 71–76.

617 Emma Anna Maria Zimmer, geb. Mezel (* 14. 8. 1888 Haßmersheim † 20. 9. 1948 Hameln – hingerichtet), Aufseherin in Konzentrationslagern.

618 Ministerium des Innern der DDR, Dokumentationszentrum der Staatlichen Archivverwaltung, Bestand Ravensbrück, Bd. 26, Bericht 395, Hilde Fischer, zitiert nach: Schlaefer/Schröder, Häftlinge, S. 65.

619 Anise-Postel berichtet, dass die Transporte am 3. Februar 1942 mitten in der Nacht begonnen hätten. Vgl. Postel-Vinay, Massentötungen, S. 358.

620 Anise-Postel nennt 150 Frauen. Vgl. ebenda.

621 Vgl. Kalendarium Ravensbrück, S. 86.

622 Die Überlebende Ilse Dolanská berichtete, dass die selektierten Frauen im Februar 1942 auf Lastwagen aus dem Lager gebracht worden sind. Vgl. Apel, Jüdische Frauen, S. 307. Der Häftlingskrankenschwester Gerda Ganzer zufolge wurden vier bis fünf „Krankentransporte" zusammengestellt. Vgl. ebenda, S. 308.

623 Bericht Fischer, zitiert nach: Schlaefer/Schröder, Häftlinge, S. 65.

fortzukommen. Mehrere Male werden die Frauen alarmiert und immer wieder zurückgeschickt – bis der Transport endlich durchgeführt werden kann.[624]

Eine der abtransportierten Jüdinnen ist Olga Benario-Prestes,[625] die Frau des brasilianischen Kommunisten Luis Carlos Prestes.[626] Sie ist politische Gefangene und Blockälteste in einem der „Judenblocks". Als zwei Tage nach dem Transport die Kleider der Ermordeten zurück nach Ravensbrück gebracht werden, wird nach ihrer Jacke gesucht. Wie vereinbart, hat sie eine Nachricht unter ihrem aufgenähten Häftlingswinkel versteckt. Auf dem Zettel steht: „Die letzte Stadt ist Dessau. Wir sollen uns ausziehen. Misshandelt worden sind wird nicht. Adieu."[627] Dessau ist nur 45 Kilometer von Bernburg entfernt. Kundige Häftlinge ziehen daraus den Schluss, dass die Fahrt in die NS-Tötungsanstalt Bernburg führt, die seit 1941 in einem Teil der „Landes-Heil- und Pflegeanstalt" eingerichtet ist. Insgesamt werden bis Mitte März bei den zehn „Schwarzen Transporten" von je zwei Lastwagen etwa 1450 bis 1600[628] Frauen aus Ravensbrück nach Bernburg gebracht, etwa die Hälfte von ihnen, also 700–800, sind Jüdinnen. Unter ihnen Lotte, ihre Schwester Hansi sowie ihre Cousine Johanna Schmiedchen.

Auf dem Gelände der Nervenheilanstalt fahren die Lastwagen mit den Häftlingen zunächst in einen Schuppen. Auf einem von ihnen befindet sich Lotte. Durch einen versteckten Eingang betreten die durch die Fahrt auf der Ladefläche des Lastwagens durchgeschüttelten und durchgefrorenen Häftlinge das Gebäude 3, wo sich ein Sonderkommando der SS befindet. Man sagt ihnen, dass sie zunächst duschen würden und sich deswegen aus-

624 Ebenda.

625 Olga Benario-Prestes (* 12. 2. 1908 München † 23. 4. 1942 Bernburg/Saale – ermordet), Jüdin, Kommunistin.

626 Luiz Carlos Prestes (* 3. 1. 1898 Porto Alegre, Rio Grande do Sul/Brasilien † 7. 3. 1990 Rio de Janeiro/Brasilien), Generalsekretär der Kommunistischen Partei Brasiliens.

627 Von einem ähnlichen Zettel, versteckt im Saum des Häftlingskleides einer jungen, jüdischen Ärztin, berichtet Margarete Buber-Neumann. Vgl. Buber-Neumann, Margarete, Milena, Kafkas Freundin, 3. Aufl., München 1986, S. 260 f. Strebel verweist auf einen weiteren, ähnlichen Fall. Vgl. Strebel, Das KZ Ravensbrück, S. 335. Nach Postel-Vinay war Olga Benario-Prestes erst beim dritten Transport dabei. Vgl. Postel-Vinay, Massentötungen, S. 358. Eine weitere ähnliche Darstellung im Bericht Fischer, zitiert nach: Schlaefer/Schröder, Häftlinge, S. 66.

628 Nach Strebel werden auf diese Weise 1450 Häftlinge getötet. Strebel, Das KZ Ravensbrück, S. 331. Überlebende sprechen von zehn Transporten à 160 Personen, also 1600 Menschen. Vgl. ebenda, S. 332. Postel-Vinay beruft sich auf eine tschechische Mitarbeiterin in der Effektenkammer, die die Zahl der getöteten Frauen auf 1600 schätzt. Vgl. Postel-Vinay, Massentötungen, S. 359. Apel schätzt die Zahl der auf diese Weise getöteten Häftlinge auf 1400 bis 1600. Vgl. Linda Apel, Jüdische Frauen im Konzentrationslager Ravensbrück 1939–1945, Berlin 2003, S. 314. Hoffmann berichtet von „mehr als 1400 Frauen aus dem Konzentrationslager Ravensbrück". Ute Hoffmann, Todesursache „Angina". Zwangssterilisation und „Euthanasie" in der Landes-Heil- und Pflegeanstalt Bernburg, Magdeburg 1966, S. 95, ebenso Hoffmann/Schulze, „… wird heute in eine andere Anstalt verlegt", S. 76. Hilde Fischer spricht von „etwa 1500 Menschen", die auf Transport gingen. Vgl. Bericht Fischer, zitiert nach: Schlaefer/Schröder, Häftlinge, S. 66. Insgesamt starben in der Gaskammer von Bernburg etwa 5000 Menschen. Vgl. Hoffmann, Angina, S. 89 f., sowie Hoffmann/Schulze, „… wird heute in eine andere Anstalt verlegt", S. 76.

NS-Tötungsanstalt Bernburg
mit dem Schornstein des Krematoriums
Familienarchiv Schmidt, Bernburg

ziehen müssten. Die Häftlinge werden ermahnt, Kleider und Schuhe ordentlich abzulegen, damit sie diese nach dem Duschen wiederfänden. Ihre Kleider würden in der Zwischenzeit desinfiziert. Wie die anderen Frauen wird auch Lotte registriert, zum Schein untersucht und mit einem Nummernstempel versehen. Auch die Anschrift des nächsten Angehörigen wird notiert. Dann gibt man Lotte und ihren Schicksalsgenossinnen alte Militärmäntel als Umhänge und führt sie in den Keller hinab. Auf einer Tür steht dort „Zum Baderaum". Wie die anderen auch legt Lotte im Vorraum ihren Umhang ab. Zusammen mit 60 bis 75 Frauen wird sie in den etwa 13 m^2 großen Raum hineingeführt.[629] Der Fußboden ist mit schwarzen und weißen Kacheln ausgelegt, an den Wänden weiße Fliesen. An der Decke gibt es drei Duschköpfe, zum Hof hin ein vergittertes Fenster. Alles sieht aus wie ein Duschraum, nur gibt es keinen Abfluss für das Wasser. Wer etwas ahnt und nicht hineinwill, wird mit Fußtritten in den angeblichen „Baderaum" gezwungen. Dann wird die Tür von außen verschlossen und durch das Umlegen eines großen Hebels versperrt. Lähmendes Entsetzen macht sich unter den Eingeschlossenen breit. Aus Gasflaschen wird Kohlenmonoxid in den Raum

629 Strebel zitiert ein Schreiben der Stadt Bernburg an die „Vereinigung der Verfolgten des Naziregimes" (VVN) Berlin vom 27. 6. 1947, in dem von 80–100 Personen die Rede ist. Vgl. Strebel, Das KZ Ravensbrück, S. 336. Schmidt nennt 30–40 Personen, schätzt die Größe der Gaskammer aber auch nur auf 2 ½ x 3 m. Vgl. Franz Schmidt, Manuskript über die Tötungen in Bernburg mit Fotos, o. D., vermutlich 1945.

geleitet. Aus den Brauseköpfen dringt das Gas, das die Aufnahme von Sauerstoff durch das Blut blockiert. Übelkeit, Schwindel, Herzrhythmusstörungen, Krämpfe und Bewusstseinsstörungen sind die Folge. Panik, Todesangst. Vom Vorraum aus kann man durch eine dicke Glasscheibe beobachten, was in der Gaskammer vor sich geht. An der Wand gegenüber befindet sich ein gewölbter Spiegel, der es erlaubt, den gesamten Raum zu überblicken. Die Schreie der Eingesperrten ebben bald ab, ihr Stöhnen verstummt. 15 Minuten nach der Ankunft ist keiner der Eingelieferten mehr am Leben. Der Motor wird abgestellt und die Luft abgesaugt. Zur Sicherheit bleibt die Türe noch eine Stunde verschlossen. Dann werden Exkremente und Erbrochenes von den Leichen gespült und die leblosen Körper hinausgeschleift. Anschließend wird der Raum mit einem dicken Wasserstrahl gereinigt. Einigen Opfern werden im Sektionsraum nebenan, wo eigens zwei Sektionstische installiert sind, Gehirne entnommen, die zur Untersuchung an medizinische Institute verschickt werden.[630] Im benachbarten Leichenraum werden die Körper der Toten gelagert, bis sie im Krematorium verbrannt werden, wo zwei eigens zum Zweck der Leichenverbrennung konstruierte Öfen betrieben werden. Die anfallende Asche entsorgen Kutscher in Diensten der „Anhaltinischen Nervenklinik Bernburg" an der südwestlichen Stadtgrenze in einer stillgelegten Lehmgrube, die den Anwohnern seit den 1920er-Jahren als Müllgrube dient. Der 40 Meter hohe Schornstein von Haus 3 soll für möglichst unauffälliges Verbrennen sorgen, dennoch riecht es bei feuchtem Wetter, wenn der Rauch gedrückt wird, in der nahe gelegenen Siedlung verdächtig. Gerüchte kursieren in der Stadt.[631]

Ungefähr die Hälfte der im Rahmen der „Aktion 14 f 13" umgebrachten Häftlinge des Konzentrationslagers Ravensbrück, also 700 bis 800 Frauen, sind Jüdinnen.[632] Vermutlich sterben sämtliche damals in Ravensbrück inhaftierte Jüdinnen in Bernburg.[633] Bald nach Abschluss der Aktion wird Ravensbrück für „judenfrei" erklärt. Doch schon ab März 1942 wird die Vernichtungsaktion immer mehr zurückgefahren, da jetzt dringend Arbeitskräfte für die Rüstungsindustrie gebraucht werden.[634]

Die Heilanstalt Bernburg ist mit Hartheim in Oberösterreich, Grafeneck in Württemberg, Hadamar in Hessen, Sonnenstein in Sachsen und Brandenburg eine der sechs Tötungsanstalten der Euthanasie-Aktion T 4.[635] Hartheim, Sonnenstein und Bernburg

630 Vgl. Schmidt, Manuskript.

631 Vgl. Schmidt, Tötungen. Die Schilderung der Tötungen folgt der Darstellung in der Dauerausstellung der Mahn- und Gedenkstätte Bernburg, die 2018 eröffnet wurde, sowie dem Bericht in Frauen-KZ Ravensbrück, hrsg. vom Komitee der Antifaschistischen Widerstandskämpfer der DDR/Autorenkollektiv unter Leitung von G. Zörner, Frankfurt a. M. 1982, S. 132, sowie Schmidt, Manuskript.

632 Strebel, Das KZ Ravensbrück, S. 332.

633 Vgl. Apel, Jüdische Frauen, S. 315.

634 Silke Schäfer, Zum Selbstverständnis von Frauen im Konzentrationslager. Das Lager Ravensbrück. Diss., TU Berlin, 2002, S. 187 f., https://depositonce.tu-berlin.de/bitstream/11303/825/1/Dokument_35.pdf.

635 Im Herbst 1940 löste Bernburg (Saale) die Anstalt Brandenburg und Hadamar Grafeneck ab, sodass zeitgleich nur jeweils vier Tötungsanstalten im Deutschen Reich in Betrieb waren.

sind auch Teil der „Aktion 14 f 13“, bei der die Opfer jeweils direkt nach Ankunft mit Kohlenmonoxid erstickt und ihre Leichen verbrannt werden.

Die „Vernichtungsaktion 14 f 13“ ist nichts anderes als ein Testlauf für die systematische und massenhafte Tötung der deutschen und europäischen Juden in den Vernichtungslagern Belsec, Sobibor, Treblinka und Auschwitz, wie sie als „Endlösung der Judenfrage“ bei der Wannsee-Konferenz am 20. Januar 1942 auf der Tagesordnung steht. Zum Teil werden in den Vernichtungslagern dieselben SS-Ärzte, dieselben SS-Lagerkommandanten und dieselben SS-Oberaufseherinnen eingesetzt wie bei der „Aktion 14 f 13“. Und auch der Ablauf der „Sonderbehandlung“ bildet das Muster für die spätere „Bearbeitung“ dieses angeblich minderwertigen „Menschenmaterials“: Transport, Ankunft, Ausziehen, Dusche/Bad beziehungsweise Gaskammer, Tötung durch Gas, Räumung der Gaskammer, Verbrennung der Leichen an Ort und Stelle, Entsorgung der Asche.

8 Nach Lottes Ermordung

Lottes Tod und die Folgen

Da sich der Bürgermeister des kleinen Dörfleins Ravensbrück, der zugleich als Standesbeamter fungiert, nach Errichtung des Konzentrationslagers immer häufiger über Todesursachen wie „Tod durch Berühren der Starkstromleitung“, „Einschuss“, „Schussverletzung“ und viele Selbsttötungen wundern muss, wird Ende 1941 kurzerhand ein zweites Standesamt eingerichtet: das Standesamt Ravensbrück II.[636] Praktischerweise liegt es direkt im Konzentrationslager und ist dem SS-Lagerkommandanten unterstellt. Das Standesamt Ravensbrück II benachrichtigt jetzt auch die Angehörigen über das Ableben der Häftlinge, die im Rahmen der „Aktion 14 f 13“ ermordet wurden. Damit kann ein weiteres Problem gelöst werden: In dem relativ kurzen Zeitraum zwischen Februar und März 1942 gibt es aufgrund der massenhaften Tötung von Häftlingen des Konzentrationslagers in Bernburg auffallend viele Todesfälle. Deshalb werden die Todesdaten durch das Standesamt Ravensbrück II über einen größeren Zeitraum gestreckt und reichen bis weit in den Sommer hinein. Als Todesursache wird selbstverständlich nicht „Tod durch Ersticken“ angegeben, sondern jeweils eine medizinisch unverfängliche Formulierung gewählt. Bald wird gar keine Todesursache mehr angegeben. Nur in einigen Fällen werden amtliche Todesbenachrichtigungen an Familienangehörige verschickt. Selbst der wahre Ort des Todes wird verschwiegen: Nicht Bernburg, sondern Ravensbrück wird als Ort des Todes beurkundet.[637]

636 Vgl. Mahn- u. Gedenkstätte Ravensbrück (Hrsg.), Gedenkbuch, S. 40.
637 Vgl. Strebel, Das KZ Ravensbrück, S. 333 sowie Schlaefer/Schröder, Häftlinge, S. 66.

Wann genau Lotte, Hansi und ihre Cousine Johanna Schmiedchen ermordet werden, ist unklar. Für Lotte vermeldet das Standesamt Ravensbrück II den 8. Juni 1942 als Todestag, Johanna Schmiedchen stirbt offiziell am 25. März, Hansi am 27. April. Doch diese Daten wurden vom Standesamt Ravensbrück II willkürlich festgesetzt, die tatsächlichen Todesdaten sind nicht bekannt. Von Hansis Tod wird ihr Anwalt, Dr. Grau, in Kenntnis gesetzt. Mit Datum vom 29. April 1942 erhält er eine entsprechende Mitteilung. Am 4. Mai 1942 informiert Dr. Grau Hansis geschiedenen Ehemann, Josef Seché, und kommentiert: „Leider war ja dieser Ausgang zu befürchten."[638] Handschriftlich bittet Dr. Grau Seché, die Nachricht vom Tod seiner Mutter auch an René zu übermitteln.[639] Auch von Lottes Tod dürfte Dr. Grau, der im Oktober 1941 noch für sie und Gabi tätig geworden ist, vom Standesamt Ravensbrück II in Kenntnis gesetzt worden sein. Mit Schreiben vom 16. Juni 1942 unterrichtet er das Standesamt Augsburg, das auch von Ravensbrück direkt informiert worden ist.[640] Am selben Tag informiert auch das Amerikanische Rote Kreuz das Standesamt Augsburg von Lottes Tod. Im Sterbeeintrag ist sogar vermerkt: „Eingetragen auf Grund einer Mitteilung des Amerikanischen Roten Kreuzes vom 16. 6. 1942."[641] Die Frage, warum das Amerikanische Rote Kreuz nur acht Tage nach Lottes offiziellem Ableben bereits eine solche Nachricht nach Augsburg sendet, lässt sich anhand der vorliegenden Unterlagen nicht klären. Auch die Frage, wer das Amerikanische Rote Kreuz eingeschaltet hat, lässt sich nicht beantworten. Erstaunlich ist die Tatsache allemal.

Dr. Grau gibt die Nachricht von Lottes Tod auch an Dr. Dreifuß in Augsburg weiter. Der wird bereits am 18. Juni 1942 zu Gabis Vormund bestellt.[642] Von ihm erfahren Aicheles im Laufe des Sommers von Lottes Tod.[643] Wann hingegen Lottes Geldinstitut, seit Jahrzehnten die Hausbank der Familie Schwarz, die Bayerische Hypotheken- und Wechselbank in Augsburg, von Lottes Tod erfährt, ist dagegen ganz genau bekannt: Am

638 AAH, Dr. Walter Grau an Joseph Seché, 4. 5. 1942.

639 In einem Brief an Annemarie Wolff-Richter äußerte sich Josef Seché über Renés Erbschaft: „Nachdem ich Einblick in Peters [sic] Erbschaft habe, muss ich Ihnen leider mitteilen, dass von dem großen Schwarzschen Vermögen nicht mehr viel geblieben ist. Was vorhanden ist, möchte ich so weit wie [es] möglich ist, dem lieben René [sic] als Notpfennig erhalten. Es ist, wie gesagt, leider bitter wenig." FAH, NL AWR I/7, Seché an Annemarie Wolff-Richter, 23. 9. 1942. René erbte ebenso wie Gabi Wertpapiere zum Nennwert von 3000,– RM aus dem ehemaligen Depot von Anna Schwarz bei der Bayerischen Hypotheken- und Wechselbank Augsburg.

640 StadtA A, StA VI 1035/50 Fragebogen zum Sterbebuch, undatiert. Als Beilagen sind dort genannt: „Schreiben des Dr. Walter Grau vom 16. 6. 42" sowie „Geb. Urkunde mit Hinweis d. St. A. Ravensbrück v. 1942".

641 StadtA A, StA 3662, Sterbeeintrag Charlotte Margarete Eckart, 12. 12. 1946.

642 Vgl. StAM, OFD München 8741 Verfügung des Oberfinanzpräsidenten München, 6. 8. 1942. Die Vormundschaftsakte Gabriele Schwarz wurde am 16. 10. 1939 vom Amtsgericht Augsburg unter dem Aktenzeichen Fam. Reg. VII 964/19 vom Amtsgericht Markt Oberdorf übernommen und weitergeführt. Sie ist zwar verschollen, doch findet sich das genannte Datum in der genannten Verfügung.

643 Vgl. Hiemer, Interview mit Resi Baumann.

17. Juni 1942, ganze neun Tage nach Lottes offiziellem Tod. Noch am selben Tag wenden sich zwei Herren der Bayerischen Hypotheken- und Wechselbank, Augsburg, Abteilung Depositenkasse, an die zuständige Finanzaufsichtsbehörde, den Oberfinanzpräsidenten in München, Dienststelle für Vermögensverwertung.[644] Sie haben ein Problem mit einem Dauerauftrag: „Wir bitten um Ihren gefl. [gefälligen] Bescheid, ob wir den uns zur laufenden Überweisung von monatlich RM 50,– als Unterhaltsbeitrag für das Kind der Charlotte Sara Eckart gegebenen Auftrag, weiter ausführen dürfen. Bekanntlich geht der Unterhaltsbeitrag an die Pflegemutter Frau Therese Aichele in Stiefenhofen."[645]

Vorangegangen ist dem ein Brief der beiden Bankangestellten an den Oberfinanzpräsidenten in München vom 15. Mai 1942, in dem gemeldet wird, wer über das Nachlasskonto von Anna Schwarz verfügt und welche Verfügungen über das Konto getroffen wurden.[646] In diesem Brief wird das Barguthabensaldo des Kontos Nr. 1644B Anna Schwarz Nachlass mit 959,15 RM sowie der Effektendepotwert mit 6200,– RM angegeben. Vom Verkaufserlös des Predigerbergs und dem Depot ist nicht mehr viel übriggeblieben. Der Bank liegt ein Erbschein vor, wonach die beiden Schwestern Lotte und Hansi sowie deren Kinder René und Gabi Anna Schwarz beerbt haben. Laut Auskunft der Bank haben Lotte und Hansi über das Konto verfügt. Am 23. November 1939 wurde jedoch eine Sicherungsanordnung erlassen, wonach Lotte monatlich nur noch über 400,– RM, Hansi über 300,– RM verfügen durfte. Den Bankern ist bekannt, dass beide Schwestern sich „derzeit" im KZ Ravensbrück befinden. Beide haben „seit der Einlieferung ins Konzentrationslager" jüdische Konsulenten mit ihrer Vertretung beauftragt: Lotte Dr. Bloch[647] und Hansi Dr. Grau. Außerdem lassen sie sich jeweils 20,– RM monatlich „ins Frauenkonzentrationslager" überweisen. Dabei dürfte es sich um die Freigrenze handeln. Auch ihrer Cousine Johanna Schmiedchen wird monatlich der Maximalbetrag von 5,– RM nach Ravensbrück überwiesen.[648] Und auch eine monatliche Zahlung an Therese Aichele von Anna Schwarz' Nachlasskonto ist schon in

644 StAM, OFD 8741 Bayer. Hypotheken- und Wechselbank Augsburg an den Oberfinanzpräsidenten in München, 17. 6. 1942.

645 Ebenda.

646 Vgl. ebenda, Bayer. Hypotheken- und Wechselbank Augsburg an den Oberfinanzpräsidenten in München, 15. 5. 1942. Diese Meldung wurde am 23. 2. 1942 auf Aufforderung des Oberfinanzpräsidenten von München an die Münchner Zentrale der Bayerischen Hypotheken- und Wechselbank erstattet.

647 Dr. Hans Bloch wurde am 11. 12. 1941 wegen „Nichtbeachtung von Vorschriften auf dem Gebiet der Auswanderungssperre" inhaftiert und ins KZ Mauthausen überstellt, wo er 1942 verstarb. Vgl. Weber, Das Schicksal der jüdischen Rechtsanwälte, S. 224.

648 Nach der „Vorläufigen Lagerordnung" durften von der „Häftlingsgeldverwaltung" monatlich höchstens 5,– RM an Häftlinge ausbezahlt werden, mit denen in der „Kantine" die notwendigsten Artikel eingekauft werden konnten. In einer „Kennkartenliste für jüdische Häftlinge" vom 13. Juli 1939 ist unter der laufenden Nummer 81 und der Häftlingsnummer 883/173 vermerkt, dass Johanna Schmiedchen 3,– RM für eine Kennkarte bezahlt hat. Kristine Schlaefer/Frank Schröder, Jüdische Häftlinge im Frauenkonzentrationslager Ravensbrück (1937/39–1942). Diplomarbeit, maschinenschriftliches Manuskript, Humboldt-Universität Berlin 1987, S. 43.

diesem Schreiben erwähnt: „ferner einen Unterhaltsbeitrag für das Kind der Charlotte Sara Eckart an Frau Therese Aichele in Stiefenhofen/Allgäu RM 50,–"[649] In dieser Auskunft vom 15. Mai 1942 ist Gabi als jüdische Tochter einer Jüdin aufgeführt und als Erbin samt Name und Wohnort ihrer Pflegemutter namentlich aufgeführt.

Vier Wochen später, am 17. Juni 1942, haben sich die Daueraufträge für die drei jüdischen Insassen des Frauenkonzentrationslagers – Lotte, Hansi und Johanna Schmiedchen – erledigt: Alle drei sind mittlerweile tot. Doch was ist mit Gabis Pflegegeld? Was soll mit dem Dauerauftrag an Therese Aichele geschehen? Diese Frage treibt die beiden Banker offenbar um, sodass sie noch am selben Tag, an dem sie die Meldung über Lottes Tod erhalten, den Oberfinanzpräsidenten in München um „gefälligen Bescheid" bitten. Diese auf den ersten Blick harmlos wirkende Bitte sollte ungeahnte Folgen haben.

Eine Freundin für Gabi

Auch Dr. Dreifuß, Lottes letzter Arbeitgeber, ist über ihren Tod informiert. Bei einem Besuch im Allgäu informiert er Aicheles über Lottes Tod. Sicher berichtet er auch, dass ihm bereits die Vormundschaft für Gabi übertragen wurde. Im Übrigen versucht er Aicheles zu beruhigen: sie brauchten sich um Gabi keine Sorgen zu machen.[650]

Im Sommer 1942 bekommt Gabi Besuch: Die siebenjährige Elisabeth Walch[651] aus Augsburg kommt im Rahmen der Kinderlandverschickung nach Stiefenhofen. Vier Wochen teilt sie das Zimmer mit Gabi.[652] Gemeinsam mit anderen Kindern aus Augsburg fährt sie mit der Eisenbahn ins Allgäu. Am Bahnhof Oberstaufen holt Josef Aichele sie ab. Elisabeth wird zu Hause „Liesl" genannt. Aicheles Pferd trägt denselben Namen. Da Elisabeth nicht genauso heißen will wie ein Pferd, wird sie bei den Aicheles „Elis" genannt. Nach der Ankunft auf dem Hof wird sie allen vorgestellt: Therese Aichele, den Töchtern Anna und Resi sowie Gabi. Sie soll zusammen mit Gabi in der „Bubenkammer" wohnen – der „Bub", also Hieronymus, ist ja im Krieg und die Bubenkammer steht leer. Resi erklärt Elis, als die Ältere müsse sie auf Gabi aufpassen und jeden Morgen das Töpfchen ausleeren. Elis erledigt die ihr übertragene Aufgabe auch brav. Von ihrem Elternhaus in Augsburg ist Elis nur karge Kost gewöhnt. Bei den Aicheles darf sie sich an Bratkartoffeln erfreuen, deren Duft durch das ganze Haus zieht, und sich an Butterbroten mit Honig und Milch laben.

Die fünfjährige Gabi ist dem fremden Mädchen gegenüber zunächst zurückhaltend. Doch dann zeigt Josef Aichele den beiden, was er in der Tenne für sie vorbereitet hat: An

649 StAM, OFD 8741 Bayer. Hypotheken- und Wechselbank Augsburg an den Oberfinanzpräsidenten in München, 15. 5. 1942.

650 Hiemer, Interview mit Resi Baumann.

651 Elisabeth Franke, geb. Walch.

652 ALH, Elisabeth Franke, Bericht über ihren Aufenthalt auf dem Aichele-Hof im Sommer 1942, 8. 8. 1994.

Gabi im Garten

Gabi, rechts, mit Elis, August 1942

langen Seilen hängen zwei Schaukeln nebeneinander. Gabi sagt: „Eine für Elis und eine für Gabi." Das Eis ist gebrochen. Die beiden Mädchen schaukeln mit strahlenden Gesichtern um die Wette. Gabi und Elis sind bald unzertrennlich. Elis darf auch jeden Tag mit Josef Aichele auf der Kutsche mitfahren und die Milch in die Sennerei nach Stiefenhofen bringen. Gabi ist niemals trotzig oder launisch, weil Elis statt ihrer mit der Kutsche fahren darf. Laut Elis ist Gabi ein „liebes und braves Mädchen". Genauso wie Gabi sagt Elis zu Josef Aichele bald „Papa" und zu Therese Aichele „Mama". Den ganzen Tag finden die beiden Freundinnen etwas zum Spielen oder sie schauen ins Gärtchen, wo Resi oder Anna zu tun haben. Der Höhepunkt ist der „Viehscheid", wenn das Vieh, das den Sommer auf den Alpweiden verbracht hat, wieder ins Tal getrieben und an die Bauern zurückgegeben wird. Elis kann sich an den blumengeschmückten Tieren mit ihren reich verzierten Glocken kaum satt sehen. Natürlich wird auch fotografiert. Zum Andenken will Josef Aichele Elis ein schönes Bild von ihr zusammen mit ihrer Freundin Gabi mitgeben. Dieses Foto wird mal wieder im Garten aufgenommen.[653]

653 Bei der Premiere des Films „Leni ... muss fort" 1994 in Augsburg hielt Elisabeth Franke dem Autor zwei Fotos unter die Nase. Das eine zeigte sie zusammen mit Gabi. Ein Abzug dieses Fotos befand sich auch unter den Fotos, die auf dem Aichele-Hof aufbewahrt worden waren.

Anna, Therese und Josef Aichele, Resi, vorn Gabi

Und noch ein Foto bekommt Elis: Die gesamte Familie Aichele mit Gabi im Garten, nur die beiden Söhne, Ronny und Josef junior, fehlen. Sie sind ja im Krieg.[654] Mit Elis hat Gabi eine Freundin gefunden – die erste richtige Freundin ihres Lebens.

Nach dem „Viehscheid" heißt es Abschied nehmen: Elis muss wieder zurück nach Augsburg. Gabi ist traurig. Sie tröstet sich mit ihren Tieren. Zu Elis' Namenstag am 19. November schickt Josef Aichele ihr eine Ansichtskarte von Stiefenhofen. Er schreibt: „Liebe Elise! Zu deinem Namensfeste wünschen wir Dir alles gute an Leib und Seele und dass [Du] ein braves Mädchen bleibst. Die Gabi fragt oft nach Dir. Wir sind alle gesund und hoffen es auch von Dir und Deinen Angehörigen. Es grüßen Dich recht herzlich deine Pflegeeltern,[655] Anna, Resi und Gabi."[656]

654 Das andere Foto, das Elisabeth Franke dem Autor 1994 zeigte, war das Familienfoto im Garten, das Gabi mitgegeben wurde, als sie den Aichele-Hof am 13. 2. 1943 für immer verlassen musste. Man hatte es ihr vermutlich schon vorher als Andenken an ihre Zeit auf dem Aichele-Hof mitgegeben oder geschickt.

655 Josef Aichele bezeichnet sich und seine Frau hier scherzhaft als Elis' „Pflegeeltern".

656 ALH, Josef Aichele an Elisabeth Walch (Kopie), 18. 11. 1942.

Gabi auf der Villebank vor dem Hof

Die Gestapo wird eingeschaltet

Die Dienststelle für Vermögensverwertung beim Oberfinanzpräsidenten in München lässt sich viel Zeit mit der Beantwortung des Schreibens der beiden Banker der Bayerischen Hypotheken- und Wechselbank Augsburg, Abteilung Depositenkasse, vom 17. Juni 1942. Erst ein halbes Jahr nach Eingang, am 11. Januar 1943, leitet sie das Schreiben „zuständigkeitshalber" an die „Geheime Staatspolizei. Staatspolizeileitstelle. München. Briennerstr. 50" weiter.[657] Die Angelegenheit landet beim Leiter des Judenreferats, Referat IIb, Johann Pfeuffer.[658] Der nimmt Rücksprache mit dem Reichssicherheitshauptamt (RSHA). Johann Pfeuffer macht den Vorschlag, Gabi im jüdischen Kinderheim in Berlin unterzubringen, was aber nicht genehmigt wird.[659]

Am 10. Februar 1943 schickt er einen Brief an den Landrat von Sonthofen, Dr. Ferdinand Waller, und teilt ihm mit, was ihm „von Berlin" vorgeschrieben wurde: „Die Jüdin Charlotte Eckart, geborene Schwarz, deren Kind Gabriele sich bei Aicheles in

657 StAM, OFD 8741 Oberfinanzpräsident München an die Gestapo München, 11. 1. 1943.

658 Johann Pfeuffer (* 1. 4. 1887 Craintal, Lkr. Bad Mergentheim † ?), Polizeibeamter, Leiter des Judenreferats bei der Staatspolizei München (1940–44).

659 Vgl. StAM, Stanw. München 29499/I, Blatt 75, Voruntersuchung gegen Pfeuffer und 15 andere wegen Freiheitsberaubung u. a. Delikte, Aussage Johann Pfeuffer, 3. 1. 1949.

Pflege befindet, ist in Ravensbrück verstorben. Da es jedoch nicht angeht, dass ein jüdisches Kind von katholischen Eltern erzogen wird, wird angeordnet, das Kind von dort wegzubringen."[660]

Dass Gabis Mutter katholisch war – wie auch ihre Tochter Gabi – ist nicht der Rede Wert. Dieser Umstand hätte an der Entscheidung des RSHA in Berlin auch nichts geändert. Die von der katholischen Kirche jahrhundertelang erflehte „Bekehrung" der Juden wird von den Nationalsozialisten ja von Anfang von als nutzlos erklärt, da sie nichts an der Zugehörigkeit der Juden zu einer als minderwertig eingestuften Menschenrasse ändere. Nach den „Nürnberger Gesetzen" zählt für Gabis Einstufung als „Volljüdin" allein die Religionszugehörigkeit ihrer Großeltern, die Tatsache, dass sie außerhalb einer Ehe auf die Welt gekommen ist und der Zeitpunkt ihrer Geburt, nicht aber ihre Religionszugehörigkeit oder die ihrer Mutter. Und das ist nicht etwa ein Versehen oder ein Mangel der Rassengesetzgebung von Nürnberg, sondern deren Kalkül: Die Vermischung von Juden und „Deutschblütigen" soll schließlich unterbunden werden, damit keine rassischen „Mischlinge" mehr entstehen. Deswegen werden Heiraten über die vermeintlichen „Rassengrenzen" hinweg und der „Verkehr" zwischen Juden und „Deutschblütigen" verboten. Die „Nürnberger Gesetze" untersagen Juden sogar die Beschäftigung von weiblichem Hauspersonal „deutschen oder artverwandten Blutes" unter 45, also im für die Fortpflanzung „gefährlichen" Alter.[661] Um die weitere Vermischung zu verhindern, werden nach dem Erlass der Gesetze gezeugte uneheliche und außerehliche Kinder von Juden und „Deutschblütigen", obwohl sie nach den Abstammungsregeln der Nationalsozialisten eigentlich als „Mischlinge 1. Grades" gelten müssten, pauschal als „Volljuden" eingestuft.[662]

Die Anweisung des Reichssicherheitshauptamtes, die Pfeuffer nach eigenen Angaben als Anordnung an den Landrat von Sonthofen lediglich weitergibt, besagt, dass Gabi von Aicheles wegzubringen ist. Und Pfeuffer liefert sogar eine Begründung dafür. Allerdings gibt es kein Gesetz, nicht mal eine Verordnung, auf die er sich berufen könnte. Seine Erklärung lautet schlicht: „Es geht nicht an", eine Formulierung, die keine eigentliche Begründung darstellt, sondern sich auf eine allgemeine, übereinstimmende und unbezweifelbare Auffassung beruft, auf den „gesunden Menschenverstand". Doch warum soll es so sonnenklar und allgemeine Meinung sein, dass ein jüdisches Kind von katholischen –

660 StAM, SpkA K 1504 Seelos Hans, Protokoll, 2. 9. 1948. Im Spruchkammerverfahren gegen Johann Seelos zitierte Alt-Landrat Dr. Waller aus dem Brief Pfeuffers.

661 Gesetz zum Schutze des deutschen Blutes und der deutschen Ehre 1935, § 3 (http://www.documentarchiv.de/ns/nbgesetze01.html).

662 Kinder, die aus „privilegierten Mischehen" zwischen Juden und „Deutschblütigen" stammten, galten dagegen trotz der mit ihrer Zeugung begangenen „Rassenschande" als „Mischlinge 1. Grades" – nicht als „Volljuden".

nicht etwa „deutschblütigen" – Eltern erzogen wird, wenn es für seine „Rassenzugehörigkeit" doch ohnehin keine Rolle spielt, ob es nun jüdisch, katholisch oder nationalsozialistisch erzogen wird? Es handelt sich bei Pfeuffers „Begründung" ohne Zweifel um einen vorgeschobenen Grund, der lediglich die eigentliche Absicht verschleiern soll: Gabi soll als sogenannte Volljüdin von den „Deutschblütigen" getrennt und in ein Lager für „Ihresgleichen", also Juden, gesteckt werden – wie schon Tausende bayerische Juden vor ihr, die in Münchner Lagern konzentriert und von dort seit Ende November 1941 „in den Osten" transportiert wurden und auf Nimmerwiedersehen verschwanden, das heißt ermordet wurden.

Der Landrat

Dr. Ferdinand Waller gilt in Sonthofen als „schwarzer Landrat", als kirchentreu und menschlich. In seiner Amtszeit von 1936 bis 1945 hat er immer wieder schwere Auseinandersetzungen mit Kreisleiter Dr. Kahlhammer,[663] der ihm sogar vorwirft, seine Befehle zu sabotieren und unkameradschaftlich zu handeln. Auch von der zunehmend verzweifelten Lage der Juden weiß Dr. Waller.

Der Kreis unterhält in Jungholz ein jüdisches Kriegsgefangenenlager, in dem Gefangene aus Frankreich interniert sind. 1944 sorgt er höchstpersönlich dafür, dass 20 Decken aus einer Sammlung des Winterhilfswerks entnommen und an die frierenden Juden im Lager ausgegeben werden – eine Aktion, die ihn Kopf und Kragen hätte kosten können.[664]

Umso mehr stellt sich die Frage, warum Dr. Waller im Fall Gabi den Befehl der Gestapo so ohne Weiteres an Seelos weiter gibt. Ist er sich nicht im Klaren darüber, was es für das Schicksal des Kindes bedeuten könnte, wenn es aus seiner Pflegefamilie herausgerissen und in ein Lager im fernen München transportiert wird? Möglicherweise sieht Dr. Waller keine Möglichkeit, den Befehl der Gestapo ebenso zu sabotieren wie manche Befehle seines Kreisleiters. Vielleicht fürchtet er die Folgen einer Befehlsverweigerung: Amtsenthebung, Verhaftung, Konzentrationslager? Vielleicht beruhigt er sich damit, dass die Kleine ja in ein Lager kommt, das in einem Kloster der Vincentinerinnen untergebracht ist? Wir wissen es nicht. Wir wissen nur, dass er den Befehl der Gestapo aus München weitergegeben hat.

663 Über Kreisleiter Kahlhammer liegen keine weiteren Informationen vor.

664 Vgl. StAA, Spruchkammer Sonthofen Akten W 47. Der umfangreiche Akt zum Spruchkammerverfahren gegen Dr. Waller enthält Dutzende von entlastenden eidesstattlichen Erklärungen.

Mit dem neuen Hund im Schnee. Das letzte Foto von Gabi

9 Gabi muss fort

Die Abgabe

Am 12. Februar 1943 greift Dr. Ferdinand Waller, Landrat des Kreises Sonthofen, zum Telefon. Waller wählt die Nummer von Bürgermeister Johann Seelos in Stiefenhofen. Damals gibt es noch kein Rathaus. Seelos' Wohnstube in Hopfen beherbergt die Gemeindekanzlei. Die Einwohnerkartei steht auf einem Tischchen gleich neben der Stubentür. Die erste Karteikarte ist mit einem großen, roten „J" gekennzeichnet. Es ist die Karteikarte von Gabriele Sara Schwarz: Gabi.[665] Fräulein Walpurga Schwank, seit vielen Jahren Schulleiterin in Stiefenhofen, nimmt den Anruf entgegen.[666] Seit Kriegsbeginn muss sie in der Kanzlei des Bürgermeisters mithelfen, weil oder obwohl Seelos in ihr eine Gegnerin des nationalsozialistischen Regimes sieht.[667] Weil Bürgermeister Seelos nicht anwesend ist, erteilt der Landrat Fräulein Schwank den Auftrag, ihm etwas auszurichten: Er soll sich innerhalb der

665 Vgl. StAM, SpkA K 1504 Seelos Hans, Aussage Walpurga Schwank, 2. 9. 1948.

666 Vgl. ebenda.

667 Vgl. StAA, NSDAP Kreisleitung Sonthofen 20/Stiefenhofen 1, Johann Seelos, Fragebogen zur Erstellung eines politischen Führungszeugnisses für Frl. Schwank, 20. 5. 1941. Seelos denunzierte Walpurga Schwank beim Kreisleiter als politisch unzuverlässig.

nächsten Stunde zu Aicheles begeben und ihnen mitteilen, dass sie ihr Pflegekind Gabriele morgen in aller Früh zum ersten Zug nach Immenstadt zu bringen haben. In Immenstadt warte dann die Fürsorgeschwester Groth[668] und übernehme das Kind, um es nach Sonthofen zu bringen.[669] Von Sonthofen soll Frau Groth Gabi weiter nach München bringen.[670] Kurze Zeit später richtet Fräulein Schwank Bürgermeister Seelos den Befehl des Landrats pflichtgemäß aus.[671] Ob Seelos Genugtuung darüber empfindet, dass der „Fremdkörper" endlich aus der Gemeinde entfernt wird? Jedenfalls tut er, wie ihm geheißen, und begibt sich zum Hof der Familie Aichele.[672] Auftragsgemäß erteilt er ihnen den mündlichen Befehl,[673] ihr Pflegekind Gabriele am nächsten Morgen zum ersten Zug zu bringen und am Bahnhof Immenstadt an die Fürsorgeschwester Groth zu übergeben.[674]

Josef und Therese Aichele können es nicht fassen. Gabi ist für sie wie ein eigenes Kind. Jetzt sollen sie es von einem Tag auf den anderen hergeben? Als wenig später ihre beiden Töchter Anna und Resi aus der Nähschule in Oberstaufen zurückkommen, sagt ihre Mutter zu ihnen: „Geht nur gleich zur Gabi! Morgen muss sie fort!"[675] Auch Anna und Resi sind wie vor den Kopf geschlagen. Anna, die sich am meisten um Gabi gekümmert und viele Fotos von ihr gemacht hat, will sich mit der Anordnung nicht abfinden und läuft auf der Stelle los ins Dorf. Der einzige öffentliche Fernsprecher der Gemeinde steht im Kolonialwarenladen Aichele.[676] Von dort ruft Anna Gabis Vormund, Dr. Ludwig Dreifuß, in Augsburg an. Zum Glück ist der Anwalt noch in der Kanzlei. Anna erzählt ihm

668 Über die Fürsorgeschwester Groth liegen keinen näheren Angaben vor.

669 Vgl. StAM, SpkA K 1504 Seelos Hans, Aussage Walpurga Schwank, 2. 9. 1948.

670 Ebenda, Protokoll, 24. 8. 1948. Vor der Spruchkammer erklärte Johann Seelos, der Landrat habe ihm gesagt, dass das Kind weiter nach München komme.

671 Ebenda. Auch Johann Seelos berichtete von einem Anruf des Landrats und dem Auftrag, Aicheles innerhalb einer Stunde auszurichten, dass sie Gabi am nächsten Morgen auf den Zug nach Sonthofen zu bringen haben. Vgl. ebenda, Hauptkammer Kempten, Protokoll, 31. 1. 1949, wo sich Seelos ähnlich äußerte.

672 Ob Johann Seelos den Befehl des Landrats in Amtswalteruniform oder in Zivil überbracht hat, darüber gingen die Ansichten von Josef Aichele und Maria Seelos auseinander. Vgl. StaM SpkA K 1504 Johann Seelos, Aussage Josef Aichele, 5. 2. 1948. Vgl. abweichend ebenda, Maria Seelos, Eidesstattliche Erklärung, 19. 7. 1948. Maria Seelos erklärte, ihr Mann habe den Befehl an Aicheles nicht in Amtswalteruniform erteilt, was Josef Seelos beeiden könne.

673 Vgl. ebenda, Aussage Dr. Waller, 31. 1. 1949. Lt. Dr. Waller war in Gabis Vormundschaftsakte bzgl. der Abgabe vermerkt: „Ohne Vorgang." Es gab also keinen schriftlichen Befehl zur Abgabe.

674 Ebenda, Aussage Dr. Waller, 2. 9. 1948. Landrat Dr. Waller sagte aus, dass Jugendfürsorgerin Groth Gabi am 13. 2. 1943 bei Aicheles abgeholt habe. Für diese Version gibt es keine Belege. Anna Embritz schilderte demgegenüber ihre Erinnerung an die Übergabe von Gabi auf dem Bahnhof Immenstadt durch ihren Vater Josef Aichele an „eine Art Rot-Kreuz-Schwester". Sie war selbst dabei. Hiemer, Interview mit Anna Embritz.

675 Vgl. Hiemer, Interview mit Resi Baumann sowie Hiemer, Zeitzeugen-Interview (Film) Resi Baumann. Ähnlich erzählte Resi Baumann auch in einem Fernsehbericht über meinen Film „Leni … muss fort" über die Abgabe. Vgl. Michael Kreitmeir, Ein vergessenes Kind kehrt zurück, 22 Minuten, Bayerisches Fernsehen (Reihe Zwischen Schwaben und Altbayern), Erstsendung 26. 3. 1994.

676 Die Familie ist mit der Familie von Josef Aichele nicht verwandt.

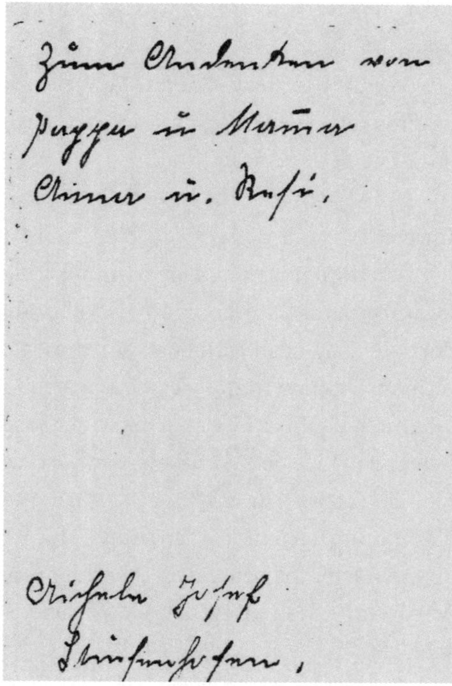
Zum Andenken von Pappa u Mamma Anna u. Resi.

Aichele Josef Stiefenhofen.

Widmung von Josef Aichele für Gabi auf der Rückseite des Familienfotos

alles und bittet ihn um Rat. Aber auch der studierte Jurist weiß keine Lösung. Er rät den Aicheles, Gabi herzugeben, und sagt: „Unternehmt bloß nichts! Man stellt Euch alle an die Wand!“[677] Schweren Herzens entschließen sich die Aicheles, Gabi am nächsten Morgen zum Zug zu bringen. Therese Aichele bereitet Gabi schonend auf den Abschied vor. Sie erzählt ihr, sie komme in ein Kinderheim, wo sie mit anderen Kindern spielen könne.[678] Vermutlich will Gabi aber gar nicht fort, nicht fort von Mama und Papa, nicht fort von Anna und Resi, nicht fort vom Hof mit all seinen Tieren, will auch nicht mit Kindern spielen, die sie gar nicht kennt. Doch Gabi ist ja ein braves Mädchen …

Josef Aichele holt einen kleinen Koffer vom Dachboden. Therese Aichele legt warme Sachen für Gabi hinein, ihre Lieblingsspielsachen, einen Teller, einen Becher, einen Löffel.[679] Zum Andenken gibt man Gabi einen Abzug jenes Fotos mit, das die Familie im Garten zeigt und das auch ihre Freundin Elis besitzt. Auf die Rückseite schreibt Josef Aichele eine Widmung für seine kleine Pflegetochter: „Zum Andenken von Pappa und Mamma, Anna und Resi. Aichele Josef, Stiefenhofen.“[680] Das Foto kommt ganz oben

677 Hiemer, Interview mit Resi Baumann sowie Hiemer, Zeitzeugen-Interview (Film) Resi Baumann.

678 Vgl. Hiemer, Zeitzeugen-Interview (Film) Resi Baumann.

679 Vgl. Hiemer, Interview mit Anna Embritz sowie Hiemer, Interview mit Resi Baumann.

680 Hiemer, Interview mit Anna Embritz, die bestätigte, dass die Widmung für Gabi bestimmt war.

auf Gabis Sachen. Dann wird der Koffer zugeklappt und mit einem Lederriemen gut verschnürt.

Vermutlich betet Therese Aichele wie jeden Abend mit Gabi noch das Nachtgebet, besprenkelt sie mit Weihwasser und macht dann das Licht aus. Alles ist wie immer. Und doch ist alles anders.

Im Allgäu herrscht tiefer Winter. Es liegt Schnee. Am nächsten Morgen soll Gabi in Immenstadt mit dem ersten Zug nach Sonthofen gebracht werden. Man muss mit dem Pferdeschlitten fahren. Der Bahnhof Immenstadt ist von Stiefenhofen 20 Kilometer entfernt. Bis zum Bahnhof Harbatshofen sind es aber nur zwei Kilometer. Würde man von dort den Zug nach Immenstadt nehmen, müsste der Pferdeschlitten am Bahnhof stehen bleiben. Deshalb fragt Josef Aichele beim Nachbarn Keck, ob er sie fahren könne.

Auch bei Kecks ist man entsetzt. Gabi muss fort? Die Gabi?! Warum jetzt auf einmal? Befehl vom Seelos! Als Besu[681] das hört, wird er fuchsteufelswild. Im Dorf nennt man ihn bloß den „Serb". Besu ist als Fremdarbeiter nach Stiefenhofen gekommen und den Kecks als Knecht zugeteilt worden. Auf Seelos ist er gar nicht gut zu sprechen, weil er die Fremdarbeiter schlecht behandelt. Aber dass er den Aicheles jetzt auch noch ihre kleine Gabi wegnimmt. Besu kriegt eine Mordswut. Am liebsten würde er Seelos in tausend Fetzen schlagen.[682]

Am nächsten Morgen, am Samstag, dem 13. Februar 1943, ist es so weit. Beim Abschied sagt Gabi zu Therese Aichele: „Gell, Mama, Du betest für mich und ich bete für Euch!"[683] Es ist noch dunkel, es stürmt und schneit, als Josef Aichele mit der kleinen Gabi und seiner ältesten Tochter Anna den Hof verlässt.[684] Besu fährt die drei nach Harbatshofen. Dort besteigen sie den Zug. Am Bahnhof Immenstadt angekommen, hält Josef Aichele Ausschau nach der Fürsorgeschwester. Frau Groth hat auf dem Aichele-Hof öfter mal wegen Gabi nach dem Rechten gesehen.[685] Man kennt sich also. Die Übergabe ist kurz. Die Fürsorgeschwester nimmt Gabi einfach an die Hand und geht mit ihr davon.[686] Josef Aichele und seine Tochter Anna sehen den beiden nach, bis sie im Zug verschwinden. Ein Pfiff. Der Zug fährt ab. Gabi ist fort.[687]

681 Über Besu liegen keine näheren Informationen vor.
682 Vgl. Hiemer, Interview mit Xaver und Veronika Keck sowie Anni Hiemer, Stiefenhofen,
683 Hiemer, Zeitzeugen-Interview (Film) Resi Baumann.
684 Vgl. ebenda.
685 Ebenda.
686 Hiemer, Interview mit Resi Baumann. Vgl. auch Hiemer, Interview mit Anna Embritz.
687 Einen glücklicheren Ausgang nahm der Fall Antonie Bleymeier wenige Tage später im benachbarten Oberstaufen. Frau Bleymeier sollte als „Zigeuner-Mischling" nach Polen abgeschoben und dort vergast werden. Nach den Angaben von Jakob Bahman, damals Gendarmeriemeister in Oberstaufen, gelang es ihm zusammen mit Bürgermeister Wilhelm Hertlein, die Deportation der 71-Jährigen durch Verhandlungen mit dem zuständigen Kriminalrat Dobiat in Augsburg noch abzuwenden. Vgl. StAA, Spruchkammer Sonthofen, Bahmann, Jakob B 26. Auch die Deportation von Mina Obermeyer konnte dank

Das Kloster Berg am Laim, München, 1925 | *Stadtarchiv München, FS-PK-STB-13395*

Die „Heimanlage für Juden Berg am Laim"

Fürsorgeschwester Groth bringt Gabi zunächst ins Landratsamt nach Sonthofen. Von dort fahren die beiden noch am gleichen Tag mit dem Zug nach München und weiter nach Berg am Laim. Dort liefert Frau Groth Gabi in der „Heimanlage für Juden Berg am Laim" ab. Am nächsten Tag wird Gabi unter der Adresse der „Heimanlage" in München angemeldet.[688]

Die „Heimanlage"[689] umfasst Erdgeschoss und ersten Stock des Nordflügels des Vincentinerinnen-Klosters. Erst 1936 ist sie als Teil des Altersheims für die „Barmherzigen Schwestern" errichtet worden, die einen Großteil der Krankenschwestern in den Münchner Krankenhäusern stellen. Am 25. Oktober 1941 wird zwischen dem Beauftragten des

des Einsatzes ihres Hausarztes, der ihr ein Attest über „sehr schmerzhaften Lumbago und Herzmuskelschwäche" wegen „Überarbeitung in ihrem Betrieb" ausstellte und sich vertraulich und privat bei Bezirksarzt Dr. Bertram in Sonthofen für sie einsetzte, abgewendet werden. Vgl. NSDAP Kreisleitung Sonthofen 17/25, Dr. H. am 9. 2. 1945 an Dr. Bertram, Sonhofen.

688 StadtA, M EWK 65 Einwohnermeldeamtskarte Gabriele Schwarz, Eintragung vom 3. 3. 1943.

689 Die Darstellung stützt sich auf Erich Kasberger, Die „Heimanlage für Juden Berg am Laim", in: Christl Knauer-Nothaft/Erich Kasberger, Berg am Laim. München 2007, S. 341–380, sowie Strnad, Zwischenstation „Judensiedlung", S. 105–160.

Münchner Gauleiters für „Arisierung" Hans Wegner[690] und dem „Orden der Barmherzigen Schwestern" „im besten Einvernehmen" ein Vertrag über die Unterbringung von Juden im Kloster geschlossen.[691] Die Schwestern stellen die Räume „freiwillig", wie es ausdrücklich heißt, zur Verfügung. In einer vom Erzbischöflichen Ordinariat verfassten „Übersicht über die Kriegsleistungen der Orden und Kongregationen in Bayern nach dem Stand vom 31. 12. 1941" ist auch das „Frauenkloster der Barmherzigen Schwestern München" aufgeführt. Ihre „Kriegsleistung": „Gauamt für Arisierung, Heim für Juden."[692]

Mit der Freiwilligkeit ist es so eine Sache: Die Kirche, speziell die Orden mit ihren Klöstern, stehen unter dem Druck der Gewaltigen des Nationalsozialismus. Die Nutzung als Internierungslager für Juden kann der Arisierungsstelle angesichts des „Klostersturms" im Herbst 1941 nicht ohne Weiteres abgeschlagen werden. Dass statt einer Beschlagnahmung ein förmlicher Pachtvertrag abgeschlossen wird, der dem ganzen Vorgang den Anschein der Legalität gibt, ist allerdings erstaunlich. Darin wird sogar eine Vergütung vereinbart: Die Arisierungsstelle zahlt an die Kongregation der „Barmherzigen Schwestern" eine Entschädigung für die Einquartierung von 18 beziehungsweise 20 Pfennigen pro Tag und Jude, außerdem 31,6 Pfennige pro verbrauchte Kilowattstunde.[693] Die Zwangsinsassen selbst müssen 50 Pfennige pro Tag für ihren Aufenthalt bezahlen, womit die Arisierungsstelle selbst bei der Internierung der Juden noch einen Gewinn erwirtschaftet haben dürfte.

Die Abgeschiedenheit des Klosters und die Tatsache, dass man die Klosterschwestern ohne Weiteres zu Stillschweigen verdonnern kann, machen die Anlage für die Nationalsozialisten so attraktiv. Neben dem großen Barackenlager im Norden, in Milbertshofen, stellt Berg am Laim das zweite jüdische Sammellager in München dar. Ursprünglich sollen dort Alte und Kränkliche untergebracht werden – daher der Begriff „Heimanlage". Doch bald werden in Berg am Laim auch Juden untergebracht, die beispielsweise in „privilegierten Mischehen" mit arischen Partnern leben und nicht in Milbertshofen interniert wurden. Zeitweise teilen sich etwa 300 Personen die 38 Zimmer. Den „Barmherzigen Schwestern" bleibt im Nordflügel nur der Zweite Stock. Die Mehrzahl der jüdischen Insassen ist über sechzig Jahre alt. Die Arbeitsfähigen verlassen täglich das Gelände, um zehn bis elf Stunden in Münchner Fabriken in „kriegswichtiger Produktion" zu arbeiten. Die Organisation der „Heimanlage" bleibt den Juden selbst überlassen.

690 Hans Wegner (* 7. 8. 1905 Lauf/Pegnitz † ?), Kaufmann, Beauftragter des Gauleiters von Oberbayern für Arisierung. Vgl. auch Erich Kasberger, Karrierewege Münchner Gestapo-Beamter aus dem „Judenreferat", in: Marita Krauss (Hrsg.), Rechte Karrieren in München. Von der Weimarer Zeit bis in die Nachkriegsjahre, München 2010, S. 189–229.

691 ABSch, Vertrag über das Judenheim Berg am Laim, 25. 10. 1941.

692 EAM, NL FH 8187 Übersicht über die Kriegsleistungen der Orden und Kongregationen in Bayern, 31. 12. 1941.

693 Vgl. Kasberger, Berg am Laim, Monatsabrechnung für April 1942, S. 346.

Am 21. November 1941 beginnen die Deportationen aus München: 999 Juden, darunter auch etwa 85 aus Berg am Laim,[694] werden nach Kaunas in Litauen transportiert. Im Sommer 1941 waren in den alten Fortanlagen von Kaunas bereits Tausende litauische Juden erschossen worden. Jetzt werden im IX. Fort etwa 5000 Juden erschossen und in Massengräbern verscharrt. Die 999 Juden aus München werden bereits am 25. November 1941 ohne Ausnahme dort erschossen. Am 4. April 1942 werden 774 Juden aus München nach Piaski in Polen deportiert; seit dem 3. Juni 1942 gehen allein 25 Transporte nach Theresienstadt und einer nach Polen. Bei diesen Transporten werden insgesamt 1250 Juden deportiert. Und immer sind auch Insassen der „Heimanlage Berg am Laim" mit dabei.[695] Ihre Lage ist verzweifelt. Immer wieder kommt es zu Zwischenfällen, etwa wenn Heiminsassen als getaufte Juden trotz Verbotes den Gottesdienst in der St. Michaelskirche besuchen oder „arische" Frauen ihre jüdischen Männer besuchen kommen und sich weigern, sich vor der Gestapo auszuweisen.[696] Die Zahl der Selbstmorde unter den für die Deportation Ausersehenen schnellt in die Höhe. Einziger Trost sind die Klosterschwestern. Sie tun alles, um den Insassen der „Heimanlage" ihr Los zu erleichtern. Doch am Schicksal der unglücklichen Juden, viele von ihnen getauft, können die Schwestern nichts ändern. Ein offizieller Protest der Kirche gegen die Deportationen der Juden oder wenigstens der katholisch getauften Juden lässt weiter auf sich warten.

Am 11. April 1942 wird das Jüdische Kinderheim in der Antonienstraße aufgelöst. Hier leben überwiegend elternlose Kinder oder Kinder von Eltern, die ausgewandert sind und ihre Kinder später nachkommen lassen wollen. Künftig soll es als Mütterheim für den Verein „Lebensborn" dienen. Die letzten zwölf Kinder aus der Antonienstraße werden zusammen mit Alice Bendix,[697] die das Heim seit September 1933 leitet, und der Erzieherin Hedwig Jacobi[698] zunächst in die Barackensiedlung Milbertshofen und mit deren Auflösung am 22. Juli 1942 weiter nach Berg am Laim verlegt.[699] Die in der jüdischen Fürsorge tätige promovierte Historikerin Dr. Else Behrend-Rosenfeld,[700] die die Wirtschaftsführung und die soziale Betreuung übernommen hat, lässt den großen Saal im Erdgeschoss, in dem 36 Männer leben, räumen. Mit Decken und Schränken werden drei Bereiche abgeteilt: einer für die kleineren, einer für die größeren Kinder sowie einer für die beiden Erzieherinnen.

694 Ebenda, S. 358.

695 Vgl. Strnad, Zwischenstation, S. 182.

696 Vgl. Kasberger, Berg am Laim", S. 360 f.

697 Alice Bendix (* 13. 11. 1894 Landsberg an der Warthe † 16. 3. 1943 KZ Auschwitz – ermordet), Jüdin, Wohlfahrtspflegerin.

698 Hedwig Jacobi (* 16. 11. 1879 Würzburg † 16. 3. 1943 KZ Auschwitz – ermordet), Jüdin, ehrenamtliche Erziehungshelferin.

699 Die Namen der Kinder sowie weitere Informationen zum Schicksal des Kinderheims Antonienstraße vgl. Grube/Macek, Das Kinderheim, in: Macek (Hrsg.), Ausgegrenzt, S. 87–104.

700 Else Behrend-Rosenfeld (* 1. 5. 1891 Berlin † 2. 3. 1970 Birmingham), Sozialarbeiterin, Schriftstellerin.

Als Gabi in die „Heimanlage Berg am Laim“ kommt, ist Else Behrend-Rosenfeld schon nicht mehr da.[701] Nach der Auflösung des Lagers in Milbertshofen am 19. August 1942 wechselt der Bankkaufmann Curt Mezger[702] nach Berg am Laim. Dort ist er für das Finanzielle zuständig und übernimmt auch den Aufgabenbereich von Else Behrend-Rosenfeld. Für die medizinische Versorgung sind Dr. Julius Spanier[703] und Dr. Magdalena Schwarz[704] vom Israelitischen Krankenhaus zuständig.[705] Alice Bendix und Hedwig Jacobi sowie Minna Manné[706] betreuen Kinder zwischen zwei und dreizehn Jahren. Zehn Kinder sind namentlich bekannt:

Heinz Bick, geboren am 30. 12. 1934 in München
Ruben Einstein, geboren am 28. 6. 1939 in Mannheim
Merry Gaber, geboren am 29. 8. 1930 in Dresden
Gad (Gerd) Kasztan, geboren am 28. 10. 1938 in München
Ilse Nussbaum, geboren am 21. 9. 1927 in Halle a. d. Saale
Bernhard Schmidt, geboren am 17. 12. 1930 in Weilheim
Johanna (Hannerl) Schmidt, geboren am 12. 8. 1933 in Weilheim
Judis Weissblüth, geboren am 15. 9. 1939 in München“[707]
Dazu kommen Ernst[708] und Werner Grube.[709]

Die Gebrüder Grube sind sogenannte Geltungsjuden. Sie stammen aus einer „privilegierten Mischehe“, sind aber Mitglieder der Israelitischen Kultusgemeinde.

Gabi ist mit ihren 5 ¾ Jahren bei Weitem nicht die Kleinste in der Obhut der beiden Erzieherinnen. Die Jüngsten sind Ruben Einstein und Judis Weissblüth mit 3 ½ Jahren.

701 Am 15. 8. 1942 entging sie in letzter Minute der Deportation. Sie tauchte unter und floh nach England. Ihr kurz nach dem Krieg verfasster Bericht „Ich stand nicht allein“ ist die bedeutendste Quelle für die Verhältnisse in der „Heimanlage für Juden Berg am Laim“ . Die 1. Auflage 1945 erschien unter dem Namen Rahel Behrend. 2011 gaben Prof. Marita Kraus und Erich Kasberger die Schriften von Frau Behrend-Rosenfeld und ihres Ehemannes neu heraus und kommentierten sie. Else Behrend-Rosenfeld, Ich stand nicht allein/Leben in zwei Welten. Leben einer Jüdin in Deutschland 1933 bis 1944/Tagebücher eines jüdischen Paares in Deutschland und im Exil, hrsg. von Erich Kasberger/Marita Krauss, München 1988/2011.

702 Curt Mezger (* 17. 12. 1895 München † 12. 3. 1945 KZ Ebensee – ermordet?), Jude, Unternehmer.

703 Julius Spanier (* 18. 4. 1880 München † 27. 1. 1959 München), Jude, Arzt, Vorsitzender des Landesverbandes der Israelitischen Kultusgemeinden in Bayern.

704 Magdalena Schwarz (* 9. 9. 1900 Berlin † 19. 1. 1971 München), Jüdin, Ärztin.

705 Frau Dr. Schwarz war in ihrer Auswanderungssache ebenso Mandantin des jüdischen Konsulenten Dr. Bloch wie Lotte, die sich seit ihrer Einlieferung ins KZ von ihm hatte vertreten lassen.

706 Minna Maneé (* 20. 12. 1903 ? † 16. 3. 1943 Auschwitz – ermordet), Jüdin, Erziehungshelferin.

707 Vgl. StAM, Staatsanwaltschaften München 29499, Israelitische Kultusgemeinde München, Liste der am 13. 3. 1943 nach Auschwitz Deportierten, 4. 10. 1951. Vgl. auch die leicht abweichende Auflistung bei Grube/Macek, Das Kinderheim, S. 99.

708 Ernst Grube (* 13. 12. 1932 München), Lehrer.

709 Werner Grube (* 12. 3. 1930 München).

Rettungsversuch

Erst nach Gabis Abgabe am 13. Februar 1943 wendet sich Josef Aichele an Oberlehrer Pletzer in Genhofen,[710] der sich schon 1939 erfolgreich für Gabis Verbleib bei ihren Pflegeeltern eingesetzt hat. Pletzer gibt die Parole aus: „Das Kind muss her, gehe es, wie es wolle."[711] Umgehend sucht er Bürgermeister und Ortsgruppenleiter Johann Seelos in Hopfen auf. Da Seelos Gabi noch nie gesehen hat, hält er ihm Fotos von Gabi und ihrer Mutter unter die Nase.[712] Anhand der Fotos versucht Pletzer Seelos klarzumachen, dass das Kind keineswegs seiner jüdischen Mutter, sondern offenkundig seinem „deutschblütigen" Vater nachschlage und es daher nicht als jüdisches Kind zu betrachten sei. Darauf sagt Seelos: „Wenn das stimmt, dann ist dem Kinde Unrecht geschehen."[713] Oberlehrer Pletzer bittet Bürgermeister Seelos, ihm keine Schwierigkeiten zu machen, wenn er versuche, das Kind zurückzuholen. Seelos sagt Pletzer zu, ihm keine Steine in den Weg zu legen. Da Seelos den Befehl, Gabi abzugeben, vom Landrat erhalten hat, empfiehlt er Pletzer, sich an diesen zu wenden. Umgehend wird Pletzer bei Dr. Waller in Sonthofen vorstellig. Der weiß noch gar nicht, dass sein Befehl bereits ausgeführt und Gabi tatsächlich weggebracht worden ist.[714] Auch Dr. Waller zeigt Pletzer zum Beweis, dass Gabi „arisch" sei, Fotos des Kindes und seiner Mutter. Der verspricht Pletzer daraufhin, sich in Sachen Gabi schriftlich an die Gestapo in München zu wenden.[715] Von Dr. Waller erfährt Pletzer, wo das Kind hingebracht werden sollte: Ins Kinderheim München 9, ins Vincentinerinnenkloster Berg am Laim, München, die „Heimanlage für Juden".

Drei Tage nach Gabis Abgabe bringt Gemeindediener Waibel Gabis kleinen Koffer auf den Aichele-Hof zurück. „Juden dürfen von Ariern nichts besitzen, hat's geheißen!" ist

710 Vgl. StAA, Spruchkammer Sonthofen, Pletzer Johann P 78, Johann Pletzer: „Meine politische Vergangenheit"; Hiemer, Interview mit Resi Baumann und Hiemer, Zeitzeugen-Interview (Film) Resi Baumann.

711 StAA, Spruchkammer Sonthofen, Pletzer Johann P 78, Pletzer: „Meine politische Vergangenheit".

712 Vgl. StAM, SpkA K 12504 Seelos Hans, Protokoll Hauptkammer Kempten, Aussage Johann Pletzer, 31. 1. 1949. Pletzer berichtete, er habe Seelos insbesondere Bilder des „nichtjüdischen Vaters" gezeigt. In der Familie Aichele wusste allerdings niemand etwas von einem Foto, das Gabis Vater zeigte.

713 StAM, SpkA K 12504 Seelos Hans, Protokoll, 24. 8. 1948. Dr. Dreifuß trug vor der Spruchkammer eine andere Version vor. Er habe gehört, Seelos habe gesagt: „Ja, ich sehe es ein, dass ich Unrecht getan habe." Dem widersprach Seelos bei der nächsten Sitzung am 2. 9. 1948 und bat um Berichtigung in „man hat ihm Unrecht getan." Das Protokoll der vorangegangenen Sitzung wurde jedoch nicht geändert. Die Tatsache, dass Seelos auch mit seiner korrigierten Äußerung die zwangsweise Trennung von Abkömmlingen zweier jüdischer Elternteile von ihren nichtjüdischen Pflegefamilien für rechtens erachtete, wurde jedoch nicht gewürdigt. Vgl. ebenda, 2. 9. 1948.

714 Ebenda, Aussage Dr. Waller. 31. 1. 1949. Dr. Waller behauptete, er habe erst durch Pletzer von der „Verbringung des Kindes" erfahren. Erstaunlich. Hatte ihm Seelos nicht Vollzug gemeldet? Wusste er nicht, dass die Fürsorge-Schwester Groth Gabi nach München gebracht hatte? Hatte ihn das Jugendamt nicht informiert?

715 Ebenda, Protokoll, 2. 9. 1948.

seine lapidare Erklärung. Gleich wird der Koffer aufgemacht. Alles ist unberührt. Obenauf das Erinnerungsfoto mit der Widmung. Nicht einmal das darf Gabi behalten. Die Aicheles sind jetzt in höchster Sorge.[716]

Bei der Gestapo

Umgehend macht sich Johann Pletzer zusammen mit Pflegevater Josef Aichele auf den Weg nach München. Vor dem Wittelsbacher Palais, dem Sitz der Gestapo, steckt sich Pletzer das NSDAP-Parteiabzeichen ans Revers seiner Anzugjacke, das er sich extra für diesen Auftritt „gekauft" hat.[717] „Hinterher steck ich's dann wieder ein", ist sein Kommentar.[718]

Pletzer ist tatsächlich Mitglied der NSDAP. Bis zu ihrem Verbot am 22. Juni 1933 ist er Mitglied der SPD, tritt öffentlich als Parteiredner auf und engagiert sich in den Wahlkämpfen für seine Partei und gegen die Nationalsozialisten. Pletzer drückt sich nach eigenen Angaben um den Treueeid auf Adolf Hitler, den alle Lehrer ablegen müssen. Erst 1937 gibt er dem Druck von Seelos nach und tritt der Partei bei. Er will sich weiter um seine alten und kranken Schwiegereltern kümmern und fürchtet, versetzt zu werden, wenn er sich weigert, in die NSDAP einzutreten.[719]

Der Trick mit der Brosche klappt: Ohne Weiteres werden sie vorgelassen und sitzen bald einem bebrillten Beamten gegenüber, Johann Pfeuffer, dem Leiter des Judenreferats bei der Staatspolizei München, ein hagerer, hohlwangiger Mann. Weil er stets ein keckes, grünes Hütchen auf dem Kopf trägt, hat er bei der Gestapo den Spitznamen „Wildschütz".[720] Pletzer verlangt die Herausgabe des Kindes, da offensichtlich ein Irrtum vorliege. Gabi schlage ganz offensichtlich dem „arischen" Vater nach und habe nichts Jüdisches an sich. Pfeuffer bedauert, aber man könne keine Ausnahme machen.[721] Pletzer lässt nicht locker und fordert die Herausgabe des Kindes für eine Blutuntersuchung an der Universität München. Dies wird ihm zwar nicht gewährt, aber Pfeuffer stellt ihm die Rückgabe des Kindes in Aussicht.[722]

716 Hiemer, Interview mit Resi Baumann.

717 StAA, Spruchkammer Sonthofen, Akten P78, Feststellung des Vorprüfungs-Ausschusses für den Bereich des Staatsministeriums für Unterricht und Kultus, 9. 5. 1947. Über den Erwerb eines Parteiabzeichens durch Oberlehrer Pletzer liegen keine Informationen vor.

718 Vgl. Hiemer, Interview mit Sophie Adamer, Sonthofen, 15. 6. 1989. Sophie Adamer war die Witwe von Pletzers Freund, Adolf Adamer, Lehrer in Hinterstein, Sozialdemokrat.

719 SAM SpkA K 12504 Seelos Hans, Aussage Johann Pletzer, 31. 1. 1949. Pletzer schilderte Seelos' Versuch, ihn zum Parteieintritt zu bewegen vor der Hauptkammer Kempten. In seinem eigenen Spruchkammerverfahren begründete er den Parteieintritt mit seiner Angst vor KZ und Tod. Vgl. StAA, Spruchkammer Sonthofen Pletzer Johann P 78, Pletzer, „Meine politische Vergangenheit".

720 Kasberger, Karrierewege, S. 194 f.

721 Hiemer, Interview mit Xaver und Veronika Keck sowie Anni Hiemer.

722 StAA, Spruchkammer Sonthofen, Pletzer Johann P 78, Pletzer, „Meine politische Vergangenheit".

Besuch in Berg am Laim

Oberlehrer Pletzer und Pflegevater Aichele fahren auch nach Berg am Laim hinaus. Seit dem 24. Mai 1942 ist am Tor eine Wache aufgestellt. „Ariern" ist das Betreten der Anlage verboten. Am 14. Juni 1942 werden dort Ausweiskontrollen eingeführt. Trotzdem gelingt es Pletzer und Aichele, Zutritt zu erhalten. Josef Aichele gelingt es sogar, noch einen letzten Blick durchs Schlüsselloch in den großen Saal zu werfen, in dem die Kinder untergebracht sind. Dort sieht er Gabi noch ein letztes Mal beim Spielen.[723]

Brief in die Schweiz

Wieder daheim, bemüht sich Josef Aichele, Gabis Vater ausfindig zu machen. Wenn sich beweisen ließe, dass er „deutschblütig" ist, könnte auch ohne die ominöse Blutuntersuchung nachgewiesen werden, dass in ihren Adern mindestens zur Hälfte „gutes" Blut fließt. Gabi ist schon 13 Tage fort, als Josef Aichele am 26. Februar 1943 einen Brief in die Schweiz schreibt. Adressatin ist die Architektin Yvonne Boner[724] aus Malans in Graubünden. Yvonne Boner ist die erste Architektin in der Gegend, vielleicht sogar im gesamten Kanton Graubünden. Sie hat in Berlin studiert, war dort Mitglied einer kommunistischen Studentengruppe und berlinert ihr Leben lang. Nach dem Tod des Vaters lebt sie zusammen mit ihrer Mutter, einer glühenden Hitler-Verehrerin, in einem selbst geplanten und erbauten Haus in Malans, etwa 30 Kilometer von Liechtenstein entfernt im Rheintal. Ihr Hobby ist Fotografieren. Sie besitzt eine schöne Kastenkamera mit Balg, entwickelt die Negative selbst und fertigt auch Abzüge an.[725] Über ihr Verhältnis zu Lotte ist nichts Näheres bekannt, doch Josef Aichele vermutet offenbar, dass Yvonne Boner herausfinden könnte, wer Gabis Vater ist.

Als Yvonne Boner Aicheles Brief bekommt, steckt sie mitten in mehreren Bauvorhaben. Trotzdem telefoniert sie sofort mit ehemaligen Bekannten von Lotte in Liechtenstein. Denn dass sie nach dem Vater in Liechtenstein zu suchen hat, das weiß sie. Doch den Namen des Vaters hat Lotte auch ihr nie genannt. Am Telefon erfährt sie von allerlei Gerüchten, die in Liechtenstein über Lotte kursieren. Sie beschließt, sobald es ihr möglich ist, selbst nach Liechtenstein zu fahren und ein paar höhergestellte Persönlichkeiten aufzusuchen. Dass Lotte in diesen Kreisen verkehrt hat, das weiß sie ebenfalls.[726]

723 Hiemer, Interview mit Resi Baumann sowie Hiemer, Zeitzeugen-Interview (Film) Resi Baumann und Hiemer, Interview mit Xaver und Veronika Keck sowie Anni Hiemer.
724 Yvonne Boner (* 16. 12. 1902? † 9. 6. 1988 Bad Ragaz/Schweiz), Architektin.
725 Fortunat Held an den Autor, 20. 10. 2008.
726 Vgl. ALH, Yvonne Boner an Josef Aichele, 19. 3. 1943.

Das Kind muss her

Am 5. März 1943 – Gabi ist jetzt drei Wochen fort – schreibt Landrat Dr. Waller endlich wegen Gabi an die Gestapo in München.[727] Vier Tage später, am 9. März 1943, berichtet ihm Josef Aichele schriftlich, dass er mit Pletzer bei der Gestapo in München gewesen sei, um die Rückgabe des Kindes zu erwirken. Die Gestapo habe behauptet, es müsse erst die erbbiologische Veranlagung des Kindes festgestellt werden. Das Kind müsse deshalb vorerst in München bleiben.[728] Alle warten auf Bescheid der Gestapo München. Doch die Zeit wird knapp.

Gabis Vormund, Dr. Dreifuß, gibt schon am 6. März 1943 eine Vermögenserklärung für sein Mündel, Gabriele Schwarz, ab.[729] Er weiß, was das bedeutet, denn das Vermögen der Deportierten verfällt dem Reich. Ihm ist jetzt klar, dass die Deportation unmittelbar bevorsteht.

Die Auflösung der Heimanlage

Die „Heimanlage für Juden Berg am Laim" wird laut Abschlussbericht des stellvertretenden Gauleiters und Leiters der Arisierungsstelle, Hans Wegner, vom 30. Juni 1943 bereits am 1. März 1943 aufgelöst.[730] Grund: „Die Zurverfügungstellung für öffentliche Zwecke dienende Interessen [ist] vordringlich geworden", wie es Dienststellenleiter Wegner in schönstem Beamtenkauderwelsch ausdrückt.[731] Die frei werdenden Räume werden auf Anordnung des Oberbürgermeisters für die Unterbringung einer Kriegsgefangenen-Wachkompanie requiriert.[732] Wegen der zunehmenden Luftangriffe wird auch ein Luftschutzkeller eingerichtet.[733] Wegner erklärt, mit der Auflösung der Lager in Milbertshofen und Berg am Laim sei „die Lösung der Judenfrage im gesamten Gaugebiet praktisch als beendigt und abgeschlossen anzusehen".[734]

Im Spätwinter 1942/43 sollen auch die 1941 begonnenen Deportationen der deutschen Juden in Konzentrations- und Vernichtungslager abgeschlossen werden. Am 27. Februar 1943 werden im Rahmen einer Großrazzia der Gestapo mit dem Decknamen „Großaktion

727 Vgl. StAM, SpkA K 1504 Seelos Hans, Aussage Dr. Waller, 2. 9. 1948.

728 Vgl. ebenda.

729 StAM, OFD München 8741 Vermögenserklärung für Gabriele Schwarz, 6. 3. 1943.

730 Hans Wegner, Tätigkeits- und Abschlussbericht zum 30. Juni 1943 (Abschrift), in: Stadtarchiv München (Hrsg.), „... verzogen unbekannt wohin". Die erste Deportation von Münchner Juden im November 1941, Zürich/München 2000, S. 21 des Dokuments im Anhang.

731 Ebenda.

732 Strnad, Zwischenstation „Judensiedlung", S. 141.

733 Kasberger, Berg am Laim, S. 366.

734 Wegner, Tätigkeits- und Abschlussbericht, S. 1 des Dokuments im Anhang.

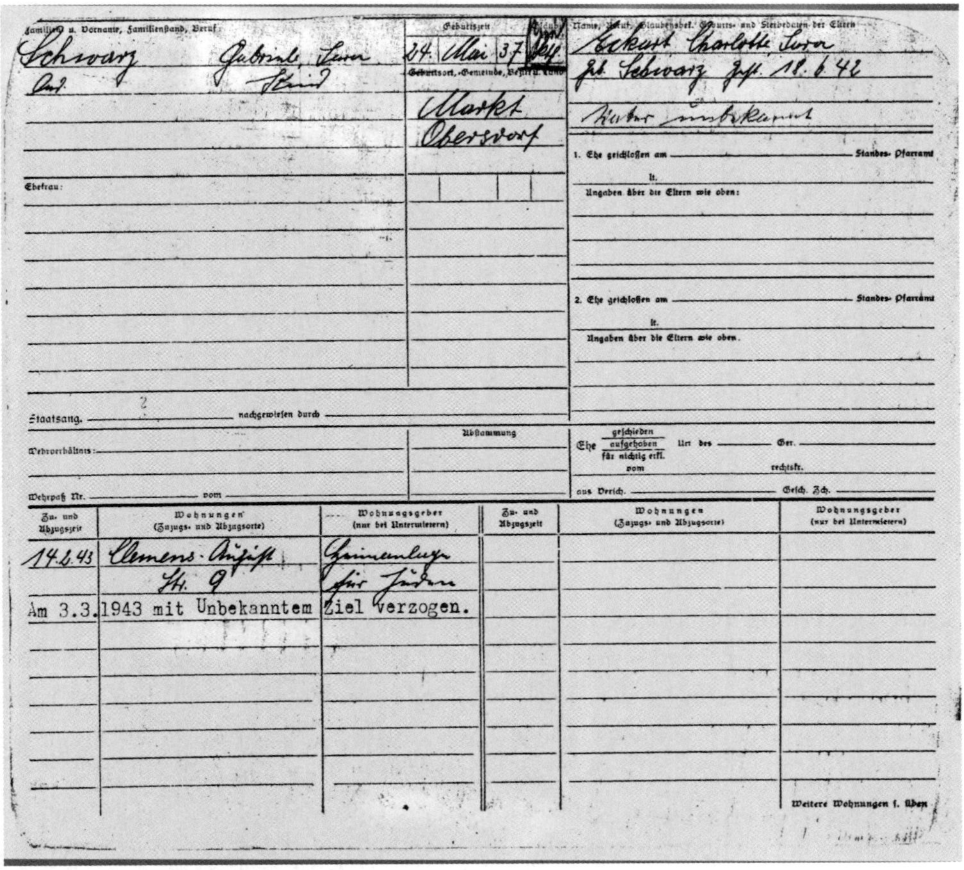

Familienname u. Vorname, Familienstand, Beruf: Schwarz Gabriele Sara Kind

Geburtszeit: 24. Mai 37

Geburtsort, Gemeinde, Bezirk, Land: Markt Oberstdorf

Name, Vorn., Glaubensbek., Geburts- und Sterbedaten der Eltern: Eckart Charlotte Sara geb. Schwarz gesch. 18.6.42 Vater unbekannt

1. Ehe geschlossen am — Standes- Pfarramt

Angaben über die Eltern wie oben:

2. Ehe geschlossen am — Standes- Pfarramt

Angaben über die Eltern wie oben.

Ehefrau:

Staatsang. — nachgewiesen durch

Abstammung

Wehrverhältnis:

Wehrpaß Nr. — vom

Ehe geschieden / aufgehoben / für nichtig erkl. — Urt. des — Ger. — vom — rechtskr.

Zu- und Abzugszeit	Wohnungen (Zuzugs- und Abzugsorte)	Wohnungsgeber (nur bei Untermietern)
14.6.43	Clemens-August-Str. 9	Heimanlage für Juden
Am 3.3.	1943 mit Unbekanntem	Ziel verzogen.

Weitere Wohnungen s. Rücks.

Gabis Münchner Meldekarte mit Eintragung, 3. März 1943 | *Stadtarchiv München, EWK 65*

Juden“ reichsweit die letzten Juden verhaftet. Viele von ihnen arbeiten als Zwangsarbeiter in Rüstungsbetrieben und werden direkt an ihrem Arbeitsplatz festgenommen, weshalb sie auch als „Fabrik-Aktion“ bekannt ist.[735] In Berlin sollen die bislang noch durch die Ehe mit „arischen“ Ehepartnern geschützten und vornehmlich in Rüstungsbetrieben eingesetzten Juden inklusive der jüdischen Zwangsarbeiter abtransportiert werden. Gegen die Internierung ihrer Männer protestieren vor einem der Sammellager in der Rosenstraße 2–4 in Berlin spontan ihre nicht-jüdischen Ehefrauen. Und das Wunder geschieht: Wenige Tage später werden die Internierten freigelassen.[736]

735 Strnad, Zwischenstation „Judensiedlung“, S. 135. Vgl. auch Schrafstetter, Flucht und Versteck, S. 46.

736 Zur Rosenstraße vgl. Antonia Leugers (Hrsg.), Berlin, Rosenstraße 2–4, Protest in der NS-Diktatur, Neue Forschungen zum Frauenprotest in der Rosenstraße 1943, Annweiler 2005.

Im Kontext dieser letzten „Säuberungen“, die bei den Behörden unter der Bezeichnung „Welle V“ läuft, ist auch die Auflösung des Sammellagers Berg am Laim zu sehen. Anders als in Berlin gibt es jedoch in München keinen Protest – und keine Freilassung.

Der Befehl zur Räumung des „Judenheims“ in Berg am Laim kommt aus dem Fernschreiber. Absender: das Reichssicherheitshauptamt in Berlin. Der zuständige Abteilungsleiter bei der Gestapo München, Johann Pfeuffer, oder der ihm unterstellte Sachbearbeiter Johann Grahammer[737] informieren wie immer fernmündlich Theodor Koronczyk,[738] den Leiter der Bezirksstelle Bayern der „Reichsvereinigung der Juden.“[739] Bei einem kurzfristig angesetzten Termin wird ihm eröffnet, dass diesmal alle Stern tragenden Juden drankommen, soweit sie nicht in Mischehen leben, ausgenommen die 12 oder 13 Mitarbeiter der Bezirksstelle. Der Transport nach Auschwitz läuft unter der Bezeichnung „Osten-Inland“. Der Beamte Grahammer hält sich insgesamt vier Tage in Berg am Laim auf, um die Gepäckkontrolle durchzuführen. Der 3. März 1943 wird als Tag des Transports festgelegt.

Der letzte Abend

Schon Ende Februar bereiten die beiden Erzieherinnen Alice Bendix und Hedwig Jacobi die Kinder auf den Abschied vom Kinderheim vor. Sie wissen bereits, dass die Kinder mit ihnen auf Transport gehen sollen. Zwei Heimkinder werden noch von ihrem Vater mit ihrer kleinen Schwester abgeholt: Ernst und Werner Grube. Beim Abschied fällt die zwölfjährige Merry Gaber Werner Grube so stürmisch um den Hals, dass er fast hinfällt.[740]

Anfang März besucht die Krankenschwester Carola Castan[741] die beiden mit ihr befreundeten Erzieherinnen in Berg am Laim. Dort herrscht allgemeines Durcheinander. Carola Castan erfährt, dass mit dem Abtransport der jüdischen Insassen des Sammellagers jetzt stündlich gerechnet werde muss. Trotz Verbot gelingt es ihr, ins Lager hineinzukommen und die letzten Stunden mit der Kindergruppe zu verbringen. Schon in der folgenden Nacht soll die Reise angetreten werden. Letzte Vorbereitungen werden getroffen. Den Kindern werden noch mal die Haare geschnitten. Erstaunt stellt die Krankenschwester fest, dass die „armen lieben Märtyrer“, wie sie die Kinder und deren Erzieherinnen nennt, wunderbar gefasst und fast heiteren zuversichtlichen Sinnes sind. Carola Castan verbringt

737 Johann Grahammer (* 6.1.1900 Schongau † ?), Gestapo-Beamter.

738 Theodor Koronczyk (* 26.2.1898 Berlin † ?), Jude, Kaufmann.

739 Vgl. für den ganzen Abschnitt StAM, Stanw. 29.499 Theodor Koronczyk, Vernehmungsprotokoll, undatiert.

740 Vgl. Werner Grube/Ilse Macek/Merry Gaber, „… bis auf weiteres als staatenlos zu erachten“, in: Macek (Hrsg.), Ausgegrenzt, S. 114.

741 Carola Castan, geb. Cap (* 26.2.1906 München), nichtjüdisch oder „Mischling“, 1936–1938 als Kinderschwester im Kinderheim Antonienstraße. Vgl. Ilse Macek/Brigitte Schmitt, Das Personal des Antonienheims, in: Macek (Hrsg.), Ausgegrenzt, S. 105–110.

mehrere Stunden mit den beiden Erzieherinnen im Kreis der Kinder. Den Abschied wollen alle rasch hinter sich bringen. Carola Castan küsst alle auf beide Wangen, was bei Herrn Jacobi[742] eine kindliche Freude und Rührung auslöst, sodass der Abschied fast heiter ausklingt. Vermutlich ist Herr Jacobi ein Bruder von Hedwig Jacobi. Er sagt, er würde in seiner letzten Stunde noch daran denken, dass Schwester Carola ihn geküsst hat.[743]

Anders als vom Leiter der Arisierungsstelle Hans Wegner in seinem Abschlussbericht behauptet, ist die „Heimanlage" am 1. März 1943 sicher noch nicht aufgelöst. Auch am 3. März geht kein Transport nach Auschwitz. Dann wird der Faschingsdienstag, der 9. März, als Tag der Abfahrt festgelegt. Doch auch daraus wird nichts. In der Nacht auf Aschermittwoch gibt es einen großen Fliegerangriff der Alliierten auf Nürnberg, auch München wird in Mitleidenschaft gezogen.[744] So wird der Transport Tag um Tag verschoben.

Frau Dr. Sommer und der kirchliche Protest

Frau Dr. Sommer, seit dem 1. September 1941 Leiterin des Hilfswerks beim Bischöflichen Ordinariat Berlin (HBOB), verfügt über ausgezeichnete Verbindungen und verlässliche Informanten. Sie weiß Bescheid über das Ausmaß der Deportationen und das Schicksal der Menschen, sie hat Kenntnis von den Massenerschießungen in Kaunas wie von den unerträglichen Verhältnissen im Ghetto von Litzmannstadt.[745] Am 20. Januar 1942 wird auf der Wannsee-Konferenz die effiziente Umsetzung der „Endlösung der Judenfrage" erörtert. Am 5. Februar informiert Frau Dr. Sommer Bischof Berning, der zu dem Ergebnis kommt: „Es besteht wohl der Plan, die Juden ganz auszurotten."[746] Frau Dr. Sommers Bericht wird am 14. Februar 1942 an Kardinal Bertram übergeben. Die westdeutschen Bischöfe mit Bischof Berning wollen Bertram jetzt zu einer Eingabe bei der Reichsregierung „zwecks Erleichterung des Loses der Nichtarier" bewegen. Vergeblich. Bertram schweigt.[747] Auch über eine Besprechung zur „Endlösung" bei Eichmann[748] am 6. März

742 Vermutlich Herbert Jacobi (* 10. 7. 1878 Würzburg † 1943 Auschwitz – ermordet), Jude.

743 Nach dem Krieg schilderte Carola Castan der ehemaligen Leiterin des Kinderheims in der Antonienstraße, Frau Dr. Kitzinger, ihre Eindrücke vom letzten Abend in Berg am Laim. Archiv Gernot Römer, Carola Castan an Frau Dr. Kitzinger, 15. 8. 1947.

744 Vgl. StAM, Stanw 29.499, Aussage Hermann Strauß, 25. 5. 1951. Auch Walter Geismar berichtet von einem großen Luftangriff und der Hoffnung, er möge die Gleise zerstören und den Transport unmöglich machen. Vgl. Ilse Macek/Walter Geismar „Man konnte nicht glauben, dass Deutsche das tun", in: Macek (Hrsg.), Ausgegrenzt, S. 155–168, hier S. 163.

745 Vgl. Leichsenring, Die Katholische Kirche, S. 226 f. Litzmannstadt ist heute das polnische Łódź.

746 Zitiert nach ebenda, S. 234.

747 Ebenda, S. 226 ff.

748 Adolf Eichmann (* 19. 3. 1906 Solingen † 1. 6. 1962 Ramla bei Tel Aviv/Israel – hingerichtet), SS-Obersturmbannführer, im Reichssicherheitshauptamt (RSHA) Leiter des für die Vertreibung und Deportation zuständigen Referats.

1942 zeigt sich Frau Dr. Sommer bestens informiert und verfasst einen entsprechenden Bericht.[749]

Im Juli 1942 übersendet Frau Dr. Sommer einen weiteren erschütternden Bericht an die deutschen Bischöfe, verbunden mit dem Appell, sich für die Menschenrechte aller Deportierten einzusetzen. Wiederum vergeblich. Im Gegenteil: Auf der alljährlichen Plenarkonferenz in Fulda erklären sich die deutschen Bischöfe, was die Wahrung menschlicher Rechte betrifft, für nicht zuständig. Im Reichskirchenministerium stellt man befriedigt fest, dass zu „besonderen Bedenken" kein Anlass bestehe, da die Kirche „in einem rein religiösen Rahmen" argumentiere.[750] Einen Bericht über die jüngsten Deportationen und Deportationsziele sendet Frau Dr. Sommer sogar direkt nach Rom. Aber auch von dort ist kein Wort des Protestes zu vernehmen.[751]

Vermutlich Anfang Oktober 1942 verfasst Frau Dr. Sommer erneut einen Bericht über ein in Vorbereitung befindliches Gesetz „zur Scheidung rassisch gemischter Ehen". Durch die staatlich verordnete Scheidung von im katholischen Sakrament der Ehe bis zum Tode miteinander verbundenen Menschen sind jetzt kirchliche Rechte unmittelbar bedroht. So erhebt Kardinal Bertram schon am folgenden Tag „namens des Gesamtepiskopats in pflichtmäßiger Wahrung der Rechte der katholischen Kirche … ernsteste Vorstellungen" bei den Reichsministern der Justiz, des Innern und dem Staatssekretär im Reichskirchenministerium.[752] Durch das Gesetz würden nach katholischer Überzeugung unauflösliche Ehen auseinandergerissen. Bertram beeilt sich jedoch zu versichern, dass seine „Vorstellungen nicht einem Mangel an Liebe zum Deutschtum, nicht einem Mangel an Gefühl nationaler Würde entspringen, auch nicht einer Geringschätzung der schädlichen Einflüsse eines Überwucherns jüdischer Einflüsse [sic] gegenüber deutscher Kultur und vaterländischen Interessen."[753] Um die „Nichtarier" geht es Kardinal Bertram in dieser Eingabe an die Ministerien nur am Rande. Ihm geht es um die Unantastbarkeit des Sakraments der Ehe.

Am 2. März 1943 übergibt Frau Dr. Sommer einen Bericht über die „gewaltsame Trennung rassischer Mischehen" im Zusammhang mit den jüngsten Berliner Deportationen persönlich an Kardinal Bertram.[754] Frau Dr. Sommer hat klare Vorstellungen, was zu geschehen hat: Der Papst soll ein Hirtenwort über den Vatikanischen Sender verbreiten, in dem er an das Weltgewissen appelliert. Das passiert zwar nicht, aber immerhin schreibt Kardinal Bertram noch am gleichen Tag an die Ministerien und das Reichssicherheits-

749 Leichsenring, Die Katholische Kirche, S. 236.
750 Ebenda, S. 232.
751 Ebenda, S. 230 ff.
752 Ebenda, S. 236 f.
753 Zitiert nach ebenda, S. 237 f.
754 Ebenda, S. 245.

hauptamt.[755] Er betont, dass „auch gegenüber den Angehörigen anderer Rassen unverrückbare Pflichten der Menschlichkeit" bestünden. Der wichtigste Punkt ist ihm jedoch: „Solche Ehen sind und bleiben nach göttlichem Rechte giltig [sic] und unauflöslich."[756]

Bertram wartet vergeblich auf eine Reaktion. Heinrich Wienken,[757] der Leiter des bischöflichen Kommissariats der Fuldaer Bischofskonferenz, berichtet Beruhigendes über eine Vorsprache bei Eichmann, der ihn, wie sich später herausstellt, kaltblütig belügt. Es gibt kein Hirtenwort der deutschen Bischöfe, erst recht kein Protestschreiben des Papstes an die Reichsregierung und auch keine Ansprache über Radio Vatikan. Der Appell an das Weltgewissen bleibt aus.[758]

In Berg am Laim steht die Auflösung des Judenlagers in den Räumen des Klosters unmittelbar bevor. Auch Gabi, eine „nichtarische" Katholikin, getauft wie ihre Mutter und von Aicheles im katholischen Glauben erzogen, steht kurz vor ihrer Deportation – ganz ohne kirchlichen Schutz.

Der Boner-Brief

Auf dem Aichele-Hof wartet man ungeduldig auf Nachricht von Yvonne Boner. Drei Wochen dauert das Warten. Am 19. März 1943 berichtet sie endlich von ihren Nachforschungen.

> „Sehr geehrter Herr Aichele,
> nachdem ich Ihren Brief vom 26. 2. 43 erhalten hatte, setzte ich mich sofort mit den einstmaligen Bekannten der verstorbenen Frau Eckart in Verbindung. Da sie in Liechtenstein die Atemschule ‚Juventus' leitete, in der Zeit vom 15. 9. 36 bis 25. 3. 37, stieß ich dort immer wieder auf allerlei Gerüchte, die als solche natürlich nicht zweckdienlich sind, da sie selten der Wahrheit entsprechen. Erst als ich selber nach dem Fürstentum Liechtenstein fuhr, um bei dortigen ehrenhaften Personen vorzusprechen, Personen, welche höhere Ämter begleiten [sic], wie fürstlicher Regierungssekretär, Gemeindevorsteher und Polizeibeamte, kam ich auf die richtige Spur, wo ich etwas Positives erfuhr. Erstens erfuhr ich durch Regierungsbeamte, dass Frau Eckart bereits im Monat August 1936 im Fürstentum weilte zwecks Erlangung der Niederlassungserlaubnis. Zweitens erfuhr ich, dass die Vaterschaft des Kindes bei gewissen Personen in Liechtenstein nicht ganz unbekannt sein sollte. Ich hoffe, dass

755 EAM, NL FH 8431 Kardinal Bertram an verschiedene Adressaten der Reichsregierung, 2. 3. 1943.

756 Zitiert nach Leichsenring, Die Katholische Kirche, S. 247.

757 Heinrich Wienken (* 14. 2. 1883 Stalförden/Krs. Cloppenburg † 21. 1. 1961 Berlin), Leiter des Bischöflichen Kommissariates der Fuldaer Bischofskonferenz, Bischof von Meißen (1951–1957).

758 Leichsenring, Die Katholische Kirche, S. 247 f.

ich in ca. 8 Tagen zu diesbezüglichen Belegen kommen werde, die ich Ihnen dann sofort zustellen würde.
Um Sie nicht noch länger warten zu lassen, schicke ich Ihnen hierbei die Bestätigung des Hochwürden Herrn Pfarrer Tschuor[759] von Schaan (Liechtenstein), welcher das vollständige Vertrauen der Frau Eckart genossen hat. Es dürfte Ihnen besonders dienlich sein und wertvoller als die Aussage irgendeiner Privatperson. Sollten doch letztere Aussagen für Sie von Wert sein und Sie solche wünschen, so bin ich gerne bereit, Ihnen 3–4 solche zu beschaffen.
Sie werden sich wundern, dass hier derartige Forschungen so viel Zeit in Anspruch nehmen. Die Leute nehmen hier eben alles gemütlich und überlegen eine Frage mehrmals, was allerdings den Vorteil hat, dass man das richtige Gleise nicht verliert.
Mit bestem Dank für das Bildchen und den Brief zeichnet und grüßt hochachtungsvoll
Y. Boner.
Beilage: Bestätigung vom 16. März 1943“[760]

Zwei wichtige Dinge erfährt Yvonne Boner bei ihren Nachforschungen. Erstens: Lotte war schon im August 1936 in Liechtenstein – ein wichtiger Hinweis auf Gabis Vater, denn Yvonne Boner kann rechnen: Eine normale Geburt erfolgt in der Regel zwischen der 38. und 42. Schwangerschaftswoche, gerechnet ab dem ersten Tag der letzten Regelblutung. Der Eisprung erfolgt etwa 2 bis 3 Wochen danach, d. h. der Zeugungszeitpunkt liegt etwa 35 bis 40 Wochen vor der Geburt. Da Gabi am 24. Mai 1937 auf die Welt gekommen ist, muss die Zeugung, einen normalen Verlauf der Schwangerschaft vorausgesetzt, irgendwann zwischen dem 17. August und dem 22. September 1936 geschehen sein. Deshalb ist der Umstand, dass Lotte schon im August in Liechtenstein war, äußerst wichtig für die Beantwortung der Frage nach dem Vater. Er bedeutet, dass die Zeugung in Liechtenstein und vermutlich schon kurz nach ihrer Ankunft passiert sein könnte. Man hat nach Gabis Vater also in Liechtenstein zu suchen und zwar in jenem männlichen Personenkreis, von dem sie nach der Ankunft umgeben war. Wie erwähnt, schifft sich Gustav Biedermann am 19. August in Le Havre nach New York ein. Am 17. August ist er aber noch in Schaan …

Zweitens: Yvonne Boner erfährt, dass gewisse Personen im Fürstentum durchaus wissen, wer der Vater von Lottes Kind ist. Yvonne Boner legt ihrem Schreiben eine Bestätigung des Pfarrers von Schaan vom 16. März 1943 bei. Die Bestätigung Pfarrer Tschuors hat besonderes Gewicht, da er laut Yvonne Boner Lottes „vollständiges Vertrauen“

759 Johannes Tschuor (* 17. 2. 1896 Sargans/Schweiz † 7. 7. 1990 Schaan/Liechtenstein), Schweizer, katholischer Geistlicher, Pfarrer in Schaan/Liechtenstein (1933–1965). Ein sehr gebildeter, humaner, sozial und gerecht denkender Mensch und gegen den Nationalsozialismus und dessen Rassenwahn eingestellt. Zugleich wirkte er auf Versöhnung unter den Menschen hin. Vgl. Peter Geiger an den Autor, 4. 7. 2008.

760 ALH, Yvonne Boner an Josef Aichele, 19. 3. 1943. Unterstreichung im Original.

genossen habe. Diese Bestätigung ist leider nicht erhalten. Wurde sie dem Landrat vorgelegt oder gar der Gestapo übersandt? Und was mag der Geistliche da bestätigt haben? Den Namen des Vaters sicher nicht, sonst hätte ihn Yvonne Boner genannt. Sollte Lotte ihm den Namen des Vaters ihres Kindes bei der Beichte anvertraut haben, durfte er ihn nicht preisgeben, weil er dem Beichtgeheimnis unterlag. Von Yvonne Boner auf die in Deutschland über Leben und Tod entscheidende Abstammungsproblematik hingewiesen, könnte Pfarrer Tschuor die Erklärung abgegeben haben, dass es sich bei Gabis Vater laut Lottes Auskunft um einen „Deutschblütigen" handelt. Vermutlich stammt aus seiner Erklärung, die bis heute in der Familie Aichele vertretene Überzeugung, bei Gabis Vater habe es sich um eine höhergestellte Persönlichkeit, einen Deutsch-Schweizer aus Liechtenstein gehandelt. Aber auch Privatpersonen in Liechtenstein hat Lotte offenbar soweit ins Vertrauen gezogen, dass sie dies ebenfalls „bestätigen" konnten. Yvonne Boner erklärt, dass sie jederzeit bereit sei, solche Aussagen von drei bis vier weiteren Personen zu beschaffen, falls Aichele dies wünsche. Sie bräuchte dafür noch etwa acht Tage Zeit.

Doch es ist keine Zeit mehr, gar keine Zeit. Gabis Vormund, Dr. Dreifuß, meldet nach Stiefenhofen: „Der Zug ist abgefahren. Wir wissen nicht wohin."[761] Tatsächlich ist das Lager in Berg am Laim längst aufgelöst, als Yvonne Boner ihren Brief schreibt.

Der Transport

Auf Gabis Karteikarte in der Münchner Einwohnerkartei findet sich der etwas voreilig mit Maschine getippte Eintrag: „Am 3. 3. 1943 mit unbekanntem Ziel verzogen."[762] Das Ziel durfte nach einer Anweisung in den „Richtlinien für die Evakuierung" nicht genannt werden.[763] Doch ist es durchaus bekannt: das Vernichtungslager Auschwitz-Birkenau. Aber der eingetragene Termin stimmt nicht. Erst am 13. März 1943 ist es so weit.[764] Die letzten Münchner Juden werden zuvor fast alle ins „Jüdische Sammellager Berg am Laim"

761 Hiemer, Interview mit Resi Baumann.

762 StadtA, M EWK 65 Einwohnermeldekarte Gabriele Schwarz.

763 Vgl. die Richtlinien zur technischen Durchführung der Evakuierung von Juden nach dem Osten (KL Auschwitz), hrsg. vom Reichssicherheitshauptamt, 20. 2. 1943, abgedruckt in: Alfred Gottwaldt/Diana Schulle, Die „Judendeportationen" aus dem Deutschen Reich 1941–1945, Wiesbaden 2005, Anl. 87, Bl. 5.

764 Der Transport vom 13. 3. 1943 aus München nach Auschwitz ist durch eine Reihe von Dokumenten und Aussagen im Rahmen des Vorermittlungsverfahrens gegen Münchner Gestapo-Beamte gut belegt. Vgl. StAM, Stanw. 29.499, Bayerisches Hilfswerk an den Untersuchungsrichter, 25. 5. 1951, und Israelitische Kultusgemeinde München an die Staatsanwaltschaft, 26. 8. 1949, sowie Vernehmungsprotokoll Hermann Strauß, 25. 5. 1951, Vernehmungsprotokoll Theodor Koronczyk, undatiert, und Siegfried Neuland an den Untersuchungsrichter beim Landgericht München, 26. 5. 1951. Vgl. auch den ausführlichen Bericht von Hugo Höllenreiner, eines damals neunjährigen Sinto-Jungen aus München, in: Anja Tuckermann, „Denk nicht, wir bleiben hier!" Die Lebensgeschichte des Sinto Hugo Höllenreiner, 2. Aufl., München 2009, S. 52–61.

verlegt. Als das Lager aufgelöst wird, werden sämtliche Insassen in einen Zug nach Auschwitz verfrachtet.[765] Insgesamt umfasst der Transport 220 von den Nationalsozialisten als Juden klassifizierte Menschen,[766] 82 von ihnen kommen aus Augsburg, 25 aus dem übrigen Bayern, 113 aus dem aufgelösten Lager Berg am Laim, darunter die neun Kinder aus der Gruppe der beiden Erzieherinnen Alice Bendix und Hedwig Jacobi.[767] Auch Gabi ist unter ihnen.[768]

In aller Herrgottsfrüh werden die Kinder in Berg am Laim aus den Betten geholt und wie die Erwachsenen in plombierten Möbelwagen oder Transportomnibussen zum „Bahnhof" gebracht,[769] vermutlich wird der Transport in der Eilguthalle an der Hackerbrücke zusammengestellt[770] – alles andere als ein regulärer Bahnhof für den Personenverkehr. Bei der Verladung der Menschen in die bereitstehenden Güterwaggons beschimpfen Gestapo-Beamte diese als „Saujuden", „Judenpack" und dergleichen. Die Menschen werden mit Gewalt in die Waggons hineingedrückt, Ältere regelrecht hineingeworfen.[771]

765 Grundlegend Strnad, Zwischenstation „Judensiedlung", S. 135–142.

766 Lt. Strnads Aufstellung über Deportationstransporte aus München 1941–1945 in: Strnad, Zwischenstation „Judensiedlung", S. 182. Abweichend davon gibt Strnad auch eine Summe von 219 Personen an, darunter 108 aus München, die er aufgrund der vorhandenen Entziehungsakten sowie der nach dem Krieg von der Israelitischen Kultusgemeinde rekonstruierten Deportationsliste ermittelt hat. Ebenda, S. 135 sowie ebenda, Anm. 141.

767 Strnad ermittelt demgegenüber zehn Minderjährige in diesem Transport, ebenda, S. 138.

768 Vgl. StAM, Stanw. 24.499, Transportliste der Israelitischen Kultusgemeinde München, 4. 10. 1951. Die Liste umfasst die Juden aus Berg am Laim inklusive der Kinder, unter ihnen auch Gabi, und enthält 113 Namen. Eine Aufstellung der ermordeten Juden aus Augsburg umfasst 82 Menschen, bei denen als Deportationsziel „Auschwitz" vermerkt ist. Vgl. Gernot Römer, Names of Augsburg's Jewish Holocaust Victims (http://infotrue.com/names.html). Vgl. auch Strnad, Zwischenstation „Judensiedlung", S. 140. Die übrigen 25 Menschen kamen demnach aus anderen Teilen Bayerns.

769 Vgl. StAM, Stanw. 29.499 Rose Lampe an den Untersuchungsrichter beim Landgericht München, 19. 5. 1951. Walter Geismar schilderte den Abschied von seiner Freundin Ilse Nussbaum: „Wir haben uns noch umarmt, den anderen Adieu gesagt … Ich sagte: ‚Ich geh mit!' Und sie sagte: ‚Geh nicht mit! Du hast deine Eltern da. Und wenn ich zurück komme, bist du am Hauptbahnhof! Mit deinem grünen Hut!' Ich habe immer einen grünen Hut getragen. Ich hab' gesagt: ‚Also schön, gut.' Plötzlich fing sie zu weinen an und hat gesagt: ‚Wir sehen uns wieder!' Das ist mir bis heute noch in Erinnerung geblieben. Wie konnte die so etwas sagen, vorher waren wir noch voller Hoffnung und dann plötzlich … hat geheult und ist weg gerannt. Das war das Ende." Macek/Geismar, „Man konnte nicht glauben", S. 163.

770 Strnad, Zwischenstation „Judensiedlung", S. 141. Die Angaben der Zeugen gingen allerdings auseinander: Der Zeuge Siegfried Neuland nannte die „Eilguthalle Landsbergerstraße". Vgl. StAM, Stanw. 29.499, Siegfried Neuland an den Untersuchungsrichter beim Landgericht München, 26. 5. 1951. Der Zeuge Hermann Strauß nannte den „Milchladehof an der Bayerstraße". Vgl. ebenda, Vernehmungsprotokoll Hermann Strauß, 25. 5. 1951. Johann Pfeuffer gab an, dass die Transporte vom Bahnhof München-Milbertshofen abgegangen seien. Von einem Transport nach Auschwitz wollte er aber nichts gewusst haben. Vgl. ebenda, Vernehmungsprotokoll Johann Pfeuffer, 3. 1. 1950.

771 Eine der wenigen Überlebenden des Transports, Irma Lichtenauer, beschrieb die Vorgänge auf dem Hauptbahnhof Augsburg. In München wird die „Verladung" ähnlich abgelaufen sein. Vgl. StAM, Spk-Akten K 545 Grahammer, Hans, Vernehmungsprotokoll Irma Lichtenauer, 4. 7. 1950.

Dann werden die Türen zugeschoben und von außen verriegelt.[772] Diese vermutlich vier mit Juden besetzten Waggons werden an einen Wehrmachtszug angekoppelt, der Truppen an die Ostfront bringen soll.[773] Weitere Waggons sind mit Münchner Sinti gefüllt, die bei einer „Zigeuneraktion" festgenommenen wurden und ebenfalls nach Auschwitz geschickt werden.[774] Auch ihre Waggons werden an den Auschwitz-Transport angehängt.[775] In jedem Waggon sind zwischen 50 und 60 Menschen zusammengepfercht.[776] Zum Sitzen oder gar Liegen ist kein Platz. In jedem Waggon fährt ein bewaffneter SS-Mann mit, der sich vor der Tür postiert. Die dicht an dicht stehenden Menschen produzieren bald eine unerträgliche Hitze. Es gibt keine Verpflegung und keinerlei sanitäre Einrichtungen. Zu Enge und Hitze kommt mit der Zeit entsetzlicher Gestank.

Im Bahnhof Nürnberg gibt es Fliegeralarm. Die Posten verlassen die Waggons. Die Menschen in den Waggons hören das Dröhnen der Flugzeuge über der Stadt, hören die Bomben fallen und beten, dass ihr Zug nicht getroffen werden möge. Nach Stunden setzt sich der Transport wieder in Bewegung. Das lange Stehen, die schlechte Luft und die mangelnde Versorgung fordern bald ihren Tribut. Alte und Gebrechliche erleiden Schwächeanfälle, kommen ans Ende ihrer Kräfte. Die Erwachsenen stützen sich gegenseitig, lehnen sich zum Schlafen aneinander. Menschen jammern und klagen, Kinder weinen und wimmern, bis sie in den Armen Erwachsener endlich Schlaf finden.

Irgendwo hält der Zug auf freier Strecke. Die Türen werden aufgerissen. Den gesamten Zug entlang stehen SS-Männer, Gewehr im Anschlag. Ein junger Mann springt, ohne die entsprechende Aufforderung abzuwarten, aus einem Waggon und wird von den SS-Männern sofort erschossen. Dann wird den Insassen des Zuges mit lautem Gebrüll befohlen, den Zug zu verlassen. Die Passagiere saugen gierig die frische kalte Luft ein, essen Schnee, stehen im eisigen Frost. SS-Männer ziehen tote Kinder und alte Menschen aus den Waggons und legen sie neben die Gleise. Dick angezogene und mit Handschuhen und Mützen ausgestattete SS-Männer spülen unterdessen mit dicken Wasserschläuchen den Unrat aus den Waggons. Junge Leute springen in den harten Wasserstrahl, um sich abzukühlen und ein paar Schluck Wasser zu erhaschen. Dann werden die Passagiere von der SS wieder in die pitschnassen Waggons zurückgejagt.

Irgendwo unterwegs wird der Zug geteilt. Die Wehrmachtssoldaten fahren weiter an die Front, die mit „Zigeunern" besetzten Waggons werden an einen größeren Sammel-

772 Die Schilderung des Transports basiert auf der Schilderung von Hugo Höllenreiner. Tuckermann, „Denk nicht!", S. 52–61. Höllenreiner zufolge habe es sich nicht um einen normalen Personenzug gehandelt, da die Waggons keine Sitze und keine Fenster gehabt hätten.

773 Strnad, Zwischenstation „Judensiedlung", S. 141.

774 Vgl. Tuckermann, „Denk nicht!", S. 48–52.

775 Strnad, Zwischenstation „Judensiedlung", S. 141.

776 Vgl. ebenda. Vorausgesetzt die 220 Juden wurden gleichmäßig auf die vier Waggons verteilt, wäre jeder Waggon mit 55 Menschen besetzt gewesen.

transport aus Ungarn, Polen und dem Deutschen Reich angekoppelt.[777] Die Waggons mit den Juden werden an einen Transport mit Juden aus dem aufgelösten Ghetto B in Krakau angehängt. Er umfasst jetzt insgesamt 1000 Personen.[778]

Die Fahrt nach Auschwitz dauert vier Tage und drei Nächte. Die unfreiwilligen Passagiere sind geschwächt, krank, verzweifelt, einige versterben auf der Fahrt. Was die kleine Gabi auf der Zugfahrt durchmacht, vermag man sich kaum vorzustellen. Sicher ist auch sie am Ende ihrer Kräfte, hungrig und durstig, müde und verzweifelt. Am Abend des 16. März 1943 erreicht der Transport den Bahnhof Auschwitz.[779]

Auschwitz

Der Bahnhof Auschwitz liegt ein bis zwei Kilometer außerhalb des Lagers Auschwitz-Birkenau.[780] Es ist schon dunkel, als der Zug endlich hält. Die Türen werden aufgerissen. Draußen stehen SS-Männer mit Hunden, Gewehr im Anschlag. Mit Gebrüll werden die Menschen aufgefordert, die Waggons zu verlassen. Die SS-Männer schlagen mit den Gewehrkolben auf die Reisenden ein, um sie anzutreiben und um sie zum Schweigen zu bringen. Sofort wird die Selektion durchgeführt: Männer und Frauen mit Kindern werden getrennt. Anschließend werden die älteren Frauen und Frauen mit Kindern aussortiert und mit Lastwagen abtransportiert, unter ihnen auch die Kinder aus Berg am Laim.[781] Während die arbeitsfähigen Männer und Frauen zu Fuß ins Lager marschieren, um für die SS zu arbeiten, werden die anderen auf Lastwagen direkt zum Krematorium II gekarrt, unter ihnen die Kinder aus Berg am Laim und ihre beiden Erzieherinnen. Auch die kleine Gabi.[782]

777 Am 16. 3. 1943, dem Tag, an dem der Transport mit Gabi in Auschwitz ankam, erhielten 363 „Zigeuner" aus Deutschland, Ungarn und Polen eine Häftlingsnummer. Wie viele davon aus München kamen, ist unklar. Vgl. Danuta Czech, Kalendarium der Ereignisse im Konzentrationslager Auschwitz-Birkenau 1939–1945, Reinbek bei Hamburg 1989, S. 443.

778 Strnad, Zwischenstation „Judensiedlung", S. 142.

779 An diesem Tag erreichte auch der Transport mit den Münchner Sinti Auschwitz. Ebenda.

780 Die berüchtigte Rampe mit Gleisanschluss direkt im Lager wurde erst im Frühjahr 1944 in Betrieb genommen.

781 Vgl. HHStAW, Abt. 461, Staatsanwaltschaft bei dem Landgericht Frankfurt a. M., Nr. 5737, Vernehmungsprotokoll Gerda Görtler, 11. 11. 1959, sowie ebenda, Vernehmungsprotokoll Fanny Herrmann, 30. 9. 1959, beide Insassinnen des Zuges. Die 15 ½-jährige Ilse Nussbaum aus der Kindergruppe Berg am Laim wurde bei der Selektion den erwachsenen Frauen und nicht den Kindern zugeschlagen. Sie schrieb aus Auschwitz sogar noch eine Postkarte an ihren Freund Walter Geismar. AWG, Ilse Nussbaum an Walter Geismar, 15. 6. 1943. Ilse Nussbaum erkrankte 1944 an Typhus und starb in der Gaskammer.

782 Was mit den Kindern geschehen ist, wurde den beiden Augenzeuginnen der Selektion bald klar. Fanny Herrmann, die in „privilegierter Mischehe" lebte, kam irrtümlich nach Auschwitz. Sie musste in der Politischen Abteilung Schreibarbeiten verrichten. Von ihren Kolleginnen erfuhr sie, dass in Auschwitz diejenigen, die gleich nach der Ankunft auf Lastwagen verladen wurden, zur „Sonderbehandlung", d. h.

Auschwitz, Krematorium II
Staatliches Museum Auschwitz-Birkenau, 033 nr neg 20995-460

Das Krematorium II ist erst am 13. März 1943 in Betrieb genommen worden. Es ist das einzige, das an diesem Abend verfügbar ist. Ein Sonderkommando aus polnischen Juden ist dort im Einsatz.[783] Kurz vor Feierabend versammelt SS-Hauptscharführer Hirsch[784] das

zur Vernichtung kamen. Gerda Görtler war Krankenpflegerin in Berg am Laim. Auch sie hörte bald, was mit den selektierten Frauen und Kindern geschah: Sie wurden direkt nach der Ankunft ins Gas geschickt. Neben Gerda Görtler und Fanny Herrmann, beide aus München, kehrte von 220 Menschen, die am 13. 3. 1943 in München „auf Transport" gingen, nur noch Irmgard Lichtenauer aus Augsburg zurück. Irmgard Lichtenauer (* 1903 ? † 1974 Augsburg) war in Auschwitz in der Abteilung Unterkunft als Schreibkraft beschäftigt. Vgl. HHStAW, Abt. 461, Staatsanwaltschaft bei dem Landgericht Frankfurt a. M., Nr. 5737, Vernehmungsprotokoll Irmgard Lichtenauer, 23. 5. 1960, sowie StAM, Spk-Akten K 545 Grahammer, Hans, Vernehmungsprotokoll Irmgard Lichtenauer, 4. 7. 1950 sowie GA Butt, Sammlung Franz Xaver Neuner, Irmgard Lichtenauer an Herrn Neuburger, 5. 2. 1947.

783 Einer von ihnen ist der junge polnische Jude Henryk Tauber (* 8. 7. 1917 Chrzanów/Polen † 11/1999 New Jersey/USA), der unmittelbar nach dem Krieg im Prozess gegen Lagerkommandant Höß über seine Erlebnisse in Auschwitz detailliert berichtete. Dabei schilderte er auch die Geschehnisse am Abend des 16. 3. 1943. Henryk Tauber, Protokoll der Aussage des früheren Häftlings des KL Auschwitz und Angehörigen des Sonderkommandos, Henryk Tauber im Prozeß gegen Rudolf Höß (Archiv des Staatlichen Museums Auschwitz-Birkenau, Bd. 11, Bl. 122–150). Staatsanwalt: Eward Pechalski, Richter: Jan Sehn, in: Waclaw Dlugoborski/Franciszek Piper (Hrsg.), Auschwitz 1940–1945, Bd. III, Berlin 1999, S. 273–302.

784 Über Hauptscharführer Hirsch liegen keine weiteren Informationen vor.

Sonderkommando und verkündet, das Kommando müsse im Krematorium bleiben. Es komme noch Arbeit. Die Angehörigen des Kommandos werden in einen Raum geführt, der eigentlich für Ärzte vorgesehen ist. Dort werden sie eingeschlossen. Bald hören sie die Lastwagen vorfahren, Menschen weinen und schreien. Auch Gabi und die anderen Kinder aus Berg am Laim mit ihren Erzieherinnen müssen sich in einer Baracke ausziehen. Nackt werden sie hinaus ins Freie gejagt. Ein paar Schritte weiter führt eine Treppe in den Keller hinab. Dort betritt man einen Gang. Links geht es ins Bad, wo die Menschen desinfiziert werden sollen, wie es heißt. Als alle Nackten, Frauen wie Kinder, in dem Raum zusammengetrieben sind, wird die massive Holztür verschlossen. Sie ist mit schwarzem Filz und einem Metallbeschlag eingefasst. Eiserne Riegel krachen herunter und werden an der Wand festgeschraubt. Dann wird die Lüftungsanlage angestellt. Durch Entlüftungsschächte wird die Atemluft aus dem Bad abgesaugt. Über den Köpfen der Eingesperrten befinden sich im oberen Teil der Seitenwände kleine, nach unten gelegte, mit Gittern aus Weißblech versehene Öffnungen. Die Schächte sind obendrein mit eisernen Körben gesichert. Es ist kaum möglich, die Schächte mit bloßen Händen zu zerstören. Panik macht sich jetzt unter den Eingeschlossenen breit. Dann beginnt die eigentliche Vergasung.

Lagerarzt Dr. Mengele[785] holt vier Büchsen mit gelbem Etikett aus einem Auto mit einem aufgemalten Roten Kreuz auf dem Dach und übergibt sie dem SS-Rottenführer Scheimetz.[786] Der legt seine Gasmaske an und besteigt das Flachdach des „Bades“. Mit einem speziellen Schlageisen und einem Hammer öffnet er den Verschluss eines der vier kleinen Kamine, die etwas aus dem Dach hervorragen. Dann schüttet der SS-Mann den Inhalt der Büchse in einen kegelförmigen Behälter, deckt die Öffnung mit dem Zementdeckel zu und geht zum nächsten Schornstein, wo er die Prozedur wiederholt.

Vier Säulen ziehen sich in der Mitte durch das Bad. Sie sind mit drei Lagen Drahtgitter verkleidet. Das Granulat aus der Büchse lässt Gas entweichen, ein tödliches Gas, Zyklon B, ein Nervengift. Nach wenigen Minuten gibt es kein menschliches Leben mehr in diesem „Bad“. Alle sind tot. Auch Gabi.

Wieder heult die Entlüftung auf. Die vergiftete Luft wird abgesaugt. Kurz darauf beginnt das Sonderkommando mit dem Abtransport der Leichen. Die Leichen werden in dieser Nacht von 70 Häftlingen des Sonderkommandos aus Block 2 einzeln aus dem Raum geschleift. Manche sind so ineinander verdreht, verkrallt, verkeilt, dass man ganze Knäuel von Leibern zusammen an einem Strick aus dem „Bad“ zerren muss. Auf dem Korridor schneidet ein Frisör den ermordeten Frauen das Haar ab. Anschließend wird es in Säcke gestopft. Die Leichen werden mit dem Aufzug ein Stockwerk höher gebracht. Dort reißen zwei Zahnärzte unter Aufsicht von SS-Männern den Leichen die Metallzähne

785 Josef Mengele (* 16. 3. 1911 Günzburg † 7. 2. 1979 Bertioga/Brasilien), NS-Lagerarzt.
786 Vgl. Tauber, Protokoll der Aussage, S. 19. Über Scheimetz liegen keine weiteren Informationen vor.

und künstlichen Gebisse aus. Ein Häftling zieht den Frauen die Trauringe ab, die sie bis zuletzt behalten durften. Manche tragen noch Ohrringe. Die werden jetzt auch kassiert. Der gesamte Schmuck kommt in eine kleine Kiste.

Im Verbrennungsraum laufen fünf Verbrennungsöfen auf Hochtouren. Die Leichen werden bei Temperaturen von 1000 bis 1200° C verbrannt. Jeder Ofen hat drei Einschübe, in die die Leichen gepackt werden. Jeweils fünf bis sechs Kinderleichen werden auf die von zwei Erwachsenen gelegt, damit die Leichen gut brennen und die Kinder nicht durch den Rost in den Aschekasten fallen. Aus dem Schornstein fährt eine regelrechte Feuerlohe, die den nachtschwarzen Himmel in grausiges Rot taucht.

Gabis Schicksal

Im Allgäu bangt man immer noch um Gabi. Erst am 21. April 1943 mahnt der Sonthofener Landrat Dr. Waller bei der Gestapo in München die Beantwortung seines Briefes an.[787] Es wird Mai, bis endlich die Antwort auf seine Eingabe eintrifft. Der Leiter des Judendezernats bei der Gestapo München, Johann Pfeuffer, teilt mit, „dass das von der Jüdin Eckart, geborene Schwarz, geborene Kind als Jüdin bezeichnet wird, da es aus dem Verkehr mit einem Juden stammt. Selbst wenn es von einem Deutschen gezeugt worden wäre, könnte nichts geändert werden, da das Kind von einer jüdischen Mutter geboren wurde."[788] Pfeuffer geht von einem Juden als Vater von Gabi aus; auch das ist ein Hinweis darauf, dass der Haftbefehl für Lotte nicht auf „Rassenschande" lautet, sondern aus einem anderen Grund erlassen wurde. Doch mittlerweile werden Juden längst ohne weiteren Grund, sondern einfach, weil sie Juden sind, deportiert und umgebracht. Der zweite Teil des Bescheides steht auf wackligen Beinen: Wenn allein schon die Tatsache, dass die Mutter Jüdin ist, ein Kind zum Juden machte, dann wäre die Sache ja glasklar und man müsste noch nicht einmal das Nürnberger „Blutschutzgesetz" mit seiner Stichtagsregelung bemühen. Wenn die Sache so einfach wäre, warum hat derselbe Gestapobeamte, Johann Pfeuffer, Pletzer und Aichele dann sogar die Rückgabe des Kindes in Aussicht gestellt? Wenn die entsprechende Darstellung von Oberlehrer Pletzer stimmt, handelte es sich offenkundig bloß um ein leeres Versprechen, mit dem er die Querulanten aus dem Allgäu abspeisen wollte, um sie loszuwerden. Das Fazit des Briefes ist eine feige Lüge: „Die Jüdin Eckart ist ausgesiedelt worden und das Kind kann deshalb nicht mehr zurückkommen."[789]

„Die Jüdin Eckart" ist selbstverständlich nicht „ausgesiedelt", sondern mit Haftbefehl der Gestapo in Augsburg verhaftet, als „Schutzhäftling" ins Frauenkonzentrations-

787 Vgl. StAM, SpkA K 1504 Seelos Hans, Aussage Dr. Waller, 2. 9. 1948.

788 Ebenda. Dr. Waller zitierte im Spruchkammerverfahren gegen Seelos aus dem in der Jugendamtsakte von Gabriele Schwarz enthaltenen Brief Pfeuffers an ihn vom 10. 5. 1943.

789 Ebenda.

lager Ravensbrück eingewiesen und in Bernburg durch Gas vergiftet und erstickt worden oder, wie die offizielle Version lautet, im Frauenkonzentrationslager Ravensbrück „verstorben" … Das weiß der Leiter des Judendezernats bei der Gestapo in München durch die Meldung der beiden Banker aus Augsburg ganz genau. Weshalb „deshalb" Gabi nicht mehr zurückkommen kann, bleibt im Dunkeln. Die reine Willkür der Maßnahme, nämlich Gabi den Pflegeeltern wegzunehmen und sie nach Berg am Laim zu bringen, ist schwerlich zu bemänteln. Dass auch Gabi wie ihre Mutter nie mehr zurückkehren wird, davon kann Pfeuffer allerdings fest ausgehen.

Von den weiteren Bemühungen Yvonne Boners, den Vater des Kindes zu identifizieren, ist nichts bekannt. Allerdings ist anzunehmen, dass sie nach ihrem Brief an Josef Aichele vom 19. März 1943 weiter recherchiert hat: Am 15. Juli 1943 stellt die Fürstliche Regierungskanzlei Liechtenstein eine Amtsbestätigung aus, dass die deutsche Reichsbürgerin Frau Lotte Eckart vom 1. September 1936 bis zum 25. März 1937 in Schaan (Liechtenstein) wohnhaft war.[790] Entgegen der früheren Auskunft ist hier ein um zwei Wochen früheres Datum für die Einreise vermerkt. Doch Regierungsbeamte hatten Yvonne Boner ja längst verraten, dass Lotte sich bereits im August im Fürstentum aufgehalten hat … Ob Yvonne Boner Gabis Vater doch noch aufgespürt hat? Wer Gabis Vater war, ist bis heute nicht mit letzter Sicherheit zu sagen.

Über Gabis Schicksal gibt es allerdings keinen Zweifel. Sicher ist sie unter den unmittelbar nach der Ankunft des Transports in Auschwitz Vergasten. Doch in Auschwitz werden keine Sterbeurkunden ausgefertigt. Gabi kehrt zwar niemals mehr nach Stiefenhofen zurück, auch von irgendeinem Lebenszeichen ist nichts bekannt, doch wird selbst in den 1980er-Jahren noch über ihr Schicksal spekuliert. Zwar habe sich „ihre Spur in der Gestapo-Zentrale München verloren",[791] aber vielleicht habe sie ja am Ende doch überlebt, mutmaßen manche. Doch schon am 25. Juli 1946 hat die Israelitische Kultusgemeinde Augsburg in einem Schreiben an das Amtsgericht Augsburg festgestellt: „Das Kind der Charlotte Eckhart [sic] kam gelegentlich des Märztransportes 1943 mit nach Auschwitz und wurde dort ermordet."[792] Am 10. Mai 1947 bestätigt die Israelitische Kultusgemeinde Augsburg, dass das Kind Gabriele Schwarz „mit einem Sammeltransport am 8. 3. 43 [sic] mit anderen Kindern nach dem Vernichtungslager Auschwitz deportiert und dorten nach Ankunft ermordet" wurde.[793] Zwar stimmt das angegebene Datum nach unserem heutigen Kenntnisstand nicht ganz, aber über Gabis Schicksal gibt es keinen Zweifel.

790 LI LA, RF 220/154 Amtsbestätigung, 15. 7. 1943.
791 So Pfarrer Mader in seiner Chronik von Stiefenhofen. Mader, Stiefenhofen, S. 251.
792 StAA, LEA 74213, K-Akte, Nr. 2511, Israelitische Kultusgemeinde Augsburg an das Amtsgericht Augsburg, 25. 7. 1946.
793 StAA, VI 1035/50 Israelitische Kultusgemeinde Augsburg, Bestätigung, 10. 5. 1947.

III Nach Gabis Tod

1 Raubmord an einem kleinen Mädchen

Die Entziehung

Gabi wird in Auschwitz nicht nur um ihr junges Leben gebracht, sondern auch um ihr Vermögen. Von dem weiß sie zwar nichts, ebenso wenig wie vermutlich ihre Pflegeeltern, wohl aber der Staat. Mit einer Reihe ausgeklügelter Verwaltungsvorschriften bereichert sich die Reichshauptkasse schamlos an den Deportierten und Ermordeten. So bestimmt die Elfte Verordnung zum Reichsbürgergesetz vom 25. November 1941,[1] dass „ein Jude bei der Verlegung des gewöhnlichen Aufenthalts ins Ausland" seine Staatsangehörigkeit verliert und sein Vermögen an das Deutsche Reich fällt.[2] In Paragraf 1 wird klargestellt: „Der gewöhnliche Aufenthalt ist dann gegeben, wenn sich ein Jude im Ausland unter Umständen aufhält, die erkennen lassen, daß er dort nicht nur vorübergehend weilt."[3] Da Gabi noch am Tag ihrer „Auswanderung" in Auschwitz ermordet wird, ist klar, dass sie „nicht nur vorübergehend" im Ausland „weilt". Ihr Vermögen wird deshalb vom Reich eingezogen. Ist mehr verwaltungstechnischer Zynismus und skrupellose Bereicherung an einem Kind denkbar?

Der gesamte Vorgang der „Entziehung" des Vermögens von Gabriele Schwarz ist bis ins Detail in einer Akte der Oberfinanzdirektion München dokumentiert.[4] Ausgangspunkt ist die Bestätigung der Geheimen Staatspolizei, Staatspolizeileitstelle München vom 19. März 1943, dass Gabriele Sara Schwarz am 16. März 1943 „ausgewandert" ist.[5] Dass sie minderjährig ist, spielt dabei keine Rolle. Dass sie unfreiwillig ausgewandert ist, indem sie von der Gestapo in einen Deportationszug gesteckt wird, ebenso wenig. Dass Auschwitz im „Generalgouvernement" liegt, das dem Deutschen Reich angegliedert und somit gar kein Ausland ist, interessiert ebenfalls nicht. Am 3. Dezember 1941 werden in einem geheimen Rundschreiben des Reichsministers des Innern[6] die annektierten

1 Vgl. Elfte Verordnung zum Reichsbürgergesetz, 25. 11. 1941, http://www.verfassungen.de/de33-45/reichsbuerger35-v11.htm.
2 Vgl. ebenda, § 3.
3 Ebenda, § 1.
4 StAM, OFD 8741 Entziehungsakte Gabriele Schwarz.
5 Ebenda, Listenauszug der Gestapo München, 19. 3. 1943.
6 Abgedruckt bei: Hans Günther Adler, Der verwaltete Mensch, Tübingen 1974, S. 503 f.

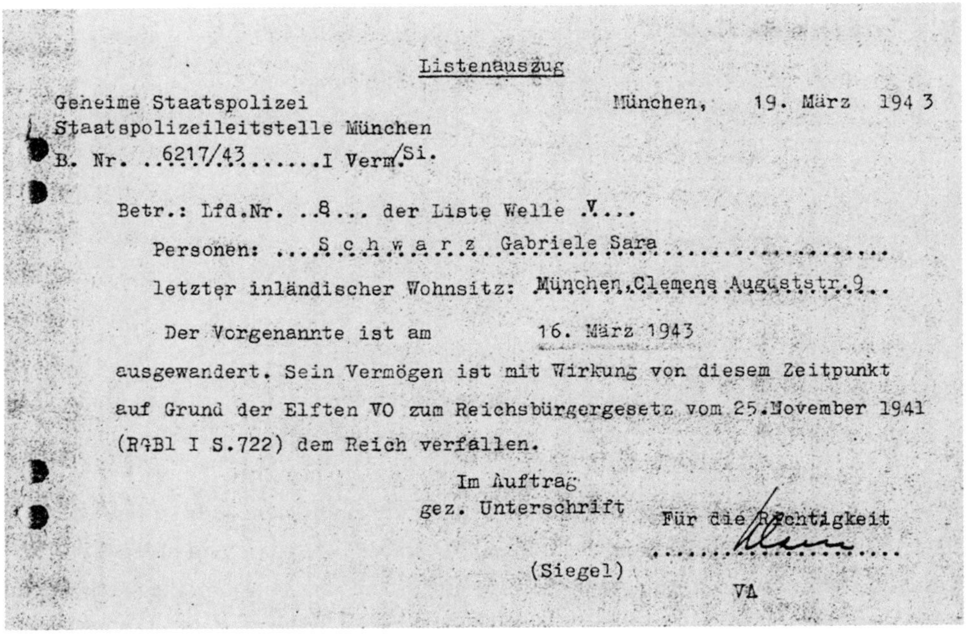

Listenauszug

Geheime Staatspolizei München, 19. März 1943
Staatspolizeileitstelle München
B. Nr. ..6217/43......I Verm/Si.

Betr.: Lfd.Nr. ..8... der Liste Welle .V...

Personen: ....S c h w a r z Gabriele Sara..................

letzter inländischer Wohnsitz: München, Clemens Auguststr. 9..

Der Vorgenannte ist am 16. März 1943

ausgewandert. Sein Vermögen ist mit Wirkung von diesem Zeitpunkt auf Grund der Elften VO zum Reichsbürgergesetz vom 25. November 1941 (RGBl I S.722) dem Reich verfallen.

Im Auftrag
gez. Unterschrift

Für die Richtigkeit
....

(Siegel)

VA

Listenauszug der Gestapo München, 19. März 1943 | *Staatsarchiv München, OFD 8741*

Gebiete „im Sinne der elften Verordnung zum Reichsbürgergesetz vom 25. 11. 1941“ nämlich kurzerhand zum Ausland erklärt. Damit zählt auch Auschwitz zum Ausland. Die nach Auschwitz deportierten deutschen Juden verlieren deshalb nicht nur ihre Staatsangehörigkeit, sondern in den meisten Fällen auch ihr Leben – in jedem Fall aber ihr Vermögen.

Bereits am 4. November 1941 informiert der Reichsminister der Finanzen die Oberfinanzpräsidenten per Schnellbrief von der bereits begonnenen Abschiebung der Juden „in den Osten“ und erteilt Weisungen, wie mit dem Vermögen der Deportierten verfahren werden soll.[7] Deckname der ganzen Sache: „Aktion 3“. Die Gestapo führt die Abschiebung durch und fordert zuvor Vermögenslisten von den „Auswanderern“, das heißt, die zur Deportation Vorgesehenen müssen zuvor noch eine aktuelle Auflistung ihres Vermögens bei der Gestapo abgeben. Auch für die zur Abschiebung „in den Osten“ vorgesehene „Gabriele Sara Schwarz“ ist eine Vermögenserklärung abzugeben. Am 6. März 1943 kommt ihr Vormund, Dr. Ludwig Dreifuß, dieser Forderung nach.[8] Gabi ist zu diesem Zeitpunkt noch in Berg am Laim.

7 Der Schnellbrief ist abgedruckt bei: Martin Friedenberger/Klaus-Dieter Gössel/Eberhard Schönknecht (Hrsg.), Die Reichsfinanzverwaltung im Nationalsozialismus, Bremen 2002, Dokument 30, S. 70–74.

8 StAM, OFD München 8741, Entziehungsakte Gabriele Schwarz, Vermögenserklärung von Dr. Dreifuß für Gabriele Schwarz, 6. 3. 1943.

Bei der Bayerischen Hypotheken- und Wechselbank Augsburg, Filiale Bahnhofstraße, der Hausbank der Familie Schwarz, besteht ein auf „Gabriele Sara Schwarz" lautendes Wertpapierdepot. Darin befinden sich drei Pfandbriefe des Hypotheken- und Credit-Instituts Wien zum Nennwert von je 1000,– RM. Aktueller Kurswert der Papiere: 3075,– RM.[9] Ein ebenfalls auf ihren Namen lautendes Konto weist einen Betrag von 176,69 RM aus. Hier wurden wohl die Zinsen, die die Wertpapiere abwarfen, gutgeschrieben. Mit Datum vom 8. März 1943 erstellt auch die „Jugendleiterin der Kinderstation" in Berg am Laim, wie sie sich selbst bezeichnet, Alice Bendix, eine Vermögenserklärung für Gabi.[10] Sie weiß natürlich nichts von Depot und Konto bei der Augsburger Bank. Nicht einmal dass Gabi getauft ist, weiß sie: Unter Konfession trägt sie fälschlicherweise „israelitisch" ein. Dr. Dreifuß ist freilich besser informiert. Er gibt an: „römisch-katholisch".

Wie Gabi zu den Wertpapieren kommt, ist leicht nachvollziehbar. Das Depot B 1644 ihrer Großmutter Anna Schwarz wird nach deren Tod, wie erwähnt, unter der Bezeichnung „Fr. Anna Sara Schwarz Nachlass Augsburg" von Lotte und Hansi weitergeführt. Eine Aufstellung der Bayerischen Hypotheken- und Wechselbank vom 27. April 1942 umfasst einige wertlos gestellte mexikanische Staatsanleihen sowie sechs Pfandbriefe des Hypotheken- und Kreditinstituts Wien. Der Wert des Depots wird mit 6201,– RM angegeben.[11] In einem Schreiben vom 15. Mai 1942 an den Oberfinanzpräsidenten in München erklärt die Bank, dass das Effektendepot im Wert von 6200,– RM sowie ein Barguthaben von 959,15 RM laut Erbschein von den beiden Töchtern der Anna Schwarz, Charlotte Margarete Sara Eckart und Johanna Sara Sechehaye, sowie von deren Kindern René Sechehaye und Gabriele Sara Schwarz geerbt wurde.[12] Zu diesem Zeitpunkt sind Lotte und Hansi vermutlich bereits tot – aber nicht offiziell. Erst als für die beiden Schwestern endlich die Todesmitteilungen des Standesamtes Ravensbrück II vorliegen, verfügt der Oberfinanzpräsident am 6. August 1942, dass René und Gabi jeweils die Hälfte des Nachlasses erben, erlässt aber gegen Gabis Anteil Sicherungsanordnung, denn Gabi gilt ja als „Volljüdin". Dr. Dreifuß als ihr Vormund darf für sie nur über 100,– RM monatlich verfügen.[13]

9 Ebenda, Kontoauszug der Bayer. Hypotheken- und Wechselbank Augsburg für Kto. Nr. 2118 Gabriele Sara Schwarz, 20. 4. 1943.

10 Ebenda, Vermögenserklärung von Alice Bendix für Gabriele Schwarz, 8. 3. 1943.

11 Ebenda, Depotaufstellung der Bayer. Hypotheken- und Wechselbank Augsburg für das Konto Nr. 1644 vom 13. 5. 1942, Stand vom 27. 4. 1942.

12 Ebenda, Bayer. Hypotheken- und Wechselbank Augsburg an den Oberfinanzpräsidenten in München, 15. 5. 1942. Am gleichen Tag geht in Beantwortung eines Schreibens vom 7. 5. 1942 unter dem Betreff „Einziehung jüd. Vermögens" bereits ein „Hausbrief" mit der Auflistung sämtlicher Konten von Juden an den Oberfinanzpräsidenten in München ab. Dort ist auch das „Kto. 1644 A. S. Schwarz Nachl. Augsburg" aufgeführt. Bei dem angegebenen Wohnort „Klinkerberg 20" dürfte es sich allerdings um ein Versehen handeln, denn Lotte hat nie dort gewohnt. Auch sonst gibt es keinerlei Verbindungen von Lotte zu dieser Adresse. Historisches Archiv der UniCreditbank AG München, D_Hypo_SB_A-2767.

13 StAM, OFD München 8741, Entziehungsakte Gabriele Schwarz, Verfügung des Oberfinanzpräsidenten in München, Sicherungsanordnung gegen das Vermögen von Gabriele Schwarz, 6. 8. 1942.

Am 20. August 1942 bittet die Bayerische Hypotheken- und Wechselbank Augsburg, Depositenkasse Bahnhofstraße, die Wirtschaftsgruppe Privates Bankgewerbe, Centralverband des Deutschen Bank- und Bankiergewerbes, in Berlin, um die Umlegung des mit Verfügung des Oberfinanzpräsidenten in München aufgelösten Depots der Anna Sara Schwarz je zur Hälfte an René Sechehaye und Gabriele Sara Schwarz.[14] Gabi besitzt nun ein Depot mit den von ihrer Mutter beziehungsweise Großmutter ererbten drei Pfandbriefen. Auch ein Konto auf Gabis Namen wird bei der Bayerischen Hypotheken- und Wechselbank München unter der Nr. 2118 geführt. Nach Gabis Ermordung belegt ein Kontenblatt vom 20. April 1943 – „Führergeburtstag"! – die Auflösung des Kontos und weist die Übertragung des Restguthabens von 218,60 RM am 6. April 1943 an den Oberfinanzpräsidenten in München aus.[15] Am gleichen Tag wird die Verwaltung und Verwertung von Gabis Depot dem „Herrn Oberfinanzpräsidenten München" übertragen.

Am 24. März 1943 verschickt der Oberfinanzpräsident in München per Einschreiben ein streng vertrauliches Rundschreiben zu der Frage, wie mit Vermögen der deportierten Juden umzugehen sei, das auch an die Bayerische Hypotheken- und Wechselbank Augsburg geht.[16] Längst ist klar, dass diese jüdischen Vermögen dem Reich verfallen sind. In der Anlage wird eine Namensliste „der am 10. März 1943[17] im Rahmen aus dem Stapo-Bereich München nach dem Osten abgeschobenen Juden" übersandt, sodass die Bank genau weiß, wessen Vermögen jetzt abgewickelt werden muss. Die Bank meldet Gabis Vermögen am 17. Mai 1943 dem Oberfinanzpräsidenten nach München.[18] Am 19. Juli 1943, rund vier Monate nach ihrem Tod, belegt ein Kontoauszug für „Gabriele Sara Schwarz, München", den Verkauf der Wertpapiere aus ihrem Depot. Nach Abzug der Börsenumsatzsteuer erbringt der Verkauf 3109,45 RM, der umgehend am 20. Juli 1943 an die Reichshauptkasse überwiesen wird.[19] Das Deutsche Reich profitiert von Gabis unfreiwilliger „Auswanderung" und kassiert insgesamt 3328,05 RM. Wozu das Deutsche Reich Gabis Vermögen zu verwenden hat, ist gesetzlich geregelt. Die Elfte Verordnung zum Reichsbürgergesetz bestimmt: „Das verfallene Vermögen soll zur Förderung aller mit der Lösung der Judenfrage im Zusammenhang stehenden Zwecke dienen."[20]

14 Ebenda, Bayer. Hypotheken- und Wechselbank Augsburg an die Wirtschaftsgruppe Privates Bankgewerbe – Centralverband des Deutschen Bank- und Bankiergewerbes, 20. 8. 1942.

15 Ebenda, Kontoauszug Kto. Nr. 2118 vom 20. 4. 1943.

16 Ebenda, D-Hypo-KONTO-A-95 I, Rundschreiben des Oberfinanzpräsidenten München, 24. 3. 1943.

17 Tatsächlich wurde Gabi am 13. März 1943 „nach dem Osten abgeschoben". Offenbar wurde das Rundschreiben bereits vor dem tatsächlichen Deportationstermin, der sich ja mehrmals verschoben hatte, verfasst und das Datum nachträglich nicht korrigiert.

18 Historisches Archiv der UniCreditbank AG München, Wertpapierbestandsverzeichnis Gabriele Schwarz, 17. 5. 1943.

19 StAM, OFD 8741, Entziehungsakte Gabriele Schwarz, Auflösung des Ktos. Nr. 2118 und Überweisung des Restbetrags an die Reichshauptkasse, 20. 7. 1943.

20 Elfte Verordnung zum Reichsbürgergesetz, 25. 11. 1941.

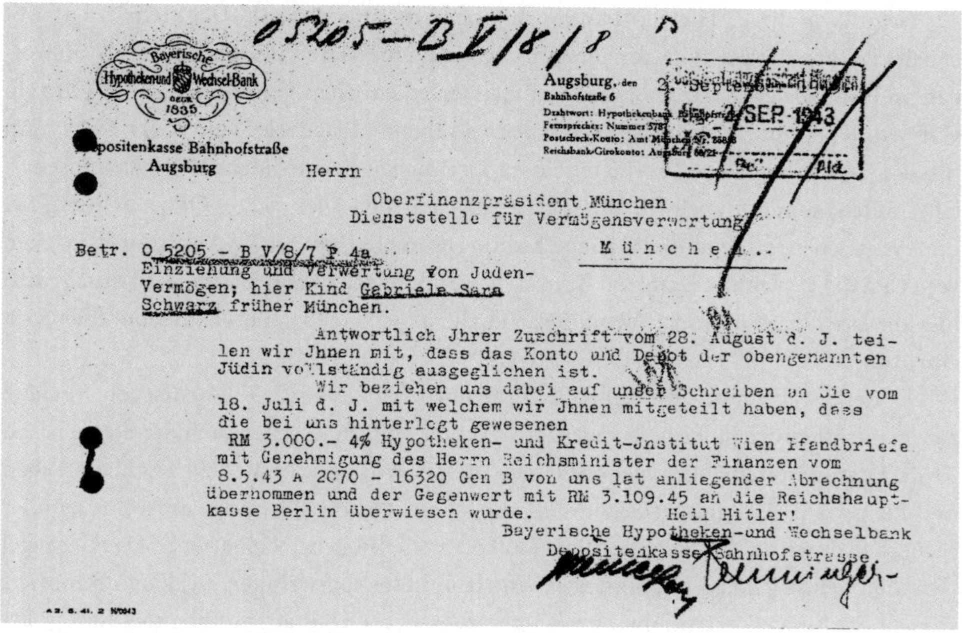

O5205 – B V/8/8

Bayerische Hypotheken- und Wechsel-Bank gegr. 1835

Depositenkasse Bahnhofstraße
Augsburg

Augsburg, den 2. September 1943
Bahnhofstraße 6
Drahtwort: Hypothekenbank
Fernsprecher: Nummer 5787
Postscheck-Konto: Amt München
Reichsbank-Girokonto: Augsburg

2. SEP. 1943

Herrn

Oberfinanzpräsident München
Dienststelle für Vermögensverwertung

München

Betr. O 5205 – B V/8/7 P 4a
Einziehung und Verwertung von Juden-Vermögen; hier Kind Gabriele Sara Schwarz früher München.

Antwortlich Jhrer Zuschrift vom 28. August d. J. teilen wir Jhnen mit, dass das Konto und Depot der obengenannten Jüdin vollständig ausgeglichen ist.

Wir beziehen uns dabei auf unser Schreiben an Sie vom 18. Juli d. J. mit welchem wir Jhnen mitgeteilt haben, dass die bei uns hinterlegt gewesenen
RM 3.000.– 4% Hypotheken- und Kredit-Jnstitut Wien Pfandbriefe mit Genehmigung des Herrn Reichsminister der Finanzen vom 8.5.43 A 2070 – 16320 Gen B von uns lt anliegender Abrechnung übernommen und der Gegenwert mit RM 3.109.45 an die Reichshauptkasse Berlin überwiesen wurde.

Heil Hitler!
Bayerische Hypotheken-und Wechselbank
Depositenkasse Bahnhofstrasse

Bayer. Hypotheken- und Wechselbank Augsburg, Depositenkasse Bahnhofstraße an den Oberfinanzpräsidenten in München, 2. September 1943 | *Staatsarchiv München, OFD 8741*

Die Zusammenarbeit zwischen dem Reichsminister der Finanzen, dem Oberfinanzpräsidenten München, der Bayer. Hypotheken- und Wechselbank Augsburg, Depositenkasse Bahnhofstraße, und der Staatspolizeileitstelle München funktioniert in Gabis Fall reibungslos. Der Raubmord an einem kleinen Kind tritt hier in schauerlichster Form auf – als Vollzug einer Verwaltungsverordnung. Am 2. September 1943 kann die Bayer. Hypotheken- und Wechselbank Augsburg, Depositenkasse Bahnhofstraße, an den Oberfinanzpräsidenten in München Vollzug melden: Konto und Depot der Jüdin Gabriele Schwarz ist „vollständig ausgeglichen".[21]

Und die Bischöfe?

Faulhaber unterstützt schon im November 1941 die Bemühungen des „Ausschusses für Ordensangelegenheiten" um einen Hirtenbrief gegen die unrechtmäßigen Deportationen, der in ganz Deutschland verlesen werden soll. Das Vorhaben scheitert jedoch.[22] Eine

21 StAM, OFD 8741 Bayer. Hypotheken- und Wechselbank Augsburg, Depositenkasse Bahnhofstraße, an den Oberfinanzpräsidenten in München, 2. 9. 1943.

22 Vgl. Leugers, Gegen eine Mauer, S. 252.

auf Grundlage dieses Hirtenbriefs von Bischof Preysing verfasste Denkschrift begrüßt er sehr.[23] Doch die Bischöfe können sich nicht auf eine klare Linie verständigen. So werden im Frühjahr 1942 Hirtenbriefe in ganz unterschiedlichen Versionen von den Kanzeln verlesen. Klipp und klar erklärt Faulhaber in seinem Hirtenbrief vom März 1942: „Ein Bischof hat […] nicht nur für die religiösen kirchlichen Rechte in der Volksgemeinschaft einzutreten, sondern auch für die gottverliehenen Menschenrechte. Ohne Achtung für diese Menschenrechte muß die ganze Kultur zusammenbrechen."[24] Ähnliche Positionen vertreten die Hirtenbriefe anderer bayerischer und westdeutscher Bischöfe. Erstmals wird hier die bischöfliche Pflicht formuliert, für die allgemeinen Menschenrechte öffentlich einzutreten.[25]

Es dauert aber noch bis zum 12. September 1943, bis sich die deutschen Bischöfe zu einem öffentlichen Protest gegen die Tötung von „Menschen fremder Rassen und Abstammung" durchringen, der etwas verklausuliert das grundsätzliche Recht auf Leben und körperliche Unversehrtheit fordert. Er ist ein Protest gegen die Entrechtung aller Menschen durch das NS-Regime, nicht bloß der katholischen „Nichtarier".[26] Das Gerangel zwischen den Bischöfen um Sinn und Wortlaut dieses sogenannten Dekaloghirtenbriefs spiegelt die innere Zerrissenheit der Kirche zwischen Loyalität zum Regime, Kampf für die Rechte der Kirche und Engagement für Menschen, die nicht zur Kirche gehören und vom NS-Staat verfolgt werden, wider.

Für Gabi, Lotte und all die anderen „nichtarischen" Katholiken kommt dieser Protest viel zu spät. So bleibt er ebenso folgenlos wie Kardinal Bertrams Protest vom 17. November 1943 bei Himmler und dem Reichssicherheitshauptamt wegen menschenunwürdiger Lager und außerordentlich hoher Todeszahlen in den Massenlagern und im Januar 1944 gegen die Aussonderung von „Mischlingen".[27] Nach wie vor ist die Kirche im Visier der Machthaber – und beteuert wiederholt hilflos ihre grundsätzliche Loyalität.

Nach dem Attentat auf Hitler vom 20. Juli 1944 wird Faulhaber als einziger Bischof von der Gestapo vernommen. Dabei überschlägt er sich beinahe in Ablehnung und Verurteilung des Anschlags und erneuert sein Treuebekenntnis zum Führer des Dritten Reiches.[28]

23 Vgl. ebenda, S. 258.
24 Vgl. ebenda, S. 263 sowie Leugers, Die deutschen Bischöfe, S. 35.
25 Vgl. Leugers, Gegen eine Mauer, S. 264.
26 Vgl. ebenda, S. 286 f.
27 Vgl. ebenda, S. 220 f.
28 Vgl. ebenda, S. 316 f.

2 Leben ohne Gabi

Gabi ist fort

Am 13. Februar 1943 muss Gabi den Aichele-Hof verlassen. Ein paar Tage später sieht Josef Aichele in Berg am Laim seine Pflegetochter ein letztes Mal durchs Schlüsselloch beim Spielen. Dann kommt die Nachricht von Dr. Dreifuß, der Zug sei abgefahren, man wisse nicht wohin. Schließlich, Ende April, der Bescheid vom Landrat: Die Gestapo habe mitgeteilt, dass Gabi nicht mehr zurückkommen könne. Gabi ist fort. Für immer.

Nur schwer finden Josef und Therese Aichele zurück in den Alltag. Dasselbe gilt für Anna und Resi. Sie können nicht begreifen, warum man ihnen ihr geliebtes Pflegekind, ihr kleines Schwesterchen, genommen hat. Was aus Gabi geworden ist, wissen sie nicht. Nur, dass Gabi nie mehr zu ihnen zurückkommen wird, darüber machen sie sich keine Illusionen.

Fini Zirn ist drei Tage älter als Gabi und in der Nachbarschaft auf einem Hof in Wolfsried daheim. Sie hat auch ein paar Mal mit Gabi gespielt. Noch heute erinnert sie sich, dass Gabi von einem Tag auf den anderen nicht mehr da war. Niemand kann Gabis Spielkameradin erklären warum. Von Aicheles bekommt Fini zum Trost einen Frühstücksteller aus dem Service von Anna Schwarz und zur Erinnerung Gabis roten Trainingsanzug – etwas ganz Besonderes für ein Mädchen aus einer einfachen Bauernfamilie.[29]

Das nationalsozialistische Deutschland kapituliert

Gut zwei Jahre nach Gabis Ermordung, am 30. April 1945, verübt Adolf Hitler, der „Führer" des Deutschen Reiches, der angeblich „größte Feldherr aller Zeiten", Selbstmord in der von der „Roten Armee" Sowjetrusslands umzingelten Reichskanzlei in Berlin. Deutschland liegt in Schutt und Asche. Der Krieg ist verloren. Am 8. Mai 1945 kapituliert das Deutsche Reich bedingungslos. Die vier Siegermächte, die Vereinigten Staaten von Amerika, Großbritannien, Frankreich und die Sowjetunion, teilen Deutschland in vier Besatzungszonen auf. Deutschland hat aufgehört, als souveräner Staat zu existieren.

Eine „neue Gabi"

Auf dem Aichele-Hof ist die Freude groß. Beide Söhne kehren schon bald unversehrt aus dem Krieg heim. Josef Aichele ist weiter im Pfarrgemeinderat tätig. Auch politisch engagiert er sich wieder und wird Mitglied der am 12. September 1945 in München neu

29 Fini Reithemann an den Autor, 29. 6. 2017. Noch heute hält Fini Reithemann, geb. Zirn, ein Foto in Ehren, das sie zusammen mit Gabi zeigt.

gegründeten „Christlich-Sozialen Union“ (CSU). Schon 1945 ist er wieder im Gemeinderat aktiv.[30] Vermutlich in dieser Zeit verfasst Josef Aichele einen Bericht über Gabi für den Stiefenhofener Pfarrer, Johann Baptist Hitzler:

> „Das Kind Gabriele Schwarz geb. am 24. Mai 1937 zu Markt Oberdorf Tochter der Frau Charlotte Ekardt [sic] geb. Schwarz von Augsburg (Witwe). Das Kind wurde katholisch getauft, die Frau hatte sich in Markt Oberdorf umtaufen lassen und wurde kath. im Jahre 1937. Das Kind bekommen wir im Alter von 3 Wochen in Pflege am 15. 6. 37 und hatten es bis zum 13 Febr 1942. Auf Befehl des Bürgermeister Seelos mußten wir das Kind zu der dortigen Fürsorgeschwester Groth bringen, ohne das [sic] der dortige Landrat was wußte. Die Fürsorgeschwester brachte dan [sic] das Kind sofort nach München Berg zur Gestapo. Von München kamm [sic] das Kind weg mit einem Tranzport [sic] und wir hatten von dem lieben Kinde jede Spur verloren. Wir thaten[sic] unser möglichstes mit Herrn Oberlehrer Pletzer das Kind frei zu bekommen, aber umsonst. Freundlichen Grus [sic] Aichele Josef.“[31]

Josef Aichele belastet in seinem Bericht den ehemaligen Bürgermeister Seelos schwer: Auf seinen Befehl habe er Gabi abgeben müssen.

Anna, die Älteste, hat noch im Krieg nach Hergensweiler geheiratet und trägt jetzt den Familiennamen Embritz. Die zehn Jahre jüngere Resi hat dagegen weiter auf dem Hof geschuftet „wie ein Mannsbild“.[32] Aber bald hat auch Resi einen Freund – von dem sie schwanger wird. Er ist ein „Geschiedener“ und kommt deshalb für die strenggläubigen Josef und Therese Aichele als Schwiegersohn nicht in Betracht. 1947 bringt Resi ihr Kind auf die Welt. Sie lässt es auf den Namen Gabriele taufen. „Die Mama soll wieder eine Gabi haben“, ist ihre Begründung.[33] Tatsächlich freut sich Therese Aichele sehr über das Kind, das Resi ihr anvertraut. Bis Gabi in die Schule kommt, wohnt sie bei den Großeltern auf dem Hof. Resi lebt ein paar Hundert Meter weiter in der „Moos-Villa“. Bald findet sie einen neuen Partner. Die beiden heiraten und gründen eine bescheidene Existenz. Gabi hat jetzt einen Vater. Resi bringt eine gemeinsame Tochter zur Welt, und die Familie zieht nach Rohrdorf bei Isny. Das „gute Geschirr“ von Anna Schwarz und allerlei Sachen von Lotte und Gabi ziehen mit um. Dort werden sie von der neuen Generation ganz selbstverständlich benützt, egal, ob es sich um Gabis Schlitten, Skier, Fahrradkorb oder Koffer, Spiel- oder Anziehsachen handelt. Manches wird zerschlissen und weggeworfen. Anderes

30 Vgl. FAA, Ehrenbürgerbrief Josef Aichele, 22. 5. 1952.
31 Archiv der katholischen Pfarrgemeinde St. Martin, Stiefenhofen.
32 Vgl. Hiemer, Zeitzeugen-Interview (Film) Resi Baumann.
33 Vgl. ebenda.

bleibt erhalten und erinnert wie die beiden Fotoalben von Lotte und Anna und die vielen Fotos bis heute an die unglückliche, mit der Familie Aichele so eng verbundene Lotte und ihr Töchterchen Gabi.

3 Entnazifizierung

Der Fall Johann Seelos

Am 5. Februar 1948 erscheint ein unbekannter Mann auf dem Hof von Josef Aichele. Er sagt, er sei Ermittler und sammle belastende Informationen für ein Spruchkammerverfahren gegen den ehemaligen Bürgermeister und Ortsgruppenleiter von Stiefenhofen, Johann Seelos.[34] Das Verfahren gegen Johann Seelos basiert auf dem „Gesetz zur Befreiung von Nationalsozialismus und Militarismus“[35] in der amerikanischen Besatzungszone, das am 5. März 1946 in Kraft tritt. Stiefenhofen wurde trotz der Besetzung durch französische Truppen schon bald der amerikanischen Zone zugeschlagen. Wie in allen Stadt- und Landkreisen der amerikanischen Zone müssen sich auch die ehemaligen NSDAP-Mitglieder von Stiefenhofen vor eigens geschaffenen, Spruchkammern genannten Gerichten verantworten. Ihre Aufgabe ist es, die von dem Entnazifizierungsgesetz Betroffenen einer von fünf Kategorien zuzuordnen:

- Hauptschuldige wie die, denen in Nürnberg der Prozess gemacht wird,
- Belastetete, also Aktivisten, Militaristen und Nutznießer des NS-Systems,
- Minderbelastete, denen minder schwere Taten nachgewiesen werden,
- Mitläufer, die durch keinerlei Taten im Sinne des Nationalsozialismus aufgefallen sind und
- Entlastete, die trotz formeller Mitgliedschaft in der NSDAP Widerstand gegen das System geleistet haben und dafür Nachteile in Kauf nehmen mussten.

Von Ermittlern wird vor Ort zunächst Material gesammelt, das ein öffentlicher Ankläger zu einer Klageschrift zusammenstellt. Gegebenenfalls schließt sich eine Verhandlung mit Zeugenvernehmung an. Schließlich fällt die Spruchkammer ihr Urteil, in dem der „Betroffene“ einer der fünf Kategorien zugeordnet wird. Als Sühnemaßnahme kann die

34 StAM, SpKA K 1504 Seelos Hans, Der öffentliche Kläger in Sonthofen an Ermittler Winkler, 3.2.1948. Der öffentliche Kläger in Sonthofen hatte Ermittler Winkler aus Sonthofen den Auftrag erteilt, in der „dringenden Haftsache“ Seelos zu ermitteln.

35 Gesetz Nr. 104 zur Befreiung von Nationalsozialismus und Militarismus 1946, http://www.verfassungen.ch/de/bw/wuertt-b-befreiungsgesetz46.htm.

Spruchkammer je nach Schwere der Schuld einen ganzen Katalog von Sanktionen verhängen, die vom Ausschluss von Ehrenämtern bis Arbeitslager, Vermögensentzug und Beschlagnahmung von Einkommen reichen. Ziel der Entnazifizierung genannten Säuberung ist es, politisch Verantwortliche für die Taten des Nationalsozialismus zu belangen und das gesellschaftliche Klima zu entgiften.[36]

Johann Seelos muss 1944 noch zur Marine einrücken.[37] Am 24. Juli 1945 wird er in Meldorf/Schleswig-Holstein festgenommen und kommt in britische Internierungshaft.[38] Als Ortsgruppenleiter der NSDAP gilt er zunächst als Belasteter. Seelos durchläuft die Internierungslager Eselsheide, Darmstadt, Moosburg und Dachau. Noch drei Jahre nach Kriegsende befindet er sich im Internierungs- und Arbeitslager Dachau in Haft. Der Stiefenhofener Bürgermeister Benedikt Geisenhof gibt dem öffentlichen Kläger bei der Lagerspruchkammer Dachau am 6. Februar 1948 folgende Auskunft über Seelos: „Der Betroffene hielt hier begeistert Reden, in denen er sich voll zum Nationalsozialismus bekannt hat. Werbungen für die Partei hat er fanatisch und begeistert durchgeführt. Er gilt als einer der größten Nazis dieser Gegend, an der Judenhetze hat [er] sich voll beteiligt."[39] Der Stiefenhofener Gastwirt Max Renn gibt ebenfalls zu Protokoll, dass Seelos bei seinen Reden auch gegen die Juden gehetzt habe.[40]

Am 5. Februar 1948 erzählt Josef Aichele dem fremden Mann, der sich als Ermittler im Fall Johann Seelos ausgibt, bereitwillig Gabis Geschichte und gibt zu Protokoll:

> „Im Jahre 1937 nahm ich ein halbjüdisches Kind in Pflegeerziehung. Dies erregte das Missfallen des Betroffenen, weil er fanatischer Judengegner war. Er ließ sich wegen diesem einzigen Kind in der Gemeinde Stiefenhofen einen Stempel mit dem Aufdruck ‚Jude' machen, um diesen bei jeder Lebensmittelausgabe auf der Karte des Kindes aufzudrücken.
>
> Persönlich machte mir der Betroffene öfter Vorwürfe, weil ich dieses Kind angenommen habe. Im Februar 1943 kam der Betroffene in seiner Amtswalteruniform zu mir und erklärte, dass das Kind am nächsten Tag nach Sonthofen gebracht werde müsse,

36 Herbert Mader hat das Ergebnis seiner Nachforschungen zur Entnazifizierung im Kreis Lindau i. B. schriftlich niedergelegt und dem Dokumentationszentrum des Landkreises Lindau in Weiler übergeben. Herbert Mader, Aufstellungen und Unterlagen über Pfarrer, Lehrer und Lehrerinnen und NSDAP im Landkreis Lindau i. B. incl. Entnazifizierung, 2015.

37 Vgl. StAM, SpKA K 1504 Seelos Hans, Bezirksfürsorgeverband an das Landratsamt Sonthofen, 2. 3. 1958. Seelos wurde am 25. 6. 1944 zur Marine Ausbildungs-Abteilung 533, II. Batterie, in Pillau einberufen, weil er eine ausgebombte Familie in ein Haus eingewiesen hatte, in dem ein Freund Görings Möbel abgestellt hatte.

38 Ebenda, Detention Report Johann Seelos, 24. 7. 1945. Für einen „detention report", einen Haftbericht, wurden die Daten von Johann Seelos aufgenommen und zwei Fotos von ihm angefertigt.

39 Ebenda, Bürgermeister Geisenhof an den öffentlichen Kläger, 6. 2. 1948.

40 Vgl. ebenda, Aussage Max Renn, 5. 2. 1948.

> um von dort aus in ein Lager nach München überführt zu werden. Herr Rechtsanwalt Dr. Ludwig Dreifuß in Augsburg, jetziger 2. Bürgermeister, und ich, verwendeten uns dafür, das Kind wieder freizubekommen,[41] was uns aber leider nicht gelang. Über den Verbleib des Kindes fehlt jede Spur. Es ist daher anzunehmen, dass es nicht mehr am Leben ist.
> Der Betroffene hat mit seiner Amtswalteruniform an Versammlungen und Kundgebungen eifrig teilgenommen, indem er eifrige und aufhetzerische Reden, insbesondere gegen die Juden, hielt. Nichtparteimitglieder nahm er unter Druck, indem er Anträge auf Bezugsscheine nicht bewilligte."[42]

Noch am selben Tag vernimmt der Ermittler auch Johann Pletzer. Dieser war bereits am 27. Oktober 1947 als „Entlasteter" eingestuft worden. Dass er das Malverbot für Fritz H. Obermeyer nicht beachtete, die jüdische Abstammung von Professor Leo Rosenberg verheimlichte und sich entschieden für Gabi einsetzte, hatte die Spruchkammer als „aktiven Widerstand" gewertet.[43] Pletzer steht der von den Alliierten verordneten „Entnazifizierung" skeptisch gegenüber. Er ist grundsätzlich gegen die Einteilung des deutschen Volkes in fünf Kasten, wie er einmal schreibt. Schuld seien die 20 Millionen Wähler, die Hitler an die Macht gebracht hätten. Die Entnazifizierung sei nichts als Rache, die den Keim für die Entstehung neuer Nationalsozialisten in sich trage. Pletzer meint, der bessere Weg wäre, durch Erziehung und Bildung von Charakter und Gewissen bessere Menschen zu produzieren.[44] Pletzer bestätigt, dass Seelos überzeugter Nationalsozialist und Judengegner war. 1937 habe er auch Druck auf ihn ausgeübt, damit er in die Partei eintrete.[45] Im Fall Gabi entlastet Pletzer Seelos jedoch. Nachdem sich Ermittler Winkler weigert, den von Pletzer geschilderten Sachverhalt in das Protokoll aufzunehmen, weil er nur Belastendes, nicht Entlastendes aufzunehmen habe,[46] schreibt Pletzer am 25. April 1948 an Seelos' Rechtsanwalt, Dr. Kartini,[47] nach München:

41 Oberlehrer Pletzers Einsatz war Josef Aichele hier erstaunlicherweise keine Erwähnung wert. Wie sich Dr. Dreifuß für Gabis Freilassung verwendete, wurde nicht näher ausgeführt. Für Bemühungen von Gabis Vormund, Dr. Dreifuß, liegen keine Hinweise vor.

42 StAM, SpkA K 1504 Johann Seelos, Aussage Josef Aichele, 5. 2. 1948.

43 StAA, Spruchkammer Sonthofen Akten P78, Spruch, 27. 10. 1947.

44 Vgl. StadtA A, Bestand 42 Nr. 96 Altes Aktenzeichen 105/0500 Privatkorrespondenzen des Oberbürgermeisters Dr. Dreifuss [sic], I. Bd., Johann Pletzer an Dr. Dreifuß, 6. 5. 1946.

45 Vgl. StAM, SpkA K 1504 Seelos Hans, Aussage Johann Pletzer, 5. 2. 1948 sowie StAA, Spruchkammer Sonthofen Pletzer Johann P 78, Pletzer, „Meine politische Vergangenheit".

46 Vgl. StAM, SpKA K 1504 Seelos Hans, Bericht Winkler, 6. 2. 1948. Bereits am folgenden Tag verfasste Ermittler Winkler seinen Bericht. Den Fall Gabriele Schwarz erwähnte er dabei erstaunlicherweise mit keinem Wort.

47 Über Dr. Kartini liegen keine näheren Angaben vor.

„Im Laufe der Rede kamen wir auch auf das Halbjudenkind Gabriele Schwarz zu sprechen, das bei Herrn Aichele in Moos, Gemeinde Stiefenhofen, in Pflege war und von mir beaufsichtigt wurde. Das Kind wurde in der Zeit, da Seelos Ortsgruppenleiter und Bürgermeister war, durch die Gestapo den Pflegeeltern genommen und ist seitdem verschwunden. Leider erhielt ich erst Nachricht, als das Kind in München war. Ich ging zu Seelos und erklärte ihm, dass ich mit dem Pflegevater Aichele nach München fahren wolle, um das Kind zurückzuholen, zugleich bat ich ihn, uns keine Schwierigkeiten zu machen. Anhand von Lichtbildern versuchte ich, Seelos zu beweisen, dass das Kind väterlicherseits rein germanischer Abstammung sei und dem Vater hundertprozentig nachschlage. Der Bürgermeister Seelos antwortete darauf wörtlich: ‚Dann ist dem Kinde Unrecht geschehen.' Er legte unserem Unternehmen auch weiter kein Hindernis in den Weg. Trotzdem misslang mein Rettungswerk, zwar wurde mir in München die Herausgabe des Kindes versprochen, das Wort aber nicht gehalten."[48]

Ganz anders Rechtsanwalt Dr. Ludwig Dreifuß. Als ehemaliger Vormund des ermordeten Kindes schreibt er am 20. Februar 1948 an die Lagerspruchkammer und legt seine Version der Geschichte dar:

„In Stiefenhofen bei Oberstaufen/Allgäu befand sich in den 30er Jahren ein kleines Mädchen, namens Gabriele E c k a r t[49] bei den Landwirtseheleuten Josef Aichele. Es wurde dorthin 3 Wochen nach seiner Geburt durch seine Mutter Charlotte Eckart, geb. Schwarz aus Augsburg, gebracht. Diese war jüdischer Herkunft aber christlich getauft und mit einem ‚arischen' Hauptmann, namens Eckart, einige Jahre verheiratet,[50] der aber bei Erzeugung des Kindes schon gestorben war. Die Mutter des Kindes, Charlotte Eckart, wurde anfangs der 40er Jahre zuerst in Schutzhaft genommen und dann in das KZ Ravensbrück eingeliefert, wo sie nach berühmtem Muster ermordet wurde.[51] Das Kind Gabriele Schwarz war blond und blauäugig[52] und

48 StAM, SpkA K 1504 Seelos Hans, Johann Pletzer an Dr. Kartini, 25. 4. 1948.

49 Sperrung im Original. Dreifuß gab hier Gabis Familiennamen mit „Eckart" an. Ein Versehen? Immerhin war Dreifuß Jurist und sogar der Vormund des Kindes. Um ihre eheliche Abkunft zu suggerieren, wurde Gabi allerdings auch von Lotte selbst als „Gabriele Eckart" angegeben. Weiter unten nannte Dreifuß dann Gabis korrekten Familiennamen „Schwarz".

50 Tatsächlich war Lotte nur ein gutes Jahr mit Wilhelm Eckart verheiratet, vom 24. 8. 1933 bis zu seinem Tod am 3. 11. 1934.

51 Dr. Dreifuß wusste offenbar nichts von der Aktion 14 f 13, der Lotte in Bernburg zum Opfer gefallen war.

52 Lottes ursprüngliche Haarfarbe war blond, ihre Augenfarbe blau. Vgl. Passenger and Crew List of Vessels Arriving at New York, 26. 5. 1938. Der „States Immigrant Inspector" trug unter Haarfarbe „bl." = blond ein, unter Augenfarbe „bl." = blau. Die angeblich so unverkennbar „nordischen Rassenmerkmale" blond und blauäugig haben die „Arier" offenbar keineswegs gepachtet. Resi Baumann beschrieb Lottes natürliche Haarfarbe als rotblond und ihre Augenfarbe als blau-grün.

stammte zweifellos von einem arischen Vater, der in der Schweiz oder in Liechtenstein lebte. Beweise hierfür lagen vor, doch war der Name des Vaters nicht bekannt, weil er sich nicht meldete.

Nach dem Tod der Mutter des Kindes wurde ich als Vormund bestellt. Als das Kind gut 2 Jahre alt war, bemühte sich nach den Angaben der Eheleute Aichele der Betroffene Johann S e e l o s,[53] das Kind wegen seiner Abstammung von den Eheleuten Aichele, die es zärtlich liebten, wegzubringen. Der ehemalige Rassenbeauftragte für den Kreis Sonthofen,[54] der Oberlehrer in Genhofen (er ist heute noch dort), gab ein Gutachten dahingehend ab, dass das Kind wohl das arischste Aussehen habe von allen Kindern seines Kreises. Auf dieses Gutachten hin durfte das Kind bei den Pflegeeltern bleiben. Ich weiß das Letzte durch direkte Unterredung mit dem Oberlehrer,[55] dessen Namen mir nicht mehr gegenwärtig ist.

Der Betroffene Seelos beruhigte sich aber damit nicht und hetzte im Laufe der Zeit immer mehr, um das Kind wegzubringen. Er soll sich zu diesem Zweck auch an die Gestapo gewandt haben. Jedenfalls aber war er nach Aussage der Eheleute Aichele und des Oberlehrers schuld daran, dass das Kind vor seinem vollendeten 6. Lebensjahr, anfangs der 40er Jahre auf das direkte Eingreifen des Seelos hin seinen Pflegeeltern weggenommen und nach München in das jüdische Kinderheim in dem Lager Berg am Laim verbracht wurde. Der Oberlehrer von Genhofen und der Pflegevater Aichele gaben sich alle Mühe, darunter auch bei der Gestapo in München, das Kind wieder zu bekommen und zu verhindern, dass es von München wegkam. Trotzdem aber wurde das Kind mit einer Reihe von Münchner jüdischen Leuten evakuiert und in Auschwitz ermordet.

Nach den Angaben der Eheleute Aichele und des Oberlehrers von Genhofen wäre all das ohne das niederträchtige Eingreifen des Johann Seelos nicht geschehen. Das Kind war überall gern gesehen und von seinen Pflegeeltern wie das eigene Kind geliebt; diese weinen ihm heute noch nach.“[56]

Dr. Dreifuß belastet Seelos schwer, beschuldigt ihn der Hetze und gibt ihm die Schuld daran, dass das Kind seinen Pflegeeltern weggenommen wurde. Seelos habe sich wegen Gabi an die Gestapo gewandt. Sein Vorgehen sei überhaupt „niederträchtig“. Das Resümee von Dr. Dreifuß ist hart: „Schon für diese eine Sache allein gehört Johann Seelos auf das Schwerste

53 Sperrung im Original.

54 Dreifuß bezeichnete Pletzer hier fälschlich als „Rassenbeauftragten des Kreises Sonthofen“.

55 Möglicherweise suchte Pletzer im Rahmen seiner Bemühungen, Gabi zurückzuholen, Dreifuß in seiner Kanzlei in Augsburg auf. Angaben Pletzers hierzu liegen allerdings nicht vor. Dreifuß war der Name Pletzers trotz der dramatischen Geschehnisse um Gabi offenbar entfallen.

56 StAM, SpkA K 1504 Seelos Hans, Dr. Dreifuß an die Lagerspruchkammer Moosburg, 20. 2. 1948.

bestraft; denn wer so herzlos ist, wie Johann Seelos in diesem Falle, der ist zu jedem Verbrechen im Stande. Johann Seelos war in seinen Ämtern sich ganz genau bewusst, was sein Eingreifen zur Folge haben würde. Er war sich sicherlich in keiner Weise im Unklaren darüber, was mit dem Kind geschehen würde, als es von Stiefenhofen wegkam."[57] Doch Dr. Dreifuß stützt sich lediglich auf die Aussagen der Aicheles und Pletzers. Eigene Beobachtungen oder gar Beweise für seine Beschuldigungen vermag er nicht vorzulegen.

Am 1. Juli 1948 verfasst der öffentliche Kläger bei der Lagerspruchkammer Dachau, Breiding,[58] eine Klageschrift gegen Seelos. Der sei ein „ganz besonderer Judenhetzer" gewesen. Im Fall Aichele habe er „sogar ein bereits elternloses 6-jähriges halbjüdisches Mädchen seinen Pflegeeltern durch Intrigien" [sic] entrissen und zur Strecke gebracht. Der Kläger beantragt, Seelos deshalb in die Gruppe I der Hauptschuldigen einzureihen.[59] Am 22. Juli 1948 nimmt Seelos' Rechtsanwalt Dr. Kartini in einem Brief an die Lagerspruchkammer Dachau die Argumentation des Anklägers mit Berufung auf die Darstellung von Oberlehrer Pletzer genüsslich auseinander. Der habe Seelos' Rolle bei der Abgabe von Gabi ganz anders dargestellt und mache Seelos überhaupt keine Vorwürfe. Für ihn stehe fest, dass es sich bei der ganzen Sache um eine Gestapoaktion gehandelt habe, für die man auf die Unterstützung eines „kleinen" Ortsgruppenleiters getrost habe verzichten können. Dreifuß' Vorwürfe gegen Seelos seien haltlos. Er habe sich offenbar zu sehr auf das Gerede der Leute verlassen.[60]

Mit seinem Brief übersendet Dr. Kartini eine Reihe von eidesstattlichen Erklärungen Stiefenhofener Gemeindebürger, die allesamt bestätigten, dass sich Seelos als Ortsgruppenleiter und Bürgermeister nie irgendetwas hat zuschulden kommen lassen.[61] Pfarrer Hitzler[62] hatte ihm schon am 22. Januar 1948 das beste Zeugnis ausgestellt. Seelos habe ihn immer respektiert und nie Schwierigkeiten gemacht. Als die Partei die Schulkreuze entfernen wollte, habe er nichts unternommen. Das habe er ihm hoch angerechnet. Gegen die Kirche habe er nie gehetzt. Der Name des „Judenkindes" Gabriele Schwarz, das ja seiner römisch-katholischen Kirche angehörte, taucht in Pfarrer Hitzlers Erklärung dagegen nicht auf. Ob Pfarrer Hitzler zu diesem Zeitpunkt das Schreiben seines Pfarrgemeinderats Josef Aichele bereits erhalten hatte, in dem dieser Johann Seelos im Fall Gabi schwer belastete, lässt sich nicht mit Sicherheit sagen. Jedenfalls beließ es Pfarrer Hitzler bei seinem „Persilschein" für Johann Seelos bewenden.

57 Ebenda.

58 Über Breiding liegen keine näheren Informationen vor.

59 StAM, SpkA K 1504 Seelos Hans, Klageschrift, 1. 7. 1948.

60 Vgl. ebenda, Dr. Kartini an die Lagerspruchkammer Moosburg-Dachau, 22. 7. 1948.

61 Die eidesstattlichen Erklärungen von Jakob Kitzelmann, Martha Weber, Pfarrer Hitzler, Josef Wagner, Josef Denzl, Johann Rädler und Bürgermeister Geisenhof finden sich in der Spruchkammerakte Johann Seelos, ebenda.

62 Vgl. ebenda, Johann Hitzler, Eidesstattliche Erklärung, 22. 1. 1948.

Auch Bürgermeister Geisenhof gibt eine eidesstattliche Erklärung ab. Ganz anders als in seiner Auskunft an den öffentlichen Kläger vom 6. Februar, wo er Seelos noch als „den größten Nazi der ganzen Gegend“ beschrieben hatte, zählt er am 12. März 1948 dessen gute Eigenschaften auf. So sei Seelos hilfsbereit und sparsam gewesen, verständnisvoll und entgegenkommend gegen jedermann. Manchem Gemeindebürger habe er gar das KZ erspart. Sein Fazit: „Er war Parteigenosse mit Leib und Seele, aber zu Leide hat er keinem Menschen was getan.“[63]

Johann Seelos war also ein „guter Nazi“, mit Leib und Seele Adolf Hitler verfallen, pflichtbewusst, aber im Grunde harmlos. Schuld konnte so ein Mann nicht sein. Die Befehle kamen ja stets von oben, und die hatte man nun mal pflichtgetreu auszuführen …

Dr. Kartini schreibt den offensichtlichen Widerspruch in der Beurteilung von Seelos durch Bürgermeister Geisenhof der Tatsache zu, dass die erste Bewertung unter dem Druck des öffentlichen Klägers Winkler zustande gekommen sei, die eidesstattliche Erklärung sei dagegen aus freien Stücken verfasst worden. Winkler hatte Geisenhof jedoch nicht vernommen. Dieser hat am 6. Februar ebenso „aus freien Stücken“ auf eine Anfrage des öffentlichen Klägers schriftlich geantwortet. Die Ursache für die nun deutlich mildere Beurteilung liegt wohl eher in der Befürchtung, dass dem Gemeindebürger Johann Seelos drakonische Strafen drohen könnten. Am 2. August 1948 übersendet Rechtsanwalt Dr. Kartini weitere vier eidesstattliche Erklärungen von Gemeindebürgern. Auch diese bestätigen allesamt, dass Seelos auch als Ortsgruppenleiter ein anständiger Mensch gewesen sei. Außerdem legt Seelos' Anwalt eine von weiteren 32 Gemeindebürgern unterschriebene Ehrenerklärung für seinen Mandanten vor.[64] Am 24. August 1948 beginnt die Verhandlung vor der Lagerspruchkammer.[65] Seelos legt seine Sicht der Dinge dar:

> „Ich habe erst 1939 erfahren, dass das ein Judenkind ist. Auf Anweisung des Landrats habe ich ihre Geburtsurkunde mit dem Randvermerk ‚Sara‘ versehen müssen.[66] Bald darauf ist dann die Anweisung gekommen, Lebensmittelkarten von Juden gesondert zu stempeln.[67] Das habe ich aber zuerst nicht gemacht. Dann kam aber eine Kontrolle.

63 Ebenda, Bürgermeister Geisenhof, Eidesstattliche Erklärung, 12. 3. 1948.

64 Ebenda, Ehrenerklärung, 2. 8. 1948.

65 Ebenda, Protokoll, 24. 8. 1948.

66 Lotte musste nach den Vorschriften auch Gabis Wohnortgemeinde Stiefenhofen die Führung des zusätzlichen Vornamens Sara ab 1. 1. 1939 bekannt geben. Lt. Seelos wurde die Namensänderung in Stiefenhofen auf Anweisung des Landrats vom Standesbeamten – in Stiefenhofen der Bürgermeister – der Geburtsurkunde beigeschrieben. Ob es sich tatsächlich um ihre Geburtsurkunde handelte, ist unklar. Im Gemeindearchiv Stiefenhofen finden sich weder Gabis Geburtsurkunde noch eine Meldekarte oder ein Eintrag ins Melderegister.

67 Lebensmittelkarten wurden ab dem 28. 8. 1939 ausgegeben. Gabi ist als Pflegekind mit der Nummer 258840 und dem Vermerk „Jude“ gelistet. Vgl. GA Stief II/760/2.

Ein Inspektor vom Ernährungsamt hat mir dann einen Verweis erteilt. Dann hab ich halt so einen Judenstempel machen lassen.[68] Und dann hat auf einmal der Herr Landrat angerufen, das war im Februar 43, ich soll gleich zu Aicheles raus fahren und ihnen sagen, dass sie das Kind am nächsten Morgen auf den ersten Zug nach Sonthofen tun sollen. Es käme in ein Judenlager nach München. Den Befehl hab ich ausgeführt. Ich war aber lediglich das Vollzugsorgan dieser Anweisung. Was mit dem Kind dann nachher war, weiß ich nicht. Ich selbst habe nichts unternommen, dass das Kind wegkommt, der Landrat in erster Linie wusste davon."

Dreifuß dagegen gibt zu Protokoll, dass Aicheles und auch Pletzer ihm als Vormund des Kindes erzählt hätten, dass es Seelos' sehr negativer Tätigkeit zu verdanken sei, dass das Kind weggekommen ist. Doch Seelos bleibt dabei: „Hinsichtlich des Wegbringens des Kindes habe ich keine Schuld. Der Landrat gab die Aufforderung, dies durchzuführen." Doch Dreifuß beharrt in öffentlicher Sitzung auf seiner Position: „45 hat man mir erzählt, dass Aichele und Pletzer Seelos Vorwürfe gemacht hätten. Daraufhin habe der Beschuldigte gesagt: ‚Ja, ich sehe es ein, dass ich Unrecht getan habe!' Weiter habe er erklärt: ‚Es ist halt eine Jüdin und die muss weg!' Meine Damen und Herren, Schuld hat der Herr Seelos, denn er hat es nicht dulden können, dass in seiner Gemeinde eine Jüdin vorhanden ist." Seelos besteht jedoch seinerseits darauf, gesagt zu haben: „Da es ein arisches Aussehen hat, hat man ihm [dem Mädchen] wohl Unrecht getan!"

Die Verhandlung wird vertagt und am 2. September 1948 fortgesetzt.[69] Das Protokoll der letzten Sitzung wird verlesen. Es vermerkt, Seelos habe gesagt, „er habe dem Kind Unrecht getan." Seelos verlangt die Änderung der Zeile: Er habe gesagt, „man habe ihm Unrecht getan." Ein kleiner, aber sehr wichtiger Unterschied. Seelos ist der Überzeugung, dass er persönlich dem Kind kein Unrecht getan habe. Dieses Unrecht habe „man" ihm angetan. Was und wen genau er unter „man" versteht, bleibt unklar. Der Vorsitzende fragt nicht nach und lehnt die von Seelos beantragte Änderung des Protokolls kurzerhand ab.

Mit Dr. Waller, Landrat in Sonthofen von 1936 bis 1945, wird ein weiterer wichtiger Zeuge vernommen. Er hat sein Verfahren bereits hinter sich und präsentiert sich mit

68 Resi Baumann erinnerte sich noch daran, dass Seelos in jedes Kleinfeld der Lebensmittelkarte von Gabi mit schwarzer Farbe das Wort „Jude" stempelte. Um zu verhindern, dass das ganze Dorf von Gabrieles jüdischer Abstammung erfuhr, löste Josef Aichele Gabis Lebensmittelkarten nicht ein. Daraufhin sperrte Seelos der Familie Aichele die Bezugsscheine. Von Gemeindediener Matthäus Waibel erfuhr Resi Baumann, dass Seelos während der ganzen Kriegszeit die Bezugsscheine für die Familie Aichele, immerhin sechs erwachsene Personen, zerrissen hat. Vgl. Baumann, Resi, Erklärung betreffs Anmeldung und Lebensmittelkarten von Gabriele Schwarz, 4. 5. 2008.

69 StAM, SpkA K 1504 Seelos Hans, Protokoll, 2. 9. 1948.

blütenreiner weißer Weste als „Entlasteter".[70] Dr. Waller hat kurz vor der Verhandlung noch die Jugendamtsakten von Gabi studiert.[71] Auf dieser Grundlage schildert er die Umstände von Gabis Abgabe. Sein Ergebnis: Schuld hat allein die Gestapo. Die habe ihm, dem Landrat, den Befehl erteilt, er habe ihn lediglich pflichtgemäß an Seelos weitergegeben. Und auch der habe nur seinen Befehl ausgeführt.

Am 8. Oktober 1948 wird Seelos aus der Internierungshaft entlassen und kehrt endlich zurück in seine Heimat nach Stiefenhofen, Ortsteil Hopfen. Doch in Stiefenhofen findet Seelos keine Ansprache mehr, wird als ehemaliger Bürgermeister und Ortsgruppenleiter von der Bevölkerung geschnitten.[72]

Doch das Verfahren ist noch nicht beendet. Am 31. Januar 1949 wird vor der nunmehr für Seelos zuständigen Hauptkammer Kempten weiterverhandelt.[73] Erneut wird Ex-Landrat Dr. Waller vernommen. Er berichtet, dass sich in der Vormundschaftsakte kein Hinweis darauf finde, dass Seelos das Kind als jüdisch gemeldet haben könnte. Vielmehr sei die Tatsache seiner jüdischen Abstammung wohl aus der Judenkartei entnommen worden. Und auch Josef Aichele macht jetzt einen Rückzieher. Zum von Seelos überbrachten Befehl, das Kind abzugeben, gibt er zu Protokoll: „Woher dieser Auftrag kam, konnten wir uns nicht denken." Aichele erinnert sich lediglich an eine Szene in Seelos' Amtszimmer, etwa ein halbes Jahr vor der Abgabe des Kindes: „Seelos sagte mir [...] ich solle sehen, dass ich das Kind wegbringe. Auf meine Frage, wo ich es hingeben soll, antwortete er: ‚Dafür gibt es ja jüdische Lager.' Über Seelos kann ich mich sonst nicht beklagen. Er war gegen uns nie gehässig." Oberlehrer Pletzer spricht Seelos ebenfalls von jeder Schuld an Gabis Schicksal frei. Er schildert noch einmal die Szene am Tag nach der Abgabe, als er versucht habe, ihn zu überzeugen, dass das Kind als nichtjüdisch zu betrachten sei. Und er bestätigt Seelos' Version. Dieser habe gesagt: „Wenn das stimmt, dann ist dem Kinde Unrecht geschehen."

In ihrem Spruch vom 31. Januar 1949 stuft die Hauptkammer Kempten Johann Seelos denn auch als Mitläufer ein. Er wird zu einer Geldsühne von gerade mal 100,– DM verurteilt und muss die Kosten des Verfahrens tragen. Zum Fall Gabi wird ausgeführt:

> „Auch der schwerste gegen den Betroffenen erhobene Vorwurf, dass er sich für die Verbringung des nichtarischen Pflegekindes der Eheleute A i c h e l e in ein Judenlager eingesetzt habe, hat sich nicht nachweisen lassen. Der Betroffene könnte

70 Vgl. StAA, Spruchkammer Sonthofen, Akten W 47, Gemeinsame Erklärung von CSU, SPD und KPD, 29.7.1946. Die Parteien im Bezirk Sonthofen erklärten übereinstimmend, dass über Dr. Waller „politisch Nachteiliges nicht bekannt" sei.

71 Die Akte war damals offenbar noch im Bezirksamt bzw. Landratsamt vorhanden. Vermutlich wurde sie nach Ende der Aufbewahrungspflicht in den 1970er-Jahren vernichtet.

72 Hiemer, Interview mit Xaver und Veronika Keck sowie Anni Hiemer.

73 StAM, SpkA K 12504 Seelos Hans, Protokoll, 31.1.1949.

> insoweit nur verantwortlich gemacht werden, wenn feststände, dass er die Tatsache der nichtarischen Rassezugehörigkeit des Kindes nach oben gemeldet hat oder sonst von sich aus tätig geworden ist. Eine solche Feststellung kann jedoch nicht getroffen werden. Nach den Aussagen der Zeugen Dr. W a l l e r, A i c h e l e und P l e t z e r[74] ist die Tatsache der nichtarischen Rassenzugehörigkeit des Kindes nicht durch den Betroffenen bekannt geworden. Offenbar ist diese Tatsache anlässlich der den Gendarmeriebeamten vorgeschriebenen Berichte über das Vorhandensein von Juden in der Gemeinde zur Kenntnis der vorgesetzten Stellen des Betroffenen gekommen.[75] Dass der Betroffene selber an dem Bekanntwerden dieser Tatsache irgendeinen Anteil hat, konnte nicht festgestellt werden. Seine Tätigkeit in diesem Falle beschränkt sich vielmehr darauf, dass er weisungsgemäß die Lebensmittelkarten des Kindes mit dem Stempel ‚Jude' versehen und dass er auf Anweisung seiner vorgesetzten Dienststelle den Eheleuten A i c h e l e[76] mitgeteilt hat, sie hätten das Kind zur anderweitigen Unterbringung nach Sonthofen zu schaffen. Die Eheleute Aichele haben diese Anweisung befolgt. Das weitere Schicksal des Kindes, das offenbar der Judenvernichtungsaktion zum Opfer gefallen ist, kann daher dem Betroffenen nicht zur Last gelegt werden. Dass der Betroffene selbst seine Schuld an diesen Vorgängen zugegeben hat, trifft nicht zu. Wie der Zeuge Pletzer bestätigt hat, hat der Betroffene nicht gesagt, ‚er[77] habe dem Kind Unrecht getan', sondern ‚dem Kinde sei Unrecht geschehen', weil es nach seinem Aussehen offenbar arisch gewesen sei. Ob der Betroffene in der Lage gewesen wäre, durch Sabotierung behördlicher Maßnahmen das Kind vor der Verbringung in das Lager zu bewahren, spielt keine Rolle; denn zu solchen Sabotage-Maßnahmen war er immerhin nicht verpflichtet.
> Zusammenfassend ergibt sich daher, dass der Betroffene zwar ein überzeugter Nationalsozialist und im großen und ganzen auch pflichttreuer Ortsgruppenleiter war, dass er aber moralisch bedenkliche oder gar verwerfliche Handlungen nicht begangen hat."[78]

Seelos wird als Mitläufer eingruppiert, da er vermuten lasse, „dass er in Zukunft die Pflichten des Bürgers eines demokratischen Staates erfüllen werde".[79] Dennoch gibt es kein Happy-End für Seelos. Er stolpert über eine politisch motivierte Anzeige wegen Heimtücke gegen den landwirtschaftlichen Arbeiter Schilhab aus dem Jahr 1940. Sogar

74 Sperrung im Original.
75 Für diese wenig plausible Version lassen sich keine Belege finden.
76 Sperrung im Original.
77 Unterstreichung im Original.
78 StAM, SpKA K 1504 Seelos Hans, Spruch, 31. 1. 1949.
79 Ebenda.

die Gestapo war damals zu dem Schluss gekommen, Bauer Sigel in Hopfen habe den schlecht entlohnten und deswegen aufsässigen Knecht bloß rasch loswerden wollen. Und Seelos habe seinem Parteigenossen Sigel den gut gemeinten Tipp gegeben, Schilhab wegen Heimtücke anzuzeigen.[80] Die Hauptkammer München bewertet Seelos' Hinweis als Ausnutzung seiner Machtstellung und gruppiert ihn am 22. August 1950 wegen eines Tatbestands nach Artikel 7/II/8 als Belasteten ein, da er zum Schaden eines Gegners ein politisches Verfahren herbeizuführen versucht hat.[81]

Die Konsequenzen sind gewaltig. Seelos wird zu sechs Monaten Arbeitslager verurteilt, die durch die dreijährige Internierung allerdings weit mehr als abgegolten sind. Er muss 50,– DM für den Wiedergutmachungsfonds zahlen, darf kein öffentliches Amt mehr bekleiden, verliert das aktive und das passive Wahlrecht, darf sich nicht mehr politisch betätigen, verliert seine Rechtsansprüche auf Pension oder Rente, darf keiner Gewerkschaft, wirtschaftlichen oder beruflichen Vereinigung mehr angehören, auf fünf Jahre keinen freien Beruf ausüben oder selbstständig[82] sein, überhaupt darf er nur gewöhnliche Arbeit verrichten, kein Lehrer, Prediger, Schriftsteller und so weiter sein. Seelos unterliegt Wohnungs- und Aufenthaltsbeschränkungen, verliert etwaige Approbationen, Konzessionen und so weiter sowie das Recht, ein Kraftfahrzeug zu halten! – Aber nicht wegen seines Verhaltens im Fall Gabriele Schwarz.

Der Fall Johann Pfeuffer

Fraglos hat Seelos den Befehl zur Abgabe von Gabi überbracht, den er von Landrat Dr. Waller erhalten hatte. Dieser wiederum gab an, eine entsprechende Anweisung der Münchner Gestapo bekommen zu haben. Leiter des Judenreferats bei der Gestapo in München war von November 1941 bis Juni 1943 Johann Pfeuffer, also auch in dem Zeitraum, als es um Gabi ging. Auch er muss sich einem Entnazifizierungsverfahren unterziehen.[83] Am 4. Juni 1948 erhebt der öffentliche Kläger der Lagerspruchkammer Dachau Klage gegen ihn mit dem Antrag auf Einstufung in die Gruppe der Hauptschuldigen.[84] Am 2.September 1948 gibt der Ankläger im Verfahren gegen Seelos, Breiding, seinem mittlerweile zuständigen Kollegen in München, Kriegseis,[85] den Tipp, die Jugendamtsakte von Gabi aus Sonthofen im Verfahren gegen Pfeuffer beizuziehen. In der Spruchkammerverhandlung gegen

80 StAM, Staatsanwaltschaften 6079 Film 2652, Ermittlungen gegen Emil Schilhab.
81 StAM, SpkA K 1504 Seelos Hans, Protokoll, 22. 8. 1950.
82 Vgl. ebenda, Minister für politische Befreiung in Bayern. Entschließung, 22. 5. 1953. Seelos durfte jetzt wieder in der gewerblichen Wirtschaft selbstständig tätig sein.
83 Vgl. StAM, SpkA K 1316 Pfeuffer, Johann.
84 Vgl. ebenda, Klageschrift, 29. 11. 1952.
85 Über Kriegseis liegen keine näheren Informationen vor.

Seelos habe der Sonthofener Landrat aus zwei Briefen Pfeuffers an ihn zitiert.[86] Tatsächlich besorgt sich der Ankläger bei der Hauptkammer München die Akte aus Sonthofen.

Am 31. Mai 1950 soll eine erste Verhandlung im Hauptkammerverfahren gegen Johann Pfeuffer stattfinden, diese wird aber zwecks Ladung weiterer Zeugen vertagt. In der Zwischenzeit haben sich neue Belastungen ergeben, sodass der öffentliche Kläger die alte Klage zurückzieht und am 29. November 1952 – mithin gute sieben Jahre nach Kriegsende – bei der Hauptkammer München erneut Anklage gegen Johann Pfeuffer mit dem Antrag, ihn als Hauptschuldigen einzureihen, erhebt.[87] Seine Klageschrift stützt sich auch auf Akten des Bezirksamtes Sonthofen und die beiden zitierten Briefe von Pfeuffer an Landrat Dr. Waller:[88]

> „Aus beiliegenden Akten des Bezirksamtes Sonthofen ergibt sich […], dass der Betroffene die Verbringung des jüdischen Kindes Gabriele Sara Schwarz in ein Judenheim und spätere Aussiedlung trotz Einspruchs der Pflegeeltern veranlasste. Gabriele Schwarz war das Kind der Jüdin Charlotte Sara Eckart und wurde bei deutschen Pflegeeltern erzogen. Der Betroffene brachte in seinen Schreiben vom 10. 2. 1943 und 10. 5. 1943 an den Landrat von Sonthofen zum Ausdruck, dass es nicht angängig sei, dass ein Kind jüdischer Abstammung von deutschblütigen Eltern erzogen wird.“[89]

Schon am 3. Januar 1949 hatte Pfeuffer sich in der Voruntersuchung zu einem Strafverfahren gegen ihn und weitere Münchner Gestapo-Beamte[90] wegen des Falls Gabriele Schwarz gerechtfertigt:

> „Bezüglich des Schreibens vom 10. 5. 1943 wegen Schwarz Gabriele Sara an den Landrat von Sonthofen gebe ich an, dass die Sache in Berlin entschieden wurde und ich damals nur nach Sonthofen mitteilte, was von Berlin aus vorgeschrieben war. Wenn es in dieser Sache Zweifel geben sollte, bitte ich den Zeugen Koronzyk[91] [sic] zu

86 StAM, SpkA K 1316 Pfeuffer Johann, Breiding an den öffentlichen Kläger der Spruchkammer X, München, 2. 9. 1948.

87 Vgl. ebenda, Klageschrift, 29. 11. 1952.

88 Die Jugendamtsakte mit den beiden Briefen von Pfeuffer ist verschollen und im Protokoll nur im Auszug zitiert. Über Einzelheiten der Übergabe oder den Ort der Verbringung von Gabi finden sich in den beiden Briefen keine Angaben.

89 StAM, SpkA K 1316 Klageschrift, 29. 11. 1952.

90 Vgl. StAM, Stanw. 29.499, Voruntersuchung gegen Pfeuffer und 15 andere wegen Freiheitsberaubung u. a. Delikte. Vgl. die Darstellung des Werdegangs von Pfeuffer und anderer Gestapo-Beamter bei Kasberger, Karrierewege, S. 189–229.

91 Koronczyk war seit dem 1. 7. 1942 Leiter der Israelitischen Kultusgemeinde und Leiter der Bezirksstelle Bayern. Auf Weisung der Gestapo musste er die Transportlisten zusammenstellen. Nach dem Krieg wurde er zu sechs Jahren Arbeitslager verurteilt.

> vernehmen, der weiß, dass ich dem Kinde nichts Böses gewollt habe. Ich habe damals den Vorschlag gemacht, das Kind im jüdischen Kinderheim in Berlin unterzubringen, dies wurde aber nicht genehmigt."[92]

Im Hauptkammerverfahren muss sich Pfeuffer nicht mehr rechtfertigen: Schon am 23. Januar 1953 wird das Verfahren gegen ihn trotz seines beachtlichen Sündenregisters von der Hauptkammer München „gemäß § 1 des Gesetzes zum Abschluss der politischen Befreiung vom 27. 7. 1950 auf Kosten der Staatskasse eingestellt".[93] Die drei westlichen Besatzungsmächte hatten die Entnazifizierungsverfahren an die 1949 gegründete Bundesrepublik Deutschland abgegeben, und die wollte die Verfahren jetzt so schnell wie möglich zum Abschluss bringen. Doch, wie erwähnt, läuft seit 1949 neben dem Entnazifizierungsverfahren noch eine Voruntersuchung der Staatsanwaltschaft gegen 16 Münchner Gestapo-Beamte, unter ihnen Johann Pfeuffer. Was die Deportationen betrifft, beruft sich Pfeuffer darauf, nur Befehle ausgeführt zu haben. Am 5. April 1951 schildert er dem 1. Staatsanwalt bei der Generalstaatsanwaltschaft München seine Position in einem Brief:

> „In meiner 30-jährigen Tätigkeit als Beamter habe ich nie erlebt, dass mir von meiner vorgesetzten Behörde ein Befehl rechtswidrigen Inhalts gegeben wurde. Ich hielt deshalb auch die Anweisung der Reichsregierung zur Judenaussiedlung zwar für staatspolitisch ungünstig, nicht aber für rechtswidrig. […] Dass der nationalsozialistische Staat mit dieser Aktion die Vernichtung der Juden einleiten wollte, wusste ich nicht. Von den massenweisen Tötungen erfuhr ich erst im Internierungslager. […] Ich hatte […] keine Möglichkeit, mich den gegebenen Befehlen zu widersetzen. Im Falle einer Weigerung meinerseits wusste ich aufgrund eines mir durch Zufall bekannt gewordenen Erlasses genau, dass ich mit der schwersten Strafe, nämlich der Todesstrafe, zu rechnen habe."[94]

Pfeuffer behauptet, er habe ohne Gefahr für sein eigenes Leben nicht anders handeln können: „Ich konnte mich den gegebenen Befehlen nicht entziehen, ohne mich selbst der schwersten Gefahr auszusetzen."[95] Nach eigenen Angaben beschränkte sich Pfeuffer darauf, „Milderung und Erleichterung für die Betroffenen" zu schaffen, wo er es „auf eigene Verantwortung und großer Gefahr" für sich selbst tun konnte.[96] An der Geheimniskrämerei seiner Vorgesetzten, die verfügt hatten, bei der „Umsiedlung nach dem Osten" keine Orte zu

92 StAM, Stanw. 29499, Johann Pfeuffer, Vernehmungsprotokoll, 3. 1. 1949.
93 StAM, SpkA K 1316 Pfeuffer, Johann, Spruch, 23. 1. 1953.
94 StAM, Stanw. 24.499, Johann Pfeuffer, Vernehmungsprotokoll, 5. 4. 1951. Vgl. auch ebenda, Johann Pfeuffer, Vernehmungsprotokoll, 28. 9. 1951.
95 Ebenda, Johann Pfeuffer, Vernehmungsprotokoll, 16. 2. 1954.
96 Ebenda, Johann Pfeuffer, Vernehmungsprotokoll, 5. 4. 1951.

nennen, sondern nur „Ziel unbekannt“ anzugeben, nahm er keinen Anstoß. Das war ja die Sache seiner Vorgesetzten. Was er sich dabei dachte? Nichts. Das Wort „Auschwitz“ hat er angeblich in keinem Erlass gelesen, geschweige denn einen Transport dorthin abgefertigt:[97] „Der Transport am 13. 3. 1943 mit etwa 300 Teilnehmern nach Birkenau-Auschwitz ist mir vollkommen unbekannt. [...] Jedenfalls ist mir das Wort Auschwitz nie bekannt geworden und erwähne ausdrücklich, dass nie ein Transport nach Auschwitz ging.“[98] Obwohl er 1941 für die Münchner Gestapo an einer Besprechung in Berlin bezüglich der „Judenevakuierung“ teilgenommen hat, sei ihm auch „SS-Sturmbannführer Eichmann“ „nie bekannt“ geworden.[99] Zu der Besprechung sei er nämlich zu spät gekommen.

Am 8. Oktober 1953 stellt das Landgericht München das Verfahren gegen Johann Pfeuffer und andere Gestapo-Beamte nach jahrelangen Zeugenvernehmungen „wegen Beihilfehandlungen zur Deportation durch die Zwangsverschickung nicht Verstorbener gemäß § 154/II StPO“ vorläufig ein, da ihnen „eine Teilnahme an den Deportationen oder eine Unterstützung derselben nicht hinreichend nachweisbar“ sei.[100]

Am 29. April 1954 beschließt die 3. Strafkammer des Landgerichts München I, das Hauptverfahren gegen Hans Wegner, den Beauftragten des Gauleiters für Arisierung, zu eröffnen. Sämtliche Mitbeschuldigten, auch Johann Pfeuffer, werden dagegen außer Verfolgung gesetzt.[101] Die 3. Strafkammer argumentiert ganz anders:

> „Die Angeschuldigten [...] waren in ihrer Eigenschaft als Angehörige der Gestapoleitstelle München in verschiedenem Umfang an den von November 1941 bis Februar 1945 durchgeführten Deportationen von jüdischen Mitbürgern aus Südbayern [...] beteiligt. Diese Deportationen stellten, soweit sie zum Tode der Deportierten führten, in der Person der für ihre Anordnungen verantwortlichen Mitglieder der Reichsregierung und des RSHA[102] in jedem Einzelfall ein Verbrechen des Mordes in Tateinheit mit einem Verbrechen der Freiheitsberaubung im Amt mit Todesfolge und einem Verbrechen der räuberischen Erpressung (§§ 211, 239, 341, 253, 255, 73 StGB) dar. Die Angeschuldigten haben durch die von ihren, in ihrem Aufgabenbereich durchgeführten Maßnahmen diese Verbrechen objektiv gefördert, wobei ihnen außer der Absicht, die deportierten Juden ums Leben zu bringen, sämtliche Tatbestandsmerkmale bekannt waren.“[103]

97 Vgl. StAM, Stanw. 24.499, Johann Pfeuffer, Vernehmungsprotokoll, 30. 12. 1949 sowie ebenda, Johann Pfeuffer, Vernehmungsprotokoll, 30. 11. 1950.

98 Vgl. StAM, Stanw. 24.499, 3. 1. 1950.

99 StAM, Stanw. 24.499, Johann Pfeuffer, Vernehmungsprotokoll, 30. 12. 1949.

100 StAM, Stanw. 24.499, Beschluss, 8. 10. 1953.

101 Vgl. StAM, Stanw. 24.499, Beschluss, 29. 4. 1954.

102 Reichssicherheitshauptamt.

103 StAM, Stanw. 29.499, Voruntersuchung gegen Pfeuffer und 15 andere wegen Freiheitsberaubung u. a. Delikte, Beschluss, 29. 4. 1954.

Pfeuffer und die anderen Angeschuldigten hätten sich aufgrund der für sie gültigen Sondergerichtsbarkeit für Angehörige der SS und der Polizeiverbände in besonderem Einsatz aber nur dann schuldig gemacht,

> „wenn sie die ihnen erteilten Befehle überschritten hätten oder wenn ihnen bekannt gewesen wäre, dass die Befehle eine Handlung betrafen, die die Begehung eines Verbrechens oder Vergehens bezweckte. Hierzu wäre eine sichere Kenntnis vom verbrecherischen Charakter des Befehls erforderlich gewesen. Bloße Zweifel an der Rechtmäßigkeit reichten ebenso wenig aus wie ein Erkennen-können oder -müssen. [...] Dementsprechend genügte es nicht, dass den Angeschuldigten die äußeren Umstände bekannt waren, die die objektive Rechtswidrigkeit und den verbrecherischen Charakter der Judendeportierung begründeten, vielmehr wäre erforderlich, dass sie die ihnen bekannten Tatsachen entsprechend werteten und aus ihnen den Schluss auf die Rechtswidrigkeit und den verbrecherischen Zweck der ihnen erteilten Befehle zogen. Ebenso wenig kann es ausreichen, dass sie, wie dies die Angeschuldigten [...] angeben, die Judendeportationen innerlich missbilligten und als gegen die Grundsätze der Menschlichkeit verstoßend ansahen, solange sie nicht erkannten, dass nicht nur die Sittengesetze, sondern zugleich eine höhere, auch den Gesetzgeber bindende Rechtsordnung verletzt war. Zu Gunsten der Angeklagten muss davon ausgegangen werden, dass ihnen der Endzweck der Judendeportationen, nämlich die physische Vernichtung des Judentums, nicht bekannt war.“[104]

Pfeuffer zeigte sich allerdings noch in der Vernehmung vom 30. Januar 1950 von der Rechtswidrigkeit der Deportationsbefehle durchaus überzeugt: „Die gegen die Juden durchgeführten Maßnahmen habe ich niemals für rechtmäßig gehalten. Ich war mir stets darüber im Klaren, dass die Deportierungen einen ungeheuerlichen Eingriff in die Persönlichkeitsrechte der Juden darstellten.“[105] Pfeuffer hat diese Äußerung wie etwa in der bereits zitierten Vernehmung vom 5. April 1951 später relativiert – sein Glück ... Nach Ansicht des Gerichts habe Pfeuffer wie seine Kollegen nur ihm persönlich vielleicht fraglich erscheinende, aber der juristischen Form nach den bestehenden Gesetzen entsprechende Befehle ausgeführt und sei deshalb nicht zu belangen. Pfeuffer war unstrittig von 1941 bis 1943, also in der Zeit der großen Deportationen, Leiter der Abteilung für Juden- und Kirchenfragen bei der Gestapo in München. Für seine Taten wurde er dennoch niemals strafrechtlich zur Verantwortung gezogen.[106]

104 Ebenda.
105 StAM, Stanw. 24.499, Johann Pfeuffer, Vernehmungsprotokoll, 30.11.1950.
106 Vgl. Schrafstetter, Flucht und Versteck, S. 249.

4 Die weitere juristische Aufarbeitung

Gerechtigkeit für die Verbrechen von Auschwitz

Am 16. März 1943 wird Gabriele Schwarz im Vernichtungslager Auschwitz-Birkenau ermordet. Sie ist eine von rund einer Million Menschen, die allein hier dem nationalsozialistischen Vernichtungswahn zum Opfer fallen – darunter mindestens hunderttausend Kinder. Trotz der überstürzten Räumung des Konzentrationslagers Auschwitz entgehen viele der Verantwortlichen für die monströsen Massenvergasungen nicht der rasch vorrückenden Roten Armee. Am 27. Januar 1945 befreit die Rote Armee das Lager. Viele Angehörige der Lagerleitung und der Lagerverwaltung werden aufgegriffen, verhaftet, verhört, verurteilt und hingerichtet. Dabei fallen der Sowjetarmee auch die vollständige Registratur des Lagerkomplexes, also die Transportlisten, die Häftlingsnummern sowie sämtliche Unterlagen der Lagerverwaltung in die Hände. Eine genaue Dokumentation der in den ersten Wochen und Monaten nach der Befreiung ausgeübten Stand- und Militärgerichtsbarkeit liegt dagegen bis heute nicht vor.

Der ehemalige Kommandant des KZ Auschwitz, Rudolf Höß,[107] kann zunächst untertauchen. Nach seiner Festnahme sagt er als Zeuge beim Nürnberger Kriegsverbrechertribunal aus. Danach wird er an Polen ausgeliefert, wo er zum Tod durch den Strang verurteilt wird. Am 16. April 1947 wird er vor seiner Residenz in Auschwitz mit Blick auf das Lager gehenkt. In Nürnberg, der Stadt der Reichsparteitage, sitzen die vier Siegermächte über die Hauptverantwortlichen für die Verbrechen des „Dritten Reiches“ zu Gericht. Vor dem Internationalen Miltitärgerichtshof geht es nicht um einzelne Morde, sondern um Verbrechen gegen das Völkerrecht allgemein. Unter den 24 Angeklagten findet sich auch der Chef der Sicherheitspolizei (Sipo) und des Sicherheitsdienstes (SD) sowie Leiter des Reichssicherheitshauptamts Ernst Kaltenbrunner.[108] Er wird zum Tode verurteilt und am 16. Oktober 1946 in Nürnberg hingerichtet. Der Oberhetzer gegen die Juden, Julius Streicher, Herausgeber der Zeitschrift „Der Stürmer“, teilt sein Schicksal. Insgesamt zwölfmal wird die Todesstrafe verhängt. Reichsfeldmarschall und Reichsinnenminister Hermann Göring begeht Selbstmord, ebenso der Reichsleiter der NSDAP und der Deutschen Arbeitsfront Robert Ley.[109] Führerstellvertreter Rudolf Heß erhält eine lebenslange Haftstrafe, andere bekommen langjährige Haftstrafen. Drei Angeklagte werden freigesprochen.

107 Rudolf Höß (* 25.11.1900 Baden-Baden † 16.4.1947 Auschwitz – hingerichtet), von Mai 1940 bis November 1943 Lagerkommandant in Auschwitz.

108 Ernst Kaltenbrunner (* 4.10.1903 Ried im Innkreis/Österreich † 16.10.1946 Nürnberg – hingerichtet), Chef der Sicherheitspolizei und des SD sowie Leiter des Reichssicherheitshauptamtes (RSHA).

109 Robert Ley (* 15.2.1890 Niederbreidenbach † 25.10.1945 Nürnberg – Freitod), Reichsleiter der NSDAP und der Deutschen Arbeitsfront.

Es folgen weitere Prozesse in Nürnberg. Angeklagt werden dort insgesamt 185 Personen, Hauptverantwortliche aus allen gesellschaftlichen Bereichen, unter anderem Ärzte und Juristen. 24 Angeklagte werden zum Tode verurteilt, 20 zu lebenslanger Haft und 98 zu Freiheitsstrafen zwischen 18 Monaten und 25 Jahren.

Aus dem 1945 zerschlagenen und in vier Besatzungszonen aufgeteilten Deutschen Reich entstehen vier Jahre später zwei deutsche Staaten. Am 24. Mai 1949[110] entsteht aus den drei Westzonen die Bundesrepublik Deutschland, am 7. Oktober 1949 wird aus der Sowjetischen Besatzungszone die Deutsche Demokratische Republik. Wer in der Besatzungszeit der „Siegerjustiz" entgeht, ins Ausland fliehen oder unter falschem Namen untertauchen kann, hat erst einmal Ruhe, denn insbesondere in der jungen Bundesrepublik hat man „andere Sorgen". Der Wiederaufbau des zerstörten Landes hat Priorität, und in Justiz und Polizei, eigentlich aber in allen gesellschaftlichen Bereichen, nisten sich bald wieder ehemalige Funktionsträger des NS-Systems ein. Im Interesse des Wiederaufbaus wird jetzt Frieden gemacht – mit den Tätern von einst.[111]

Den ersten großen Auschwitz-Prozess der bundesrepublikanischen Justiz gibt es erst 1963 in Frankfurt, und der ist den unermüdlichen Bemühungen des hessischen Generalstaatsanwalts Fritz Bauer[112] zu verdanken. Mehrere Nachfolgeprozesse ziehen sich bis in die 1970er-Jahre hinein. Bei den Prozessen stehen Verantwortliche des Lagers vor Gericht. Keiner der Angeklagten hat Gabi persönlich ermordet, doch war jeder Einzelne Teil des Räderwerks, das das „System Auschwitz" antrieb, ein System, das einzig zu dem Zweck der massenhaften Ermordung von Juden und anderen als minderwertig eingestuften Menschengruppen errichtet worden war. Jeder Einzelne hat sich demnach dem Vorwurf des massenhaften Mordes zu stellen. Vor einem Todesurteil braucht sich keiner der Angeklagten mehr zu fürchten. Seit Inkrafttreten des Grundgesetzes im Jahr 1949 ist die Todesstrafe abgeschafft. Am 19. August 1965 werden die Urteile im 1. Frankfurter Auschwitz-Prozess gesprochen: Sechs Angeklagte werden wegen Mordes zu lebenslangen Zuchthausstrafen verurteilt, ein Angeklagter erhält zehn Jahre Jugendstrafe, zehn kommen wegen gemeinschaftlicher Beihilfe zum gemeinschaftlichem Mord mit zum Teil kurzen Zuchthausstrafen davon, drei Beschuldigte werden freigesprochen.[113]

Die juristische Aufarbeitung der in Auschwitz und anderen Vernichtungslagern begangenen Massenmorde ist jedoch auch heute, sage und schreibe mehr als sieben Jahrzehnte nach der Befreiung der Lager, noch immer nicht abgeschlossen. Das beweisen die

110 An diesem Tag hätte Gabi ihren 12. Geburtstag feiern können.

111 Den Begriff des „Friedens mit den Tätern" prägte Ralph Giordano in seinem grundlegenden Werk über die Aufarbeitung des Nationalsozialismus in der Bundesrepublik Deutschland. Ralph Giordano, Die zweite Schuld oder von der Last ein Deutscher zu sein, München 1990.

112 Fritz Bauer (* 16.7.1903 Stuttgart † 1.7.1968 Frankfurt a. M.), Jurist, Hessischer Generalstaatsanwalt.

113 Vgl. Kerstin Freudiger, Die juristische Aufarbeitung von NS-Verbrechen, Tübingen 2002, S. 43.

jüngsten Verfahren gegen John Demjanjuk,[114] Hans Lipschis,[115] Oskar Gröning[116] und Reinhard Haning.[117]

Gerechtigkeit für die Verbrechen von Ravensbrück und Bernburg

Lotte wird wie ihre Schwester Hansi und ihre Cousine Johanna Schmiedchen im Frauenkonzentrationslagers Ravensbrück als „Schutzhäftling" interniert. In Ravensbrück sterben etwa 30 000 Menschen.[118] Wie Auschwitz wird auch Ravensbrück von der Roten Armee befreit. Das Schicksal wenigstens einiger Täter ist bekannt.

Der aus Füssen stammende Lagerkommandant von Ravensbrück, später von Majdanek, Max Koegel[119] taucht zunächst mit den Papieren eines früheren Häftlings des KZ Flossenbürg, dessen Kommandant er zuletzt war, unter. Der amerikanische Counter Intelligence Corps (CIC), der Nachrichtendienst der amerikanischen Armee, verhaftet Koegel jedoch schon am 26. Juni 1946 beim Hüten einer Herde Ochsen in der Nähe von Schwabach südlich von Nürnberg. Am nächsten Tag erhängt sich Koegel in seiner Zelle.[120]

Obwohl Ravensbrück im sowjetischen Sektor liegt, finden vor dem Britischen Militärgericht in Hamburg sieben Ravensbrück-Prozesse statt. 38 Angeklagte, 17 Männer und 21 Frauen, stehen vor Gericht. Zehn Männer werden zum Tode, sechs zu langjährigen Haftstrafen verurteilt, ein Mann stirbt während des Prozesses. Von den Frauen werden neun zum Tode und acht zu Haftstrafen verurteilt und vier freigesprochen.[121] Dr. Walter Sonntag war bis Dezember 1941 oder Januar 1942 leitender Arzt in Ravensbrück und unter anderem mit den Selektionen für Bernburg befasst. Er wird zum Tode verurteilt

114 John Demjanjuk (* 3. 4. 1920 Dubowi Macharynzi/Ukrainische Sozialistische Sowjetrepublik † 17. 3. 2012 Bad Feilnbach), Hilfswilliger der SS u. a. im Vernichtungslager Sobibor. 2011 wegen Beihilfe zum Mord an 28 060 Menschen zu fünf Jahren Haft verurteilt. Verstarb, bevor das Urteil rechtskräftig wurde.

115 Hans Lipschis (* 7. 11. 1919 Kretinga/Litauen † 16. 6. 2016 Aalen), als Angehöriger der Waffen-SS 1941–1944 in Auschwitz. Vorwurf der Beihilfe zum Mord in 9000 Fällen. 2013 wegen beginnender Demenz aus der Haft entlassen.

116 Oskar Gröning (* 10. 6. 1921 Nienburg/Weser † 9. 3. 2018), 1942–44 als Unterscharführer der SS in Auschwitz. 2015 wegen Beihilfe zum Mord in 300 000 Fällen zu vier Jahren Haft verurteilt. Verstarb vor Strafantritt.

117 Reinhold Hanning (* 28. 12. 1921 Helpup † 30. 5. 2017 Lage), SS-Unterscharführer in Auschwitz. 2016 wegen Beihilfe zum Mord in mindestens 170 000 Fällen zu fünf Jahren Haft verurteilt. Verstarb, bevor das Urteil rechtskräftig wurde.

118 Vgl. Mahn- u. Gedenkstätte Ravensbrück (Hrsg.), Gedenkbuch.

119 Max Koegel war von Januar 1940 bis August 1942 Kommandant des Frauenkonzentrationslagers Ravensbrück.

120 Vgl. Rudibert Ettelt, Geschichte der Stadt Füssen. Füssen 1979, S. 429.

121 Vgl. Schäfer, Zum Selbstverständnis von Frauen, S. 37.

und am 17. September 1948 hingerichtet.[122] Sein Nachfolger, Dr. Gerhard Schiedlausky,[123] wird ebenfalls zum Tode verurteilt und am 3. Februar 1947 hingerichtet.[124] Nachdem die Todesurteile ausgeführt sind, verkürzt die Militärregierung ab September 1949 Schritt für Schritt nachträglich die festgesetzten Haftzeiten, bis am 3. Juni 1957 schließlich alle noch in britischer Militärhaft befindlichen und verurteilten Täter auf freien Fuß gesetzt werden. Kein zu Haftstrafen verurteilter Täter hat mithin mehr als neun Jahre bei den Briten eingesessen. Der T 4-Gutachter Dr. Friedrich Mennecke wird im „Eichbergprozess" 1946 zum Tode verurteilt, stirbt aber noch vor Vollzug des Urteils. Womöglich hat er Selbstmord begangen.

Lotte wird wie ihre Schwester Hansi und ihre Cousine Johanna Schmiedchen im Spätwinter/Frühjahr 1942 aus Ravensbrück weggebracht und in der Tötungsanstalt Bernburg ermordet. Nach der Schließung der Anstalt im Frühjahr 1943 werden die an den Tötungen Beteiligten in den Vernichtungslagern Belzec, Sobibor und Treblinka eingesetzt – Männer, die in Bernburg als Pfleger, Pförtner, Fahrer, Handwerker, Wachmann, Transportleiter, Wirtschaftsleiter, Büroleiter oder als „Leichenbrenner" eingesetzt waren.[125] Einige von ihnen werden für ihre Taten in den Vernichtungslagern zur Rechenschaft gezogen, ihre Taten in Bernburg spielen dagegen in der Regel keine Rolle. Anders beim ärztlichen Personal.

So wird der Direktor der Landesheil- und Pflegeanstalt Bernburg, Willi Enke, direkt nach der Befreiung Bernburgs durch amerikanische Truppen verhaftet. Jedoch wird das Untersuchungsverfahren bereits im November 1945 eingestellt. Der Leiter der T 4-Tötungsanstalt Bernburg Dr. Irmfried Eberl[126] flüchtet in den Westen, wird dort jedoch festgenommen. 1948 begeht er in der Untersuchungshaft in Ulm Selbstmord. Als Lotte, Hansi und Johanna Schmiedchen in Bernburg der „Sonderbehandlung 14 f 13" zum Opfer fallen, ist Dr. Eberl allerdings zur „Organisation Todt" und anschließend zur „Aktion Reinhardt" an die Ostfront abkommandiert.[127] In dieser Zeit vertritt ihn Dr. Theodor Steinmeyer.[128] Auch dieser NS-Arzt scheidet schon bald freiwillig aus dem Leben.

Im Oktober 1945 führen die Mordkommission und die Staatsanwaltschaft Bernburg eine Ortsbesichtigung und eine Befragung von Beschäftigten der „Anhaltinischen

122 Vgl. ebenda, S. 144 f.

123 Gerhard Schiedlausky (* 14. 1. 1906 Berlin † 3. 5. 1947 Hameln), SS-Hauptsturmführer, Lagerarzt.

124 Vgl. Schäfer, Zum Selbstverständnis von Frauen, S. 142.

125 Vgl. die entsprechende Tafel in der aktuellen Dauerausstellung der „Gedenkstätte für Opfer der NS-‚Euthanasie' Bernburg."

126 Irmfried Eberl (* 8. 9. 1910 Bregenz/Österreich † 16. 2. 1948 Ulm – Freitod), NS-Arzt.

127 Vgl. Hoffmann/Schulze, „... wird heute in eine andere Anstalt verlegt", S. 159. Hoffmann/Schulze sprechen von einer „Organisation Reinhardt". Vermutlich ist die „Aktion Reinhardt" gemeint, bei der die Juden und Roma des Generalgouvernements systematisch ermordet wurden.

128 Theodor Steinmeyer (* 7. 12. 1897 Öttingen † 25. 5. 1946 ? – Freitod), NS-Arzt.

Nervenklinik" in Bernburg durch. Bernburg wird zwar von den Amerikanern befreit, gehört aber schon bald zur Sowjetischen Besatzungszone. Der sowjetische Stadtkommandant lässt schon im November 1945 die Untersuchungen einstellen, da sich die Besatzungsmacht die Ahndung von NS-Kriegsverbrechen vorbehält. Aufgrund des Kontrollratsgesetzes Nr. 10 der alliierten Besatzungsmächte vom Dezember 1945 nimmt die Staatsanwaltschaft Dessau die Ermittlungen im Jahr 1946 wieder auf. Die Fahndung nach mehr als 30 Beschuldigten bleibt allerdings erfolglos. 1948/49 können lediglich fünf frühere Beschäftigte der „Euthanasie"-Anstalt Bernburg vor Gericht gestellt werden.[129] Vier von ihnen werden wegen Beteiligung an den Morden zu Haftstrafen verurteilt.[130] Im Juni 1948 werden sämtliche Ermittlungsunterlagen an die Generalstaatsanwaltschaft Frankfurt am Main und Münsingen für Prozesse gegen Verantwortliche der ehemaligen „Euthanasie-Anstalten" Hadamar und Grafeneck abgegeben. Nach Gründung der DDR 1949 gelten bis 1955 das Kontrollratsgesetz Nr. 10 sowie die Kontrollratsdirektive Nr. 38 weiter. Bis 1952 finden auf dieser Grundlage noch einige Prozesse gegen ehemalige Angehörige der NS-Tötungsanstalt Bernburg statt, doch danach muss sich keiner der Beteiligten mehr vor einem Gericht der DDR verantworten.[131] Mit einer Ausnahme: 1965 steht der Arzt Dr. Otto Hebold[132] vor dem Bezirksgericht Cottbus. Die DDR befindet sich im Zugzwang, da sie aus der Bundesrepublik Deutschland etliche Rechtshilfeersuchen erhalten hat. Von den angefragten Personen wird aber nur Hebold 1965 vor Gericht gestellt. Er erhält eine lebenslange Haftstrafe.

Ab Mitte der 1960er-Jahre bereitet Fritz Bauer einen Prozess gegen Täter der „Euthanasie" vor. Mehrfach bittet er die Generalstaatsanwaltschaft der DDR um Rechtshilfe, beantragt die Ladung von DDR-Bürgern als Zeugen vor bundesdeutsche Gerichte und bittet um die Möglichkeit, die drei auf dem Gebiet der DDR befindlichen Mordanstalten Brandenburg, Sonnenstein und Bernburg besichtigen zu dürfen. Die DDR-Behörden übernehmen die Vernehmungen, und 1967 wird eine Besichtigung in Bernburg durchgeführt. Alle anderen Anträge lehnt die DDR ab.

Um Hebold als Einzelfall und Beispiel für die konsequente Verfolgung von NS-Verbrechen dastellen zu können, zieht in einigen Fällen das Ministerium für Staatssicherheit (MfS) die Ermittlungen an sich und unterdrückt so die Strafverfolgung weiterer Täter.[133] Einem weiteren NS-Arzt aus Bernburg, Dr. Heinrich Bunke,[134] wird 1966 in Frankfurt am

129 Vgl. Dauerausstellung der Gedenkstätte Bernburg.

130 Vgl. T4-Tötungsanstalt Bernburg (Fachklinikum Bernburg) (https://www.gedenkort-t4.eu/de/historische-orte/qezeq- t4-toetungsanstalt-bernburg-fachklinikum-bernburg#karte).

131 Vgl. Dauerausstellung der Gedenkstätte Bernburg.

132 Otto Hebold (* 27. 7. 1896 Berlin † 1975 Bautzen), T 4-Arzt.

133 Vgl. Dauerausstellung der Gedenkstätte Bernburg.

134 Heinrich Bunke (* 24. 7. 1914 Wohlde † 16. 9. 2001 Celle), NS-Arzt.

Main der Prozess gemacht. 1988 wird er vom Bundesgerichtshof in letzter Instanz zu drei Jahren Haft verurteilt, von denen er 18 Monate absitzt. Bunke war T 4-Arzt. Eine Beteiligung an der „Aktion 14 f 13“ hat er jedoch stets abgestritten.[135]

Die Verantwortlichen des Reichssicherheitshauptamts (RSHA)

Das Reichssicherheitshauptamt in Berlin war die „Mordzentrale“, von deren Schreibtischen die tödlichen Befehle ins Land ergingen.[136] Auch die Befehle zur „Evakuierung“ von Gabriele Schwarz erst nach München, dann nach Auschwitz kamen nach Angaben von Johann Pfeuffer vom Reichssicherheitshauptamt. Das Amt IV mit dem Zuständigkeitsbereich Gestapo unterstand Gruppenführer Heinrich Müller, genannt „Gestapo-Müller“.[137] Müller kam vermutlich Ende des Krieges in Berlin ums Leben. Das Referat IV B 4 „Judenangelegenheiten/Räumungsangelegenheiten“ leitete Obersturmbannführer Adolf Eichmann. Eichmann konnte nach dem Krieg zunächst in Argentinien untertauchen, wurde dort aber 1960 unter Beteiligung des hessischen Generalstaatsanwalts Fritz Bauer von israelitischen Agenten gefasst und in Jerusalem vor Gericht gestellt. Eichmann wurde zum Tode verurteilt und in der Nacht vom 31. Mai auf den 1. Juni 1962 hingerichtet.

Welcher Beamte verfügt hat, dass Gabi ihre Pflegeeltern im Allgäu verlassen musste und in das „Judenheim“ Berg am Laim gesteckt wurde, ist nicht bekannt. Ebenso wenig ist bekannt, wer die Auflösung des „Judenlagers“ Berg am Laim und die Deportation sämtlicher Insassen nach Auschwitz zu verantworten hat.

Nach 1945 wurden auch einige Verantwortliche des Reichssicherheitshauptamtes angeklagt. Doch nur ein Prozess behandelte das RSHA umfassend: der sogenannte Einsatzgruppen-Prozess. Er fand 1947/48 vor einem Tribunal der Amerikaner in Nürnberg statt. Doch von den 23 Angeklagten gehörten nur zehn tatsächlich dem Reichssicherheitshauptamt an. Es wurden sechs Todesurteile gefällt, aber nur eines, nämlich das an SS-Sturmbannführer Otto Ohlendorf,[138] dem Chef des Amtes III, Inland, vollstreckt. Zwei Angeklagte erhielten eine lebenslängliche Haftstrafe, zwei weitere jeweils eine Freiheitsstrafe von 20 Jahren. Doch schon in den Jahren 1951 und 1952 wurden verurteilte Täter auf freien Fuß gesetzt und Haftstrafen zusammengestrichen. Im Mai 1958 verließ der letzte Häftling aus diesem Kreis das Gefängnis.

135 Vgl. T4-Tötungsanstalt Bernburg (Fachklinikum Bernburg) (https://www.gedenkort-t4.eu/de/historische-orte/qezeq-t4-toetungsanstalt-bernburg-fachklinikum-bernburg#karte).

136 Freudiger, Die juristische Aufarbeitung, S. 83.

137 Heinrich Müller („Gestapo-Müller“) (* 28. 4. 1900 München † 05/1945 Berlin), Leiter des Amtes IV im Reichssicherheitshauptamt, verantwortlich für die Gestapo.

138 Otto Ohlendorf (* 4. 2. 1907 Hoheneggelsen † 7. 6. 1951 Landsberg am Lech – hingerichtet), SS-Obergruppenführer, Amtschef im Reichssicherheitshauptamt.

Einige deutsche Gerichte beurteilen die Tätigkeit der Beamten des Reichssicherheitshauptamtes als Mord.[139] Ab 1950 werden mindestens elf Prozesse auf der Grundlage von § 211 StGB (Mord) wegen Schreibtischverbrechen im Zusammenhang mit der „Endlösung" beim Reichssicherheitshauptamt sowie den Dienststellen der Gestapo und der Sicherheitspolizei durchgeführt. Insgesamt 17 Angeklagte haben sich zu verantworten, aber nur in einem einzigen Fall gibt es tatsächlich eine Verurteilung zu lebenslangem Zuchthaus wegen Mordes in Zusammenhang mit Deportationsverbrechen.[140]

Der Beitrag von Verantwortlichen des Reichssicherheitshauptamtes zur Vernichtung der Juden wird von bundesdeutschen Gerichten überwiegend als „Beihilfe" eingestuft.[141] In den 1960er-Jahren sind noch 18 Ermittlungsverfahren gegen 800 Beschuldigte des Reichssicherheitshauptamtes anhängig. Einige werden eingestellt, da die Beschuldigten mittlerweile verstorben oder verhandlungsunfähig sind oder ihr Aufenthaltsort unbekannt ist. Nach einer Strafrechtsreform 1968 werden schließlich sämtliche Verfahren eingestellt, da man den Beschuldigten keine „eigenen niederen Beweggründe" nachweisen kann. Nach der neuen Gesetzeslage wäre dies für eine Verurteilung wegen „Beihilfe zum Mord" erforderlich gewesen. Am 20. Mai 1969 bestätigt der Bundesgerichtshof diese Auffassung als rechtmäßig.[142] Gegen ein gutes Dutzend Angeklagte werden die Verfahren dennoch weitergeführt, aber nur drei von ihnen erhalten längere Haftstrafen.[143]

Fazit

Unmittelbar nach dem Krieg werden von Kriegs- und Standgerichten Todesurteile gegen die aufgegriffenen Verantwortlichen verhängt und unmittelbar vollzogen. Später werden Verfahren vor dem Internationalen Militärgerichtshof in Nürnberg und weitere Verfahren, die der Militärgerichtsbarkeit der jeweiligen Besatzungsmacht unterliegen, durchgeführt. 1949 wird die weitere juristische Aufarbeitung den beiden neuen deutschen Staaten Bundesrepublik und Deutsche Demokratische Republik übertragen. Dabei ist in der bundesrepublikanischen Rechtsprechung die Tendenz zu einer teilweisen oder vollständigen Entschuldigung der NS-Verbrecher auszumachen.[144] Doch wird vom Bundesgerichtshof schon 1952 die Behauptung, „Schreibischtäter" seien von der Rechtmäßigkeit ihrer

139 Freudiger, Die juristische Aufarbeitung, S. 83.

140 Ebenda, S. 84.

141 Ebenda, S. 209.

142 Vgl. ebenda, S. 228 f.

143 Annette Weinke, Die (gescheiterten) Verfahren gegen Mitarbeiter des Reichssicherheitshauptamtes nach 1945, in: Andreas Nachama (Hrsg.), Reichssicherheitshauptamt und Nachkriegsjustiz. Das Bovensiepen-Verfahren und die Deportationen der Juden aus Berlin, Berlin 2015, S. 13–34, hier S. 30.

144 Vgl. Freudiger, Die juristische Aufarbeitung, S. 419.

Befehle überzeugt gewesen, zurückgewiesen.[145] Auch die Behauptung, die „Schreibtischtäter" hätten nicht gewusst, welches Schicksal den deportierten Juden bevorstehe, sondern seien davon ausgegangen, die Juden kämen „im Osten" zum Arbeitseinsatz, akzeptiert der Bundesgerichtshof nicht. Doch tendieren viele Gerichte dazu, die Angeklagten lediglich als „Mordgehilfen" einzustufen. Die wahren Mörder seien Hitler, Himmler, Göring und Heydrich gewesen.[146] Die „Endlösung" wird als Staatsverbrechen begriffen, das den Angeklagten im Grunde fremd gewesen sei. Oftmals wird ihnen angerechnet, dass sie weder vorher noch nachher straffällig geworden sind, also „anständige Leute" seien. So wird auch der Strafrahmen für „Beihilfe zum Mord" oftmals nach unten voll ausgeschöpft und lediglich die Mindeststrafe von drei Jahren Zuchthaus verhängt.[147]

Faulhaber und die Selbstgerechtigkeit der Kirche

Nach dem verlorenen Krieg hätte der katholischen Kirche das Eingeständnis eigener Unzulänglichkeit gut angestanden. Angesichts der monströsen Verbrechen der Nationalsozialisten hatte man lange, viel zu lange, geschwiegen, viel zu lange die angeblich positiven Seiten des NS-Systems herausgestrichen und über dessen unmenschliche Politik geflissentlich hinweggesehen. Viel zu lange war man um den Fortbestand der Kirche besorgt, hatte man sich auf Seelsorge beschränkt und Hitlers Siegen applaudiert. Zu lange waren die deutschen Bischöfe in der Frage zerstritten, wie man dem Nationalsozialismus entgegentreten solle. Man war erpressbar und ängstlich geworden. Weder gegen die Massendeportationen und die Massenvernichtung der Juden, ja nicht einmal für die „nichtarischen" Katholiken und die „bekehrten Juden" war man entschieden eingetreten.[148] So lange es noch möglich war, hatte man ihnen geholfen, das Reich zu verlassen. Später hatte man zugesehen, wie sie mit den Juden abtransportiert wurden, und sich damit getröstet, dass man vor der Deportation da und dort immerhin noch seelsorgerisch tätig werden durfte. Nach dem Krieg bedauerte man, dass man den Abtransport nicht verhindern konnte.[149] Nichtsdestotrotz stilisierten sich „die deutschen Bischöfe […] als diejenigen, die am standhaftesten gegen den Nationalsozialismus gestanden, am nachhaltigsten vor ihm gewarnt und mit am meisten durch ihn gelitten hatten".[150]

145 Vgl. ebenda, S. 407.
146 Vgl. ebenda, S. 408.
147 Vgl. ebenda, S. 264.
148 Auch Werner Jacob Cahnmann (* 30. 9. 1902 München † 27. 9. 1980 Forest Hills, New York/USA), Jude, Soziologe, bescheinigte den Stellungnahmen der Kirche zur Judenverfolgung allenfalls „Halbherzigkeit". Vgl. Werner J. Cahnmann, Die Juden in München 1918–1943, in: Hans Lamm (Hrsg.), Vergangene Tage. Jüdische Kultur in München, München/Wien 1982, S. 31–78, hier S. 57.
149 Vgl. Wirsching, Mehr Nähe als Distanz?, S. 214.
150 Ebenda, S. 215.

Aber es gibt auch damals schon kritische Katholiken, die sich trauen, die Dinge beim Namen zu nennen. Einer von ihnen ist der vormalige Oberbürgermeister von Köln und nachmalige Bundeskanzler Konrad Adenauer, der in einem Brief vom Februar 1946 dem deutschen Volk, den Bischöfen und dem Klerus eine große Schuld an den Vorgängen in den Konzentrationslagern bescheinigt. Volk, Bischöfe und ein Teil des Klerus hätten sich fast widerstandslos, ja zum Teil mit Begeisterung gleichschalten lassen. Adenauer nimmt ausdrücklich die Bischöfe in den Blick, wenn er sagt:

> „Man kann [...] wirklich nicht behaupten, dass die Öffentlichkeit nicht gewusst habe, dass die nationalsozialistische Regierung und die Heeresleitung ständig aus Grundsatz gegen das Naturrecht, gegen die Haager Konvention und gegen die einfachsten Gebote der Menschlichkeit verstießen. Ich glaube, dass, wenn die Bischöfe alle miteinander an einem bestimmten Tage öffentlich von den Kanzeln aus dagegen Stellung genommen hätten, sie vieles hätten verhüten können. Das ist nicht geschehen und dafür gibt es keine Entschuldigung. Wenn die Bischöfe dadurch ins Gefängnis oder in Konzentrationslager gekommen wären, so wäre das kein Schande, im Gegenteil. Alles das ist nicht geschehen und darum schweigt man am besten."[151]

Auch Kardinal Faulhaber hätte es gut angestanden, sich selbstkritisch zu fragen, ob er dem Regime nicht zu lange entgegengekommen ist und zu spät und mit zu wenig Entschlossenheit die allgemeinen Menschenrechte für die Verfolgten des Regimes eingefordert hat. Wenigstens hätte er, wie von Adenauer empfohlen, über die Versäumnisse der Bischöfe schweigen können. Doch von Selbstkritik keine Spur.[152] Im Gegenteil: Faulhaber stellt die Kirche als Hort des Widerstands gegen das Regime einer nationalsozialistischen Verbrecher-Clique dar,[153] als einzige intakt gebliebene moralische Instanz.[154]

Als Beispiele nennt er folgende Ereignisse: Am 27. Januar 1934 wird das Erzbischöfliche Palais von Nationalsozialisten beschossen; am 25. Oktober 1936 wird er auf offener Straße angepöbelt, sein Auto wird angegriffen; 1937 entwirft er die päpstliche Enzyklika „Mit brennender Sorge", die Hitler zur Weißglut bringt; Faulhaber sieht den „offene[n] Vernichtungskampf gegen Christentum und Kirche" in vollem Gange;[155] am 11. November 1938

151 Adenauer an Bernhard Custodis, 23. 2. 1946, in: Konrad Adenauer, Briefe über Deutschland 1945–1955. Eingeleitet und ausgewählt von Hans Peter Mensing aus der Rhöndorfer Ausgabe der Briefe, München 1999, S. 40–42. Adenauer war damals gerade zum ersten Vorsitzenden der neu gegründeten CDU Rheinland gewählt worden.

152 So konstatiert Wirsching einen „selbstgerechten Ton" in den Äußerungen des mittlerweile greisen Kardinals. Wirsching, Mehr Nähe als Distanz?, S. 216.

153 Vgl. Forstner, Priester in Zeiten des Umbruchs, S. 245.

154 Vgl. Wirsching, Mehr Nähe als Distanz?, S. 216.

155 Denkschrift Faulhabers, 24. 8. 1937, in: Akten Faulhabers, bearb. von Volk, Bd. II, Nr. 659, S. 395 (EAM, NL FH 8203).

fliegen Steine auf den Sitz des Erzbischofs;[156] am 12. November 1938 berichtet Faulhaber vom Sturm auf den Bischofshof und notiert: „Vorgestern gegen die Juden, heute gegen die Katholiken";[157] im Jahr 1940 protestiert er in einem offenen Brief gegen die Euthanasie; am 26. Juli 1941 protestiert er gegen die Entfernung der Schulkreuze; am 12. September 1943 verurteilt er im sogenannten Dekalog-Hirtenbrief die Tötung Andersrassiger.[158] So sieht sich Faulhaber als Mann des Widerstands gegen den Nationalsozialismus, als aufrechten Kämpfer für die Kirche. Im Jahr 1949 dankt ihm sogar der Landesverband der Israelitischen Kultusgemeinden in Bayern, dass er „in den Jahren nach 1933 mit einem Mut sondergleichen die Ethik des Alten Testaments von der Kanzel verteidigte und Tausende jüdischer Menschen vor dem Terror und der Gewalt geschützt habe".[159]

Dass Faulhaber Hitler als Mann Gottes sah, dass er bereit war, Seite an Seite mit den Nationalsozialisten in den Krieg gegen den Weltfeind Bolschewismus zu ziehen, dass er ausländische Berichte über die Untaten der Nationalsozialisten stets als Gräuelpropaganda zurückwies, dass er lange, viel zu lange, Maßnahmen des Staates gegen die Juden als berechtigt ansah, davon schweigt er nach dem Krieg. Lieber setzt er sich beim Papst für die Begnadigung des ehemaligen Generalgouverneurs im besetzten Polen, Hans Frank[160] ein, der sich in der Haft eilig zum Katholizismus bekehrte.[161] Die These von der Kollektivschuld der Deutschen wendet er ins Gegenteil: Die Masse der Deutschen sei unschuldig Opfer einer verbrecherischen Clique führender Nationalsozialisten geworden, gegen die sich die Kirche letztendlich erfolgreich behauptet habe. Was die katholische Kirche und auch Kardinal Faulhaber mit dem Nationalsozialismus weltanschaulich verband – Antibolschewismus, Antiliberalismus und Antimodernismus –, unterschlägt er wohlweislich.[162]

Dass sich Faulhaber Lottes väterlich angenommen hat, dass er sie über Jahre persönlich beraten sowie durch seine Empfehlungen zur Taufe und für die Auswanderung nach Amerika unterstützt hat, steht außer Frage. Warum zwischen ihrem letzten in Faulhabers

156 Antonia Leugers, Einleitung – Zwischen Revolutionsschock und Schulddebatte, in: dies. (Hrsg.), Zwischen Revolutionsschock und Schulddebatte, Saarbrücken 2013, S. 22 f.

157 Vgl. Bericht Faulhabers vom Sturm auf den Bischofshof, 12. 11. 1938, in: Akten Faulhabers, bearb. von Volk, Bd. II, Nr. 752/I, S. 604 (EAM, NL FH 8072).

158 Vgl. Kornacker, Faulhaber und die Juden, hier S. 339.

159 Pfister/Generaldirektion (Hrsg.), Faulhaber, Ausstellungskatalog, S. 18.

160 Hans Frank (* 23. 5. 1900 Karlsruhe † 16. 10. 1946 Nürnberg – hingerichtet), NS-Politiker, Generalgouverneur des besetzten Polen.

161 Thomas Forstner, Zweiter Kirchenkampf oder Stellvertreterdiskus?, in: Leugers (Hrsg.), Zwischen Revolutionsschock und Schulddebatte, S. 243–284, hier S. 252. Vgl. Aufzeichnung Faulhabers, 17. 10. 1946, in: Akten Kardinal Michael von Faulhabers, Bd. III, 1945–1952, bearb. von Heinz Hürten (= Veröffentlichungen der Kommission für Zeitgeschichte, Reihe A: Quellen, Bd. 48), Paderborn/München/Wien/Zürich 2002, Nr. 114, S. 215–218 (EAM, NL FH 8504).

162 Wirsching sieht in Faulhabers „Prämissen wie Nationalismus, Antiliberalismus und undifferenziertem Antibolschewismus … eine weltanschauliche Affinität zum Nationalsozialismus" gegeben. Wirsching, Mehr Nähe als Distanz?, S. 216.

Tagebuch verzeichneten Besuch am 18. Dezember 1940 und Lottes Verhaftung am 27. September 1941 keine weitere Begegnung der beiden mehr stattgefunden hat, lässt sich nicht sagen. Ob Faulhaber über ihr Schicksal informiert war, ist nicht bekannt. Der Kardinal wusste allerdings von ihrem Kind, von Gabi. Dr. Engelhardt vom Hilfswerk in Berlin kannte sogar ihren Namen und wusste, wo sie zu finden war. Über einen Versuch der Kirche, wenigstens die kleine Katholikin in Stiefenhofen zu retten, ist jedoch nichts bekannt.

5 Wiedergutmachung

Wiedergutmachungsverfahren

Nach dem Krieg sollen die Verbrechen der Nationalsozialisten nicht nur strafrechtlich gesühnt werden, das Unrecht der nationalsozialistischen Herrschaft insgesamt soll „wiedergutgemacht" werden. So eine „Wiedergutmachung" kann natürlich keinen Menschen mehr lebendig machen, der im Vernichtungswahn umgebracht wurde, aber sie kann dafür sorgen, dass unrechtmäßig erworbenes Eigentum zurückgegeben und erlittene Schäden an Leben, Freiheit, Vermögen und Einkommen finanziell ausgeglichen werden. Auch für entgangene Ausbildung und zerstörte Berufsperspektiven soll es Entschädigung geben. § 56 des Besatzungsstatuts regelt das Verfahren. Berechtigte haben ihre Ansprüche anzumelden, Wiedergutmachungsbehörden prüfen und leiten ein Verfahren ein. Durch die Nationalsozialisten entzogener Besitz soll entweder zurückgegeben oder, wenn dies nicht möglich oder erwünscht ist, durch eine Geldzahlung abgegolten werden.

Am 20. Mai 1946 schreibt Emmy Glaser, die einzige Überlebende der drei Schwarz-Töchter, aus New York an das Amtsgericht Augsburg und stellt sich als Miterbin der Hinterlassenschaft ihrer Eltern Karl und Anna Schwarz vor, die am Predigerberg ein Grundstück mit dem darauf befindlichen Gasthof „Mohrenkopf" besessen hätten. Emmy beantragt „Aufhaltung etwaiger Maßnahmen gegen das Grundstück Mohrenkopf". Die Nationalsozialisten hätten ihre beiden Schwestern Hansi Sechehaye und Lotte Eckart sowie Lottes Tochter Gabriele „wahrscheinlich getötet". Deshalb seien sie und Hansis Sohn, René Sechehaye, die alleinigen Erben des Vermögens ihrer Eltern.[163] Dr. Dreifuß, damals Oberbürgermeister von Augsburg, vermerkt auf dem vom Amtsgericht an die Stadtverwaltung weitergeleiteten Antrag, dass das Wiedergutmachungsgesetz abgewartet werden müsse.[164]

163 Vgl. StAA, AGA Nachlassakten Anna Schwarz 750/1939 Emilie Glaser an das Amtsgericht Augsburg, 20. 5. 1946.

164 Vgl. ebenda.

Dr. Dreifuß sitzt vom 20. Februar bis zum 25. Juni 1945 im Internierungslager Theresienstadt ein.[165] Schon am 1. September 1945 wird er von der Besatzungsmacht, den Amerikanern, zum kommissarischen Oberbürgermeister von Augsburg ernannt. Er versieht dieses Amt bis zum 31. Juli 1946. Bei den Stadtratswahlen am 4. Juni 1946 wird er zum Bürgermeister gewählt und bekleidet dieses Amt bis Juni 1948.[166] In dieser Funktion fertigt er am 15. April 1948 gemäß Artikel 73 und 74 des Gesetzes Nr. 59 der Militärregierung über Rückerstattung feststellbarer Vermögensgegenstände eine Anzeige über das 1939 von der Stadt Augsburg erworbene Anwesen Am Predigerberg 9 der Jüdin Anna Schwarz an.[167] Er ist also absolut im Bilde, was die Angelegenheit angeht, als Emmy ihre Ansprüche offiziell geltend macht. Als Bürgermeister kann er sich ohne Weiteres in den Akten des Bauamtes über die Einzelheiten des Ankaufs des Anwesens der Familie Schwarz Am Predigerberg 9 durch die Stadt Augsburg im Jahr 1939 informieren.

Noch von New York aus stellt Emmy Glaser am 30. November 1948 beim Zentralmeldeamt Bad Nauheim, amerikanische Zone, Antrag auf Entschädigung für das Anwesen ihrer Eltern am Predigerberg in Augsburg sowie für die Wert- und Schmucksachen, die ihre Mutter abgeben musste.[168] Vermutlich stehen Dr. Dreifuß und Emmy in direktem Kontakt, denn wie von Dr. Dreifuß bereits im April 1948 errechnet, fordert Emmy eine Entschädigung von 125 000,– DM für das elterliche Anwesen Am Predigerberg. Außerdem verlangt sie eine Entschädigung von mindestens 15 000,– DM für die abgegebenen Schmucksachen und Wertgegenstände aus Edelmetall.

Glasers Rückkehr nach Deutschland

Zu diesem Zeitpunkt ist ihr Mann, Dr. Kurt Glaser, bereits wieder in Deutschland. Emmy bereitet sich ebenfalls darauf vor, die Wohnung in der Upper East Side in New York zu verlassen und nach Deutschland zurückzukehren. Lange Jahre des Exils liegen hinter ihnen.

Nach seiner Ankunft in New York im Jahr 1941 war Dr. Kurt Glaser sofort wieder politisch aktiv geworden und hatte sich der „Sozialdemokratischen Vereinigung, Deutscher Zweig“, der „Socialdemocratic Federation, German Branch“ angeschlossen.[169] Er wurde Mitbegründer und Mitarbeiter einer Reihe von Emigrantenorganisationen: Unter

165 Vgl. Rieger, Berufsverbot.

166 Am 23. Dezember 1945 wurde er durch die amerikanische Militärregierung und am 31. 7. 1946 auch vom Bayerischen Justizministerium wieder als Rechtsanwalt zugelassen. Dreifuß war auch Mitglied des „Beratenden Bayerischen Landesausschusses“, der eine neue Bayerische Verfassung vorbereitete. Vgl. Dreifuß, Lebenslauf, S. 5.

167 StAA, WBSchw V 967 LEA 74213 K-Akte Nr. 2511, Dr. Dreifuß, Anzeige, 15. 4. 1948.

168 Vgl. ebenda, Emilie Glaser, Anmeldung des Rückerstattungsanspruchs bzgl. Predigerberg sowie Wertsachen, 30. 11. 1948.

169 AdsD, 6/SAMP003527 Kurt Glaser, Lebenslauf, 23. 11. 1946.

anderem war er am 2. Mai 1944 Gründungsmitglied des „Rates für ein demokratisches Deutschland", dem „Council for a Democratic Germany".[170] In diesem Gremium vertrat er die linken Sozialdemokraten und wurde Mitglied des Fürsorgeausschusses. Auch dem „Deutsch-Amerikanischen Rat für die Befreiung Deutschlands vom Nationalsozialismus", dem „German-American Council for the Liberation of Germany from Nazism", später: „Vereinigung freier Deutscher", „Association of Free Germans", gehörte Glaser an. Das Programm der Vereinigung vom Mai 1944 wurde von vielen Persönlichkeiten aus Politik und Kultur, die nach Amerika emigriert waren, unterzeichnet. Neben der Unterschrift Glasers trägt es auch die von Bert Brecht.[171] Ab Mai 1946 war er Vorsitzender der Deutschen Sprachgruppe der „Sozialdemokratischen Vereinigung Amerikas", der „Social Democratic Federation of America". Seinen Lebensunterhalt sicherte er sich unter anderem als Redakteur bei der Emigrantenzeitung „Der Aufbruch".[172] Dr. Glaser bereitete sich gewissenhaft auf die „Stunde Null" vor, den Moment, in dem die Nationalsozialisten besiegt wären und Deutschland wiederaufgebaut werden müsste. Diesmal sollte es von Anfang an sozialistisch und demokratisch sein. Das war sein Credo.

Noch im Mai 1945 gibt der „Council for a Democratic Germany" eine programmatische Schrift über ein demokratisches Gesundheitswesen für Deutschland mit dem Titel „A Democratic System for Public Health for Germany", auf Deutsch: „Ein demokratisches System für das öffentliche Gesundheitswesen in Deutschland" heraus.[173] Verfasser sind drei jüdische Emigranten und Ärzte, darunter Dr. Kurt Glaser.[174] Im Jahr 1947 bittet der Parteivorsitzende der SPD, Kurt Schumacher,[175] Dr. Kurt Glaser, nach Deutschland zurückzukehren und am Wiederaufbau der Partei mitzuarbeiten. Im Februar 1948 folgt Dr. Glaser einer offiziellen Aufforderung des SPD-Parteivorstandes und verlässt New York mit Ziel Deutschland,[176] dem Land, das seine Mutter Johanna in Treblinka umbrachte,[177] seine Tochter Manne ins Exil nach Argentinien zwang, seine beiden Schwägerinnen Lotte

170 Zum „Council for a Democratic Germany" und dessen Vorläufer, das sogenannte Tillich-Komitee, vgl. Joachim Radkau, Die deutsche Emigration in den USA. Ihr Einfluß auf die amerikanische Europapolitik 1933–1945, Düsseldorf 1971, S. 193–199.

171 Friedrich Stampfer, Mit dem Gesicht nach Deutschland, Düsseldorf 1968, S. 653.

172 Vgl. den Artikel Dr. Kurt Glaser in: Werner Röder/Herbert A. Strauß (Hrsg.), Biographisches Handbuch der deutschsprachigen Emigration nach 1933 (I), München/New York/London/Paris 1983, S. 224.

173 Felix Boenheim/Käthe Frankenthal/Kurt Glaser, A democratic system for Public Health for Germany, hrsg. vom Council for a Democratic Germany, New York 1945.

174 Neben Dr. Glaser Felix Boenheim, nach dem Krieg Leiter der Medizinischen Fakultät in Leipzig, und Käte Frankenthal, die in New York blieb und Psychoanalytikerin wurde.

175 Kurt Schumacher (* 13. 10. 1895 Culm/Westpreußen † 20. 8. 1952 Bonn), Politiker, Sozialdemokrat.

176 Vgl. IfZ, ZS-2113-1, Röder, Interview mit Glaser, S. 3.

177 Johanna Glaser, geb. Kosch (* 23. 12. 1868 Ober Salzbrunn bei Waldenburg/Schlesien † 23. 9. 1942 KZ Treblinka – ermordet). Vgl. Bundesarchiv (Hrsg.), Gedenkbuch, (https://www.bundesarchiv.de/gedenkbuch/de874333).

und Hansi in Bernburg und seine Nichte Gabi in Auschwitz ermorden ließ. Nach 14 Jahren im Exil kehrt Dr. Glaser heim. Das ist durchaus bemerkenswert, denn nur etwa sechs Prozent der Emigranten kehren nach dem Krieg nach Deutschland zurück.[178]

Zunächst wird Dr. Glaser Verbindungsmann der amerikanischen Militärregierung und befasst sich mit Verfassungsfragen. Es entsteht eine Übersicht über elf nichtdeutsche Verfassungen, die den Mitgliedern des Parlamentarischen Rates, der ein Grundgesetz für die Bundesrepublik Deutschland ausarbeiten sollte, zur Verfügung gestellt wird.[179] Anfangs lebt er in Hannover. Im Herbst 1948 wird er im Sozialministerium in Kiel Regierungsdirektor und Leiter der Abteilung Gesundheitswesen.[180] Emmy kommt im Spätherbst 1949 aus den USA nach. Ihre beiden Söhne Helmut und Werner sind mittlerweile erwachsen und gehen nicht mit zurück nach Deutschland, wo Emmy jetzt „Wiedergutmachung" für sich und ihren Neffen René erhalten will.

Renés Schicksal in Kroatien

Emmy und Hansis Sohn René sind die einzigen Überlebenden der Familie Schwarz. René kehrt gleich nach dem Krieg nach Deutschland zurück – doch wird er nicht von einem prominenten Parteiführer eingeladen wie sein Onkel …

Die begonnene Tischlerlehre kann er in Kroatien nicht beenden.[181] Kurz vor der Gesellenprüfung, am 15. Februar 1944 morgens um sechs Uhr, steht plötzlich die Gestapo vor der Tür der Kružićeva 4 in Zagreb. Das Heim wird aufgelöst. Die Leiterin, Annemarie Wolff-Richter sowie René und sein Freund Basil kommen in Untersuchungshaft, alle anderen Bewohner werden unter Bewachung gestellt. Annemarie Wolff-Richters Tochter Ursula kümmert sich um die Kleinen. Im Herbst 1944 wird Annemarie Wolff-Richter an das berüchtigte Ustascha-KZ Jasenovac überstellt und dort bestialisch ermordet.[182]

178 Vgl. Marita Krauss, Heimkehr in ein fremdes Land. Geschichte der Remigration nach 1945, München 2001.

179 Zusammen mit dem Juristen Robert Max Wasilii Kempner (* 17. 10. 1899 Freiburg im Breisgau † 15. 8. 1993 Königstein im Taunus), der in den Nürnberger Kriegsverbrecherprozessen als Stellvertreter des amerikanischen Chefanklägers, des Juristen und Politikers Robert H. Jackson (* 13. 2. 1892 Spring Creek Township, Warren County, Pennsylvania/USA † 9. 10. 1954 Washington, D. C./USA) fungierte. Vgl. Gudrun Hentges, Staat und politische Bildung, Von der „Zentrale für Heimatdienst" zur „Bundeszentrale für politische Bildung", Wiesbaden 2013, S. 71.

180 Vgl. Röder/Strauß (Hrsg.), Biographisches Handbuch der deutschsprachigen Emigration nach 1933 (I), S. 224, sowie Ernst Cramer, Für den Jubiliar Dr. Kurt Glaser „siegt doch immer die Vernunft", in: Die Welt, 11. 9. 1977.

181 Vgl. AdK Literaturarchiv, Nachlass Dinah Nelken, Nr. 104, René Sechehaye an Dinah Nelken, 26. 7. 1949.

182 Vgl. die ergreifende Schilderung von Ursula Heuss-Wolff in: Eberhard Rondholz, Zweierlei Erinnerung. Jasenovac – Das kroatische Auschwitz, in: Deutschlandfunk Hörspiel/Hintergrund Kultur, Reihe: Ortserkundungen, Redaktion: Hermann Theißen, Erstsendung 28. 8. 2009, Manuskript S. 21 f.

Nach einer viermonatigen Untersuchungshaft wird René in das Ustascha-Lager Sisak gebracht. Hier sollen Kinder und Jugendliche bei harter Arbeit und schlechter Behandlung „umerzogen" werden. René hat Glück: Ein deutscher Offizier holt ihn aus dem Lager und macht ihn zum Dolmetscher bei der deutschen Kommandantur. Doch sein Freund Basil stirbt an Tuberkulose. Ein Vorfall am 1. März 1945[183] verändert Renés Leben für immer: Bei Außenarbeiten explodiert ganz in seiner Nähe ein Sprengkörper. Splitter und Druckverletzungen zerstören sein Augenlicht. René verliert sein linkes Auge, das rechte erblindet vollständig. Sonst bleibt er unverletzt. Zur Genesung schickt man den Jungen in die Blindenanstalt Innsbruck, wo er das Kriegsende erlebt.

Aber René gibt keineswegs auf: Als Blinder kommt er auf Umwegen nach München, erlernt die Blindenschrift und das Maschineschreiben und nimmt mithilfe eines Darlehens sogar ein Studium in Marburg auf. Doch dann wirft ihn eine schwere Lungentuberkulose aus der Bahn. Epilepsie kommt hinzu.[184] Er muss sein Studium abbrechen. 1947 kommt er ins Sanatorium nach Gauting bei München und bleibt dort zwei Jahre. In dieser Zeit kommt es zum langersehnten Wiedersehen mit seinem Vater, Josef Seché. Der lebt als „Ammerseemaler" in Breitbrunn Nr. 3. Seché erzählt René, was er über das Schicksal seiner Mutter Hansi, seiner Tante Loló und seiner Cousine Gabriele weiß.

1948 plant René, zu seiner Tante Emmy in die USA auszuwandern.[185] Doch dann verliebt er sich in eine junge Frau und zeugt mit ihr einen Jungen, der am 18. Dezember 1948 von der Gautinger Krankenschwester Agnes Rothenwührer zur Welt gebracht wird. Er erhält den Namen Peter René.[186] Am 21. Juli 1949 heiratet René die Kindsmutter.[187] Sie bringt in dieser Ehe noch einen weiteren Sohn zur Welt: Thomas.[188] Doch schon ein Jahr nach der Hochzeit lässt sich das junge Paar scheiden.[189] Jetzt will René nach Schweden

183 Vgl. ebenda. In seinem Brief an Dinah Nelken schildert René Sechehaye glaubwürdig, wie er nach seiner Erblindung nach Innsbruck kam und anschließend auf Umwegen nach München gelangte, wo er mehrere Monate untergebracht war. Im Frühjahr 1946 habe er dann ein Darlehen erhalten, um in Marburg zu studieren. Dort habe er die Blindenschrift erlernt. Gerade erlerne er das Schreiben mit der Maschine. Vgl. auch FAH, NL AWR, aD 62 I/10 René Sechehaye an Helmut Wolff, 15. 6. 1945 (richtig: 1946!). In diesem Brief an Annemarie Wolff-Richters geschiedenen Ehemann datierte René Sechehaye seine Erblindung jedoch auf „Anfang Mai", vermutlich eine Verwechslung der Monatsnamen März und Mai. Außerdem dürfte der Brief mit „1945" auch falsch datiert sein. Da er in seinem Brief davon berichtete, dass er seit „April 1945 …, also ein Jahr nach meiner Erblindung" in Marburg versuche, sich ein neues Leben aufzubauen, dürfte auch hier die Jahreszahl 1945 nicht korrekt sein: Ein Jahr nach seiner Erblindung schrieb man das Jahr 1946. Im Interview mit dem Autor nannte René Sechehaye den „März 1945" als Zeitpunkt seiner Erblindung. Vgl. Leo Hiemer, Interview mit René Sechehaye.

184 Peter Sechehaye an den Autor, 1. 5. 2009.

185 Vgl. ITS, Doc. Nr. 79766508 René Sechehaye, Application for Assistance, 3. 10. 1948.

186 Peter Sechehaye ist heute Inhaber einer PR- und Werbeagentur sowie Consultingfirma in München.

187 ITS, Doc. Nr. 79766507, Agnes Sechehaye, Application for Assistance, 19. 7. 1950.

188 Peter Sechehaye an den Autor, 31. 7. 2009. Thomas Sechehaye lebt seit vielen Jahren in Kalifornien und ist u. a. Kommunikationstrainer und Gründer von Conojo.

189 Peter Sechehaye an den Autor, 1. 5. 2009.

auswandern.[190] Doch bald verliebt sich René erneut – die Verbindung hält diesmal für den Rest seines Lebens. Agnes Hörmann wird seine zweite Ehefrau. Sie ist ebenfalls geschieden und bringt zwei Kinder aus ihrer ersten Ehe mit: Alfred und Justine, genannt Bobbi. René ist jetzt Mitte zwanzig. Einst hätte er den „Mohrenkopf“ erben sollen, doch sein Leben ist durch die Nationalsozialisten, die erzwungene Flucht nach Kroatien und seine Erblindung vollkommen aus den Fugen geraten. Jetzt setzt er große Hoffnungen in die Wiedergutmachung. Als blinder, kranker Familienvater kann er das Geld wahrlich gut gebrauchen.

Das Wiedergutmachungsverfahren für den Predigerberg

1949 wird das Wiedergutmachungsverfahren eröffnet.[191] Emmys Ansprüche in diesem Verfahren vertritt allerdings zunächst nicht Dr. Dreifuß, sondern Rechtsanwalt Dr. Weiss aus München, der schon Lotte gegenüber ihrer Mutter vertreten hatte. Die zuständige Wiedergutmachungsbehörde Schwaben stellt fest, dass Emmy und René je zu gleichen Teilen das Erbe der Familie Schwarz zusteht.[192]

Die Stadt Augsburg wehrt sich mit Händen und Füßen gegen Rückerstattung oder Entschädigung. Man argumentiert: „Es liegt hier gar keine Entziehung von jüdischem Vermögen vor. Das Anwesen wurde der Stadt vielmehr von der Verkäuferin, der verstorbenen Frau Anna Schwarz, selbst angeboten. Die Stadt Augsburg hat das Anwesen erworben, um eine dringend notwendige Erweiterungsmöglichkeit für das benachbarte Altersheim zu ermöglichen.“[193] Auch dem Argument, der Kaufpreis in Höhe des Einheitswertes von 80 400,– RM sei viel zu niedrig angesetzt gewesen, widersprechen die Vertreter der Stadt vehement. Der Betrag liege im Rahmen der damals gültigen Vorgaben. Viel habe die Stadt Augsburg von dem Kauf ja ohnehin nicht gehabt: 1944 habe eine Fliegerbombe das Anwesen zerstört. Ein Volltreffer. Durch die Währungsreform sei die Stadt jetzt ohnehin pleite.

Zweifellos hat die Stadt Augsburg bei dem Kauf des Predigerbergs zum Einheitswert die Zwangslage der Verkäuferin ausgenutzt, in die sie allein durch ihre Verfolgung aus rassischen Gründen als Jüdin geraten ist. Auch nach Ansicht der damaligen Stadtverantwortlichen war der vereinbarte Kaufpreis in Höhe des Einheitswertes von 80 400,– RM ein für die Stadt günstiger Kaufpreis. Für Anna Schwarz blieb nach Auflösung von Hypotheken, Begleichung offener Rechnungen von Kanalisationsarbeiten bis hin zur Fäkalien-

190 Vgl. ITS, Doc. Nr. 79766507, Sechehaye, Application.

191 Das Wiedergutmachungsverfahren Emmy Glaser und René Sechehaye ist mit vielen Beilagen dokumentiert in: StAA, Landesentschädigungsamt Schwaben V 967 LEA 74213 K-Akte Nr. 2511.

192 Vgl. ebenda, Vergleich Predigerberg, 19. 7. 1951.

193 Ebenda, Stadt Augsburg an die Wiedergutmachungsbehörde, 31. 8. 1949.

abfuhr, nach Abzug der Steuerschulden und der fälligen Judenvermögensabgabe nur ein kümmerlicher Rest von 24 930,19 RM übrig. Diesen Restbetrag hat die Stadt auf das Konto von Anna Schwarz bei der Bayerischen Hypotheken- und Wechselbank Augsburg, Depositenkasse Bahnhofstraße, überwiesen.[194] Wegen der für Juden erlassenen Beschränkungen durfte sie jedoch nur mit Genehmigung des Finanzamtes über einen geringen monatlichen Betrag verfügen. Ein fairer Kaufvertrag sieht anders aus.

Das wiederum sei nicht Schuld der Stadt, sondern auf höhere Weisung erfolgt, sagen die Vertreter Augsburgs. Die Stadt sei deshalb für Entschädigungsforderungen nicht die richtige Adresse. Sie raten Emmy, ihre unzweifelhaft gerechtfertigten Ansprüche auf Erstattung der Judenvermögensabgabe und der auf dem Sperrkonto eingefrorenen Gelder vom Reich beziehungsweise dessen Rechtsnachfolger, der Bundesrepublik Deutschland zu verlangen. Aber was ist mit diesen rund 25 000,– RM geschehen? Die Stadtsparkasse Augsburg teilt der Stadtverwaltung Augsburg im Rahmen des Wiedergutmachungsverfahrens am 28. September 1949 mit, das genannte Geldguthaben sei durch Anna Schwarz und nach ihrem Tod durch deren Töchter Johanna Sechehaye und Charlotte Eckart „für den persönlichen Bedarf der Vorgenannten und für laufende Ausgaben bis zum 21. 8. 42 verbraucht" worden.[195] Wie im Kapitel über die Entziehung des Vermögens von Gabi bereits erwähnt, bittet die Bayerische Hypotheken- und Wechselbank am 20. August 1942 zwar um die Umlegung des Depots B 1644, das einst Anna Schwarz gehörte, auf Gabi und René, von dem auf dem Sperrkonto Nr. 1644 liegenden Verkaufserlös ist aber nicht die Rede. Angeblich ist ja nichts mehr da.

Am 15. Mai 1942 berichtet die Bank dem Oberfinanzpräsidenten in München von Konto und Depot B 1644 lautend auf „Anna Sara Schwarz Nachlass, Augsburg". Der Barguthabensaldo des Kontos wird mit RM 959,15 angegeben. Seit dem Tod von Anna Schwarz am 20. September 1939, so wird behauptet, hätten Lotte und Hansi im Rahmen der für sie festgesetzten Freigrenze – 400,– RM für Lotte und 300,– RM für Hansi – verfügt. Es lohnt sich, hier einmal nachzurechnen.

Die Stadtsparkasse Augsburg berichtet am 28. September 1949 über die Auskunft der Bayerischen Hypotheken- und Wechselbank Augsburg, Depositenkasse Bahnhofstraße. Diese erklärt, dass das Guthaben auf dem fraglichen Konto vor der Überweisung des Kaufpreises von 20 000,–RM am 23. August 1939 sowie von 4930,19 RM am 9. September 1939[196] lediglich 214,56 RM betragen habe.[197] Es ergibt sich also nach Entrichtung des

194 Vgl. ebenda, Stadt Augsburg an die Wiedergutmachungsbehörde, 7. 10. 1949.

195 Ebenda, Stadtsparkasse an Stadt Augsburg, 28. 9. 1949. Die Stadtsparkasse berief sich dabei auf eine Auskunft der Hausbank der Familie Schwarz, der Bayerischen Hypotheken- und Wechselbank Augsburg, Depositenkasse. Ebenso ebenda, Stadt Augsburg an die Wiedergutmachungsbehörde, 7. 10. 1949.

196 Vgl. ebenda.

197 Vgl. ebenda, Stadtsparkasse an Stadt Augsburg, 28. 9. 1949.

Kaufpreises durch die Stadt Augsburg ein Kontostand von 25 144,75 RM. Nach dem Tod von Anna Schwarz wird das Konto unter der Bezeichnung „Anna Sara Schwarz Nachlass, Augsburg“ weitergeführt. Wegen der für sie als Jüdin erlassenen Verfügungsbeschränkungen hätte Lotte bis zu ihrer Verhaftung im September 1941 demnach maximal 25 Monate über je 400,– RM verfügen dürfen, also 10 000,– RM. Bis zu ihrem Tod im Juni 1942 hatte sie sich monatlich jeweils 20,– RM nach Ravensbrück überweisen lassen, also 9 x 20,– RM = 180,– RM, insgesamt also 10 180,– RM. Bis zu ihrer Verhaftung im April 1941 hätte Johanna demnach maximal 20 Monate über je 300,– RM verfügen dürfen, also 6000,– RM; bis zu ihrem Tod im April 1942 hatte sie sich monatlich ebenfalls jeweils 20,– RM nach Ravensbrück überweisen lassen, also 12 x 20,– RM = 240,– RM, zusammen also 6240,– RM. Die monatlich auszuführenden Daueraufträge von 5,– RM an Johanna Schmiedchen im KZ Ravensbrück sowie die 50,– RM Pflegegeld für Gabi an Therese Aichele in Stiefenhofen sind in den genannten Verfügungsbeträgen enthalten.

Demnach konnten Lotte und Hansi bis zu ihrem Tod maximal 16 420,– RM selbst verbrauchen. Am 31. Januar 1940 wurden von diesem Konto 4937,70 RM an das Finanzamt Berlin-Wilmersdorf überwiesen. Um welche Art Steuer es sich dabei handelt, kann nach dem Krieg nicht mehr geklärt werden.[198] Es handelt sich jedoch unzweifelhaft um die von den Nationalsozialisten nachverlangte fünfte Rate der Judenvermögensabgabe.[199] Insgesamt wäre somit ein Verbrauch von maximal 21 357,70 RM bis zu Lottes offiziellem Todesdatum im Juni 1942 belegbar. Es bleibt also eine Differenz von 3787,05 RM. Vermutlich wurden von diesem Konto weitere Steuern und Abgaben beglichen – bis laut Stadtsparkasse Augsburg beziehungsweise Bayerische Hypotheken- und Wechselbank Augsburg am 21. August 1942 das Guthaben „verbraucht“ gewesen sei. Das wäre ja ein „glücklicher Zufall“. Aber kann das stimmen?

Das von Lotte mit ihrer Schwester Hansi ererbte Konto Nr. 1644 ihrer verstorbenen Mutter Anna Schwarz nahm seit der Einzahlung des Kaufpreises für den Predigerberg durch die Stadt Augsburg stetig ab. Welchen Sinn hätte es auch gemacht, Geld auf ein Konto einzuzahlen, über das der Oberfinanzpräsident Verfügungsbeschränkungen erlassen hatte?

198 Vgl. BayHStA, Bayerisches Landesentschädigungsamt LEA 33981 Wiedergutmachung für Emmy Glaser und René Sechehaye, Bayer. Hypotheken- und Wechselbank Augsburg an Bayerisches Landesentschädigungsamt, 25. 7. 1963.

199 In der „Zweiten Durchführungsverordnung über die Sühneleistung der Juden“ vom 19. Oktober 1939 wird „zur Erreichung des Betrages von einer Milliarde Reichsmark“ der Prozentsatz des Vermögens, das von den Juden abzugeben ist, kurzerhand von 20 auf 25 Prozent erhöht, was der Erhebung einer fünften Rate gleichkommt. Vgl. http://alex.onb.ac.at/cgi-content/alex?apm=0&aid=dra&datum=19390004&seite=00002059&zoom=2. Diese zusätzliche Rate wurde am 15. November 1939 fällig. Zusammen mit dem entsprechenden Säumniszuschlag, der einer Verzinsung von 24 % Prozent pro Jahr entspricht, ergibt sich die genannte Summe.

Doch Lotte verfügte außerdem über ein weiteres Konto, das noch am 27. April 1938 ein Guthaben von 16 845,– RM aufgewiesen hatte.[200] Anna Schwarz bezahlte Lotte zwar im Sommer 1938 die Schiffsreise nach Amerika, die übrigen Reisekosten hat Lotte aber vermutlich selbst getragen. Auch später ist Lotte häufig unterwegs: nach München zu Faulhaber, nach Berlin zu ihrer Schwester, nach Bad Reichenhall und immer wieder ins Allgäu. Diese Reisen verursachten ebenso Kosten wie die vielen Mitbringsel und Geschenke für Gabi und die Aicheles. Und sicher wurde auch auf Lottes Konto 1939 eine Sicherungsanordnung erlassen. Die Lotte zur Verfügung stehenden Finanzmittel waren beschränkt und nahmen stetig ab. Parallel dazu mussten gerade in dieser Zeit Mittel für Behördengänge und die Beschaffung der vielen Papiere für die geplante Auswanderung aufgebracht werden, für die ihr Faulhaber wiederholt Bargeld zusteckte. Kein Wunder, dass Lotte in dem Brief vom 7. Februar 1941 an Dr. Engelhardt darauf hinwies, dass es allein schon „aus geldlichen Gründen“ nötig sei, „bald fort zu kommen“.[201]

Nach dem Tod ihrer Mutter wird Gabi Alleinerbin. Vermutlich wird das Konto Nr. 1644 am 21. August 1942 abgerechnet und mit dem ihr zustehenden hälftigen Restbetrag ein neues Konto mit der Nr. 2118, lautend auf das „Kind Gabriele Sara Schwarz, Vormund Ludwig I. Dreifuß, Augsburg“, eröffnet. Möglicherweise wird auch Lottes weiteres Konto abgerechnet und das Restguthaben auf Gabis neues Konto gebucht. Schon am 6. August 1942 erlässt der Oberfinanzpräsident in München Sicherungsanordnung über Gabis Erbschaft und setzt einen monatlichen Freibetrag von 100,– RM fest.[202] Gabis Konto Nr. 2118 weist am 1. Januar 1943 einen Übertrag von 420,69 RM aus. In den fünf Monaten August bis Dezember 1942 konnte Dr. Dreifuß von diesem Konto im Rahmen der Sicherungsanordnung höchstens fünf Mal einhundert Reichsmark verbraucht haben. Der Kontostand im August 1942 betrug deshalb wohl ca. 920,– RM. Von Lottes Vermögen ist also wirklich nicht viel übrig geblieben, „verbraucht“ war es jedoch nicht vollständig.

Von den 100,– RM monatlich wird das Pflegegeld von 50,– RM an Therese Aichele in Stiefenhofen bezahlt. Als Jüdin muss Gabi auch einen monatlichen Beitrag von 30,– RM an die Reichsvereinigung der Juden leisten.

Am 5. März 1943 wird von diesem Konto noch eine Überweisung an Konsulent Dreifuß in Höhe von 230,– RM ausgeführt, vermutlich die Liquidation für Gabis Vermögensaufstellung. Tags darauf wird der Eingang von 220,– RM auf Gabis Konto verzeichnet, wodurch die Deckung des Kontos gewahrt bleibt. Einzahler: „Architekt Schweighart“. Schweigharts Frau, Stella Felicitas, war mit Lotte in derselben Klasse und ist nach eigener Aussage einige Male mit ihr zusammengekommen, als sich ihre jüdische Klassen-

200 Günter Steiner, Auskunft aus dem Staatsarchiv Augsburg an den Autor, 2. 2. 2018.
201 DAB, I/1-40 Charlotte Eckart an HBOB, 7. 2. 1941.
202 StAM, OFD München 8741 Oberfinanzpräsident München, Verfügung, 6. 8. 1942.

kameradin in Not befand. Sie half ihr auf verschiedene Weise – und sogar noch nach Lottes Tod, wie die Einzahlung zeigt. Stella Felicitas Schweighart besuchte Lotte, bis ihrer Familie mitgeteilt wurde, sie stünde selbst unter Gestapo-Aufsicht.[203]

Gabis Konto Nr. 2118 bei der Bayerischen Hypotheken- und Wechselbank Augsburg, Depositenkasse Bahnhofstraße, wird am 6. April 1943 durch Überweisung des verbliebenen Guthabens von 218,60 RM an den Oberfinanzpräsidenten in München aufgelöst.[204] Erst jetzt war das Geld von Anna Schwarz, ihrer Tochter Lotte und ihrer Enkelin Gabi endgültig „verbraucht".

Am 2. Januar 1951 zeigt endlich auch René beim Amtsgericht Augsburg seine Erbansprüche „aus dem Besitz, dem Vermögen und Eigentum" seiner Großmutter Anna Schwarz an.[205] Dass er sich erst so spät meldet, begründet er mit seiner Krankheit. Außerdem könne er sich aus finanziellen Gründen keinen juristischen Beistand leisten, weshalb er das Gericht um Hilfe bittet. Dr. Ludwig Dreifuß übernimmt am 30. Januar 1951 den Fall. Am 4. April 1951 erteilt René Sechehaye ihm Vollmacht, auch seine Ansprüche zu vertreten. Am 26. Juni 1951 wird René ins Wiedergutmachungsverfahren aufgenommen und zusammen mit Emmy von Rechtsanwalt Dr. Dreifuß vertreten.[206] Wenige Tage später, am 19. Juli 1951, wird ein Vergleich geschlossen. Der Kauf wird darin ausdrücklich als „Entziehungsvorgang" bezeichnet. Nach Auffassung der Wiedergutmachungsbehörde Schwaben handelt es sich keineswegs um einen ganz normalen Kaufvertrag mit einem fairen Kaufpreis, wie ihn die Vertreter der Stadt Augsburg hinzustellen versucht hatten.[207] Gegen Zahlung der Vergleichssumme darf die Stadt Augsburg jedoch das Grundstück behalten. Die Vergleichssumme von 24 347,– DM wird nach Abzug der Anwaltskosten hälftig zwischen Emmy und René geteilt.

Die Frage der Entschädigung für den Entzug des Anwesens am Predigerberg ist damit geregelt, nicht aber die Frage der Entschädigung für den Entzug von Wertgegenständen der Familie. Hier wird kein Vergleich erzielt. Die Sache wird zur Entscheidung an die Wiedergutmachungskammer beim Landgericht Augsburg verwiesen.[208] Das Verfahren um die Rückerstattung der Schmuck- und Wertsachen gerät in der Folgezeit zum verbissenen Ringen.

203 StAA, WB Schwaben V 967 LEA 74213 K-Akte Nr. 2511, Wiedergutmachungskammer beim Landgericht Augsburg, Aussage Stella Felicitas Schweighart, 12. 3. 1953.

204 Ebenda, Auszug für Kto. Nr. 2118 bei der Bayer. Hypotheken- und Wechselbank Augsburg, 20. 4. 1943.

205 Vgl. StAA, AGA NLG Anna Schwarz 750/1939 René Sechehaye an das Amtsgericht Augsburg, 2. 1. 1951.

206 StAA, WBSchw V 967 LEA 74213 K-Akte Nr. 2511, Protokoll, 26. 6. 1951.

207 Vgl. ebenda, Vergleich, 19. 7. 1951 sowie Schlussbericht, 26. 7. 1951.

208 Vgl. ebenda, Protokoll, 26. 6. 1951.

Rückerstattung von Wertgegenständen

Mit dem Rückerstattungsantrag bezüglich des Anwesens am Predigerberg reicht Emmy Glaser am 30. November 1948 auch den Antrag auf eine Ausgleichszahlung für den Verlust von Schmucksachen ihrer Mutter Anna Schwarz „im Werte von mindestens 15 000,– M" ein.[209] Die Stadt Augsburg sieht keine Rückerstattungspflicht ihrerseits und lehnt einen Vergleich ab.[210] Sie argumentiert, es sei weder ersichtlich, um welche Silber- und Schmuckgegenstände es sich handle, die da zurückgefordert würden, noch lägen Beweismittel dafür vor, dass die Schmucksachen tatsächlich an das Städtische Leihamt abgeliefert worden seien. Ob die Gegenstände, die die Juden damals dem Leihamt Augsburg angeboten hätten, überhaupt noch existierten, sei nicht mehr festzustellen, da das Leihamt am 25./26. Februar 1944 bei einem Luftangriff auf Augsburg vollständig vernichtet worden sei. Dabei seien auch die gesamten einschlägigen Unterlagen verloren gegangen. Da die Stadt Augsburg nur als gesetzlich beauftragte „öffentliche Ankaufstelle" gehandelt habe, seien Wiedergutmachungsansprüche ohnehin gegen das Reich beziehungsweise seinen Rechtsnachfolger geltend zu machen.[211]

Dr. Dreifuß weist die Wiedergutmachungskammer beim Landgericht Augsburg darauf hin, dass die Wertgegenstände aufgrund behördlicher Anordnung von Anna Schwarz abgeliefert worden seien. Dazu benennt Dr. Dreifuß Zeugen[212] und reicht eine Aufstellung von Emmy über die Vermögenswerte an Schmuck und Edelmetallen ein, die ihre Mutter „1938 und 1939 abgeben musste".[213] Die Auflistung umfasst eine Perlenkette, sechs Ringe, ein Brillantkollier mit passender Brosche, Ohrringe und Armband, eine brillantbesetze Uhr sowie eine goldene Glashütter Uhr ihres Vaters samt schwerer, goldener Uhrketten, fünf goldene Becher, Tafelsilber für mindestens zwölf Personen mit allem Zubehör, außerdem viele silberne Haushaltsgegenstände wie Tabletts, Schalen und Kannen, dazu noch ein Radio, jede einzelne Position versehen mit einer Wertangabe. Summe: knapp 15 000,– DM. Emmy erklärt, dass sie die Preise vergleichsweise niedrig angesetzt habe.[214]

Mit Berta Haas wird eine Freundin von Lotte und Anna Schwarz vernommen, die Emmys Angaben weitgehend bestätigt.[215] Auch Wally Morhardt, in der fraglichen Zeit

209 Auch dieses Verfahren ist ausführlich in der Wiedergutmachungsakte für Emmy Glaser und René Sechehaye dokumentiert.

210 Vgl. StAA, WBSchw V 967 LEA 74213 K-Akte Nr. 2511, Protokoll, 26. 6. 1951.

211 Vgl. ebenda, Stadt Augsburg an Wiedergutmachungsbehörde Schwaben, 1. 8. 1949. Am 18. 2. 1953 entließ Rechtsreferendar Herzog in Vertretung von Dr. Dreifuß die Stadt Augsburg wohl deshalb aus dem Verfahren. Vgl. ebenda, Protokoll, 18. 2. 1953.

212 Vgl. ebenda, Dr. Dreifuß an Wiedergutmachungskammer, 17. 1. 1952.

213 Vgl. ebenda, Dr. Dreifuß an Wiedergutmachungskammer, Emilie Glaser, Aufstellung, 17. 1. 1952. Emmy wusste offenbar nicht, in welchem Jahr die Gegenstände abgegeben werden mussten.

214 Vgl. ebenda, Dr. Dreifuß an Wiedergutmachungskammer, 17. 1. 1952.

215 Vgl. ebenda, Protokoll, 26. 2. 1952.

Hausangestellte bei Anna Schwarz, bestätigt die Angaben.[216] Die Kammer stellt außerdem fest: Es wurden Wertsachen und Schmuck abgegeben, aber keine Zahlungen dafür auf das Konto von Anna Schwarz geleistet.

Am 11. November 1952 legt Emmy eine eidesstattliche Erklärung über die zum Zeitpunkt ihrer Emigration 1934 im Haushalt ihrer Mutter vorhandenen Wert- und Schmucksachen vor.[217] Der vom Gericht bestellte Gutachter, der beeidigte Auktionator Fritz Petzold,[218] hat Anna Schwarz im Sommer 1938 bei der Aufstellung der Wertsachen sogar persönlich geholfen.[219] Was er damals gesehen hat, schätzt er auf einen heutigen Wert von „höchstens DM 3000,–".[220] Das Gericht setzt daraufhin am 11. Juni 1953 eine Entschädigung von 5000,– DM fest,[221] die zwischen Emmy und René hälftig aufgeteilt wird. Das ist genau ein Drittel der von Emmy geforderten Summe. Nachdenklich macht, dass die Kammer Emmys Aufstellungen und ihre eidesstattliche Erklärung offensichtlich nicht für glaubwürdig hält und sich allein auf die Schätzung des Sachverständigen stützt. Traut die Kammer Emmy, immerhin mittlerweile Regierungsdirektorengattin, tatsächlich eine fehlerhafte eidesstattliche Versicherung, mithin versuchten Betrug zu? Emmy Glaser stellt auch bei der Entschädigungsbehörde Hamburg Anträge auf Wiedergutmachung. Bis zum 17. Juli 1963 werden ihr von dieser 6000,– DM als Soforthilfe für Rückwanderer sowie 1000,– DM als Entschädigung für Schaden an beruflichem Fortkommen zuerkannt.[222] Am 20. Oktober 1964 wird Emmy und René eine Entschädigung für die von Anna Schwarz verlangte Judenvermögensabgabe in Höhe von 3778,80 DM zugesprochen[223] – ein Vierteljahrhundert nach deren illegaler Erhebung. Mit Bescheid vom 2. November 1964 werden alle anderen Entschädigungsansprüche für Vermögen, Eigentum, berufliches und wirtschaftliches Fortkommen abgelehnt, da keinerlei Begründungen und Nachweise vorgelegt wurden.[224]

216 Vgl. ebenda, Protokoll, 26. 4. 1952.

217 Ebenda, Eidesstattliche Erklärung Emilie Glaser, 11. 11. 1952.

218 Über Fritz Petzold liegen keinen näheren Informationen vor. Vermutlich war er bis 1969 Inhaber der Petzold AG, Versteigerungen und Schätzungen, Augsburg.

219 Vgl. StAA, WBSchw V 967 LEA 74213 K-Akte Nr. 2511, Gutachten von Petzold, 21. 2. 1953.

220 Vgl. ebenda, Protokoll, 12. 3. 1953.

221 Vgl. ebenda, Beschluss, 11. 6. 1953.

222 Emmys Wiedergutmachungsakte in Hamburg wurde unter dem Aktenzeichen 0106 95 geführt. Vgl. BayHStA, Bayerisches Landesentschädigungsamt LEA 33981 Wiedergutmachungsakte Emilie Glaser und René Sechehaye.

223 Vgl. ebenda Bescheid, 20. 10. 1964. Die Summe ergibt sich aus der Judenvermögensabgabe: 4 x 4700,– RM = 18 800,– RM + Säumniszuschläge = 18 894,– RM. Umstellung von RM auf DM im Verhältnis 10:2. Die später verlangte fünfte Rate fiel dabei unter den Tisch, da man die entsprechende Zahlung nicht zuordnen konnte. Vgl. BayHStA, LEA 33981 Bayer. Hypotheken- und Wechselbank Augsburg an Bayerisches Landesentschädigungsamt, 25. 7. 1963. Andererseits hatte die Stadt Augsburg die Raten drei und vier für die Käuferin im Rahmen des Erwerbsvorgangs bereits bezahlt. Vgl. StAA, WBSchw V 967 LEA 74213 K-Akte Nr. 2511 Stadt Augsburg an die Wiedergutmachungsbehörde, 7. 10. 1949.

224 Vgl. BayHStA, LEA 33981, Bescheid, 2. 11. 1964.

Am 26. März 1958 lässt Emmy zusammen mit René durch ihre Anwälte einen Antrag auf Wiedergutmachung als Erbe von Lotte stellen, und zwar für die gesamte Schadenspalette: Schaden an Leben, Schaden an Körper und Gesundheit, an Freiheit, Schaden an Eigentum und an Vermögen, Schaden durch Zahlung von Sonderabgaben, Geldstrafen, Bußen und Kosten sowie Schaden im beruflichen und wirtschaftlichen Fortkommen.[225] Die späte Antragstellung ist erstaunlich, wurden die entsprechenden Vollmachten doch schon am 18. April und 20. März 1953 ausgestellt.[226]

„Für eine Freiheitsentziehung bzw. Freiheitsbeschränkung von 8 vollen Monaten" erhält die Erbengemeinschaft bestehend aus Emmy und René am 28. November 1961 1200,– DM zugesprochen. Die Wiedergutmachungsbehörde geht davon aus, dass Lottes Freiheit seit dem Tag der Einführung des Judensterns am 19. September 1941 beschränkt sowie während ihrer KZ-Haft entzogen war. Als Todestag wird der vom Standesamt Ravensrück II nach Augsburg gemeldete 8. Juni 1942 angenommen.[227]

Am 16. März 1967, Gabis 24. Todestag, machen die Anwälte von Emmy und René endlich Ansprüche auf Entschädigung für Lottes Schaden an Eigentum und beruflichem Fortkommen geltend.[228] Ihre Anwälte schätzen Lottes Stellung als Sekretärin mit perfekten Kenntnissen in Spanisch und Französisch auf das Niveau eines Beamten des gehobenen Dienstes ein. Ihre tatsächliche Tätigkeit während der nationalsozialistischen Herrschaft sei lediglich eine Ersatztätigkeit mit erheblich vermindertem Einkommen und unter ihrer Ausbildungsstufe gewesen. Doch Beweise bleiben die Anwälte schuldig. Lediglich drei Monate bei den Städtischen Bühnen München im Frühjahr 1933 sind als sozialversicherungspflichtige Tätigkeit erfasst. Über Lottes Auslandsaufenthalte liegen keine Nachweise vor, von ihrer selbstständigen Tätigkeit als Atemlehrerin wissen weder Emmy noch die Anwälte etwas.

Die Anwälte machen auch „Verschleuderungsschaden" für eine Sechs-Zimmer-Wohnung geltend, die Lotte in der „Schefflerstraße oder Scheffelbachstraße" besessen habe. Auch habe sie einen großen Teil des Hausrats beim Umzug in die Zwei-Zimmer-Wohnung in der Frölichstraße eingebüßt. Erstaunlich, dass die Anwälte noch nicht mal exakt angeben können, wo Lotte wohnte. Das Amt stößt sich auch an widersprüchlichen Angaben über Lottes letzten Wohnsitz. Auf der Zählkarte der Reichsvereinigung der

225 BayHStA, LEA 44932, nach Eckart, geb. Schwarz, Charlotte Margarete.

226 Außerdem erstaunt, dass Emmy 1958 weder das genaue Todesdatum ihres Vaters noch das ihrer Mutter oder Wilhelm Eckarts angeben konnte. Die Heirat von Lotte und Wilhelm Eckart datierte sie auf „ca. 1934", dabei war Lotte längst verheiratet, als sie im Frühjahr 1934 Augsburg mit Kurt Glaser Richtung Paris verließ. Vgl. ebenda, Emmy Glaser, formloser Antrag an das Bayerische Landesentschädigungsamt, 26. 3. 1958.

227 Ebenda, Bescheid, 28. 11. 1961.

228 Ebenda, Anwälte an Bayer. Landesentschädigungsamt, 16. 3. 1967.

Juden ist dieser für 1941 mit „Augsburg, Martin-Luther-Platz 5“ angegeben[229] – wohl eine Verwechslung, die auch Eingang in die Meldeunterlagen von Lotte in München findet.[230] Doch auch diese Unklarheit können die Anwälte nicht beseitigen. Das Bayerische Landesentschädigungamt stellt fest: „Die von Amts wegen angestellten Ermittlungen haben [...] ergeben, dass die Angaben der Erben nicht richtig sein können.“[231] Am 2. Februar 1970, fast 27 Jahre nach Lottes Tod, werden deshalb alle Ansprüche abgewiesen.[232]

Schon am 9. März 1963 hatte das Landesentschädigungsamt Ansprüche wegen Schaden an Leben von Gabriele Schwarz abgewiesen – obwohl sie gar nicht gestellt worden waren. Bis dahin hatte weder Emmy noch René daran gedacht, Wiedergutmachung für den Mord an der kleinen Gabi zu fordern. Die beiden, weder ihre Tante Emmy noch ihr Cousin René, hatten das Mädchen ja nie kennengelernt: die eine, weil sie vor den Nationalsozialisten nach Frankreich und Amerika fliehen musste, der andere weil er nach Kroatien in trügerische Sicherheit gebracht worden war. Mit welchem Betrag hätte man Gabis „Schaden an Leben“ auch „wiedergutmachen“ wollen? Wie hätte man den „Schaden an beruflichem Fortkommen“ für ein im Alter von fünf Jahren ermordetes Kind beziffern wollen? Das Bayerische Landesentschädigungsamt vermerkt dazu: „Im Übrigen kann der Antrag nicht zum Erfolg führen, weil die Erbengemeinschaft eine Berufsausübung der verstorbenen Gabriele Schwarz weder behauptet noch bewiesen hat. Außerdem ist das Alter der Gabriele Schwarz nicht bekannt.“[233]

Selbstverständlich sind sowohl der Geburtstag wie auch der Todestag von Gabi amtlich längst bekannt. Welchen Beruf in welcher Vergütungsgruppe Gabi später einmal hätte ausüben können, kann natürlich niemand sagen. Aber selbst wenn man eine Entschädigungsleistung von nur 150,– DM für jeden Monat wie bei Lottes „Schaden an Freiheit“ annimmt, kommt man für eine zu erwartende Lebenszeit von 70 Jahren – „Schaden an Leben“ – auf die stattliche Summe von 117 000,– DM.[234] Festzuhalten bleibt: Für den Mord an Gabi, für ihren „Schaden an Freiheit und Leben, an Körper und Gesundheit, an Vermögen und Besitz sowie an beruflichem Fortkommen“ gab es keine Wiedergutmachung.

Auch die Bilanz der „Wiedergutmachungsbemühungen“ insgesamt fällt unbefriedigend aus. Zunächst wird den Überlebenden des Völkermords von den Alliierten der

229 ITS, Digital Archives DEC-FOS-0522 Reichsvereinigung der Juden: Karteikarte Charlotte Eckart, 30. 9. 1947, https://digitalcollections.its-arolsen.org/01020401/content/pageview/523600. Auf Lottes Karteikarte ist überdies fälschlich der 31. 8. 1942 als Todesdatum angegeben.

230 Vgl. BayHStA, LEA 44932, Einwohnermeldeamt München an Bayer. Landesentschädigungsamt, 2. 5. 1960. Das Amt teilte mit, dass in Lottes Personalakte ihr Wohnsitz 1941 mit „Augsburg, Martin-Luther-Pl. 5“ vermerkt sei.

231 Ebenda, Bescheid, 3. 12. 1970.

232 Ebenda.

233 Ebenda.

234 65 Jahre à 12 x 150,– DM = 117 000,– DM.

Anspruch auf Erstattung rechtswidrig entzogener Vermögenswerte zugebilligt. Die Verfahren gehen bald in die Verantwortung der Bundesrepublik Deutschland über und ziehen sich noch Jahrzehnte hin. Dabei stehen die überlebenden Erben mitunter als geldgierige Egoisten da, die nach dem großen Morden versuchen, sich die Taschen mit Entschädigungszahlungen voll zu stopfen. Wenn sie ihr Überleben der Emigration verdanken und ihre Ansprüche aus dem Ausland stellen, sind sie sogar als Profiteure des Völkermordes verdächtig. Wer wie die Glasers zurück nach Deutschland kommt und wie Emmys Ehemann Dr. Kurt Glaser dort auch noch als Jude und Sozialdemokrat Karriere macht, wird von ehemaligen, aber erfolgreich „entnazifizierten" Nationalsozialisten unverhohlen mit Argwohn betrachtet. Mit einem Entgegenkommen der nunmehr „demokratischen" Nachfolgeinstitutionen der wenige Jahre zuvor noch nationalsozialistisch ausgerichteten Einrichtungen, mit Verständnis oder gar mit einer Entschuldigung dürfen die Remigranten nicht rechnen. Die Geduld der Hinterbliebenen der Ermordeten wird in jahrelangen Verfahren auf die Probe gestellt. Kaum einer dürfte in der Lage gewesen sein, sämtliche Entschädigungsansprüche juristisch durchzukämpfen. Nachvollziehbar, dass man irgendwann zermürbt von den endlosen Verfahren Frieden mit der unseligen Vergangenheit machen und das Kapitel abschließen will.

Dr. Kurt Glaser: Jude und „Sozi"

Dr. Kurt Glaser verfügt auch in der Adenauer-Republik über ausgezeichnete Kontakte, vornehmlich zu ebenfalls aus der Emigration zurückgekehrten Genossen, die jetzt wichtige Posten im neuen Deutschland einnehmen. So wird etwa Max Brauer,[235] ehemals Erster Vorsitzender der „German Labour Delegation", der „Botschaft der Deutschen Arbeiterschaft" in Amerika, Erster Bürgermeister in Hamburg.[236] 1952 wird Dr. Kurt Glaser zum Leiter der Gesundheitsbehörde der Freien und Hansestadt Hamburg berufen, ein Amt, das er bis zu seiner Pensionierung 1957 ausübt. Endlich kann er seine Vorstellungen von Präventivmedizin und einer demokratischen Gesundheitsorganisation umsetzen. Die Glasers werden rasch Teil der feinen Hamburger Gesellschaft. Als ihr Neffe, Peter Sechehaye, einmal von Onkel Kurt und Tante Emmy eingeladen wird, staunt er nicht schlecht: Man zieht sich fein an, geht in die Oper, wo Onkel Kurt, sehr zum Leidwesen von Tante Emmy, manchmal laut mitsingt. Und hinterher kommt der Direktor der Oper persönlich noch auf einen Sprung bei Glasers vorbei …[237]

235 Max Brauer (* 3. 9. 1887 Altona-Ottensen † 2. 2. 1973 Hamburg) Sozialdemokratischer Politiker, Oberbürgermeister und Erster Bürgermeister Hamburgs.

236 Mithilfe der German Labour Delegation (GLD) war Dr. Glaser 1940 in den Genuss eines Sondervisums für Amerika gekommen.

237 Peter Sechehaye an den Autor, 31. 7. 2009.

Ursula Wolff-Richter und Ernst Ludwig Heuss

Mitte der 1950er-Jahre reist Dr. Kurt Glaser als deutscher Vertreter der Weltgesundheitsorgansation (WHO) nach Jugoslawien, um sich nach Menschen zu erkundigen, die vor den Nationalsozialisten geflüchtet sind und gesundheitliche oder soziale Unterstützung benötigen. Dabei findet er Kontakt zu Ursula Wolff-Richter, der Tochter von Annemarie Wolff-Richter, der im Konzentrationslager Jasenovac ermordeten Leiterin des Kinderheims. Die junge Frau erhält Unterstützung als Verfolgte des Nazi-Regimes und kehrt nach Deutschland zurück. Dort heiratet sie Ernst Ludwig Heuss, der sie einst als kleines Mädchen nach Prag gebracht und in die Obhut ihrer Mutter übergeben hatte. Am 9. Mai 1959 werden die beiden von dem bekannten evangelischen Pfarrer und Theologen Helmut Gollwitzer[238] getraut. Aus der Tochter einer von den Nationalsozialisten verfolgten und von der Ustascha ermordeten Heilerziehungspflegerin wird damit die Schwiegertochter von Theodor Heuss, dem ersten Bundespräsidenten der Bundesrepublik Deutschland. Ein schönes und obendrein noch wahres Märchen.

Im Jahr 1971 muss Glaser von seiner Frau Emmy Abschied nehmen. Er selbst stirbt hochbetagt am 5. Februar 1982. Die Beileidsanzeige im sozialdemokratischen Parteiorgan „Vorwärts“[239] ist von den Größen der damaligen SPD unterzeichnet: Willy Brandt,[240] Hans-Jürgen Wischnewski[241] und Helmut Schmidt.[242]

6 Gedenken

Das große Schweigen

Gabriele Schwarz wird am 16. März 1943 in Auschwitz ermordet. Sie ist noch keine sechs Jahre alt. Die Angehörigen ihrer Pflegefamilie Aichele, die nächsten Nachbarn Keck, Oberlehrer Johann Pletzer, Bürgermeister und Ortsgruppenleiter Johann Seelos, Landrat Dr. Ferdinand Waller, ihr Vormund, Dr. Ludwig Dreifuß aus Augsburg, und noch eine ganze Reihe weiterer Beteiligter sowie Verwandter und Bekannter der Aicheles wissenen, dass Gabi am 13. Februar 1943 über Nacht ihre Heimat hatte verlassen müssen

238 Helmut Gollwitzer (* 29. 12. Pappenheimer † 17. 10. 1993 Berlin), evangelischer Theologe, Schriftsteller.

239 Todesanzeige Dr. Glaser, Vorwärts, 13. 2. 1982.

240 Willy Brandt (* 18. 12. 1913 Lübeck † 8. 10. 1992 Unkel), sozialdemokratischer Politiker, Bundeskanzler.

241 Hans-Jürgen Wischnewski (* 24. 7. 1922 Allenstein/Ostpreußen † 24. 2. 2005 Köln), sozialdemokratischer Politiker.

242 Helmut Schmidt (* 23. 12. 1918 Hamburg-Barmbek † 10. 11. 2015 Hamburg-Langenhorn), sozialdemokratischer Politiker, Bundeskanzler.

und nach München in ein jüdisches Sammellager gebracht worden war. Alle wissen, dass man von Juden, die man in Konzentrationslager steckt, meist nichts mehr hört, dass man „das Schlimmste" befürchten muss. Das Münchner Lager wird aufgelöst, der Zug fährt ab, sämtliche Insassen werden „in den Osten" deportiert. Auch Gabi ereilt dieses Schicksal. Am 10. Mai 1943 gibt die Gestapo die Auskunft, dass das Kind nicht mehr zurückehren kann. So wird im Laufe des Frühjahrs 1943 die Sorge, dass Gabi für immer fort ist, zur Gewissheit.

Bei den Entnazifizierungsverfahren gegen den ehemaligen Ortsgruppenleiter und Bürgermeister Seelos rückt das Schicksal der kleinen Gabi noch einmal in den Blickpunkt. Seelos kann keine Schuld im Fall Gabriele Schwarz nachgewiesen werden, sodass er am 31. Januar 1949 lediglich als „Mitläufer" eingruppiert wird. Auch das Strafverfahren gegen den Gestapo-Verantwortlichen Johann Pfeuffer, in dem ebenfalls der Fall Gabriele Schwarz eine Rolle spielt, wird am 29. April 1954 eingestellt. Das große Schweigen beginnt.

Der Gedenktafelstreit von Stiefenhofen

Es dauert fast dreißig Jahre, bis zum ersten Mal wieder öffentlich über Gabis Schicksal berichtet wird. 1983 würdigt der Stiefenhofener Pfarrer Herbert Mader in seiner Dorfchronik Gabis Pflegevater Josef Aichele als einen der Ehrenbürger der Gemeinde Stiefenhofen.[243] Dabei streift er auch Gabis Schicksal. Pfarrer Mader schreibt: „Höchstpersönlich wurde Josef Aichele mit einem der traurigsten Kapitel der nationalsozialistischen Gewaltherrschaft, der angestrebten Ausrottung eines ganzen Volkes, konfrontiert. Obwohl er zusammen mit Oberlehrer Pletzer sogar bei höchsten Stellen vorsprach, konnte er nicht verhindern, dass ein Pflegekind jüdischer Abstammung, die fünfjährige Gabriele Schwarz, weggebracht wurde. Ihre Spur verlor sich in der Gestapo-Zentrale in München."[244] Im darauffolgenden Jahr veröffentlicht Gernot Römer, damals Chefredakteur bei der „Augsburger Allgemeinen", sein Buch „Für die Vergessenen".[245] „Stellvertretend für die vielen schwäbischen Juden, die in Konzentrationslagern litten, in den Vernichtungslagern starben"[246] schildert er auf vier Seiten, versehen mit zwei Fotos von Gabi und ihren Pflegeeltern, das Schicksal des Kindes. Durch Gabis Cousin, René Sechehaye, der als Kriegsblinder in Augsburg lebt, ist Römer auf die Spur ihres kurzen Lebensweges gebracht worden. Er recherchiert in Archiven, fährt ins Allgäu und befragt die Angehörigen der Pflegefamilie Aichele.

243 Vgl. FAA, Ehrenbürgerbrief. Josef Aichele erhielt das Ehrenbürgerrecht am 22.5.1952. Der Ehrenbürgerbrief hängt noch heute im Aichele-Hof.

244 Mader, Stiefenhofen, S. 251.

245 Gernot Römer, Für die Vergessenen, KZ-Aussenlager in Schwaben – Schwaben in Konzentrationslagern, Augsburg 1984, S. 222–225.

246 Ebenda, S. 222.

Das Kapitel „Ein verfolgtes Kind: Gabriele“ setzt er als wirkungsvollen Schlusspunkt ans Ende seines Buches. Die Darstellung Römers fällt im Allgäu auf fruchtbaren Boden.

Unterdessen legt der aus Hopfen, Gemeinde Stiefenhofen, stammende Altlandwirt Rudolf Boch[247] bei Pfarrer Mader Protest gegen ein Zitat seines Vorgängers, Pfarrer Hitzler, ein, weil er darin Oberlehrer Johann Pletzer als politischen Opportunisten verunglimpft sieht. Pfarrer Hitzler hatte notiert: „Pletzer war ein Vollblutpolitiker. Bis 1918 liberaler Demokrat, wurde er dann, dem Zuge der Zeit folgend, Sozialist. Auf vielen Versammlungen hat er im Allgäu Reden gehalten. Obwohl bis 1933 Gegner der Nazis, trat er doch in ihre Reihen ein. Er hat aber einige Juden vor der Vernichtung gerettet, und das ist sicher ein Verdienst ...“[248] Restaurator Hans Geisenhof aus Sinswang nimmt ebenfalls Anstoß an dem Zitat über seinen ehemaligen Lehrer. Auch Heinrich Obermeyer aus Oberstaufen sieht Pletzers Verdienste öffentlich geschmälert, hatte der Lehrer doch seine Familie jahrelang unterstützt. Obermeyer ist es auch, der den Blick auf das Schicksal der kleinen Gabi lenkt, für die sich Oberlehrer Pletzer eingesetzt hatte – leider erfolgos. In Gymnasiallehrer Dr. Karl Häberle aus Lindenberg im Allgäu finden die drei einen Sprecher.

Im Oktober 1985 wenden sich Boch, Geisenhof, Obermeyer und Dr. Häberle an Pfarrer Mader und Bürgermeister Lacher in Stiefenhofen und schlagen vor, Johann Pletzer zu rehabilitieren und wegen seiner Verdienste zum Ehrenbürger von Stiefenhofen zu erklären. Unter Berufung auf Römers Bericht und persönliche Gespräche mit den Angehörigen der Pflegefamilie Aichele empfehlen sie den Verantwortlichen der Gemeinde des Weiteren, „ein Zeichen der Erinnerung und des Gedenkens“ an das Kind Gabriele zu setzen.[249] Für geeignet erscheint ihnen eine Gedenktafel in der Stiefenhofener Pfarrkirche. Die alten Männer machen auch durch Artikel in den lokalen Zeitungen auf Gabis Schicksal und ihr Anliegen aufmerksam, lassen als „Erinnerungskreis Gabriele“ Messen für das Kind lesen und schalten an Allerseelen eine Todesanzeige für das Kind,

Doch der Vorschlag einer Gedenktafel für Gabriele stößt in Stiefenhofen auf taube Ohren, ja man reagiert zunehmend unwirsch auf die „Forderungen“ des „Erinnerungskreises“. Am Heiligen Abend 1987 schildert ein groß aufgemachter Artikel in der

247 Rudolf Boch war am 25.6.1930 Ortsgruppenleiter der NSDAP in Stiefenhofen geworden. Ende Mai 1931 legte er sein Amt nieder. Boch begründete seinen Schritt später damit, dass er nach der Lektüre von Hitlers „Mein Kampf“ erkannte, dass Hitler Krieg bedeute. Er ist jedoch nicht aus der Partei ausgetreten, wie er behauptete. So war er etwa bei der Besprechung wegen der bevorstehenden Volksabstimmung über den Anschluss Österreichs am 26. März 1938 dabei. Beim Kreisappell der NSDAP-Ortsgruppe Stiefenhofen auf der Ordensburg Sonthofen erschien er gar als „Kulturamtsleiter“. Vgl. NSDAP Ortsgruppe Stiefenhofen, Protokollbuch 12/1933–5/1944 sowie Hiemer, Interview mit Boch und StAA, NSDAP Kreisleitung Sonthofen 20/Stiefenhofen, Besprechung wegen Volksabstimmung, 26.3.1938 sowie Kreisappell in der Ordensburg Sonthofen, 9.3.1941.

248 Mader, Stiefenhofen, S. 227.

249 ALH, Rudolf Boch/Hans Geisenhof/Dr. Karl Häberle/Heinrich Obermeyer an Bürgermeister Lacher und Pfarrer Mader, 10/1985 (Kopie).

IN MEMORIAM

Wir gedenken am Allerseelen-Tag des Kindes

Gabriele Eckart

Es wurde im Alter von fünf Jahren seinen Pflegeeltern in Stiefenhofen grausam entrissen und mußte, 1943, im KZ Auschwitz sterben.

ERINNERUNGSKREIS „GABRIELE“

Dr. Häberle	**Boch**	**Geisenhof**	**Obermeyer**
Lindenberg	Lindenberg	Sinswang	Oberstaufen

Todesanzeige Gabriele Eckart [sic]
Der Westallgäuer, 31. Oktober 1986

„Augsburger Allgemeinen“ die vergeblichen Bemühungen des „Erinnerungskreises“ um eine Gedenktafel.[250] Dr. Häberle stellt die Diagnose, in Stiefenhofen liege ein klassischer Fall von „kollektiver Vergangenheitsverdrängung“ vor. Pfarrer Mader, Bürgermeister Lacher und andere einflussreiche Gemeindebürger verwahren sich gegen solcherart pauschale Verunglimpfung und reagieren verschnupft. Damit sind die Türen in Stiefenhofen für den „Erinnerungskreis“ endgültig zugeschlagen.

Anstelle einer Gedenktafel schafft man in Stiefenhofen 1989 ein Gedenken an Gabi in Form eines Glasfensters in der frisch renovierten Pestkapelle oberhalb des Ortes. Schwester Maria Ludgera Haberstroh aus dem Kloster Reute bei Bad Waldsee stellt in den von ihr geschaffenen Glasfenstern moderne Formen der Pest dar. Das Fenster neben der Eingangstür zeigt ein stilisiertes Konzentrationslager mit Stacheldrahtzaun und Wachturm, davor Pater Maximilian Kolbe,[251] an seiner Seite ein Mädchen mit einem Judenstern.

Bei der Einweihung am 25. Juni 1989 wird zwar die Geschichte von Pater Kolbe erzählt, der für einen Familienvater in den Hungerbunker gegangen ist, Gabi aber wird nicht mal beim Namen genannt, obwohl sie doch ganz in der Nähe der Kapelle aufgewachsen ist und fast sechs glückliche Jahre bei der Bauernfamilie Aichele verbracht hat. Die Darstellung des „Mädchens mit dem Judenstern“ im Fenster wird nur als allgemeiner Hinweis auf „verfolgte Kinder“ erläutert. Das erbost den „Erinnerungskreis“.[252]

250 Vgl. Walter Roller, Sie wollen ein Denkmal für Gabriele, Augsburger Allgemeine, 24.12.1989.

251 Maximilian Kolbe (7. oder 8.1.1894 Zduńska Wola, Generalgouvernement Warschau/Russland † 14.8.1941 Auschwitz – ermordet), katholischer Geistlicher, als Märtyrer und Heiliger verehrt.

252 Geraume Zeit später wurde Gabis Geschichte auf einem Informationsblatt auf der Grundlage von Gernot Römers Recherchen dargestellt.

Glasfenster aus der Pestkapelle Stiefenhofen. Im Original farbig
Fotograf: Horst F. Freudenberger

Das Radio-Feature „Niemand will davon hören"

Zwei Jahre zuvor erfahre ich aus der Zeitung von Gabis grausamem Schicksal. Stiefenhofen, das Dorf, in dem sie aufgewachsen ist, kenne ich sehr gut: Meine Mutter, vier Jahre vor Gabi geboren, ist dort groß geworden. Mit ihrer Hilfe gelingt es mir, Menschen, die noch von Gabi wissen, zum Reden zu bringen. Aus den Zeugenaussagen und den Ergebnissen meiner Recherchen mache ich ein einstündiges Radio-Feature, das am 22. November 1989 unter dem Titel „Niemand will davon hören. Erinnerungen an ein vernichtetes Kind" im 2. Programm des Südwestfunks ausgestrahlt wird.[253] Pfarrer Mader kritisiert an der Sendung die „einseitige Darstellung".[254] Auch die nächsten Nachbarn der Aicheles, die Geschwister Keck, bringt er dazu, „schärfsten Protest" gegen die Sendung beim Sender einzulegen.[255]

Noch im selben Monat veröffentlicht Pfarrer Mader im Gemeindeblatt der katholischen Kirchengemeinde Stiefenhofen, dem „Pfarrblättle", einen Artikel über Prof. Leo

253 Leo Hiemer, Niemand will davon hören. Erinnerung an ein vernichtetes Kind, Radio-Feature, 60 Min., SWF II, Reihe: Welt von heute, Redakteur: Paul Assall, Erstsendung 22.11.1989.

254 Pfarrer kritisiert die „einseitige Darstellung", in: Allgäuer Zeitung, 24.11.1989.

255 ALH, Xaver und Veronika Keck an den Südwestfunk, 1.12.1989 (Kopie).

Rosenberg, in dem er den Eindruck zu erwecken versucht, dass der Jude Rosenberg und seine „nichtjüdische" Frau dank der Hilfsbereitschaft der Ortseinwohner in Stiefenhofen „ihre schönste Zeit" verlebt hätten.[256] Tatsächlich war in der Gemeinde gar nicht bekannt, dass Rosenberg Jude war. Vermutlich konnte auch seine Tochter Gisela, die trotz einer Herzkrankheit in einem Rüstungsbetrieb dienstverpflichtet war und während eines Besuchs in Ranzenried bei ihren Eltern starb, nur deshalb auf dem Stiefenhofener Friedhof beigesetzt werden. Nachdem kein Taufzeugnis beigebracht werden konnte, wurde sie als „Ungetaufte" beerdigt. Vermutlich hielt Pfarrer Hitzler sie für eine Protestantin. Tatsächlich war Gisela Rosenberg Jüdin und Mitglied der Israelitischen Kultusgemeinde.[257] Unmittelbar nach dem Artikel über Rosenberg folgt, illustriert von einem Foto des Glasfensters in der Pestkapelle, ein Hinweis auf „Beratung in Schwangerschaftsfragen", der mit folgenden Worten beginnt: „Indirekt mit dem Kind Gabriele zu tun hat nachstehender Hinweis der BERATUNGSSTELLE FÜR SCHWANGERSCHAFTSFRAGEN[258] in Kempten. Der Name dieses dem Tod überantworteten Mädchens ist bekannt, sein Andenken wird wachgehalten. Wichtiger noch als jenes Gedenken ist es, ständig an jene Tausende zu erinnern, die im Mutterleib getötet werden."[259] Die Opfer von Abtreibungen in dieser Weise gegen das Gedenken an das Schicksal der kleinen Katholikin Gabi auszuspielen ist mehr als gewagt und schürt die Verbitterung des „Erinnerungskreises".

Der Spielfilm „Leni … muss fort"

In den folgenden Jahren arbeite ich an einem Drehbuch für einen Spielfilm nach dem Schicksal der kleinen Gabi. 1993 kann ich den Film endlich drehen. Titel: „Leni … muss fort".[260] Er erzählt die Geschichte der kleinen Leni, die unter ungeklärten Umständen zur Welt kommt und umgehend getauft wird. Eine Klosterschwester bringt sie auf einen malerischen Einödhof, wo ein altes, kinderloses Ehepaar sie in Pflege nimmt. Das Kind wächst wie die legendäre „Heidi" inmitten eines kleinen Paradieses auf – bis der Gemeindediener am Heiligen Abend die Anweisung bringt, dass das Kind nach dem Tod seiner jüdischen Mutter fort muss. Sie soll in ein Heim nach München zu den Nonnen. Schweren Herzens bringt der alte Bauer sie zum Zug und nimmt Abschied. Wenige Tage später bringt der Gemeindediener dann Lenis Koffer auf den Hof zurück. Juden dürften

256 Herbert Mader, Zuflucht in schwerer Zeit, in: Pfarrblättle (1989) 11, S. 10 f.

257 Vgl. Leo Hiemer, Interview mit Erwin Hagspiel, 29. 8. 1989. Erwin Hagspiel ging allerdings wie Pfarrer Mader davon aus, dass man in Stiefenhofen von Prof. Rosenbergs Judentum gewusst habe, eine Aussage, die so nicht haltbar ist.

258 Kapitälchen im Original.

259 Herbert Mader, Beratung in Schwangerschaftsfragen, in: Pfarrblättle 11/1989, S. 11.

260 Leo Hiemer, Leni … muss fort, Spielfilm, Deutschland 1994.

Cover der DVD „Leni … muss fort“.
Im Original farbig

von Ariern nichts besitzen, heißt es. Aibele ist alarmiert und fährt mit Lehrer Blatzer nach München, spricht bei der Gestapo vor und sieht seine Leni ein letztes Mal durchs Schlüsselloch beim Spielen. Am nächsten Tag ist das Heim geräumt. Keiner mehr da. Alle fort. Wieder daheim, verbrennt Aibele alles, was ihn an das geliebte und für immer verlorene Kind erinnert.

Der unvergessliche Hannes Thanheiser[261] stellt den Bauern Aibele dar, seine Enkelin Johanna die fünfjährige Leni, Christa Berndl[262] spielt die Bäuerin, Franz Buchrieser[263] den Oberlehrer Blatzer, Armin Schmid vom Volkstheater Lindenberg den Bürgermeister und Ortsgruppenleiter und Natalia Wörner[264] in einem ihrer ersten Filme Lenis Mutter.

Am 28. Januar 1994 wird der Film in Saarbrücken beim Max-Ophüls-Festival uraufgeführt, am 18. März 1994 führe ich ihn mit der mobilen Kinoanlage von Jens Goeldner in der bis auf den letzten Platz besetzten Turn- und Festhalle Stiefenhofen vor. Auch das Bayerische Fernsehen berichtet ausführlich über den Film und Gabis Geschichte,[265]

261 Hannes Thanheiser (* 4. 12. 1925 † 17. 6. 2014 St. Pölten/Österreich), österreichischer Schauspieler.
262 Christa Berndl (* 18. 1. 1932 München † 10. 8. 2017 München), Schauspielerin.
263 Franz Buchrieser (* 26. 9. 1937 Graz/Österreich), österreichischer Schauspieler.
264 Natalia Wörner (* 7. 9. 1967 Stuttgart), Schauspielerin.
265 Kreitmeir, Ein vergessenes Kind, Bayerisches Fernsehen, Erstsendung 26. 3. 1994.

was wiederum Pfarrer Mader auf den Plan ruft, der sich beim Intendanten über die „Recherchiermethoden beim Bayerischen Rundfunk“ beschwert und wiederum „schärfsten Protest“ einlegt.[266]

„Leni … muss fort“ erhält das „Prädikat besonders wertvoll“ der Filmbewertungsstelle Wiesbaden. Mit einem eigens gegründeten Filmverleih bringe ich den Film in die deutschen Kinos. Bei weit über hundert Veranstaltungen stehe ich oft auch vor Schulklassen Rede und Antwort. Insgesamt bringt es der Film auf 60 000 Kinozuschauer. Der Film wird auf Filmfestivals in aller Welt eingeladen und erhält Auszeichnungen in Santa Monica/Kalifornien, Fort Lauderdale/Florida, Laon/Frankreich, Bellinzona/Schweiz, Bludenz/Österreich sowie Schwerin/Deutschland. Am 28. März 1997 wird der Film auf „arte“ ausgestrahlt. In Frankreich gibt es zahlreiche, durchweg lobende Kritiken in allen größeren Tageszeitungen für „Leni“, die deutsche Presse dagegen nimmt kaum Notiz von meinem Film. Am 2. Mai 1998 wird „Leni“ in der ARD gezeigt. Das Presseecho: gleich Null. Nur ein Leserbriefschreiber beklagt sich im „Gong“, dass gute Filme immer zu nachtschlafender Zeit laufen …

Neue Recherchen und Gedenken im Allgäu

Im gleichen Jahr, in dem der Film seine Premiere erlebt, lässt Heinrich Obermeyer die von Stiefenhofen so vehement abgelehnte Gedenktafel ganz in der Nähe seines Wohnhauses in Oberstaufen in der Spinner-Kapelle anbringen.

Zehn Jahre nachdem ich zum ersten Mal von Gabi erfahren habe, ist das Kapitel endlich abgeschlossen: Ich habe ein einstündiges Radio-Feature und einen veritablen Spielfilm aus dem Stoff gemacht und diesen eigenhändig ins Kino gebracht. In Stiefenhofen erinnert ein Glasfenster und in Oberstaufen eine Gedenktafel an die kleine Gabi.

Im Jahr 2008 bringt Albert Eichmeier, damals Lehrer an der Städtischen Realschule in Kempten, die Dinge erneut in Bewegung. Er fragt mich nach Dokumenten zu dem in „Leni“ geschilderten Fall. Ich krame sie zusammen und händige sie ihm aus. Einige Wochen später legt er mir gleich einen ganzen Stapel Unterlagen vor, die er aus verschiedenen Archiven zusammengetragen hat. Auch zur letzten Zeugin, Resi Baumann, der jüngsten Tochter der Pflegefamilie Aichele, in Rohrdorf stellt Albert Eichmeier den Kontakt wieder her. Sie vertraut ihm zwei Alben mit Fotos von Gabi an und fördert nun noch so manches Erinnerungsstück zutage. Ich steige erneut in die Recherche ein, durchstöbere Archive, analysiere die Fotos von Gabi, spreche mit Angehörigen der Familien Aichele und Schwarz/Sechehaye, beschäftige mich mit Atemlehre, mit Faulhaber, den Verhältnissen in Augsburg, München, Liechtenstein, Stiefenhofen, New York. Die Recherche zieht

266 ALH, Pfarrer Mader an Dr. Scharf, Intendant des Bayerischen Rundfunks, 29. 3. 1994 (Kopie).

Gedenktafel in der Spinner-Kapelle, Oberstaufen. Im Original farbig
Fotograf: Horst F. Freudenberger

immer weitere Kreise, bis ich mich endlich in der Lage sehe, die „ganze Geschichte“ zu erzählen.

Am 24. Mai 2017, Gabis 80. Geburtstag, veranstaltet die Stadt Marktoberdorf ihr zu Ehren eine Gedenkstunde im Rathaussaal, bei dem ich mithilfe von Fotos und Dokumenten ihre Geschichte erzählen darf. Die 95-jährige Resi Baumann ist an diesem Abend als Zeitzeugin mit dabei und erhält von mir die erste von achtzig weißen Rosen überreicht, die ich nach dem Vortrag an die Zuhörer verteile. Am 17. März 2018, genau 75 Jahre und einen Tag nach Gabis gewaltsamem Tod in Auschwitz, veranstaltet der Verein „Historisches Stiefenhofen“ ein „Gedenken an Gabi“ im Dorfzentrum „Sonne“. Ähnlich wie in Marktoberdorf halte ich einen Vortrag über Gabis Schicksal, wobei ich ihre Jahre in Stiefenhofen in den Mittelpunkt stelle. Am 14. November 2018 halte ich in der evangelischen Kirchengemeinde Oberstaufen wiederum einen Vortrag über Gabi. Anschließend ziehe ich mit den Zuhörern in einer Lichterprozession zur Spinner-Kapelle, wo Pfarrer Wagner vor der Gedenktafel für Gabi eine Andacht abhält. Stellvertretend für viele Opfer vermag das Schicksal der kleinen Gabi die Menschen zu bewegen.

Ende 2018 bringt die Familie Ermold vor ihrem Haus in der Tigaustraße, Marktoberdorf, in dem Lotte als Hochschwangere einst Aufnahme gefunden hat, eine Gedenktafel für Lotte und ihre kleine Tochter Gabi an. Dank einer Zuwendung des Bundesamtes für Landwirtschaft und Ernährung aus seinem Programm LandKULTUR und einem Zuschuss der Bezirk Schwaben Stiftung wird es auch eine Wanderausstellung über Gabi geben. Das vorliegende Buch ist Gabi, aber auch ihrer Mutter und den Opfern aus ihrer Familie und allen mit ihr verbundenen Menschen gewidmet.[267]

Gedenken in München

Auch in München gibt es ein Zeichen des Gedenkens an Gabi. Im Jüdischen Museum findet sich der Name „Gabriele Schwarz“ neben vielen anderen auf einer Gedenktafel, die die Namen der Münchner Opfer aufzählt. Hier wird von der Israelitischen Kultusgemeinde eines katholischen Mädchens gedacht, das von den Nationalsozialisten als „nichtarisch“ eingestuft wurde, aber sein Leben lang nichts vom Judentum wusste. Seit 2015 sind im Lernforum des NS-Dokumentationszentrums München biografische Informationen über Gabi und Lotte sowie Ausschnitte aus meinem filmischen Zeitzeugen-Interview mit Resi Baumann zugänglich.[268] Im Jahr 2017 erscheint in der von der Stadt München herausgegebenen Reihe „KulturGeschichtsPfade“ eine Broschüre über Berg am Laim.[269] Im Kapitel über das dortige Judenlager wird stellvertretend für die dort untergebrachten Kinder Gabis Schicksal gewürdigt. Auch ein Foto von ihr, das sie im Dirndl vor dem Aichele-Hof zeigt, ist dort abgedruckt.

Ein Stadtratsbeschluss verhindert bis auf Weiteres die Verlegung der in den letzten Jahren als Gedenkform im öffentlichen Raum und „größtes dezentrales Mahnmal der Welt“ sehr populär gewordenen Stolpersteine des Künstlers Gunter Demnig.[270] Nach einem Stadtratsbeschluss vom 23. November 2017 können in München jedoch nunmehr „Erinnerungstafeln an Hauswänden auf Blickhöhe und Stelen mit Erinnerungstafeln auf öffentlichem Grund vor dem Gebäude“ zum „dezentralen und individuellen Gedenken an die Todesopfer des NS-Regimes in München“ angebracht werden.[271] Der Entwurf des Künstlers Kilian Stauss wird auch von Charlotte Knobloch,[272] die sich vehement gegen die Verlegung von Stolpersteinen wehrt, da sie das Andenken an Holocaust-Opfer nicht „mit Füßen getreten“ sehen will, gutgeheißen. Die neue Lösung ermöglicht jetzt ein Gedenken „auf Augenhöhe“. Möglich, dass es eines Tages auch eine Erinnerungstafel für Gabi in Berg am Laim geben wird.

267 2016 gab der Landkreis Lindau ein Buch über die Geschichte des „NS-Faschismus“ im Landkreis 1919–1945 heraus, in dem auch Gabi, Oberlehrer Johann Pletzer und Prof. Leo Rosenberg gewürdigt wurden. Vgl. Schweizer, Verfolgung, Flucht und Widerstand, S. 102–107.

268 Hiemer, Zeitzeugen-Interview mit Resi Baumann.

269 Vgl. Karin Pohl, Berg am Laim. Hrsg. von der Stadt München, München 2017, S. 68.

270 Bis Mai 2018 wurden ca. 69 000 Stolpersteine verlegt.

271 Stadtrat der Stadt München, öffentliche Vollversammlung, Beschluss 23. 11. 2017, https://www.ris-muenchen.de/RII/RII/DOK/SITZUNG/4815671.pdf.

272 Charlotte Knobloch, geb. Neuland (* 29. 10. 1932 München), Präsidentin des Zentralrats der Juden in Deutschland (2006–2010), Präsidentin der Israelitischen Kultusgemeinde München und Oberbayern (seit 1985).

Jüdischer Friedhof, Augsburg, Haunstetter Straße, Grabmal der Familie Schwarz
Im Original farbig | *Fotograf: Leo Hiemer*

Gedenken in Augsburg

Ort des Totengedenkens ist jedoch in erster Linie der Friedhof. Auf dem Jüdischen Friedhof an der Haunstettener Straße 64 in Augsburg steht das Grabmal für Carl und Anna Schwarz. Es trägt die Nummer 1203. Auch die Namen und Daten ihrer beiden Töchter Lotte und Hansi sind dort auf einer separaten Tafel verewigt. Emmy hat sie 1951 in Auftrag gegeben. Die Kosten teilte sie sich mit ihrem Neffen René.[273] Für Lotte ist das freilich kurios, weil sie 1937 bereits zum katholischen Glauben übergetreten ist. Dennoch wird sie in einer Aufstellung der Israelitischen Kultusgemeinde Augsburg-Schwaben über Bestattungen aus dem Jahr 1950 als KZ-Häftling jüdischer Konfession geführt.[274] Weder Lotte noch Hansi sind hier bestattet, doch kann ihrer auf dem jüdischen Friedhof gedacht werden.[275]

273 Vgl. AdIKGA, Briefwechsel mit Emmy Glaser 1951/52 wegen Grabplatte für Lotte und Hansi.

274 AdIKGA, 014-Z03_0044, Aufstellung über Bestattung von KZ-Häftlingen jüdischer Konfession, 3.3.1950.

275 Der Friedhof ist nicht öffentlich zugänglich. Nach Anmeldung bei der Israelitischen Kultusgemeinde Augsburg ist es jedoch möglich, ihn zu besichtigen.

Im Augsburger Rathaus erinnert im Erdgeschoss, etwas versteckt in einer Nische, eine Holocaust-Gedenkstätte an die ermordeten Augsburger Juden. Auf der Gedenktafel sind auch die Namen von Charlotte Eckart sowie von Gabriele Eckart [sic] zu lesen. Mit Gabriele Eckart ist sicherlich Gabriele Schwarz gemeint, die allerdings weder Augsburgerin war, noch Augsburg je gesehen hat. Außerdem finden sich die Namen von Anna Schwarz und August Einstein auf der Gedenktafel, die beide den Freitod wählten.

Die Verlegung der populären Stolpersteine ist auch in Augsburg lange Zeit nicht möglich. Erst am 17. März 2016 verabschiedet der Stadtrat ein „Konzept für dezentrales Gedenken an Opfer des NS-Regimes", das ausdrücklich auch Stolpersteine vorsieht. Daneben sollen sogenannte Erinnerungsbänder im öffentlichen Raum vor den letzten Wohnorten der Opfer des Nationalsozialismus an sie erinnern. Überdies haben sich in der Stadt Initiativen, Institutionen und Privatpersonen unter dem Namen „ErinnerungsWerkstatt Augsburg" zusammengetan, um die Biografien von Augsburger Opfern des Nationalsozialismus zu erforschen und die Erinnerung an sie wachzuhalten. Ein Online-Gedenkbuch[276] präsentiert eine ständig wachsende Zahl von Kurzbiografien von Augsburger Opfern der nationalsozialistischen Verfolgung. In diesem lokalen Gedenkbuch sind auch Lotte Eckart, Anna Schwarz, August Einstein und Gabi mit Kurzbiografien vertreten. Im Jahr 2018 habe ich die Initiative für ein „Erinnerungsband" ergriffen, das den vier Genannten gewidmet sein soll. Mit Unterstützung der „ErinnerungsWerkstatt Augsburg" wird das „Erinnerungsband" nun am 3. Juni 2019 auf öffentlichem Grund vor der Gesundbrunnenstraße 3 an einer Stele angebracht und feierlich eingeweiht – ein kleines Denkmal auch für Gabi.

Gedenken in Berlin

Auch an Lottes Schwester Hansi gibt es ein Gedenken. Vor dem Eckhaus Konstanzer Straße 4/Duisburger Straße 1 in Berlin, wo sie bis zuletzt gewohnt hat, ist ihr ein Stolperstein gewidmet. Für die aus der Duisburger Straße deportierten Juden wurde von der „Initiative Gedenken Duisburger Straße" außerdem eine Stele aufgestellt.

Auch für Annemarie Wolff-Richter wird am 8. August 2014 ein Stolperstein vor dem Gebäude ihres ehemaligen Kinderheims in Berlin-Frohnau verlegt. Auf dem Grundstück wurden bereits am 17. November 2001 eine Gedenktafel sowie eine Bronzeplastik von Dorothee Rätsch[277] in Anwesenheit von Ursula Heuss zu Ehren von Annemarie Wolff-Richter enthüllt.[278]

276 Das Online-Gedenkbuch ist unter der Internetadresse www.gedenkbuch-augsburg.de aufrufbar.

277 Dorothee Rätsch (* 25. 11. 1940 Heilsberg, Ostpreußen), Bildhauerin, Grafikerin.

278 Ursula Heuss-Wolff, Das heilpädagogische Kinderheim in Berlin-Frohnau. Zum Wirken der Individualpsychologin Annemarie Wolff, in: Bruder-Bezzel (Hrsg.), Individualpsychologie in Berlin, S. 81–91, hier S. 81.

Stolperstein für Hansi, Berlin, Konstanzer Straße 4. Im Original farbig
Fotograf: Leo Hiemer

Gedenken in Auschwitz

In der Gedenkstätte am Ort des Konzentrations- und Vernichtungslagers Auschwitz wird Gabis ebenfalls gedacht. Am 13. Juni 2013 wird im Block 27 des Staatlichen Museums Auschwitz-Birkenau die Ausstellung „Shoa" eröffnet. Dort ist unter anderem ein riesiges „Buch der Namen"[279] zu sehen, das die Namen und Lebensdaten sämtlicher bekannter Opfer des Völkermords an den Juden auflistet, die von der israelischen Gedenkstätte Yad Vashem[280] zusammengetragen worden sind. Auch Gabis Name ist dort zu finden. Der Eintrag lautet: „Schwarz, Gabriele 25/5/1937 [sic], Muenchen, Germany, murdered in Auschwitz, date of death unknown [sic]".

279 „The book of names. The names of the murderd are inscribed in this book as an eternal memorial." Auf Deutsch: „Buch der Namen. Zum ewigen Andenken sind die Namen der Ermordeten in diesem Buch eingetragen."

280 Yad Vashem wurde 1953 vom Staat Israel als „Gedenkstätte der Märtyrer und Helden des Staates Israel im Holocaust" gegründet. Die Einrichtung ist zweifellos die weltweit bedeutendste Gedenkstätte, die an die nationalsozialistische Judenvernichtung erinnert und sie wissenschaftlich dokumentiert.

„Zug der Erinnerung“ mit Ausstellung über Gabriele Schwarz, München, 1. Mai 2009
Im Original farbig | *Fotograf: Leo Hiemer*

Zug der Erinnerung

In den Jahren 2007 und 2008 fährt der „Zug der Erinnerung“ durch Deutschland bis nach Auschwitz. In mehreren Waggons wird eine „rollende Ausstellung“ über die Deportation Hunderttausender Kinder aus Deutschland und dem übrigen Europa in die Konzentrations- und Vernichtungslager gezeigt. Als der Zug 2009 in Süddeutschland unterwegs ist, ergänze ich zusammen mit Albert Eichmeier spontan die Ausstellung. In Augsburg, Kaufering und München zeigen wir auf Stelltafeln auf dem Bahnsteig neben dem „Zug der Erinnerung“ jeweils Fotos von Gabi und informieren über ihr Schicksal anhand von Dokumenten. Auch ihre Puppenwiege, ihre Mütze und ihre Handschuhe stellen wir aus. Zahlreiche Besucher des „Zugs der Erinnerung“ vertiefen sich in unser Material.

Gedenken in der Familie Schwarz/Sechehaye

Karl und Anna Schwarz sind lange tot, ebenso ihre drei Töchter. Emmys beide Söhne aus der Ehe mit Martin Cohn, Werner und Helmut, lebten in den USA. Dr. Glasers Tochter aus erster Ehe, Manne, lebte in Argentinien und war mit dem Rabbiner und Religionswissenschaftler Günther Friedländer verheiratet. Hansis Sohn René entschließt sich erst Ende der 1950er-Jahre, sein Leben in Augsburg zu verbringen. Als kriegsblinder Jude lebt er zurückgezogen. Im Alltag begegnet ihm oftmals offener Antisemitismus, der ihn sehr verbittert. Sein Sohn aus erster Ehe, Peter Sechehaye, lebt in München, dessen Bruder Thomas in Kalifornien. Bobine, die seine zweite Frau mit in die Ehe gebracht hat, lebt in Augsburg. Ihr Bruder Alfred Horman lebt in Kanada und bewahrt das Andenken an seine Großmutter Johanna Sechehaye und die Familie Schwarz.

Gedenken in der Familie Aichele

Josef Aichele stirbt am 1. April 1958, seine Ehefrau Therese am 13. Februar 1973. Auch ihre Kinder Josef, Anna und Hieronymus sind längst verstorben. Die jüngste Tochter, Resi Baumann, feiert am 18. Juni 2016 in ihrem Haus in Rohrdorf ihren 95. Geburtstag.[281] Ich bin als Gratulant dabei und darf erleben, wie sehr die alte Dame noch an „der Lotte" hängt. Das gute Geschirr von Anna Schwarz, das Lotte 1939 nach Stiefenhofen gebracht hat und das mit nach Rohrdorf gekommen ist, wird aus dem Wohnzimmerschrank geholt. Die weiße Tischdecke aus Lottes Mitgift, bestickt mit ihren Initialen – LS für Lotte Schwarz – wird auf dem Küchentisch ausgebreitet; die ebenfalls mit Lottes Monogramm versehenen Servietten in silbernen Serviettenringen werden neben die Karlsbader Porzellanteller mit dem Goldrand gelegt, die Karl Schwarz einst zum Einzug in die Schaezlerstraße erstanden hat. Der Tisch wird genauso eingedeckt, wie es einst Resis Tante Rosalia als Haushälterin bei der Familie Schwarz in Augsburg machte. Lotte zu Ehren. Gabi zum Gedächtnis. Neben der Stubentür gibt es einen Weihwasserkelch, dahinter ist ein Foto von Gabi gesteckt. Gabi selig, wie Resi ihre Stiefschwester Gabi Schwarz im Unterschied zu ihrer eigenen Tochter bis heute nennt.

Gabi selig

Ein offizielles Gedenken der katholischen Kirche an Gabi, Lotte und all die anderen als „Nichtarier" abgestempelten, verfolgten und ermordeten Glaubensbrüder und -schwestern, nicht zuletzt an die unschuldigen getauften Kinder, an die „kleinen Märtyrer", lässt leider noch immer ebenso auf sich warten wie das Eingeständnis der Amtskirche, dem Nationalsozialismus nicht entschieden genug entgegengetreten zu sein. Es wäre ein wunderbares Zeichen, wenn die Kirche stellvertretend für die vielen „nichtarischen Christen", die den Nationalsozialisten trotz Taufe als Juden galten und mit diesen massenhaft vernichtet wurden, die kleine Gabi mit ihrem Kinderglauben seligsprechen würde.

281 Seit 2017 lebt Resi Baumann im Altersheim in Isny.

Nachwort

Gabriele Schwarz wuchs wie eine kleine „Heidi“ umsorgt von einer liebevollen Pflegefamilie auf einem idyllischen Bauernhof im Allgäu auf, bis sie eines Tages ihrer Heimat für immer Lebewohl sagen musste. Befehl von oben. Gabi wurde nach München in ein „Jüdisches Sammellager“ gebracht, nach Auschwitz deportiert und dort im Alter von fünf Jahren ermordet. Aus einem einzigen Grund: Den Nationalsozialisten galt sie als Jüdin. Und Juden wie Jüdinnen wurden in Deutschland damals in Lagern festgesetzt, „in den Osten“ abtransportiert und dort umgebracht. Dieses Schicksal hatten nicht nur Männer im besten Alter zu erleiden, sondern auch Frauen, Alte, Kranke und viele Kinder wie Gabi.

Dass sie den Nationalsozialisten als Jüdin galt, lag an den ausgeklügelten „Spielregeln“ der Vererbung, die sie in den „Nürnberger Gesetzen“ festgeschrieben hatten. Gabis Mutter stammte aus einer jüdischen Familie aus Augsburg, den Namen des Vaters musste sie zeitlebens für sich behalten, um nicht sich selbst und den Erzeuger des Kindes des Verbrechens der „Rassenschande“ zu bezichtigen. Als Kind einer jüdischen Mutter und eines „deutschblütigen“ Vaters wäre Gabi als „halbjüdisch“ einzustufen gewesen. Doch die Rassengesetze sahen vor, dass Kinder, die von Müttern, die den Nationalsozialisten als Jüdinnen galten und nach dem Stichtag, dem 31. Juli 1936, außerhalb einer Ehe geboren worden waren, als „volljüdisch“ anzusehen seien. Dass das Kind außerhalb des Gültigkeitsbereichs des Gesetzes gezeugt worden war, spielte ebenso wenig eine Rolle wie die Tatsache, dass der sexuelle Verkehr möglicherweise nicht im Einvernehmen mit Gabis Mutter stattgefunden hatte. Gabi galt als „Volljüdin“. Basta.

Gabis Mutter Lotte, als Jüdin über Jahre ständig verschärfter Verfolgung ausgesetzt, versuchte, ihr Kind auf einem Bauernhof in der Abgeschiedenheit einer Allgäuer Gemeinde zu verstecken. Aber es gab auch hier Nationalsozialisten, die den „Fremdkörper“ lieber heute als morgen loswerden wollten und entsprechenden Druck auf Gabis Pflegefamilie ausübten. Doch Gabi blieb lange unbehelligt.

Die „Spur des Geldes“ aber führte die Rassenfanatiker 1943 nach Stiefenhofen. Nach dem Freitod ihrer Mutter erbte Gabis Mutter den Rest des einst ansehnlichen Familienvermögens in Augsburg. Nach Lottes Ermordung wurde Gabi amtlich als ihre Erbin eingesetzt. Von Lottes Konto war jeden Monat das Pflegegeld an die Pflegemutter in Stiefenhofen überwiesen worden. Eine Anfrage der Bank, was nach Lottes Tod mit dem Dauerauftrag zu geschehen habe, rief die Gestapo in München auf den Plan. Die erkundigte sich in Berlin, was zu tun sei. Dort entschied man, dass Gabi in ein „Judenheim“ nach München gebracht werden müsse. Doch kaum dort angekommen, wurde das „Heim“ samt Gabi geräumt. Sämtliche Insassen fielen in Auschwitz der Vernichtung anheim. In Gabis Fall reichte der lange Arm des bürokratisierten Rassenwahns buchstäblich von Berlin bis nach Stiefenhofen.

Der Bescheid des Reichssicherheitshauptamts in Berlin setzte das Räderwerk der Vernichtung eines Kindes in Gang: Der Befehl zur Abgabe wanderte von einem Schreibtisch in Berlin auf den Schreibtisch eines Gestapobeamten in München, der ihn auf den Schreibtisch des Sonthofener Landrats weiterleitete, der ihn in einen mündlichen Befehl an den Bürgermeister von Stiefenhofen verwandelte, den dieser den Pflegeeltern zu eröffnen hatte. „Ohne Vorgang“, wie es im Amtsdeutsch heißt, also ohne jede schriftliche Anweisung, wanderte der Befehl zur Aussonderung und Internierung der fünfjährigen Gabi von Berlin bis auf den Aichele-Hof in der Gemeinde Stiefenhofen. Damit die Vernichtungsmaschinerie laufen konnte wie geschmiert, musste ein Rädchen ins andere greifen, ein „Schreibtischtäter“ dem anderen zuarbeiten. Nach der Übergabe von Gabi an eine Fürsorgeschwester auf dem Bahnhof Immenstadt gab es trotz eifriger Bemühungen des Pflegevaters und des Dorflehrers kein Zurück mehr. Das „Judenlager“ wurde aufgelöst, und sämtliche Insassen wurden in den Zug nach Auschwitz verfrachtet, wo die Kinder samt ihren Betreuerinnen an Ort und Stelle in der Gaskammer ermordet wurden.

Gabis Geschichte ist eine Tragödie. Eine Tragödie für Gabi, aber auch für ein Volk, ein Reich, ein Land, das sich als sittlich besonders hochstehend feierte und doch unschuldige Kinder allein wegen ihrer Abstammung, also der „rassischen“ Zurechnung ihrer Eltern und Großeltern, umbringen ließ, und um sich ihre Vermögen unter den Nagel zu reißen – eine Tat, die an Niederträchtigkeit kaum zu überbieten ist.

Lotte, Gabis Mutter, wusste ihre Tochter bei den Pflegeeltern zwar in den besten Händen, doch kämpfte sie von Anfang an um eine gemeinsame Zukunft mit Gabi im Ausland: Liechtenstein, Schweiz, England, USA, Chile, Bolivien … Egal wohin – nur raus aus Deutschland, wo man als Jüdin seines Lebens nicht mehr sicher sein konnte. Dabei vertraute sie ganz auf die Hilfe der katholischen Kirche. Eine Hoffnung, die bitter enttäuscht wurde.

Lotte stammte zwar aus einem jüdischen Haushalt, wuchs in Augsburg jedoch ganz selbstverständlich zusammen mit Kindern aus christlichen Familien auf. Lotte reiste gern, lebte drei Jahre in Spanien und lernte schließlich einen „Mann von Welt“ kennen, der sie 1933 heiratete. Der Israelitischen Kultusgemeinde fühlte sie sich schon lange nicht mehr zugehörig, nannte sich im kirchlichen Eintrag der Ehe „religionslos“. Als ihr Ehemann schon nach einem Jahr verstarb, wollte sie sich taufen lassen und suchte Kardinal Faulhaber auf, den ihr verstorbener Mann von dessen Frontbesuch im Ersten Weltkrieg kannte. Der Kardinal fand Gefallen an der jungen jüdischen Witwe, nahm sich ihrer väterlich an, sorgte während ihrer Schwangerschaft für ihre Taufe und damit gleich auch noch für die Taufe der kleinen Gabi. Faulhaber persönlich firmte Lotte und stellte ihr eine Empfehlung für Amerika aus. Der Kardinal wusste, dass sie als Jüdin auf Dauer keine Lebensperspektive in Deutschland haben würde, und riet ihr zur Auswanderung. Unterstützung sollte Lotte von den dafür vorgesehenen kirchlichen Institutionen bekommen. Doch dort wurde Lotte vorgeworfen, dass sie als ledige Mutter, die ihr Kind noch dazu von fremden Menschen erziehen ließ, in keiner Weise den katholischen Vorstellungen von Sittlichkeit entsprach. Sie war keine „katholische Persönlichkeit". Noch dazu waren auch die Verantwortlichen der Kirche nicht frei von antijüdischen Vorurteilen. So wurde Lottes Anliegen zwischen dem Hilfswerk beim Bischöflichen Ordinariat Berlin (HBOB), das für ihre Tochter zuständig war, und dem St. Raphaels-Verein in Hamburg, der für sie zuständig war, so lange hin und her geschoben, bis nichts mehr ging. Die Zeit verstrich, die Verfolgung wurde immer unbarmherziger, und Faulhaber fehlte am Ende die Entschlossenheit zu einem mutigen Schritt, um Lotte und ihr Kind doch noch zu retten.

Nach dem Untergang des nationalsozialistischen Deutschland setzte die juristische Aufarbeitung der Untaten der NS-Führer und ihrer Helfer ein, die bis heute nicht beendet ist. Lotte und Gabi, Mutter und Tochter, wurden ermordet, doch die Schuldfrage erwies sich als komplex, die Verantwortung wurde von unten nach oben abgewälzt. Ihre Erben erhielten nach zermürbenden Wiedergutmachungsverfahren Entschädigungszahlungen. 1963, genau 20 Jahre nach ihrem Tod, wurde das Entschädigungsverfahren für Gabriele Schwarz wegen „Schaden an Leben" ergebnislos eingestellt.

Unter der Herrschaft des Nationalsozialismus wurden Menschen, allein weil sie als Juden und damit als minderwertig galten, entrechtet, beraubt, vertrieben und ermordet, Menschen wie Gabi, Lotte, Hansi, Anna Schwarz und Hunderttausende Deutsche mehr. Angesehene Mitbürger, Rechtsanwälte und Ärzte, Nachbarn, Schulkameraden, Freunde, Verwandte, Ehegatten und – Pflegekinder, die geliebt wurden, als wären sie eigene.

Das Gedenken an die unschuldigen jüdischen Opfer des Nationalsozialismus gehört zum Kern der Legitimation des neuen, demokratisch verfassten deutschen Staates nach 1945. Auch wenn es dagegen immer auch Widerstände gab, ist in Deutschland mit der Zeit eine eindrucksvolle Gedenkkultur entstanden. Die unschuldigen Opfer des menschenverachtenden NS-Terrorregimes dürfen nicht vergessen werden. Das gilt ganz besonders heute, da die Zahl der Zeitzeugen, die aus eigenem Erleben berichten können, immer mehr abnimmt, bis es eines nicht allzu fernen Tages gar keine Zeugen mehr geben wird. Doch die Versenkung, in der Millionen Menschen damals verschwunden sind, darf nicht zugeschüttet werden, im Gegenteil: Ihre Geschichten müssen erzählt werden, denn sie erzählen nicht nur von Tod und Untergang, sondern auch von Glaube, Liebe und Hoffnung. Ein Erbe, das uns ewig an die Verbrechen gegen die Menschheit erinnert, die zur Zeit des Nationalsozialismus von Deutschland ausgingen. Es sollte uns eine eindringliche Warnung vor jeglicher Form von Rassenhass sein, auch und gerade dann, wenn er nicht offen gezeigt, sondern religiös oder kulturell verbrämt wird.

Dank

Als ich im Jahr 1988 zum ersten Mal von dem Schicksal der kleinen Gabi hörte, ahnte ich nicht im Entferntesten, wie lange und wie intensiv mich ihre Geschichte beschäftigen würde. In all den Jahren bin ich vielen Menschen begegnet, denen ich für ihre Hilfe auf den verschlungenen Wegen der Recherche zu Dank verpflichtet bin. Sie alle hier zu nennen, ist nicht möglich. Stellvertretend für die vielen möchte ich mich bei einigen wenigen, die ganz besonders wichtig für meine Arbeit waren, namentlich bedanken.

An erster Stelle danke ich Resi Baumann, geb. Aichele, der letzten Zeitzeugin, die Lotte und Gabi noch persönlich gekannt hat. Sie hat mir ihre Erinnerungen und Erinnerungsstücke sowie sämtliche Fotos von Gabi anvertraut, ließ sich mehrmals interviewen und filmen. Auch die Angehörigen der Pflegefamilie Aichele haben ihre Erinnerungen mit mir geteilt: Anna Embritz (†), Hergensweiler, die all die wunderbaren Fotos von Gabi aufgenommen hat, Hieronymus Aichele (†), Stiefenhofen, sowie die Nachbarskinder und Spielkameraden von Gabi, Veronika (†) und Xaver Keck (†), Stiefenhofen, und natürlich meine Mutter, Anni Hiemer, Simmerberg, die ebenfalls noch mit Gabi gespielt hat und mich bei meinen Bemühungen, Gabis Schicksal aufzuklären, stets unterstützt hat. Mein Dank gilt auch Elisabeth Franke, Augsburg, die 1942 vier Wochen das Zimmer mit Gabi geteilt und für mich ihre Erinnerungen an diese Zeit aufgeschrieben hat, sowie Erwin Hagspiel aus Ranzenried, Gemeinde Stiefenhofen, der mir von Prof. Rosenberg erzählte. Ich bedanke mich auch bei Frau Obermeyer, Oberstaufen, der Witwe von Heinrich Obermeyer, der sich noch gut an Gabi und ihre Mutter erinnerte, sowie bei Sophie Adamer (†), Sonthofen, der Frau des Lehrers Adamer von Obermeiselstein, die mir von seinem Freund Oberlehrer Johann Pletzer berichtete. Meine dankbare Erinnerung gilt auch René Sechehaye (†), Augsburg, der „den Stein ins Rollen" gebracht hat und sich noch lebhaft an seine Tante „Loló", Gabis Mutter Lotte, erinnerte. Ebenso danke ich seinem Sohn Peter in München sowie dessen Halbbruder Alfred Hormann, der in Kanada die Dokumente der Familie aufbewahrt. Ebenso danke ich Ernst Cramer (†), Berlin, der die Familie von Gabis Mutter in Augsburg gut kannte, für seine Erinnerungen. Ruth Amrein und Arthur Ospelt aus Schaan, Fürstentum Liechtenstein, danke ich für ihre Berichte über ihren Vater Emil Ospelt, der Lotte einst ins Fürstentum holte. Peter Amann aus Vaduz, Liechtenstein, der Lotte einst beim Skifahren beobachtete, danke ich ebenso für seine Erinnerungen wie Fortunat Held aus Malans, Schweiz, der mir von Yvonne Boner erzählte, die schon 1943 nach Gabis Vater in Liechtenstein recherchierte. Den Männern vom „Erinnerungskreis Gabriele", Hans Geisenhof (†) und Heinrich Obermeyer (†) aus Oberstaufen, sowie Rudolf Boch (†) und Dr. Karl Häberle (†) aus Lindenberg danke ich für ihren Einsatz um ein würdiges Gedenken an Gabi in ihrer Heimatgemeinde.

Entscheidend für die Entstehung dieses Buches war die Anfrage Albert Eichmeiers aus dem Jahr 2008. Albert, damals Lehrer in Kempten im Allgäu, sichtete und ergänzte die von mir bis dahin gesammelten Dokumente über Gabriele Schwarz. Seine Initiative, sein Engagement und seine Recherchen eröffneten ganz neue Perspektiven. Er stellte auch erneut den Kontakt zu Resi Baumann her, aktivierte sie für weitere Nachforschungen, sicherte die Fotos von Gabi und förderte in einschlägigen Archiven wichtige Dokumente zutage. Schnell wurde mir klar, dass es nun nach dem Ablauf archivrechtlicher Sperrzeiten und mithilfe des Internets gelingen könnte, noch wesentlich mehr über Gabis Leben und das ihrer Familie herauszufinden, als es bisher möglich war. Eine neue Runde der Recherche begann. In den 1980er-Jahren war der Journalist Gernot Römer als Erster Gabis Spuren nachgegangen. Mit seiner Arbeit über das Schicksal der Juden in Schwaben im Dritten Reich allgemein und über Gabi im Besonderen hat er den Grundstein auch für meine Forschungen gelegt.

Meine Recherchen nach Gabis Vater führten mich zunächst ins Fürstentum Liechtenstein, wo mich Rupert Tiefenthaler im dortigen Landesarchiv sowie der Leiter des Liechtenstein-Instituts, Dr. Peter Geiger, engagiert unterstützt haben. Über Umwege landete ich im Familienarchiv Heuss, das mir Prof. Ludwig Theodor Heuss zugänglich machte und wo mir Marina Sindram bei der Erschließung von Korrespondenz und Fotodokumenten behilflich war. Besonders gedankt sei Mary Brown vom „Center for Migration Studies" (CMS) in New York, die zwar trotz wiederholter intensiver Suche in den Beständen des CMS so gut wie nichts finden konnte, mir aber mit ihrem Tipp, mich an das Archiv des Erzbischofs von New Orleans zu wenden, einen „goldenen Schlüssel" in die Hand drückte: Zwei Briefe aus New Orleans führten weiter zu einem umfangreichen Aktenfund im Archiv der Diözese Berlin, der die Bemühungen von Gabis Mutter Lotte Eckart um Auswanderung detailliert belegt. Diese finden auch ihren Niederschlag im Nachlass Kardinal Faulhabers, der im Archiv der Erzdiözese München verwahrt wird. Selbst in seinen Tagebüchern finden sich Eintragungen über Gabis Mutter. Für die Transkription dieser wichtigen Texte außer der Reihe danke ich dem Leiter des Projekts „Online-Edition der Tagebücher Kardinal Michael von Faulhaber", Dr. Peer Volkmann, und seinem gesamten Team. Mein besonderer Dank gilt Frau Dr. Antonia Leugers, die mir wichtige Hinweise zu Kardinal Faulhaber und der katholischen Kirche allgemein gegeben und meine Forschungen vorbildlich unterstützt hat.

Mein Dank gilt der Historikerin Dr. Karin Pohl aus Gabis Geburtsort Marktoberdorf sowie Kulturamtsleiter Rupert Filser, Stadtarchivarin Josephine Berger und ihrer Vorgängerin Ursula Thamm sowie Stadtpfarrer Wolfgang Schilling. Des Weiteren danke ich den Archivaren und Archivarinnen folgender Archive: Akademie der Künste, Literaturarchiv, Bettina Raabe; Archdiocese of New Orleans, Office of Archives and Records, Dorenda Dupont; Archiv der A. B. von Stettenschen Stiftungen, Erich Mayerhofer; Archiv der sozialen

Demokratie der Friedrich-Ebert-Stiftung, Dr. Christoph Stamm; Archiv des Erzbistums München und Freising, Michael Volpert, Guido Treffler, Manfred Herz; Archiv Getzner, Manfred A. Getzner; Politisches Archiv des Auswärtigen Amts, Dr. Martin Kröger; Bundesarchiv, Kurt Erdmann, Christine Botzet, Kerstin Schimmeck, Nicolai M. Zimmermann; Bayerisches Hauptstaatsarchiv, Dr. Caroline Gigl, Dr. Johann Pörnbacher; Deutsches Auswandererhaus, Bremerhaven, Klaus Fuest, Katrin Quirin; Diözesanarchiv Berlin, Dr. Gotthard Klein; Familienarchiv Sechehaye/Hormann, Alfred Hormann; Finnisches Nationalarchiv, Ville Kontinen; Fotosammlung Franz Häußler, Augsburg; International Tracing Service (ITS) Arolsen, Bianka Geißler, Melanie Engler, Verena Neusüs; Landesarchiv Berlin, Roswitha Schure; Sächsisches Staatsarchiv Leipzig, Frau Franke; Staatsarchiv Augsburg, Günter Steiner, Thomas Steck; Stadtarchiv Augsburg, Dr. Michael Cramer-Fürtig, Georg Feuerer, Mario Felkl; Stadtarchiv Bad Reichenhall, Johannes Lang; Stadtarchiv Immenstadt, Gerhard Klein; Stadtarchiv München, Dr. Andreas Heusler, Robert Bierschneider, Matthias Röth; Stadtarchiv Ulm, Matthias Grotz. Des Weiteren danke ich Charlotte Knobloch, der Präsidentin der Israelitischen Kultusgemeinde München und Oberbayern, dem Archivleiter des Staatlichen Museums Auschwitz-Birkenau, Wojciech Płosa, der stellvertretenden Leiterin der Gedenkstätte Ravensbrück, Cordula Hundertmark, dem Leiter des Dokumentationszentrums des Kreises Lindau i. B. in Weiler, Andreas Kurz, sowie den stets freundlichen und hilfsbereiten Mitarbeitern der Bayerischen Staatsbibliothek in München.

Für die Unterstützung meiner Recherchen danke ich außerdem Helga Abold, Reitenbuch, Prof. Karl Filser, Augsburg, Frank Bauer und Brigitte Gross, Berlin-Frohnau, Utz Benkel und Heinz Decker, Deutsche Exlibris-Gesellschaft, Prof. Dr. Klaus Brake, Berlin, Ulrich Bücholdt, Bochum, Dr. Fehrenbach, Bad Wörishofen, Schwester M. Goretti vom Altenheim St. Michael, Berg am Laim, Erich Kasberger, Pöcking, Prof. Dr. med. Michael Kölch, Ulm, Prof. Marita Krauss, Augsburg, Prof. Dr. Wolfgang Locher, München, Dr. Karoline von Steinaecker, Berlin, Dr. Anna von Villiez-Kuppsch, Hamburg, Dr. Hans-Jochen Vogel, München, Hansjörg Vogelgsang, Oberstaufen, Heribert Weber, Kilchberg, und allen, die ich hier nicht namentlich aufgeführt habe.

Die Kurt und Felizitas Viermetz Stiftung, Augsburg, hat ebenso wie die Stiftung Erinnerung von Ingrid und Walther Seinsch meine Arbeit großzügig unterstützt. Unterstützung erfuhr ich auch vom Landkreis Oberallgäu und von der Familie Obermeyer, Oberstaufen. Gabis Geburtsstadt Marktoberdorf danke ich für den großzügig gewährten Druckkostenzuschuss. Besonderen Dank für ihre langjährige Unterstützung schulde ich Prof. Georg E. Vogel in München sowie Bundesminister a. D. Theo Waigel in Seeg/Allgäu.

Nicht zuletzt danke ich meiner Frau, Katrin Oberberg, die für meine umfangreichen Recherchen und in der einsamen Zeit des Schreibens schier endlose Geduld aufgebracht hat. Ohne ihre Unterstützung hätte ich die Geschichte von Gabi und den Menschen um sie herum weder erforschen noch zu Papier bringen können.

Zeittafeln

Gabriele Schwarz

24. 5. 1937	geboren in Marktoberdorf
25. 5. 1937	getauft in Marktoberdorf
15. 6. 1937	von Josef und Therese Aichele in Stiefenhofen als Pflegekind aufgenommen
1. 1. 1939	Gabi muss den zusätzlichen Vornamen „Sara“ annehmen.
18. 6. 1942	Nach dem Tod ihrer Mutter Lotte Eckart wird Dr. Ludwig Dreifuß zu ihrem Vormund bestellt.
August 1942	Elisabeth Walch aus Augsburg wird ihre Freundin.
12. 2. 1943	Bürgermeister Seelos überbringt den Befehl zu Gabis Abgabe.
13. 2. 1943	Aicheles übergeben Gabi am Bahnhof Immenstadt an eine Fürsorgeschwester.
14. 2. 1943	Gabi ist im „Sammellager für Juden“, Berg am Laim, München, gemeldet.
13. 3. 1943	Räumung des Lagers und Transport sämtlicher Insassen ins KZ Auschwitz
16. 3. 1943	Gabi wird in der Gaskammer ermordet

Lotte Eckart, Gabis Mutter

26. 4. 1904	Charlotte Margarethe Schwarz wird in Augsburg geboren.
16. 9. 1914	Eintritt in die A.B. Von-Stetten'sche höhere Mädchenschule und Erziehungsanstalt
Juli 1919	Lotte kommt aus der Schule.
etwa ab 1928	Ausbildung zur Sekretärin und dreijähriger beruflicher Aufenthalt in Spanien
1931/32	Aufenthalt in Paris
1. 1. 1933	Anmeldung in München
24. 8. 1933	Ehe mit dem Hauptmann a. D. Wilhelm Eckart
1934	Kuraufenthalte mit ihrem Ehemann in Meran und Bad Reichenhall
3. 11. 1934	Wilhelm Eckart stirbt
ab August 1935	Lotte in Bad Wörishofen und Studium der Atemlehre in Berlin
August 1936	Lotte geht nach Liechtenstein und eröffnet die Atemschule „Juventus".
25. 3. 1937	Lotte kommt nach Marktoberdorf.
12. 5. 1937	Lotte wird auf Empfehlung Kardinal Faulhabers in Marktoberdorf getauft.
24. 5. 1937	Lotte bringt ein Mädchen zur Welt. Gabi wird am 25. 5. 1937 getauft.
27. 12. 1937	Empfehlung von Kardinal Faulhaber für Amerika
26. 5. 1938	Ankunft in New York
August 1938	Rückkehr nach Deutschland
9./10. 11. 1938	Reichspogromnacht
20. 9. 1939	Lottes Mutter, Anna Schwarz, wählt den Freitod.
27. 9. 1941	Verhaftung durch die Gestapo
8. 11. 1941	Überstellung ins KZ Ravensbrück als „Schutzhäftling"
Februar/März 1942	mit Kohlenmonoxid in der Tötungsanstalt Bernburg ermordet
8. 6. 1942	vom Standesamt Ravensbrück II angegebener Todestag

Die wichtigsten Personen

Gabi	Gabriele Schwarz
Lotte	Charlotte Margarethe Eckart, geb. Schwarz, ihre Mutter

Familie Schwarz

Anna Schwarz	Lottes Mutter
Karl Schwarz	Lottes Vater
Emmy	Emilie Glaser, geb. Schwarz, gesch. Cohn, Lottes älteste Schwester
Dr. Kurt Glaser	Emmys zweiter Ehemann
Hansi	Johanna Hilde Sechehaye, geb. Schwarz, Lottes mittlere Schwester
Joseph Sechehaye (Seché)	Hansis geschiedener Ehemann
René Sechehaye	genannt Peter, Hansis Sohn
August Einstein	„Onkel August“
Johanna Schmiedchen	Cousine der drei Schwarz-Töchter

Gabis Pflegeeltern

Josef Aichele	Pflegevater
Therese Aichele	Pflegemutter

Ihre Kinder

Anna	Anna Embritz, geb. Aichele
Magdalena (†)	Magdalena Aichele
Josef	Josef Aichele
Ronny	Hieronymus Aichele
Resi	Resi Baumann, geb. Aichele

Therese Aicheles Schwester

Rosalia	Rosalia Häringer, geb. Brugger

Weitere wichtige Personen (in alphabetischer Reihenfolge)

Gustav Biedermann	Betreiber einer Kneippschen Badanstalt in Schaan, Liechtenstein
Dr. Ludwig Dreifuß	Rechtsanwalt, später Konsulent in Augsburg, Gabis Vormund
Michael von Faulhaber	Kardinal der Erzdiözese München und Freising
Pfarrer Anton Frommelt	Landtagspräsident und stellvertretender Regierungschef in Liechtenstein
Emil Ospelt	Kurgast in Wörishofen aus Liechtenstein
Johann Pfeuffer	Judenreferatsleiter bei der Staatspolizei München
Johann Pletzer	Oberlehrer in Genhofen, Gem. Stiefenhofen
Johann Seelos	Bürgermeister und Ortsgruppenleiter der NSDAP in Stiefenhofen
Annemarie Wolff-Richter	Leiterin eines Kinderheims in Berlin, später Zagreb

Abkürzungen

AAH	Archiv Alfred Hormann
ABA	Archiv des Bistums Augsburg
ABSch	Archiv der Barmherzigen Schwestern
ADCV	Archiv des deutschen Caritasverbandes
AdIKGA	Archiv der Israelitischen Kultusgemeinde Augsburg
AdK	Akademie der Künste
AdsD	Archiv der sozialen Demokratie
AG	Archiv Getzner
AGA	Amtsgericht Augsburg
AG Mod	Amtsgericht Marktoberdorf
ALH	Archiv Leo Hiemer
APS	Archiv Peter Sechehaye
AWG	Archiv Walter Geismar
BArch	Bundesarchiv
BayHStA	Bayerisches Hauptstaatsarchiv
CMS	Center for Migration Studies
DAB	Diözesanarchiv Berlin
EAM	Archiv des Erzbistums München und Freising
EANO	Archiv der Erzdiözese New Orleans
FAA	Familienarchiv Aichele
FAH	Familienarchiv Heuss
FNA	Finnisches Nationalarchiv
GA Butt	Gemeindearchiv Buttenwiesen
GA Stie	Gemeindearchiv Stiefenhofen
HBOB	Hilfswerk beim Bischöflichen Ordinariat Berlin
HHStAW	Hessisches Hauptstaatsarchiv Wiesbaden
HStASt	Hauptstaatsarchiv Stuttgart
IfZ	Institut für Zeitgeschichte
ITS	International Tracing Service, Arolsen Archives
KHB	Kirchliches Handbuch für das katholische Deutschland
LAB	Landesarchiv Berlin
LABaWü	Landesarchiv Baden-Württemberg

LiVa	Liechtensteiner Vaterland
LiVo	Liechtensteiner Volksblatt
LI LA	Liechtensteinisches Landesarchiv, Vaduz
LTP	Landtagsprotokolle/Fürstentum Liechtenstein
MLB	Markt Oberdorfer Landbote
NARA	National Archives/USA
NLG	Nachlassgericht
NL FH	Nachlass Faulhaber
NNMS	Neueste Nachrichten für Mittelschwaben
OFD	Oberfinanzdirektion
PA AA	Politisches Archiv des Auswärtigen Amts
SStAL	Sächsisches Staatsarchiv Leipzig
StA	Standesamt
StAA	Staatsarchiv Augsburg
StAB	Staatsarchiv Bremen
StAM	Staatsarchiv München
StAN	Staatsarchiv Nürnberg
StadtA A	Stadtarchiv Augsburg
StadtA Mainz	Stadtarchiv Mainz
StadtA Mod	Stadtarchiv Marktoberdorf
UAM LMU	Universitätsarchiv der Ludwig-Maximilians-Universität München
VAF	Volk, Ludwig (Bearb.): Akten Kardinal Michael von Faulhabers 1917–1945
VAB	Volk, Ludwig (Bearb.): Akten deutscher Bischöfe. Über die Lage der Kirche 1933–1945
WBSchw	Wiedergutmachungsbehörde Schwaben
YVA	Yad Vashem Archives

Quellen-und Literaturverzeichnis

I Ungedruckte Quellen

1 Archive

Akademie der Künste, Berlin (AdK)

Literaturarchiv, Nachlass Dinah Nelken Nr. 104. Sechehaye, René an Dinah Nelken, 26. 7. 1949.

Amtsgericht Marktoberdorf (AG Mod)

Nebenregister, Beischreibung des zusätzlichen Vornamens Sara für Gabriele Schwarz, 16. 1. 1939.

Archiv der Barmherzigen Schwestern (ABSch)

Vertrag zwischen dem Beauftragten des Münchner Gauleiters für „Arisierung", Hans Wegner und dem „Orden der Barmherzigen Schwestern", 25. 10. 1941.

Archiv der Erzdiözese New Orleans (EANO)

Refugees from Germany, Catholic Committee (New York), Archbishop Rummel, Chairman, Folder 2, Ostermann, Joseph an Erzbischof Rummel, 11. 9. 1939; Erzbischof Rummel an Joseph Ostermann, 25. 9. 1939.

Archiv der Israelitischen Kultusgemeinde Augsburg (AdIKGA)

014-Z03_0044 Aufstellung über Bestattung von KZ-Häftlingen jüdischer Konfession, 3. 3. 1950; Briefwechsel mit Emmy Glaser 1951/52 wg. Grabplatte für Lotte und Hansi.

Archiv der katholischen Pfarrgemeinde St. Martin, Marktoberdorf

Taufbuch Bd. XVI 1930–1942 S. 95, Taufbuch, Taufeintrag Lotte Eckart, 12. 5. 1937; Taufeintrag Gabriele Schwarz, 25. 5. 1937.

Archiv der katholischen Pfarrgemeinde St. Martin, Stiefenhofen

Bericht von Josef Aichele o. J.

Archiv der Sozialen Demokratie der Friedrich-Ebert-Stiftung (AdsD)

6/SAMP003527 Glaser, Kurt, Lebenslauf, 23. 11. 1946.

Archiv des Bistums Augsburg (ABA)

Generalvikariat, Pfarreiakten, unverzeichnet, Dekanat Oberdorf, Pfarrei Oberdorf 1858 ff. Pfarrer Wanner an das Bischöfliche Ordinariat, 28. 4. 1937; Bischöfliches Ordinariat an Pfarrer Wanner, undatiert.

Archiv des Deutschen Caritas-Verbandes Freiburg i. Br. (ADCV)

R 627 Fasz. 1 MIVA Aachen 1928–1951, Protokoll der Generalversammlung der Missions-Verkehrs-Arbeitsgemeinschaft (MIVA) 1929 mit Tätigkeitsbericht 1927, 28. 3. 1928.

Archiv des Erzbistums München und Freising (EAM)

St. Bonifaz, München, Trauungsregister 1933, Nr. 150, S. 156. Eheschließung Wilhelm Eckart und Lotte Schwarz, 24. 8. 1933; St. Ludwig München, Trauungsregister 1933, MM II, S. 276. Eheschließung Wilhelm Eckart und Lotte Schwarz, 24. 8. 1933;

Nachlass Faulhaber (NL FH): EAM NL FH 6271, Darlegung der derzeitigen katholisch-kirchlichen Verhältnisse Finnlands, August 1918, handschr. Abschrift [Schluss fehlt]; NL FH 8216, Bericht 17. 1. 1937; NL FH 8187, Aufstellung 31. 12. 1941; NL FH 8425, Brief der Katholischen Heimatmission an Faulhaber, 29. 4. 1933; Aufstellung der Erzdiözese, 9. 3. 1936; NL FH 8426, Faulhaber: Empfehlung, handschriftliches Konzept, 27. 12. 1937; NL FH 9040, Divisionspfarrer Fooks an Faulhaber, 29. 4. 1915; Faulhaber an Kronprinz Rupprecht, 1. 6. 1915; NL FH 9400: Lotte Eckart an Faulhaber, 7. 4. 1937; Faulhaber an die geistlichen Herrn von Markt Oberdorf, 14. 4. 1937; NL FH 9586, Eckart, Wilhelm an Faulhaber, 18. 7. 1927; NL FH 10016: Tagebucheinträge 28. 2. 1935, 28. 8. 1935, 25. 10. 1935; NL FH 10017: Tagebucheinträge 8. 7. 1936, 10. 7. 1937; NL FH 10018: Tagebucheinträge 3. 11. 1937, 27. 12. 1937, 4. 1. 1938, 11. 1. 1938, 18. 1. 1938, 7. 2. 1938, 31. 10. 1938; NL FH 10019: Tagebucheinträge 30. 9. 1940, 18. 12. 1940.

Bayerisches Hauptstaatsarchiv (BayHStA)

LEA 33981 Bayerisches Landesentschädigungsamt, Wiedergutmachung Emmy Glaser und René Sechehaye, 1958–65, Bayer. Hypotheken- und Wechselbank Augsburg an Bayerisches Landesentschädigungsamt, 25. 7. 1963; Bescheid des Bayerischen Landesentschädigungsamtes, 20. 10. 1964. LEA 44932 Bayerisches Landesentschädigungsamt: Wiedergutmachung Charlotte Eckart. 1958–70. LEA 74213, Wiedergutmachungsbehörde Schwaben V 967 K-Akte Nr. 2511: Bescheid des Finanzamtes Augsburg-Stadt über Judenvermögensabgabe für Anna Schwarz, 16. 1. 1939; Abt. 4 Kriegsarchiv, OP 373, Personalakt Wilhelm Eckart 1907–1933: Zeitungsartikel o. O.,

o. J. (1918); Ernennungsurkunde für Wilhelm Eckart zum Hauptmann, 22. 3. 1918; Eckart, Wilhelm: Antrag auf Verwundeten-Abzeichen, 2. 8. 1918; Ruin, Waldemar/ Goldbeck-Löwe, Albert: Gründung der finnisch-deutschen Gesellschaft, 14. 9. 1918; Notiz, 25. 10. 1920; Todesanzeige Wilhelm Eckart, 3. 11. 1934; Major Brennfleck: Notizen über Wilhelm Eckarts Orden, 14. 12. 1936; MK 60650: Polizeidirektion München an das Ministerium für Kultus und Unterricht, 19. 1. 1932; Ministerium für Kultus und Unterricht, München, an Wilhelm Eckart, 7. 11. 1932.

Bundesarchiv (BArch)

R 901/71235 Zentralstelle für Auslandsdienst: Finnland.

R 901/71833 Eckart, Wilhelm(?): Ausarbeitung für ein künftiges Propaganda-Unternehmen Vacika (Variété, Circus, Kabarett), undatiert.

Center for Migration Studies, New York City

023B, Box 157, Folder 5047, Erzbischof Rummel an Osterman, 25. 9. 1939.

Diözesanarchiv Berlin (DAB)

DAB I/1-40 Eckart, Gabriele (* 23. Mai 1937) [sic]: Auszug aus dem Taufregister der St. Martinsgemeinde, Markt Oberdorf, für Gabriele Schwarz, 17. 7. 1937; Hilfswerk beim Bischöflichen Ordinariat Berlin (HBOB) an das „Catholic Committee for Refugees from Germany", 23. 8. 1939; Eckart, Lotte an HBOB, 7. 10. 1939; HBOB an Lotte Eckart, 10. 10. 1939; Ostermann, Joseph an HBOB, 10. 10. 1939; HBOB an Lotte Eckart, 10. 11. 1939; Pater Grösser an Dr. Engelhardt, 13. 11. 1939; Pater Grösser an Lotte Eckart, 16. 11. 1939; HBOB an das „Catholic Committee für Refugees from Germany" in New York, 20. 11. 1939; HBOB an Lotte Eckart, 20. 11. 1939; Eckart, Lotte an HBOB, 25. 11. 1939; HBOB an den St. Raphaels-Verein, 28. 11. 1939; HBOB an Lotte Eckart, 28. 11. 1939; Eckart, Lotte an HBOB, 5. 12. 1940; HBOB an Lotte Eckart, 7. 12. 1940; Eckart, Lotte an HBOB, 7. 2. 1941; HBOB an Lotte Eckart, 11. 2. 1941; HBOB: Aktenvermerk, 10. 10. 1941; DAB I/1-44, Seché, Peter [sic] (* 17. Dezember 1924), HBOB an Josef Seché, 20. 2. 1939; Seché, Josef an Dr. Witzinger (richtig: Winzinger), HBOB, 22. 2. 1939.

Dokumentationszentrum des Landkreises Lindau i. B.

Mader, Herbert, Aufstellungen und Unterlagen über Pfarrer, Lehrer und Lehrerinnen und NSDAP im Landkreis Lindau i. B. incl. Entnazifizierung, 2015.

Finnisches Nationalarchiv (FNA)

K. Paasikiven arkisto, box I:2, microfiche, VAY: 4384 Eckart, Wilhelm an Paasikivi 7. 11. 1924; Eckart, Wilhelm an Paasikivi 14. 1. 1925 mit Lebenslauf Wilhelm Eckart.

Gemeindearchiv Buttenwiesen

Sammlung Franz Xaver Neuner. Lichtenauer, Irmgard an Herrn Neuburger, 5. 2. 1947.

Gemeindearchiv Stiefenhofen (GA Stie)

Nachweis der ausgegebenen Lebensmittelkarten II/760/2; NSDAP Ortsgruppe Stiefenhofen, Protokollbuch 12/1933-5/1944; Familienstandsbogen Josef Aichele.

Hessisches Hauptstaatsarchiv Wiesbaden (HHStAW)

Abt. 461 (Staatsanwaltschaft bei dem Landgericht Frankfurt a.M), Nr. 5737: Vernehmung Fanny Herrmann, 30. 9. 1959; Vernehmung Gerda Görtler 11. 11. 1959: Vernehmung Irmgard Lichtenauer, 23. 5. 1960.

Historisches Archiv der UniCreditbank AG München

D_Hypo_SB_A-2767, Bayer. Hypotheken- und Wechselbank Augsburg an Oberfinanzpräsident München, 15. 5. 1942; D-Hypo-KONTO-A-95 I, Rundschreiben des Oberfinanzpräsident München, 24. 3. 1943;

International Tracing Service (ITS) Arolsen Archives

Kartei Gestapo Wiesbaden, Johanna Schmiedchen, geb. Wolff; Karteikarte Strafgefängnis Frankfurt/Main-Preungesheim, Eintragung Johanna Schmiedchen 19. 4. 1938; Doc. Nr. 79766507 (3.2.1.1/S15121-15190/S15149/0001), Karteikarte René Sechehaye, 19. 7. 1950; Doc. Nr. 79766507 (3.2.1.1/S15121-15190/S15149/0002), Application for Assistance für Agnes Sechehaye 19. 7. 1950; Doc. Nr. 79766508, Application for Assistance für René Sechehaye 3. 10. 1948.

Landesarchiv Baden-Württemberg (LABaWü)

Abteilung Hauptstaatsarchiv Stuttgart, Bestand J 386, Jüdische Familienregister, Familienbuch August Einstein.

Landesarchiv Berlin

Berliner Einwohnermeldekartei (EMK) Bestand B Rep. 021, Einwohnermeldekarte Joseph Seché.

Liechtensteinisches Landesarchiv (LI LA)

RF 126/328 Liechtensteinische Regierung an Emil Ospelt 14. 8. 1936; RF 131/409/163 Regierungschef Hoop, Stellungnahme 6. 10. 1933; Regierungschef Hoop, Stellungnahme 1937; RF 133/36 Eidgenössisches Justiz-und Polizeidepartement, Rundschreiben 31. 3. 1933; RF 136/33 005 Liechtensteinische Regierung, Rundschreiben

6. 4. 1933; RF 144/75 Liechtensteinische Regierung an Gustav Biedermann 6. 3. 1934; Biedermann, Gustav an die Liechtensteinische Regierung 18. 3. 1934; RF 144/36 003 Liechtensteinische Gesandtschaft in Bern an die Liechtensteinische Regierung 4. 4. 1933; RF 155/172/004 Fürstliche Regierung an den Liechtensteinischen Gewerbeverband, 17. 9. 1935; RF 155/391 Biedermann, Gustav an die Liechtensteinische Regierung 3. 10. 1935; RF 155/397/004/004 Liechtensteinische Regierung, Amtsvermerk 3. 10. 1935; RF 163/328 Ospelt, Emil an die Liechtensteinische Regierung 4. 8. 1936; RF 163/328 Ospelt, Emil an die Liechtensteinische Regierung 5. 8. 1936; Ospelt, Emil an die Liechtensteinische Regierung 12. 9. 1936; Kneipp-Bund, Zeugnis für Gustav Biedermann, 25. 10. 1933; Eckart, Lotte an Pfarrer Frommelt, 14. 11. 1936; Eckart, Lotte an Pfarrer Frommelt 1. 12. 1936; Eckart, Lotte an Pfarrer Frommelt, 16. 12. 1936, Beilage, Ausschnitt „Feldkircher Anzeiger" 16. 12. 1936; RF 163/350 Liechtensteinische Regierung, Verwaltungsstrafbot, 13. 8. 1936; RF 165/313 Biedermann, Gustav an Regierungschef Hoop, 1. 12. 1936; RF 168/328 Biedermann, Gustav, Zustimmung der Gewerbegenossenschaft, 11. 8. 1936; RF 220/154 Amtsbestätigung der Liechtensteinischen Regierung, 15. 7. 1943; RF 221/128 b Risch, Dr. Martin an die Liechtensteinische Regierung, 3. 1. 1945; J 007/S 071/323 (a) Volksdeutsche Jugend, handgeschriebener Zettel, undatiert.

National Archives and Records Administration, USA (NARA)

Passenger and Crew List of Vessels Arriving at New York, New York, 1897–1957,
27. 8. 1936, Gustav Biedermann (https://www.ancestry.de/ [17. 9. 2018]);
26. 5. 1938, Margarete C. Eckart (https://www.ancestry.de/ [17. 5. 2018]);
6. 4. 1939 Ernst Gutmann, (https://www.ancestry.de/ [17. 9. 2018]).

Naturalization Records 1877–1952 (M1192), District Court (Rolls 01-16) Denver, Declarations of Intention 1877–1952, Dr. Ernst Gutmann (https://www.ancestry.de/ [17. 9. 2018]).

Politisches Archiv des Auswärtigen Amts (PA AA)

R 139258 Eckart, Wilhelm an Graf von Wedel, 2. 7. 1918; R 139259 Hertling, Georg Graf von an den Kaiserlichen Gesandten von Brück in Helsingfors, 3. 8. 1918; R 139260 Brück, Freiherr von an das Auswärtige Amt, 24. 12. 1918; Asservat Nr. 59, Guse, Felix: Die deutsche Propaganda während des Weltkrieges im In-und Ausland.

Sächsisches Staatsarchiv

Staatsarchiv Leipzig, Gefängnisbuch Leipzig PP-S 8519 Nr. 9642, Eintragung 4. 11. 1941.

Staatsarchiv Augsburg (StAA)

Amtsgericht Augsburg, Nachlassgericht, Anna Schwarz 750/1939, Protokoll zum Nachlass von Karl Schwarz, 5. 10. 1926; Schwarz, Anna, Testament 1. 11. 1938; Verfügung von Todes wegen der Anna Schwarz, 11. 10. 1939; Erklärung von Johanna Sechehaye und Charlotte Eckart 11. 10. 1939; Amtsgericht Augsburg, Nachlassgericht, Charlotte Eckart 1035/1950, Dreifuß, Ludwig an das Nachlassgericht, 14. 11. 1950; Landgericht Augsburg, Kammer für Handelssachen, Aktenvermerk 1. 2. 1940; Bezirksrevisor I bei dem Landgerichte Augsburg an das Finanzamt Augsburg-Land, 28. 2. 1940; Glaser, Emilie an das Amtsgericht Augsburg, 20. 5. 1946; Glaser, Emilie, Eidesstattliche Versicherung, 13. 2. 1950; Weiss, Dr. Günther an das Amtsgericht Augsburg, 28. 4. 1950; Sechehaye, René an das Amtsgericht Augsburg, 2. 1. 1951; Wiedergutmachungsbehörde, Landesentschädigungsamt Schwaben V 967 LEA 74213 K-Akte Nr. 2511 Wiedergutmachung Emmy Glaser und René Sechehaye 1946–1953, Israelitische Kultusgemeinde Augsburg an das Amtsgericht Augsburg, 25. 7. 1946; Stadt Augsburg, Anzeige 15. 4. 1948; Glaser, Emilie an die Wiedergutmachungskammer, 30. 11. 1948; Grundbuchamt Augsburg, Grundbuchauszug 23. 7. 1949; Stadt Augsburg, Widerspruch 1. 8. 1949; Stadt Augsburg an die Wiedergutmachungskammer, 31. 8. 1949; Stadtsparkasse Augsburg an die Stadt Augsburg, 28. 9. 1949; Stadt Augsburg an die Wiedergutmachungskammer, 7. 10. 1949; Wiedergutmachungsbehörde Schwaben, Protokoll 26. 6. 1951; Wiedergutmachungsbehörde Schwaben, Vergleich, 19. 7. 1951; Wiedergutmachungsbehörde Schwaben, Schlussbericht 26. 7. 1951; Dreifuß, Dr. Ludwig an die Wiedergutmachungskammer, 17. 1. 1952; Wiedergutmachungskammer, Protokoll, 26. 2. 1952; Wiedergutmachungskammer beim Landgericht Augsburg, Protokoll, 26. 4. 1952; Glaser, Emilie, Eidesstattliche Erklärung, 11. 11. 1952; Wiedergutmachungskammer beim Landgericht Augsburg, Protokoll, 18. 2. 1953; Fritz Petzold an die Wiedergutmachungskammer, 21. 2. 1953; Wiedergutmachungskammer beim Landgericht Augsburg, Protokoll, 12. 3. 1953; Wiedergutmachungskammer beim Landgericht Augsburg, Beschluss, 11. 6. 1953;

NSDAP Kreisleitung Sonthofen 20/Stiefenhofen 1, Johann Seelos, Fragebogen, 20. 5. 1941; NSDAP Kreisleitung Sonthofen 20/Oberstaufen, Kreisverwaltung Sonthofen, Deutsche Arbeitsfront, Anfrage, 18. 11. 1938; NSDAP Kreisleitung Sonthofen 20/Stiefenhofen, Besprechung, 26. 3. 1938; NSDAP Kreisleitung Sonthofen 20/Stiefenhofen, Verzeichnis der Teilnehmer zum Kreisapell [sic] am 9. 3. 1941 in der Ordensburg Sonthofen, 9. 3. 1941; NSDAP Kreisleitung Sonthofen 17/25, Dr. H. am 9. 2. 1945 an Dr. Bertram, Sonhofen.

Spruchkammer Schwabmünchen, Gerle, Josef G 102; Spruchkammer Sonthofen, Bahmann, Jakob B 26; Spruchkammer Sonthofen, Felder, Maria F 20; Aichele, Josef/Wagner, Xaver/Denzl, Josef, Anzeige undatiert; Aichele, Josef/Wagner, Xaver/Denzl,

Josef, Erklärung 7. 5. 1948; Spruchkammer Sonthofen, Pletzer, Johann P 78, Vorprüfungs-Ausschuss für den Bereich des Staatsministeriums für Unterricht und Kultus, Beurteilung 9. 5. 1947; Pletzer, Johann, „Meine politische Vergangenheit“, 19. 10. 1947; Spruch, 27. 10. 1947; Spruchkammer Sonthofen Waller, Dr. Ferdinand, W 47;

VI 1035/50 Israelitische Kultusgemeinde Augsburg, Bescheinigung, 10. 5. 1947.

Staatsarchiv Bremen

Bremer Passagierlisten 1920–1939, 20. 5. 1938 (http://www.bremer-passagierlisten.de/ [17. 9. 2018]).

Staatsarchiv München (StAM)

OFD 8741 Entziehungsakte Gabriele Schwarz 1943, Depotaufstellung der Bayer. Hypotheken- und Wechselbank Augsburg für das Konto Nr. 1644 vom 27. 4. 1942, 13. 5. 1942; Bayer. Hypotheken- und Wechselbank Augsburg an den Oberfinanzpräsidenten in München, 15. 5. 1942; Bayer. Hypotheken- und Wechselbank Augsburg an den Oberfinanzpräsidenten in München, 17. 6. 1942; Oberfinanzpräsident München, Verfügung, 6. 8. 1942; Bayer. Hypotheken- und Wechselbank Augsburg, Umlegung des Depots Nr. 1644, 20. 8. 1942; Oberfinanzpräsident München, Weiterleitung der Anfrage der Bayer. Hypotheken- und Wechselbank Augsburg an die Gestapo München, 11. 1. 1943; Dreifuß, Dr. Ludwig, Vermögenserklärung für Gabriele Sara Schwarz, 6. 3. 1943; Bendix, Alice, Vermögenserklärung für Gabriele Sara Schwarz, 8. 3. 1943; Gestapo München, Listenauszug, 19. 3. 1943; Bayer. Hypotheken- und Wechselbank Augsburg, Kontoauszug Kto. Nr. 2118, 20. 4. 1943; Oberfinanzpräsident München, Wertpapierbestandsverzeichnis Gabriele Sara Schwarz, 17. 5. 1943; Bayer. Hypotheken- und Wechselbank Augsburg, Kontoauflösung Konto Nr. 2118, 20. 7. 1943;

Amtsgericht Bad Reichenhall NR 1944/68 Nachlasssache Therese Eckart, Niederschrift, 31. 5. 1944; Amtsgericht Bad Reichenhall an Dr. Weiss, 25. 7. 1950;

SpkA K 1504 Lagerspruchkammer Moosburg-Dachau, Spruchkammerakt Hans Seelos, Detention Report 24. 7. 1945; Hitzler, Johann, Eidesstattliche Erklärung, 22. 1. 1948; Military Government of Germany, Fragebogen Johann Seelos, 25. 1. 1948; Der öffentliche Kläger in Sonthofen an Ermittler Winkler, 3. 2. 1948; Aichele, Josef, Aussage 5. 2. 1948; Pletzer, Johann, Aussage 5. 2. 1948; Renn, Max, Aussage 5. 2. 1948; Bürgermeister Geisenhof an den öffentlichen Kläger bei der Lagerspruchkammer Dachau, 6. 2. 1948; Ermittler Winkler, Bericht 6. 2. 1948; Dreifuß, Dr. Ludwig an die Lagerspruchkammer Moosburg, 20. 2. 1948; Gemeindeverwaltung Stiefenhofen, Bürgermeister Geisenhof, Eidesstattliche Erklärung, 12. 3. 1948; Pletzer, Johann an Rechtsanwalt Kartini, 25. 4. 1948; Der öffentliche Kläger bei der Lagerspruchkammer Dachau,

Breiding, Klageschrift, 1.7. 1948; Seelos, Maria, Eidesstattliche Erklärung, 19. 7. 1948; Rechtsanwalt Kartini an die Lagerspruchkammer Dachau, 22. 7. 1948; Rechtsanwalt Kartini, Unterschriftenliste, 2. 8. 1948; Lagerspruchkammer Moosburg-Dachau, Protokoll, 24. 8. 1948; Lagerspruchkammer Moosburg-Dachau, Protokoll, 2. 9. 1948; Hauptkammer Kempten, Protokoll, 31. 1. 1949; Hauptkammer Kempten, Spruch 31. 1. 1949; Hauptkammer München, Protokoll, 22. 8. 1950; Der Minister für politische Befreiung in Bayern, Entschließung, 22. 5. 1953.

SpkA K 1316 Johann Pfeuffer, Pfeuffer, Johann an Dr. Waller, 10. 5. 1943; Der öffentliche Kläger der Lagerspruchkammer Dachau, Breiding, an den öffentlichen Kläger der Spruchkammer X, München, 2. 9. 1948; Der öffentliche Kläger bei der Hauptkammer München, Kriegseis, Klageschrift, 29. 11. 1952; Hauptkammer München, Spruch 23. 1. 1953; Bezirksfürsorgeverband an das Landratsamt Sonthofen, 2. 3. 1958;

SpkA K 545 Hans Grahammer, Irma Lichtenauer, Vernehmungsprotokoll, 4. 7. 1950.

Stanw. 29.499 Voruntersuchung gegen Pfeuffer und 15 andere wegen Freiheitsberaubung u. a. Delikte, Pfeuffer, Johann: Vernehmungsprotokoll, 3. 1. 1949; Israelitische Kultusgemeinde München an die Staatsanwaltschaft München, 26. 8. 1949; Pfeuffer, Johann, Vernehmungsprotokoll 30. 12. 1949; Pfeuffer, Johann, Vernehmungsprotokoll, 3. 1. 1950; Herrmann, Fanny: Vernehmungsprotokoll, 22. 11. 1950; Pfeuffer, Johann, Vernehmungsprotokoll, 30. 11. 1950; Pfeuffer, Johann, Vernehmungsprotokoll, 5. 4. 1951; Lampe, Rose an den Untersuchungsrichter, 19. 5. 1951; Strauß, Hermann Vernehmungsprotokoll, 25. 5. 1951; Bayerisches Hilfswerk, Auskunft 25. 5. 1951; Neuland, Siegfried an den Untersuchungsrichter, 26. 5. 1951; Pfeuffer, Johann, Vernehmungsprotokoll, 28. 9. 1951; Israelitische Kultusgemeinde München, Liste, 4. 10. 1951; Koronczyk, Theodor, Vernehmungsprotokoll, undatiert; Landgericht München, Beschluss 8. 10. 1953; Dritte Strafkammer des Landgerichts München I, Beschluss 29. 4. 1954;

Staatsanwaltschaften München 6079 Film 2652, Ermittlungen gegen Emil Schilhab 1940.

Staatsarchiv Nürnberg

Polizeipräsidium Nürnberg-Fürth 810 Nr. 1921, Polizeigefängnis, Gefangenbuch 28. 10. 1941.

Stadtarchiv Augsburg (StadtA A)

Standesamt: Nr. A 1129/1895 Geburtseintrag Emilie Schwarz 5. 6. 1895; Nr. A 723/1897 Geburtseintrag Johanna Hilda Schwarz, 12. 4. 1897; Nr. A 896/1904 Geburtsanzeige Charlotte Margarete Schwarz 30. 4. 1904; Nr. B 79/1918 Heiratseintrag Emilie Schwarz und Martin Cohn 20. 1. 1918; Nr. B 342/1921 Heiratseintrag Johanna Schwarz und Joseph Sechehaye, 8. 11. 1921; Nr. 2024/1937 Sterbeeintrag August Einstein, 9. 11. 1937;

Nr. C 1952/1939 Sterbeeintrag Anna Schwarz 21. 9. 1939; Nr. C 3662/46 Sterbeurkunde Charlotte Margarete Eckart, 12. 12. 1946; Nr. 3662 Sterbeeintrag Charlotte Margarete Eckart, 12. 12. 1946; VI 1035/50 Fragebogen zum Sterbebuch, o. D.; Leichenschauschein August Einstein 11/1937.

Meldewesen: Bürger-Familienbogen Karl Schwarz 1897–1925; Meldebogen Nr. 1357 Karl Schwarz 1897–1927; Bürgerbogen Johanna Schwarz, 25. 3. 1920; Meldekarte Charlotte Margarete Schwarz 1926–33; Bürgerbogen Charlotte Margarete Schwarz, 28. 2. 1927; Meldebogen August Einstein, 14. 4. 1928; Meldekarte Kurt Glaser 1933–37; Meldebogen Rosalia Brugger; Meldekarte Therese Aichele; 91K1 Familienbogen Emil Gutmann; Meldekarte 9B Ernst Gutmann; Familienbogen Berninger 1911–14; Meldekarte Berta Berninger verehelichte Haas, 3. 5. 1934.

Polizei: Hausbögen Bahnhofstr. 18; Gesundbrunnenstr. 3; Hermannstr. 1; Schaezlerstr. 13; Frölichstr. 12 ½.

L 5 Nr. 645 Liegenschaftsamtsakten betr. Predigerberg 9, Schwarz, Anna, Stangl, Josef: Kaufvertrag 1. 3. 1927; Schwarz, Anna an die Regierung von Schwaben, 26. 1. 1938; Stadt Augsburg, Aktennotiz, 27. 1. 1939; Regierung von Schwaben an Oberbürgermeister von Augsburg, 9. 2. 1939; Verwaltung der Städtischen Fürsorgeanstalten an die Stadt Augsburg, 15. 2. 1939; Schwarz, Anna an die Stadt Augsburg, 25. 3. 1939; Stadt Augsburg, Vermerk, 27. 3. 1939; Stadt Augsburg, Aktennotiz, 28. 3. 1939; Stadt Augsburg, Aktennotiz, 17. 4. 1939; Stadt Augsburg, Aktennotiz, 5. 5. 1939; Notar Edel, Kaufvertrag Predigerberg, 5. 5. 1939; Regierungspräsident Schwaben, Verfügung, 28. 6. 1939; Schwarz, Anna, Aufstellung, o. D.

Bestand 42 Nr. 96 Altes Aktenzeichen 105/0500 Privatkorrespondenzen des Oberbürgermeisters Dr. Dreifuss [sic], I. Bd., Pletzer, Johann an Dr. Ludwig Dreifuß, 6. 5. 1946.

Stadtarchiv Bad Reichenhall

Vorbericht zur Amtlichen Fremdenliste 1934, Villa Isolde S. 28; Porträt Dr. Otto Kühne.

Stadtarchiv Mainz

Standesamt, HR Mainz 1894, Nr. 139, Heiratsurkunde Carl und Anna Schwarz, 15. 4. 1894.

Stadtarchiv Marktoberdorf (StadtA Mod)

Standesamt: Geburtenbuch Nr. 5/1884 Geburtseintrag Johann Pletzer, 27. 1. 1884; Geburtenbuch Nr. 27/1937, Geburtseintrag Gabriele Schwarz, 28. 5. 1937; Sterbeeintrag Maria Theresia Sepp, 10. 12. 1938; Eckart, Lotte an das Standesamt Marktoberdorf, 22. 12. 1938.

Meldewesen: Meldekarte Franz Xaver Häringer. 1913–1958; Meldekarte Maria Theresia Sepp.

Stadtarchiv Metz (Archiv Ville de Metz)

Ville de Metz 1893, Naissance 455, Geburtsanzeige Johanna Wolff; Geburtsregister 1905, Eintragung Johanna Wolff.

Stadtarchiv München (StadtA M)

Meldeamt: EWK 65 S 256 Charlotte Margarete Eckart 1925–33; EMA NS Wilhelm Eckart 1931–34; EWK 65 Gabriele Schwarz, 3. 3. 1943; Datensatz NS-Opfer/Personen Charlotte Margarete Eckart.

Stadtarchiv Ulm

Familienregister 24/65 Familie Einstein.

Standesamt München

Heiratsurkunde Nr.1088/1933 Wilhelm Eckart und Charlotte Margarete Schwarz, 16. 12. 2008.

The Catholic University of America

National Catholic Welfare Conference (NCWC), Office of the General Secretary Records, box 37, folder 19 National Catholic Welfare Conference an die deutschen Bischöfe, 18. 11. 1937.

Universitätsarchiv der Ludwig-Maximilians-Universität München (UAM LMU)

Studentenkartei I Karteikarte Hanna Schwarz/Hanna Sechehaye 1916–1924.

2 Privatarchive

Archiv Familie Aichele

Ehrenbürgerbrief für Josef Aichele, 22. 5. 1952.

Archiv Walter Geismar

Nussbaum, Ilse an Walter Geismar, 15. 6. 1943.

Archiv Getzner (AG)

Faszikel IV, Chronik des Kneipp-Vereins Feldkirch 1928–1941, III. Buch, 1. 2. 1936–31. 12. 1941, Ankündigung im „Feldkircher Anzeiger“, 2. 11. 1936; Bericht im „Feldkircher Anzeiger“, 17. 11. 1936; „Kneipp-Ecke“ im „Feldkircher Anzeiger“ 1/1937; Eintragung, 12. 2. 1937.

Archiv Familie Heuss (FAH)

Nachlass Annemarie Wolff-Richter (NL AWR) 1937–1945,

Eckart, Charlotte an René Sechehaye:

NL AWR III/4, 14. 7. 1937; NL AWR IV/12, 12. 12. 1937; NL AWR IV/13, 7. 1. 1938; NL AWR aM 162, 4. 3. 1941;

Eckart, Charlotte mit Schwarz, Anna an René Sechehaye:

NL AWR IV/14, 25. 1. 1938; NL AWR III/5 undatiert (02/1938); NL AWR IV/29, 2. 1. 1939; NL AWR IV/32, 20. 2. 1939;

Eckart, Charlotte mit Sechehaye, Johanna an Annemarie Wolff-Richter: NL AWR IV/34, 17. 3. 1939;

Schwarz, Anna an René Sechehaye:

NL AWR IV/3, 10. 7. 1937; NL AWR IV/1, undatiert (11. 8. 1937); NL AWR IV/9, 27. 10. 1937; NL AWR IV/11, 16. 11. 1937; NL AWR IV/12, 12. 12. 1937; NL AWR IV/16, 12. 3. 1938; NL AWR IV/17, 11. 4. 1938; NL AWR IV/20, 28. 4. 1938; NL AWR IV/22, 25. 5. 1938; NL AWR III/2, undatiert (10/1938); NL AWR IV/25, 21. 10. 1938; NL AWR IV/30, 16. 1. 1939;

Sechehaye, Johanna an René Sechehaye:

NL AWR IV/7, 10. 9. 1937; NL AWR IV/10, 6. 11. 1937; NL AWR IV/21, 19. 5. 1938; NL AWR IV/35, 23. 3. 1939; NL AWR II/5, 4/1939; NL AWR IV/38, 15. 8. 1939; NL AWR IV/41, 18. 10. 1939; NL AWR IV/42, 6. 12. 1939;

Sechehaye, Johanna an Annemarie Wolff-Richter:

NL AWR n37-39_8, 12. 4. 1937; NL AWR, u37-39_32 (I/2), 19. 6. 1937; NL AWR I/3, 25. 5. 1939; NL AWR a/20, 4. 6. 1940;

Glaser, Emilie an René Sechehaye:

NL AWR II/4, 15. 12. 1937;

Glaser, Emilie an Annemarie Wolff-Richter:

NL AWR (I/5) aM 86, 7. 8. 1939;

Seché, Josef,

NL AWR II/7 Stammbaum René Sechehaye, undatiert.

Archiv Leo Hiemer (ALH)

Baumann, Resi, Erklärung betreffs Anmeldung und Lebensmittelkarten von Gabriele Schwarz, 4. 5. 2008; Brugger, Rosalia, Kochbuch ca. 1893; Brugger, Rosalia, Rezeptbuch ca. 1900; Schwarz, Johanna, Herbarium ca. 1907–1911; Schwarz, Anna, Dienstzeugnis für Rosalia Brugger, 1. 10. 1909; Eckart, Lotte an Therese Aichele, 24. 8. 1937; Eckart, Lotte an Therese Aichele, 2. 6. 1938; Eckart, Lotte an Resi Aichele (später verheiratete Baumann), 16. 9. 1940; Aichele, Josef an Elisabeth Walch (später verheiratete Franke, Kopie), 18. 11. 1942; Boner, Yvonne an Josef Aichele, 19. 3. 1943; Boch, Rudolf/Geisenhof, Hans/Häberle, Karl/Obermeyer, Heinrich an Bürgermeister Lacher und

Pfarrer Mader 10/1985; Keck, Xaver und Veronika an den Südwestfunk, 1. 12. 1989; Mader, Herbert an Albert Scharf, 29. 3. 1994; Franke, Elisabeth, Bericht, 8. 8. 1994.

Archiv Alfred Hormann (AAH)

Sechehaye, Johanna an Dr. Walter Grau 31. 3. 1941; Grau, Walter an die KZ-Kommandantur Ravensbrück, 26. 4. 1941; Sechehaye, Johanna an Dr. Walter Grau, Briefumschlag, 13. 9. 1941; Sechehaye, Johanna an Dr. Walter Grau, Briefumschlag, 13. 11. 1941; Sechehaye, Johanna an Dr. Walter Grau, Briefumschlag, 20. 1. 1942; Grau, Walter an Joseph Seché, 4. 5. 1942.

Archiv Gernot Römer

Castan, Carola an Frau Dr. Kitzinger, 15. 8. 1947.

Archiv Dieter Schmidt

Schmidt, Franz, maschinengeschriebenes Manuskript über die Tötungen in Bernburg mit Fotos, undatiert, vermutlich 1945.

II Veröffentlichte Quellen

1 Gedruckte bzw. im Internet verfügbare Quellen

Adenauer, Konrad, an Bernhard Custodis, 23. 2. 1946 in: Konrad Adenauer, Briefe über Deutschland 1945–1955. Eingeleitet und ausgewählt von Hans Peter Mensing aus der Rhöndorfer Ausgabe der Briefe, München 1999, S. 40–42 (https://www.konrad-adenauer.de/dokumente/briefe/1946-02-23-brief-custodis [17. 9. 2018]).

Akten deutscher Bischöfe, Über die Lage der Kirche 1933–1945

- Bd. IV, 1936–1939, bearb. von Ludwig Volk (= Veröffentlichungen der Kommission für Zeitgeschichte Reihe A: Quellen, Bd. 30), Mainz 1981.
- Bd. V: 1940–1942, bearb. von Ludwig Volk (= Veröffentlichungen der Kommission für Zeitgeschichte, Reihe A: Quellen, Bd. 34), Mainz 1983.

Akten Kardinal Michael von Faulhabers 1917–1952

- Bd. I, 1917–1934, bearb. von Ludwig Volk (= Veröffentlichungen der Kommission für Zeitgeschichte, Reihe A: Quellen, Bd. 17), Mainz 1975.
- Bd. II, 1935–1945, bearb. von Ludwig Volk (= Veröffentlichungen der Kommission für Zeitgeschichte, Reihe A: Quellen, Bd. 26), Mainz 1978.
- Bd. III, 1945–1952, bearb. von Heinz Hürten (= Veröffentlichungen der Kommission für Zeitgeschichte, Reihe A: Quellen, Bd. 48), Paderborn/München/Wien/Zürich 2002.

Behrend-Rosenfeld, Else, Ich stand nicht allein/Leben in zwei Welten, Leben einer Jüdin in Deutschland 1933 bis 1944/Tagebücher eines jüdischen Paares in Deutschland und im Exil, hrsg. von Erich Kasberger/Marita Krauss, München 1988/2011.

Boenheim, Felix/Frankenthal, Käthe/Glaser, Kurt, A democratic system for Public Health for Germany, hrsg. vom Council for a Democratic Germany, New York 1945.

Buber-Neumann, Margarete, Milena, Kafkas Freundin, 3. Aufl., München 1986.

Chroust, Peter (Bearb.), Friedrich Mennecke. Innenansichten eines medizinischen Täters im Nationalsozialismus, Eine Edition seiner Briefe 1935–1947, Hamburg 1988.

Die Heilige Schrift des Alten und Neuen Testamentes. Mit dem Urtexte der Vulgata. Übersetzt und mit erklärenden Anmerkungen versehen von Augustin Arndt S. J., 2. Bd., 6. Aufl., Regensburg/Rom 1914, http://vulgata.info/index.php?title=Kategorie:BIBLIA_SACRA:NT:2Kor05 [17. 9. 2018].

Dreifuß, Ludwig, undatierter Lebenslauf (Typoskript, etwa August 1946), in: ders., Jurist, Oberbürgermeister der Stadt Augsburg 1945–1946 (28. 8. 1883 in München – 15. 4. 1960 in Murnau), http://www.rijo.homepage.t-online.de/pdf/DE_BY_JU_dreifuss.pdf [17. 9. 2018].

Egenolf, Heinrich, Die anatomischen Veränderungen der Lunge und Bronchien bei Asthma Bronchiale. Dissertation, Frankfurt a. M. 1920.

– Die Menschliche Stimme. Ihre Erziehung, Erhaltung und Heilung. Ein Praktikum für Sänger, Sprecher und alle, die ihre Stimme pflegen wollen, Stuttgart 1953.

– Wunder des Atmens. Ein kleines Lehrbuch für Gesunde und Kranke, 4. Aufl., Stuttgart 1953.

Einstein, Fritz, Petition for Naturalization, 13. 4. 1937, Naturalization Records 1882–1944 (https://www.ancestry.de/interactive/2280/31301_168842-01740?pid=4087771&treeid=&personid=&usePUB=true&_phsrc=qYY18&_phstart=successSource [17. 9. 2018]).

Faulhaber, Michael von, Adventspredigten (gehalten im Dezember 1933), München 1934.

– Tagebucheinträge, verfügbar in der Kritischen Online-Edition der Tagebücher Michael von Faulhabers (1911–1952):

– Tagebucheintrag vom 1. 6. 1918, EAM, NL FH 1002 (http://www.faulhaber-edition.de/dokument.html?docidno=10002_1918-06-01_T01 [17. 9. 2018]).

– Tagebucheintrag vom 28. 2. 1935, EAM, NL FH 10016 (http://www.faulhaber-edition.de/dokument.html?docidno=10016_1935-02-28_T01 [17. 9. 2018]).

– Tagebucheintrag vom 28. 8. 1935, EAM, NL FH 10016 (http://www.faulhaber-edition.de/dokument.html?docidno=10016_1935-08-28_T01&sortby=year [17. 9. 2018]).

– Tagebucheintrag vom 25. 10. 1935, EAM, NL FH 10016 (http://www.faulhaber-edition.de/dokument.html?docidno=10016_1935-10-25_T01 [17. 9. 2018]).

– Tagebucheintrag vom 11. 11. 1935, EAM, NL FH 10016 (http://www.faulhaber-edition.de/dokument.html?docidno=10016_1935-11-11_T01 [17. 9. 2018]).

Fröhlich, Elke (Hrsg.), Die Tagebücher von Joseph Goebbels, Bd. II.2, München 2001.

Gottwaldt, Alfred/Schulle, Diana, Die „Judendeportationen" aus dem Deutschen Reich 1941–1945. Eine kommentierte Chronologie, Dokumentensammlung, Wiesbaden 2005.

Größer [sic], Max, Die kirchlich-religiöse Lage der deutsch-stämmigen Katholiken außerhalb des Reiches, in: Zentralstelle für kirchliche Statistik des katholischen Deutschlands Köln (Hrsg.), Kirchliches Handbuch für das katholische Deutschland 1933/34, Köln 1933, S. 155–172.

– Die kirchlich-religiöse Lage der deutschstämmigen Katholiken außerhalb des Reiches, in: Zentralstelle für kirchliche Statistik des katholischen Deutschlands Köln (Hrsg.), Handbuch für das katholische Deutschland 1937/38, Köln 1938, S. 117–149.

Guardini, Romano: Kreuzweg unseres Herrn und Heilandes, 131.–140. Tausend, Würzburg 1938.

Hirsch-Erlund, Irmgard/Römer, Gernot (Hrsg.), Irmgard. Eine jüdische Kindheit in Bayern und eine Vertreibung, Augsburg 1999.

Hitler, Adolf, Das 25-Punkte-Programm der Nationalsozialistischen Deutschen Arbeiterpartei 1920 (http://www.documentarchiv.de/wr/1920/nsdap-programm.html [17. 9. 2018]).

– Rede des Führers und Reichskanzler Adolf Hitler am 30. Januar 1939 vor dem Reichstag (https://ia902603.us.archive.org/1/items/RedeHitler30.01.1939/Rede%20Hitler%2030.01.1939_text.pdf [17. 9. 2018]).

Jewish Genealogy in Bavarian Swabia. An International Collaboration (https://www.jgbs.org/detail.php?book=birth&id=32894&mode [17. 9. 2018]).

K. Schullehrerseminar Lauingen und der demselben unterstellten K. Präparandenschulen Lauingen (Hrsg.), Jahresbericht Mindelheim und Oberdorf pro 1899/1900, Lauingen 1900.

Krose, Hermann A., Konfessionsstatistik Deutschlands, in: Zentralstelle für kirchliche Statistik des katholischen Deutschlands Köln (Hrsg.), Kirchliches Handbuch für das katholische Deutschland 1933/34, Köln 1933, S. 173–220.

– Konfessionsstatistik Deutschland, in: Zentralstelle für kirchliche Statistik des katholischen Deutschlands Köln (Hrsg.), Handbuch für das katholische Deutschland 1935/36, Köln 1936, S. 163–238.

– Konfessionsstatistik Deutschlands, in: Zentralstelle für kirchliche Statistik des katholischen Deutschlands Köln (Hrsg.), Handbuch für das katholische Deutschland 1937/38, Köln 1938, S. 150–236.

– Konfessionsstatistik Deutschlands, in: Zentralstelle für kirchliche Statistik des katholischen Deutschlands Köln (Hrsg.), Kirchliches Handbuch für das katholische Deutschland 1939/40, Köln 1939, S. 138–202.

– Konfessionsstatistik Deutschlands, in: Zentralstelle für kirchliche Statistik des katholischen Deutschlands Köln (Hrsg.), Kirchliches Handbuch für das katholische Deutschland 1943, Köln 1943, S. 140–219.

Künstlerkreis Oberstaufen (Hrsg.), Fritz H. Obermeyer 1880–1967, Gedächtnisausstellung Färberhaus Oberstaufen 2008, Katalog zur Ausstellung, Oberstaufen 2008.

Landtag des Fürstentums Liechtenstein: LTP 1936/086-090 (Protokoll der Landtagssitzung vom 18. 6. 1936) (http://www.e-archiv.li/textDetail.aspx?backurl=auto&etID=44781&eID=9 [17. 9. 2018]); LTP 1936/168 (Landtagsprotokoll vom 23. 12. 1936) (http://www.e-archiv.li/textDetail.aspx?etID=44791&eID=9&backurl=auto [17. 9. 2018]); LTP 1938/092-096 (Protokoll der Landtagssitzung vom 4. 8. 1938) (http://www.e-archiv.li/textDetail.aspx?backurl=auto&etID=44826&eID=9. [17. 9. 2018]).

Ludwig-Maximilians-Universität München, Personen-und Studentenverzeichnisse, Universitätsarchiv (https://epub.ub.uni-muenchen.de/view/lmu/pverz.html [17. 9. 2018]).

Mader, Herbert, Zuflucht in schwerer Zeit, in: Pfarrblättle (1989) 11, S.10 f.

– Beratung in Schwangerschaftsfragen, in: Pfarrblättle (1989) 11, S. 11.

– Es geschah vor achtzig Jahren, in: Pfarrblättle (2009) 12, S. 11.

Mohnen, Joh., Kirchliche Statistik Deutschlands, in: Zentralstelle für kirchliche Statistik des katholischen Deutschlands Köln (Hrsg.), Kirchliches Handbuch für das katholische Deutschland 1943, Köln 1943, S. 288–333.

Philipp, Grit, Kalendarium der Ereignisse im Frauen-Konzentrationslager Ravensbrück 1939–1945, Berlin 1999.

Pletzer, Johann, Naturschutzbildstöcke im Allgäu. Sonderdruck aus dem Jahrbuch des Vereins zum Schutze der Alpenpflanzen und -Tiere [sic] 1942.

Reichsvereinigung der Juden, Karteikarte Charlotte Eckart, 30. 9. 1947, ITS Digital Archives, DEC-FOS-0522 (https://digitalcollections.its-arolsen.org/01020401/content/pageview/523600 [17. 9. 2018]).

Rieger, Susanne: Das Berufsverbot für jüdische Rechtsanwälte in Bayern im Dezember 1938, www.rijo.homepage.t-online.de/pdf/DE_BY_JU_anwalt01.pdf [17. 9. 2018].

Röder, Dr. Werner: Interview mit Dr. Kurt Glaser, 10/1970, Institut für Zeitgeschichte ZS-2113-1, http://www.ifz-muenchen.de/archiv/zs/zs-2113.pdf. [17. 9. 2018].

Römer, Gernot (Hrsg.), „An meine Gemeinde in der Zerstreuung". Die Rundbriefe des Augsburger Rabbiners Ernst Jacob 1941–1949, mit einem Beitrag von Walter Jacob, Augsburg 2007.

Schmitt, Ludwig, Atmung, Haltung und Bewegung, Augsburg 1927.

– Das Hohelied vom Atem, Augsburg 1927.

Schulte, Paul, Das Wagnis des Fliegenden Paters, 2. Aufl., Paderborn o. J.

Sommerfeld, T. J. Mar., Neu-Heidentum und Christentum. Zeitgemäße Wahrheiten, mit einem Anhang: Die altpreussische Götterlehre, Berlin 1935.

Spurensuche. Jüdische Mitbürger in Chemnitz, Stätten ihres Lebens und Wirkens, Orte der Erinnerung, hrsg. vom Stadtarchiv Chemnitz, Chemnitz 2002.

Stadtrat der Stadt München, öffentliche Vollversammlung, Beschluss 23. 11. 2017, https://www.ris-muenchen.de/RII/RII/DOK/SITZUNG/4815671.pdf [17. 9. 2018].

Tauber, Henryk, Protokoll der Aussage des früheren Häftlings des KL Auschwitz und Angehörigen des Sonderkommandos Henryk Tauber im Prozeß gegen Rudolf Höß (Archiv des Staatlichen Museums Auschwitz-Birkenau, Bd. 11, Bl. 122–150), Staatsanwalt: Eward Pechalski, Richter: Jan Sehn, in: Waclaw Dlugoborski/ Franciszek Piper (Hrsg.), Auschwitz 1940 –1945, Auschwitz 2000, S. 273–302.

Tuckermann, Anja, „Denk nicht, wir bleiben hier!" Die Lebensgeschichte des Sinto Hugo Höllenreiner, 2. Aufl., München 2009.

Wegner, Hans, Tätigkeits- und Abschlussbericht zum 30. Juni 1943 (Abschrift), in: „... verzogen unbekannt wohin". Die erste Deportation von Münchner Juden im November 1941, hrsg. vom Stadtarchiv München, unpag. Dok. im Anhang, Zürich/München 2000.

Weichmann, Elsbeth, Zuflucht. Jahre des Exils, mit einem Vorwort von Siegfried Lenz, Hamburg 1983.

Yad Vashem, Johanna Schmiedchen, http://yvng.yadvashem.org/index.html?language=en&s_lastName=Schmiedchen&s_firstName=Johanna&s_place= [17. 9. 2018].

2 Zeitungen

Allgäuer Zeitung, 24. 11. 1987.

Anzeige-Blatt für das westliche Allgäu, 24. 11. 1937, 23. 5. 1942.

Augsburger Allgemeine, 24. 12. 1989.

Der Stürmer, 1. 8. 1936.

Die Welt, 11. 9. 1977.

Liechtensteiner Heimatdienst, 29. 6. 1935.

Liechtensteiner Vaterland (LiVa), 15. 8. 1936, 10. 10. 1936, 17. 10. 1936, 24. 10. 1936, 19. 12. 1936, 24. 12. 1936, 13. 1. 1937.

Liechtensteiner Volksblatt (LiVo), 16. 10. 1936, 24. 10. 1936, 27. 10. 1936, 12. 12. 1936, 19. 12. 1936.

Markt Oberdorfer Landbote, 10. 12. 1938, 14. 12. 1938.

Neueste Nachrichten für Mittelschwaben (NNMS), 9. 8. 1935, 12. 8. 1935, 6. 9. 1935, 9. 9. 1935, 18. 9. 1935, 15. 1. 1936.

Reichenhaller Tagblatt, 3. 11. 1934, 9. 11. 1934.

Richfield Springs Mercury, 2. 12. 1938.

Vertretung und Nebenverdienst, verschiedene Ausgaben Juli bis September 1936.

Vorwärts, 13. 2. 1982.

3 Nachschlagewerke und Datenbanken

Adressbuch der Stadt Augsburg 1902.

Adressbuch und Handelsindex für das Fürstentum Liechtenstein. Nach amtlichen Unterlagen, Schaan o. J. (1935).

Augsburg-Wiki, Geschichte der Juden in Augsburg (https://www.augsburgwiki.de/index.php/AugsburgWiki/GeschichteDerJudenInAugsburg [17. 9. 2018]).

Aus der Geschichte der jüdischen Gemeinden im deutschen Sprachraum, Mainz (Rheinland-Pfalz), http://www.jüdische-gemeinden.de/index.php/gemeinden/m-o/1256-mainz-rheinland-pfalz [17. 9. 2018]; Wolfhagen (Hessen), http://www.jüdische-gemeinden.de/index.php/gemeinden/u-z/2118-wolfhagen-hessen [17. 9. 2018].

Berliner Adressbücher 1900–1924, https://digital.zlb.de/viewer/cms/155/ [4. 4. 2019].

Bundesarchiv (Hrsg.); Gedenkbuch, Opfer der Verfolgung der Juden unter der nationalsozialistischen Gewaltherrschaft in Deutschland 1933–1945, https://www.bundesarchiv.de/gedenkbuch/ [4. 4. 2019].

Czech, Danuta, Kalendarium der Ereignisse im Konzentrationslager Auschwitz-Birkenau 1939–1945, Reinbeck bei Hamburg 1989.

Dresslers Kunsthandbuch, hrsg. von Willy Oskar Dressler, Das Buch der lebenden deutschen Künstler, Altertumsforscher, Kunstgelehrten und Kunstschriftsteller. 9. Jg., Bd. 2: Bildende Kunst, Baukünstler, Bildhauer, Bühnenbildner, Griffelkünstler, Bildhauer, Maler, Werbe- u. Werkkünstler, Berlin 1930.

Einwohnerbuch der Stadt Augsburg, Augsburg 1930, 1931, 1933, 1940.

Grabinschriften Jüdischer Friedhof, Haunstetter Straße, Augsburg Hochfeld, http://www.alemannia-judaica.de/images/Images%20302/CEM-AUG-GRAVELIST-GERMAN.pdf [17. 9. 2018].

Handbuch für das katholische Deutschland, hrsg. von der Zentralstelle für kirchliche Statistik des katholischen Deutschlands Köln, Jge. 1933/34, 1935/36,1937/38, 1939/40, 1943.

Hetzer, Gerhard, Dreifuß, in: Augsburger Stadtlexikon, https://www.wissner.com/stadtlexikon-augsburg/artikel/stadtlexikon/dreifuss/3603 [4. 4. 2019].

Hirsch, Hans K., Juden in Augsburg, in: Stadtlexikon Augsburg, https://www.wissner.com/stadtlexikon-augsburg/aufsaetze-zur-stadtgeschichte/juden-in-augsburg [4. 4. 2019].

– Reichspogromnacht, in: Stadtlexikon Augsburg, https://www.wissner.com/stadtlexikon-augsburg/artikel/stadtlexikon/reichspogromnacht/5133 [4. 4. 2019].

Immenkötter, Herbert, Franz Xaver Eberle, in: Stadtlexikon Augsburg, https://www.wissner.com/stadtlexikon-augsburg/artikel/stadtlexikon/eberle/3625 [4. 4. 2019].

International Biographical Dictionary of Central European Emigres, Politik, Wirtschaft, Offentliches Leben (In German), Bd. 1, Politik, Wirtschaft, Offentliches Leben, hrsg. von Research Foundation of Jewish Emigration, Inc. Staff, Munchen 2011 [sic].

Religionen entdecken: Selbsttötung im Judentum – ist nur in drei Fällen akzeptiert, https://www.religionen-entdecken.de/lexikon/s/selbsttoetung-im-judentum [17. 9. 2018].

Register der liechtensteinischen Auswanderer nach Nord- und Südamerika, hrsg. vom Historischen Verein für das Fürstentum Liechtenstein und dem Liechtensteinischen Landesarchiv, https://www.llv.li/files/aku/pdf-llv-la_auswanderer-register2007.pdf [17. 9. 2018].

Röder, Werner/Strauß, Herbert A. (Hrsg.), Biographisches Handbuch der deutschsprachigen Emigration nach 1933 (I), hrsg. im Auftrag des Instituts für Zeitgeschichte, München/New York/London/Paris 1983.

Tabellarisches Ärzteverzeichnis, 1928–1945, hrsg. von der Stadt Chemnitz, Stadtarchiv Chemnitz 6325, Bd. I, Bl. 9 f.

Vollmer, Hans (Hrsg.), Allgemeines Lexikon der bildenden Künstler des XX. Jahrhunderts, Bd. 4, München 1992 (Unveränderter Nachdruck der Originalausgabe Leipzig 1958).

Von Alberti bis Zöppel, 125 Biografien zur Chemnitzer Geschichte, Chemnitz 2000.

Walk, Joseph, Das Sonderrecht für die Juden im NS-Staat, Eine Sammlung der gesetzlichen Maßnahmen und Richtlinien; Inhalt und Bedeutung, 2. Aufl., Heidelberg 1981.

4 Gesetzestexte

Bekanntmachung über das Konkordat zwischen dem Deutschen Reich und dem Heiligen Stuhl vom 12. September 1933, Reichsgesetzblatt Teil II, Nr. 38, 18. 9. 1933, https://www.1000dokumente.de/index.html?c=dokument_de&dokument=0127_kon&object=facsimile&l=de [17. 9. 2018]).

Elfte Verordnung zum Reichsbürgergesetz, 25. 11. 1941, http://www.verfassungen.ch/de/de33-45/reichsbuerger35-v11.htm [17. 9. 2018].

Erste Verordnung zum Reichsbürgergesetz 1935, http://www.verfassungen.ch/de/de33-45/reichsbuerger35-v1.htm [17. 9. 2018].

Erste Verordnung zur Durchführung des Gesetzes zur Wiederherstellung des Berufsbeamtentums, 11. 4. 1933, http://www.documentarchiv.de/ns/1933/berufsbeamtentum_vo01.html [4. 4. 2019].

Gesetz Nr. 104 zur Befreiung von Nationalsozialismus und Militarismus 1946, http://www.verfassungen.ch/de/bw/wuertt-b-befreiungsgesetz46.htm [17. 9. 2018].

Gesetz über Mietverhältnisse mit Juden vom 30. 4. 1939, http://alex.onb.ac.at/cgi-content/alex?apm=0&aid=dra&datum=19390004&zoom=2&seite=00000864&ues=0&x=19&y=12 [17. 9. 2018].

Gesetz zum Schutze des deutschen Blutes und der deutschen Ehre 1935, http://www.documentarchiv.de/nsnbgesetze01.html [17. 9. 2018].

Gesetz zur Behebung der Not von Volk und Reich vom 24. 3. 1933, http://www.1000dokumente.de/index.html?c=dokument_de&dokument=0006_erm&l=de [4. 4. 2019].

Gesetz zur Wiederherstellung des Berufsbeamtentums 1933, http://www.documentarchiv.de/ns/beamtenges.html [4. 4. 2019].

Polizeiverordnung über die Kennzeichnung der Juden 1941, http://www.documentarchiv.de/ns/jdnstern.html [17. 5. 2018].

Verordnung über die Anmeldung des Vermögens der Juden 1938, http://www.verfassungen.ch/de/de33-45/juden38-2.htm [17. 9. 2018].

Verordnung über eine Sühneleistung der Juden deutscher Staatsangehörigkeit 1938, http://www.verfassungen.de/de33-45/juden38-5.htm [4. 4. 2019].

Zweite Durchführungsverordnung über die Sühneleistung der Juden vom 19. Oktober 1939, http://alex.onb.ac.at/cgi-content/alex?apm=0&aid=dra&datum=19390004&seite=00002059&zoom=2 [4. 4. 2019].

Verordnung zum Schutz von Volk und Staat vom 28. 2. 1933, https://www.1000dokumente.de/index.html?c=dokument_de&dokument=0101_rbv&l=de [4. 4. 2019].

Zweite Verordnung zur Durchführung des Gesetzes über die Änderung von Familiennamen und Vornamen vom 17. August 1938 (§ 13 des Gesetzes über die Änderung von Familiennamen und Vornamen vom 5. Januar 1938), http://www.documentarchiv.de/ns/1938/juedische-namen_vo02.html [4. 4. 2019].

III Audiovisuelle Quellen

1 Interviews

Interviews Hiemer, Leo mit Boch, Rudolf, Lindenberg i. A., 6. 3. 1989; Obermeyer, Heinrich, Oberstaufen, 8. 3. 1989; Baumann, Resi, Rohrdorf, 12. 6. 1989; Embritz, Anna, Hergensweiler, 13. 6. 1989; Adamer, Sophie, Sonthofen 15. 6. 1989; Aichele, Hieronymus, Stiefenhofen, 16. 6. 1989; Keck, Xaver und Veronika sowie Hiemer, Anni, Stiefenhofen, 22. 6. 1989; Sechehaye, René, Augsburg, 17. 8. 1989, Hagspiel, Erwin, Ranzenried, Gemeinde Stiefenhofen, 29. 8. 1989.

2 Ton- und Bildaufzeichnungen

Danielowski, Else, Erinnerungen an Kindheit und Jugend von den 20er Jahren bis zum Kriegsende. CD von Olaf Freier, aufgezeichnet am 9. 12. 2005 (= ZeitZeugnisse 03 der Zeitzeugenbörse Berlin).

Hiemer, Leo (Regie), Zeitzeugen-Interview mit Resi Baumann (Film), Rohrdorf 31. 7. 2012, im Auftrag des Hauses der Bayerischen Geschichte Augsburg, Interviewerin: Samira Oberberg, Ausschnitt unter https://www.hdbg.eu/zeitzeugen/treffer.php?t=4&v=&n=baumann [17. 9. 2018]. Gesamtes Interview auf Anforderung lieferbar. Ausschnitte ebenfalls im NS-Dokuzentrum München, Lernforum, verfügbar.

Kreitmeir, Michael, Ein vergessenes Kind kehrt zurück, 22 Minuten, Bayerisches Fernsehen (Reihe Zwischen Schwaben und Altbayern), Erstsendung 26. 3. 1994.

Rondholz, Eberhard, Zweierlei Erinnerung. Jasenovac – Das kroatische Auschwitz, Deutschlandfunk Hörspiel/Hintergrund Kultur, Reihe: Ortserkundungen, Redaktion: Hermann Theißen, Erstsendung 28. 8. 2009.

IV Mitteilungen an den Autor

Amann, Peter, Vaduz/Fürstenstum Liechtenstein, 25. 7. 2008; Amrein, Ruth, Schaan/Fürstentum Liechtenstein, 24. 7. 2008; Cramer, Ernst, Berlin 4. 6. 2009; Danielowski, Else, 13. 11. 2018; Einstein, Hans, Bakersfield, Kalifornien, 31. 1. 2010; Geiger, Dr. Peter, Bendern, 4. 7. 2008; Hartmann, Maria Eisabeth, Marktoberdorf, 17. 9. 2018; Hastreiter-Rott, Frau, Bad Reichenhall, 26. 10. 1989; Held, Fortunat, Malans/Schweiz, 20. 10. 2008; Klaiber, Gerhard aus dem Stadtarchiv Wiesbaden, 28. 11. 2014; Kneppler, Martina, Stiefenhofen 1989; MacDonald, Shane, Auskunft Archiv der „National Catholic Welfare Conference (NCWC), Washington, 7. 7. 2017; Mayerhofer, Erich, Auskunft aus dem Archiv der A. B. von Stettenschen Stiftungen an den Autor, 22. 11. 2009; Mutter, Wolfgang, Auskunft aus dem Archiv des Peutinger-Gymnasiums Augsburg, 11. 6. 2012; Obermeyer, Klaus, Auskunft, 6. 1. 2017; Reithemann, Josephine, Sonthofen, 29. 6. 2017; Richter, Herta, München, 6. 7. 2009; Rinnerthaler, Eva, Auskunft aus dem Salzburger Landesarchiv, 14. 3. 2018; Schwinger, Florian, Auskunft, 28. 11. 2015; Sechehaye, Peter, 1. 5. 2009, München, 31. 7. 2009; Sindram, Marina, Basel/Schweiz, 27. 4. 2017; 19. 7. 2017; Thoma-Flade, Isolde, Meckesheim, 4. 3. 2009; Steiner, Günter, Auskunft aus dem Staatsarchiv Augsburg, 2. 2. 2018.

Literatur

1 Gedruckte bzw. im Internet zugängliche Literatur

Adler, Hans Günther, Der verwaltete Mensch. Studien zur Deportation der Juden aus Deutschland, Tübingen 1974.

Anderl, Gabriele/Blaschitz, Edith/Loitfellner, Sabine/Triendl, Mirjam/Wahl, Niko, „Arisierung“ von Mobilien, Wien/München 2004.

Apel, Linde, Jüdische Frauen im Konzentrationslager Ravensbrück 1939–1945, Berlin 2003.

Arendt, Hannah, Eichmann in Jerusalem. Ein Bericht von der Banalität des Bösen, 5. Aufl., München 2010.

Arquer, Josef, Kreuzwege. Im Zeichen des Kreuzes dem Herrn nachgehen 2017 (http://opusdei.de/de-de/article/kreuzwege/ [17. 9. 2018]).

Bajohr, Frank, „Unser Hotel ist judenfrei“. Bäder-Antisemitismus im 19. und 20. Jahrhundert, 3. Aufl., Orig.-Ausg., Frankfurt a. M. 2003.

Banken, Ralf, Der Edelmetallsektor und die Verwertung konfiszierten jüdischen Vermögens im „Dritten Reich“. Ein Werkstattbericht über das Untersuchungsprojekt „Degussa AG“ aus dem Forschungsinstitut für Sozial- und Wirtschaftsgeschichte an der Universität zu Köln, in: Jahrbuch für Wirtschaftsgeschichte (JWG) 1 (1999), S. 135 ff.

Bästlein, Klaus, Besonderer Anhang zur Publikation: Vom NS-Täter zum Opfer des Stalinismus, Dr. Walter Linse, Ein deutscher Jurist im 20. Jahrhundert, Berlin 2008 (https://www.berlin.de/lstu/veroeffentlichungen/schriftenreihe/mdb-lstu-schriftenreihe-heft27_besonderer_anhang_2.pdf [17. 9. 2018]).

Bothe, Detlef, Neue deutsche Heilkunde 1933–1943. Dargestellt anhand der Zeitschrift „Hippokrates“ und der Entwicklung der volksheilkundlichen Laienbewegung, Husum 1991 (zugl., Diss., Berlin, Freie Univ., 1991) (Zusammenfassung unter http://www.internist-moabit.de/html/dissertation.html [17. 9. 2018]).

Bruder-Bezzel, Almuth, Geschichte der Individualpsychologie in Berlin, in: dies. (Hrsg.), Individualpsychologie in Berlin, Gießen 2014, S. 11–53.

Buchert, Hanna, „Arisierung“ in Augsburg und Schwaben. Unveröff. Magisterarbeit, Augsburg 2009.

Buxbaum, Engelbert Maximilian, Leitlinien der pfarrgeschichtlichen Entwicklung, in: ders./Josef Otter (Hrsg.), Kirche und Pfarrei St. Zeno im Wandel der Jahrhunderte (1136–1986), hrsg. im Auftrag der Katholischen Kirchenstiftung St. Zeno, Bad Reichenhall, Bad Reichenhall 1986, S. 68–144.

Cahnmann, Werner J., Die Juden in München 1918–1943, in: Hans Lamm (Hrsg.), Vergangene Tage. Jüdische Kultur in München, erw. und durchges. Ausg. des 1958 ersch. Buches „Von Juden in München – Ein Gedenkbuch“, München/Wien 1982, S. 31–78.

Decker, Heinz/Ladnar, Ulrike; Josef Sechés Exlibris und Gebrauchsgrafik, in: DEG-Jahrbuch (2013): Exlibriskunst und Grafik, hrsg. von der Deutschen Exlibris-Gesellschaft Frankfurt am Main, S. 73–92.

Dömling, Martin, Heimatbuch. Geschichte, Land und Leute von Markt Oberdorf im Allgäu, Markt Oberdorf 1952.

Erhart, Hannelore/Meseberg-Haubold, Ilse/Meyer, Dietgard, Katharina Staritz. 1903–1953. Dokumentation, 2. Aufl., Neukirchen-Vluyn 2002.

Eckler, Irene (Hrsg.), A family torn apart by „Rassenschande", Schwetzingen 1998, http://www.fasena.de/courage/deutsch/index.htm [17. 9. 2018].

Ettelt, Rudibert, Geschichte der Stadt Füssen. Vom ausgehenden 19. Jahrhundert bis zum Jahre 1945, Füssen 1979.

Fabian, Ruth/Coulmas Corinna, Die deutsche Emigration nach Frankreich nach 1933, München/New York/London/Paris 1978.

Fassl, Peter, Der Zug in die Städte, in: Stiftung Jüdisches Kulturmuseum Augsburg-Schwaben (Hrsg.), „Ein fast normales Leben". Erinnerungen an die jüdischen Gemeinden Schwabens, Ausstellungskatalog, o. O. (Augsburg), o. J. (1995), S. 31–38.

Filser, Karl, Emanzipation auf Raten, in: Stiftung Jüdisches Kulturmuseum Augsburg-Schwaben (Hrsg.), „Ein fast normales Leben". Erinnerungen an die jüdischen Gemeinden Schwabens, Ausstellungskatalog, o. O. (Augsburg), o. J. (1995), S. 10–20.

Forstner, Thomas, Zweiter Kirchenkampf oder Stellvertreterdiskus?, in: Antonia Leugers (Hrsg.), Zwischen Revolutionsschock und Schulddebatte, Saarbrücken 2013, S. 243–284.

– Priester in Zeiten des Umbruchs. Identität und Lebenswelt des katholischen Pfarrklerus in Oberbayern 1918 bis 1945, Göttingen 2014.

Freudiger, Kerstin, Die juristische Aufarbeitung von NS-Verbrechen, Tübingen 2002 (zugl. Diss., Hannover, Univ., Diss., 1999).

Freyberg, Jutta von, Sozialdemokraten und Kommunisten. Die Revolutionären Sozialisten Deutschlands vor dem Problem der Aktionseinheit 1934–1937, Köln 1973.

Friedenberger, Martin/Gössel Klaus-Dieter/Schönknecht, Eberhard (Hrsg.), Die Reichsfinanzverwaltung im Nationalsozialismus, Bremen 2002.

Fritzen, Florentine, Gesünder leben. Die Lebensreformbewegung im 20. Jahrhundert, Stuttgart, 2006 (teilw. zugl. Diss., Frankfurt am Main, Univ., 2005).

Gedenkstätte für Opfer der NS-„Euthanasie" Bernburg", aktuelle Dauerausstellung (seit Herbst 2018).

Geiger, Peter, Krisenzeit. Liechtenstein in den Dreissigerjahren 1928–1939, 1. Bd., 2. durchges. Aufl., Vaduz/Zürich 2000.

Getzner, Manfred A., Feldkirch und die Lehre von Pfarrer Sebastian Kneipp. Ein Beitrag zur Geschichte des 1924 gegründeten Kneippvereins Feldkirch und seiner beiden verdienten Funktionäre Otto Getzner (1883–1961) und Karl Zerlauth (1885–1966), unveröff. Manuskript eines Vortrags, gehalten am 16. 5. 2004.

Giordano, Ralph, Die zweite Schuld oder Von der Last ein Deutscher zu sein, München 1990.

Gräfe, Ulrike, Leo Rosenberg – Leben und Wirken (1879–1963), Berlin 2011 (zugl. Diss., Leipzig, Univ., 2009).

Groll, Thomas, Handlungsspielräume im Wandel. Die Situation der katholischen Kirche Augsburgs in der NS-Zeit, in: Michael Cramer-Fürtig/Bernhard Gotto (Hrsg.), „Machtergreifung" in Augsburg. Anfänge der NS-Diktatur 1933–1937, Augsburg 2008, S. 226–238.

Grube, Werner/Macek, Ilse, Das Kinderheim der Israelitischen Jugendhilfe e. V. in der Antonienstr. 7, in: Ilse Macek (Hrsg.), Ausgegrenzt, entrechtet, deportiert. Schwabing und Schwabinger Schicksale; 1933 bis 1945, München 2008, S. 87–104.

– /Macek, Ilse/Gaber, Merry, „... bis auf weiteres als staatenlos zu erachten", in: Ilse Macek (Hrsg.), Ausgegrenzt, entrechtet, deportiert, München 2008, S. 111–114.

Gruner, Wolf (Bearb.), Die Verfolgung und Ermordung der europäischen Juden durch das nationalsozialistische Deutschland 1933–1945. Bd. 1: Deutsches Reich, 1933–1937, München 2008.

Happel, Hartmut, Die Allgäuer Ordensburg in Sonthofen. Immenstadt 1996.

Hecker, Hans-Joachim, Kardinal Faulhaber und seine Stellung im Wandel der politischen Verhältnisse, in: Peter Pfister (Hrsg.), Kardinal Michael von Faulhaber 1869–1952, hrsg. von der Generaldirektion der Staatlichen Archive Bayerns, München 2002, S. 19–36.

Hentges, Gudrun, Staat und politische Bildung. Von der „Zentrale für Heimatdienst" zur „Bundeszentrale für politische Bildung", Wiesbaden 2013.

Hermanns, Manfred, „Im Dienste für andere will ich mich verzehren". Pater Dr. Max Joseph Größer [sic] SAC * 5. August 1887 in Hannover † 19. März 1940 in Berlin, Festschrift zum 70. Todestag am 19. März 1940, Hamburg 2010.

– Weltweiter Dienst am Menschen unterwegs. Auswandererberatung und Auswandererfürsorge durch das Raphaels-Werk 1871–2011 mit einem Geleitwort von Erzbischof Dr. Werner Thissen. Friedberg 2011.

Heuss, Ludwig Theodor, In memoriam Ursula Heuss, geb. Wolff * 25. Juli 1929 † 19. Oktober 2009. Nachruf auf Ursula Heuss anlässlich der Abdankungsfeier am 6. November 2009 in Basel, unveröff. Sonderdruck.

Heyll, Uwe, Wasser, Fasten, Luft und Licht: die Geschichte der Naturheilkunde in Deutschland, Frankfurt a. M./New York 2006.

Hoffmann, Ute, Todesursache „Angina". Zwangssterilisation und „Euthanasie" in der Landes-Heil- und Pflegeanstalt Bernburg, Magdeburg 1966.

– /Schulze, Dietmar, „… wird heute in eine andere Anstalt verlegt“. Nationalsozialistische Zwangssterilisation und „Euthanasie“ in der Landes-Heil- und -Pflegeanstalt Bernburg – eine Dokumentation, hrsg. vom Regierungspräsidium Dessau 1997, https://www.ns-euthanasie.de/images/Abhandlungen/wird_heute_in_eine_andere_Anstalt_verlegt.pdf [17. 5. 2018].

Hofmann, Fritz, Aus der Geschichte der Bad Reichenhaller Krankenhäuser. Zur Einweihung des Bettenhaus-Neubaues im Februar 2001, Der Alpenstadt 2001 Bad Reichenhall gewidmet von Stadtheimatpfleger Fritz Hofmann, Bad Reichenhall 2001.

Jefferson, Alan, Elisabeth Schwarzkopf. Boston 1995.

Janetzko, Maren, Anfänge der „Arisierung“ in Augsburg, in: Michael Cramer-Fürtig/Bernhard Gotto (Hrsg.), „Machtergreifung“ in Augsburg. Anfänge der NS-Diktatur 1933–1937, Augsburg 2008, S. 159–166.

Jud, Ursina, Liechtenstein und die Flüchtlinge zur Zeit des Nationalsozialismus. Studie im Auftrag der Unabhängigen Historikerkommission Liechtenstein Zweiter Weltkrieg, Zürich 2005.

Karl, Willibald, Schicksale ‚getaufter Juden‘, ‚nichtarischer Christen‘, in: Ilse Macek (Hrsg.), Ausgegrenzt, entrechtet, deportiert, München 2008, S. 345–352.

Kasberger, Erich, Die „Heimanlage für Juden Berg am Laim“, in: Christl Knauer-Nothaft/Erich Kasberger, Berg am Laim, München 2007, S. 341–380.

– Karrierewege Münchner Gestapo-Beamter aus dem ‚Judenreferat‘. Eine Kollektivbiographie, in: Marita Krauss (Hrsg.), Rechte Karrieren in München. Von der Weimarer Zeit bis in die Nachkriegsjahre, München 2010, S. 189–229.

Kießling, Rolf, „Fremde“ in einer christlichen Umwelt. Die schwäbischen Judengemeinden vor der Emanzipation, in: Stiftung Jüdisches Kulturmuseum Augsburg-Schwaben (Hrsg.), „Ein fast normales Leben“. Erinnerungen an die jüdischen Gemeinden Schwabens. Ausstellungskatalog, o. O. (Augsburg), o. J. (1995), S. 21–30.

Kornacker, Susanne, Faulhaber und die Juden, in: Peter Pfister/Generaldirektion der Staatlichen Archive Bayerns (Hrsg.), Kardinal Michael von Faulhaber 1869–1952, Ausstellungskatalog, München 2002, S. 321–344.

Klier, Johann, Von der Kriegspredigt zum Friedensappell. Erzbischof Michael von Faulhaber und der Erste Weltkrieg, Ein Beitrag zur Geschichte der deutschen katholischen Militärseelsorge, Dissertation, München 1991.

Kliniken Südostbayern, Die Bad Reichenhaller Forschungsanstalt, http://www.kliniken-suedostbayern.de/de/detail/chronik_reichenhall,5515.htm [17. 9. 2018].

Kölch, Michael, Theorie und Praxis der Kinder- und Jugendpsychiatrie in Berlin 1920–1935. Die Diagnose „Psychopathie“ im Spannungsfeld von Psychiatrie, Individualpsychologie und Politik, Dissertation 2002, https://refubium.fu-berlin.de/handle/fub188/6534 [17. 9. 2018].

Komitee der Antifaschistischen Widerstandskämpfer der Deutschen Demokratischen Republik/Autorenkollektiv unter Leitung von G. Zörner (Hrsg.), Frauen-KZ Ravensbrück, Frankfurt a. M. 1982.

Krauss, Marita, Heimkehr in ein fremdes Land. Geschichte der Remigration nach 1945, München 2001.

Ladwig-Winters, Simone (Hrsg.), Anwalt ohne Recht. Das Schicksal jüdischer Rechtsanwälte in Berlin nach 1933, 2. erg. und erw. Aufl., Berlin 2007.

Lang, Johannes, Geschichte von Bad Reichenhall, Neustadt an der Aisch 2009.

Langkau-Alex, Ursula, Volksfront für Deutschland? Bd. 1: Vorgeschichte und Gründung des „Ausschusses zur Vorbereitung einer deutschen Volksfront", 1933–1936, Frankfurt a. M. 1977.

Lankes, Christian, Faulhaber und der Erste Weltkrieg, in: Peter Pfister/Generaldirektion der Staatlichen Archive Bayerns (Hrsg.), Kardinal Michael von Faulhaber 1869–1952, Ausstellungskatalog, München 2002, S. 143–164.

Le Maire, Gunther, Die frischen Landschaften des Kohlrabi-Apostel-Schülers. Kunstgeschichte(n) 55 Fritz Heinrich Obermeyer lernte in Capri und lebte in Oberstaufen, in: Allgäuer Zeitung, 16. 7. 2007, http://kultur-oa.de/lemaire/kunstgeschichten/2007/55-Obermeyer_Fritz_Heinrich-Die_frischen_Landschaften_des_Kohlrabi_Apostel_Schuelers_AZ-160607.jpg [17. 9. 2018].

Leichsenring, Jana, Die Katholische Kirche und „ihre Juden". Das „Hilfswerk beim Bischöflichen Ordinariat Berlin" 1938–1945, Berlin 2007 (zugl. Diss., Berlin, Techn. Univ., 2005 u. d. T.: „Und nehmt Euer Kreuz auf Euch!").

Leugers, Antonia, Gegen eine Mauer bischöflichen Schweigens. Der Ausschuß für Ordensangelegenheiten und seine Widerstandskonzeption 1941 bis 1945, Frankfurt a. M. 1996.

– Eine geistliche Unternehmensgeschichte. Die Limburger Pallottiner-Provinz 1892–1932, St. Ottilien 2004.

– (Hrsg.), Berlin, Rosenstraße 2–4. Protest in der NS-Diktatur, Neue Forschungen zum Frauenprotest in der Rosenstraße 1943, Annweiler 2005.

– Die deutschen Bischöfe und der Nationalsozialismus, in: Lucia Scherzberg (Hrsg.), Theologie und Vergangenheitsbewältigung. Eine kritische Bestandsaufnahme im interdisziplinären Vergleich, Paderborn 2005, S. 30–55.

– (Hrsg.), Zwischen Revolutionsschock und Schulddebatte, Saarbrücken 2013.

– „Du hast alles vereint: Seele und Geist und Körper". Kardinal Faulhaber und seine Freundin, in: Rottenburger Jahrbuch für Kirchengeschichte 2016 (2017), S. 173–211.

Lienert, Ralf, Die Geschichte der Juden in Kempten. Kempten 1998.

Locher, Wolfgang, Die „Atemklinik" Dr. Schmitt am Siegestor, http://atemhaus.de/ah/wp-content/uploads/2013/11/atemklinik-dr-schmitt.jpg. [17. 9. 2018].

– Im Räderwerk der Zeit. Der Reformarzt Ludwig Johannes Schmitt (1896–1963), unveröff. Manuskript, München 2018.

Macek, Ilse/Geismar Walter, „Man konnte nicht glauben, dass Deutsche das tun", in: Ilse Macek (Hrsg.), Ausgegrenzt, entrechtet, deportiert. Schwabing und Schwabinger Schicksale; 1933 bis 1945, München 2008, S. 155–168.

– /Schmitt, Brigitte, Das Personal des Antonienheims, in: Ilse Macek (Hrsg.), Ausgegrenzt, entrechtet, deportiert. Schwabing und Schwabinger Schicksale; 1933 bis 1945, München 2008. S.105–110.

– (Hrsg.), Ausgegrenzt, entrechtet, deportiert. Schwabing und Schwabinger Schicksale; 1933 bis 1945, München 2008.

– „Das Ende des Verstandeszeitalters": Stadtchronik März bis August 1933, in: Ilse Macek (Hrsg.), Ausgegrenzt, entrechtet, deportiert, München 2008, S. 73–78.

Mader, Herbert, Stiefenhofen. Mittelpunkt am Rande, Stiefenhofen 1983.

– Es geschah vor achtzig Jahren …, in: Pfarrblättle 12 (2009), S. 11.

Mahn- und Gedenkstätte Ravensbrück (Hrsg.), Gedenkbuch für die Opfer des Konzentrationslagers Ravensbrück 1939–1945. Bearbeitet von Bärbel Schindler-Saefkow und Monika Schnell, Berlin 2005.

Maier, Hans, Pius XII in the Judgment of Posterity, in: Peter Pfister (Hrsg.), Eugenio Pacelli – Pius XII. (1876–1958) in the view of scholarship, Regensburg 2012, S. 107–124.

Müller, Detlef, 8. Juni 2008 – Gedenkveranstaltung beim ehemaligen Konzentrationslager Sachsenburg zur 75. Wiederkehr des Lagerappells (http://stark-fuer-chemnitz.de/kz-sachsenburg/ [17. 5. 2018]).

Nitsche, Jürgen/Röcher, Ruth, Juden in Chemnitz. Die Geschichte der Gemeinde und ihrer Mitglieder; mit einer Dokumentation des jüdischen Friedhofs, Dresden 2002.

Obermeyer, Fritz H., Unter südlicher Sonne. Einführende Worte von Hanns Otto Roecker, Oberstaufen o. J.

Pampel, Bert/Schmeitzner, Mike (Hrsg.), Konzentrationslager Sachsenburg (1933–1937), Dresden 2018.

Pfister, Peter/Generaldirektion der Staatlichen Archive Bayerns (Hrsg.), Kardinal Michael von Faulhaber 1869–1952, Ausstellungskatalog, München 2002,

Pohl, Karin, Berg am Laim. Hrsg. von der Stadt München, München 2017.

Postel-Vinay, Anise, Die Massentötungen durch Gas in Ravensbrück, Anhang, in: Germaine Tillion, Frauenkonzentrationslager Ravensbrück, Lüneburg 1998, S. 357–392.

Radkau, Joachim, Die deutsche Emigration in den USA. Ihr Einfluß auf die amerikanische Europapolitik 1933–1945, Düsseldorf 1971.

Reutter, Lutz-Eugen, Katholische Kirche als Fluchthelfer im Dritten Reich. Die Betreuung von Auswanderern durch den St. Raphaels-Verein, Recklinghausen/Hamburg 1971.

Roeck, Bernd, Elias Holl. Architekt einer europäischen Stadt, Regensburg 1985.

Röhm, Eberhard, Juden, Christen, Deutsche. 1933–1945, Bd. 3/I, 1938–1941, Stuttgart 1995.

Römer, Gernot, Der Weg in die Katastrophe, in: Stiftung Jüdisches Kulturmuseum Augsburg-Schwaben (Hrsg.), „Ein fast normales Leben", o. O. (Augsburg), o. J. (1995), S. 39–49.

– Der Leidensweg der Juden in Schwaben. Schicksale von 1933–1945 in Berichten, Dokumenten und Zahlen, Augsburg 1983.

– Für die Vergessenen. KZ-Außenlager in Schwaben – Schwaben in Konzentrationslagern, Augsburg 1984.

– Es gibt immer zwei Möglichkeiten ... Mitkämpfer, Mitläufer und Gegner Hitlers am Beispiel Schwabens, Augsburg 2000.

– Schwäbische Juden. Leben und Leistungen aus zwei Jahrhunderten, Augsburg 1990.

Saarinen, Hannes, Finnisch-Deutsche Gesellschaft 1918–1944, in: Silta-Brücke (2017) 12, S. 8 f.

Sassin, Horst R., Liberale im Widerstand. Die Robinsohn-Strassmann-Gruppe 1934–1942, Hamburg 1993 (zugl. Diss., Düsseldorf, Univ., 1991), https://www.zeitgeschichte-hamburg.de/files/fzh/Digitalisate/Horst%20R.%20Sassin%20Liberale%20im%20Widerstand.pdf [17. 9. 2018].

Schäfer, Silke, Zum Selbstverständnis von Frauen im Konzentrationslager. Das Lager Ravensbrück, Dissertation TU Berlin, 2002, https://depositonce.tu-berlin.de/bit stream/11303/825/1/Dokument_35.pdf [17. 9. 2018].

Schelpmeier, Holger, Die deutschen Juden zwischen Auswanderungsdruck, fiskalischer Ausplünderung bei der Emigration und restriktiver Aufnahmepolitik der Zufluchtsländer, in: Ilse Macek (Hrsg.), Ausgegrenzt, entrechtet, deportiert, Schwabing und Schwabinger Schicksale, 1933 bis 1945, München 2008, S. 561–577.

Schirrmacher, Thomas, Hitlers religiöse Sprache – Propaganda oder Glaube? in: Philipp Thull u. a. (Hrsg.), Christen im Dritten Reich, Darmstadt 2014, S. 11–20.

Schlaefer, Kristine/Schröder, Frank, Jüdische Häftlinge im Frauenkonzentrationslager Ravensbrück (1937/39–1942). Diplomarbeit, maschinenschriftliches Manuskript, Humboldt-Universität Berlin 1987.

Schönhagen, Benigna, Zur Situation der Augsburger Juden nach der „Machtergreifung", in: Michael Cramer-Fürtig/Bernhard Gotto (Hrsg.), „Machtergreifung" in Augsburg. Anfänge der NS-Diktatur 1933–1937, Augsburg 2008, S. 150–158.

Schönlebe, Dirk, München im Netzwerk der Hilfe für ‚nicht-arische' Christen 1938–1941, in: Bezirksausschuss Max-Vorstadt (Hrsg.), Von ihren Kirchen verlassen und vergessen?, München. o. J. (2006), S. 1–145, http://www.landesbischof-meiser.de/downloads/Hilfe.pdf [17. 5. 2018].

Schrafstetter, Susanna, Flucht und Versteck. Untergetauchte Juden in München, Verfolgungserfahrung und Nachkriegsalltag, Göttingen 2015.

Schulte, Josef/Lemberg, Hermann, Der Fliegende Pater Paul Schulte OMI, Aschaffenburg 1987.

Schwarzwäller, Wulff, Rudolf Heß, der Stellvertreter, Köln/München 1987.

Schweizer, Karl, Verfolgung, Flucht und Widerstand im Landkreis Lindau 1933–1945, hrsg. vom Landkreis Lindau, Bodensee, Lindau i. B. 2016.

Schwinger, Florian, Entrechtete Anwälte – Schicksal Jüdischer Rechtsanwälte in Bayerisch-Schwaben zur Zeit des Nationalsozialismus, juristische Dissertation, unveröff. Manuskript, Augsburg 2018.

Seitz, Reinhard H., Von Weimarer Republik, Nationalsozialismus und Nachkriegszeit, in: Reinhard H. Seitz (Hrsg.), Wörishofen – auf dem Weg zum Kneippkurort zu Bad und Stadt, Lindenberg i. A. 2004, S. 235–252.

Stampfer, Friedrich, Mit dem Gesicht nach Deutschland, Düsseldorf 1968.

Stiftung Jüdisches Kulturmuseum Augsburg-Schwaben (Hrsg.), „Ein fast normales Leben". Erinnerungen an die jüdischen Gemeinden Schwabens. Ausstellungskatalog, o. O. (Augsburg), o. J. (1995).

Strebel, Bernhard, Das KZ Ravensbrück. Geschichte eines Lagerkomplexes, Paderborn 2003 (zugl. Diss., Hannover, Univ., 2001).

Strnad, Maximilian, Zwischenstation „Judensiedlung". Verfolgung und Deportation der jüdischen Münchner 1941–1945, München 2011 (teilw. zugl. Magisterarbeit, Univ., München 2006).

Studentische Projektgruppe an der Humboldt-Universität zu Berlin: Glaser (geb. Wertheimer), Alice, http://www.berlin-minsk.de/#!/gb/57 [19. 8. 2018].

T4-Tötungsanstalt Bernburg (Fachklinikum Bernburg), https://www.gedenkort-t4.eu/de/historische-orte/qezeq-t4-toetungsanstalt-bernburg-fachklinikum-bernburg#karte [17. 5. 2018].

Tillion, Germaine, Frauenkonzentrationslager Ravensbrück, Lüneburg 1998.

Villiez, Anna von, Mit aller Kraft verdrängt. Entrechtung und Verfolgung „nicht arischer" Ärzte in Hamburg 1933 bis 1945, München/Hamburg 2009 (zugl. Diss., Univ., FB Geschichte, Hamburg, 2009).

Voderholzer, Rudolf, Die Enzyklika „Mit brennender Sorge", in: Peter Pfister/Generaldirektion der Staatlichen Archive Bayerns (Hrsg.), Kardinal Michael von Faulhaber 1869–1952, Ausstellungskatalog, München 2002, S. 311–320.

Weber, Reinhard, Das Schicksal der jüdischen Rechtsanwälte in Bayern nach 1933, hrsg. vom Bayerischen Staatsministerium der Justiz, den Rechtsanwaltskammern Bamberg, München und Nürnberg und der Pfälzischen Rechtsanwaltskammer Zweibrücken, München 2006.

Weinke, Annette, Die (gescheiterten) Verfahren gegen Mitarbeiter des Reichssicherheitshauptamtes nach 1945 in: Andreas Nachama (Hrsg.), Reichssicherheitshauptamt und

Nachkriegsjustiz. Das Bovensiepen-Verfahren und die Deportationen der Juden aus Berlin, Berlin 2015, S. 13–34.

Wetzel, Juliane, Auswanderung aus Deutschland, in: Wolfgang Benz (Hrsg.), Die Juden in Deutschland 1933–1945, München 1989, S. 413–498.

Wickenheiser, Swantje, Die Reimann-Schule in Berlin und London 1902–1943, ein jüdisches Unternehmen zur Kunst-und Designausbildung internationaler Prägung bis zur Vernichtung durch das Hitlerregime, Aachen 2009 (teilw. zugl. Diss., Bonn, Univ., 1992).

Wirsching, Andreas, Mehr Nähe als Distanz? Kardinal Michael von Faulhaber und der Nationalsozialismus, in: Friedrich Wilhelm Graf/Hans Günter Hockerts (im Auftrag des NS-Dokumentationszentrums München), Distanz und Nähe zugleich? Die christlichen Kirchen im „Dritten Reich“, München 2017, S. 199–223.

Zuflucht auf Raten. Liechtenstein und die Juden, Ausstellung im Küefer-Martis-Huus, 13. Mai 2010–6. Februar 2011, in Kooperation mit dem Verein der Liechtensteiner Freunde von Yad Vashem und dem Jüdischen Museum Hohenems, http://www.kmh.li/cms/upload/presse/Zuflucht_auf_Raten-Texte.pdf [17. 9. 2018].

2 Literarische Bearbeitungen

Nelken, Dinah, Fleur Lafontaine. Ungekürzte Taschenbuchausgabe der Erstausgabe mit dem Titel: Das angstvolle Heldenleben einer gewissen Fleur Lafontaine, Berlin 1971, München 1979.

3 Audiovisuelle Bearbeitungen

Frommelt, Sebastian, Für Gott, Fürst und Vaterland, Porträt des Seelsorgers und Politikers Anton Frommelt und der schwierigen 30er und 40er Jahre in Liechtenstein mit Mathias Gnädinger, Ingo Ospelt, Peter Leu u. a., 72 Minuten, Fürstentum Liechtenstein 1996.

Hiemer, Leo, Niemand will davon hören. Erinnerung an ein vernichtetes Kind, Radio-Feature, 60 Min., SWF II, Reihe: Welt von heute, Redakteur: Paul Assall, Erstsendung 22. 11. 1989.

Hiemer, Leo (Buch und Regie), Leni … muss fort, Spielfilm, 86 Minuten, Erstaufführung: Saarbrücken, 28. 1. 1994.

Seemann, Horst, Fleur Lafontaine. Erstausstrahlung: 25. und 27. 12. 1978, Fernsehen der DDR. Der Film lief in einer gekürzten Fassung ab dem 29. 12. 1978 auch in den Kinos der DDR. Ausstrahlung der gekürzten Kinoversion in der ARD am 19. 9. 1980. Wiederholung der 2-teiligen Fernsehfassung im MDR, 4. 4. 1996.